# Die Rechtsprechung der Oberlandesgerichte auf dem Gebiete des Civilrechts.

Herausgegeben von

B. Mugdan und R. Falkmann,
Kammergerichtsräten.

Fünfter Band.
(Jahrgang 1902, zweites Halbjahr.)

Leipzig,
Verlag von Veit & Comp.
1902

## Unter Mitwirkung der Herren

Dr. Bauer, Kammergerichtsrat, Berlin
Dr. Berchelmann, Oberlandesgerichtsrat, Darmstadt
Börngen, Oberlandesgerichtsrat, Jena
Donle, Oberlandesgerichtsrat, Augsburg
Ebenau, Oberlandesgerichtsrat, Kassel
Ebert, Oberlandesgerichtsrat, Breslau
Dr. Eller, Landgerichtsdirektor, Karlsruhe
Engelmann, Oberlandesgerichtsrat, Breslau
Engelbrecht, Oberlandesgerichtsrat, Naumburg
Freudenthal, Oberlandesgerichtsrat, Colmar
Groth, Oberlandesgerichtsrat, Kiel
Haidlen, Landgerichtsrat, Stuttgart, Hülfsarbeiter am Oberlandesgericht
Dr. Hangen, Oberlandesgerichtsrat, Darmstadt
Hartog, Oberlandesgerichtsrat, Breslau
Hetzell, Kammergerichtsrat, Berlin
Heynacher, Oberlandesgerichtsrat, Marienwerder
Hübener, Oberlandesgerichtsrat, Posen
Hustedt, Oberlandesgerichtsrat, Braunschweig
Kalb, Oberlandesgerichtsrat, Augsburg
Kiehl, Kammergerichtsrat, Berlin
Könige, Oberlandesgerichtsrat, Karlsruhe
Krell, Oberlandesgerichtsrat, Zweibrücken
Luthe, Oberlandesgerichtsrat, Naumburg
Dr. Marsson, Oberlandesgerichtsrat, Frankfurt a. M.
Meisner, Senats-Präsident, Posen
Michaelis, Oberlandesgerichtsrat, Köln
Dr. Mittelstein, Oberlandesgerichtsrat, Hamburg
Mörtl, Oberst-Landesgerichtsrat, München
Mosse, Geheimer Justizrat, Königsberg
Mügge, Oberlandesgerichtsrat, Stettin
Nehse, Kammergerichtsrat, Berlin
Neukamp, Oberlandesgerichtsrat, Köln
Niesert, Oberlandesgerichtsrat, Hamm
Niemöller, Landgerichtsdirektor, Oldenburg
Noel, Kammergerichtsrat, Berlin
Ott, Oberlandesgerichtsrat, München
Pallengehr, Oberlandesgerichtsrat, Hamm
Pfeiffer, Oberlandesgerichtsrat, Kassel
Dr. Riedel, Oberlandesgerichtsrat, Naumburg
Rüter, Oberlandesgerichtsrat, Naumburg
Ruffmann, Oberlandesgerichtsrat, Königsberg
Rukser, Oberlandesgerichtsrat, Posen
Schäfer, Oberlandesgerichtsrat, Bamberg
Schaffeld, Reichsgerichtsrat (Frankfurt a. M.)
Schepers, Oberlandesgerichtsrat, Hamm
Schmidts, Oberlandesgerichtsrat, Hamm
Schneider, Oberlandesgerichtsrat, Stettin
Schück, Kammergerichtsrat, Berlin
Schultze-Görlitz, Kammergerichtsrat, Berlin
Senst, Oberlandesgerichtsrat, Stettin
Dr. Simon, Oberlandesgerichtsrat, Posen
Simonson, Oberlandesgerichtsrat, Breslau
Sohm, Oberlandesgerichtsrat, Rostock
Specht, Reichsgerichtsrat (Berlin)
Sprenger, Oberlandesgerichtsrat, Oldenburg
Stichling II, Oberlandesgerichtsrat, Jena
Thiele, Oberlandesgerichtsrat, Königsberg
Vintz, Oberlandesgerichtsrat, Naumburg
Dr. Vorbrodt, Kammergerichtsrat, Berlin
v. Wartenberg, Kammergerichtsrat, Berlin
Zehler, Oberlandesgerichtsrat, Nürnberg
Zeller, Oberlandesgerichtsrat, Bamberg
Ziemßen, Kammergerichtsrat, Berlin

und zahlreicher anderer Juristen.

Druck von Metzger & Wittig in Leipzig.

# Systematisches Inhaltsverzeichnis.

(Verfaßt von Staatsanwalt Dr. Rindfleisch in Duisburg.)

Die Zahlen bedeuten die Seiten.

## I. Civilrecht.

### Erster Abschnitt. Rechtsquellen.

a) Zeitliche Begrenzung der Anwendbarkeit der Gesetze.



b) Statutenkollision.



### Zweiter Abschnitt. Allgemeine Grundsätze von den Rechten und deren Verfolgung.



### Dritter Abschnitt. Von den Personen.

a) Von den natürlichen Personen.



b) Von den juristischen Personen.

## Siebenter Abschnitt. Sachenrecht.

### a) Besitz.



### b) Allgemeine Vorschriften über Rechte an Grundstücken.



### c) Eigentum.



### d) Dienstbarkeiten.



### e) Vorkaufsrecht.



### f) Hypothek.

h) Vormundschaft. Pflegschaft.



## Neunter Abschnitt. Erbrecht.

a) Erbfolge.



b) Rechtliche Stellung des Erben.

sitzenden des Aufsichtsrates zugestellt wird. Unvollständige Bezeichnung der Aufsichtsratsmitglieder 277. — 3) Anmeldung des Beschlusses der Generalversammlung über Erhöhung des Grundkapitales 278.

f) Kommanditgesellschaft.

Die Umwandlung einer Aktienkommandit- in eine Aktiengesellschaft stellt keine Neugründung, sondern nur eine Veränderung des rechtlichen Charakters der fortbestehenden Gesellschaft dar 279.

g) Erwerbs- und Wirtschaftsgenossenschaften.

1) Genossenschaften bedürfen staatlicher Genehmigung, wenn sie die Übernahme der Bürgschaft für hypothekarische Verpflichtungen einführen 34. — 2) Im Laufe eines Geschäftsjahres verstorbenen Genossen sind zwar in der zu veröffentlichenden Zahl der ausgeschiedenen Genossen mitzuzählen, aber auch in dem zu veröffentlichenden Schlußbestande der Mitglieder aufzuführen 280.

h) Gesellschaft m. b. H.

1) Die Formvorschrift des § $15^4$ Ges. v. 20. April 1892 gilt auch für die vor Errichtung des Gesellschaftsvertrages vereinbarte Abtretung von Geschäftsanteilen 280. — 2) Bestimmte Festsetzung der Einlagen der Gesellschafter. Form der Vereinbarung über die von einem Gesellschafter gewährleistete Verzinsung der Einlagen. Nachträgliche Hebung eines rechtlichen Mangels 281. — 3) Rückforderung einer zur Erhöhung des Stammkapitales gemachten Einzahlung 283.

i) Von den Handelsgeschäften.

Von dem Frachtgeschäfte der Eisenbahn.

Verhältnis der Verjährungsvorschrift des Art. 45 des Berner Übereinkommens vom 14. Oktober 1890 zu den Landesgesetzen 477.

## Elfter Abschnitt. Wechselrecht.

1) Das Akzept eines Gesellschafters als Vertreter der Gesellschaft ist nichtig, wenn der Gesellschafter selbst Aussteller des Wechsels war 50. — 2) Ist der Domizilvermerk nach der Annahme des Akzeptanten durchstrichen, so steht auch dem gutgläubigen Erwerber des Wechsels bei Nichterhebung des Protestes kein Wechselanspruch gegen den Akzeptanten zu 91. — 3) Wechselverpflichteter im Sinne des § $603^2$ CPO. ist nur der, der wechselmäßig haftet 92. — 4) Klagerecht des Eigentümers eines abhanden gekommenen Wechsels gegen den Aussteller 94. — 5) Wechselprotest gegen Exterritoriale 95. — 6) Wirkung der Hingabe eines Wechsels zahlungshalber. Nachträglicher Domizilvermerk 97.

## Zwölfter Abschnitt. Versicherungsrecht.

1) Begriff des Versicherungsunternehmens. Hypothekenversicherung 34. — 2) Haftung der Feuerversicherungsgelder für die Hypothek 319.

## Dreizehnter Abschnitt. Arbeiterversicherungsrecht.

a) Krankenversicherung.

1) Muß eine Krankenkasse die Kosten derjenigen Krankenhauspflege tragen, welche ohne ihren Auftrag einem Mitgliede in dringendem Falle in einer Anstalt gewährt ist, die nicht zu den in den Statuten bestimmten Krankenhäusern gehört? 310. — 2) Eine ärztliche Behandlung ist dringlich, wenn die Zuziehung des Kassenarztes wegen obwaltender Gefahr unthunlich war. 310 Anm. — 3) Beginn der Unterstützungspflicht der Krankenkasse 310 Anm. — 4) Umfang der Versicherungspflicht: Dampfkarussel; Hofgänger; Möbeltransportgewerbe; Handlungsgehülfen 310 Anm. — 5) Erwerbslosigkeit, Erwerbsunfähigkeit 310 Anm. — 6) Mitgliedschaft in mehreren Kassen 310 Anm. — 7) Krankenkassen sind öffentliche Kassen. Grunderwerb; Aufnahme von Darlehen 310 Anm.

b) Unfallversicherung.

1) Einfluß eines Vergleiches des Verletzten mit dem ersatzpflichtigen Dritten auf das Recht der Berufsgenossenschaft auf Ersatz ihrer Aufwendungen 312. — 2) Verjährung der Ersatzansprüche einer Berufsgenossenschaft gegen den ersatzpflichtigen Dritten 314.

# II. Freiwillige Gerichtsbarkeit.

## Erster Abschnitt. Allgemeine Vorschriften.



## Zweiter Abschnitt. Grundbuchrecht.

## Dritter Abschnitt. Vormundschaftssachen.



## Vierter Abschnitt. Annahme an Kindesstatt.



## Fünfter Abschnitt. Nachlaß- und Teilungssachen.

## Sechster Abschnitt. Vereinssachen. Stiftungen.



## Siebenter Abschnitt. Registersachen.

a) Standesregister.



b) Handelsregister.



c) Güterrechtsregister.



## Achter Abschnitt. Gerichtliche und notarielle Urkunden.



## Neunter Abschnitt. Kosten der freiwilligen Gerichtsbarkeit und Gebührenordnung für Notare.

# III. Civilprozeß.

## Erster Abschnitt. Allgemeines.

a) Justiz- und Verwaltungssachen. Rechtsweg.



b) Örtliche Wirksamkeit der Prozeßgesetze.



## Zweiter Abschnitt. Die Gerichte.

a) Gerichtsverfassung.



b) Sachliche Zuständigkeit der Gerichte.



c) Gerichtsstand.



d) Wert des Streitgegenstandes.



## Dritter Abschnitt. Die Parteien.

a) Prozeßfähigkeit. Gesetzlicher Vertreter.



b) Streitgenossenschaft. Haupt- und Nebenintervention. Streitverkündung.

g) Zeugenbeweis.

1) Zeugnisverweigerungsrecht des Inhabers oder Angestellten einer Auskunftei über ihre Quellen (Gewerbegeheimnis) 67. — 2) Zeugnisverweigerung des Rechtsanwalts über den Erlaß und die Rechtskraft eines Urteils in einem Vorprozeß 69. — 3) Verweigerung einer Auskunftsquelle bei ehrenwörtlichem Diskretionsversprechen. Gewerbegeheimnis 69. — 4) Zeugnisverweigerungsrecht eines Bankiers bezgl. der Vermögensverhältnisse seiner Kunden 67.

h) Sachverständigenbeweis.

Durch die inzwischen erfolgte Vernehmung eines Sachverständigen wird die Beschwerde über die Zurückweisung eines Ablehnungsgesuches nicht gegenstandslos 71.

i) Beweis durch Eid.

1) Ladung des Schwurpflichtigen. Beginn des Laufes der Notfrist bei Versäumung des Schwurtermines 66. — 2) Widerruf einer Eidesweigerung 71. — 3) Auferlegung des Eides an eine zur Vertretung der schwurpflichtigen Partei nicht berechtigte Person 74.

## Sechster Abschnitt. Rechtsmittel.

a) Allgemeines.

1) Über das Rechtsmittel der vom Nebenintervenienten unterstützten Partei kann ohne dessen Zuziehung verhandelt werden 225. — 2) Rechtsbehelf, wenn statt durch Urteil nur durch Beschluß entschieden ist 327.

b) Beschwerde.

1) Sofortige Beschwerde gegen Kostenentscheidung 158. 468; weitere Beschwerde dagegen 462. 463. — 2) Keine Beschwerde gegen die Anordnung, daß über einen Antrag auf einstweilige Verfügung mündlich zu verhandeln sei 326. — 3) Neuer selbständiger Beschwerdegrund. Verfahren in Beschwerdesachen 328. — 4) Beschwerde gegen den Gerichtsschreiber wegen Nichterteilung einer vollstreckbaren Ausfertigung 450.

c) Berufung.

1) Einreichung der Berufungsschrift beim Kastellan des Gerichts 79. — 2) Erfordernisse der Berufungsschrift. Unterschrift des Anwaltes der zweiten Instanz 79. — 3) Zustellung der Berufung an die Partei selbst, wenn der Anwalt erster Instanz vor Einlegung der Berufung gelöscht wird 80. — 4) Zulassung der Berufung des Nebenintervenienten, der erst nach dem, nach Erlaß des ersten Urteils erfolgten Tode der Hauptpartei in den Streit eintritt. Einlegung im eigenen Namen. Kosten 80. — 5) Berufung gegen ein Urteil, das den als Prozeßbevollmächtigten aufgetretenen Rechtsanwalt auf dessen Kosten mit der Klage abgewiesen hat 82. — 6) Berufung bei nachträglicher Entscheidung über die Vollstreckbarkeit § 517. 716 CPO. 84. — 7) Im Falle der Klagabweisung eines nach Grund und Betrag streitigen Anspruches kann das Berufungsgericht bei Feststellung des Anspruches seinem Grunde nach gleichzeitig dem Kläger diejenige Teilforderung zusprechen, deren Betrag alsdann unstreitig ist. Kosten im Falle der Zurückweisung 85. — 8) Der Anfechtungsanspruch ist kein neuer Anspruch im Sinne des § 529 CPO. 89. — 9) Kein Vorbehalt zulässig im Urteile, wenn Beklagter vor Erlaß des Urteils freiwillig bezahlt hat 90. — 10) Zustellung der Berufung in Entmündigungssachen kann an den Staatsanwalt beim Oberlandesgericht und an den beim Landgericht erfolgen 114. — 11) Nachholung des Antrages auf Vollstreckbarkeitserklärung in der Berufungsinstanz 118. — 12) Einlegung der Berufung neben Klage aus § 767 CPO. ist zulässig 127. — 13) Berufung gegen Kostenentscheidung 158. 162. 465. 468. — 14) Ordnet das Landgericht auf Beschwerde gegen den eine einstweilige Verfügung ablehnenden Beschluß mündliche Verhandlung an, so ist gegen das demnächst ergehende Urteil Berufung nicht zulässig 325.

## Siebenter Abschnitt. Besondere Prozeßarten.

a) Urkunden- und Wechselprozeß.

1) Zulässigkeit des Anspruches aus § 717[2] CPO. auch im Wechselprozeß 51. — 2) Zulässigkeit einer Klage auf zukünftige Leistung 57.

## Achter Abschnitt. Zwangsvollstreckung.

## Neunter Abschnitt. Arrest und einstweilige Verfügung.



## Zehnter Abschnitt. Schiedsrichterliches Verfahren.

# IV. Konkursrecht.

## Erster Abschnitt. Materielles Konkursrecht.

Wirkung einer Vereinbarung, daß eine Sicherungshypothek dem eingetragenen Gläubiger zur Sicherheit für eine andere Forderung dienen soll, als wofür sie bestellt ist, im Konkurse 8.

## Zweiter Abschnitt. Konkursverfahren.

1) Der Anmeldung einer abgetretenen Forderung zum Konkurse des Schuldners ist die Abtretungsurkunde beizufügen 144. — 2) Kein Schiedsverfahren gegen den Konkursverwalter für die Feststellung einer Konkursforderung 203. — 3) Ein auf Beschwerde bewilligter Antrag auf Konkurseröffnung kann bis zur Rechtskraft letzteren Beschlusses einseitig vom Gläubiger zurückgenommen werden 215. — 4) Der ausschließliche Gerichtsstand des § 146² KO. gilt nicht für Klagen auf Feststellung von Absonderungsrechten 215. — 5) Berichtigungsverfahren hinsichtlich einer festgestellten Konkursforderung 217. — 6) Bestellung eines Nachlaßpflegers, wenn über den Nachlaß Konkurs eröffnet ist 436. — 7) Konkursverwalter als Rechtsnachfolger des Gemeinschuldners 450.

# V. Staatsrecht.

### a) Öffentliche Abgaben.

1) Wird der Auflassungsstempel durch Verwendung des Stempels zu dem Kausalgeschäft ausgeschlossen im Falle der Auflassung an einen Dritten? Ungenügende Belehrung durch den Grundbuchrichter 173. — 2) Begriff der lästigen Veräußerungsgeschäfte im Sinne der Pos. 32 des preuß. Stempeltarifes. Anwendung der Pos. 71 des Tarifes 174. — 3) Ein im Kaufvertrage übernommenes Altenteil ist nach dem Alter zu berechnen, das der Altsitzer bei Abschluß jenes Vertrages hatte 176. — 4) Stempel für Auseinandersetzungsverträge unter den Gesellschaftern einer offenen Handelsgesellschaft 177. 303. — 5) Schenkungsstempel bei lästigen Verträgen 304. — 6) Ist für die Stempelpflicht einer Prozeßvollmacht lediglich deren Inhalt maßgebend? 306. — 7) Stempelpflicht für Prozeßvollmacht nach Bewilligung des Armenrechtes 306. — 8) Stempelansatz zu einer Vollmacht in Unfallversicherungssachen 308. — 9) Zwangshypothek wegen Grundsteuerforderung unter 300 Mark unzulässig 458.

### b) Rechtsverhältnisse der Beamten.

Haftung des Staates für Verschulden des Richters 210.

### c) Sonstige öffentlichrechtliche Verhältnisse.

1) Haftung der Gemeinden für Unfälle auf der Straße infolge Glatteises 240. 242. — 2) Haftung der Gemeinde für Verunglückung einer Person in einem in der Nähe der öffentlichen Straße befindlichen Graben 243. — 3) Begriff der Dienstbeschädigung im Militärpens.-Ges. vom 27. Juni 1871. Haftung des Reichsmilitärfiskus für das Umfallen einer Telegraphenstange, die zu einer zu militärischen Übungszwecken errichteten Telegraphenleitung gehört 246. — 4) Abschluß von Lehrverträgen für die der Fürsorgeerziehung Überwiesenen durch die Provinzialverbände 290. — 5) Verfassungsmäßiger Vertreter einer Stadtgemeinde 376. — 6) Straßenunterhaltungspflicht einer Stadtgemeinde 376. — 7) Beschwerderecht des Ortsarmenverbandes wegen Beschlüsse des Vormundschaftsgerichts 438. — 8) Der Armenverband, der eine Ehefrau unterstützt, kann den Arbeitslohn ihres Mannes pfänden 454.

---

1

a) **Berichtigung in den Größenangaben auf dem Titelblatte bei Vorhandensein einer vor 1900 eingetragenen Hypothek.**

Kammergericht, I. CS. Beschluß v. 17. März 1902.

Das Gut A. ist nach dem 1874 zurückgeführten Titelblatte 70 h groß und umfaßt nach dem Grundsteuerauszuge auch die Parzelle Nr. 28, ein Wasserstück (kleinen See), von 2 h. Das Rittergut B., das ebenfalls 1874 auf das Steuerbuch zurückgeführt worden, umfaßt nach dem Grundbuche 766 h. Der Eigentümer des Rittergutes beantragte 1900, den gedachten See bei A. ab- und bei B. zuzuschreiben. Die Berichtigung wurde jedoch abgelehnt; auch die weitere Beschwerde blieb erfolglos. Aus den Gründen:

Mit der seitherigen Rechtsprechung des Kammergerichtes ist davon auszugehen, daß den Größenangaben, welche auf Grund der Zurückführung des Grundbuches auf das Steuerbuch auf dem Titelblatte eingetragen sind, grundsätzlich nur die Bedeutung thatsächlicher Angaben zukommt; es kann dadurch der wirkliche Umfang des Grundstückes nicht geändert werden. Dies muß umsomehr gelten, wenn wie hier, die Zurückführung nur in der Weise geschehen ist, daß ohne Eintragung der im Katasterauszuge näher bezeichneten einzelnen Parzellen auf das Titelblatt lediglich der Gesamtflächeninhalt und der Gesamtreinertrag aus dem Katasterauszuge in das Grundbuchblatt übernommen worden ist. In dieser Weise ist sowohl bei der Zurückführung des Grundbuchblattes von A. wie von B. verfahren worden. In Ansehung des letzteren ist jedoch hervorzuheben, daß auf dem noch vorhandenen, aber rot unterstrichenen Titelblatte der fragliche See ausdrücklich als Bestandteil des Rittergutes angegeben war. Gegenwärtig ist jedoch die Sachlage die, daß beide Titelblätter, ohne nähere Angabe der Bestandteile, die Güter mit ihren Größenverhältnissen enthalten, daß in der Größenangabe für A. die Seefläche mitenthalten ist, und daß sie in der Größenangabe für B. fehlt. Die Wasserfläche ist demnach zur Zeit als Bestandteil eines der beiden Güter im Grundbuche ausdrücklich nicht aufgeführt; aber auch nicht doppelt, sondern nur einmal im Bestand von A. eingetragen. Nun würde an sich, falls der Nachweis erbracht wäre, daß die Wasserfläche in dem Katasterauszuge dem Grundstücke A. irrtümlich zugeschrieben sei, indem sie richtig im Auszuge für B. hätte aufgeführt werden müssen, eine Berichtigung der Grundbuchblätter stattzufinden haben (§ 22 GrBO., § 29 Allg. Verf. vom 20. November 1899, vgl. Johow, Jahrb. 13 S. 100, 17 S. 38, 3 S. 33), vorausgesetzt, daß diese Berichtigung nicht mit in der Zwischenzeit im guten Glauben an die Richtigkeit des Grundbuches erworbenen Rechten kollidiert. Die Vorinstanzen haben den Nachweis eines Irrtumes als nicht erbracht angenommen. Es kann aber hier dahingestellt bleiben, ob weitere Ermittelungen einen Irrtum im Kataster und damit in den Titelblättern aufdecken könnten, da der Berichtigung in jedem Falle erworbene Rechte Dritter entgegenstehen würden. Auf A. sind nämlich seit der Zurückführung auf das Steuerbuch infolge Bewilligung des Eigentümers vier Hypotheken für Darlehen eingetragen. Diesen Hypothekengläubigern würde durch die Ausführung der beantragten Berichtigung ein Teil des ihnen durch den Glauben an die Richtigkeit des Grundbuches in seinem Umfange gewährleisteten Gegenstandes ihres Pfandrechtes in unzulässiger Weise entzogen werden. Die Hypotheken sind eingetragen in der Zeit von 1889—1894, also unter der Herrschaft des früheren Rechtes. Nach Art. 192 EG. gelten sie aber vom 1. Januar 1900 ab nach Inhalt und Umfang als Hypothek im Sinne des Liegenschaftsrechtes des BGB. Der Art. 192 EG. ist eine Ausnahmebestimmung vom allgemeinen Grundsatze der Nichtrückwirkung neuer Gesetze, und insbesondere auch von der Regel, die der Art. 184 EG. dahin aufstellt, daß bestehende Rechte an einer Sache auch nach dem Inkrafttreten des BGB. mit ihrem bisherigen Inhalte und Range bestehen bleiben. Als Ausnahmebestimmung darf Art. 192 nicht ausdehnend ausgelegt werden. Er knüpft nur an das bestehende Pfandrecht an, das er in seinem vorhandenen Bestande als Hypothek gelten läßt, bezieht sich daher auf alles, was die Entstehung, die Begründung des bestehenden Pfandrechtes betrifft, nicht mit (Entsch. d. RG. 47 S. 229 f.). Es ist daher auch nach dem früheren Rechte zu beurteilen, in welchem Umfange das Pfandrecht bei der Bestellung durch die Eintragung, kraft der Wirkung des öffentlichen Glaubens des Grundbuches, zur Entstehung gelangt, und vom Gläubiger, für den es begründet, erworben worden ist. Die konstitutive Kraft des guten Glaubens an die Richtigkeit des Grundbuches bildet, wie auch das RG. (a. a. O. S. 231) ausführt „keine Eigenschaft des Pfandrechtes selbst, dessen Inhalt und Umfang davon völlig unberührt bleibt". Der Schutz des guten Glaubens bezieht sich überhaupt auf den Erwerb, also auf die konkrete Entstehung des Rechtes; das kommt auch in der Fassung des § 892 BGB. zu Gunsten desjenigen, welcher ein Recht erwirbt, zum deutlichen Ausdruck. Auch daraus folgt, daß der Schutz des gutgläubigen Berechtigten bei den vor dem Inkrafttreten des BGB. und dem Zeitpunkte der Anlegung des Grundbuches entstandenen dinglichen Rechten nur nach dem früheren Rechte beurteilt werden kann (Planck 6 S. 320, 321, 342 f.). Es kann deshalb vorliegend dahingestellt bleiben, welche Bedeutung der Inhalt des § 892 BGB. für die Entscheidung haben würde, da nicht dieses Gesetz, sondern die Grundsätze des früheren Rechtes zur Anwendung zu bringen sind. Im § 4 preuß. GrBO. vom 5. Mai 1872 war ausgesprochen, daß die Grund- und Gebäudesteuerbücher zur Ausmittelung der eingetragenen Grundstücke, ihrer Lage und Größe dienen, daß deren Bezeichnung in den Steuerbüchern bei den Grundbüchern beizubehalten ist, und daß bei Gutskomplexen die Eintragung der Gesamtfläche und des

Gesamtreinertrages genügt. Das Reichsgericht hat danach in feststehender Rechtsprechung angenommen, daß, wenn das Grundbuch auf das Steuerbuch zurückgeführt ist, bei einem Rechtserwerbe in gutem Glauben an die Richtigkeit des Grundbuches das Grundstück so ergriffen wird, wie es sich aus dem im Grundbuche in Bezug genommenen Kataster ergiebt, ohne daß es einen Unterschied begründet, ob eine streitige Parzelle ausdrücklich auf dem Titelblatte aufgeführt, oder nur die Gesamtfläche und der Gesamtreinertrag eines Grundstückes (eines Gutes) so eingetragen sind, wie sie sich durch die Summierung der Flächen und Erträgnisse der einzelnen Parzellen ergeben. Der Rechtserwerb erstreckte sich demnach auf alle Teile der im Grundbuche verzeichneten oder darin in Bezug genommenen Katasterparzellen, gleichviel, ob sie auf dem Titel des Grundbuchblattes individuell erkennbar gemacht sind oder nicht (vgl. Gruchot 36 S. 319—376, JW. 1889 S. 442; 1896 S. 30; übereinstimmend Johow 17 S. 40, 41).

Hiernach ist eine Berichtigung der Größenangaben auf dem Titelblatt eines Grundstückes nur so lange zulässig, als nicht die Möglichkeit eines gutgläubigen Rechtserwerbes auf Grund der zu berichtigenden Angaben besteht. Wo eine solche Möglichkeit erkennbar ist, hat der Grundbuchrichter die Berichtigung abzulehnen und die Entscheidung darüber, ob die etwa unrichtige thatsächliche Notiz auf dem Titelblatte eine Änderung in der Rechtslage herbeigeführt hat, dem Prozeßrichter zu überlassen.[1] H.

b) **Berichtigung des Grundbuches auf Grund des einen Eigentumsvorbehalt an einer Fläche aussprechenden Zuschlagbeschlusses. Bedeutung der Steuerbuchauszüge.**

OLG. Königsberg, II. CS. Beschluß v. 14. Mai 1902.

Dem Beschwerdeführer war der Zuschlag erteilt mit der Maßgabe, daß eine nach einer Handzeichnung bestimmt bezeichnete streitige Fläche vom Verkaufe ausgenommen sei. Aus den Gründen:

Gemäß § 90 ZwVG. ist der Beschwerdeführer Eigentümer der versteigerten Grundstücke geworden, und hat hierdurch einen Anspruch darauf erworben, daß das durch den Zuschlag unrichtig gewordene Grundbuch mit der wirklichen Rechtslage alsbald in Überstimmung dadurch gebracht wird, daß er als Eigentümer eingetragen wird (§ 130). Über den Umfang, in dem sich der Eigentumserwerb des Erstehers vollzieht, ist aus dem ZwVG. nur herzuleiten, daß er sich nach dem Inhalte des Zuschlagsbeschlusses bemißt. Was in diesem erkennbar als Gegenstand der Versteigerung bezeichnet und zugeschlagen ist, hat der Ersteher erworben; jeder darüber hinausgehende Erwerb ist ausgeschlossen. Hiernach hat das Vollstreckungsgericht mindestens im Ausdruck fehlgegriffen, wenn es für den Fall der Nichtbeibringung der Katasterkarte und des Auszuges bezüglich der streitigen, von der Versteigerung ausgeschlossenen Fläche den Rechtsnachteil androht, daß alsdann die Ein-

[1] Vgl. jedoch auch Johow, Jahrb. 11 S. 91. D. E.

tragung des Erstehers als Eigentümers dieser ausgeschlossenen Fläche erfolgen müsse. Es ist aber auch nicht zutreffend, daß es bereits jetzt der Katasterkarte der Fläche, die im Zuschlagsbeschlusse ausgenommen ist, bedarf, da eine Abschreibung der streitigen Fläche noch von keiner Seite beantragt ist, ihre Verwirklichung auch, die zudem noch völlig nach Lage des schwebenden Rechtsstreites dahinsteht, späterer Sorge überlassen bleiben kann und muß. Die Bezugnahme des Landgerichtes auf § 96 GrBO., § 30 Allg. Verf. vom 20. November 1899, trifft also beim Mangel ihrer Voraussetzungen nicht zu. Erforderlich für die Berichtigung des Grundbuches im Sinne des Zuschlagsbeschlusses ist nur, daß im Grundbuche für jeden Dritten der Ausschluß der vom Zuschlage ausgenommenen Fläche erkennbar gemacht wird, und daß die Bezeichnung dieser Fläche so genau erfolgt, daß ihre Feststellung, sei es auf dem Grundstücke an Ort und Stelle selbst, sei es nach den Katastermaterialien zu jeder Zeit mühelos erfolgen kann. (Es folgt die Ausführung, daß letzterem Erfordernis genügt ist.) Daß die Einreichung einer Handzeichnung und Katasterkarte erforderlich gewesen wäre, um jeden Bieter in die Lage zu versetzen, aus dem bei den Akten befindlichen Auszuge die in Anspruch genommene Fläche auszuscheiden und dadurch festzustellen, welche Grundstücksfläche zur Versteigerung gestellt werde, und daß dies beim Fehlen des Auszuges und der Karte der streitigen Fläche nicht möglich gewesen sei, trifft nicht zu. Denn es darf, wie Jaeckel (Anm. 4 zu § 90 ZwVG.) überzeugend dargethan, nicht übersehen werden, daß aus der in der öffentlichen Bekanntmachung enthaltenen Bezeichnung der Grundstücke und aus den im Versteigerungstermine vorgelegten Auszügen und sonstigen Nachweisungen in der Regel niemand zu erkennen vermag, in welchem Bestande d. h. in welchen einzelnen Parzellen und Flächenabschnitten das Grundstück wirklich versteigert, was andererseits von der Versteigerung ausgeschlossen wird, während bei der hier erfolgten Bezugnahme auf die Handzeichnung der Zuschlag, die vom Gesetz erstrebte Bestimmtheit und Sicherheit in keiner Weise entbehrt. Den Steuerbuchauszügen, mögen sie auch nach landesgesetzlichen Vorschriften (§ 5 EG. zum ZwVG. in Verbindung mit Art. 4 des preuß. Ausf.-G. vom 23. September 1899) dem Antrage auf Zwangsversteigerung beizufügen sein, einen ausschlaggebenden Wert dahin beizumessen, daß durch sie etwa der Umfang des versteigerten und zugeschlagenen Grundstückes endgültig bestimmt werde, geht nach dem jetzt geltenden Rechte vollkommen fehl, weil den Steuerbuchauszügen eine über eine bloße Information hinausgehende Bedeutung nicht zukommt, sie insbesondere gemäß §§ 15, 16 ZwVG. nicht wie nach preußischem Rechte die Grundlage des Ausgebotes bilden (Jaeckel S. 79 Anm. 5, Anm. 4 S. 309—311, S. 308 oben). Es liegt hiernach keine Veranlassung vor, die Berichtigung des Grundbuches, auf welche der Ersteher auf Grund des Zuschlages schon jetzt Anspruch hat, etwa solange hinauszuschieben bis das Eigentum an der streitigen Fläche rechtskräftig festgestellt wird. Die Hinausschiebung der Eigentumseintragung des Erstehers auf eine derartige unbestimmte Zeit läßt sich gesetzlich in keiner Weise rechtfertigen, würde auch zu praktisch unannehmbaren Folgen führen, insbesondere dem Ersteher jede Möglichkeit benehmen, irgend welche Dispositionen über das Grundstück, wie Eintragungen, Löschungen u. s. w. zu treffen.

In welcher Weise das Vollstreckungsgericht das Ersuchen an das Grundbuchamt um Eintragung des Erstehers als Eigentümer zu fassen hat und wie von ihm und von dem Grundbuchamte die Beschränkung des Zuschlagsbeschlusses durch Ausschluß der Zuschläge ausgenommenen Fläche zum Ausdrucke, bezw. zur Eintragung gebracht wird, ob durch einen Vermerk in Abt. I Spalte: Grund des Erwerbes oder etwa durch Eintragung einer Vormerkung in Abt. I oder in anderer Weise, muß der pflichtmäßigen Erwägung des Amtsgerichtes überlassen werden, insoweit sie nicht durch den Inhalt des Zuschlagsbeschlusses in seiner Totalität und durch den Umstand, daß das Versteigerungsverfahren und der Zuschlag auf die Streitfläche sich gar nicht bezieht, seine selbstverständliche Begrenzung findet. Th.

c) **Kann der Grundbuchrichter von der Mutter als Gewalthaberin den Nachweis fordern, daß ihr kein Beistand bestellt sei? Form dieses Nachweises. GrBO. § 29. BGB. §§ 1687 ff.**

Kammergericht, I. CS. Beschluß v. 14. April 1902.

Die Witwe N. hatte namens ihres minderjährigen Sohnes die Umschreibung von Hypotheken beantragt und ein Schreiben des Vormundschaftsgerichtes überreicht, durch das bescheinigt wurde, daß ihr kein Beistand bestellt sei. Dieses — vom Richter unterschriebene — Zeugnis wurde vom Grundbuchrichter als nicht ausreichend erachtet, weil es nicht mit Siegel oder Stempel versehen sei und § 29 GrBO. eine dem Art. 54 des preuß. FrGG. entsprechende öffentliche Urkunde erfordere. Der weiteren Beschwerde wurde stattgegeben. Aus den Gründen:

Wenn die Mutter als die Inhaberin der elterlichen Gewalt namens ihres minderjährigen Sohnes die Abtretung und Umschreibung einer zu seinem Vermögen gehörigen Hypothek bewilligt hat, so muß allerdings der Grundbuchrichter prüfen, ob die Mutter zu dieser Bewilligung legitimiert ist. Das Gesetz sieht vor, daß sie kraft der mit dem Ableben des Vaters des Minderjährigen auf sie übergehenden elterlichen Gewalt die Sorge für das Vermögen und damit die Vertretung des Minderjährigen auch bei Verfügungen über Hypothekenforderungen desselben überkommt. Diese gesetzliche Vertretungsmacht der Mutter kann jedoch im Einzelfalle dadurch eingeschränkt werden, daß ihr vom Vormundschaftsgerichte ein Beistand bestellt wird; letzterer beschränkt ihre selbständige Vertretungsbefugnis in gleicher Weise, wie der Gegenvormund diejenige des Vormundes, und muß also bei der Verfügung über Hypothekenforderungen zugezogen werden (§§ 1610, 1812 BGB.). Der Grundbuchrichter hat also zu prüfen, ob etwa im Einzelfalle der Mutter ein Beistand bestellt ist. Hierbei ist davon auszugehen, daß eine allgemeine thatsächliche Vermutung weder für die uneingeschränkte elterliche Gewalt der

Mutter, noch für die Bestellung eines Beistandes spricht. Vielmehr müssen die Umstände des konkreten Falles allein berücksichtigt und nach verständigem Ermessen entschieden werden, ob Grund zu der Annahme vorliegt, daß ein Beistand bestellt sei oder nicht. Bei dieser rein thatsächlichen Beurteilung darf der Richter die Hilfe der Beteiligten in Anspruch nehmen und insbesondere von ihnen Auskünfte verlangen, die ihn in den Stand setzen, seine Entscheidung zu treffen. Werden ihm von den Beteiligten Aufklärungen und Beweisbehelfe an die Hand gegeben, so hat er diese zu benutzen und ist auch nicht behindert, selber Auskunft über die Bestellung eines Beistandes an zuständiger Stelle einzuholen. Demzufolge kann die Verpflichtung zur Feststellung der Vertretungsvollmacht den Grundbuchrichter nicht ermächtigen, in jedem Falle von dem Antragsteller den urkundlichen Nachweis zu fordern, daß kein Beistand bestellt sei, und den Nachweis für diese Negation ausschließlich durch ein öffentliches Zeugnis in der Form des § 29 Satz 2 GrBO. zu verlangen. Die Beweisbehelfe, aus denen die thatsächliche Folgerung entnommen werden kann, ob ein Beistand bestellt ist, gehören nicht unter allen Umständen zu den Voraussetzungen der Eintragung im Sinne der angeführten Gesetzesstelle, für welche die öffentliche Urkundsform obligatorisch ist. Die Entscheidungen der Vorinstanzen verletzen deshalb das Gesetz, indem sie annehmen, daß der Grundbuchrichter nur auf Grund eines ihm von den Beteiligten zu erbringenden und in der Form der öffentlichen Urkunde erteilten Zeugnisses des zuständigen Vormundschaftsgerichtes die Prüfung vorzunehmen habe, ob der Mutter ein Beistand bestellt ist, und daß demzufolge nur eine mit Siegel oder Stempel versehene Bescheinigung des Vormundschaftsgerichtes Berücksichtigung finden dürfe. . . . Sch.

d) **Siegel im Sinne des Art. 9 Ausf.=G. zur GrBO.**

Kammergericht, I. CS. Beschluß v. 2. Juni 1902.

Die vom Vorstande der ländlichen Volksschule zu O., Regierungsbezirk M., dem Gemeindevorsteher erteilte Auflassungsvollmacht ist von den Vorinstanzen deshalb nicht als öffentliche Urkunde anerkannt, weil sie mit dem Abdruck des Kirchensiegels, nicht mit dem des Schulsiegels versehen ist. Die hierüber geführte weitere Beschwerde ist unbegründet. Nach Art. 9 Ausf.=G. sind Erklärungen und Ersuchen einer Behörde, auf Grund deren eine Eintragung erfolgen soll, ordnungsmäßig zu unterschreiben und mit Siegel oder Stempel zu versehen. Die Beweiskraft der von einer öffentlichen Behörde ausgestellten Urkunde ist also für den Grundbuchverkehr von der Untersiegelung oder Unterstempelung abhängig gemacht. Die Beifügung des Siegels soll die Echtheit der Urkunde gewährleisten. Diesem Zwecke kann aber nur ein Siegel dienen, welches sich als das für den Gebrauch der Behörde bestimmte Siegel ohne weiteres durch den Augenschein kennzeichnet; die Um= oder Aufschrift muß auf die Behörde, die sich seiner im Verkehre bedient, mit ausreichender Deutlichkeit hinweisen. Nur dann kann man sagen, daß die Urkunde mit dem Siegel gerade dieser ausstellenden Behörde versehen sei. Hiernach ist die Annahme der Vorinstanzen, daß das Kirchensiegel die Echtheit der von dem Schulvorstande erteilten Vollmacht nicht darzuthun vermöge, daß die Urkunde mithin nicht dem Erfordernisse des Art. 9 entspreche, nicht rechtsirrtümlich. Wenn der Schulvorstand kein eigenes Siegel besitzt, so ist er außer stande, von der für Behörden im Grundbuchverkehre gewährten Erleichterung Gebrauch zu machen. Die Unterschriften sind, wie dies ausdrücklich im § 10 der Geschäftsanweisung für die Schulvorstände an den ländlichen Volksschulen des Regierungsbezirkes M. gesagt ist, zu beglaubigen. Diese Geschäftsanweisung betrachtete die Schulvorstände anscheinend überhaupt nicht als Behörden. Der Erlaß des Min. der geistl. A. vom 19. Oktober 1894 (Grotefend 1894 S. 438) erkennt den behördlichen Charakter der Schulvorstände im Anschlusse an die Rechtsprechung an und verweist bezüglich der Beschaffung von Dienstsiegeln für die Schulvorstände und Schuldeputationen auf die Gemeinden. Damit ist offenbar anerkannt, daß unter Umständen die Führung eines eigenen Dienstsiegels erforderlich werden könne und der Ersatz durch das Kirchensiegel nicht genüge. E..r.

---

## 2

### a) Prüfung der Rechtsfähigkeit des Gläubigers vor Eintragung der Hypothek durch den Grundbuchrichter. BGB. § 1115.

Kammergericht, I. CS. Beschluß v. 6. Januar 1902.

Allerdings hat das Grundbuchamt nicht nachzuforschen, ob die bei der Hypothekbestellung vom Schuldner als Gläubiger angegebene natürliche oder juristische Person thatsächlich oder rechtlich existiert. Das Grundbuchamt muß sich genügen lassen, wenn als Gläubiger eine natürliche oder juristische Person, z. B. Aktiengesellschaft, Gemeinde u. s. w. bezeichnet ist. Wenn dagegen als Gläubiger bezeichnet ist, wer Rechte nicht erwerben kann, z. B. der verstorbene X. oder eine Konkursmasse, dann ist das Grundbuchamt zur Ablehnung der beantragten Eintragung berechtigt und verpflichtet. Denn als Gläubiger, also als Berechtigter in Ansehung der Hypothek, darf nur eingetragen werden, wer Subjekt von Rechten ist oder sein kann. Daraus ergiebt sich aber, daß das Grundbuchamt auch dann zur Beanstandung der beantragten Eintragung befugt ist, wenn der Gläubiger, der keine natürliche Person ist, in einer Weise bezeichnet wird, welche es zweifelhaft oder ungewiß läßt, ob er Rechtsfähigkeit besitzt. Ein solcher Fall kann gegeben sein, wenn ein Personenverein als Gläubiger eingetragen werden soll und die Rechtsfähigkeit nicht wenigstens behauptungsweise dargethan ist. So liegt aber der hier zu entscheidende Fall. Ein als Amtssparkasse bezeichnetes Geldinstitut muß nicht notwendig als solches eine juristische Person sein.... Wenn das Grundbuchamt vom rechtlichen Charakter der Kasse nichts wußte, so konnte es vom Antragsteller die Darlegung der Rechtsverhältnisse der als Gläubiger bezeichneten Kasse verlangen. Den Nachweis der Rechtsfähigkeit würde es dagegen nur dann fordern dürfen, wenn es nach Lage der Sache bestimmten thatsächlichen Anlaß zu Zweifeln über die Richtigkeit der aufgestellten Behauptungen hat. — Diese Grundsätze hat das Kammergericht im wesentlichen schon in einem Beschluß vom 23. Dezember 1901 ausgesprochen, und es hat sich auch bei wiederholter Prüfung kein Anlaß ergeben, davon abzugehen. E.

b) **Wirkung einer Vereinbarung, daß eine Sicherheitshypothek dem eingetragenen Gläubiger zur Sicherheit für eine andere Forderung dienen soll, als wofür sie bestellt ist, im Konkurse. BGB. § 1180.**

OLG. Jena, I. CS. Urteil v. 10. März 1902.

X. ersuchte den Vorschußverein um einen Kontokorrentkredit von 10000 Mark. Der Beklagte übernahm sowohl dem X. als auch dem Vorschußvereine gegenüber die Bürgschaft für diesen Kredit, wogegen ihm wegen der aus der Bürgschaftsübernahme bei dem Vorschußvereine erwachsenden Nachteile eine Sicherungshypothek von 10000 Mark am Grundbesitze des B. bestellt wurde. Demnach erklärte der Vorschußverein, es sei richtiger, wenn die Gewerbebank den Kredit gewähre, und auf seine Empfehlung hin wurde er auch von der letzteren bewilligt. Der Beklagte verbürgte sich bei der Gewerbebank in Höhe von 10000 Mark, und alle Beteiligten waren darüber einig, daß die eingetragene Sicherungshypothek nunmehr zur Sicherstellung der Ansprüche des Beklagten aus der Bürgschaftsleistung bei der Gewerbebank dienen solle. Eine Änderung des Eintrages im Grundbuche erfolgte jedoch nicht. Über X. wurde der Konkurs eröffnet, zu welchem der Vorschußverein keine, die Gewerbebank eine Forderung von über 13000 Mark anmeldete. Der Konkursverwalter klagte auf Löschung der Sicherungshypothek, wurde jedoch abgewiesen. Aus den Gründen:

Wenn der Beklagte die Ausführungen bekämpft, daß der Zusatz der Worte „beim Vorschußvereine" bei der Sicherungshypothek überflüssig sei, und es ebenso gut hätte heißen können „für N. N—", so ist ihm darin beizustimmen. Denn, auch wenn eine solche Fassung einer Sicherungshypothek möglich wäre, so ist doch eben hier thatsächlich dadurch, daß der Gläubiger, der den Kredit gewähren sollte, ausdrücklich genannt ist, das dem Beklagten gewährte Pfandrecht auf die Regreßforderung beschränkt worden, welche dem Beklagten aus einem zwischen X. einerseits und dem Vorschußvereine andererseits entstehenden Schuldverhältnisse erwachsen konnte. Mit dem Eintrage der Sicherungshypothek war ein Pfandrecht am Grundstücke für den Beklagten entstanden. Bezüglich dieser Sicherungshypothek steht nun fest, daß die Forderung, für welche die Hypothek bestellt worden, nicht entstanden ist, da der Vorschußverein die Kreditgewährung abgelehnt hat; es würde demnach bezüglich dieser Sicherungshypothek eine Eigentümerhypothek entstanden sein (§ 1163 BGB.), und es würde der auf sie entfallende Betrag den Konkursgläubigern zu Gute kommen.

Wenn nun der Eigentümer mit dem Beklagten vereinbarte, daß ihm diese Sicherungshypothek auch weiterhin zustehen solle, und zwar zur Sicherstellung für eine Kreditgewährung der Gewerbebank, so verzichtete er damit auf die Vorteile, welche ihm diese Rechtsposition gab, definitiv zu Gunsten des Beklagten, und, weil eben das Bestehenbleiben dieser Sicherungshypothek vereinbart war, auf deren Löschung. Jedem Begehren des jetzigen Gemeinschuldners auf Löschung steht diese Vereinbarung entgegen. Auch dadurch, daß X. in Konkurs verfallen ist, ändert sich dies nicht. Der Verwalter ist Vertreter des Gemeinschuldners (Jäger, KO. S. 62 ff., 68), und zwar beruht seine Vertretungsmacht auf dem Gesetz. Ein Recht, welches der Gemeinschuldner selbst gegen seinen Gegenkontrahenten nicht geltend machen könnte, ohne den Einwand der Vertragswidrigkeit oder Arglist auf Grund eines mit ihm getroffenen Abkommens hervorzurufen, kann auch seine Konkursmasse nicht geltend machen. (Entsch. d. RG. 19 S. 60). Die Gläubiger erhalten nur die Konkursmasse so, wie sie dem Gemeinschuldner zustand. — Die §§ 891, 892 BGB. können hier nicht in Frage kommen, denn der Gemeinschuldner war bereits vor der Konkurseröffnung über den, dem materiellen Rechte entsprechenden — mit dem Grundbuche nicht übereinstimmenden — Zustand völlig orientiert. Dadurch, daß er durch die Konkurseröffnung in seiner Geschäftsfähigkeit beschränkt wird (§ 6 KO.), wird daran nichts geändert. Der Verwalter überkommt die zum Vermögen des Gemeinschuldners gehörigen Rechte und Verbindlichkeiten so, wie sie beim Gemeinschuldner waren; war eine gesetzliche Vermutung diesem gegenüber wegen dessen Wissen vom wirklichen Rechtszustand ausgeschlossen, war er in gutem oder bösem Glauben, so muß dies auch der Verwalter anerkennen, nicht anders als wenn z. B. für einen wegen Verschwendung Entmündigten ein Vormund eingesetzt wird.

Endlich ist auch die Meinung des Klägers zurückzuweisen, daß, weil die vorliegende Klage dinglich sei und einer solchen keine Einwendungen aus einem obligatorischen Recht entgegengestellt werden könnten, auch dem Verwalter gegenüber eine Einrede aus der Vereinbarung nicht zulässig sei. Denn auch gegen die actio negatoria ist dann eine Einrede gegeben, „wenn der Eigentümer dem Beklagten gegenüber zur Duldung verpflichtet ist" (§ 1004 Abs. 2), einerlei ob diese Verpflichtung auf ein dingliches Recht des Beklagten, wie z. B. auf eine Berechtigung aus einer Dienstbarkeit, oder auf ein Recht sich begründet, das auf einem zwischen dem Eigentümer und dem Beklagten abgeschlossenen Vertrage beruht; und da der Verwalter als Vertreter des Gemeinschuldners nur dessen Eigentum geltend macht, so muß er sich auch die aus einem Vertrage des Gemeinschuldners mit dem Beklagten entsprungene Einrede, welche die Ausübung des Eigentumsrechtes diesem gegenüber ausschließt, entgegensetzen lassen. St.

c) **Rechtliche Beurteilung der Scheinhypothek.**

OLG. Königsberg, II. CS. Urteil v. 12. April 1902.

Dem Kläger A. ist eine angebliche Forderung seines Schuldners X. „entweder auf eine Restvaluta von 1600 Mark für eine von X. dem Beklagten B. bestellte Darlehenshypothek von 2600 Mark oder auf einen Kaufgelderrest in dieser Höhe für das damit belastete Grundstück" überwiesen. Unter der

Behauptung, daß X. nur 1000 Mark an Valuta erhalten und die Hypothek im übrigen nur zum Schein eingetragen sei, hat A. auf Zahlung der 1000 Mark Klage erhoben, welcher stattgegeben ist.

Zwar erscheint ein Anspruch des X. gegen den Beklagten auf Zahlung einer Restvaluta für die Darlehnshypothek von vornherein nicht begründet. Denn Klägerin selbst behauptet nicht, daß der Beklagte sich zur Zahlung der Darlehnssumme verpflichtet habe, sondern daß die Hypothek, soweit sie nicht valutiert war, zum Scheine eingetragen worden sei. Wohl aber würde, wenn und soweit dies letztere richtig ist, ein Anspruch des X. auf Zahlung eines Restkaufgeldes für das Grundstück, welches der Beklagte von X. unter Übernahme der fraglichen Hypothek gekauft hatte, bestehen (wie er gleichfalls für den Kläger gepfändet und ihm überwiesen ist), da das Kaufgeld durch die Anrechnung auf eine nicht rechtsgültige Hypothek nicht gedeckt sein würde. Insbesondere läßt sich ein Bedenken gegen diese Begründung des vom Kläger aus dem Rechte seines Schuldners erhobenen Anspruches nicht daraus herleiten, daß § 1163 BGB. auch auf eine solche nichtvalutierte Hypothek, welche vor 1900 eingetragen ist, Anwendung findet (vgl. Entsch. d. RG. 48 S. 48). Zwar leuchtet ein, daß der Schuldner, falls die Hypothek gemäß § 1163 ihm zustünde (als Grundschuld gemäß § 1177), eben nur dieses Recht an der Hypothek, nicht aber einen Anspruch auf Kaufgeld, als wenn ein Hypothekenrecht nicht wirksam bestünde, geltend machen könnte, und daß demgemäß ein Anspruch, wie ihn der Kläger aus dem Rechte des Schuldners erhebt, nicht begründet sein würde. Allein ein Fall des § 1163 liegt hier nicht vor; denn nicht die Nichtentstehung der der Hypothek zu Grunde liegenden Forderung, sondern die Nichtentstehung der Hypothek selbst kommt hier in Frage, insofern ihre Eintragung zu dem die schon begründete Forderung des Beklagten übersteigenden Betrag nicht für eine Forderung, welche künftig entstehen sollte, sondern ohne Rücksicht auf eine persönliche Forderung, also ohne die ernstliche Absicht, ein Hypothekenrecht wirklich zu begründen, erfolgt sein soll; auf Grund der nur scheinbaren und daher nach § 117 nichtigen Einigung über die Belastung des Grundstückes wäre eine wirksame Hypothek gar nicht entstanden und könnte daher auch nicht gemäß § 1163 auf den Eigentümer übergegangen sein. (Vgl. Turnau-Förster 1 S. 685 Anm. II.) Die Beweislast dafür, daß und zu welchem Teil des Hypothekenbetrages ein Darlehen nicht gegeben, sondern die Eintragung nur zum Schein bewilligt war, trifft angesichts des Schuldbekenntnisses des X. den Kläger.

Th.

---

## 3

## a) Unterschied zwischen Geisteskrankheit und Geistesschwäche. BGB. § 6.

OLG. Dresden, I. CS. Urteil v. 5. Dezember 1901.

Während der erste Entwurf § 28 die Zulässigkeit der Entmündigung auf den Fall der Geisteskrankheit beschränkte, bei bloßer Geistesschwäche aber in § 1739 nur die Bestellung eines Pflegers zuließ, wurde mit Rücksicht auf die, besonders von Irrenärzten in dieser Beziehung geübte Kritik und auf das von diesen betonte Bedürfnis nach einem weitergehenden Schutze auch der bloß Geistesschwachen im zweiten Entwurfe § 14 auch die Entmündigung wegen Geistesschwäche an sich zugelassen, andererseits ihre Zulässigkeit sowohl bei Geisteskrankheit als auch bei Geistesschwäche an die weitere Voraussetzung geknüpft, daß sie nur ausgesprochen werden dürfe, wenn der Kranke oder Geistesschwache infolge seines Zustandes seine Angelegenheiten nicht zu besorgen vermöge. Der Gesetzgeber hat also damit die Zulässigkeit der Entmündigung auf der einen Seite erweitert, auf der anderen aber wiederum eingeschränkt. Die Erweiterung besteht in der Zulässigkeit der Entmündigung auch bei bloß Geistesschwachen. Die Einschränkung kennzeichnet sich durch die Aufstellung der gleichmäßigen Voraussetzung, daß der geistig Gebrechliche, mag er geisteskrank oder geistesschwach sein, nicht schon wegen seines krankhaften Zustandes ausnahmslos, sondern nur dann entmündigt werden darf, wenn es wegen dieses Zustandes „seine Angelegenheiten nicht zu besorgen vermag" (vgl. Planck § 6 unter 4; Staudinger § 6 S. 27; Gruchot 45 S. 1—4). Was unter Geisteskrankheit und unter Geistesschwäche zu verstehen ist, ist im Gesetze selbst nicht definiert, und ebensowenig enthält dieses eine Festsetzung der Grenzen zwischen beiden Begriffen. Vielmehr ist, wie die Denkschrift ausdrücklich hervorhebt, — abgesehen vom Hinweise auf den für die Entmündigung maßgebenden Gesichtspunkt, daß durch die Geisteskrankheit Unfähigkeit des Kranken zur Besorgung seiner Angelegenheiten bewirkt sein muß — eine nähere Kennzeichnung der die Entmündigung rechtfertigenden Geisteskrankheit, entsprechend den aus ärztlichen Kreisen hervorgegangenen Wünschen, im Gesetze absichtlich unterblieben, und auch bezüglich des Begriffes der Geistesschwäche befindet sich in der Denkschrift nur die Andeutung, daß es sich dabei um Personen handele, deren geistige Kräfte unvollständig entwickelt seien. Wohl aber läßt sich aus den in den §§ 104³ und 114 festgestellten Folgen der Entmündigung, daß, wer wegen Geisteskrankheit entmündigt worden, geschäftsunfähig sei, daß dagegen der wegen Geistesschwäche Entmündigte, in Ansehung der Geschäftsfähigkeit nur einem Minderjährigen, der das siebente Lebensjahr vollendet hat, gleichstehe, also nach § 106 den in den §§ 107—113 enthaltenen Beschränkungen in der Geschäftsfähigkeit unterworfen sei, als Unterschied zwischen der Geisteskrankheit und der Geistesschwäche als Gesichtspunkt erkennen, daß es sich dabei nicht sowohl um den Grund und die Art der geistigen Unregelmäßigkeit, als vielmehr lediglich um ihren Grad handelt. Die Geisteskrankheit im engeren und gesetzestechnischen Sinne stellt also den höheren, die bloße Geistesschwäche den geringeren Grad der geistigen Anomalie dar. — Was aber das andere Erfordernis anlangt, daß nämlich der Betreffende außer stande sein muß, seine Angelegenheiten besorgen zu können, so kommt als „Angelegenheiten" nicht nur der Abschluß von Rechtsgeschäften, sondern alles in Betracht, was in rechtlich erheblicher Weise das Wohl des Kranken angeht. Es kommen demgemäß nicht nur civilrechtliche Gesichtspunkte in Betracht, sondern es sind auch die öffentlichen Interessen und die allgemeine Wohlfahrt, insonderheit die Aussicht auf Heilung der Geisteskrankheit, der Schutz der Ausbeutung durch Andere, die Rücksicht auf das Wohl und die Sicherheit seiner Angehörigen und der Gesichtspunkt einer etwaigen Gemeingefährlichkeit des Kranken, bei der Beurteilung seiner Angelegenheiten mit in Betracht zu ziehen. Die Betonung „seiner" Angelegenheiten im Gesetze erheischt eine Prüfung der Frage der Entmündigung nach den individuellen, also höchst persönlichen Interessen des Kranken und schließt die Entmündigung aus, falls der Kranke nur zeitweilig, also nicht dauernd, oder nur für einzelne seiner Angelegenheiten, demnach nicht für den Umkreis aller seiner Angelegenheiten zu deren Besorgung außer stande erscheinen sollte. Insbesondere rechtfertigt das Unvermögen zur Besorgung seiner Angelegenheiten, wenn es nur einzelne oder nur einen bestimmten Kreis der Angelegenheiten betrifft, lediglich die Anordnung einer Pflegschaft nach § 1910² BGB. Endlich darf es auch, damit die Entmündigung zulässig sein soll, nicht am ursächlichen Zusammenhange zwischen der Unfähigkeit des Kranken zur Besorgung seiner Angelegenheiten und seinem geistigen Zustande fehlen. Es kommt also darauf an, ob er seine Angelegenheiten vernünftig, nämlich so, wie ein normal handelnder Mensch zu besorgen vermag, oder nicht, so daß das Maß der noch vorhandenen geistigen Kräfte, m. a. W. der Grad der geistigen Störung, entscheidet. Dr. W.

### b) **Begriff der Geistesschwäche. Kein Scheidungsgrund.**[1]

### **BGB. §§ 6, 1569.**

*α*) OLG. Celle, I. CS. Urteil v. 20. Oktober 1900.

Schon die Motive 1 S. 60 erörtern die Unterschiede von Geisteskrankheit und Geistesschwäche, und statuieren, daß eine Person, welche des Vernunftgebrauches beraubt ist, wegen Geisteskrankheit entmündigt werden kann. Dagegen wird erwogen, daß bei geistesschwachen, d. h. in der geistigen Entwickelung mehr oder weniger zurückgebliebenen Personen die Notwendigkeit einer Entmündigung und allgemeinen vormundschaftlichen Fürsorge nicht vorliege; vielmehr genüge, im Bedürfnisfalle die Einleitung einer Pflegschaft vorzusehen, die einfach im gewöhnlichen Verfahren vor dem Vormundschaftsgerichte erfolge und eine Beschränkung der Geschäftsfähigkeit nicht zur Folge habe. Im weiteren Verlaufe der Verhandlungen wurde anerkannt, daß dieser Schutz in vielen Fällen der Geistesschwäche nicht genüge, sondern eine weitergehende Fürsorge, verbunden mit einer Beschränkung der Geschäftsfähigkeit erforderlich sei, daß dann aber größere Garantien für die Notwendigkeit einer solchen Maßregel geschaffen werden müßten. Deshalb wurde beschlossen, das formelle, mit Garantien umgebene Entmündigungsverfahren

[1] Rsp. 2 Nr. 142a, 3 Nr. 12, 4 Nr. 25i. Vgl. ferner D. Jur.-Z. 1900 S. 215 ff.

auf Geistesschwäche auszudehnen, und so entstand der jetzige § 6[1]. Hiernach hat die Unterscheidung zwischen Geisteskrankheit und Geistesschwäche vom Anfang an bestanden, nur sind die Vorschriften über die Behandlung und Folgen der Geistesschwäche einer Änderung unterzogen. Ist dies aber zutreffend, so ist der weitere Schluß gerechtfertigt, daß der zweite Entwurf, indem er im § 1464 die Scheidung wegen Geisteskrankheit für zulässig erklärte, den Scheidungsgrund auf Geistesschwäche nicht ausdehnen wollte. Diese Auffassung findet eine erhebliche Unterstützung darin, daß die Zulässigkeit der Scheidung wegen Geisteskrankheit von vielen Seiten auf das energischste bekämpft wurde, und daß selbst die Befürworter die denkbar besten Kautelen zu schaffen sich bemühten, um zu verhindern, daß wegen mehr oder weniger geringer geistiger Abnormität, die der Psychiater für Geisteskrankheit erkläre, Scheidung stattfinde. Endlich mag auch noch darauf hingewiesen werden, daß § 698 II 1 ALR. nur wegen Raserei und Wahnsinn, nicht wegen Blödsinn Scheidung zuließ und daß man ausweislich der Verhandlungen mehr bestrebt war, das in großen Rechtsgebieten bestehende Scheidungsrecht wegen Geisteskrankheit aufrecht zu erhalten, als zu erweitern. Hsr.

β) OLG. Celle, I. CS. Urteil v. 20. Dezember 1901.

Das OLG. hält aus den Gründen des [vorstehenden] Urteiles die Scheidungsklage nur bei Geisteskrankheit für gegeben. Die Begriffe Geisteskrankheit und Geistesschwäche hat das BGB. nicht definiert, es macht jedoch bezüglich der Handlungsfähigkeit einen erheblichen Unterschied zwischen beiden. ... Daraus ergiebt sich, daß Personen, bei welchen eine vernunftgemäße, bewußte Willensbestimmung ausgeschlossen ist, wozu auch verblödete Idioten zu rechnen sind, nicht zu den „Geistesschwachen" gehören. Bei dem Beklagten ist zur Zeit seiner Aufnahme in die Anstalt zu G. 1893 die freie Willensbestimmung durch krankhafte Störung der Geistesthätigkeit ausgeschlossen gewesen, er war also derzeit geisteskrank. Dieser Zustand hat sich jedoch im Laufe der Jahre, namentlich zufolge der Entziehung des Alkohols, gebessert. ... Diese Besserung hat einen derartigen Grad erreicht, daß der Beklagte vernünftiger Einsicht und Erwägung und dementsprechender Willensbestimmung nicht völlig unfähig ist, in dieser Beziehung aber nicht unerheblich unter dem gewöhnlichen Durchschnittsmaße steht. Das Gericht hat letzteres als Kriterium der Geistesschwäche gegenüber der Geisteskrankheit durch den Beweisbeschluß unterstellt. Der Sachverständige hat demgemäß den Zustand des Beklagten sowohl im medizinischen Sinne als im Sinne des BGB. für Geistesschwäche erklärt. Der Beklagte sei fähig, einfache Verhältnisse zu übersehen und den Inhalt der ihm zur Verfügung stehenden Lokalblätter aufzufassen, auch sei ihm das Bewußtsein der auf sittlichen Rechten und Pflichten beruhenden ehelichen Gemeinschaft nicht ganz verloren gegangen; wenn er das Trinken lasse, so sei die Aussicht auf Wiederherstellung dieser Gemeinschaft durchaus nicht ausgeschlossen. ... Hsr.

## 4

a) **Zulässigkeit des Rechtsweges für Klagen gegen den Verein wegen Verletzung von Mitgliedsrechten.**[1]

OLG. Hamburg, IV. CS. Urteil v. 25. April 1902.

Die offene Handelsgesellschaft A. ist Mitglied eines eingetragenen Vereins und wurde wegen des Verhaltens eines Inhabers ausgeschlossen. Ihre Klage auf Aufhebung des Beschlusses wurde abgewiesen. Aus den Gründen:

Daß im allgemeinen das Beschreiten des Rechtsweges zulässig ist, um den satzungsmäßig begründeten Rechten von Mitgliedern gegen Eingriffe des Vorstandes oder Verletzung durch Beschlüsse der Mitgliederversammlung Schutz zu gewähren, ist nicht zu bezweifeln. Dies muß jedoch dann eine Ausnahme erleiden, wenn die Klage dahin führen müßte, in das der eigenen Autorität des Vereins vorbehaltene Gebiet einzugreifen. Dazu sind die Gerichte, wenn ein Verein gedeihlich wirken soll, nicht befugt, und erscheint insoweit der Rechtsweg ausgeschlossen. Das ist aber der Fall, wenn die Vereinsorgane auf Grund besonderer Bestimmungen der Satzung ein Mitglied vom Vereine ausgeschlossen haben. Die Gerichte sind hier nicht zu einer Nachprüfung berufen, ob ein triftiger Anlaß zu solchem Ausschlusse vorlag und ob genugsame Thatsachen und Beweise dafür gegeben waren oder nicht. Sie haben sich vielmehr lediglich darauf zu beschränken, nachzuprüfen, ob die Vereinsorgane ihre Thätigkeit innerhalb der von der Satzung gezogenen Grenzen und nach den darin getroffenen Bestimmungen korrekt ausgeübt haben. . . . M. M.

b) **Rechtsweg über die Voraussetzungen des Verwaltungszwangsverfahrens.**

OLG. Marienwerder, II. CS. Urteil v. 29. April 1902.

Der Kläger hatte die ihm vom beklagten Forstfiskus gelieferten Hölzer beanstandet und ist nach Ablauf einer zur Beseitigung der Mängel gesetzten Frist vom Kauf zurückgetreten. Er ist jedoch wegen des Kaufpreises im Verwaltungszwangsverfahren gepfändet worden. Die Klage wurde abgewiesen. Aus den Gründen:

Insoweit die Zulässigkeit des Zwangsverfahrens angefochten wird, hat die Klage den Charakter der actio negatoria in dem Sinne, daß Kläger einen Eingriff in sein Vermögen abwehren will, der formell der gesetzlichen Grundlage entbehrt. Indessen eine solche Klage ist gegenüber einem Verfahren, das sich in den durch Verordnung vom 15. November 1899 geregelten Formen bewegt, ausgeschlossen. Allerdings bestimmt § 1, daß nach ihren Vorschriften die Zwangsvollstreckung wegen aller derjenigen Abgaben, Gefälle und sonstigen Geldbeträge erfolge, „welche nach den bestehenden Vorschriften der Beitreibung im Verwaltungszwangsverfahren unterliegen". Hieraus folgt jedoch nicht, daß im Rechtswege darüber gestritten werden könne, ob im gegebenen Falle diese Voraussetzung vorliege. Wenn

[1] Rsp. 4 Nr. 99a, b.

nämlich den Verwaltungsbehörden die Befugnis eingeräumt ist, gewisse Geldbeträge einzuziehen, so liegt es schon in der Natur der Sache, daß nur von ihnen darüber befunden werden kann, ob ein Fall vorliegt, in dem das Gesetz dieses Verfahren zuläßt. Denn stillschweigend muß eine solche Entscheidung doch in jedem Falle getroffen werden (vgl. die Entsch. des Kompetenzgerichtshofes vom 12. Juni 1875 bei Stölzel S. 291 Nr. 1814). Ist diese Entscheidung aber einmal der Verwaltungsbehörde übertragen, so unterliegt sie nicht der Nachprüfung des Gerichtes, ebensowenig wie der Rechtsweg zur Abwehr einer polizeilichen Zwangsverfügung mit der Behauptung in Anspruch genommen werden kann, daß das Einschreiten der Polizei im gegebenen Falle der gesetzlichen Grundlage entbehre. Ebenso wie in diesem Falle nur die im Gesetze ausdrücklich zugelassenen Rechtsmittel ergriffen werden können, so ist auch gegenüber dem Verwaltungszwangsverfahren der Schuldner auf die Rechtsbehelfe beschränkt, die ihm die gesetzliche Regelung dieses Verfahrens an die Hand giebt. Daß aber nach der Verordnung vom 15. November 1899 über die Zulässigkeit des Verfahrens der Rechtsweg zugelassen sei, ist aus dieser Verordnung nicht zu entnehmen. § 2 1 beschränkt vielmehr die Zulässigkeit des Rechtsweges auf den Streit über die Verbindlichkeit zur Entrichtung der geforderten Geldbeträge. Jedenfalls ergiebt sich aus ihr nichts für die Zulässigkeit des Rechtsweges über die Voraussetzungen der Anordnung des Verfahrens. Daß für den Streit über diese der Rechtsweg ausgeschlossen ist, folgt aus der positiven Vorschrift des § 2 2. Denn danach ist wegen vermeintlicher Mängel des Zwangsverfahrens, auch wenn sie die Form der Anordnung betreffen, nur die Beschwerde im Verwaltungswege zugelassen . . .

Wenn in zweiter Linie der Kläger seinen Antrag auf die Behauptung gestützt hat, daß er zur Zahlung des zur Beitreibung gestellten Geldbetrages nicht verpflichtet sei, so ist ihm zuzugeben, daß über die Verbindlichkeit zur Entrichtung des geforderten Holzkaufgeldes der Rechtsweg stattfindet. Insoweit ist der Rechtsweg nach § 2 1 nicht verschränkt, seine Zulässigkeit ergiebt sich aus der privatrechtlichen Natur des zur Beitreibung gestellten Anspruches, ein landesgesetzlicher Ausschluß des Rechtsweges würde sogar gegenüber § 4 EG. zur CPO. unwirksam sein. Indessen aus der Zulässigkeit des Rechtsweges über die Verbindlichkeit zur Entrichtung des geforderten Holzkaufgeldes folgt noch nicht die Zulässigkeit des Rechtsweges für den gestellten Antrag. Der Vorderrichter verneint diese so lange, als nicht beantragt werde, die Nichtverpflichtung des Klägers zur Zahlung ausdrücklich festzustellen. Er scheint also anzunehmen, daß in Verbindung mit einem solchen Antrage der vom Kläger gestellte Antrag auf Unzulässigkeitserklärung und Aufhebung der Pfändung im Rechtswege statthaft sein würde. Allein für den Klagantrag wäre der Rechtsweg auch dann unzulässig gewesen, wenn Kläger mit diesem Antrage denjenigen auf Feststellung seiner Nichtverpflichtung zur Zahlung verbunden hätte. Allerdings hat das RG. (Entsch. 33 S. 34) den Rechtsweg für eine Klage zugelassen, welche die

Feststellung verlangte, daß der Berufsgenossenschaft ein Anspruch auf Leistung von Beiträgen oder Vorschüssen nicht zustehe und daß sie daher nicht berechtigt sei, dieserhalb im Verwaltungszwangsverfahren Zwangsvollstreckungsmaßregeln vorzunehmen. Indessen ergiebt sich aus der Begründung, daß die Entscheidung den vorliegenden Fall nicht trifft. Das Reichsgericht hat bei Anwendung der Verordnung vom 7. September 1879, welche in der hier streitigen Frage mit der vom 15. November 1899 grundsätzlich übereinstimmt, in gleichmäßiger Rechtsprechung daran festgehalten, daß dem Gerichte die Befugnis zur Einstellung und Aufhebung des Zwangsverfahrens nur in dem Umfange zustehe, in welchem sie dem Gerichte durch die Verordnung selbst überwiesen ist, insbesondere also insoweit, als Rechte Dritter in Frage stehen; daß aber insoweit, als es sich um Einwendungen des Schuldners handelt, die Gerichte in dem über die Nichtverpflichtung anhängigen Verfahren eine Einstellung des Zwangsverfahrens nicht anordnen und überhaupt keinerlei Entscheidung erlassen dürfen, mit welchen ein direkter Eingriff in das Exekutionsrecht der zur Zwangsvollstreckung befugten Behörde verknüpft sein würde (vgl. Entsch. des RG. 25 S. 406; Gruchot 41 S. 417). An diesem Grundsatze ist auch in Entsch. 33 S. 34 festgehalten und der Rechtsweg in jenem Falle für den zweiten Teil des Klagantrages nur darum zugelassen, weil er keinen Eingriff in das Exekutionsrecht der Behörde enthalte und eine Einstellung des anhängigen Zwangsverfahrens nicht verlange. Diese Bedeutung, welche nach damaliger Lage der Sache verneint werden konnte, hat aber gerade hier der Klagantrag. Denn er verlangt nicht nur, daß dem Fiskus die Berechtigung zur Zwangsvollstreckung abgesprochen wird — so daß die Wirkung des Zwangsverfahrens so lange bestehen bliebe, bis die Verwaltungsbehörde es, wenn auch infolge des Urteiles, so doch durch eigene Anordnung aufhebe —, sondern vielmehr, daß das Gericht das Zwangsverfahren für unzulässig erklärt und aufhebt. Danach verlangt Kläger, daß das Gericht unmittelbar in die von der Verwaltungsbehörde betriebene Zwangsvollstreckung eingreift und — worauf es ihm offenbar hauptsächlich ankommt — durch seine Entscheidung die durch die Pfändung bewirkte Verstrickung der gepfändeten Sachen beseitigt, so daß Kläger diese Pfändung nicht mehr zu respektieren braucht, sondern ihrer ungeachtet über die Sachen wieder frei verfügen kann. Dies wäre auch unzweifelhaft die Bedeutung einer dem Antrage entsprechenden Entscheidung, zu welcher aber das Gericht auch dann nicht zuständig ist, wenn sie zugleich mit der Entscheidung über die Nichtverpflichtung zur Zahlung begehrt wird. . . . H.

c) **Nicht das der Parteifähigkeit ermangelnde Regiment,[1] sondern der Reichsmilitärfiskus, vertreten durch die Korpsintendantur, ist aus den mit den Kantinen abgeschlossenen Verträgen zu verklagen.**

OLG. Colmar, III. CS. Urteil v. 13. Mai 1902.

Zu erörtern bleibt, ob die Kantinen einen Teil der Militärverwaltung

[1] Entsch. d. RG. 20 S. 148; JZ. für Elſ.-Lothr. 24 S. 97. 267, 25 S. 314, 26 S. 476.

bilden und welche Bedeutung der Erklärung in den vorgelegten Erlassen des Kriegsministers zukommt, daß die Kantinen Privateinrichtungen der Truppen sind. Die Kantinen haben den Zweck, den Mannschaften gegen sofortige Bezahlung die gewöhnlichen Lebensbedürfnisse und Gebrauchsgegenstände in bester Beschaffenheit und zu den billigsten Preisen zu liefern; sie schließen sich also dem der Militärverwaltung obliegenden Verpflegungswesen an, sie sind, wie jene Erlasse selbst sagen, Einrichtungen der Truppen. Die Kantinen mit Selbstbewirtschaftung stehen unter der oberen Leitung und Aufsicht des betr. Truppenbefehlshabers. Der Betrieb geschieht durch die von den zuständigen Militärbehörden bestellten Organe in den der Militärverwaltung unterstellten Gebäuden, kurz, sie sind ein Bestandteil der Militärverwaltung, eine ausschließlich militärische Einrichtung. Die zum Gebrauche der Kantinen nötigen Gegenstände, das Kantinenvermögen, gehört an sich auf Grund des Gesetzes vom 25. Mai 1873 dem Reichsfiskus. Wenn demgegenüber die Kantine als eine Privateinrichtung des Truppenteiles bezeichnet wird, die den Militärfiskus nicht verpflichten könne, so kann damit nur gemeint sein, daß der an sich zur Militärverwaltung gehörige Kantinenbetrieb und das an sich dem Reichsfiskus gehörige Kantinenvermögen den betr. Truppenteilen wie auch viele andere Betriebe, zur ständigen Verwaltung überlassen werden. Jene Erlasse stehen offenbar auf demselben Standpunkt. Denn nur so erklärt sich die andernfalls ganz überflüssige Anweisung, daß die durch den Kantinenbetrieb erforderlichen Rechtsgeschäfte nicht im Namen des Fiskus, sondern in dem persönlichen Namen der die Militärbehörde vertretenden Person vorgenommen werden sollen. Die Auffassung, daß Subjekt der aus dem Kantinenbetriebe sich ergebenden Rechte und Verbindlichkeiten der Reichsfiskus ist, findet eine weitere Bestätigung in der Erwägung, daß es andernfalls überhaupt an einem Rechtssubjekte für sie fehlen würde. Denn da die Truppenteile an sich weder rechts- noch parteifähig sind, und da aus den im Namen des Regimentes oder der Militärverwaltung geschlossenen Rechtsgeschäften auch die jeweils für sie handelnden einzelnen Personen nicht berechtigt und verpflichtet werden, so würde überhaupt kein Träger des Kantinenvermögens in aktiver und passiver Beziehung vorhanden sein. Denn daß etwa die Regimentskommandeure oder die jeweiligen Kantinenvorstände Eigentümer des Kantinenvermögens seien, wird wohl niemand ernstlich behaupten wollen. Jene kriegsministeriellen Erlasse konnten und wollten die geschilderte gesetzliche Rechtslage nicht ändern. Sie enthalten lediglich Anordnungen innerer Natur, Dienstanweisungen, die nur Geltung innerhalb der Militärbehörden haben, aber die rechtlichen Beziehungen zwischen der Militärverwaltung und den Privatpersonen nicht berühren. Schließt daher der Regimentskommandeur im Betriebe der Kantinenverwaltung Rechtsgeschäfte der Dienstanweisung entsprechend ausdrücklich im eigenen Namen ab, so wird selbstverständlich nur er persönlich berechtigt und verpflichtet. Nimmt er sie aber, wozu er nach der geschilderten Rechtslage

Dritten gegenüber befugt ist, namens des Regimentes oder der Militärverwaltung vor, dann wird Dritten gegenüber der Reichsfiskus unmittelbar berechtigt und verpflichtet. . . . Frdthl.

## 5

### a) Gerichtsstand bei Anfechtung eines Grundstückstausches wegen Betruges. CPO. §§ 24, 32.

Kammergericht, II. CS. Urteil v. 28. Januar 1902.

Der Kläger hat einen zwischen ihm und dem Beklagten vorgenommenen Tausch eines Hauses in X. gegen ein Rittergut in Z. wegen Betruges angefochten. Der Betrug soll durch Irrtumerregungen begangen sein, die der Beklagte teils auf dem Rittergute, teils in Z. bewirkt hat. Der Tauschvertrag ist vor einem Notar in A. abgeschlossen worden. Das Landgericht X. hat seine Zuständigkeit mit Recht verneint. Zunächst ist der dingliche Gerichtsstand nicht begründet. Die Klage ergiebt klar, daß das Kausalgeschäft, der Tauschvertrag, und nicht das abstrakte Leistungsgeschäft, die Auflassung, wegen Betruges angefochten wird. Es wird also nur die Nichtigkeit des Tauschvertrages geltend gemacht, und es bleibt vorerst die Auflassung mit ihren Rechtswirkungen unangefochten zu Recht bestehen. Der Kläger kann aber, wenn die Anfechtung des Tauschgeschäftes Erfolg hat, nach den Grundsätzen der ungerechtfertigten Bereicherung die Rückgängigmachung des Eigentumswechsels verlangen. Dieser mit dem Klagantrage auf aktive und passive Rückauflassung gerichtete Anspruch ist obligatorisch. Nur im Falle der Anfechtung der Einigung — Auflassung — würde der Kläger einen dinglichen Anspruch auf Berichtigung des Grundbuches haben (Turnau-Förster 1 S. 95—97).

Auch aus § 32 CPO. läßt sich ein Gerichtsstand nicht herleiten. Geklagt wird aus betrügerischer Verleitung zum Abschluß des Tauschvertrages. Dieser ist der gewollte schädigende Erfolg des betrügerischen Handelns und Gegenstand der Anfechtung. Bis zum Vertragsschlusse fehlt es an der für den Thatbestand des Betruges vorausgesetzten Vermögensschädigung. Demnach erscheint der Betrug als begangen dort, wo unter Erregung eines Irrtumes oder Benutzung eines bereits erregten Irrtumes, der Abschluß des Vertrages herbeigeführt ist.[1] Ort des Vertragsschlusses, dessen Zustandekommen nach dem eigenen Vorbringen des Klägers auf die bis zur gemeinschaftlichen Vollziehung des Vertrages durch die Parteien reichenden Unterhaltung und Benutzung eines Irrtumes seitens der Beklagten zurückzuführen ist, ist aber das aus § 32 zuständige Gericht, also das Landgericht A. Sp.

### b) Was zur Sicherung der Erfüllung eines nichtigen Vertrages gegeben war, kann nicht im Gerichtsstande des Vertrages zurückgefordert werden.[2] CPO. § 29.

OLG. Hamburg, II. CS. Urteil v. 25. Januar 1902.

[1] Vgl. hierzu Gruchot 42 S. 1171 Nr. 113. — [2] Vgl. dazu Entsch. d. RG. 49 S. 421.

Die Frage, ob für eine Klage, mittels welcher das auf Grund eines später mit Erfolg angefochtenen Vertrages Geleistete zurückgefordert wird, der Gerichtsstand des Vertrages gemäß § 29 an dem Orte begründet ist, wo der Kläger gemäß dem Vertrage geleistet hat, wird nach der neueren reichsgerichtlichen Rechtsprechung im Gegensatze zu früheren Entscheidungen verneint (Entsch. d. RG. 3 S. 413, 27 S. 396, 31 S. 38; vgl. Zeitschrift für Civilprozeß 25 S. 482 und Hanseat. GZ. Beiblatt 1898 Nr. 48). Für den vorliegenden Fall bedarf es einer Entscheidung dieser Frage jedoch nicht. Denn der Kläger fordert hier nicht etwas zurück, was er auf Grund des nunmehr für nichtig erklärten Vertrages an die Beklagte veräußert hat, sondern er verlangt nur die Herausgabe der Wechsel, die er, allerdings gemäß einer Bestimmung jenes Vertrages, der Beklagten zur Sicherung der darin versprochenen Schenkung gegeben hat. Diese Wechsel sind aus dem Eigentume des Klägers niemals herausgekommen. Da die Nichtigkeit des Vertrages auch den Pfandvertrag ergreift, so kann der Kläger lediglich auf Grund seines Eigentumes oder mittels einer Kondiktion des Besitzes die Herausgabe der grundlos im Besitze der Beklagten befindlichen Wechsel verlangen, nicht auf Grund irgend eines Vertragsverhältnisses. Für die Klage des Eigentümers gegen den Besitzer einer jenem gehörigen Sache auf Herausgabe derselben bezw. für die Besitzkondiktion kann aber der Gerichtsstand des Vertrages niemals begründet sein, die dem Vorstehenden gemäß formulierte Klagbitte hat der Kläger freilich später, nachdem infolge einer einstweiligen Verfügung die Wechsel in Hamburg hinterlegt worden waren, dahin geändert, daß die Beklagte zur Einwilligung in die Auslieferung der Wechsel an ihn verurteilt werde. Dadurch ist aber der Charakter der Klage nicht geändert worden, und ihr Grund bleibt nach wie vor derselbe. Allerdings läßt sich nicht verkennen, daß zwischen den beiden Klagbitten, der auf Erklärung der Nichtigkeit des Vertrages und der auf Herausgabe der Wechsel gerichteten, ein Zusammenhang insofern besteht, als diese die Konsequenz jener bildet. Aber ein forum connexitatis ist, abgesehen von dem Falle der Widerklage und dem Falle, wo bei einer Klage gegen Streitgenossen (§§ 59, 60) durch gerichtliche Bestimmung gemäß ein gemeinschaftliches Forum geschaffen werden kann, nicht gegeben. Die Klage auf Herausgabe der Wechsel konnte daher nur im allgemeinen Gerichtsstande der Beklagten erhoben werden. M. M.

c) **CPO. § 33 regelt nicht bloß den Gerichtsstand, sondern auch die Frage der Zulässigkeit der Widerklage. Kein Zusammenhang zwischen Widerspruchsklage und Klage auf Anerkennung des Pfandrechtes.**

OLG. Dresden, III. CS. Urteil v. 10. Januar 1902.

Die bisher nur von Löning und Kohler und vorübergehend von einem Senat des OLG. Dresden (Annalen 13 S. 246) vertretene Auffassung, daß § 33 nur den Gerichtsstand, nicht die Frage der Zulässigkeit der Widerklage an sich regele, hat zwar neuerdings auch in Stein-Gaupp 1 S. 93 einen

Verteidiger gefunden;[1] das Berufungsgericht hält jedoch an der von der überwiegenden Mehrheit geteilten Ansicht fest, daß in § 33[1] auch die Frage der Zulässigkeit der Widerklage geregelt werde und somit für sie — was von Amts wegen zu prüfen ist — rechtlicher Zusammenhang mit dem Klaganspruch oder einem gegen ihn vorgebrachten Verteidigungsmittel erforderlich ist. Es genügt, hierbei auf Wach, Handbuch 1 S. 281, Schmidt, Lehrbuch des CP. S. 860; Entsch. des RG. 11 S. 423 und 23 S. 398, sowie Engelmann, CP. S. 257 zu verweisen. Derselben Ansicht sind Petersen-Anger 1 S. 90 und Reincke S. 38.

Ein rechtlicher Zusammenhang zwischen dem Klaganspruch auf Freigabe der Sachen und dem Widerklaganspruche auf Feststellung des Pfandrechtes am Gelde besteht aber nicht, denn weder fließen beide Ansprüche aus demselben Rechtsverhältnisse, noch kann der eine ohne den anderen nicht bestehen (vgl. Wach S. 481 f., Engelmann S. 258, Entsch. des RG. 11 S. 423). Vielmehr ist nur der äußere zufällige Zusammenhang vorhanden, daß die Sachen und das Geld durch denselben Pfändungsakt mit Beschlag belegt worden sind; die Eigentumsverhältnisse am Gelde und an den einzelnen Sachen gründen sich aber auf von einander unabhängige Erwerbsakte. Auch bildet das eine Eigentumsverhältnis nicht die Bedingung für das Bestehen des anderen. — Ebenso unzulässig ist die Widerklage auf Feststellung des Pfandrechtes des Beklagten an den Sachen, deren Freigabe die Klage begehrt. Denn diese Widerklage enthält keinen selbständigen neuen Klaganspruch, sondern die bloße Verneinung des Klaganspruches, über den ohnehin bereits entschieden ist (Wach S. 481; Gaupp 1 S. 92). M.

### d) Der Gerichtsstand für die Klage aus § 323 CPO.

OLG. Hamm, IV. CS. Urteil v. 11. Februar 1902.

Das Landgericht A. hat 1887 die jetzt klagende Aktiengesellschaft auf Grund der §§ 2 und 3 Haftpflichtges. verurteilt, der Witwe B. bis an deren Lebensende, längstens jedoch bis zum 11. Juni 1910, eine bestimmte Rente zu zahlen. Die Klägerin hat unter der Behauptung, daß die Rentenberechtigte nach Rechtskraft jenes Urteiles wieder geheiratet habe und von ihrem jetzigen Ehemanne vollen Unterhalt beziehe, auf Grund des § 323 CPO. bei dem Landgerichte B. als dem ordentlichen Gerichtsstande der Rentenberechtigten auf Feststellung ihrer Nichtverpflichtung zur Weiterzahlung der Rente und auf Rückzahlung gewisser bereits erhaltener Rentenbeträge geklagt. Die Beklagte erachtet auf Grund des § 767 CPO. das Landgericht A. für ausschließlich zuständig. Aus den Gründen:

Der § 323 statuiert ebenso wie der frühere § 7[2] Haftpflichtges. eine Ausnahme von der materiellen Rechtskraft des Urteiles aus Billigkeitsgründen und sollte ursprünglich auch in das BGB. aufgenommen werden (vgl. § 724 Abs. 6 Entw. I). Er hat dann aber aus Zweckmäßigkeitsgründen seine Stellung

[1] Vgl. jetzt auch Entsch. d. RG. 46 S. 425.

neben den anderen die materielle Rechtskraft des Urteiles behandelnden Bestimmungen in der CPO. erhalten. Sein Vorbild war nicht der § 767 CPO., sondern hauptsächlich der § 7² Haftpflichtges. (Motive zum BGB. 2 S. 789 ff. und Motive zu § 323 CPO.). Im § 724⁶ Entw. I, in den Motiven hierzu und in den Motiven zu § 323 CPO. findet sich allerdings eine Hinweisung auf § 767 CPO., aber nur in Beziehung auf die Streitfrage (vgl. Entsch. d. RG. 5 S. 98), ob auch vor dem ersten Urteile liegende Verhältnisse, wenn sie ohne Verschulden unbekannt geblieben waren, noch eine Änderung des Urteiles begründen könnten. Das läßt aber nicht den Schluß zu, daß der § 323 nach der Absicht des Gesetzgebers als ein Einzelfall des § 767 anzusehen und daß der für § 767 vorgeschriebene Gerichtsstand auch für die auf Grund des § 323 erhobene Klage maßgebend sei. Der abweichenden Ansicht Reincke's — zu § 323 CPO. — kann nicht beigetreten werden. Hätte der Gesetzgeber den § 323 nur als einen Einzelfall des § 767 im prozessualen Sinne angesehen wissen wollen, so hätte es doch nahe gelegen, auch die Zuständigkeitsbestimmung des § 767 für den § 323 vorzuschreiben, umsomehr, als der Gesetzgeber dasjenige, worin er glaubte, den § 323 mit § 767 in Einklang bringen zu müssen, in Abs. 2 des § 323 klar zum Ausdruck gebracht hat.

Auch die Erwägung, daß mit der vorliegenden Klage, wie stets mit derartigen Klagen, nur bezweckt werde, die Zwangsvollstreckung aus dem früheren Urteile zu frustrieren und die Unzulässigkeit derselben darzuthun, und daß es sich daher lediglich um eine Einwendung im Sinne des § 767 handele, ist nicht zutreffend. Die §§ 323 und 767 haben allerdings das Gemeinsame, daß es sich bei den auf Grund derselben erhobenen Klagen stets um einen dem materiellen Rechte angehörenden Anspruch handelt. Die Klagen sind aber in ihrem Endziele wesentlich verschieden. Bei den auf Grund des § 767 erhobenen Klagen bleibt der durch das Urteil festgestellte Anspruch an sich unberührt, und es wird nur dessen Tilgung oder Erlöschen im weitesten Sinne durch später eingetretene Thatsachen (Zahlung, Kompensation, Erlaß, Vergleich u. a. Gr.) geltend gemacht. Auf Grund des § 323 aber wird ebenso wie früher auf Grund des § 7² Haftpflichtges. eine Änderung des früheren Urteiles erstrebt. Es liegt keine Fortsetzung oder eine Einwendung gegen die Vollstreckung des entschiedenen Prozesses vor; die neue Klage ist prozessual, wenn auch ihrem Gegenstande nach mit dem entschiedenen Prozesse im Zusammenhange stehend, ganz selbständig (vgl. Entsch. d. RG. 1 S. 318), will den festgestellten Anspruch nicht als erloschen darthun, sondern eine Änderung des Urteiles dadurch herbeiführen, daß der frühere Streitgegenstand auf Grund der veränderten Verhältnisse von neuem entschieden wird. Daraus ergiebt sich aber, daß bei einer auf Grund des § 323 erhobenen Klage der § 767 überhaupt nicht in Betracht kommen kann. Kommt § 767 zur Anwendung (wie in dem vom RG., Entsch. 44 S. 364, entschiedenen Falle bezüglich des einen Teiles des dort streitigen Anspruches mit

Recht angenommen ist), so liegt ein auf § 323 zu stützender Anspruch überhaupt nicht vor, wenn dieser Anspruch vielleicht auch eine zunächst nach § 323 zu treffende Entscheidung voraussetzt. Vorliegend handelt es sich lediglich um einen Anspruch nach § 323. Soweit der Klagantrag auf die vor der Klagezustellung liegende Zeit zurückgeht, ist er auch mit dem Abs. 2 des § 323 nicht im Einklange. N.

---

## 6

**a) CPO. § 69 trifft nicht schon deshalb für den Ehemann zu, weil nach BGB. § 1460 Abs. 2 das Gesamtgut für die Kosten des Rechtsstreites gegen die Ehefrau haftet.**

OLG. Hamburg, IV. CS. Urteil v. 16. September 1901.

Der Einspruch des als Nebenintervenient beigetretenen Ehemannes steht im Widerspruch mit der Erklärung der Hauptpartei. Daher wäre er nur zulässig, wenn gemäß § 69 CPO. nach den Vorschriften des bürgerlichen Rechtes die Rechtskraft der gegen die Beklagte erlassenen Entscheidung auf das Rechtsverhältnis des Nebenintervenienten zum Gegner von Wirksamkeit wäre. In dieser Beziehung hat der Mann der Beklagten nur angeführt, daß er mit der letzteren in der vom BGB. geordneten allgemeinen Gütergemeinschaft lebe. Wäre diese bestrittene Behauptung zutreffend, so würde aber auch dann das gegen die Frau erlassene Versäumnisurteil nur in seiner Kostenentscheidung den Mann mit berühren, insofern nach § 1460², BGB. für die Kosten des Rechtsstreites das Gesamtgut haften würde. Wenn nun auch die Vollstreckbarkeit der im Hauptprozesse erlassenen Entscheidung in das gütergemeinschaftliche Vermögen die Voraussetzung des § 69 CPO. auf seiten des nicht mitbeklagten Ehegatten erbringt (vgl. Entsch. d. RG. 44 S. 345), so kann doch diese Folge dann nicht anerkannt werden, wenn ausschließlich der im Hauptprozesse getroffenen Kostenentscheidung in dem erwähnten Umfange Vollstreckbarkeit zukommt. Würde man lediglich um deswillen dem Nebenintervenienten das Recht zugestehen, im Widerspruche mit der Hauptpartei durch Einspruch oder Rechtsmittel das gesamte Urteil anzufechten, und also lediglich um dieses Kosteninteresses willen eine abändernde Entscheidung auch der Hauptsache herbeizuführen, wie sie der Nebenintervenient mit seinem Antrage verlangt hat, so würde dem Interesse des Nebenintervenienten an der nebensächlichen Kostenentscheidung einer unverhältnismäßige Wirkung auf den ihn im übrigen nicht interessierenden Hauptstreit beigemessen. Diese Wirkung hat die CPO. gewiß nicht gewollt, und sie hat auch eine solche Überspannung der Rechte des Nebenintervenienten im § 69 ausdrücklich ausgeschlossen, indem sie die Stellung des Streitgenossen ihm nur zuweist, insofern die Entscheidung des Hauptprozesses auf sein Rechtsverhältnis zum Gegner wirkt. Letzteres ist nur bezüglich der Kostenentscheidung des Hauptprozesses der Fall, und daher könnte sich nur fragen, ob in diesem Umfange der Nebenintervenient die Entscheidung im Widerspruche mit der Beklagten anfechten darf. Soweit dabei der Einspruch in Frage kommt, hindert ihn aber daran § 99[1] CPO., dessen Bestimmung so gut für den Nebenintervenienten, wie für die Hauptparteien Geltung hat. M. M.

b) **Streitverkündung beweist regelmäßig das für Nebenintervention erforderte rechtliche Interesse. CPO. §§ 74, 66.**

OLG. Hamburg, IV. CS. Zwischenurteil v. 3. März 1902.

Durch die Streitverkündung steht fest, daß der Beklagte B. dem Nebenintervenienten den Regreß angedroht hat für den Fall, daß er verurteilt würde. Daraus ergiebt sich ein Interesse des Nebenintervenienten an dem Obsiege des Beklagten, denn dieser enthebt ihn ohne weiteres der Notwendigkeit, sich gegenüber einer Regreßklage verteidigen zu müssen. Ob eine solche Regreßklage dem Beklagten Aussicht auf Erfolg bieten würde, ist dabei gleichgültig, denn, auch wenn der Nebenintervenient sicher sein könnte, den Prozeß zu gewinnen, so würde doch schon die Notwendigkeit, ihn zu führen, zumal bei der Größe des Streitobjektes, ein Übel sein, das von sich fern zu halten, der Nebenintervenient ein erhebliches Interesse hätte. Demnach ist das Interesse des Nebenintervenienten an dem Obsiege des Beklagten im gegenwärtigen Prozesse durch die Streitverkündung dargethan, es sei denn, daß die in ihr enthaltene Androhung des Regresses sich ohne weiteres als nicht ernst gemeint darstellte, und es sicher wäre, daß Beklagter sie unter keinen Umständen ausführte. Das ist aber nicht der Fall. Hieran wird auch nichts durch die Thatsache geändert, daß die Klage gegen den Nebenintervenienten rechtskräftig abgewiesen ist. Denn diese Entscheidung schafft zwischen letzterem und dem Beklagten B. keine Rechtskraft, und würde somit nicht hindern, die dort entschiedenen Thatfragen nochmals in den Streit zu ziehen oder neue Thatsachen geltend zu machen. M. M.

## 7

a) **Unterschied zwischen Miete und Pacht.**[1] **BGB. §§ 535, 581.**

OLG. Braunschweig, II. CS. Urteil v. 6. Februar 1902.

Kläger hat laut des überreichten als „Pachtkontrakt" überschriebenen

[1] Ist der Betrieb eines Geschäftes (z. B. Restauration) Gegenstand der Pacht, so hat der Pächter den Betrieb ordnungsmäßig und nach wirtschaftlichen Grundsätzen zu führen, so daß er für schuldhafte Verschlechterung des Betriebes haftet, sobald sie sich auch für den Verpächter fühlbar macht; also für die Verminderung des Besuches durch Einstellung der bisherigen Tanzlustbarkeiten, schlechte Behandlung der Gäste ꝛc. (OLG. Braunschweig, I. CS. Beschluß v. 12. Okt. 1901, Zeitschr. 48 S. 94). — Andererseits macht sich der Eigentümer, der Räume zum Restaurationsbetriebe vermietet, schadensersatzpflichtig, wenn er in demselben Hause auch seinerseits einen Restaurationsbetrieb einrichtet; denn dadurch verlieren die Mieträume den Wert, der ihnen an sich als Restaurationsräumen innewohnte (Urteil desselben Senates v. 15. Febr. 1901, a. a. O. S. 96). Ist insbesondere dem Bahnhofswirte das ausschließliche Recht auf den Verkauf von Genußmitteln zugesichert, so darf auf dem Bahnsteige ein Stollwerck'scher Automat nicht aufgestellt werden (Urteil v. 22. März 1901, a. a. O. S. 104). — Hat der Mieter auf die Versicherung, daß die Räume des neu erbauten Wohnhauses auf das solideste hergestellt und für die Zwecke des Mieters (Aufstellung einer Gemäldesammlung)

Vertrages vom Beklagten dessen Brinksitzerwesen zu N. nebst Zubehör gepachtet. Es beschränkt sich indessen der Vertrag auf die mit Wohnhaus und Nebengebäuden versehene Hofstelle, auf den 17 ha großen Hausgarten und die als Zubehör der Hausstelle anzusehende Holzrente, wogegen die gesamte Hofländerei von 20 Morgen anderweit verpachtet ist. Die Klage auf Überlassung der „gepachteten" Objekte wurde wegen Unzuständigkeit des Landgerichtes abgewiesen. Gründe:

Die Frage der Zuständigkeit des Gerichtes kann nur aus den kompetenzbegründenden Behauptungen des Klägers beantwortet werden. Daher ist der Einrede ohne weiteres stattzugeben, wenn sich schon aus dem eigenen Vorbringen des Klägers ergiebt, daß dem angegangenen Gerichte die Kompetenz mangelt. Fallen in einem solchen Falle die kompetenzbegründenden Behauptungen mit den klagbegründenden Behauptungen zusammen, so kann die Einrede der Unzuständigkeit nicht etwa deswegen verworfen werden, weil der Beklagte das Vorbringen des Klägers bestritten hat. Denn das Bestreiten berührt gar nicht die auch ohne dies begründete, prozeßhindernde Einrede, sondern fällt in die Verhandlung zur Hauptsache, indem es sich gegen das Bestehen des Klaganspruches richtet. So liegt aber die Sache hier. Es braucht auf die Streitfrage, ob zur Begründung der Zuständigkeit die bloßen Behauptungen des Klägers genügen, oder ob die kompetenzbegründenden Behauptungen zu beweisen oder doch wenigstens insoweit zu beweisen sind, als sie nicht zugleich klagbegründend sind (Gaupp CPO. § 12 Note 9; Entsch. des RG. 29 S. 373; Seuffert 49 Nr. 194; JW. 1901 S. 798[1]) nicht eingegangen zu werden; denn aus dem Vorbringen des Klägers ergiebt sich ohne weiteres, daß dem Landgerichte für die erhobene Klage die sachliche Zuständigkeit fehlt.

Nach § 535 BGB. bilden zwar den Gegenstand des Mietvertrages nur Sachen (körperliche Gegenstände, § 90), während die Pacht an Gegenständen aller Art, insbesondere auch an Rechten zulässig ist; ferner liegt ein wesentliches Unterscheidungsmerkmal zwischen Pacht und Miete in der Verpflichtung des Verpächters, dem Pächter auch den Fruchtgenuß zu gewähren, während dem Mieter nur der Gebrauch der Sache zusteht. Bilden jedoch, wie hier, teils Sachen, teils Rechte (die Holzgerechtsame) den Gegenstand des Vertrages und sind die Objekte teils zum Gebrauch, teils zum Fruchtgenuß (wie der Hausgarten) überlassen, so hängt die Entscheidung, ob Miete oder Pacht vorliegt, davon ab, welcher Gegenstand sich im Sinne des Vertrages als Hauptsache darstellt (vgl. Motive 2 S. 423; Planck § 1581 Anm. 2). Der Kläger hat nun den Vertrag wesentlich zu dem Zwecke geschlossen, die Gebäude der Hofstelle für den jährlichen Preis von 100 Mark zu Wohn-

---

geeignet seien, so kann er wegen Beschädigung von Gemälden durch eindringendes Wasser Entschädigung nur dann fordern, wenn die Räume nicht in solcher Weise gegen das Eindringen von Wasser geschützt waren, wie man es bei solid gebauten Wohnhäusern erwarten darf. (Urteil des Bayer. OL. v. 15. Nov. 1901, Bl. f. RA. 67 S. 200.)

zwecken zu benutzen, und tritt hinter diesen als Hauptsache des Vertrages anzusehenden Objekten der unbedeutende Hausgarten und die auf 5 Mark jährlich bewertete Holzrente als völlig nebensächlich zurück. Die sich hieraus ergebende rechtliche Natur des Vertrages als eines Mietvertrages bedingt aber für die Klage nach § 23² GVG. die Zuständigkeit des Amtsgerichtes. Hu.

b) **Unzulässiger Eintritt eines Dritten in den Prozeß. Anspruch des Mieters auf Minderung des Mietzinses wegen Betruges und aus der Gewährleistung. Ist er gegenüber mehreren Vermietern unteilbar?**

Kammergericht, XIV. CS. Urteil v. 17. Februar 1902.

Die Eheleute A. haben von den Beklagten das diesen gehörige Restaurationslokal durch schriftlichen Vertrag auf viele Jahre gemietet. Der Ehemann A. klagt auf Minderung des Mietzinses, weil die Beklagten den Umsatz des Restaurationsgeschäftes wider besseres Wissen zu hoch angegeben hätten. Er erklärte, daß er auf Grund dessen „den Vertrag anfechte" und den Mietpreis nach Verhältnis des wahren Umsatzes gemindert wissen wolle. In der Schlußverhandlung erster Instanz wurde unter Widerspruch der Beklagten der Klagantrag auch namens der Frau A. verlesen und für begründet erachtet. Aus den Gründen des Berufungsgerichtes:

A. Auf Antrag der Frau A. durfte ein Urteil nicht ergehen, weil nach den Bestimmungen der CPO. Rechtshängigkeit des Anspruches die Klagerhebung voraussetzt und diese, von der Widerklage abgesehen, durch Zustellung eines Schriftsatzes mit den in § 253 CPO. vorgeschriebenen Bestandteilen entsteht. Durch den nur in der Schlußverhandlung durch Verlesung gestellten Antrag ist ein Anspruch der Frau A. nicht rechtshängig geworden (Entsch. des RG. 45 S. 345). Der Formenmangel ist auch nicht durch ausdrückliche oder stillschweigende Bewilligung der Beklagten geheilt worden.

Der Vorderrichter führt aus, der spätere Beitritt der Frau sei statthaft, weil im Falle einer Klagänderung doch andererseits anzunehmen sei, daß den Beklagten ihre Verteidigung nicht erschwert werde. Allein es handelt sich hier weder um einen „Beitritt" zur Klage des Mannes, noch um einen Fall der Klagänderung. Ein Beitritt im technischen Sinne liegt vor, wenn sich ein Dritter dem Kläger als Intervenient anschließt (§§ 56, 74, 856 CPO.). Beitritt des einen Ehegatten zu Gunsten des anderen während schwebenden Prozesses wird auch dann für zulässig erklärt, wenn es darauf ankommt, durch solchen Beitritt die dem klagenden Ehegatten zufolge der ehegüterrechtlichen Grundsätze fehlende Sachlegitimation zu geben. Vorliegend steht nichts davon in Frage. Jeder der beiden Eheleute W. ist als Vertragspartei selbständig legitimiert, jedenfalls ist es der Mann, und indem die Frau in den Prozeß einzutreten versucht hat, ist es nicht auf eine Unterstützung des Mannes, sondern auf Verfolgung eines ihr selbständig zustehenden Anspruches abgesehen. Die Sache liegt also nicht anders, als wenn eine fremde Person zufolge einer Teilnahme am Vertragsrechte „beigetreten" wäre. Auch in solchem Falle wäre von Klagänderung nicht zu sprechen, da weder eine Änderung im

Klagegrunde, noch im Klaganspruche, noch in den Prozeßsubjekten vorliegt, vielmehr die ursprünglichen Prozeßparteien trotz des „Beitrittes" der Frau bestehen geblieben sind und nur ein neuer Kläger dazugetreten ist.[1]

B. Nach dem Vorbringen des Klägers würde es sich in erster Linie um einen Anspruch auf Schadensersatz handeln, da der Kläger dem Beklagten ausdrücklich Betrug beim Vertragsschlusse zur Last legt. Indessen, da die Beklagten eine Abminderung des Pachtzinses, und zwar nach Verhältnis des wahren Umsatzes zu dem fälschlich vorgespiegelten sich gefallen lassen sollen, und Kläger behauptet, daß er bei Kenntnis der wahren Sachlage nur den geminderten, nicht aber den vertraglich versprochenen Zins bewilligt hätte, so enthält die Klage auch alle Voraussetzungen des in § 537 BGB. behandelten Gewährleistungsanspruches, und somit kann ihr Begehren auch von diesem Gesichtspunkte aus geprüft werden.

Die Minderungsklage und die Betrugsklage würden beide auf der gleichen Voraussetzung beruhen, daß der Kläger durch objektiv falsche Angaben über die Beschaffenheit des Restaurationsgeschäftes zu unzutreffenden Vorstellungen über jene verleitet worden sei, und der Unterschied zwischen beiden Klagen wäre nur darin zu finden, daß es bei letzterer darauf ankäme, ob jene falschen Angaben wider besseres Wissen und in Absicht arglistiger Täuschung gemacht worden seien, bei ersterer dagegen ausreichte, daß zugesicherte Eigenschaften bei der Mietsache thatsächlich gefehlt haben. Dieser Unterschied bedingt freilich hier, wo der Kläger drei Beklagten als Gegenkontrahenten gegenübersteht, je eine verschiedene Rechtsposition. Bei der Betrugsklage könnte der Kläger nur gegen den Vertragsteil durchdringen, der erweislich am Betruge teilgenommen hätte; mit der Gewährleistungsklage dringt er dagegen gegen alle Beklagten in gleicher Weise durch, wenn nur nachgewiesen wird, daß einer von ihnen die fehlenden Eigenschaften zugesichert hat. Denn der Anspruch auf Minderung ist, wenngleich die Miteigentümer zusammen den Vertrag abgeschlossen haben, unteilbar, wie auch das Zurückbehaltungsrecht des § 320, wenn die Leistung an mehrere zu erfolgen hat, dem einzelnen gegenüber bis zur Bewirkung der ganzen Leistung, und das Rücktrittsrecht im Sinne des § 356, wenn mehrere auf der anderen Seite beteiligt sind, nur allen gegenüber ausgeübt werden kann. Freilich ist die Mietzinsforderung ihrerseits gemäß § 420 teilbar, so daß jeder der drei Beklagten $^1/_3$ für sich gezahlt verlangen kann.[2] Aber indem der Kläger seine Mitschuld im Sinne des § 537 gemindert wissen will, macht er nicht den einzelnen Beklagten gegenüber geltend, daß jeder von ihnen fortab nur noch eine entsprechend geringere Summe fordern dürfe, vielmehr will er seine Leistungspflicht an sich, wer auch immer der Vermieter sei, wegen Fehlerhaftigkeit der unteilbaren Gegenleistung gemindert wissen. Wenn die Beklagten beispielsweise das Mietgrundstück an einen Dritten verkauften (§ 571), könnte sich die

[1] Verlesung des Klagantrages gegen andere Beklagte: Entsch. d. RG. 49 S. 376, 50 S. 362.

[2] So auch Brückner, Mietrecht S. 66, dagegen Niendorff § 45 S. 285. D. H.

Leistungspflicht des Klägers nicht anders als einheitlich darstellen. Die Forderung der Beklagten auf die an sich feststehende Mietzinsschuld ist also teilbar und geteilt, aber nicht die ihrer unteilbaren Leistungspflicht entsprechende Pflicht ihres Mieters, den bedungenen Mietzins zu zahlen. Bei dem Minderungsanspruche des Klägers handelt es sich aber nur darum, das Maß jener einen Verpflichtung, die an sich unabhängig von der Zahl der jeweiligen Vermieter immer gleich sein muß, entsprechend herabzusetzen. Der rechtliche Grund jenes Anspruches liegt auch nicht an der persönlichen Verantwortlichkeit der einzelnen Vermieter für ihr Verhalten beim Vertragsschlusse (wie bei der Betrugsklage zutrifft), sondern an dem objektiven Ergebnisse, daß der Mietsache angeblich diejenigen Eigenschaften fehlen, deren Vorhandensein der Kläger beim Vertragschlusse angenommen und als Maßstab für die Bemessung des Mietzinses angesehen hat. Ohne weiteres wäre das klar, wenn es sich um einen Mangel an gewöhnlich voraussetzbaren Eigenschaften handelte. Denn in diesem Falle entsteht der Gewährleistungsanspruch unbedingt aus der Sache selbst, völlig unabhängig vom Verhalten des Mieters beim Vertragsschlusse. Nach Abs. 2 § 537 soll aber „das gleiche" auch dann gelten, „wenn zugesagte Eigenschaften fehlen." Auch in diesem Falle kann mithin nur das objektive Ergebnis, daß zugesagte Eigenschaften fehlen, entscheidend sein, und es muß sich also auch dieser Erfolg bei Vorhandensein mehrerer Vermieter wiederum allen gegenüber gleich erweisen, gleichviel, ob einer von ihnen oder ob alle die unzutreffende Zusage machten. Die unrichtige Zusage spielt in solchem Falle nur die Rolle, daß sie die falsche Vorstellung des Mieters über die Beschaffenheit der Mietsache veranlaßt, während der Gewährleistungsanspruch an sich nicht aus dieser „Veranlassung", sondern unmittelbar aus dem Fehlen der Eigenschaften entsteht. . . . K.

c) **Klage auf Auslieferung zurückbehaltener Sachen des Mieters, wenn der Vermieter nicht mehr thatsächlicher Besitzer ist.**

**BGB. §§ 1215, 1223, 1252, 1257, 559 und 580.**

OLG. Zweibrücken, II. CS. Beschluß v. 23. November 1901.

Der Kläger A., der bei dem Beklagten W. eine Wohnung bis 1. Oktober 1901 gemietet hatte, zog am 10. April 1901 aus, nachdem er sie mit Zustimmung des W. an X. weiter vermietet hatte. Beim Auszuge behielt W. wegen Beschädigungen von 15 Mark Fahrnisse von 200 Mark ein. A. zahlte bald darauf die 15 Mark und W. verabfolgte nunmehr an ihn einen Teil der zurückbehaltenen Sachen, welche sich in der Wohnung des W. befanden. Mittlerweile erhob auch X. einen Anspruch von 15 Mark, weil A. zu spät ausgezogen sei, und machte an den übrigen, von W. noch nicht zurückgegebenen, in der vorherigen Mietwohnung des A. befindlichen Fahrnissen eine Art Zurückbehaltungsrecht geltend. A. verlangt deshalb Verurteilung des W. zur Auslieferung der widerrechtlich zurückbehaltenen Fahrnisse. Nach der Klagerhebung befriedigte A. den X. und erhielt die noch zurückbehaltenen

Sachen. Die Klage war daher dem Gegenstande nach erledigt. Die Kosten wurden dem Beklagten auferlegt. Gründe:

Auf das dem Vermieter gemäß §§ 559, 580 zustehende gesetzliche Pfandrecht finden nach § 1257 die Vorschriften über das durch Rechtsgeschäft bestellte Pfandrecht entsprechende Anwendung. Daraus folgt, daß auch das gesetzliche Pfandrecht des Vermieters mit der Forderung, für die es besteht, erlischt. Vorliegend war demnach das Mietspfandrecht des Beklagten im Momente, d. h. Zug um Zug mit der durch den Kläger alsbald nach seinem Auszuge geleisteten Zahlung von 15 Mark zum Erlöschen gebracht. Nach dem Erlöschen des Pfandrechtes hatte der Pfandgläubiger gemäß § 1223 die Verpflichtung, die in Pfand gehabten Gegenstände an den Mieter herauszugeben. Daneben war er (§§ 1215, 1226) wegen der aus mangelhafter Verwahrung hervorgegangenen Veränderungen oder Verschlechterungen der Pfandobjekte schadensersatzpflichtig. Der Klagantrag entsprach daher der Sachlage und bezweckte weiter nichts, als die Erzwingung der dem Vermieter kraft Gesetzes obliegenden Verpflichtungen. Da die Klage nur die Thatsache der geleisteten Zahlung, der nicht erfolgten Herausgabe der Pfandobjekte und der aus mangelhafter Verwahrung derselben hervorgegangenen Nachteile zur Voraussetzung hat, ihr Endzweck anderseits lediglich die Herbeiführung des vom Gesetze selbst gewollten Zustandes ist, kann nicht abgesehen werden, inwiefern sie hier nicht zum Erfolg führen mußte. Daß der Pfandschuldner, also der zur Rückforderung der Pfandobjekte Berechtigte, nicht Eigentümer zu sein braucht, ist in den einschlägigen Bestimmungen deutlich zum Ausdrucke gebracht. Daraus folgt schon, daß er zur Verwirklichung seiner nach geleisteter Zahlung und vermöge derselben gegenüber dem Pfandgläubiger erwachsenden Rechte nicht auf die rei vindicatio angewiesen sein kann. Es mag dahingestellt bleiben, ob die Klage, wenn sie gegen X. erhoben worden wäre, nur in der Gestalt einer Eigentumsklage durchgedrungen sein würde. Jedenfalls ist nicht angängig, mit dem Hinweis auf § 985 dem Pfandschuldner die gesetzlichen Verfolgungsmittel in Ansehung seiner durch die Zahlung gegen den Pfandgläubiger erworbenen Rechte zu versagen.

Dr. K.

**d) Nichteintritt eines Verzuges des Pächters infolge Geltendmachung des gesetzlichen Pfandrechtes des Verpächters an dem vom Pächter an einen Dritten herauszugebenden Gegenstande.**

OLG. Celle, II. CS. Urteil v. 13. Februar 1902.

Der Gutspächter K. hat 1900 an den Kläger einen zum Gutsinventar gehörigen Zugochsen verkauft und durch gleichzeitigen Abschluß eines Leihevertrages zu Eigentum übergeben. Im notariellen Vertrage war ausdrücklich erklärt, daß der Ochse mit keinem Rechte belastet sei. Der im späteren Konkurse des K. bestellte Verwalter hat die Herausgabe des Ochsen verweigert, weil ihr der K.'sche Verpächter M. auf Grund seines gesetzlichen Pfandrechtes widersprach. Demnächst ist der Ochse verendet. Kläger fordert deshalb Ersatz des Wertes von der Konkursmasse, wurde aber abgewiesen.

Aus den Gründen:

Durch die im Vertrage beurkundete Einigung über den Übergang des Eigentumes und den durch Abschluß des Leihevertrages dem Kläger vom Veräußerer K. eingeräumten mittelbaren Besitz ist gemäß § 930 BGB. das Eigentum an dem Ochsen auf Kläger übergegangen. Mit dem Ablaufe der für die Leihe bestimmten Zeit hat der Kläger einen fälligen Anspruch auf Herausgabe des Ochsen erworben. Dieser Anspruch ist sowohl als persönlicher aus der Leihe gemäß § 604 BGB., wie auch als dinglicher gemäß § 985 BGB. begründet und in beiden Fällen ein Aussonderungsanspruch nach § 43 KO. Daß die Leihezeit abgelaufen ist, wird zwar jetzt bestritten, ist aber auch unerheblich, da, selbst wenn es geschehen wäre, die Klage keinen Erfolg haben kann.

Was zunächst den Rückgabeanspruch nach beendigter Leihe angeht, so ist seine Erfüllung durch den Tod des Ochsen, der unstreitig auf Zufall beruht, unmöglich geworden. Da diese Unmöglichkeit nach einer Mahnung des Klägers eingetreten ist, ist der Beklagte für diese Unmöglichkeit verantwortlich (§§ 284, 287 BGB.) und zum Schadensersatze verpflichtet, sofern er nicht nachweist, daß die Leistung infolge eines von ihm nicht zu vertretenden Umstandes unterblieben und er somit nicht in Verzug geraten ist (§ 285 BGB.). Ein solcher den Beklagten an rechtzeitiger Leistung hindernder Umstand liegt in dem gesetzlichen Pfandrechte, das dem Verpächter M. an dem Ochsen als einem Teile des Gutsinventares zustand. Dieses schon bei der Veräußerung des Ochsen bestehende Pfandrecht ging dem Eigentume des Klägers vor. Mag Kläger auch bei dem Erwerbe des Eigentumes in gutem Glauben in Beziehung auf das Pfandrecht gewesen sein, so ist doch die gemäß §§ 936 Abs. 1 Satz 2, 930 BGB. zur Beseitigung des Pfandrechtes erforderliche Übergabe der zu Eigentum übertragenen Sachen nicht erfolgt. Auf Grund seines Pfandrechtes hat M. mit Recht der Herausgabe des Ochsen an den Kläger widersprochen und den Beklagten an rechtzeitiger Erfüllung des Anspruches des Klägers gehindert. — Eine solche Hinderung lag allerdings dann nicht vor, wenn, wie Kläger behauptet, M. durch die sonstigen ihm haftenden Inventargegenstände für seine Forderung offenbar ausreichend gesichert war. Denn dann durfte M. nach § 581 Abs. 2, § 500 Abs. 2 BGB. der Entfernung des Ochsen nicht widersprechen, der K.'sche Konkursverwalter sich durch einen unberechtigten Widerspruch von der Herausgabe des Ochsen nicht zurückhalten lassen. (Es folgt die Ausführung, daß eine solche offenbare Sicherung des M. in einer für den Beklagten erkennbaren Weise nicht vorlag.) Danach ist in der Weigerung des Beklagten kein Verschulden zu finden.

Kläger hat noch ausgeführt, daß ihm ein Anspruch auf Beseitigung des Pfandrechtes zugestanden habe, da im Vertrage ausdrücklich erklärt sei, daß der Ochse mit keinem Rechte belastet sei; es liege also eventuell in der Nichtbeseitigung des Pfandrechtes ein Verschulden des Verwalters. Dem kann jedoch nicht beigetreten werden. Denn auf die Beseitigung des Pfandrechtes hatte der Kläger höchstens einen obligatorischen Anspruch; wurde dieser nicht erfüllt, so konnte er nur eine Forderung auf Schadensersatz als Konkursforderung geltend machen; einen Anspruch auf Erfüllung durch den Verwalter hatte er nicht. Ebensowenig wie die Klage aus der Leihe ist diejenige aus dem Eigentume begründet. Sie könnte nur dann zum Ziele führen, wenn der Beklagte als unredlicher Besitzer anzusehen und in Verzug geraten wäre (§ 990). H.

**e) Rechtsschutz des Pächters gegenüber der Pachtzinsforderung, wenn der Verpächter einen selbständigen Nebenvertrag nicht erfüllt hat.**

OLG. Oldenburg, I. CS. Urteil v. 5. April 1902.

Der Kläger, der sein Hotel dem Beklagten auf drei Jahre verpachtet und die Aufrechnung etwaiger Gegenansprüche ausgeschlossen hatte, fordert nach Beendigung der Mieten den Rest der Pacht. Aus den Gründen:

Bei gegenseitigen Verträgen, zu welchen der Mietvertrag gehört, ist es lediglich Thatfrage, in welchem Verhältnisse die von einer Seite übernommenen mehreren Verbindlichkeiten nach der Absicht der Kontrahenten zu einander stehen, ob sie eine einheitliche Leistung oder eine Hauptleistung und daneben eine selbständige Nebenleistung bilden sollen. Die nicht vollständige Leistung aller Verbindlichkeiten des Anspruchserhebers würde in ersterem Falle der Nichterfüllung der Verbindlichkeit gleichstehen und zur Zurückweisung der erfolgten Leistung als Nichterfüllung, im letzteren Falle dagegen nur zur Geltendmachung von Gegenansprüchen, sei es im Wege der Retention oder der Kompensation, sei es im Wege der Schadensersatzklage, berechtigen (vgl. André, Einrede des nicht erfüllten Vertrages S. 64—67; Seuffert 31 Nr. 219; 34 Nr. 291; 42 Nr. 200; 44 Nr. 168). In vorliegendem Falle, wo die Übernahme der Verpflichtung des Vermieters, den baulichen Zustand des Hotels so zu verbessern bezw. zu ergänzen, wie es den an ein Hotel ersten Ranges zu stellenden Anforderungen entspreche, nicht in den schriftlichen Vertrag aufgenommen worden ist, sondern nur mündlich nebenher verabredet sein soll, wo die ganze Mietzeit sich nur auf drei Jahre erstreckt, der Mieter aber die Miete abgetreten und die Mietobjekte während der ganzen Mietzeit ausgenutzt, auch während der ersten $^5/_4$ Jahre der Mietzeit die vierteljährlichen Mietgeldraten vollständig und im ganzen pünktlich bezahlt, sowie, im zweiten Mietjahre mit dem Vermieter eine Herabsetzung des Mietpreises vereinbart hat, kann nicht anerkannt werden, daß die Erfüllung der angeblichen Zusagen des Vermieters über die Reparaturen und Ergänzungen nach der Vertragsabsicht als eine Einheit mit der Hauptleistung bezw. als ein Teil derselben, nämlich der Überlastung der Mietobjekte, während der Mietzeit zur Benutzung anzusehen ist. Es geht vielmehr aus den angeführten Umständen hervor, daß der Mieter den Mietvertrag als Ganzes betrachtet, mit der Überlassung der Mietobjekte während der Mietzeit als erfüllt angenommen hat, und es muß hieraus der Schluß gezogen werden, daß die vorerwähnten angeblichen Zusagen des Vermieters als eine selbständige Nebenverpflichtung desselben an den Kontrahenten aufgefaßt sind, deren Nichterfüllung dem Mieter nur einen — in besonderem Verfahren geltend zu machenden — Gegenanspruch verschafft. (Vgl. das einen ähnlichen Fall behandelnde Erkenntnis des OLG. München vom 15. März 1852 angeführt bei André S. 83.) R.

f) **Abänderungen eines vor 1900 geschlossenen Mietvertrages unterstehen, wenn sie nach 1900 getroffen sind, dem neuen Rechte. EG. zum BGB. Artt. 170, 171.**

OLG. Königsberg, II. CS. Urteil v. 30. April 1902.

Wenn der erste Richter den Einwand, die Parteien hätten 1901 vereinbart, Beklagter brauche nur einen ihm genehmen Mieter anzunehmen, mit dem Hinweise darauf verwirft, daß zu einer solchen Vereinbarung Schriftlichkeit erforderlich sei, so entspricht dies allerdings den §§ 127—129 ALR. I 5 bezw. den Vorschriften über das Erfordernis der Schriftlichkeit des Verzichtes (vgl. Gruchot 24 S. 475). Indes kommt in Betracht, daß für eine solche unter der Herrschaft des neuen Rechtes getroffene Vereinbarung das neue Recht, welches in dieser Beziehung Schriftlichkeit nicht voraussetzt, zur Anwendung kommt. Wenn auch an sich das vor 1900 eingegangene Mietsverhältnis der Herrschaft des alten Rechtes untersteht, so hat doch eine solche Vereinbarung einen selbständigen Charakter und wie Erfüllungsgeschäfte und die das Erlöschen einer Forderung herbeiführenden selbständigen Rechtsgeschäfte, z. B. Hingabe an Zahlungsstatt, Hinterlegung, Aufrechnung, Erlaß, wenn sie nach 1900 geschlossen werden, nach neuem Rechte zu beurteilen sind (vgl. Entsch. des RG. 48 S. 18), so sind auch für Rechtsgeschäfte, welche nicht das Erlöschen der Forderung, das Aufhören des Schuldverhältnisses, sondern nur eine Abänderung desselben bezwecken, wenn sie unter der Herrschaft des neuen Rechtes eintreten, die neuen Vorschriften maßgebend. Es macht dabei keinen Unterschied, ob der ganze Vertrag oder nur eine einzelne Bestimmung desselben abgeändert wird (vgl. Niendorff § 1 S. 8). Th.

g) **Das Zurückbehaltungsrecht des Vermieters in der Übergangszeit.**[1] **BGB. § 559. EG. Art. 171.**

OLG. Dresden, I. CS. Urteil v. 24. Februar 1902.

Das Mietverhältnis der Parteien bestimmte sich, da es seit 1. Januar 1900 ohne Kündigung fortgesetzt wurde, spätestens vom 1. Oktober 1900 an nach dem BGB. (Art. 171 EG.). Von da ab hatte sich auch das bisherige Zurückbehaltungsrecht der Klägerin an den eingebrachten Sachen ihres Mieters in ein gesetzliches Pfandrecht verwandelt (§ 559 BGB.). Gleichgültig ist hierbei, daß die Parteien ihr Vertragsverhältnis schriftlich geregelt haben und daß in der Vertragsurkunde gelegentlich auch vom Zurückbehaltungsrechte der Klägerin die Rede ist. Unter der Herrschaft des sächs. BGB.

---

[1] Vgl. Entsch. d. RG. 49 S. 56. — Auch nach BGB. kann der Mieter vertragsmäßig an seinen eingebrachten Sachen ein Zurückbehaltungsrecht dem Vermieter einräumen; es erstreckt sich auf die nach der CPO. unpfändbaren Sachen: RG. in Straff. 35 S. 151. D. H.

konnte selbstverständlich nur von dem damals gegebenen Schutzrechte des Vermieters gesprochen werden. Keineswegs aber folgt daraus, daß die Vertragschließenden dieses Recht über die Geltungsdauer des sächs. BGB. hinaus hätten beibehalten und das im neuen Rechte an seine Stelle tretende, dem Vermieter wesentlich günstigere Pfandrecht hätten ausschließen wollen. Eine derartige Absicht kann der Klägerin um so weniger unterstellt werden, als sie schon in dem früheren Mietverhältnis darauf bedacht gewesen war, ihr Zurückbehaltungsrecht thunlichst zu erweitern und es durch Aufnahme der Bestimmung, daß Dritte es durch Pfandrechte nicht sollten schmälern dürfen, dem gesetzlichen Pfandrechte des Vermieters in seinen Wirkungen nahe zu bringen. Dr. W.

h) **Anwendung des BGB. auf einen vor 1900 in Preußen mündlich geschlossenen Dienstvertrag. EG. zum BGB. Art. 171. — Zur Erhaltung seines Anspruches braucht der Verpflichtete den Dienstherrn durch ein Angebot seiner Dienste nicht in Annahmeverzug zu setzen. BGB. § 324.**

OLG. Marienwerder, II. CS. Urteil v. 8. April 1902.

... Der Kläger ist auch nach dem im Juli 1897 erfolgten Tode der Witwe S., deren Erben die Beklagten geworden sind, in seiner Stellung als Verwalter des Gutes D. verblieben und zwar bis zum 30. Juni 1900. Das Gut D. ist in den letzten Tagen des Monats Juni 1900 verkauft worden, und der Beklagte M. K. hat dem Kläger damals mitgeteilt, daß durch den Verkauf der mit ihm geschlossene Vertrag aufgehoben sei. Infolgedessen fordert der Kläger wegen unzeitiger Entlassung Gehalt und Vergütung für die ihm entzogene freie Station für das Vierteljahr vom 1. Juli bis 30. September 1900. Da der Vertrag nur mündlich geschlossen war, während er nach den zur Zeit seines Abschlusses maßgebenden Vorschriften des Allgemeinen Landrechtes der schriftlichen Form bedurft hätte, so war auch die mündlich vereinbarte halbjährliche Kündigung für die Witwe S. und deren Rechtsnachfolger, die Beklagten, unverbindlich. Vielmehr fanden auf das Rechtsverhältnis, solange es den landrechtlichen Bestimmungen unterstand, die Vorschriften der §§ 165 ff. T. 1 Tit. 5 ALR. Anwendung und der Kläger hätte auch keine Schadensersatzansprüche geltend machen können, wenn er ohne Kündigung entlassen worden wäre (§ 168 ALR.). Diese Rechtslage blieb auch bestehen, nachdem die Beklagten als Rechtsnachfolger der Witwe S. in das Schuldverhältnis eingetreten waren. Das Rechtsverhältnis änderte sich aber zu Gunsten des Klägers mit dem Inkrafttreten des BGB. auf Grund der Vorschrift des Art. 171 des EG. zum BGB. Bei Anwendung dieser letzteren Vorschrift ist davon auszugehen, daß das Gesetz alle Fälle der dort bezeichneten Art hat treffen wollen, in welchen der Vertrag auf unbestimmte Zeit eingegangen war, Kündigung aber, sei es auf Grund des Vertrages oder des Gesetzes, zulässig ist (Dernburg, Abt. 2 § 215 S. 153; Planck Anm. 1[a] zu Art. 171; Habicht, S. 211. 212). Im vorliegenden Falle war die vereinbarte halbjährliche Kündigungsfrist unverbindlich. Ergänzend würde allerdings eine etwaige gesetzliche Kündigungsfrist eintreten (Habicht S. 115). Aber in dem Landrechte sind gesetzliche Kündigungsfristen weder für den Verwaltungsvertrag, noch für die Dienstmiete eingeführt, und man könnte daher in Rücksicht auf den Wortlaut des Art. 171 EG. z. BGB. die Frage aufwerfen, ob unter solchen Umständen der Art. 171 EG. z. BGB. überhaupt anwendbar ist, das Rechtsverhältnis nicht vielmehr in Rücksicht auf die die Regel bildende Vorschrift des Art. 170 EG. z. BGB. dem alten Rechte untersteht, so daß dann der Antrag auf Abweisung der Klage ohne weiteres gerechtfertigt wäre.

Dies war jedoch zu verneinen. Es handelt sich bei der Vorschrift des Art. 171 EG. z. BGB. allerdings um eine Ausnahmevorschrift. Der Gesetzgeber ist aber dabei von dem Gedanken ausgegangen, daß, wenn den Kontrahenten eine Auflösung des Vertragsverhältnisses infolge der Kündigung freistand und sie davon keinen Gebrauch machten, sie sich stillschweigend dem neuen Rechte unterworfen haben (Habicht S. 212; Planck, Anm. vor Anm. 1 zu Art. 171). Dieses Prinzip der stillschweigenden Unterwerfung unter das neue Recht muß auch in einem Falle, wie dem vorliegenden, gelten, in welchem jede der Parteien beim Mangel der Form sofort ohne jede weitere Aufkündigung von dem Vertrage abgehen konnte, zumal auch die Fälle der sofortigen Aufkündigung des BGB., die zweifellos unter die Vorschrift des Art. 171 fallen, in ihrem praktischen Resultate einem Falle, wie dem vorliegenden, gleichstehen. Da nun die Parteien am 1. Januar 1900 von dem Vertrage wegen Mangels der Form nicht zurückgetreten sind, obwohl sie es konnten, so galt gemäß Art. 171 EG. z. BGB. für die folgende Zeit für ihr Rechtsverhältnis das neue Recht, und es kommen mithin die Vorschriften der §§ 620 ff. BGB. zur Anwendung.

Die Erklärung des Beklagten M. K. dem Kläger gegenüber, daß das Vertragsverhältnis infolge des Verkaufes des Gutes D. aufgelöst sei, enthielt zwar eine Kündigung. Die in dem Gesetze vorgeschriebene Kündigungsfrist ist jedoch nicht beobachtet worden. Denn der Kläger ist als Verwalter des Gutes D. zu den im § 622 BGB. bezeichneten Personen zu zählen; überdies war die Vergütung sogar nach längeren Zeitabschnitten, als nach Vierteljahren bemessen. Es konnte daher, mag man nun die Vorschrift des § 622 BGB. oder diejenige des § 621 Abs. 4 anwenden, die Kündigung immer nur für den Schluß eines Kalenderjahres und unter Einhaltung einer Kündigungsfrist von 6 Wochen erfolgen.

... Ist sonach im Falle der Eidesleistung anzunehmen, daß der Kläger sein Einverständnis mit der sofortigen Aufhebung des Vertrages nicht erklärt hat, dann ist hinsichtlich der weiteren Beurteilung der Sache davon auszugehen, daß der Vertrag nicht aufgelöst war, vielmehr beim Mangel rechtzeitiger Kündigung noch bis zum 30. September 1900 lief. Allerdings handelt es sich bei dem in Rede stehenden Schuldverhältnisse um Vor- und Nachleistung.

Aber auch dieser Umstand ändert nichts daran, daß die Beklagten dem Kläger das Gehalt bis zum 30. September einschließlich zahlen und ihn bis zu diesem Zeitpunkte für die freie Station entschädigen müssen. Staub HGB. § 70 Anm. 1 stellt zwar hinsichtlich der Handlungsgehilfen die Ansicht auf, daß der Gehilfe im Falle der unrechtmäßigen Entlassung angesichts des § 295 BGB. zur Wahrung seiner Ansprüche dem Prinzipale seine Dienste anbieten müsse, und wenn man dieser Ansicht beitreten wollte, dann würde, da auch im vorliegenden Falle die Bestimmungen des BGB. über den Dienstvertrag zur Anwendung gelangen, der Anspruch des Klägers daran scheitern, daß er die Beklagten nicht noch durch ein Angebot seiner Dienste in Annahmeverzug gesetzt hat. Allein der vorerwähnten Ansicht kann nicht beigetreten werden. Nicht die Vorschriften der §§ 295 und 615 BGB. sind im vorliegenden Falle maßgebend, mochte auch der Kläger mit Ablauf des 30. Juni 1900 entlassen werden, sondern die Vorschrift des § 324 BGB. Denn es handelt sich um einen gegenseitigen Vertrag, und die Beklagten haben dem Kläger durch die von ihnen verschuldete Entlassung desselben die Fortsetzung seiner Dienste unmöglich gemacht. Der Kläger behält somit gemäß § 324 BGB. den Anspruch auf die vertragsmäßige Gegenleistung. Diese ist voll zu gewähren, da der Kläger infolge der Befreiung von seinen Leistungen nichts erspart, seitens der Beklagten auch nicht geltend gemacht ist, daß er durch anderweite Verwendung seiner Arbeitskraft etwas erworben, ferner auch mit dem ersten Richter anzunehmen ist, daß der Kläger solchen Erwerb nicht böswillig unterlassen hat. H.

## 8

**Genossenschaften bedürfen staatlicher Genehmigung, wenn sie die Übernahme der Bürgschaft für hypothekarische Verpflichtungen der Genossen einführen. Ges. vom 12. Mai 1901 § 4.**

Kammergericht, I. CS. Beschluß v. 26. Mai 1902.

Die Generalversammlung der Genossen vom 20. Januar 1902 beschloß, als neuen Gegenstand des Unternehmens hinzuzufügen: „Die Übernahme der Bürgschaft seitens der Genossenschaft für hypothekarische Verpflichtungen der Genossenschafter gegenüber den Gläubigern nach Maßgabe der Bürgschaftsordnung, welche von der Generalversammlung festgestellt ist.“ Gleichzeitig wurde die Bürgschaftsordnung genehmigt, aus deren Bestimmungen hervorzuheben ist:

1. „Die Genossenschaft übernimmt hinsichtlich der Hypothekenschulden ihrer Mitglieder, insoweit die Hypotheken innerhalb 80 % des Grundstückswertes stehen, auf Antrag der Genossen den Gläubigern gegenüber die Bürgschaft für die rechtzeitige Zahlung der Zinsen oder für etwaige Ausfälle bei Beitreibung des Kapitales und rechtzeitige Zahlung der Zinsen.“

2. „Die Zinsen zahlt die Genossenschaft zur Zeit der Fälligkeit an den Gläubiger. . . . Der Schuldner hat die fälligen Zinsen mit dem Provisionszuschlag (3) an die Genossenschaftskasse pünktlich zu entrichten.“

3. „Als Vergütigung hat der Schuldner an die Genossenschaft in Form eines laufenden Zinszuschlages ($^1/_{10}$ bezw. $^1/_3$ % des Kapitales für das Jahr) zu zahlen. . . .“

Die Eintragung dieses Beschlusses wurde abgelehnt; auch die weitere Beschwerde blieb erfolglos. Gründe:

Es kann zunächst keinem begründeten Bedenken unterliegen, daß, wenn der neue Gegenstand des Unternehmens der beschwerdeführenden Genossenschaft staatlicher Genehmigung bedarf, das Registergericht berechtigt und verpflichtet war, die Eintragung der Satzungsänderung vom Nachweise dieser Genehmigung abhängig zu machen. Das Registergericht ist nicht in der Lage, durch die Eintragung einen Geschäftszweig als zulässigen Gegenstand des Unternehmens öffentlich anzuerkennen, der mangels der erforderlichen staatlichen Genehmigung ein zulässiger Gegenstand des Unternehmens nicht ist. Wenn der § 195 Abs. $2^6$ HGB., der § $8^4$ des Ges. vom 20. April 1892, 20. Mai 1898 und der § $31^1$ Ges. vom 12. Mai 1901 für die Anmeldung einer Aktiengesellschaft, einer G. m. b. H. und eines Versicherungsvereines auf Gegenseitigkeit zum Handelsregister die Beibringung der Urkunde über die wegen des Gegenstandes des Unternehmens etwa erforderliche staatliche Genehmigung erfordern, so ist damit nur einem aus der Natur der Sache folgenden Grundsatze besonderer Ausdruck gegeben (Begründung zum Aktiengesetze 1884 S. 116 f.). Der Auffassung von Parisius-Krüger, Gen.-Ges. 3. Aufl. S. 14 und Maurer-Birkenbihl, Gen.-Ges. S. 37, daß dem mit der Führung des Genossenschaftsregisters befaßten Gerichte ein entsprechendes Prüfungsrecht nicht zustehe, konnte nicht beigepflichtet werden.

Der § 4 des Ges. vom 12. Mai 1901 bestimmt nun, daß Versicherungsunternehmungen zum Geschäftsbetriebe der Erlaubnis der Aufsichtsbehörde bedürfen. Als Versicherungsunternehmungen im Sinne dieses Gesetzes sind nach dessen § 1 die Privatunternehmungen anzusehen, welche den Betrieb von Versicherungsgeschäften zum Gegenstande haben. Was unter „Versicherungsgeschäften“ zu verstehen, ist im Gesetze nicht gesagt. Nach der Begründung sollte eine Definition vermieden und die Lösung von Zweifeln der Auslegung und Rechtspraxis überlassen werden (Sten. Ber. d. Reichstages 1900—1902 Anlage Bd. 1 S. 177). Auch die Reichstagskommission sah davon ab, den Begriff der Versicherungsgeschäfte gesetzlich festzulegen. Doch einigten die Kommission und die Regierungsvertreter sich betreffs der unter das Gesetz fallenden Unternehmungen über folgende Punkte: die Anwendung des Gesetzes setze voraus, daß es sich um den Betrieb von Versicherungsgeschäften handele, d. h. um den Abschluß von Rechtsgeschäften, durch welche den Versicherten für bestimmte Fälle ein Rechtsanspruch auf gewisse Leistungen gegen den Versicherer begründet werde; sodann werde ein Privatunternehmen vorausgesetzt, das den Betrieb von Versicherungsgeschäften zum Gegenstande habe, bei dem also die Absicht auf den Betrieb von Versicherungsgeschäften, und nicht nur von anderen, nebenher Versicherungsverabredungen enthaltenden

Geschäften gerichtet sei; endlich sei Voraussetzung eine Unternehmung mit einem auf den Abschluß von Versicherungsgeschäften gerichteten Betriebe, d. h. eine Geschäftsgebarung, die auf die fortdauernde Erzielung eines gewissen Komplexes von Versicherungsgeschäften hinziele (Anlage Bd. 3 S. 713). Daß die von der Beschwerdeführerin in Aussicht genommene Haftung für Kapitalausfälle diesen Erfordernissen entspricht, kann nicht zweifelhaft sein. Die Genossenschaft will Abkommen mit den Hypothekengläubigern ihrer Mitglieder treffen, wodurch diesen Gläubigern ein Rechtsanspruch auf die Bezahlung von Ausfällen bei der Beitreibung der Hypotheken gegen die Genossenschaft erwächst. Die Übernahme der Haftung für die Hypothekenausfälle soll ferner Gegenstand der geschäftlichen Vornahmen der Genossenschaft sein. Es läßt sich nicht etwa sagen, daß die Genossenschaft in der Hauptsache nur die Zinsen für die Genossen verauslagen und nebenher für Ausfälle an Kapital aufkommen soll. Vielmehr stehen die Übernahme der Verpflichtung zur Zahlung der Zinsen und diejenige zur Zahlung von Kapitalausfällen als gleichwertige Geschäftszweige des Unternehmens nebeneinander, woran dadurch nichts geändert wird, daß die Genossenschaft anscheinend die Gläubiger gegen Kapitalausfälle nur in denjenigen Fällen sichern will, in denen sie auch den Zinsverlust übernimmt. Mit den sonstigen, bereits durch die Satzung bestimmten Geschäftszweigen des von der Genossenschaft betriebenen Unternehmens hat aber die Übernahme der Haftung für Kapitalausfälle und Zinsen überhaupt nichts zu thun. Wie in der Reichstagskommission ausdrücklich betont ist, wird die Anwendbarkeit des Gesetzes nicht dadurch ausgeschlossen, daß neben den Versicherungsgeschäften auch davon unabhängige Geschäfte anderer Art betrieben werden. Endlich steht hier offenbar eine Unternehmung in Frage, die dem dauernden Betriebe an dergleichen Geschäften gewidmet sein soll.

Es kann sich danach nur noch fragen, ob nach allgemeinen Grundsätzen den „Bürgschaften" für Kapitalausfälle die Eigenschaft von Versicherungsverträgen zuzusprechen ist oder nicht. Diese Frage muß indessen bejaht werden. Unter einem Versicherungsvertrag ist derjenige selbständige Vertrag zu verstehen, durch den die eine Partei der anderen gegen Entgelt eine Vermögensleistung für den Fall des Eintrittes einer ungewissen, wirtschaftlich nachteiligen Thatsache verspricht (Ehrenberg, Versicherungsrecht 1 S. 55; Lehmann, HGB. 1 S. 23 Nr. 55; vgl. ROHG. 5 S. 335; Entsch. d. RG. 28 S. 142; Behrend, Handelsr. 1 S. 113). Inwieweit diese Begriffsbestimmung für die Anwendung des Ges. vom 12. Mai 1901 mit Rücksicht auf die obengedachten Feststellungen in der Reichstagskommission einer Ergänzung bedarf, braucht hier nicht erörtert zu werden, da, wie ausgeführt, die dort aufgestellten Erfordernisse bei der von der Beschwerdeführerin geplanten Übernahme von Bürgschaften für Hypothekenausfälle jedenfalls vorliegen. Selbst wenn nun die Verträge, durch welche die Genossenschaft sich den Hypothekengläubigern ihrer Mitglieder gegenüber zur Haftung für Hypothekenausfälle verpflichtet, als Bürgschaftsverträge im Sinne der §§ 765 ff. BGB. anzusehen wären, würde dadurch keineswegs ausgeschlossen, daß sie zugleich Versicherungsverträge im Sinne des Ges. vom 12. Mai 1901 sind. Denn die Genossenschaft will den Hypothekengläubigern ihrer Mitglieder gegen eine — von den betreffenden Mitgliedern zu zahlende — Provision für den etwaigen Eintritt eines Kapitalausfalles an den Hypotheken bei der Beitreibung die Bezahlung des Ausfallbetrages versprechen, und sie beabsichtigt, den Abschluß derartiger Verträge als Geschäftszweig zu betreiben. Solche Verträge müßten, auch wenn sie nach den civilistischen Regeln von der Bürgschaft zu beurteilen wären, als dem Begriffe der Versicherungsverträge bezw. der Versicherungsgeschäfte im Sinne des gedachten Reichsgesetzes unterfallend angesehen werden, wie sich aus den vorstehenden Erörterungen, namentlich der letztgedachten Begriffsbestimmungen ergiebt.

Allein es ist nicht einmal zutreffend, daß die in Rede stehenden Verträge als Bürgschaftsverträge zu beurteilen sind. Die Bürgschaft ist begriffsmäßig ein accessorischer Vertrag. Sie setzt die Hauptverpflichtung eines anderen voraus, der sie nur als Nebenverpflichtung zur Seite tritt. Der § 765 BGB. stellt diese Rechtslage klar, indem er als Inhalt des Bürgschaftsvertrages die Verpflichtung des Bürgen gegenüber dem Gläubiger eines Dritten bezeichnet, für die Verbindlichkeit des Dritten einzustehen. In den folgenden Paragraphen ist der accessorische Charakter der Bürgschaft für die Ausgestaltung des Verhältnisses im einzelnen verwertet. Aus der hier beschlossenen Satzungsänderung und Bürgschaftsordnung ist, wenn vom Gebrauche des Wortes „Bürgschaft" abgesehen wird, in keiner Weise zu entnehmen, daß der Kapitalausfall, zu dessen Deckung die Genossenschaft sich den Hypothekengläubigern gegenüber verpflichten will, noch den Gegenstand der Haftung eines Dritten bilden müßte. Die Genossenschaft soll offenbar den Hypothekengläubigern schlechthin die Bezahlung der Ausfälle gewährleisten, die bei der Beitreibung der Hypothekenforderungen entstehen. Zwar wird zumeist für die Ausfallsforderung ein Dritter, regelmäßig der Genosse, der den Vertragsabschluß herbeigeführt hat, persönlich verhaftet sein. Allein es sind sehr wohl Fälle möglich, in denen die persönliche Verbindlichkeit eines Dritten für die Ausfallsforderung nicht mehr besteht, vielmehr nur die Genossenschaft für den Ausfall aufzukommen haben würde. Daß etwa die Übernahme der sogenannten Bürgschaft in solchen Fällen eine Verpflichtung der Genossenschaft nicht nach sich ziehen sollte, erscheint nach dem Sinne der Generalversammlungsbeschlüsse ausgeschlossen. Hieraus ergiebt sich klar, daß es sich bei den Verträgen nicht um accessorische Bürgschaften, sondern um selbständige Verträge handelt, durch welche die Genossenschaft die Verpflichtung zur Bezahlung der Ausfallsforderung ohne Rücksicht darauf übernehmen soll, ob etwa noch ein Dritter für diese Forderung einsteht oder nicht. Dergleichen Verträge sind aber völlig unbedenklich Versicherungsverträge, bezw. Versicherungsgeschäfte im Sinne des Ges. vom 12. Mai 1901. In Übereinstimmung hiermit hat auch das ROHG. das Vorliegen eines Versicherungsvertrages in einem Falle angenommen, in dem eine Gesellschaft sich gegenüber dem Eigentümer von Hypotheken gegen Prämie verbürgt hatte, ihm den Subhastationsausfall zu ersetzen (Entsch. 5 S. 332).

Bei Geschäften, wie dem hier erörterten, steht nichts anderes als eine Hypothekenversicherung in Frage, die seit langer Zeit als ein Zweig des Versicherungsgeschäftes im technischen Sinne anerkannt ist (vgl. u. A. Ehrenberg S. 63[24]; Goldschmidt, Handelsv. 1 S. 583 in Anm. 6; Korh in Löhr's Centralorgan, N. F. 4 S. 485 ff.). Da die Genossenschaft demgemäß ein Versicherungsunternehmen betreiben will, haben die Vorinstanzen den Nachweis der staatlichen Genehmigung mit Recht erfordert. Ob einer eingetragenen Genossenschaft, die nicht schon bei dem Inkrafttreten des Ges. vom 12. Mai 1901 das Versicherungsgeschäft betrieb, zufolge des § 6[1] und der §§ 92, 102 das. überhaupt die Erlaubnis zum Geschäftsbetriebe als Versicherungsunternehmung erteilt werden darf, ist hier nicht zu erörtern (vgl. dazu Sten. Ber. Anlage Bd. 1 S. 180 f.). Darüber im gegebenen Falle zu entscheiden, ist vielmehr allein die Aufsichtsbehörde berufen, sofern ihr ein Antrag auf Erteilung der Erlaubnis unterbreitet wird. W.

## 9

### a) Kosten des Interventionsprozesses, wenn der Beklagte den Anspruch sofort anerkennt. CPO. § 93.

α) Kammergericht, VIII. CS. Urteil v. 25. Januar 1902.

Die auf Veranlassung des Beklagten erfolgte Pfändung von Gegenständen, welche nicht seiner Schuldnerin, sondern der Klägerin gehörten, ist insofern ein widerrechtlicher Eingriff in das Vermögen der letzteren, als der Gläubiger seine Befriedigung nur aus dem Vermögen seines Schuldners, nicht aus dem eines anderen zu suchen hat. Allein diese Widerrechtlichkeit ist keine subjektive, weil die Vermutung gemäß § 1006 BGB. dafür sprach, daß die im Besitze der Pfandstücke gefundene Schuldnerin des Beklagten deren Eigentümerin sei, und der Gerichtsvollzieher daher gemäß § 808 CPO. zur Vornahme der Pfändung berechtigt war. Die Sondervorschrift des § 93 CPO. befreit in solchen Fällen bloß objektiver Widerrechtlichkeit den in der Hauptsache unterliegenden Beklagten, welcher — wie es der hiesige Beklagte unstreitig gethan hat — den Klaganspruch sofort, nämlich in der ersten mündlichen Verhandlung, anerkannt hat, von der im § 91 CPO. angeordneten regelmäßigen Folge des Unterliegens zur Hauptsache für den Fall, daß er durch sein Verhalten zur Erhebung der Klage keine Veranlassung gegeben hat. Der gute Glaube des pfändenden Gläubigers, welcher ihn vor dem Unterliegen in der Hauptsache nicht schützt (weil der beim Pfanderwerbe durch Rechtsgeschäft laut §§ 932, 1207 bestehende Schutz des redlichen Erwerbers im § 1257 BGB. zwar auf die kraft Gesetzes entstandenen Pfandrechte, nicht aber auf das Pfändungspfandrecht ausgedehnt ist), soll bei der Entscheidung über die Tragung des Schadens, welcher durch die Kostenbelastung entsteht, berücksichtigt werden. Dies steht auch im Einklange mit den Bestimmungen des materiellen Rechtes über die Schadensersatzpflicht des gutgläubigen Besitzers gegenüber dem Eigentümer, welche in den §§ 989, 990 BGB. gegeben sind, und nach welchen letzterer Schadensersatz wegen einer objektiv widerrechtlichen Besitzergreifung vom Besitzer der Sache nur im Falle der Bösgläubigkeit desselben zu beanspruchen hat (Motive 3 S. 408 ff; Protok. 3 S. 344). An der Gutgläubigkeit des Beklagten, welcher durch die Pfändung mittelbarer Besitzer der gepfändeten Gegenstände geworden war, ist nicht zu zweifeln, da die gepfändeten Gegenstände zum Betriebe des Gewerbes seiner Schuldnerin dienten. Abgesehen von derselben hätte der Beklagte freilich auch noch durch schuldhaftes Verhalten zur Erhebung der Klage Veranlassung geben können und dieses findet der Vorderrichter darin, daß der Beklagte die Sachen nicht schon sofort nach Zustellung des Einstellungsbeschlusses freigegeben hat, in welchem gesagt ist, daß das Eigentum der Klägerin durch den Mietsvertrag und die eidesstattliche Versicherung glaubhaft gemacht seien. Allein der pfändende Gläubiger, welcher zur Pfändung der im Gewahrsam seines Schuldners befindlichen Gegenstände an sich berechtigt ist, darf von dem intervenierenden Dritten die direkte Glaubhaftmachung derjenigen Thatsachen beanspruchen,[1] welche der Fortsetzung der Zwangsvollstreckung entgegenstehen, und braucht sich keineswegs damit zu begnügen, daß das einen Einstellungsbeschluß erlassende Gericht eine Glaubhaftmachung in diesem Beschlusse feststellt, und zwar um so weniger, als zur bloßen Einstellung der Zwangsvollstreckung ein geringeres Maß der Beglaubigung in der Regel ausreichen wird, als zur Aufgabe des durch die Pfändung bereits erworbenen Pfandrechtes. Das Verlangen des Beklagten, vor der Entscheidung über die verlangte Freigabe den fraglichen Mietsvertrag selbst einzusehen, war aber um so mehr berechtigt, als im Beschlusse nicht erwähnt war, daß er dem Gerichte in beglaubigter Form vorgelegen und welchen Inhalt die eidesstattliche Versicherung hat. Dem Hinweise der Klägerin auf die Akten, zu denen sie den Vertrag eingereicht zu haben angab, ist der Beklagte nachgekommen, obgleich eine Verpflichtung desselben zur Akteneinsicht oder zu einer (mit Kosten verknüpften) Einforderung einer beglaubigten Abschrift aus denselben nicht vorlag. Er hatte, als ihm der Bescheid erteilt wurde, der Vertrag befinde sich nicht bei den Akten, vollends keine Veranlassung zur Freigabe. Ob der Vertrag gar nicht zu den Akten gelangt oder durch ein Versehen zu anderen Akten gelangt war, ist unerheblich, da ein Verschulden des Beklagten auch im letzteren Falle nicht vorliegt, vielmehr eher der Klägerin zur Last fällt, da sie es unterlassen hat, dem Beklagten direkt den Vertrag vorzulegen oder ihm wenigstens eine beglaubigte Abschrift desselben zukommen zu lassen und

[1] Die Ausführung in den Blättern für Rechtspflege im Bezirke des Kammergerichtes 1901 S. 69 hat den Senat von der Unrichtigkeit dieser bisher stets vertretenen Ansicht nicht überzeugt. D. E.

statt dessen ihm die Einsicht der Akten anheim stellte, welche ihm die Möglichkeit, sich von der Begründetheit des klägerischen Anspruches zu überzeugen, im vorliegenden Falle nicht gewährte (Rsp. 1 S. 39, 2 S. 101, 3 S. 130).[1] Nl.

β) OLG. Hamburg, II. CS. Beschluß v. 22. März 1902.

Ein Gläubiger, welcher im Besitze seines Schuldners befindliche Sachen pfänden läßt, die Eigentum eines Dritten sind, hat durch dieses sein Verhalten nicht ohne weiteres im Sinne des § 93 dem Dritten Veranlassung zu einer Interventionsklage gegeben. Er übte sein gutes Recht aus, wenn er die Sachen, die er bei seinem Schuldner vorfand, pfändete; der Besitz begründet die Vermutung des Eigentumes (BGB. § 1006), und diese Vermutung, die zu Gunsten des Besitzers gilt, darf aus dessen Person auch von seinem Gläubiger gegenüber einem Eigentumsprätendenten geltend gemacht werden. Der Eigentümer, welcher die ihm gehörigen Sachen im Besitze eines anderen läßt, führt dadurch einen Zustand herbei, dessen täuschender Schein dem wahren Sachverhalt widerspricht. Die daraus sich ergebenden Unzuträglichkeiten hat er zu tragen. So lange er dem pfändenden Gläubiger nicht Zeit und Gelegenheit gegeben hat, sich davon zu überzeugen, daß die gesetzliche Vermutung in diesem Falle nicht zutrifft, kann man nicht sagen, der Gläubiger habe durch sein Verhalten dem Eigentümer Veranlassung gegeben, ihn mit einer Klage zu überziehen. Mit Recht hebt daher das Landgericht hervor, es sei dem pfändenden Gläubiger nicht zuzumuten, der bloßen Erklärung des Schuldners oder des Eigentümers, daß die Sachen dem letzteren gehören, ohne weiteres Glauben zu schenken. M. M.

b) **Prozeßkosten, wenn die Forderung erst im Prozesse fällig wird und der Schuldner sofort anerkennt, aber nicht zahlt.[2] CPO. § 93.**

OLG. Dresden, I. CS. Urteil v. 17. April 1902.

Die Vorinstanz, welche den Kläger zu den Kosten verurteilt, legt Gewicht auf den Wortlaut des § 93, wonach der Beklagte, sobald er ohne Zögern anerkenne, die Kosten nur dann zu tragen habe, wenn er durch sein Verhalten zur Erhebung der Klage Veranlassung gegeben. Zu der konkreten, vorzeitig angestellten Klage hätte Beklagter aber keine Veranlassung gegeben; höchstens sei der Kläger zufolge der Nichterfüllung seiner Forderung nachträglich zu einer Klage, d. h. einer anderen als der thatsächlich erhobenen, berechtigt geworden. Dieser Auffassung, welche in der Litteratur und Rechtsprechung ihre Vertreter gefunden hat (vgl. Gaupp-Stein zu § 93 und die dort Angeführten), kann jedoch nicht beigetreten werden. Ob der Kläger Grund hatte, den Prozeßweg zu beschreiten, beantwortet sich keineswegs allein aus dem Verhalten des Schuldners vor der Klaganstellung. Unter Umständen

[1] In einem Beschluß vom 20. April ist der Senat gegenüber der abweichenden Entscheidung des RG. (JW. 1902 S. 214 Nr. 8) bei der Ansicht des obigen Urteiles stehen geblieben. D. E.

[2] Vgl. JW. 1900 S. 714 Nr. 3.

lassen sich auch aus dem späteren Verhalten rückwärts Schlüsse darauf ziehen, daß der Kläger ohne Anrufung des Richters doch nicht zum Ziele gelangt sein würde. Dieser Schluß ist aber gerade in einem Falle der vorliegenden Art und unter Verhältnissen, wie sie hier obwalteten, geboten. Denn mit einem bloßen Anerkenntnisse seines Anspruches, wie es Beklagter erklärte, konnte dem Kläger nicht gedient sein. Er heischte Befriedigung, und so lange ihm Beklagter trotz vorhandener Befriedigungspflicht die geschuldete Leistung vorenthielt, so lange hatte er mit Recht geklagt... Die Vorinstanz bestreitet nicht, daß Beklagter sich seit Anfang 1901 in Zahlungsverzug befand; sie legt nur der Thatsache keine Bedeutung für die Kostenentscheidung bei. Wäre das richtig, so würde das auffällige Ergebnis zu Tage treten, daß die Rechtslage eines Schuldners sich im Kostenpunkte günstiger gestalte, wenn er erst nach der Klaganstellung in Verzug gerät, als wenn er schon vorher säumig war. Darauf läuft die hier bekämpfte Ansicht hinaus. Denn, obschon zugegeben wird, daß Beklagter im Fortgange des Prozesses Anlaß zur Erhebung „einer" Klage gegeben hat, geht er doch trotz Verurteilung zur Hauptsache und obschon er bis zur Schlußverhandlung noch $^3/_4$ Jahr hindurch keinerlei Veranstaltung getroffen hatte, den Gläubiger klaglos zu stellen, von Kosten völlig frei aus. Hätte der Kläger dagegen im Januar 1901 unter Sistierung der zu früh anhängig gemachten eine neue Klage erhoben, so würde Beklagter des Anerkenntnisses ohngeachtet die Kosten zu tragen gehabt haben. Warum es anders sein soll, wenn der Kläger anstatt einen neuen Prozeß zu beginnen, den bereits begonnenen fortsetzt, ist nicht einzusehen. Die Fortführung des Rechtsstreites war dazu bestimmt und auch wohl geeignet, die Neuanhängigmachung zu ersetzen. Als im Vorschreiten des Prozesses die Fälligkeit der Darlehnsschuld herankam, befand sich Beklagter in keiner anderen Lage, als wenn die Klage von Haus aus erst im Januar 1901 anhängig gemacht worden wäre. Wie er im letzteren Falle, um die Kostenlast von sich abzuwälzen, den Klaganspruch nicht bloß hätte anerkennen, sondern auch befriedigen müssen, so hatte er es auch der Fortsetzung der alten Klage gegenüber in der Hand, durch rechtzeitige Befriedigung sich den Schutz des § 93 zu sichern. Geschah das, so fielen die Folgen der vorzeitigen Klaganstellung auf den Kläger zurück... Im Ergebnis übereinstimmend: Wach, Handbuch 1 S. 20 Anmerk. 18; Schmidt, Lehrbuch § 122 Anmerk. 5; Petersen-Anger und Wilmowski-Levy zu § 93 CPO. Dr. W.

c) **Kostenersatz bei Einklagung einer Forderung in Teilbeträgen beim Amtsgerichte.**

OLG. Stettin, III. CS. Beschluß v. 13. Mai 1902.

Die Klägerin ließ ihre Forderung von 900 Mark in drei Teilbeträgen beim Amtsgerichte einklagen; dieses erklärte sich jedoch auf die Einrede des Beklagten in drei Urteilen für unzuständig, verwies die Rechtsstreite an das Landgericht in C. und entschied, daß die Kosten als Teil der beim Landgerichte erwachsenen Kosten zu behandeln seien. Das Landgericht beschloß demnächst die Verbindung der drei Sachen und verurteilte den Beklagten zur Zahlung und in die Kosten. Bei deren Festsetznng erachtete es die Gebühren und Auslagen nur in der Höhe für erstattungsfähig, wie sie entstanden wären, wenn von vornherein die ganze Forderung beim Landgerichte eingeklagt worden wäre. Die Beschwerde hierüber ist begründet. Dem Landgerichte kann schon darin nicht beigetreten werden, daß es die Einklagung von Teilbeträgen bei dem Amtsgerichte für unzulässig erklärt. Die Ausführungen Zitelmann's (Busch's Zeitschr. 8 S. 276) haben zwar einzelne Anhänger gefunden (das. 11 S. 322, 12 S. 535, auch 17 S. 447); sie widersprechen aber den jetzt allgemein anerkannten Grundsätzen der CPO. über Rechtshängigkeit, Rechtskraft und Streitwert. Dagegen haben sich dann auch ausgesprochen: Wach, Handbuch I S. 38, Gaupp-Stein, Petersen-Anger, Seuffert, auch die Rechtsprechung: Seuffert 43 Nr. 157, Gruchot 44 S. 196. Überdies beziehen sich Zitelmann's Darlegungen nur auf die Einklagung „nicht individualisierter" Teilforderungen, z. B. eines Teilbetrages von 200 Mark einer einheitlichen Darlehnsforderung von 600 Mark. Hier sind aber ganz bestimmte einzelne Posten der Klagerechnung in den drei verschiedenen Klagen eingeklagt, die verschiedene Arten von Leistungen betreffen . . . Die Einrede der Unzuständigkeit war hiernach nicht begründet, die Verweisung der drei Sachen an das Landgericht nicht gerechtfertigt und die gleichzeitige Anbringung der drei Klagen beim Amtsgerichte nicht unzulässig, wenn man überhaupt die Angehung eines unzuständigen Gerichtes mit Rücksicht auf § 39 CPO. als unzulässig bezeichnen kann.

Freilich ist damit nicht gesagt, daß der Beklagte die durch das eingeschlagene Verfahren entstandenen Mehrkosten ohne weiteres zu tragen habe. Es bleibt vielmehr zu prüfen, ob sie zur zweckentsprechenden Rechtsverfolgung notwendig waren (Gruchot 44 S. 196; JW. 1895 S. 32; Seuffert 47, Nr. 227). In dieser Beziehung kommt in Betracht, daß das Amtsgericht die amtsgerichtlichen Kosten als Teil der Kosten des landgerichtlichen Verfahrens behandelt. Freilich war dies vom Standpunkte des Amtsgerichtes aus unzutreffend. Der Ausspruch der Unzuständigkeit gemäß § 505 CPO. mußte die Verurteilung der Klägerin in die amtsgerichtlichen Kosten zur Folge haben; denn das Amtsgericht hat eine von vornherein vorhandene Unzuständigkeit angenommen, während es sich im § 506 um drei ganz bestimmte Fälle einer ausnahmsweise nachträglich eintretenden Unzuständigkeit handelt (Gaupp-Stein § 505 Anmerk. 4; JW. 1883 S. 97). Da indessen die amtsgerichtlichen Urteile rechtskräftig geworden sind und das Landgericht dem Beklagten die Kosten ohne Unterschied auferlegt hat, so muß er auch die sämtlichen der Klägerin erwachsenen Kosten, nicht nur des landgerichtlichen Verfahrens, tragen, sofern sie zur zweckentsprechenden Rechtsverfolgung notwendig waren. Dies ist anzunehmen. Allerdings würde es durchaus verwerflich sein, wenn eine derartige Teilung von Ansprüchen, die an sich vor das Landgericht gehören, in B. lediglich im Interesse der dortigen Anwälte geschähe; in diesem Falle würden, wenn dies auch gesetzlich nicht zu hindern ist, die Mehrkosten zweifellos den Kläger treffen müssen. Zu einer solchen Annahme liegt aber hier keinerlei Anlaß vor. (Wird ausgeführt.) Die Teilung der Forderung und Anbringung der Klage in getrennten Prozessen beim Amtsgerichte diente, da die Klägerin die Verweisung an das Landgericht nicht erwarten konnte, zur zweckentsprechenden Rechtsverfolgung. M.

d) **Im Festsetzungsverfahren kann der Gegner die Vorlegung der Belege verlangen, auch wenn sie sich in den Handakten des Antragstellers befinden.**

OLG. Breslau, VII. CS. Beschluß v. 26. März 1902.

Die Kostenfestsetzung ist ein selbständiger Teil des Verfahrens erster Instanz. Während im Urteil — abgesehen von der Ausnahme des § 103 — regelmäßig nur über die Kostenverteilung unter den Parteien entschieden wird, bleibt die Höhe der zu erstattenden Kosten einem besonderen, summarisch geregelten Nachverfahren vorbehalten, für welches im übrigen die Bestimmungen des ersten und zweiten Buches der CPO. anwendbar sind. Diese Regelung ist dahin erfolgt, daß das Gericht, sofern es nicht mündliche Verhandlung anordnet, ohne Anhörung des Gegners auf Grund der, vom Antragsteller vorzulegenden, Kostenberechnung und der zur Rechtfertigung der einzelnen Ansätze dienenden Belege die zu erstattenden Beträge ermittelt und festsetzt, soweit die Ansätze glaubhaft gemacht sind. Daraus folgt aber nicht, daß die Vorlegung der Belege an den Gegner unzulässig und ihm, wenn er die Einsicht begehrt, zu verweigern ist. Denn da die Glaubhaftmachung (§ 105³), soweit sie durch Belege erfolgt, im Wege des Urkundenbeweises geschieht, d. h. durch Vorlegung der Urkunden (§ 420), so folgt daraus, daß die Belege vom Gegner eingesehen werden können und ihm auf Verlangen zugänglich gemacht werden müssen (vgl. Gaupp, Anm. II Schlußsatz zu § 420). Daran ändert auch der Umstand nichts, daß vorliegend sich die Belege in den Handakten des Rechtsanwaltes X. befinden, da es diesem überlassen ist, in welcher Form und in welchem Umfange er die erforderlichen Belege beifügt, er also die Folgen sich selbst zuzuschreiben hat, wenn mit den Belegen andere Schriftstücke zur Kenntnis des Gegners gelangen. Sch.

e) **Streitwert, wenn auf Feststellung der außerehelichen Vaterschaft und auf Zahlung von Alimenten geklagt wird.**[1]

Kammergericht, VIII. CS. Beschluß v. 29. Mai 1902.

Der herrschende Gerichtsgebrauch geht dahin, bei Unterhaltsklagen unehelicher Kinder den Streitwert für die bei Erhebung der Klage noch nicht fällig gewesenen Bezüge lediglich nach § 9ª GKG. zu bestimmen, auch wenn daneben die Anerkennung der Vaterschaft gefordert wird (vgl. JW. 1902 S. 62. 63 u. Blätter für Rechtspflege im KG.-Bezirk 1902 S. 23). Diese Entscheidungen beruhen auf der Erwägung: es bestehe für die besondere Fest-

[1] Rsp. 4 Nr. 92a.

stellung der Vaterschaft unter der Herrschaft des BGB. kein selbständiges Interesse, diese Feststellung sei nur Voraussetzung des Unterhaltsanspruches, in dem sich die Rechtsbeziehungen zwischen dem unehelichen Kinde und seinem natürlichen Vater erschöpfen, und werde auch nur in diesem Sinne beantragt, sodann bilde die rechtskräftige Verurteilung zur Unterhaltszahlung den alleinigen Klagegrund bei Ansprüchen aus § 1708² BGB. oder aus § 323 CPO., wenn die Mutter des unehelichen Kindes eine bessere Lebensstellung erlange, weil die Vaterschaft durch die Verurteilung im Alimentenprozesse unangreifbar feststehe, und es sich in diesen Fällen nur noch darum handele, die thatsächlichen Voraussetzungen für diese Ansprüche darzuthun. Diesen Ausführungen kann nicht beigetreten werden. Vielmehr ist den Beschwerdeführern zuzugeben, daß unabhängig vom Unterhaltsanspruche ein rechtliches Interesse an der Feststellung der Vaterschaft für das uneheliche Kind bestehen kann und daß die dem Anerkenntnisse der Vaterschaft in § 1718 BGB. beigelegte Folge (Ausschluß der Einrede mehrerer Beiwohner) allein schon die Zulässigkeit solcher Feststellungsklage ergiebt (vgl. JW. 1901 S. 706). In solchen Fällen wird regelmäßig auch ein Interesse an der alsbaldigen Feststellung der Vaterschaft bestehen. Ein charakteristisches Beispiel für die selbständige Bedeutung der Feststellung der Vaterschaft giebt das in der JW. 1902 S 244—245 mitgeteilte Urteil des Landgerichtes Görlitz in einem Falle, wo der Beklagte unter Bestreitung der Vaterschaft in gerichtlicher vollstreckbarer Form sich zur Zahlung von Alimenten verpflichtet hatte. Die nur auf Feststellung der Vaterschaft gerichtete Klage ist mit Recht zugelassen, weil das klagende Kind an der Feststellung des in der Urkunde fehlenden Verpflichtungsgrundes ein erhebliches rechtliches Interesse habe, insofern aus der abstrakten Verpflichtung später rechtliche Schwierigkeiten gemacht werden können und der Unterhaltsanspruch des unehelichen Kindes bei der Zwangsvollstreckung durch § 4ª des Lohnbeschlagnahmegesetzes und durch § 850 Abs. 4 CPO. privilegiert ist. Ferner ist auch nicht richtig, daß für die Ansprüche aus §§ 1713² und 1708² BGB. durch eine frühere rechtskräftige Verurteilung zur Alimentenzahlung die Vaterschaft des Beklagten unangreifbar feststeht. Für beide Ansprüche ist die Vaterschaft im Sinne der §§ 1708, 1717 Abs. 1 a. a. O. die Voraussetzung: die Rechtskraft eines lediglich zur Alimentierung verurteilenden Erkenntnisses reicht aber nach § 322 Abs. 1 CPO. über jenen Leistungsanspruch (auf Unterhalt) nicht hinaus, weil rechtskräftig zuerkannte Alimente nicht die Voraussetzung des Anspruches auf Alimentierung über das 16. Lebensjahr hinaus oder auf Beerdigungskosten bilden, vielmehr alle diese Ansprüche die gemeinsame Voraussetzung der Vaterschaft haben. Von der vielleicht anders zu beurteilenden Klage auf Erhöhung zuerkannter Alimente gemäß § 323 CPO., im Falle die uneheliche Mutter später eine bessere Lebensstellung erlangt, wird hier abgesehen und die Zulässigkeit solchen Anspruches überhaupt dahingestellt gelassen.

Prinzipiell muß hiernach dem mit der Leistungsklage auf Unterhalt verbundenen Anspruche auf Feststellung der Vaterschaft selbständige Bedeutung beigemessen werden. Folgerichtig ist dann auch der Feststellungsanspruch neben dem Leistungsanspruch besonders zu bewerten. Immer muß aber im einzelnen Falle aus dem Inhalte der Klage sich ergeben, daß wirklich ein selbständiger Anspruch auf Feststellung der Vaterschaft erhoben ist. Nach der Begründung und dem Zwecke der begehrten Feststellung ist dann zu entscheiden, ob es sich um einen vermögensrechtlichen Anspruch, der nach § 3 CPO. zu bewerten oder ob ein nicht vermögensrechtlicher Anspruch im Sinne des § 10 GKG. geltend gemacht ist (vgl. Rspr. 4 S. 395). Denn obwohl nach dem BGB. familienrechtliche Beziehungen zwischen dem unehelichen Kinde und seinem Erzeuger nicht entstehen, sondern dem Kinde nur der Anspruch auf Unterhalt gewährt ist, so wird dieser Anspruch doch als ein familienrechtlicher, nämlich als eine gesetzliche aus dem Status des Kindes sich ergebende Verbindlichkeit konstruiert. Um diesen Charakter des Unterhaltsanspruches klar zu stellen, wird im Gesetze vom Vater des unehelichen Kindes, nicht von dessen Erzeuger oder dem Schwängerer der Mutter gesprochen (Motive 4 S. 851. 868. 874). Regelmäßig erschöpfen sich zwar in dem Unterhaltsanspruche (mit der Erweiterung des § 1708² und § 1713² und der Beschränkung des § 1712²) alle rechtlichen Folgen der anerkannten oder rechtskräftig festgestellten Vaterschaft, so daß diese Feststellung meist einen vermögensrechtlichen Anspruch darstellen wird. Indessen kann die Vaterschaft auch als Ehehindernis § 1310³ und bei der Legitimation durch nachfolgende Ehe (§§ 1718, 1720) in Frage kommen und insoweit der Feststellungsanspruch nicht vermögensrechtlicher Natur sein.

Enthält die Klage aber keinen Anhalt dafür, daß neben der Alimentierung und unabhängig von dieser die Feststellung der Vaterschaft begehrt wird, so bildet der neben dem Unterhaltsanspruch gestellte Antrag, den Beklagten für den Vater des klagenden Kindes zu erklären, nur den Rechtsgrund für den Unterhaltsanspruch, diesem sogenannten Feststellungsantrage fehlt dann jede selbständige Bedeutung und seine Aufnahme in den Klagantrag (und in die Urteilsformel) ist inkorrekt und überflüssig. In der großen Mehrzahl der Fälle liegt ein Bedürfnis zur Feststellung der Vaterschaft nicht vor und wird der entsprechende Antrag lediglich als Voraussetzung oder Grund für den Unterhaltsanspruch in das Petitum aufgenommen. In ähnlicher Weise wird bei den Interventionsklagen aus § 771 CPO. häufig neben dem Antrage auf Freigabe der Pfandstücke noch beantragt, das Eigentum des Klägers anzuerkennen: letzterem Antrage fehlt regelmäßig die selbständige Bedeutung und wird er bei Festsetzung des Streitwertes allgemein nicht als besonderer Feststellungsantrag, sondern nur als Voraussetzung des Freigabeanspruches behandelt. Nl.

## 10

### a) Eigentumserwerb durch stille Stellvertreter.

OLG. Rostock, I. CS. Urteil v. 14. April 1902.

Die Beklagten haben 1901 bei ihrem Schuldner V. eine Stute pfänden lassen, welche V. vom Inspektor W. gegen ein dem Kläger gehörendes Pferd eingetauscht hatte. Nach dem zwischen dem Kläger und V. bestehenden Vertragsverhältnisse war V. verpflichtet, die eingetauschte Stute für den Kläger zu erwerben. Der Klage auf Freigabe der Stute ist Folge gegeben. Aus den Gründen:

Die Begründetheit des Anspruches hängt davon ab, ob die Stute zur Zeit der Pfändung bereits im Eigentume des Klägers stand. Sollte auch die Behauptung der Beklagten richtig sein, daß V. den Tauschvertrag im eigenen Namen mit W. abgeschlossen hat, so würde doch vorliegend anzunehmen sein, daß durch die Übertragung des Besitzes an der Stute an V. der Kläger Eigentümer derselben geworden ist. V., welcher seine Verpflichtung aus dem Tauschvertrage durch Hingabe der Stute erfüllte, hatte kein Interesse daran, wer Besitzer und Eigentümer des Tieres wurde, und es ist daher davon auszugehen, daß ihm jede Person als Empfänger des Besitzes und Eigentumsrecht war, für die V. Besitz und Eigentum erwerben wollte, daß er also insbesondere auch einverstanden war, wenn dies der Kläger nach dem Willen des V. sein sollte. Wenn demnach V., auch wenn er diesen Willen nicht ausdrücklich erklärte, für den Kläger den Erwerb vornehmen wollte, so liegt in dieser Beziehung eine Einigung der Kontrahenten vor, und wurde Kläger sofort mit der Übergabe des Pferdes an V. mittelbarer Besitzer und Eigentümer des Tieres, wie nach gemeinem Rechte (vgl. Entsch. d. RG. in Civils. 30 S. 142, in Strafs. 19 S. 432), so auch nach § 929[1] BGB. (vgl. Endemann, Lehrb. 2[1] § 39; Staub, HGB. 7. Aufl. Exkurs zu § 58 Anm. 37; Planck zu § 164 Anm. 2). Der Tausch wurde vollzogen durch Hingabe eines nicht dem V., sondern dem Kläger gehörenden Tieres, so daß V. aus eigenem Vermögen keine Aufwendungen machte, für die er Ersatz vom Kläger zu begehren hatte. Nach dem mit dem Kläger abgeschlossenen Vertrage durfte V. für eigene Rechnung keinen Pferdehandel betreiben. Er hat das eingetauschte Tier in die Stallungen gebracht, die dem Gewerbebetriebe des Klägers dienten. Diese Momente reichen aus, um als erwiesen anzusehen, daß V. bei Annahme des Pferdes den Willen hatte, Besitz und Eigentum an demselben für den Kläger zu erwerben. S.

### b) Einigung zur Übertragung des Eigentumes, wenn Veräußerer und Erwerber durch dieselbe Person vertreten sind. BGB. § 181.

OLG. Kiel, I. CS. Urteil v. 1. April 1902.

Kläger fordert Freigabe der Decken, welche der Beklagte bei seinem Schuldner X. hat pfänden lassen. Die Decken waren von X. durch dessen Prokuristen Z. dem Kläger zum Kauf angeboten. Auf die Annahmeerklärung hat Z., einem Auftrage des Klägers entsprechend, die Decken aus den Beständen des X. entnommen und auf einen vom Kläger gemieteten Lagerraum im Geschäftslokal des X. schaffen lassen, wo sie, untermischt mit anderen Waren, bis zur Pfändung gelagert haben. Durch diese Maßnahmen sind die Decken in Erfüllung des perfekt gewordenen Kaufgeschäftes an den Kläger übergeben worden. Erwiesen ist, daß Z. die Bevollmächtigung seitens des Klägers erhalten hat, damit für ihn zur Erwerbung des Eigentumes an den gekauften Decken zu wirken, wie er gethan hat. Er hat diesen Auftrag angenommen. Auf seiner Seite war daher der Wille vorhanden, daß das Eigentum an den Decken an den von ihm vertretenen Kläger übergehen solle. Es war dann aber auch die nach § 929 BGB. erforderliche Einigung zwischen Erwerber und Veräußerer vorhanden. Für letztere Person, X., wirkte dessen Prokurist Z. mit, indem er die einzelnen Decken aus den Beständen der Firma entnahm und sie dergestalt, jedenfalls aber durch die getrennte Lagerung in dem gesonderten Lagerraum übergab. Diese Übergabe erfolgte nun allerdings wiederum an Z. als dem Bevollmächtigten des Klägers. Es könnte sich fragen, ob hierin die Vornahme eines Rechtsgeschäftes zwischen dem Z. als dem Vertreter des X. und demselben als dem Vertreter des Klägers zu befinden ist, und ob nicht vielmehr Z. hierbei für die Firma um deswillen nicht mitzuwirken hatte, weil diese im allgemeinen mit dem Abschließen der Verkaufsgeschäfte und der Übergabe der Waren, wie sie regelmäßig erfolgt ist, einverstanden war und damit die zu dem Eigentumserwerb an den verkauften Sachen nötige Zustimmung zu dem Rechtsgeschäfte ihrerseits schon vorlag. Jedenfalls aber steht der Vertretung des Klägers Z. der § 181 BGB. nicht entgegen, weil ihm diese Vertretung des Klägers gestattet war. Das ergiebt sich aus der ganzen Sachlage, nach welcher anzunehmen ist, daß X. wußte, und damit einverstanden war, daß die Kaufgeschäfte mit dem Kläger so abgewickelt zu werden pflegten, wie Z. dieses that. Nach dem Zeugnis des X. war ihm auch bekannt geworden, daß derzeit der Kläger dem Z. Vollmacht erteilt hatte, bei den Geschäften mitzuwirken. Hieran ist dann aber auch seitens des Klägers die Gestattung zu finden, daß sein Bevollmächtigter Z. auch als Vertreter des X. mitzuwirken hatte. Demgemäß liegen die Thatumstände vor, welche zum Eigentumserwerb an den Decken durch den Kläger erforderlich sind. Gr.

### c) Stillschweigende Ermächtigung eines Mitdirektors zur alleinigen Vertretung der Akt.-Ges. HGB. § 232.

OLG. Hamburg, III. CS. Urteil v. 18. März 1902.

Mit Unrecht hat die Vorinstanz die Klage schon deshalb abgewiesen, weil die Zustimmung des anderen Vorstandsmitgliedes B. zu den vom Kläger mit Direktor A. getroffenen Abmachungen gefehlt habe. Der zweite Senat dieses Gerichtes hat (Seuffert 44 Nr. 120) ausgeführt, um die Aktiengesellschaft verantwortlich zu machen, genüge auch bei angeordneter Kollektivvertretung, „daß dasjenige Vorstandsmitglied, in dessen Person der Vorstand redend auftritt, dies unter solchen Umständen thut, welche den Dritten zu der Annahme berechtigen, daß aus seinem **Munde** der Vorstand zu ihm spreche". Da Kläger ausdrücklich im Kontor der Beklagten an A. verwiesen war, würden diese Voraussetzungen auch hier gegeben sein. Allein diese ältere Entscheidung hat lebhaften Widerspruch gefunden (vgl. Staub zu § 232 HGB.), während Lehmann-Ring S. 467 bei der Ausführung, daß auch stillschweigende Ermächtigung eines von mehreren Vorstandsmitgliedern zu bestimmten Kreisen von Geschäften ausreiche, sich auf obiges Urteil mit dem Bemerken bezieht: „die Praxis suchte dergleichen Ermächtigungen schon bisher thunlichst zu halten". Übereinstimmend führen dann auch Cosack S. 660 und Staub aus, daß es sehr wohl möglich ist, ein einzelnes Vorstandsmitglied vorher wie einen Handlungsbevollmächtigten allgemein mit Abschluß ganzer Kreise von Geschäften zu beauftragen und dazu zu befugen und das Reichsgericht (48 S. 57) präzisiert dies dahin, daß die Grenzen der erteilten Vollmacht ersichtlich sein müßten.

Gegenüber dem Zugeständnis, daß B. Angestellter eines anderen kaufmännischen Geschäftes sei und nicht ins Kontor der Beklagten komme, daß A. alles: kaufmännischen wie technischen Betrieb allein leite und hierzu die zwar nicht ausdrückliche, aber stillschweigende Genehmigung des Aufsichtsrates und seines Mitdirektors habe, entsteht nun die Frage: ist diese weitgehende Vollmacht gänzlich ungültig, weil dem § 232 HGB. zuwiderlaufend, so daß kein Dritter sich auf A.'s alleinige Erklärungen berufen kann, oder ist die Vollmacht Dritten gegenüber wenigstens für denjenigen Geschäftskreis, der gerade in Frage kommt, gültig, wobei übrigens noch in Betracht kommen würde, daß die Beklagte im ersteren Falle für die geradezu deceptive Beibehaltung der thatsächlich längst nicht mehr bestehenden Vertretungsverhältnisse im Firmenregister aufkommen müßte. Obige Frage kann aber unbedenklich im letzteren Sinne entschieden werden. Es war unzweifelhaft unzulässig, A. mit Abschlüssen über Cement auch für den ganzen Jahresbedarf zu betrauen. Daß es geschehen ist, steht fest. Es wäre geradezu dolos, wollte Beklagte sich nun damit befreien, daß sie durch viel weiter und gegenüber dem Sinne des § 232 zu weit gehende Bevollmächtigung A.'s diese überhaupt unzulässig gemacht habe. M. M.

d) **Wirkungen des Vertragsabschlusses mit einem Vertreter, der sich selbst als Geschäftsinhaber geriert und dafür vom anderen Teile gehalten wird. BGB. § 164.**

Kammergericht, XIII. CS. Urteil v. 27. März 1902.

Zur Zeit des Vertragsabschlusses war Z. nur Geschäftsführer seiner Frau, es ist daher in Ermangelung entgegenstehender Umstände anzunehmen, daß er auch den Vertrag mit dem Beklagten nur in dieser Eigenschaft hat schließen wollen. Z. hat aber im schriftlichen Vertrage das Vertretungsverhältnis nicht zum Ausdruck gebracht, Umstände, aus denen es ohnedem erkennbar gewesen wäre, sind nicht ersichtlich; daß der Beklagte nichts davon gewußt hat, steht durch den von ihm geleisteten Eid fest. Der Beklagte wußte also nicht anders, als daß er mit Z. persönlich abschließe. Es ist indessen nicht anzunehmen, daß er gerade nur mit Z. persönlich habe abschließen wollen. Wer mit einem Gewerbetreibenden kontrahiert, will mit demjenigen abschließen, welcher in Wirklichkeit der rechtliche Inhaber des Betriebes und demgemäß die eingegangenen Verbindlichkeiten zu erfüllen im stande ist, es ist ihm in der Regel gleichgültig, ob die Person, mit welcher er verhandelt, dieser Inhaber selbst oder nur zu seiner Vertretung ermächtigt ist. Hat daher der Vertreter den Willen, den Inhaber zu verpflichten, so ist trotz eines etwaigen Irrtumes in der Person des Gegners der Vertrag mit dem Geschäftsinhaber zu stande gekommen. Diese Grundsätze hat das Reichsgericht (Entsch. 30 S. 77) in Bezug auf die unmittelbare Berechtigung des mit dem Vertreter Verhandelnden ausgesprochen, sie müssen auch da gelten, wo es sich um seine Verpflichtungen dem Vertretenen gegenüber handelt. Allerdings erörtert jene Entscheidung nur den alten Rechtszustand; dieser ist aber, wie auch Rehbein, BGB. 1 S. 253, ausführt, nicht verändert worden. Insbesondere widerspricht § 164² BGB. nicht dem Ergebnis der vorstehenden Erwägungen. Zunächst ist dort ausdrücklich nur ausgesprochen, daß, wer die Kundgebung des Vertretungswillens unterläßt, als Kontrahent im eigenen Namen zu behandeln ist (so geben die Motive zu § 116 den Sinn der Vorschrift wieder), nicht aber, daß Rechtsbeziehungen zwischen demjenigen, der nach der nicht kundgegebenen Absicht seines Vertreters Geschäftsherr sein sollte, und der anderen Geschäftspartei überhaupt nicht entstehen sollen. Diese Folgerung ist keine rechtlich notwendige, da die Möglichkeit konkurrierender Rechtsbeziehungen nicht begrifflich ausgeschlossen ist, sie wird aber von vielen Rechtslehrern, z. B. auch von Staub, Exkurs zu § 58 HGB. verteidigt, während u. a. Eck und Cosack (Lehrbuch 1 § 66 I. 1c) im allgemeinen, sowie Rehbein a. O. in Bezug auf den Übergang der Rechte auf den Auftraggeber eine andere Auffassung vertreten. Es ist hier nicht erforderlich, in diesem Streite Stellung zu nehmen, da es sich gar nicht um den im § 164 vorausgesetzten Thatbestand handelt. Diese Norm hat, wie die Motive und die Denkschrift ergeben, den Zweck, im Interesse der Verkehrssicherheit den zerstörenden Wirkungen des Mangels der Willensübereinstimmung beim Abschluß von Verträgen vorzubeugen, ein solcher Mangel liegt aber gar nicht vor. Der Beklagte wollte, wie in Ermangelung besonderer Umstände aus der Erfahrung des täglichen Lebens abzuleiten ist, mit demjenigen kontrahieren, der das Gewerbe betrieb, sein Gegenkontrahent Z. wollte mit dem Beklagten für dieselbe Person abschließen, es bestand also in Wirklichkeit Übereinstimmung des Willens beider Kontrahenten, und nur daneben ein indes unwesentlicher Irrtum des Beklagten hinsichtlich der Person des Z. Die Unterlassung einer Kundgebung des Vertretungswillens auf der Seite des Z. war insofern unschädlich, als der Beklagte ohnehin mit dem Vertretenen, nämlich dem Geschäftsinhaber, abschließen wollte und nur den Vertreter irrtümlich für den Vertretenen selbst hielt. Aus diesem Vertrage hat sonach die Klägerin unmittelbar Rechte gegen den Beklagten erlangt, wie sie auch andererseits ihm unmittelbar verpflichtet worden ist. v. W. — E.

e) **Ein offener Handelsgesellschafter ist bei Vornahme von Rechtsgeschäften für die Gesellschaft deren Vertreter im Sinne des § 181 BGB. Zur Auslegung des § 181. — Zulässigkeit des Anspruches aus § 717² CPO., auch im Wechselprozeß.**

OLG. Köln, VI. CS. Urteil v. 16. April 1902.

Den Klagewechsel hat A. als alleiniger Inhaber der Handlung D. & H. ausgestellt und als Teilhaber der offenen Handelsgesellschaft B. & Comp. für diese angenommen. Der Vorderrichter hat hierin keinen Verstoß gegen § 181 gefunden; diese Auffassung geht jedoch fehl. Nach § 105 HGB. ist eine offene HG. eine Gesellschaft im Sinne der §§ 705 ff. BGB., also die vertragsmäßige Vereinigung mehrerer Personen zur Erreichung eines bestimmten gemeinsamen Zweckes. Die Eigenschaft einer juristischen Person ist der Gesellschaft vom BGB. absichtlich versagt, und der offenen HG. auch durch das HGB. nicht beigelegt worden, so daß neben der Vereinigung der Gesellschafter ein, von dieser verschiedenes, die Gesellschaft als solche darstellendes Rechtssubjekt nicht vorhanden ist. Die Gesellschaft als solche wird also nur durch die Gesamtheit der Mitglieder repräsentiert. Daher können Rechtsgeschäfte für die Gesellschaft zunächst nur von sämtlichen Gesellschaftern gemeinschaftlich vorgenommen werden. Abweichungen hiervon können nur durch den Gesellschaftsvertrag begründet werden, indem durch diesen ein Gesellschafter oder mehrere zur Vornahme von Rechtsgeschäften für die Gesellschaft ermächtigt werden. Dann treten diese Gesellschafter bei Rechtsgeschäften für die Gesellschaft als vertragsmäßige Vertreter der Gesamtheit der Gesellschafter auf, und haben deshalb auf sie alle Vorschriften des BGB. Buch 1 Abschnitt 3 Tit. 5 über Vertretungsmacht und Vollmacht Anwendung zu finden. Diese Auffassung ist durch die von der Vertretung der Gesellschaft nach außen handelnden §§ 714 und 715 klar zum Ausdruck gebracht (Planck, Anm. 1 zu § 714). Die gleiche Auffassung muß auch für die offene HG. gelten, nur mit der durch die Spezialbestimmung des § 125 HGB. geschaffenen Besonderheit, daß, falls im Gesellschaftsvertrage nicht etwas anderes bestimmt ist, jeder einzelne Gesellschafter zur Vertretung der Gesellschaft nach außen ermächtigt sein soll, so daß in diesem Falle der einzelne Gesellschafter als gesetzlicher Vertreter der Gesellschaft anzusehen ist. So spricht auch das HGB. mehrfach (§§ 125, 126, 127) von der Vertretung der Gesellschaft durch die Gesellschafter, und von der Vertretungsmacht des einzelnen Gesellschafters. Hat hiernach A. bei der Annahme des Klagewechsels für die Gesellschaft B. & Comp. als deren Vertreter gehandelt, so ist diese Annahme nach § 181 BGB. nichtig, weil A. denselben Wechsel als alleiniger Inhaber der Firma D. & H. ausgestellt hatte, so daß er bei der Akzeptation mit sich selbst als Aussteller den Wechsel kontrahiert hat. Von dem Verbote hat § 181 nur zwei Fälle ausgenommen: 1. wenn das Rechtsgeschäft ausschließlich in der Erfüllung einer Verbindlichkeit besteht; 2. wenn dem Vertreter ein Anderes gestattet ist. Beide Ausnahmen hat die Klägerin geltend gemacht. Die erstere wird daraus hergeleitet, daß der Wechsel zur Deckung einer Forderung bestimmt war, die dem S. gegen die Handlung B. & Comp. aus Holzlieferungen zustand. Allein die Annahme eines zur Hingabe an Zahlungsstatt bestimmten Wechsels enthält noch nicht die beabsichtigte Erfüllung; diese wird erst durch die Hingabe des akzeptirten Wechsels bewirkt. Wollte man aber auch schon die Annahme des Wechsels als Teil des Erfüllungsaktes auffassen, so stellt sie sich jedenfalls nicht als reines „Erfüllungsgeschäft" dar, weil durch sie gleichzeitig die mit dem Wechselakzept gesetzlich verbundenen Verpflichtungen begründet werden.

Die zweite Ausnahme soll deshalb vorliegen, a) weil nach dem Gesetz jeder vertretungsberechtigte Gesellschafter auch zur Eingehung von Wechselverbindlichkeiten für die Gesellschaft ermächtigt ist, und infolgedessen dem A. auch die Annahme des Klagewechsels für B. & Comp. gestattet war; b) weil der zweite Gesellschafter, J. B., dem A. die Annahme des Klagewechsels für die Firma B. & Comp. ausdrücklich gestattet habe, auch schon in früheren Fällen damit einverstanden gewesen sein soll, wenn A. von ihm auf die beklagte Handlung gezogene Wechsel für diese akzeptierte. Zu a) ist jedoch die Bedeutung der Worte „soweit nicht ein Anderes ihm gestattet ist" verkannt. Nach Zweck und Inhalt des im § 181 aufgestellten Rechtsgrundsatzes sind diese Worte nur dahin zu verstehen, daß ein Vertreter zum Kontrahieren mit sich selbst stets besonders ermächtigt sein muß, daß also bei einer durch Bevollmächtigung erteilten Vertretungsmacht in dieser dem Vertreter die Annahme von Rechtsgeschäften mit sich selbst zugestanden sein muß, und daß für den gesetzlichen Vertreter die gleiche Ermächtigung im Gesetze selbst erfolgt sein muß. Letzteres trifft hier nicht zu, da weder im HGB. noch im BGB. einem vertretungsberechtigten Teilhaber einer offenen HG. die Befugnis beilegt ist, namens der Gesellschaft auch mit sich selbst Rechtsgeschäfte abzuschließen. Dagegen würde eine besondere Ermächtigung kraft Parteiwillens vorliegen, wenn B. dem A. auf dessen Äußerung, S. habe wieder Deckung verlangt, er (A.) wolle ihm den hier in Rede stehenden Wechsel geben, sein Einverständnis hiermit erklärt hätte. Diese Behauptung ist jedoch widerlegt. Die weitere Behauptung, daß A. auch noch in einzelnen früheren Fällen von ihm namens der Klägerin auf die Beklagte gezogene Wechsel für die letztere angenommen habe, und daß B. damit stets einverstanden gewesen sei, erschien unbeachtlich, weil aus einem derartigen Verhalten des B. nicht auf eine allgemeine Ermächtigung des A. zur Annahme von Wechseln der in Rede stehenden Art geschlossen werden kann.

Der weitere Antrag auf Rückgewähr der in Vollstreckung des ersten Urteiles gepfändeten Gegenstände, bezw. auf Erstattung ihres vollen Wertes ist auch im Wechselprozeß zulässig. Der durch § 717² CPO. eingeführte Rechtsbehelf gilt ganz allgemein für alle Arten von Prozessen, und ist in keiner Weise ersichtlich, weshalb er im Wechselprozeß, in dem gerade die vorläufige Vollstreckbarkeit der Urteile die Regel ist, keine Anwendung finden sollte. Insbesondere steht ihm der § 595 [1] CPO., wonach Widerklagen im Wechselprozeß ausgeschlossen sind, nicht entgegen, da der Antrag aus § 717 [2] keine Widerklage ist, sondern sich als Incidentantrag darstellt, der keinen selbständigen neuen Gegenstand des Prozesses bildet. Deshalb stehen ihm auch die prozessualen Besonderheiten des Wechselprozesses nicht entgegen. M.

f) **Der Bevollmächtigte kann nicht auf Nachweisung seiner Vertretungsmacht verklagt werden. BGB. § 179.**

Kammergericht, XVI. CS. Urteil v. 7. November 1901.

Der Beklagte hatte als Hausverwalter namens des Eigentümers mit dem Kläger einen Mietvertrag geschlossen und wurde von ihm während der Vertragserfüllung auf Benennung seines Vollmachtgebers, sowie Nachweisung seiner Legitimation verklagt. Der Kläger steht also selbst auf dem Standpunkte, daß der Beklagte den Mietvertrag nicht in eigenem Namen, sondern anstatt des, freilich ungenannt gebliebenen, Hauseigentümers abgeschlossen hat. Daraus folgt zunächst, daß ein Vertragsverhältnis zwischen den Parteien nicht entstanden sein kann und dem Kläger mithin auch eine Vertragsklage überhaupt nicht zusteht. Welche Rechtsverhältnisse sonst zwischen einem angeblich Bevollmächtigten und dem Dritten, „welcher Verhandlungen mit ihm vornimmt", entstehen können, ist im § 179 ausdrücklich ausgesprochen. Die Ansprüche des Dritten gegen den Erstgenannten, der seine Vollmacht überschritten hat, oder eine solche nicht nachzuweisen vermag oder endlich nicht nachweisen will, gehen nach dem ALR. auf Rückforderung des Gegebenen oder auf Schadensersatz, nach § 179 BGB. entweder auf Erfüllung oder auf Schadensersatz, abgesehen davon, daß der Dritte gegebenen Falles das ganze Geschäft aufrufen darf (§ 178). Dagegen ist nirgends davon die Rede, daß ihm auch ein selbständiger Anspruch gegen den Bevollmächtigten auf Nachweisung der Vertretungsmacht zusteht. K.

## 11

a) **Zur Auslegung des § 148 CPO.**

Kammergericht, XII. CS. Beschluß v. 22. Februar 1902.

Die Parteien hatten einen Vertrag geschlossen, in welchem sie für den Fall, daß auf Grund einer von der Frau zu erhebenden Scheidungsklage die Ehe getrennt wird, ihre Verhältnisse ordneten. Nach Anstellung der Scheidungsklage focht der Mann den Vertrag als nichtig an. Auf Antrag der Frau setzte das Landgericht das Verfahren auf Grund des § 148 CPO. aus. Der Beschwerde wurde der Erfolg versagt in Erwägung, daß der hier angefochtene Vertrag nur für den Fall geschlossen ist, daß die Ehe der Parteien geschieden wird, der Vertrag und damit seine Anfechtung zwar gegenstandslos wird, wenn im Ehescheidungsprozeß die Ehescheidung nicht ausgesprochen wird, der rein thatsächliche Umstand aber, daß ein Prozeß je nach dem

Ausfall eines anderen gegenstandslos werden kann, kein Grund zur Aussetzung des Verfahrens ist (vgl. JW. 1896 S. 612), § 148 CPO. vielmehr eine Präjudizialität voraussetzt, zwar nicht in dem Sinne, daß das Urteil des einen Prozesses Rechtskraftwirkungen für den anderen Prozeß haben muß, wohl aber in dem Sinne, daß in beiden Prozessen über das gleiche Rechtsverhältnis zu entscheiden ist (vgl. JW. 1896, S. 1017), eine derartige Gleichheit des Rechtsverhältnisses aber zwischen dem vorliegenden und dem Ehescheidungsprozesse nicht besteht, vielmehr ihre einzige Beziehung darin beruht, daß, falls keine Ehescheidung erfolgt, der Vertrag, dessen Gültigkeit Gegenstand des vorliegenden Prozesses ist, gegenstandslos wird. F.

b) **Wahrung der Einspruchspflicht beim Vermerk: „Zustellung besorge ich".[1] CPO. § 207 Abs. 2.**

OLG. Rostock, I. CS. Beschluß vom 10. März 1902.

Der Einspruch des Beklagten ist verspätet eingelegt. Denn sein Anwalt hat dadurch, daß er sich die am 25. September 1901 [letzter Tag der Frist] beim Landgerichte eingereichte Urschrift des Einspruches zurückgeben ließ und gleichzeitig auf die für das Gericht bestimmte beglaubigte Abschrift dieses Schriftsatzes die eigenhändige Erklärung: „Zustellung besorge ich! B. V." setzte, die nach den §§ $166^2$ und $168^2$ CPO. als nachgesucht anzusehende Vermittelung des Gerichtsschreibers in betreff der Bewirkung der Zustellung nachträglich verboten und ausdrücklich erklärt, daß er die Beauftragung eines Gerichtsvollziehers mit der Zustellung des Einspruches durch den Gerichtsschreiber nicht wolle. Demnach kann auch die Fiktion des § $207^2$ auf die am 27. September 1901 von Anwalt zu Anwalt bewirkte Zustellung des Einspruches nicht zur Anwendung kommen, weil es an der für dieselbe notwendigen Voraussetzung, daß die Zustellung des Schriftsatzes unter Vermittelung des Gerichtsschreibers erfolgen sollte, infolge der ausdrücklichen Verbittung solcher Vermittelung fehlte. Diese Entscheidung tritt nicht in Widerspruch mit den Entscheidungen des Reichsgerichtes (JW. 1900 S. $508^3$ und $654^4$ sowie 1901 S. $6^4$), da in keinem der dort behandelten Fälle eine Erklärung des Anwaltes, daß er die Zustellung selbst besorgen wolle, dem Gerichtsschreiber gegenüber in der Weise wie hier abgegeben war. S.

c) **Zulässigkeit der Klage auf Feststellung des Rechtes des Prinzipals zur Entlassung seines Handlungsgehilfen.**

OLG. Kiel, II. CS. Urteil v. 25. Februar 1902.

Der Kläger stützt sein Recht zur Entlassung des Beklagten auf einen durch dessen Verhalten gegeben wichtigen Grund, mithin auf § 70 HGB. Die dort vorgesehene sofortige Aufhebung des Dienstverhältnisses erfordert nicht die Einwilligung des anderen Teiles. Es durfte deshalb nicht, wie vom Landgerichte geschehen, der Beklagte zur Einwilligung in seine Entlassung verurteilt werden. Indessen besteht kein Bedenken, nachdem auch der Kläger

---

[1] Rsp. 3 Nr. 56 f.

selbst seinen zweiten Antrag als für ihn gleichwertig bezeichnet hat, den Ersatzantrag des Klägers auf Feststellung, daß er zur Entlassung des Beklagten berechtigt sei, an die Stelle seines ersten Antrages treten zu lassen. In Wirklichkeit fordert der Kläger, der die Entlassung noch nicht ausgesprochen hat, diese Feststellung und es ist nur ein Fehlgreifen im Ausdruck, wenn er statt ihrer und der aus ihr folgenden Verpflichtung des Beklagten, die noch auszusprechende Entlassung als für ihn verbindlich hinzunehmen, eine Einwilligung des Beklagten in die Entlassung verlangt.

Die Klage auf Feststellung, daß der Kläger zur Entlassung des Beklagten berechtigt sei, muß zugelassen werden. Gegen die Zulässigkeit einer solchen Klage ist eingewendet worden (Staub, HGB. § 70 Anm. 1), daß das angehende Urteil nur deklarativ, nicht konstitutiv wirke. Dieser Grund, sofern damit gesagt werden soll, daß das rechtskräftige Feststellungsurteil die Entlassung noch nicht herstelle, ist an sich nichtig, da vielmehr der Kläger die Entlassung noch erst erklären muß. Es ist ferner zuzugeben, daß eine Klage nicht zulässig wäre, mit der der Prinzipal oder der Gehilfe eine Feststellung fordern wollten, daß nach dem bestehenden Dienstvertrage eine künftig etwa eintretende Thatsache oder auch eine schon eingetretene Thatsache sie zur Kündigung gemäß § 70 HGB. berechtige, wenn in dem letzteren Falle der Sachverhalt im übrigen der ist, daß der Kläger sich die Entschließung, ob er kündigen werde, noch vorbehalten will, denn diese Klage enthielte die Stellung einer bloßen Rechtsfrage (vgl. Entsch. d. RG. 6 S. 385; 29 S. 345). Wenn aber, wie hier durch die vorläufige Außerdienstsetzung des Beklagten, der Kündigungswille des Prinzipals außer Zweifel steht, dann muß ihm nachgelassen werden, vor dem Ausspruch der Entlassung die Feststellung seines Rechtes zur Entlassung durch Klage zu beantragen. Das festzustellende Rechtsverhältnis ist das bestehende Dienstverhältnis mit der in Anspruch genommenen bestimmten Rechtsfolge, das erforderliche ernstliche Interesse aber ist jedenfalls damit gegeben, daß vorliegend durch den Vertrag das gewöhnliche Kündigungsrecht des § 66 HGB., vorbehaltlich nur der im Vertrage selbst hervorgehobenen Fälle, für den Kläger ausgeschlossen ist. Da nun eine unberechtigte Entlassung nach dem zufolge Art. 170 EG. zum BGB. hierfür maßgebenden gemeinen Rechte das Dienstverhältnis nicht beendigen würde, so wäre Kläger, falls eine von ihm ausgesprochene Entlassung eine unberechtigte war, nicht bloß für die kurze Frist des § 66, sondern möglicherweise noch nach Jahren Entschädigungsansprüchen ausgesetzt. Damit ist ein hinreichendes Interesse an der alsbaldigen Feststellung seiner Berechtigung gegeben und diese Rechtslage wird insbesondere nicht wieder dadurch geändert, daß der Kläger sich zur Außerdienstsetzung des Beklagten und zur Einbehaltung seiner Bezüge schon für die Dauer des Prozesses für befugt gehalten und demgemäß verfügt hat. Gr.

## 12

a) **Verbindung der Klage auf Rechnungslegung mit derjenigen auf Herausgabe des Rechnungsergebnisses. CPO. § 254.**

OLG. Hamburg, IV. CS. Urteil v. 31. Januar 1902.

Nach § 254 CPO. kann mit der Klage auf Rechnungslegung die Klage auf Herausgabe desjenigen verbunden werden, was der Beklagte aus dem zu Grunde liegenden Rechtsverhältnis schuldet. Die bestimmte Angabe der Leistungen, welche der Kläger beansprucht, kann in diesem Falle vorbehalten werden, bis die Rechnung mitgeteilt ist. Geht der Kläger in dieser Weise vor, so ist es nach der Natur der Sache ausgeschlossen, daß gleichzeitig über beide Ansprüche verhandelt und erkannt werde, da für den Anspruch auf die Hauptleistung zunächst noch jede Unterlage fehlt, diese vielmehr erst durch die Verhandlung und Entscheidung über die Verpflichtung des Beklagten zur Rechnungslegung und durch die noch zu bewirkende Rechnungslegung selbst geschaffen werden soll. Das Gericht ist deshalb in den Fällen des § 254 CPO. verpflichtet, zunächst nur über den Anspruch auf Abrechnung verhandeln zu lassen und über diesen Anspruch durch Teilurteil zu erkennen (vgl. Gaupp § 254 Note 1). Erst nachdem der Beklagte diesem Teilurteile Folge gegeben hat und der Kläger dadurch in die Lage versetzt ist, bestimmt die Leistungen, welche er verlangt, anzugeben, wird über den weiteren Anspruch verhandelt und erkannt werden können. Die Rüge des Klägers, daß das LG. schon in dem angefochtenen Urteile auch über seinen Anspruch auf Auskehrung des sich nach der Rechnungslegung eventuell ergebenden Gewinnes hätte erkennen müssen, ist somit unbegründet. (Hans. GZ. 1902 Bbl. S. 144.)

b) **Mietzinsen sind wiederkehrende Leistungen im Sinne von CPO. § 258. Besorgnis, daß der Schuldner sich der rechtzeitigen Leistung entziehen werde. CPO. §§ 258, 259.**

OLG. Posen, IV. CS. Urteil v. 20. Februar 1902.

Unter „wiederkehrenden Leistungen" sind dem klaren Wortsinn nach solche Leistungen zu verstehen, die sich in zeitlicher Trennung — in gleichmäßigen oder ungleichmäßigen Zwischenräumen — als einheitliche Folge eines Rechtsverhältnisses wiederholen. Dazu gehören daher nicht allein fortlaufende Geldrenten, sondern auch Mietzinsen (Struckmann-Koch, Gaupp-Stein zu § 258). Dabei ist der Umstand, daß die Mietzinsen nur innerhalb eines durch den Vertrag begrenzten Zeitraumes zu entrichten sind, ohne Bedeutung, weil jedes Recht auf eine wiederkehrende Leistung, auch das auf eine Geldrente, von vornherein mehr oder weniger zeitlich begrenzt ist oder jedenfalls begrenzt sein kann. Der § 9 CPO. spricht denn auch ausdrücklich von einem seiner Dauer nach bestimmten Rechte auf wiederkehrende Leistungen. Auch das BGB. rechnet, indem es in § 223[3] „Rückstände von Zinsen oder anderen wiederkehrenden Leistungen" erwähnt, offenbar die Zinsen zu den wiederkehrenden Leistungen (vgl. auch § 902 BGB.). In dieser Hinsicht ist aber kein Unterschied zwischen Zinsen und Mietzinsen zu machen. Auch die weitere Ansicht des Beklagten, daß § 258 CPO. ebenso wie § 257 von einer Gegenleistung nicht abhängige Leistungen voraussetzte, läßt sich weder aus dem Wortlaute des § 258 ableiten, noch aus seinem Zwecke, welcher hauptsächlich darin besteht, einer fortdauernden Wiederholung von Rechtsstreitigkeiten, die den gleichen Gegenstand betreffen, und der dabei durch § 322 CPO. entstehenden Gefahr widersprechender Urteile vorzubeugen (Begr. zur Nov. S. 104). Das Wort „auch" in § 258 stellt nicht sowohl, wie Beklagter meint, eine Beziehung zu § 257 her, vermöge deren die in § 258 geregelten Fälle nur als eine besonders herausgehobene Unterart der in § 257 geregelten anzusehen wären. Vielmehr soll jenes Wort andeuten, daß von den wiederkehrenden Leistungen wenigstens eine bis zum Urteil bereits fällig geworden sein muß, damit die Klage „auch" auf die nach Erlassung des Urteiles erst fällig werdenden Leistungen erstreckt werden kann (Petersen-Anger zu § 258). Die Auslegung des Beklagten müßte dazu führen, zu den wiederkehrenden Leistungen des § 258 nur solche zu zählen, welche, wie in § 257 (abgesehen von den dort erwähnten Räumungsansprüchen) vorausgesetzt ist, in Geldzahlungen bestehen, während doch gar nicht zweifelhaft sein kann, daß § 258 sich auch auf nicht in Geld bestehende wiederkehrende Leistungen, z. B. auch auf die Naturalleistungen eines Altenteiles bezieht. Bei richtiger Auffassung tritt § 258 ganz selbständig neben § 257. Dieser hat die einmaligen, jene die wiederkehrenden Leistungen zum Gegenstande, und während bei ersteren die Klage auf zukünftige Leistung nur zulässig ist, wenn es sich um eine an den Eintritt eines Kalendertages geknüpfte und nicht von einer Gegenleistung abhängige Geldforderung handelt, ist bei den wiederkehrenden Leistungen die Zulässigkeit der Klage auf zukünftige Entrichtung der erst später fällig werdenden Leistungen von diesen Voraussetzungen nicht abhängig.

Der Anspruch ist auch aus § 259 CPO. gerechtfertigt. Die daselbst zugelassene Klage setzt ein besonderes Interesse des Gläubigers an der alsbaldigen Verurteilung bezüglich der künftigen Leistungen voraus. Dieses Interesse besteht in der nach den Umständen gerechtfertigten Besorgnis, daß sich der Schuldner der rechtzeitigen Leistung entziehen werde und soll nach der Begründung zur Novelle besonders dann vorliegen, wenn der Schuldner seine Verbindlichkeit schon vor Eintritt der Fälligkeit bestritten hat. Das ist aber nur ein Beispiel. Die Besorgnis kann auch aus anderen Gründen gerechtfertigt erscheinen, so wenn wegen ungünstiger Vermögensverhältnisse oder Böswilligkeit des Schuldners anzunehmen ist, daß er unterlassen werde, seine Verpflichtung freiwillig zur richtigen Zeit zu erfüllen (Petersen-Anger, Anm. zu § 259). Allerdings deutet der Ausdruck „sich der rechtzeitigen Leistung entziehen" auf ein besonders „schuldhaftes" Verhalten des Schuldners hin, so daß nicht genügen würde, wenn bloß die Besorgnis begründet erscheint, daß der Schuldner durch ihm nicht zuzurechnende Umstände an der rechtzeitigen Leistung verhindert sein werde. Da aber Beklagter selbst nicht behauptet, daß die rechtzeitige Zahlung ihm, trotz angewendeter Bemühungen zur Flüssigmachung der erforderlichen Mittel unmöglich gewesen sei, so muß in der wiederholten Versäumung der vertragsmäßigen Zahlungsfrist, die schon einmal, vor dem gegenwärtigen Rechtsstreite, zu Klagerhebung geführt hat, mindestens eine den Kläger schädigende Nachlässigkeit des Beklagten erblickt werden. Diese tritt namentlich auch in der Thatsache zu Tage, daß er den Mietzins, zu dessen Zahlung er sich in erster Instanz durch Versäumnisurteil hatte verurteilen lassen, zwar zur Absendung an den Kläger bereit gelegt hatte, aber erst an den mit der Zwangsvollstreckung beauftragten Gerichtsvollzieher bezahlt hat. Dieser Umstand gehört zwar der Zeit nach Erlaß des ersten Urteiles an, kann aber, zumal in Verbindung mit den früheren Zahlungsverzögerungen, in der Berufungsinstanz zur Feststellung des in § 259 vorausgesetzten Thatbestandes verwertet werden, weil es genügt, daß dieser Thatbestand zur Zeit des Berufungsurteiles vorhanden ist. R.

c) **Klage auf zukünftige Leistungen im Wechselprozeß. CPO. § 259.**

OLG. Hamburg, IV. CS. Urteil v. 4. April 1902.

Da auf den Urkunden- und Wechselprozeß die sämtlichen Vorschriften der CPO. Anwendung finden, soweit nicht Buch 5 etwas Anderes bestimmt, so kann eine Klage auf künftige Leistung auch im Wechselprozesse erhoben werden. Die Voraussetzung des § 251 liegt hier vor, da der Beklagte brieflich zum Ausdrucke gebracht hat, daß er sein Akzept nicht einlösen werde. Hierdurch wurde die Besorgnis begründet, daß er sich der Verpflichtung zur rechtzeitigen Zahlung entziehen werde, denn mit diesem Ausdruck hat der Gesetzgeber, wie die Denkschrift zur CP.-Novelle ausspricht, nicht etwa nur den bösgläubigen Versuch, den Gläubiger hinzuhalten, bezeichnen wollen, sondern er hat für jeden Fall, in dem der Schuldner einen gegen ihn erhobenen Anspruch schon vor der Fälligkeit bestreitet, dem Gläubiger das Recht gewähren wollen, den Streit sofort zum Austrage zu bringen, und sich hierdurch die Möglichkeit unverzüglicher Vollstreckung nach Eintritt der Fälligkeit zu sichern. M. M.

d) **Zulässigkeit bedingter Verurteilung. Zur Auslegung des § 259 CPO.**

OLG. Königsberg, II. CS. Urteil v. 18. Dezember 1901.

Der beklagte Ehemann war verurteilt, auf seinem Grundstück auf Grund einer in einem auch von der beklagten Frau unterschriebenen Vertrage übernommenen Verpflichtung eine Sicherungshypothek eintragen zu lassen; falls diese Eintragung nicht erfolgte, waren beide Eheleute verurteilt, den gesetzlichen Vorschriften entsprechend Sicherheit zu leisten. Eine derartige Verurteilung wurde zugelassen. Aus den Gründen:

Mag auch, wie das OLG. Köln (Rsp. 2 S. 259 Nr. 125a) ausführt, die Erhebung einer Klage in der Weise, daß ein Kläger einen Anspruch nur für den Fall geltend macht, wenn ein anderer Kläger nicht obsiegt, nicht zulässig sein, so liegt die Sache doch anders, wenn die Verurteilung des einen Beklagten von einer Bedingung abhängig gemacht ist. Daß die

CPO. auch die Verurteilung zu einer bedingten Leistung kennt, geht aus § 726 hervor; ebenso sind durch § 916 bedingte Ansprüche im Wege des Arrestes für sicherungsfähig erklärt. Diese Bestimmungen enthalten allerdings keine Vorschriften darüber, unter welchen Voraussetzungen bedingte Ansprüche geltend gemacht werden können. In dieser Beziehung wird man aber kein Bedenken tragen dürfen, den durch die Novelle neu eingeführten § 259 auch für Ansprüche, die von einer erst nach dem Urteil eintretenden Bedingung abhängen, für anwendbar zu erklären. Vorliegend handelt es sich zwar nicht um eine Verurteilung zu bedingten Leistungen, sondern um eine bedingte Verurteilung. Beide Fälle sind jedoch in dieser Beziehung gleich zu behandeln. Es würde nichts im Wege gestanden haben, daß Kläger die beklagte Frau auf Grund der fraglichen Vertragsbestimmung wegen der Leistung, zu welcher der beklagte Ehemann in erster Reihe verurteilt war, auf Grund des § 40 ALR. I 5 in Anspruch nahmen. Wenn sie dies unterließen, den Klaganspruch einschränkten und die Verurteilung der beklagten Ehefrau nur für den Fall verlangten, daß der beklagte Ehemann seinen vertraglichen Verpflichtungen nicht nachkam, so können sich Beklagte dadurch nicht beschwert fühlen, ein solches Vorgehen kann auch nicht für unzulässig erachtet werden. Die sofortige eventuelle Inanspruchnahme der beklagten Ehefrau war um so mehr berechtigt, als sie den geltend gemachten Anspruch stets bestritten hat und andererseits die Wahrscheinlichkeit dafür spricht, daß der beklagte Mann der ihm obliegenden, im Urteilstenor ausgesprochenen Verpflichtung nicht wird genügen können. Kläger würden jedenfalls, wenn die Frau nicht sogleich mitverklagt würde, genötigt sein, im Falle des Eintrittes der Bedingung eine neue Leistungsklage gegen sie anzustrengen; es würde demnach die Besorgnis gerechtfertigt sein, daß sich die Frau der rechtzeitigen Leistung entziehen werde. Denn wie die Motive zu § 259 hervorheben, ist die Voraussetzung des § 259 namentlich schon dann gegeben, wenn der Schuldner die Verbindlichkeit schon, bevor sie fällig ist, bestreitet. Th.

e) **Teil- oder Zwischenurteil im Nachverfahren über eine zur Aufrechnung gestellte Gegenforderung. CPO. §§ 301—303.**

OLG. Hamm, VI. CS. Urteil v. 31. Mai 1902.

Gegenüber der unstreitigen Klageforderung machte der Beklagte eine sie übersteigende nicht mit ihr in rechtlichem Zusammenhange stehende Gegenforderung geltend. Das Landgericht erkannte nach dem Klagantrage unter Vorbehalt der Entscheidung über die Aufrechnung. Im Nachverfahren ergab sich ein Teil der Gegenforderung als unbegründet. In Höhe dieses Teiles erließ das Landgericht darauf Teilurteil auf Aufrechterhaltung des Vorbehaltsurteiles. Aus den Gründen:

. . . Die prozessuale Lage gestattete dem ersten Richter nicht den Erlaß eines Teilurteiles. Zur Begründung dieses Satzes ist zurückzugehen auf die Natur der durch § 302 zugelassenen Urteile. Um einer Prozeßverschleppung durch eine illiquide nicht konnexe Verteidigung entgegenzutreten, gestattet

§ 302, über die spruchreife Klageforderung unter Vorbehalt der Entscheidung über die Aufrechnung zu erkennen. Das demgemäß ergehende Vorbehaltsurteil, ein provisorisches, auflösend bedingtes Endurteil, — und die im Nachverfahren über den Gegenstand des Vorbehaltes ergehende Entscheidung, haben zwar beide den Klaganspruch zum Gegenstande, das erste Urteil, indem es ihn für an sich begründet und die etwa erhobenen Einwendungen mit Ausnahme der Aufrechnung für unbegründet erklärt, das zweite, indem es die gänzliche oder teilweise Wiederaufhebung des Klaganspruches infolge der Geltendmachung der Aufrechnung ausspricht oder diesen Ausspruch ablehnt. Durch die in das Ermessen des Gerichtes gestellte Teilung des Prozeßstoffes und die Verweisung der Entscheidung über die Einrede der Aufrechnung in ein zweites Urteil wird aber der Charakter derselben als einer Einrede nicht berührt. Die Gegenforderung bildet nicht selbständig für sich einen Gegenstand der richterlichen Entscheidung, sondern nur insoweit, als durch sie das Nichtbestehen des Klaganspruches dargethan werden soll; die Aufrechnungseinrede führt nicht, wie die Klage oder Widerklage, einen neuen Anspruch, sondern ein neues Verteidigungsmittel in den Prozeß ein. „Gegenstand der zweiten Entscheidung kann nur die Frage sein, ob die Klageforderung durch Aufrechnung getilgt ist, also immer nur die Einrede als solche, nicht die vom Beklagten geltend gemachte Forderung schlechthin (Entsch. d. RG. 31 S. 5). Setzt sich, wie hier, die zur Aufrechnung gestellte Gegenforderung aus einer Mehrheit von Posten zusammen, so bilden die letzteren ebensoviele einzelne Verteidigungsmittel, von denen jedes für sich, auch wenn es ein individualisiertes Teilobjekt betrifft, immer nur einer Entscheidung durch Zwischenurteil gemäß § 303 zugänglich ist. Erst nach Erörterung und Spruchbereitschaft der sämtlichen Einzelposten der Gegenforderung kann das den Vorbehalt des ersten Urteiles läuternde zweite Urteil als Endurteil, für welches die Entscheidungen über die Einzelposten die Elemente bilden, ergehen. Diese Auffassung entspricht auch dem Wortlaute des § 302⁴, welcher eine teilweise Aufrechterhaltung oder Aufhebung des Vorbehaltsurteiles unter weiterem Vorbehalt der Entscheidung über den nicht erledigten Teil der Gegenforderung nicht kennt; das Urteil des RG. 42 S. 357 läßt die Zweifelsfrage unentschieden.

Eine lediglich unrichtige Bezeichnung des Urteiles — als Teil- statt als Zwischenurteil — liegt bei der Fassung der Formel des ersten Urteiles nicht vor. Die Berufung war daher zulässig und, ohne daß auf eine sachliche Würdigung des Berufungsvorbringens einzugehen war, die Sache in die Vorinstanz zur weiteren Verhandlung und Entscheidung zurückzuverweisen; § 539 CPO. Bei dieser Verhandlung wird auch ins Auge zu fassen sein, ob das Vorbehaltsurteil, welches allerdings mit der Berufung nicht angegriffen ist, dessen Bestand aber eine Voraussetzung für das im Nachverfahren ergehende Urteil bildet, gehörig verkündet ist (das Protokoll erwähnt eine Verkündigung nicht; §§ 160⁶, 164; Entsch. d. RG. 16 S. 311), oder ob, wenn das nicht der Fall, die etwa eingetretene Rechtskraft des Vorbehaltsurteiles den Mangel zu beheben geeignet ist. N.

## 13

### a) Wirkung schriftlicher Zurücknahme einer Scheidungsklage, unter Verzicht auf den Scheidungsanspruch nach Erlaß des Urteiles. CPO. § 306.

OLG. Dresden, V. CS. Urteil v. 22. Juni 1901.

Die Klägerin war zwar befugt, bis zur Rechtskraft des Scheidungsurteiles auf ihren Scheidungsanspruch zu verzichten. Allein ein derartiger, während eines schwebenden Prozesses erklärter Verzicht ist nicht nur ein materielles Rechtsgeschäft, sondern zugleich auch Prozeßhandlung (Ann. 17 S. 377 und Gaupp-Stein, CPO. S. 683).[1] Nun trifft zwar die CPO. keine Bestimmung darüber, welcher Wert einer nicht in der mündlichen Verhandlung, sondern nur in einem Schriftsatze enthaltenen Verzichtserklärung beizulegen ist. Gerade hieraus geht aber hervor, daß für derartige Prozeßhandlungen nur die Regel des Gesetzes gilt, daß also nach dem den Prozeß beherrschenden Prinzipe der Mündlichkeit Verzichte auf das Klagrecht nur dann eine prozessuale Rechtswirksamkeit haben, wenn sie in der mündlichen Verhandlung erklärt sind. Auch fällt es bedenklich, bei Verzichtserklärungen eine Ausnahme von dem Prinzipe der Mündlichkeit mit Planck (Lehrbuch 1 S. 301 f.) deshalb zu machen, weil das Motiv, das den Gesetzgeber annehmbar veranlaßt hat, im Falle des § 271² CPO. eine solche Ausnahme aufzustellen — die möglichste Erleichterung der Prozeßbeendigung — auch bei dem eine Klagrücknahme in sich schließenden Verzicht auf den Klaganspruch gegeben sei. Würde der Verzicht auf den Klaganspruch durch Zustellung eines Schriftsatzes an die beklagte Partei mit prozessualer Gültigkeit erklärt werden können, so würde in einem Falle, wie er hier vorliegt, ein neuer Rechtsstreit die Folge sein. Denn dann wäre die Gegenpartei, die mit der erst nach Schluß der Verhandlung unter Anspruchsverzicht erklärten Klagrücknahme nicht einverstanden ist, gezwungen, die Kosten, die ihr durch den infolge des Anspruchsverzichtes beendigten Rechtsstreit entstanden wären, im Wege besonderer Klage einzuklagen, da § 271 Abs. 3 CPO. mit Rücksicht auf Abs. 1 das. nicht in Betracht kommen könnte. Es halten auch die meisten Ausleger der CPO. in ihren Ausführungen zu § 306 bezw. 277 (u. a. Gaupp-Stein; Petersen-Anger; Struckmann u. Koch; Reincke; v. Sarwey) daran fest, daß infolge des Grundsatzes der Mündlichkeit ein außergerichtlich oder in einem Schriftsatze niedergelegter Verzicht prozessual nicht wirksam ist. Das Reichsgericht geht ebenfalls von dieser Anschauung aus; denn es hat mit Rücksicht auf die besondere Natur des Eheprozesses den Ehesachen zu Gunsten der Aufrechterhaltung der Ehe insofern eine Ausnahmestellung eingeräumt, als es die Berufung der Klagpartei, auch wenn diese in der ersten Instanz völlig

[1] Rsp. 1 Nr. 1.

obgesiegt hat, gerade in solchen Fällen, in denen diese Partei auf das ihr bereits zugesprochene Recht verzichten will, für zulässig erklärt, um ihr bis zum Eintritte der Rechtskraft des erstinstanzlichen Urteiles „die Möglichkeit offen zu lassen", das Urteil wieder zu beseitigen (Entsch. d. RG. 36 S. 351, 354; 45 S. 321). Da die Klägerin aber Berufung nicht erhoben, sonach das erstinstanzliche Urteil Rechtskraft erlangt hat, erscheint der Antrag des Beklagten, ihm diese Rechtskraft gemäß § 706 CPO. zu bezeugen, gerechtfertigt. Dr. W.

b) **Wirksamkeit des Urteiles gegen den Rechtsnachfolger in Ansehung des Kostenpunktes. CPO. § 325.**

OLG. Stettin, V. CS. Beschluß v. 13. Mai 1902.

Der Beschwerdeführer ist Rechtsnachfolger der Kläger nach dem Eintritte der Rechtshängigkeit geworden. Das rechtskräftige Urteil wirkt daher gemäß § 325[1] gegen ihn, sowie es gegen die Kläger erlassen ist, also in Ansehung der Sache selbst sowie der Kosten ohne Rücksicht darauf, ob er dem Rechtsstreit beigetreten ist (§ 265), und ohne Rücksicht darauf, in welchem Stadium des rechtshängigen Streites die Rechtsnachfolge stattgefunden hat. Der Beschwerdeführer, der erst nach Erlaß des ersten Urteiles durch rechtsgeschäftliche Übertragung die Forderung der Kläger erworben hat, ist dem Gegner für die sämtlichen Kosten des Rechtsstreites haftbar, da sämtliche Kosten den Klägern auferlegt sind. Der Umfang der Kostenpflicht ist durch den Beschluß vom ... bestimmt, welcher als eine Ergänzung des rechtskräftigen Urteiles gleich diesem gegen den Rechtsnachfolger wirksam und vollstreckbar ist. Die Erteilung der Vollstreckungsklausel wegen der festgesetzten Kosten ist mithin gegen den Beschwerdeführer zu Recht erfolgt (§§ 727, 730, 794[3], 795). — Ob der ehemalige § 236[3], der die Entscheidung nur „in Ansehung der Sache selbst auch gegen den Rechtsnachfolger wirksam und vollstreckbar" erklärte, eine andere Beurteilung rechtfertigen könnte, kann dahingestellt bleiben, weil in dem schon vor 1900 rechtshängigem Prozesse das Urteil nach dem 1. Januar 1900 erlassen ist und seine Wirkung sich nach dem zur Zeit seiner Verkündung und Rechtskraft geltenden Prozeßgesetze, nicht nach dem zuvor bei Eintritt der Rechtsnachfolge des Beschwerdeführers geltenden Prozeßgesetze bestimmt. Es kann ferner unerörtert bleiben, ob der Umfang der Haftung des Beschwerdeführers ein geringerer ist, weil nur ein Teil der Klageforderung, nämlich etwa nur der Teil, mit dem die Kläger in erster Instanz obgesiegt hatten, Gegenstand der Rechtsnachfolge ist und ob zur Geltendmachung dieser Teilhaftung zunächst der Kostenfestsetzungsbeschluß in Ansehung des Rechtsnachfolgers geändert werden müßte, bevor die Vollstreckungsklausel gegen ihn zu beschränken ist. Aus diesem Gesichtspunkte ist vom Beschwerdeführer nichts vorgebracht, insbesondere nichts über den Inhalt der Cession mitgeteilt.... Gr.

c) **Ausschließung der Anerkennung eines ausländischen Urteiles wegen Verstoßes gegen die guten Sitten. CPO. § 328[4].**

OLG. Posen, III. CS. Urteil v. 6. Juni 1902.

Der in Galizien wohnende P., Cedent der Klägerin, hatte 1900 dem Beklagten Hölzer verkauft und ihm 300 Zentner gesandt, deren Annahme er verweigerte, weil er nur 100 Zentner gekauft habe. P. kündigte darauf dem Beklagten die Ankunft seines Prokuristen zur Regelung der Angelegenheit an. Demnächst einigte sich der Beklagte mit W., dem Abgesandten des P., dahin, daß er 100 Zentner bezahle, P. 200 Zentner zurücknehme. Dieses Abkommen erkannte P. jedoch nicht an, weil W. nicht Prokurist, sondern nur Reisender und zu der Abmachung nicht ermächtigt gewesen sei. Er klagte bei einem galizischen Gericht darauf, daß der Beklagte ihm über die mehr gekauften Waren einen Wechsel ausstelle, erwirkte Versäumnisurteil und trat am 18. November 1900 seinen Anspruch an die Klägerin ab. Der Beklagte seinerseits wurde im Inlande gegen P. dahin klagbar, daß er zur Abnahme und Bezahlung der Hölzer nicht verpflichtet sei, und erwirkte in beiden Instanzen unter dem 22. März bezw. 21. Oktober 1901 ein obsiegliches Urteil. Die Klägerin ist mit dem Antrage auf Erlaß des Vollstreckungsurteiles aus folgenden Gründen zurückgewiesen worden:

Die Anerkennung eines ausländischen Urteiles verstößt auch dann gegen die guten Sitten, wenn diesem die Grundlage oder die Art und Weise der Herbeiführung der Entscheidung zuwiderläuft. Dies trifft hier bezüglich des Verhaltens des P. zu, durch welches er das ausländische Urteil erwirkt hat. Er hatte bei Beginn der Differenzen dem Beklagten brieflich mitgeteilt, daß sein Prokurist die Angelegenheit mit dem Beklagten persönlich regeln werde. Von dem getroffenen und erfüllten Abkommen ist er sodann unter dem seiner früheren Erklärung widersprechenden Vorwande zurückgetreten, W. habe als bloßer Reisender seine Befugnis überschritten. Das Gericht hat hierin einen ungewöhnlichen Verstoß gegen Treu und Glauben und ein unsittliches Verhalten des P. gefunden. Da in diesem Rücktritt die Grundlage des ausländischen Urteiles zu finden ist und die Klage sowie das weitere Verhalten des P. sich als Fortsetzung seiner oben gekennzeichneten Handlungsweise darstellt, so war diesem Urteile die Anerkennung im Inlande zu versagen.

Weiter wird die Entscheidung auch damit begründet, daß die Klägerin die vom Beklagten gegen P. erwirkten Urteile gegen sich gelten lassen müsse, und unter Berufung auf Entsch. 13 S. 347, daß der Beklagte nicht nötig habe, die Klage aus § 767 CPO. zu erheben, vielmehr der Vollstreckungsklage gegenüber sein Recht einwandsweise geltend machen könne. S.

### d) Einwand der rechtskräftig entschiedenen Sache und der Chikane gegen die wiederholte Einklage desselben Anspruches.[1]

OLG. Jena, I. CS. Urteil v. 28. April 1902.

Kläger hatte den Eigentümer X. mit der persönlichen und der Hypothekenklage belangt und Versäumnisurteil vom 17. September 1900 erlangt. Vor Rechtskraft dieses Urteiles erwarb der Beklagte das belastete Grundstück.

[1] Vgl. Falkmann, Zwangsvollstreckung. 2. Aufl. S. 167 N. 17.

1901 wurde gegen ihn auf Gestattung des Zwangsverkaufes geklagt. Aus den Gründen:

Der Satz, daß das rechtskräftig Zuerkannte nicht nochmals eingeklagt werden dürfe, ist zunächst darauf gegründet worden, daß der Klaganspruch durch den früheren Prozeß konsumiert sei. Allein der römischrechtliche Gedanke der Novation, wonach jedes Urteil einen neuen, selbständig produktiven Entstehungsgrund des Anspruches bildet, ist im heutigen Rechte nicht anerkannt; das Urteil ist — abgesehen von wenigen, hier außer Betracht bleibenden Ausnahmen — nicht konstitutiver, sondern deklaratorischer Natur (vgl. Motive 1 S. 369). — Auch der weitere Grund, daß der Kläger an der wiederholten Einklagung des bereits früher Zuerkannten kein Interesse haben könne, ist in dieser Allgemeinheit unrichtig und schon früher bestritten (vgl. Windscheid, Pandekten 1 § 130, Anm. 23 und 23a; Eccius, Privatrechte 1 § 56, Anm. 2; Dernburg, 1 § 137, Anm. 2; Gaupp-Stein, Petersen-Anger, Neukamp, Seuffert, Reincke zu CPO. § 322). Vielmehr ist im einzelnen Falle zu prüfen, ob ein zulässiger oder ein der Billigkeit und den guten Sitten widersprechender, chikanöser Gebrauch des Rechtes anzunehmen sei. Die in das Gebiet der exceptio doli generalis fallenden Sätze haben durch das BGB. eine gesetzliche Fassung erhalten. Zwar war im ersten Entwurfe eine Bestimmung nicht vorgesehen. In der II. Kommission wurde aber als § 185a vorgeschlagen: „Ein Anspruch kann von demjenigen, gegen welchen er geltend gemacht wird, zurückgewiesen werden, wenn die Geltendmachung unter den Umständen des Falles gegen die guten Sitten verstößt" und in der Begründung ausdrücklich hervorgehoben, daß es sich um die Kodifizierung der Sätze über die exceptio doli generalis handele. Der Antrag wurde damals abgelehnt. In der Reichstagskommission wurde der Antrag wiederholt und vorgeschlagen, dem gesetzgeberischen Gedanken folgenden Ausdruck zu geben: „Die Ausübung eines Rechtes ist unzulässig, wenn sie nur den Zweck haben kann, einem Anderen Schaden zuzufügen." Entstehungsgeschichte und Inhalt ergeben hiernach, daß in § 226 BGB. das Recht der exceptio doli generalis umfassend geregelt ist, daß daher jetzt auf dem erwähnten Gebiete diese Bestimmung des BGB. allein maßgebend ist.

Der Zweck der vorliegenden Klage ging nun dahin, wegen der klägerischen Forderung den Zwangsverkauf des Grundstückes des Beklagten herbeizuführen. Zu diesem Erfolge hätte möglicherweise auch folgender andere Weg führen können: X. war verurteilt, den Zwangsverkauf geschehen zu lassen. Eine vollstreckbare Ausfertigung dieses Urteiles gegen den jetzigen Beklagten hätte die Klägerin gemäß §§ 727, 325 CPO. dann erlangen können, wenn sie durch eine öffentliche oder öffentlich beglaubigte Urkunde nachgewiesen hätte, daß X. das Grundstück an den Beklagten übereignet hat. Allein dieser Weg bot deshalb Schwierigkeiten, weil das Grundbuch noch nicht angelegt ist; die Klägerin hätte sich also eine öffentlich beglaubigte Abschrift der Übereignungsurkunde verschaffen müssen, und sie war wohl zu der Annahme berechtigt, daß sie hierbei Schwierigkeiten haben könne, weil ihr über die zwischen X. und dem Beklagten errichtete Urkunde keinerlei Verfügung zustand. Auch war weiter zweifelhaft, ob auf das Schriftstück hin die vollstreckbare Ausfertigung erteilt werden würde, denn nach § 727 CPO. muß nicht, sondern kann sie gegen den Rechtsnachfolger erteilt werden. Gelang auch dieses, so war doch die Klägerin eines Prozesses gegen den Beklagten in dem Falle nicht überhoben, wenn er, wie er dies gethan hat, aus der Zeit nach dem früheren Urteil eine Fristeinrede geltend gemacht hätte (§ 767 CPO.). Nach alledem konnte der Zweck der vorliegenden Klage darin bestehen, die Zwangsversteigerung auf einem Wege herbeizuführen, der einfacher und sicherer war, als die Vollstreckung des früheren Urteiles. Diese Möglichkeit eines anderen Zweckes als des der Schadenszufügung genügt, um die Anwendung des § 226 BGB. auszuschließen. St.

## 14

**a) Genügt Ladung zur mündlichen Verhandlung „über den Einspruch", ohne daß ausdrücklich auch zur mündlichen Verhandlung „über die Hauptsache" geladen wird? CPO. § 340.**

*α*) Bejaht vom Kammergericht, XII. CS. Urteil v. 8. Januar 1902.

Der Auffassung des Vorderrichters, welcher den Einspruch des Beklagten für formell unzulässig erachtet, weil darin zur mündlichen Verhandlung über den „Einspruch" statt „über die Hauptsache" geladen ist, kann nicht beigetreten werden. Unbestreitbar ist zwar, daß nach der imperatorischen Form der § 340 die dort unter Abs. 1 Nr. 1—3 aufgestellten Erfordernisse für den Einspruch derart wesentlich sind, daß ihr Mangel den Einspruch rechtsunwirksam macht. Nicht aber folgt daraus, daß die Gesetzesworte verba solennia seien, und daß es nicht genüge, daß der Einspruch sachlich die gesetzlichen Erfordernisse enthalte, sondern sich auch wörtlich dem Gesetze anschließen müsse. Für einen derartigen Formalismus bietet weder die CPO. im allgemeinen, noch der § 340 in Sonderheit einen Anhalt. Es ist deshalb höchstrichterlich für den Fall des Einspruches, § 340³, wie für den ganz gleichen Fall der Berufung, § 518³ angenommen, daß den gedachten Formvorschriften genügt sei, wenn eine Ladung zur mündlichen Verhandlung schlechthin erfolgt ist und ohne den ausdrücklichen Zusatz, daß zur Verhandlung über die Hauptsache oder über die Berufung geladen werde, weil die Ladung keinen anderen Sinn haben könne, als die zur Verhandlung zur Sache selbst. (Seuffert's Archiv 50 S. 461; Entsch. d. RG. 4 S. 356). Nicht anders aber liegt die Sache, wenn, wie im vorliegenden Falle, geladen ist „zur Verhandlung über den Einspruch." Daß diese Ladung eine solche zur Verhandlung über die Sache selbst bezweckte, konnte für den Gegner nicht zweifelhaft sein, da die Zulässigkeit des Einspruches von weiter nichts als von der Beobachtung der Vorschriften des § 340, nicht auch von einer Sachprüfung abhängt, und deshalb für Beklagten keine Veranlassung gegeben war, lediglich zur Verhandlung über die formelle Zulässigkeit des Einspruches zu laden. In der Praxis und unter den Kommentaren wird deshalb überwiegend angenommen, daß durch eine Ladung „zur Verhandlung über den Einspruch“ dem § 340 Nr. 3 genügt sei. (OLG. Nürnberg in Busch's Zeitschr. 17 S. 388; Petersen-Anger § 340 Bem. 1; Seuffert § 340 Anm. 2; anderer Ansicht Wilmowski-Levy § 305 Anm. 4.) F.

β) Verneint vom OLG. Hamburg, II. CS. Urteil v. 12. Oktober 1901.

Das Gesetz stellt die Verhandlung über den Einspruch mit Recht der Verhandlung über die Hauptsache gegenüber. Der Einspruch ist lediglich ein Rechtsbehelf, der, falls er statthaft, ordnungsmäßig und rechtzeitig eingelegt ist, bewirkt, daß der Prozeß über die Hauptsache in die Lage zurückversetzt wird, in der er sich vor dem Versäumnisurteil befand. Die Verhandlung über den Einspruch hat sich daher nur mit der Frage zu beschäftigen, ob der Einspruch statthaft und ob er ordnungsmäßig und rechtzeitig eingebracht sei. Ist diese Frage zu bejahen, so wird der Einspruch für zulässig erklärt, die Verhandlung über den Einspruch ist damit erledigt, und es beginnt nun erst die Verhandlung zur Hauptsache. Ganz anders verhält es sich mit der Verhandlung über die Berufung, welche eine erneute richterliche Prüfung des materiellen Prozeßstoffes zum Gegenstande hat. Hierbei ist allerdings zunächst auch zu prüfen, ob die Berufung in der vorgeschriebenen Form und rechtzeitig eingelegt sei. Damit ist aber die Verhandlung über die Berufung keineswegs erledigt, vielmehr sind damit nur die Prozeßvoraussetzungen des Rechtsmittels festgestellt, und nun erst beginnt die materielle Verhandlung über die Berufung in der Hauptsache. Die Ladung zur mündlichen Verhandlung über die Berufung umfaßt also die Ankündigung für die Gegenpartei, daß nicht nur über die Prozeßvoraussetzungen des Rechtsmittes, sondern auch über die Hauptsache verhandelt werden solle, während, wenn bei Einlegung des Einspruches nur zur Verhandlung über den Einspruch geladen wird, der Gegner daraus entnehmen muß, daß nur über die Zulässigkeit des Einspruches und nicht über die Hauptsache verhandelt werden solle. Eine solche Ladung steht aber sowohl mit der gesetzlichen Vorschrift, daß in dem auf die Einlegung des Einspruches anberaumten Termine nicht nur über die Zulässigkeit des Einspruches, sondern auch zur Hauptsache verhandelt werden solle (§ 340 Abs. 2), in unvereinbarem Widerspruch, als sie gegen die ausdrückliche Vorschrift des § 340³ verstößt, wonach der Gegner zur Verhandlung über die Hauptsache geladen werden muß. Der Einspruch ist daher mit Recht als unzulässig zurückgewiesen.

Es kann dahingestellt bleiben, ob die Ladung zur Verhandlung als dem Gesetze entsprechend anzusehen sein würde, wenn der die Einlegung des Einspruches enthaltende Schriftsatz so gefaßt wäre, daß daraus auch für den Gegner deutlich erkennbar geworden wäre, es solle nicht nur über die Zulässigkeit des Einspruches, sondern auch zur Hauptsache verhandelt werden. Dies würde z. B. dann der Fall sein, falls der Schriftsatz außer der Ladung zur mündlichen Verhandlung über den Einspruch zugleich dasjenige enthalten würde, was zur Vorbereitung der Verhandlung über die Hauptsache erforderlich ist, namentlich die erforderlichen Anträge. In einem solchen Falle hat das OLG. Nürnberg den Einspruch für zulässig erklärt, wenn auch in der Einlegungsschrift der Gegner nicht mit ausdrücklichen Worten zur Verhandlung über die Hauptsache geladen sei, und auch in der Litteratur ist diese Ansicht vertreten. Hier enthält jedoch die Einlegungsschrift keinerlei Hinweis darauf, daß in dem anzusetzenden Termine auch über die Hauptsache verhandelt werden solle. (Hans. GZ.)

b) **Ladung des Schwurpflichtigen. CPO. §§ 361, 362. Beginn des Laufes der Notfrist bei Versäumung des Schwurtermines. § 466.**
OLG. Köln, I. CS. Urteil v. 24. Dezember 1901.

Das Verfahren betreffs der Leistung eines Eides, sei es, daß er durch Beschluß oder durch bedingtes Urteil aufgegeben ist, stellt eine Beweisaufnahme dar. Für die Terminsbestimmung und die Ladung zum Schwurtermine gelten daher, falls die Eidesleistung vor dem beauftragten oder ersuchten Richter erfolgen soll, die §§ 361, 362, 370. Die Ladung erfolgte hiernach von Amts wegen und zwar durch eine einfache Bekanntmachung des Termines an die Parteien mittels Zustellung; eine besondere ausdrückliche Ladung braucht die Bekanntmachung nicht zu enthalten. Diese Ansicht wird auch in der Litteratur allgemein vertreten. Es bedarf auch gegenüber § 176 keiner weiteren Ausführung, daß die Zustellung der Terminsanberaumung lediglich an die Prozeßbevollmächtigten der Parteien genügt, und daß es einer besonderen Zustellung an die schwurpflichtige Partei selbst nicht bedurfte. Die Notfrist des § 466 läuft nicht erst von demjenigen Termine an, in welchem der Gegner beantragt, den Eid als verweigert anzusehen, sondern schon von dem Schwurtermine an. Dafür spricht zunächst der Wortlaut des § 466. Im ersten Satze heißt es, daß der Schwurpflichtige die Folgen der Versäumung des zur Eidesleistung bestimmten Termines dadurch beseitigen könne, daß er nachträglich bei dem Gerichte die Abnahme des Eides beantrage und dann im zweiten Satze, daß der Antrag nur innerhalb einer Notfrist von einer Woche „nach dem Termine" zulässig sei. Das der im ersten Satze erwähnte Termin ein anderer sein sollte, als im zweiten Satze, ist nicht wohl anzunehmen. Auch der Wortlaut des § 467 Abs. 2 führt zu der Annahme, daß der Lauf der Notfrist mit Ablauf des Schwurtermines beginnt. Hierfür spricht auch die Entstehungsgeschichte der durch die Novelle eingeführten Vorschrift. Indem man nämlich das durch den früheren § 430 vorgeschriebene Versäumnisurteil beseitigte, beabsichtigte man eine Beschleunigung des bisherigen Verfahrens herbeizuführen. Man schloß sich, wie die Gründe der Novelle hervorheben, dem in § 46 des Gewerbegerichtsgesetzes bereits eingeführten Verfahren an. Nach dieser Bestimmung ist, falls der Schwurpflichtige im Eidleistungstermine nicht erscheint, der Eid ohne weiteres als verweigert anzusehen. Der Schwurpflichtige kann jedoch binnen einer Notfrist von drei Tagen nach dem Termine sich zur nachträglichen Eidesleistung erbieten. Daß die hier vorgesehene Notfrist vom Schwurtermine ab zu berechnen ist, unterliegt keinem Bedenken. Ein Gleiches muß hiernach auch für die dieser Vorschrift nachgebildete Bestimmung der CPO. angenommen werden. Allerdings schreibt § 465 in Abweichung vom Gewerbegerichtsgesetze § 46 vor, daß der Eid nur auf Antrag als verweigert anzusehen sei. Dieser Bestimmung ist aber nur die Bedeutung beizulegen, daß die Folgen der Versäumung des Schwurtermines nur auf Antrag auszusprechen sind. Die Schwierigkeit, welche man darin findet, daß mangels dieses Antrages der Eid noch garnicht als verweigert gelten und man deshalb auch diese nicht vorhandenen Folgen nicht „beseitigen" könne (§ 466), wird dadurch gehoben, daß man an Stelle des nicht ganz glücklich gefaßten Wortes „beseitigen" das Wort „abwenden" einsetzt. Der § 466 hat eben nur den Regelfall im Auge, wo der Schwurtermin vor dem Prozeßgerichte stattfindet. Zudem würde aber auch die durch die Novelle bezweckte Prozeßbeschleunigung bei Annahme der gegenteiligen Ansicht in das gerade Gegenteil verkehrt werden. Es ist unstreitig, daß der Präklusivantrag des § 465 nur vor dem Prozeßgerichte gestellt werden kann. Da nach § 467² der ersuchte Richter, wenn der säumige Schwurpflichtige innerhalb einer Notfrist die Abnahme des Eides beantragt, zu diesem Zwecke einen Termin anzuberaumen hat, so müßte er, wenn die Ansicht des Klägers richtig wäre, nach Versäumung des Schwurtermines durch die Partei die Akten an das Prozeßgericht senden, damit vor diesem der Antrag des § 465 gestellt werden und die Notfrist beginnen könne. Der Schwurpflichtige würde auf diese Weise den ganzen Zeitraum zwischen Schwurtermin und dem vom Prozeßgerichte anzusetzenden Termin gewinnen. Hat der ersuchte Richter aber einmal die Akten abgegeben, so ist er mit der Sache nicht mehr befaßt, also nicht mehr zuständig zur Entgegennahme des Antrages auf Anberaumung eines neuen Schwurtermines. N.

## 15

a) **Die Quellen für die Auskunft einer Auskunftei sind deren Gewerbegeheimnis.**[1] **CPO. §§ 383⁵, 384³.**

OLG. Hamburg, II. CS. Beschluß v. 11. Februar 1902.

Das erkennende Gericht (Seuffert 37 Nr. 162) hat ausgesprochen, daß die Zeugnisweigerung des Inhabers einer Auskunftei auf den § 383⁵ nicht gestützt werden könne, und zwar ohne Unterschied, ob er über die von ihm

[1] Die Geschäfte eines Bankiers, dessen man sich zur Verwaltung seines Vermögens bedient, der also dem Kunden nicht nur als Vertragschließender, sondern auch als sachkundiger Berater gegenübersteht, haben Angelegenheiten zum Gegenstande, die vor der Kenntnisnahme Fremder zu schützen ein berechtigtes Interesse besteht. Die Thatsachen, die dem Bankier kraft seines Gewerbes anvertraut werden, gehören daher zu denjenigen, deren Geheimhaltung durch ihre Natur geboten ist (Beschluß des Bayer. OLG. I. CS. vom 26. Mai 1900, Samml. 1 S. 290).

ermittelten Thatsachen befragt werde oder über seine Auskunftsquellen. In letzterer Beziehung wenden sich gegen diese Entscheidung Wilmowski-Levy (Anm. 7 zu § 348), weil hier nach der Natur der Sache die Pflicht zur Diskretion bestehe. So richtig letzteres ist, so wird dadurch doch nicht ohne weiteres die Frage beantwortet, ob das Gesetz dieser Rücksicht Rechnung getragen hat, und was im § 383[5] unter Thatsachen zu verstehen ist, welche jemandem kraft seines Amtes oder Gewerbes anvertraut worden sind. Es kann jedoch dieser Zweifel hier dahingestellt bleiben; denn vorliegend hat sich der Zeuge auch, und zwar in erster Linie, auf den § 384[3] berufen und geltend gemacht, daß er durch die Beantwortung der ihm vorgelegten Frage ein Gewerbegeheimnis zu offenbaren genötigt werden würde. Dies wird vom Landgerichte mit Unrecht in Abrede gestellt. Das Gewerbe der Auskunfteien, welches im Laufe der letzten Jahrzehnte eine so große Bedeutung gewonnen und als überaus segensreich sich erwiesen hat, ruht auf der Verschwiegenheit, welche ihre Inhaber und deren Hilfsarbeiter denen schuldig sind, welchen sie die Auskünfte verdanken. Würde dem Gewerbe dieser Boden entzogen, so würde es überall nicht mehr ausgeübt werden können; denn nicht leicht würde sich jemand finden, der dem Nachforschenden Mitteilungen über Angelegenheiten, die ja fast ausnahmslos diskreter Natur sind, zu machen bereit wäre, wenn er nicht mehr darauf rechnen dürfte, daß die, sei es ausdrücklich zugesicherte, sei es als selbstverständlich vorausgesetzte, Verschwiegenheit in betreff der Person des Mitteilenden, bewahrt werde. Daher liegt hier ein den Betrieb des Gewerbes bedingendes, also ein „Gewerbegeheimnis" im eminenten Sinne des Wortes vor. Vielleicht mag bei § 384[3] in erster Linie an Fabrikationsgeheimnisse gedacht sein. Die Bestimmung ist aber nicht so eng gefaßt, daß sie darauf beschränkt wäre, sowohl der Wortlaut wie der gesetzgeberische Gedanke reichen weiter. Ein analoger Fall würde sein, wenn ein Einkaufskommissionär bei Gelegenheit seiner Vernehmung als Zeuge dem Kommittenten seine Bezugsquellen aufzudecken genötigt werden sollte, deren Geheimhaltung oft einen wesentlichen Faktor seines Gewerbebetriebes bildet. Nicht anders liegt es bezüglich der Auskunftsquellen des Inhabers einer Auskunftei. Auch begründet es keinen Unterschied, ob es sich um dessen persönliches Zeugnis oder um das Zeugnis eines seiner Hilfsarbeiter handelt.

Vorliegend betraf die dem Zeugen auf Antrag der Klägerin vorgelegte Frage, von wem er seine Kunde erhalten habe, nicht unmittelbar den im Beweisbeschlusse normierten Beweissatz. Augenscheinlich sollte sie dazu dienen, der Klägerin weiteres Beweismaterial zu verschaffen. Dazu einen Zeugen anzuhalten, überschreitet aber die Grenzen des Civilprozesses. Anders verhält sich dies in dem vom Inquisitionsprinzip beherrschten Strafprozeß. Hier würde, wenn es sich z. B. darum handelte, den Urheber einer verleumderischen Auskunft zu ermitteln, der Inhaber einer Auskunftei oder sein Hilfsarbeiter dem Untersuchungsrichter Rede darüber zu stehen haben, von wem er die

Auskunft erhalten hat, da die Ermittelung ihres Urhebers zum Zwecke der strafrechtlichen Verfolgung dem öffentlichen Interesse dient. Demgemäß enthält denn auch die StPO. (vgl. §§ 51, 52) eine dem § 384³ CPO. entsprechende Bestimmung nicht. Es kann auch nicht die Rede davon sein, daß die Nötigung des Auskunfteiinhabers bezw. seines Hilfsarbeiters, in den Ausnahmefällen, wo eine Auskunft Veranlassung zu einer strafrechtlichen Untersuchung giebt, im öffentlichen Interesse seine Gewährsmänner zu offenbaren, geeignet wäre, seinen Gewerbebetrieb zu untergraben, wie dies allerdings der Fall sein würde, wenn es jeder Privatperson freistehen sollte, den Auskunfteiinhaber, dem sie eine Auskunft verdankt, als Zeugen zu benennen, um ihm unter Eideszwang weiteres Beweismaterial im Dienste ihrer Privatinteressen zu entlocken. M. M.

b) **Kein Zeugnisverweigerungsrecht des Rechtsanwaltes über den Erlaß und die Rechtskraft eines Urteiles in einem Vorprozesse. CPO. § 383⁵.**

Kammergericht, III. CS. Urteil v. 12. April 1901.

Wenn auch der Justizrat A. von den Thatsachen, über welche er als Zeuge vernommen werden soll, jedenfalls als Prozeßbevollmächtigter der Erblasserin Kenntnis erhalten hat, so kann dennoch nicht anerkannt werden, daß sie solche ihm anvertraute Thatsachen darstellen, welche ihn nach § 385⁶ berechtigen, sein Zeugnis zu verweigern. Soweit es sich darum handelt, ob überhaupt eine Entscheidung des in der Beweisfrage bezeichneten Inhaltes ergangen ist, kann von einer der Natur der Sache nach zur Geheimhaltung bestimmten Thatsache oder von einem dem Justizrat A. anvertrauten Privatgeheimnisse im Sinne des § 300 StGB. schon um deshalb nicht die Rede sein, weil das Urteil in öffentlicher Sitzung des Prozeßgerichtes verkündet sein müßte. Aber auch auf die weiter in der Beweisfrage enthaltene Thatsache, daß das Urteil die Rechtskraft beschritten hat, treffen jene Voraussetzungen nicht zu. Denn es ist in keiner Weise ersichtlich, daß die Gesamtheit der Erben der Frau S. an der Geheimhaltung dieser Thatsache ein Interesse haben kann. Z.

c) **Verweigerung einer Auskunftsquelle bei ehrenwörtlichem Diskretionsversprechen. Gewerbegeheimnis. CPO. § 384.**

OLG. Dresden, I. CS. Beschluß v. 18. Juni 1900.

Der Beschwerdeführer macht folgendes geltend:

Die Kenntnis davon, daß die klagende Gesellschaft damit umgehe, in M. Landerwerbe zu machen, verdanke er einer Person, die ihm schon früher wiederholt Kaufsreflektanten für Grundstücke nachgewiesen habe. Aus Erkenntlichkeit dafür, und weil er bei der Verwertung des ihm von dem Beklagten abgekauften Areals einen nicht unerheblichen Gewinn erzielt, habe er sich für verbunden erachtet, ihr einen Teil dieses Gewinnes, mehrere tausend Mark, zu überlassen. Sein Gewährsmann habe ihm aber die ehrenwörtliche Verpflichtung abgenommen, seinen Namen geheim zu halten. Ein Bruch des

Ehrenwortes könne ihm nicht zugemutet werden; er würde ihm zur Unehre gereichen. Abgesehen hiervon habe sein Gewährsmann ein starkes persönliches Interesse daran, in den Rechtshandel der Parteien nicht hereingezogen zu werden. Es würde ihm das nicht nur unangenehm sein, sondern es würde sogar ein widriger Schein auf ihn fallen, wenn bekannt würde, daß er sich mit einem Agenten in geschäftliche Verbindung eingelassen und sich von ihm für die Zuweisung einer Verkaufsgelegenheit eine größere Entlohnung habe gewähren lassen. Auch sei es ihm, dem Zeugen, vollkommen klar, daß, wenn er gezwungen werden sollte, seinen Hintermann namhaft zu machen, jede fernere Verbindung mit ihm und dadurch zugleich die Gelegenheit zu weiteren lohnenden Grundstücksgeschäften für die Zukunft abgeschnitten sein würde.

Das alles vermag jedoch die Zeugnisweigerung des Beschwerdeführers nicht zu rechtfertigen. Es leuchtet ohne weiteres ein, daß die im öffentlichen Rechte wurzelnde Zeugnispflicht durch derartige private Abmachungen nicht berührt werden kann, und daß ein Zeuge sich nicht unter Berufung darauf, daß er einem Dritten Schweigen angelobt habe, seiner Verpflichtung zum Zeugnis zu entziehen vermag. Unter solchen Umständen kann auch keine Rede davon sein, daß die unter Eideszwang, wenn auch vielleicht im Widerspruche mit dem Ehrenworte, geschehene Nennung des Gewährsmannes dem Zeugen zur Unehre gereichen würde. Ob das Bekanntwerden des Gewährsmannes diesem unangenehm ist oder nicht, darauf kann offenbar keine Rücksicht genommen werden. Im übrigen ist auch nicht einzusehen, wie die Thatsache, daß jener Dritte mit einem Agenten in geschäftlichen Verkehr getreten ist, für sich allein geeignet sein soll, einen widrigen Schein auf ihn zu werfen. Daß zwischen ihm und dem Zeugen insoweit ein Geschäftsgeheimnis obwalte, dafür liegt nichts vor. Wäre es aber selbst der Fall, und hätte der Zeuge in der That ein gewisses Interesse daran, die Quelle nicht zu verraten, aus der ihm in früheren Fällen hin und wieder Mitteilungen über günstige Verkaufsgelegenheiten zugeflossen sind, so würde das für ihn noch keinen Grund abgeben können, sich seines Zeugnisses zu entschlagen. In § 384 Ziff. 3 der CPO. ist dem Zeugen nur das Recht eingeräumt, die Aussagen über solche Fragen zu verweigern, die er nicht würde beantworten können, ohne ein „Kunst- oder Gewerbegeheimnis“ zu offenbaren. Um ein derartiges Geheimnis handelt es sich hier nicht. Das Gesetz schützt nur Geheimnisse der gewerblichen Produktion, nicht schlechthin jede geschäftliche Beziehung, die zwischen dem Zeugen und dritten Personen besteht und die der eine oder andere Teil aus irgend einem Grunde geheim gehalten wissen möchte. Fehlt es aber an jedem greifbaren thatsächlichen Anhalt dafür, welcher Art die bisherige geschäftliche Verbindung des Zeugen mit seinem Hintermanne gewesen sei, so kann auch die weitere Behauptung des Beschwerdeführers, daß ihm durch Preisgabe jenes Gewährsmannes die Gelegenheit zu künftigen nutzbringenden Grundstücksgeschäften verloren gehen werde, zunächst nicht als glaubhaft gelten. Die Berufung auf die Bestimmung der CPO. § 384 Ziff. 1, die der Beschwerdeführer im Auge hat, würde ihm ohnedies nur zu statten kommen können, wenn er durch die Beantwortung der Frage einen unmittelbaren vermögensrechtlichen Schaden erlitte. (Annal. 22 S. 85.)

d) **Durch die inzwischen erfolgte Vernehmung eines Sachverständigen wird die Beschwerde über die Zurückweisung eines Ablehnungsgesuches[1] nicht gegenstandslos.**

OLG. Breslau, VII. CS. Beschluß v. 21. Januar 1902.

Die Zulässigkeit der Beschwerde wird dadurch nicht ausgeschlossen, daß inzwischen die beschlossene Vernehmung der drei Sachverständigen durch das Amtsgericht F. erfolgt ist. Denn dadurch ist die Ablehnung des Sachverständigen Sch. nicht gegenstandslos geworden, vielmehr hat der Beschluß des Beschwerdegerichtes, wenn er die Ablehnung für begründet erklärt, die Wirkung, daß die Aussage des mit Recht abgelehnten Sachverständigen, welche bisher noch nicht zur Kenntnis des Prozeßgerichtes gelangt ist, für den schwebenden Rechtsstreit ausscheidet, also weder von den Parteien vorgetragen, noch vom erkennenden Gerichte berücksichtigt werden darf. Sch.

e) **Zulässigkeit des Widerrufes einer Eidesweigerung. CPO. § 464[2] — Haftung des Vermieters für Störungen seitens des Mieters. — § 33 CPO. enthält nur eine Zuständigkeitsnorm.**

OLG. Marienwerder, I. CS. Urteil v. 10. Februar 1902.

Der Beklagte hat in der Berufungsinstanz unter Eideszuschiebung behauptet, daß Kläger noch im November 1900 gesehen und geduldet habe, daß seine Mieter Jauche in den Seitengraben gelassen haben. Nachdem dieser Eid angenommen worden und beide Parteien sich mit Norm und Erheblichkeit einverstanden erklärt hatten, weigerte Kläger die Leistung. Er will seine Weigerung jetzt widerrufen, weil er den Eid nicht vollständig verstanden habe. Da eine Weigerung, einen Eid zu leisten, den auf Nichtleistung gerichteten Willen des Schwurpflichtigen voraussetzt, so wird eine auf einem Willensfehler, insbesondere einem Irrtum über den Inhalt der Eidesnorm beruhende Weigerung, als keine Eidesweigerung im Sinne des Gesetzes erachtet werden können. Es erscheint aber nach den Erklärungen, durch die der Kläger seine Weigerung, den Eid zu leisten, motiviert hat, ausgeschlossen, daß er den Inhalt der Eidesnorm mißverstanden haben sollte. Insbesondere geht aus seiner Erklärung hervor, daß er nicht mehr genau wußte, ob er noch im November 1900 gesehen und geduldet habe, daß seine Mieter Jauche in den Graben gelassen hätten; er hielt also die Möglichkeit, daß er eine derartige Wahrnehmung gemacht habe und dagegen nicht eingeschritten sei, gegeben. Wenn Kläger jetzt die Weigerung widerrufen hat, so kann dies nur geschehen sein, weil er entweder seinen Willen geändert und nunmehr trotz des Fortbestehens seines Zweifels den Eid zu leisten, sich entschlossen, oder, weil er infolge Anstrengung seines Erinnerungsvermögens jenen bei

[1] Kein Ablehnungsgrund, daß der Sachverständige bereits in erster Instanz ein Gutachten erstattete: Entsch. d. RG. 7. Mai 1901, Rundschau 1902 S. 44.

der Eidesweigerung noch vorhandenen Zweifel nachträglich überwunden hat. In beiden Fällen hat aber die Weigerung seinem fehlerfreien Willen entsprochen und kann nicht widerrufen werden.

... Unstreitig ist der Grenzgraben B. Z. nur zur Aufnahme von Wasser bestimmt. Nach § 922 BGB. ist daher der Kläger nicht berechtigt, Jauche oder andere Unreinlichkeiten durch den Seitengraben dem Grenzgraben zuzuführen. Der Eigentümer, der als Vermieter unthätig duldet, daß seine Mieter unzulässige Eingriffe in das Eigentum des Nachbargrundstückes vornehmen, erscheint selbst als der Störer (Entsch. d. RG. 47 S. 162). Der Vermieter muß, um nicht selbst als Störer zu gelten, sein Verbot auch durchsetzen, nötigenfalls durch Klage (§ 550) und Kündigung (§ 553 BGB.). Hat der Kläger, wie infolge der Eidesweigerung feststeht, noch im November 1900 gesehen und geduldet, daß seine Mieter Jauche und andere Unreinlichkeiten in den Seitengraben gelassen und dadurch dem Grenzgraben zugeführt haben, so ist die Besorgnis des Beklagten, daß dies auch weiterhin geschehen werde, berechtigt. Der Beklagte ist daher nach § 1004 berechtigt, auf Unterlassung zu klagen, er geht aber zu weit, wenn er verlangt, daß der Kläger zur Zuschüttung des Seitengrabens verurteilt werden soll. Durch eine solche Maßregel würde allerdings die Möglichkeit eines Mißbrauches des Seitengrabens verhütet werden, aber andererseits würde dadurch auch der Gebrauch des Seitengrabens unmöglich gemacht werden, während der Kläger doch berechtigt ist, den Grenzgraben zur Ableitung des auf seinen Grundstücken sich ansammelnden Regen- und Quellwassers zu gebrauchen. Es muß ihm daher auch gestattet sein, den zur Ermöglichung dieses Gebrauches dienenden Seitengraben zu benutzen. Ob der Beklagte, wenn in Zukunft der Kläger trotz seiner Verurteilung zur Unterlassung mißbräuchlicher Benutzung des Seitengrabens den Mißbrauch fortsetzt, und etwaige Zwangsvollstreckungsmaßregeln erfolglos geblieben sind, nicht dennoch Zuschüttung des Grabens verlangen kann, bedarf hier nicht der Entscheidung.

Was den zweiten mit der Widerklage verfolgten Anspruch auf Herstellung der Grenze durch Zurückverlegung des Grabens zwischen den Punkten W. und Z. angeht, so ist das Gericht der Klage dasjenige, welches für den Gegenanspruch zuständig wäre, wenn er selbständig verfolgt würde, das Landgericht hat aber die Widerklage, weil der im § 33 Abs. 2 CPO. erforderte Zusammenhang fehle, für unzulässig erachtet. Diese Annahme ist unrichtig. Das Reichsgericht hat allerdings wiederholt eine Widerklage, für die nicht der im § 33 geordnete durch einen Zusammenhang jener Art bedingte besondere Gerichtsstand der Widerklage gegeben sei, überhaupt nicht als solche zugelassen. Neuerdings (Entsch. 46 S. 424) hat es aber auf die großen Bedenken hingewiesen, welche sich gegen die bisher vertretene Auslegung des § 33[1] erheben lassen. Das Berufungsgericht hält diese Bedenken für begründet und hat angenommen, daß der § 33[1] eine Bestimmung über die Zulässigkeit der Widerklage überhaupt nicht enthält, sondern nur eine die Zuständigkeit des Gerichtes betreffende Vorschrift dahin geben will, daß ein für die Klage aus dem Gegenanspruch des Beklagten nach den Regeln über die örtliche Zuständigkeit an sich nicht zuständiges Gericht die Zuständigkeit erlangt, wenn der Beklagte seinen Gegenanspruch im Wege der Widerklage geltend macht und der im § 33[1] bezeichnete Zusammenhang obwaltet. Da der § 33 seinen Platz unter den „den Gerichtsstand" regelnden §§ 12 ff. der allgemeinen Bestimmungen des ersten Buches erhalten hat, so wäre eine Auslegung, die dem § 33 eine über die Regelung der Zuständigkeit hinausgehende Bedeutung beimißt, nur dann zulässig, wenn der Wortlaut dazu nötigte. Dieser läßt aber die Annahme einer lediglich die Zuständigkeit regelnden Vorschrift ebensowohl zu, als die Annahme einer die Zulässigkeit der Widerklage überhaupt regelnden Vorschrift. Eine ähnliche, von der im Titel sonst allerdings regelmäßig gebrauchten Wendung „Für Klagen ... ist das Gericht zuständig" abweichende Fassung findet sich in den §§ 22 und 25—28, vgl. auch § 64 und § 603[1], die doch reine Zuständigkeitsvorschriften enthalten. Mit Rücksicht auf seine systematische Stellung kann dem § 33 nur die Bedeutung entnommen werden, daß darin für die Widerklage unter den besonderen Voraussetzungen des § 33 ein besonderer Gerichtsstand hat bestimmt werden sollen.

Ist das Gericht der Klage auch zuständig für die Klage wegen eines Gegenanspruches des Beklagten, so könnte ihn letzterer, wenn das Gesetz besondere Vorschriften über die Widerklage nicht enthielte, bei dem Gerichte der Klage einklagen. Das Gericht würde, vorbehaltlich der Befugnis zur Verbindung, über die beiden Klagen aber in zwei verschiedenen Prozessen verhandeln und entscheiden und die Endurteile würden, je nachdem der eine oder der andere Prozeß früher zur Entscheidung reif ist, zu verschiedenen Zeiten ergehen. In der Widerklage erhält der Beklagte ein Mittel, um die gleichzeitige Entscheidung über Anspruch und Gegenanspruch herbeizuführen. Sein Interesse an diesem Rechtsbehelf tritt besonders dann hervor, wenn er die Gegenforderung nicht zur Verteidigung im Wege der Aufrechnung oder der Einrede benutzen kann. Durch das einheitliche Verfahren über Klage und Widerklage wird für die Parteien und das Gericht der Aufwand an Arbeit und Zeit gemindert. Dementsprechend mindern sich auch die Prozeßkosten (vgl. § 11[1] GKG., §§ 10, 11 GebO. für RA.). Noch einen Schritt weiter geht das Gesetz zu Gunsten desjenigen Beklagten, dessen Gegenanspruch mit dem eingeklagten Anspruch oder mit den gegen letzteren Anspruch vorgebrachten Verteidigungsmitteln in Zusammenhang steht, indem es im § 33[1] diesem Beklagten die Erhebung der Widerklage bei dem Gericht der Klage gestattet, auch wenn dieses das an sich für die Widerklage zuständige nicht ist.

Die Zulässigkeit einer Widerklage überhaupt ist nicht im § 33[2] ausgesprochen, sondern in dem § 278[2], 280 ausdrücklich bestimmt und in vielen anderen Stellen der CPO., sowie in anderen Gesetzen ausdrücklich vorausgesetzt. Die Wirkungen der Geltendmachung der Widerklage regelt der § 301, während nach § 145$^{1}$ das Gericht anordnen kann, daß über den Klaganspruch und den nicht konnexen Anspruch der Widerklage in getrennten Prozessen verhandelt werde. Die letztere Vorschrift setzt die rechtliche Möglichkeit einer Widerklage wegen eines mit der Klage rechtlich nicht zusammenhängenden Gegenanspruches voraus. Es ist zwar richtig, daß der Zusammenhang zwischen Anspruch und Gegenanspruch, wie ihn der § 145$^{2}$ erfordert, sich mit dem Zusammenhang, wie ihn § 33$^{1}$ im Auge hat, nicht völlig deckt, weil nach § 33 auch ein Zusammenhang des Gegenanspruches mit den gegen den Anspruch vorgebrachten Verteidigungsmitteln genügt. Mit Recht weist aber das Reichsgericht darauf hin, daß die Auslegung, welche im § 33 Abs. 1 eine Vorschrift erblickt, welche die Voraussetzungen für die Zulässigkeit der Widerklage überhaupt regelt, anderen Bestimmungen der CPO. widerspricht. Nach § 33$^{2}$ findet Abs. 1 keine Anwendung, wenn die Zuständigkeit des Gerichtes für eine Klage wegen des Gegenanspruches auch durch Vereinbarung nicht würde begründet werden können. Der Abs. 1 findet also keine Anwendung in den Fällen des § 40$^{2}$, wenn der Rechtsstreit andere als vermögensrechtliche Ansprüche betrifft, oder wenn für die Klage ein ausschließlicher Gerichtsstand begründet ist. Unter die im § 40$^{2}$ bezeichneten nicht vermögensrechtlichen Rechtsstreitigkeiten gehören insbesondere Ehesachen. Müßte § 33$^{1}$ dahin verstanden werden, daß er die Voraussetzungen bestimmt für die Zulässigkeit der Widerklage überhaupt, so würde nach Abs. 2 die Unzulässigkeit der Widerklage für alle unter den § 40$^{2}$ fallenden Gegenansprüche, insbesondere für Gegenansprüche in Ehesachen angenommen werden müssen. In den § 614$^{2}$, § 615$^{2}$, 616, 618$^{6}$, 627$^{2}$ und 633$^{2}$ ist aber die Zulässigkeit einer Widerklage in Ehesachen als selbstverständlich vorausgesetzt und in der Praxis nie beanstandet worden. In den §§ 667$^{2}$, 679$^{4}$, 684$^{4}$, 686$^{4}$ wird die Unzulässigkeit der Widerklage gegen die daselbst bezeichneten Klagen, bei welchen es sich um Entmündigungssachen handelt, ausgesprochen. Auch dies läßt erkennen, daß der Gesetzgeber von der Annahme ausgeht, daß ohne jene Vorschriften die Widerklage für zulässig erachtet werden müsse. Die Zuständigkeit für die Widerklage bestimmt sich — abgesehen von dem § 33 — nach den für die Klage in den § 1 ff. und § 12 ff. gegebenen Vorschriften über die sachliche und örtliche Zuständigkeit (vgl. Busch's Zeitschr. 4 S. 1, bes. §§ 18, 24, 25, 30). Wenn in diesen Vorschriften auch nur von Klagen die Rede ist, so gelten sie doch zugleich für die Widerklagen, da auch die Widerklage ihrem Wesen nach eine Klage ist. H.

### f) Zur Anwendung des § 471 CPO.

OLG. Colmar, I. CS. Urteil v. 27. Juni 1902.

Der § 471, dessen Bestimmungen nach § 477 auch auf den richterlichen Eid Anwendung zu finden haben, hat für diejenigen Fälle, in welchen ein Schwurpflichtiger vor der Eidesleistung stirbt, seine Eigenschaft als gesetzlicher Vertreter einer Partei verliert oder eidesunfähig geworden ist, Vorsorge getroffen. Er ist aber keineswegs auf solche Fälle beschränkt, sondern überall dort anwendbar, wo die Eidesauflage an eine eidesunfähige Partei oder an den gesetzlichen Vertreter einer solchen stattgefunden hat, wovon der Gesetzestext nur Beispiele enthält (vgl. Petersen, Seuffert zu § 471 Anm. 2). Jedenfalls trifft dies alsdann zu, wenn, wie vorliegend, die Eidesauflage nur die Folge eines Irrtumes über die Vertretungsbefugnis der mit dem Eide belasteten Partei gewesen ist. Die Prozeßbevollmächtigten der beiden Parteien sind nämlich hier von der auch vom Gerichte angenommenen Ansicht ausgegangen, als wäre der für die Klägerin (öfters auch persönlich) erschienene Wilhelm S. einer der in der Klage benannten Teilnehmer der klägerischen Gesellschaft, während er, wie im Eidesleistungstermine geltend gemacht und nunmehr auch durch den beglaubigten Auszug aus dem Handelsregister erwiesen ist, bei der Klagerhebung bereits nur deren Prokurist war und dessen Ehefrau die Teilhaberin des klägerischen Geschäftes ist. Die Erklärung des nach dem Urteile schwurpflichtigen S. im Eidesleistungstermine kann demnach nicht als Eidesweigerung aufgefaßt werden. Das Aufhören der Vertretungsbefugnis des S. hat vielmehr die Folge, daß die Parteien in die rechtliche Lage zurückversetzt werden, in welcher sie sich vor der Eidesauflage an ihn befunden haben. Es ist daher über die weiteren Beweiserbieten der Parteien zu verhandeln, und es war deshalb zunächst nach Maßgabe des § 471 Abs. 3 das bedingte Urteil aufzuheben. Fr.

g) **Inwieweit ist das Gericht verpflichtet, einem Antrage auf Sicherung des Beweises stattzugeben? CPO. § 488.**

OLG. Hamburg, II. CS. Beschluß v. 20. Februar 1902.

Das Reichsgericht hat (Entsch. 49 S. 388) ausgesprochen, daß, wenn die im § 488 bezeichneten Voraussetzungen, Mängel einer Sache u. s. w. vorliegen, die Beweisanordnung, wie sie beantragt worden ist, erfolgen müsse und das Gericht den Antrag nicht aus sachlichen Gründen ablehnen dürfe. Das erkennende Gericht faßt den § 488 dahin auf, daß, wenn die gedachten Voraussetzungen vorliegen, der Antrag auch ohne Hinzutreten der Voraussetzungen des § 485, Gefahr des Verlustes des Beweismittels oder der Erschwerung seiner Benutzung, zulässig ist (verbis: „kann beantragt werden"); das Gericht darf also den Antrag nicht wegen Fehlens der sonst für eine Beweisaufnahme zur Sicherung des Beweises vorgeschriebenen Voraussetzungen als unzulässig zurückweisen. Daraus folgt aber nicht, daß das Gericht auf die Prüfung dieser Voraussetzungen beschränkt sei und bei deren Vorhandensein dem Antrage ohne jegliche weitere Prüfung Folge zu geben gezwungen sei. Dann würde im übrigen nicht mehr von einem „Antrage" die Rede sein, sondern von einem Verlangen der Partei; sie würde das Gericht zwingen können, auch einem durchaus unsachgemäßen Verlangen sich willenlos zu fügen; beispielsweise würde das Gericht einen als sachverständig Bezeichneten, für dessen Sachverstand aber nichts vorliegt, der überdies bei der Sache unmittelbar beteiligt, ein nächster Verwandter des Antragstellers, eine übelberüchtigte, eine wegen Meineides bestrafte Person ist, vernehmen müssen, da nach § 487[3] die Auswahl der Sachverständigen dem Antragsteller überlassen ist; es würde der beantragten Vernehmung einer übermäßigen Anzahl von Zeugen oder Sachverständigen, einer von ihm für völlig nutzlos erachteten gerichtlichen Augenscheinseinnahme, vielleicht an einem vom Sitze des Gerichtes entfernten Orte, wo der zu besichtigende Gegenstand sich befindet, sich nicht entziehen können u. s. w. Davon enthält das Gesetz nichts, ebensowenig wie der vom Reichsgerichte vergleichend herangezogene Art. 348 Abs. 2 und 3 HGB., und es läßt sich insbesondere aus den Worten, „kann beantragt werden" nicht entnehmen, daß unter den angeführten Voraussetzungen das Gericht dem Antrage prüfungslos zu gehorchen habe.

Stellt man sich aber auf den Standpunkt des Reichsgerichtes, so würde die von ihm dargelegte Auffassung des § 488 doch für den vorliegenden Fall nicht zutreffen. Zwar war wie hier, so auch in dem vom Reichsgerichte entschiedenen Falle, der Antrag innerhalb eines anhängigen Rechtsstreites gestellt worden. Der vorliegende Fall unterscheidet sich aber von jenem dadurch, daß hier, zwar nicht schon zur Zeit der Stellung des Antrages, wohl aber zu der Zeit, wo er durch den angefochtenen Beschluß abgelehnt wurde, ein Beweisbeschluß über die Fragen ergangen war, hinsichtlich deren der Kläger eine Beweisaufnahme in der Art und dem Umfange, wie von ihm vorgeschrieben, verlangt. Es würde den Grundprinzipien des Prozeßrechtes widerstreiten, wenn der Partei die Befugnis eingeräumt werden sollte, der Entscheidung des Gerichtes seine eigene Willensmeinung zu surrogieren, die abgelehnte Vernehmung von Zeugen oder Sachverständigen zu erzwingen, die von ihm beliebte Formulierung des Beweissatzes an die Stelle der vom Gerichte für richtig erachteten zu setzen. Daß durch den neuen § 488 ein derartiges allen bisherigen Prozeßgrundsätzen widersprechendes Belieben den Parteien eingeräumt worden sei, ist auch der reichsgerichtlichen Entscheidung keineswegs zu entnehmen. Augenscheinlich will der § 488 Vorsorge treffen für die Fälle, wo unabhängig von einem schon anhängigen Rechtsstreite oder doch innerhalb eines solchen, bevor er soweit gediehen ist, daß sich das Gericht mit der Anordnung einer Beweisaufnahme über die streitige Beschaffenheit des in Rede stehenden Gegenstandes hat befassen können, die Konstatierung derselben wünschenswert erscheint. Die Bestimmung gehört, ebenso wie die des Art. 348 Abs. 2 und 3 HGB., in das Gebiet der freiwilligen Gerichtsbarkeit und hätte wohl besser im FrGG. ihren Platz gefunden. Daß aber durch ihre Aufnahme in die CPO. ihr eine Tragweite zu Teil geworden sein sollte, welche mit den anderweitigen Grundsätzen derselben unvereinbar wäre, ist völlig ausgeschlossen. M. M.

## 16

### a) Einfügung von Sachen in ein Gebäude zu einem vorübergehenden „Zwecke". BGB. § 95 Abs. 2.

Kammergericht, II. CS. Urteil v. 14. März 1902.

Der Pächter kann, da ihm nur ein persönliches Nutzungsrecht zusteht, eine Sachverbindung richtiger Ansicht nach regelmäßig nur „zu einem vorübergehenden Zwecke“, nämlich zur Ausübung und für die Dauer seines Pachtrechtes herstellen (Dernburg 3 S. 18f., Goldmann-Lilienthal 1 S. 46 Note 2). Die entgegengesetzte Ansicht, welche die Frage, ob der Pächter nur eine vorübergehende oder eine dauernde Einfügung vorgenommen hat, nach der Absicht des Pächters bei der Einfügung entscheidet und die Feststellung, welche Absicht der Pächter gehabt hat, nach der Absicht des Pächters entscheidet und die Feststellung, welche Absicht der Pächter gehabt hat, von den Umständen des einzelnen Falles abhängen läßt (Planck Note 2 zu § 95) ist unvereinbar mit dem Absatz 1 Satz 2 des § 95, wonach sogar derjenige, welcher „in Ausübung eines Rechtes an einem fremden Grundstücke“, das ist eines dinglichen Rechtes, ein Gebäude oder ein anderes Werk mit dem Grundstücke verbindet, das Werk nicht zu einem „Bestandteile“ des Grundstückes macht, ohne daß es darauf ankäme, welche Absicht der Verbindende bei der Verbindung gehabt hat. Hiernach ist anzunehmen, daß der Zweck, zu dem die Verbindung erfolgt ist, unter objektiver Kündigung der vorliegenden thatsächlichen und Rechtsverhältnisse festzustellen ist, nicht aber lediglich nach der subjektiven Absicht des Verbindenden, daß daher nach dem Willen des Gesetzes der im § 95 Satz 2 gewählte Ausdruck „Zweck“ dem Sinne nach sich nicht deckt mit dem Begriffe „Absicht“. E.

b) **„Vorübergehende Benutzung.“ BGB. § 97 Abs. 2.**

OLG. Rostock, I. CS. Urteil v. 28. April 1902.

Die vom Kläger auf Grund der Verträge vom 14. November 1899 als sein Eigentum beanspruchten Maschinen sind nach der Art ihrer Aufstellung im Fabrikgrundstücke, ihrer Verbindung mit der Betriebsdampfmaschine und der Thatsache, daß sie im Fabrikbetriebe benutzt worden sind, für Zubehör des Fabrikgrundstückes zu erachten, es sei denn, daß die Maschinen nur vorübergehend im Fabrikbetriebe benutzt werden sollten. Dieser Ausnahmefall liegt jedoch nicht vor. Denn wenn man auch davon ausgeht, daß der Zeuge F., welcher die Maschinen für die damals ihm gehörende Fabrik gekauft und in Benutzung genommen hat, von vornherein die Absicht hatte, die Fabrik im Laufe der Zeit zu einer lediglich Stahlguß erzeugenden Fabrik auszugestalten, daß ferner zu einer solchen Fabrik die fraglichen Maschinen nicht erforderlich waren und daß F. deshalb die Maschinen wieder verkaufen wollte, sobald er das beregte Ziel erreicht hatte, so steht doch völlig dahin, ob F. jemals jenes Ziel erreichen konnte. Wie er durch die Verhältnisse gezwungen war, von einer sofortigen Verwirklichung seines Planes Abstand zu nehmen und neben der Stahlgußfabrikation einen anderen Betrieb einzurichten, der die Anschaffung der fraglichen Maschinen erforderte, so konnte er auch fernerhin durch die Verhältnisse gehindert werden, seinen Plan auszuführen und den Zeitpunkt zu erreichen, in welchem die Maschinen für den Betrieb seiner Fabrik nicht mehr erforderlich waren. Der Gebrauch, zu welchem F. die Maschinen anschaffte, stellte sich danach nicht seiner Natur nach als vorübergehend dar, sondern er sollte nur nach dem Wunsche des F. vorübergehend sein. Der Nebenbetrieb der Fabrik, für den die Maschinen erforderlich waren, wurde eingerichtet, weil F. dies nach Lage der Umstände für erforderlich hielt, und er sollte fortgeführt werden, bis die Umstände die Aufgabe des Betriebes geboten oder gestatteten. Durch die Absicht, nach Änderung der Verhältnisse, auch den Betrieb der Fabrik zu ändern und die durch solche Änderung entbehrlich werdenden Maschinen zu verkaufen, eine Absicht, die mehr oder minder bestimmt bei jedem gewerblichen Betriebe obwaltet, wird der Gebrauch der Maschinen nicht zu einem „vorübergehenden" und durch solche Absicht verlieren die Maschinen ihre Eigenschaft als Zubehör der Fabrik weder nach § 97² noch nach dem hier anzuwendenden Gemeinen Rechte. S.

### c) Gasthofsinventar als Zubehör des Hausgrundstückes.
### BGB. §§ 97, 98.

OLG. Hamm, IV. CS. Urteil v. 14. März 1902.

Das der Beklagten gehörige Grundstück mit Haus dient ausschließlich — nicht nebenher — dem Betriebe der Schankwirtschaft und ist dauernd dafür eingerichtet. Das eingebrachte, dem Zwecke des Grundstückes dauernd dienende Wirtschaftsinventar ist deshalb als Zubehör des Grundstückes zu betrachten. Eine weitere Anforderung, daß die Einrichtung des Gebäudes jede andere Art der Benutzung außer für das betreffende Gewerbe **ausschließe**, hat im Gesetze keine Stütze[1] (§ 97; vgl. Entsch. d. RG. 48 S. 207, 209, auch **Gruchot** 45 S. 1003). Daß die in ein Schankwirtschaftslokal eingebrachten und dauernd darin für den Betrieb der Wirtschaft gehaltenen Gegenstände, als Büffett, Ladentheke mit Bierapparat, Billard, dem wirtschaftlichen Zwecke der Hauptsache zu dienen bestimmt sind, kann nicht zweifelhaft sein. Dasselbe gilt von Tischen, Stühlen, Öfen, und auch von einem Klavier und Musikautomaten; es läßt sich nicht als allgemein gültiger Satz aussprechen, daß letztere beiden Gegenstände deshalb, weil sie vielfach bloß gemietet oder von Unternehmern für ihre und des Wirtes gemeinschaftliche Rechnung aufgestellt werden, im Verkehre nicht als Zubehör einer Wirtschaft gelten.[2] N.

### d) Zeitpunkt des Beginnes der Zubehöreigenschaft.

OLG. Breslau, VII. CS. Beschluß v. 12. Februar 1902.

Ein im unteren Raume der Mühle einstweilen aufbewahrter, in das für ihn bestimmte Lager noch nicht eingesetzter Walzenstuhl war wegen einer Schuld des Mühleneigentümers gepfändet worden. In der weiteren Beschwerde war

---

[1] Vgl. Rsp. 2 S. 172 Nr. 95, S. 499 Nr 194.

[2] Vgl. Rsp. 3 S. 204 Nr. 46ᵇ. Auch das Vorbringen, das Pianino und die Bühneneinrichtung sei für den Wirtschaftsbetrieb nicht notwendig, ist unerheblich; denn der Begriff „Zubehör" verlangt nicht, daß die Sache zum wirtschaftlichen Betrieb einer Hauptsache notwendig, sondern nur daß sie ihm zu dienen bestimmt sei (OLG. Braunschweig, II. CS. Beschluß v. 10. Oktober 1901, Zeitschr. 48 S. 191).

ausgeführt, daß der Walzenstuhl noch nicht die Zubehöreigenschaft besessen habe, weil er noch nicht in ein seiner Bestimmung entsprechendes räumliches Verhältnis zur Mühle gesetzt worden sei. Die Beschwerde wurde mit der Ausführung zurückgewiesen, daß allerdings das römische Recht (C. 17 § 10 C. 18 § 1 D. 19, 1) Sachen, die zur Einfügung in ein Gebäude bestimmt, aber noch nicht bestimmungsgemäß verwendet seien, nicht als Zubehör ansehe, daß diese Auffassung aber mit der deutschrechtlichen, z. B. in §§ 88, 92 ALR. I 2 zum Ausdruck gebrachten Anschauung nicht übereinstimme und daß das BGB. in § 97 diese letztere Anschauung keineswegs abgelehnt habe. Im Gegenteil sei aus den Worten des § 97 nur zu entnehmen, daß die an sich mit Zubehöreigenschaft bekleidete Sache nur in ein solches räumliches Verhältnis zur Hauptsache gebracht zu sein brauche, welches die bestimmungsgemäße Anwendung der Sache ermöglicht. (Vgl. JW. 1902 Beilage S. 238 Nr. 118). E.

---

## 17

a) **Einreichung der Berufungsschrift beim Kastellan des Gerichtes. CPO. § 207.**

OLG. Hamburg, I. CS. Urteil vom 28. April 1902.

Die Berufungsschrift ist am letzten Tage der Berufungsfrist (16. Januar) an den Kastellan des OLG. abgegeben, aber erst nach Schluß der bis 5 Uhr dauernden Geschäftsstunden, und dem Gerichtsschreiber erst am 17. Januar zu Händen gekommen. Die Übergabe an den Kastellan nach Schluß der Dienststunden des Gerichtsschreibers kann aber der erforderlichen Einreichung bei letzterem nicht gleich gestellt werden. Um die Notfrist zu wahren, mußte Beklagter dafür Sorge tragen, daß die Berufungsschrift dem Gerichtsschreiber persönlich noch am 16. Januar zu Händen kam, die Übergabe mußte also, da die Diensträume bereits geschlossen waren, in der Wohnung des Gerichtsschreibers erfolgen, eventuell, wenn die Annahme nicht verweigert wurde, auch außerhalb derselben, in diesem Falle natürlich nur zu eigenen Händen (ROHG. 2 S. 22 ff; Entsch. d. RG. 1 S. 429). M. M.

b) **Einlegung der Berufung, wenn die dem Berufungsbeklagten zugestellte Abschrift der Berufungsschrift die Unterschrift des Anwaltes erster Instanz trägt. CPO. §§ 519, 130⁶.**

OLG. Kiel, II. CS. Urteil v. 9. Mai 1902.

Die dem Beklagten zugestellte Abschrift der Berufungsschrift enthält nicht die Unterschrift des klägerischen Prozeßbevollmächtigten zweiter, sondern die des Anwaltes erster Instanz. Der Beglaubigungsvermerk dagegen ist vom Bevollmächtigten zweiter Instanz unterschrieben. Wie die Urschrift ergiebt, handelt es sich lediglich um einen Schreibfehler. Dieser würde nur dann die Berufungseinlegung als unwirksam erscheinen lassen, wenn er als solcher vom Berufungsbeklagten nicht aus der Berufungsschrift selbst sofort hätte erkannt werden können. Dies liegt aber vor, nicht nur, weil die Beglaubigung durch den Anwalt zweiter Instanz erfolgt ist, sondern auch deshalb, weil er im Rubrum als Prozeßbevollmächtigter des Berufungsklägers aufgeführt ist. Hieraus mußte der Beklagte entnehmen, daß die Berufungsschrift vom Anwalt der zweiten Instanz verfaßt und nur in der Abschrift die Unterschrift verschrieben ist. Bei dieser Sachlage ist die Form der Berufungseinlegung für gewahrt zu erachten (Entsch. d. RG. 27 S. 405). Gr.

c) **Zustellung der Berufung an die Partei selbst, wenn der Anwalt erster Instanz vor Einlegung der Berufung gelöscht wird. CPO. § 179.**

OLG. Köln, I. CS. Urteil v. 5. Februar 1902.

Voraussetzung für die Zustellung der Berufung gegen ein landgerichtliches Urteil an den gegnerischen Prozeßbevollmächtigten dieser Instanz ist nach § 179, daß der „Prozeßbevollmächtigte" zur Zeit der Zustellung noch als solcher „vorhanden" ist. — Ein für eine Instanz bestellter Prozeßbevollmächtigter hört aber immer dann auf, es zu sein, wenn er nicht mehr als Rechtsanwalt für das betreffende Gericht zugelassen ist. Die Gründe des Wegfalles sind (vgl. Gruchot 28 S. 1130 und Entsch. d. RG. 13 S. 310) ohne Bedeutung. Dem Falle des Todes und der Niederlegung der Anwaltschaft muß daher auch der Fall gleichgestellt werden, wenn, wie hier, ein Rechtsanwalt an dem Landgerichte, wo er zugelassen und als Prozeßbevollmächtigter bestellt war, gelöscht wird, weil er bei einem anderen Landgerichte seine Zulassung erlangt hat; denn die Vertretung einer Partei bei dem Landgerichte hat die Zulassung des Rechtsanwaltes bei dem betreffenden Prozeßgerichte selbst zur Voraussetzung, § 78. Freilich bedarf es nur dann, wenn der Prozeßbevollmächtigte vor Zustellung des Urteiles, also vor Beendigung der Instanz, wegfällt, der Bestellung eines anderen, bei diesem Gerichte zugelassenen Rechtsanwaltes als Prozeßbevollmächtigten. Daraus aber, daß dies nach erfolgter Urteilszustellung nicht mehr erforderlich ist, sondern in Ermangelung eines „Prozeßbevollmächtigten" die Zustellung der Berufungsschrift an den Gegner selbst zu erfolgen hat, es also der Mitwirkung eines Rechtsanwaltes auf der Gegenseite in diesem Falle überhaupt nicht bedarf, kann nicht gefolgert werden, daß auch die Zustellung an den gewesenen landgerichtlichen Prozeßbevollmächtigten genüge, wenn dieser zur Übermittelung der Zustellung an den Gegner in der Lage bleibe. Eine solche Annahme stände in Widerspruch mit der klaren Vorschrift des § 179. N.

d) **Zulässigkeit der Berufung des erst, nach dem nach Erlaß des erstinstanzlichen Urteiles erfolgten Tode der Hauptpartei eingetretenen Nebenintervenienten. Einlegung in eigenem Namen. Kosten.**

OLG. Augsburg, II. CS. Urteil v. 21. Dezember 1901.

Das Landgericht hat die F. verurteilt, dem Kläger A. eine ihm verkaufte Obstbude zu übergeben und die Kosten zu tragen. Gegen dieses, dem erstinstanziellen Anwalte der Beklagten am 4. April 1901 zugestellte Urteil hat der Obsthändler W. mit Schriftsatz vom 30. April 1901, in welchem er zugleich der Beklagten F. als Nebenintervenient beitrat, Berufung eingelegt.

Im Verhandlungstermine fanden sich Anwälte für A. und W., nicht aber ein solcher für die F. ein. Der Anwalt der A. bestritt die Zulässigkeit der Nebenintervenientin nicht, machte aber geltend, daß die ihm am 2. Mai 1901 rechtzeitig zugestellte Berufung unstatthaft sei, weil die F. schon vor Einlegung der Berufung am 17. April 1901 verstorben sei. Aus den Gründen:

Nach § 246 tritt mit dem Tode der Partei eine Unterbrechung des Verfahrens nicht ein, wenn eine Vertretung durch einen Prozeßbevollmächtigten stattfand. Dieser Fall ist aber auch dann gegeben, wenn ein Prozeßbevollmächtigter für die höhere Instanz noch nicht bestellt ist, so lange nur derjenige der unteren Instanz nicht durch seine oder der Erben des Vollmachtgebers Kündigung in Wegfall gekommen ist, weil nach § 86 die Vollmacht durch den Tod des letzteren nicht aufgehoben wird, und nach § 81 der Prozeßbevollmächtigte erster Instanz ermächtigt ist, einen anderweiten Vertreter für die höhere Instanz zu bestellen. Aus demselben Gesichtspunkte hat denn auch das Reichsgericht (JW. 1901 S. 355[2]) abweichend von einem früheren Urteile (JW. 1899 S. 425[6]) die Frage, ob infolge des inzwischen eingetretenen Todes einer in der unteren Instanz durch einen Prozeßbevollmächtigten vertreten gewesenen Partei die Vollmacht dieses erloschen und dadurch eine Unterbrechung des Verfahrens eingetreten sei, verneint. Auch ist der gleichen Meinung Gaupp, CPO. 1 S. 502, indem er ebenfalls davon ausgeht, daß der Prozeßbevollmächtigte erster Instanz auch nach Zustellung des Instanzurteiles noch berechtigt ist, die Partei zu vertreten. Ist also vorliegend mit dem am 17. April 1901 erfolgten Tode der Beklagten nach § 246 eine Unterbrechung des Verfahrens nicht eingetreten, so war auch der Nebenintervenient, seine Zulassung vorausgesetzt, mangels eines Widerspruches der Hauptpartei oder ihrer Erben nach § 67 befugt, unabhängig von dem Umstande, daß die Hauptpartei nicht mehr am Leben ist, Berufung einzulegen. Insbesondere unterliegt es nach dem Wortlaute des Schriftsatzes vom 30. April 1901, in welchem die Erklärung vorangeschickt ist, daß W. der Beklagten F. beitrete, keinem Zweifel, daß ihr Anwalt, indem er im Namen des Nebenintervenienten die Berufung einlegte, damit nichts anderes sagen wollte, als daß er dies im Auftrage desselben thue, ohne zum Ausdrucke zu bringen, daß der Nebenintervenient das Rechtsmittel nur in eigenem Namen einlege. Übrigens ist es sogar ganz gleichgültig, ob er es im eigenen Namen oder für die Partei gethan hat, sofern nur klar ersichtlich ist, daß er als Nebenintervenient handelt, d. h. daß er nicht eine Entscheidung für sich, sondern für die Partei und über deren rechtliche Beziehungen verlangt (vgl. Gaupp 2 S. 10 f.). Daß er aber nur dies im Auge hatte, geht aus dem schon oben erörterten Gesamtinhalte des Schriftsatzes vom 30. April 1901 und dem dort ausgesetzten Betreffe hervor. — Hinsichtlich der Verurteilung des Nebenintervenienten in die Kosten kommt § 97 CPO. in Betracht, dessen Anwendung nicht durch § 101 ausgeschlossen wird, weil letzterer den Fall, daß in zweiter Instanz nur der Nebenintervenient auftritt, unberührt läßt; auch hat das Reichsgericht (JW. 1896 S. 333[3], 438[4]), entgegen der in Kommentaren vertretenen anderen Meinung, die Ansicht ausgesprochen, daß in einem solchen Falle nicht die Hauptpartei, sondern der Nebenintervenient die Kosten des Rechtsmittels zu tragen habe. D.

e) **Berufung gegen ein Urteil, das den als Prozeßbevollmächtigten aufgetretenen Rechtsanwalt auf dessen Kosten mit der Klage abgewiesen hat. — Berichtigung einer unrichtigen Parteibezeichnung.**[1]

**CPO. § 268[1].**

OLG. Stettin, III. CS. Urteil v. 10. Juni 1902.

Der Rechtsanwalt D. hatte für den Kaufmann A. W. in St. gegen den Beklagten eine Klage aus einer Warenforderung erhoben, nach Zustellung dieser Klage aber in einem dem Beklagten zugestellten Schriftsatze erklärt: gemeint sei als Kläger nicht der Kaufmann A. W., der bereits verstorben sei, sondern die Firma A. W. in St., deren beide Inhaber in St. wohnhaft seien. Im Termine zur mündlichen Verhandlung erhob darauf der Beklagte die prozeßhindernde Einrede der mangelnden Parteifähigkeit und verweigerte die Verhandlung zur Hauptsache. Das Landgericht erachtete die Einrede für begründet, weil für einen Verstorbenen geklagt und ein solcher nicht parteifähig sei und erkannte darauf: „Der Rechtsanwalt D. wird auf seine Kosten mit der erhobenen Klage abgewiesen". Der hiergegen eingelegten Berufung ist mit folgender Begründung stattgegeben:

Die Berufung ist namens des Rechtsanwaltes D. und der als Klägerin auftretenden Firma A. W. erhoben; es handelt sich aber in Wirklichkeit nur um eine Berufung der Partei. Eine andere Berufung neben dieser giebt es nicht; es kann nicht, wie das Reichsgericht in einem ähnlichen Falle, wo die vom Anwalte eingelegte Berufung auf dessen Kosten zurückgewiesen worden war (Entsch. d. RG. 30 S. 400), ausführt, zwischen der Berufung der Partei und einer solchen ihres Prozeßbevollmächtigten geschieden werden. . . .

Die Berufung ist auch begründet. Offensichtlich hat in der Rolle des Klägers diejenige Person auftreten wollen, die die streitigen Waren an den Beklagten verkauft hat, nämlich die Firma A. W. Darüber ist sich auch der Beklagte selber nicht im Zweifel gewesen; in seiner Klagebeantwortung geht er ohne weiteres davon aus, daß er es bei der klagenden Partei mit der Lieferantin der streitigen Waren zu thun habe. Allerdings war diese in der Klagschrift unrichtig bezeichnet; aber es lag auch nichts weiter vor als diese unrichtige Bezeichnung, und diese konnte jederzeit verbessert und berichtigt werden (§ 268 Ziff. 1 CPO.). Das ist geschehen und danach ist also als klagende Partei von vornherein die Firma A. W. in St. anzusehen (vgl. JW. 1890 S. 110 Nr. 4; 1896 S. 411 Nr. 16). Ihr gegenüber greift die Einrede der mangelnden Parteifähigkeit nicht Platz; denn sie ist unbestreitbar parteifähig. Zu Unrecht hat also das Landgericht diese Einrede

[1] Wegen derartiger Berichtigungen in einem Urteil vgl. die Beschlüsse des Reichsgerichtes v. 4. Juni 1901 (Gruchot 45 S. 1120) und 24. Mai 1902 (JW. S. 362 Nr. 15).

durchgreifen lassen. Das führt aber nach § 578 Ziff. 3 CPO. zur Aufhebung des angefochtenen Urteiles und Zurückverweisung der Sache an das Gericht erster Instanz. M.

f) **Wirkung einer infolge Verbindung zweier Prozesse zu Unrecht erfolgten Überweisung vom Amtsgericht an das Landgericht. CPO. §§ 147, 506.**

OLG. Stettin, III. CS. Beschluß v. 11. Februar 1902.

Das Landgericht hat den Antrag der Parteien abgelehnt, zwei bei dem Amtsgerichte A. zwischen ihnen anhängig gewordene, demnächst verbundene und dann auf Antrag des Beklagten wegen Unzuständigkeit des Amtsgerichtes an das Landgericht verwiesene Prozesse zu verhandeln. Die Beschwerde des Klägers ist zulässig und auch begründet. Allerdings war die Zuständigkeitserklärung des Amtsgerichtes unzulässig. Das Landgericht geht aber zu weit, wenn es annimmt, daß die beiden Prozesse trotz der angeordneten Verbindung als zwei Prozesse mit zwei Objekten nebeneinander bestehen geblieben seien. Aus der Verbindung zweier Prozesse entsteht vielmehr ein einheitlicher; die Kläger bezw. die Beklagten der mehreren Prozesse werden, wenn es nicht dieselben Personen sind, Streitgenossen, die Partei des einen Prozesses kann im anderen nicht als Zeuge vernommen werden, die Eideszuschiebung an eine Partei des anderen Prozesses ist zulässig, das Urteil ist ein einheitliches, das über einen der beiden Ansprüche etwa besonders ergehende Urteil ist ein Teilurteil, und es findet sowohl für die Gebührenberechnung nach der Vereinigung, wie für die Revisionssumme eine Zusammenrechnung der Streitwerte statt. (Vgl. Gaupp-Stein § 147 A. III. und die dort angezogenen Entscheidungen.) Die Vereinigung hat indessen keine rückwirkende Kraft und aus diesem Grunde wird an der Zuständigkeit des Gerichtes, bei dem die Prozesse anhängig wurden, nichts geändert, weil für die Wertberechnung und damit auch für die sachliche Zuständigkeit der Zeitpunkt der Klagerhebung maßgebend ist (Gruchot 44 S. 196, Entsch. d. RG. 5 S. 355). Der hiernach unzulässige Verweisungsbeschluß des Amtsgerichtes ist aber nicht nichtig und deshalb als nicht vorhanden anzusehen. Diese Anschauung des LG. widerspricht den Grundsätzen der CPO. über die Rechtsmittel. Danach bestehen die Entscheidungen der Gerichte so lange zu Recht, als sie nicht von den Parteien angefochten werden können oder angefochten sind, auch wenn sie auf einer Verletzung des Gesetzes beruhen. Der § 506² hat aber den Beschluß, durch welchen dem Antrage auf Verweisung an das Landgericht gemäß Abs. 1 entsprochen ist, ausdrücklich der Anfechtung entzogen, und das gilt selbstverständlich nicht nur für solche Beschlüsse, die auf richtiger Anwendung des § 506¹ beruhen, sondern auch für solche, die an sich Grund zur Anfechtung geben würden. Was aber den Parteien anzufechten verwehrt ist, also für sie zu Recht besteht, kann unmöglich von dem Gerichte, an das der Rechtsstreit verwiesen ist, als nicht vorhanden betrachtet werden. Nach der früheren Fassung des § 506 war die Unzuständigkeit durch Urteil auszusprechen, dagegen war die Berufung zulässig und erst mit der Rechtskraft des Urteiles war die Zuständigkeit des Landgerichtes begründet. Auch damals konnte also eine Verweisung auf unrichtiger Grundlage, wie hier, rechtskräftig erfolgen, wenn die Parteien es unterließen, das unrichtige Urteil anzufechten, oder das Berufungsgericht dem Amtsgerichte beitrat. Es würde aber in solchem Falle das Gericht, an das die Verweisung erfolgt war, mit Rücksicht auf § 11 CPO. niemals auf den Gedanken gekommen sein, das rechtskräftige Urteil als nicht vorhanden anzusehen. Nicht anders kann der jetzt an dessen Stelle getretene unanfechtbare, also rechtskräftige Beschluß des Amtsgerichtes behandelt werden. Nach der Begründung (Hahn, Mat. 8 S. 354) ist das Urteil als eine unnütze Belastung der Gerichte beseitigt und die Unanfechtbarkeit des Beschlusses eingeführt, um einer Verschleppung des Prozesses vorzubeugen. Man ist davon ausgegangen, daß in den ganz vereinzelten Fällen, in denen ein Zweifel über die Zulässigkeit der Verweisung entstehen konnte, für die Anfechtung ein praktisches Bedürfnis nicht vorliege; dies entspreche auch dem Grundgedanken des § 10 CPO. Dieser Begründung würde es wenig entsprechen, wenn jetzt das Landgericht, nicht etwa als die Beschwerdeinstanz, sondern als Gericht erster Instanz von Amts wegen in eine Nachprüfung des Verweisungsbeschlusses sollte eintreten können; § 11 gilt auch für diesen Fall. Nur dann müßte eine solche Nachprüfung eintreten, wenn gemäß § 274 Beklagter die Unzuständigkeit des Gerichtes eingewendet hatte. Dies würde aber, falls die Überweisung zu Unrecht erfolgt wäre, nicht zu einer Zurückweisung an das Amtsgericht, die der § 11 ausschließen will, sondern zur Abweisung der Klage führen (Gaupp-Stein § 506 A. II Abs. 2). Hier liegt aber mit Rücksicht auf den beiderseitigen Überweisungsantrag eine ausdrückliche Vereinbarung über die Zuständigkeit (§ 38) vor. Eine solche Vereinbarung kann sowohl vor, als nach Erhebung der Klage in jedem Stadium des Rechtsstreites erfolgen. Zwar bewirkt dies an sich nicht, daß der Prozeß vom Amtsgerichte in demselben Stadium auf das Landgericht übergeht. Die Vereinbarung für sich allein kann nur dahin führen, daß der Prozeß von neuem beim Landgerichte durch Erhebung der Klage anhängig gemacht werden muß. Hier liegt die Sache aber insofern anders, als der Prozeß durch den Überweisungsbeschluß bei dem Landgerichte bereits anhängig geworden ist, der Vorsitzende den Verhandlungstermin anberaumt hat und die Parteien, wenn auch nur über die Frage der Zuständigkeit des Landgerichtes, verhandelt haben. Bei dieser Sachlage kann nicht davon die Rede sein, daß der bei dem Amtsgerichte begonnene Prozeß lediglich durch den Parteiwillen bei dem Landgerichte fortgesetzt werden soll. M.

g) **CPO. § 517 gilt auch für den Fall des § 716.**

OLG. Hamburg, CS. II. Beschluß v. 24. Juni 1902.

Wenn auch mit dem Beklagten und dem Landgericht (vgl. Wilmowski-Levy, Kommentar, Anm. 1 zu § 654) anzunehmen ist, daß hier nicht ein Fall des § 321, sondern des § 716 vorliegt, und wenngleich die Fassung des § 716 in Verbindung mit den §§ 321 und 517 nicht völlig zweifelsfrei ist, so ist doch mit der übereinstimmenden Ansicht der Kommentatoren Gaupp-Stein, Struckmann-Koch, Wilmowski-Levy und Seuffert zum § 517 und der von diesen in Bezug genommenen Entscheidung dieses Gerichtes vom 21. Mai 1885 (Seuffert 41 Nr. 243) anzunehmen, daß der § 517 auch auf Fälle des § 716 anwendbar ist. . . . M. M.

h) **Im Falle der Klagabweisung eines nach Grund und Betrag streitigen Anspruches (§ 538³ CPO.) kann das Berufungsgericht bei Feststellung des Anspruches seinem Grunde nach gleichzeitig dem Kläger diejenige Teilforderung zusprechen, deren Betrag alsdann unstreitig ist. Kostenentscheidung im Falle der Zurückverweisung.**

Kammergericht, VI. CS. Urteil v. 25. Januar 1902.

Die Klägerin beansprucht 1280 Mark für ein bestelltes und geliefertes Fahrrad. Der Beklagte wendet die Zulässigkeit seines Rücktrittes vom Vertrage wegen verspäteter Lieferung des Rades ein und giebt nur einen Preis von 320 Mark als angemessen zu. Das Landgericht hat die Klage abgewiesen, weil der Beklagte zulässigerweise vom Vertrage zurückgetreten sei. Das Berufungsgericht hat den Anspruch dem Grunde nach für gerechtfertigt erklärt und zugleich den Beklagten zur Zahlung von 320 Mark und zu den Kosten einer Beweisaufnahme verurteilt, im übrigen aber die Sache in die erste Instanz zurückverwiesen. Gründe:

Der sofortigen Verurteilung des Beklagten zur Zahlung der ihrem Betrage nach zugestandenen Teilforderung von 320 Mark steht § 538³ nicht entgegen, weil eine weitere Verhandlung insofern nicht mehr erforderlich ist.[1] Für den durch die CP.-Novelle eingeführten Fall des § 538³ (Klagabweisung eines nach Grund und Betrag streitigen Anspruches) ist dem Erfordernis der weiteren Verhandlung die Bedeutung beizulegen, daß rein thatsächlich geprüft werden muß, ob der in zweiter Instanz bereits unterbreitete Prozeßstoff ohne weiteres eine Entscheidung auch über einen Teilbetrag des Anspruches (der von vornherein unstreitig war oder nachträglich unstreitig geworden ist) zuläßt und daß zutreffenden Falles eine Zurückverweisung der Sache in die erste Instanz insoweit nicht geboten, vielmehr gleichzeitig mit dem Urteil auf Feststellung des Anspruches dem Grunde nach gemäß § 301 CPO. ein solches über einen entsprechenden Teilbetrag des Anspruches zu erlassen ist. Diese Auslegung entspricht durchaus dem Wortlaute des Gesetzes und besonders den praktischen Bedürfnissen der Rechtsprechung; denn in einem Falle, wie dem vorliegenden, würde es durchaus

[1] Die entgegengesetzte Ansicht geht dahin, daß als „weitere Verhandlung" jede Verhandlung aufzufassen sei, die über denjenigen Prozeßstoff hinausgeht, welcher den Gegenstand der Entscheidung erster Instanz gebildet hat. (So Petersen-Anger Anm. 2 zu § 538, Gaupp-Stein Nr. II ebenda, Struckmann-Koch Anm. 1 ebenda.) Danach würde man allerdings zur vollständigen Zurückverweisung gelangen, da die klagabweisende Entscheidung erster Instanz den zugestandenen Teilbetrag als solchen nicht berührte.

zweckwidrig und den Interessen beider Parteien zuwiderlaufend sein, wenn man die Sache auch wegen dieses zugestandenen Teilbetrages wieder in die erste Instanz zurückverweisen, dadurch den Parteien weitere Kosten machen und die bezügliche Entscheidung ganz überflüssiger Weise noch recht erheblich verzögern wollte. Eine Auslegung des fraglichen Erfordernisses zu Gunsten eines derartigen unpraktischen Verfahrens kann hiernach nicht als vom Gesetzgeber gewollt erscheinen. Übrigens vertritt auch das Reichsgericht im Urteil[1] vom 10. November 1900 den Standpunkt, daß im Sinne dieser Vorschrift eine weitere Verhandlung nicht erforderlich ist, insofern eine Teilforderung ihrem Betrage nach unstreitig ist.

Der Kostenpunkt ist zwar im Falle der Zurückverweisung in der Regel dem endgültigen Urteile vorzubehalten, weil sich vorläufig noch nicht übersehen läßt, in welchem Umfange die eine oder andere Partei unterliegen wird;[2] es erscheint jedoch nicht als ausgeschlossen, daß bei der Zurückverweisung alsbald wegen solcher Kosten erkannt wird, bezüglich deren die Auferlegung aus einem besonderen Grunde von der Endentscheidung in der Hauptsache unabhängig ist. Dies trifft hier bei denjenigen Kosten zu, welche dadurch entstanden sind, daß der Beklagte auch noch in zweiter Instanz den Einwand seines zulässigen Rücktrittes vom Vertrage geltend gemacht hat, wodurch die ganze Beweisaufnahme dieser Instanz ohne Erfolg veranlaßt worden ist.

Schm. B.

## 18

### a) Der Anspruch aus § 1300 BGB. fällt nicht unter § 23² GVG.

OLG. Dresden, VII. CS. Urteil v. 31. Mai 1902.

Die Ansicht des Landgerichtes, daß das Amtsgericht zuständig sei, weil sich der eingeklagte Anspruch unmittelbar und ausschließlich auf einen außerehelichen Beischlaf gründe, ist nicht zutreffend. Schon der Wortlaut des § 1300 ergiebt, daß zur Begründung des Anspruches eine ganze Reihe verschiedener Thatumstände gehört, von denen der außereheliche Beischlaf nur ein Glied darstellt. Ganz abgesehen davon, daß der Beischlaf in der Verlöbniszeit, also während eines rechtlich als Verlöbnis sich darstellenden Verhältnisses vollzogen und daß die Verlobte unbescholten sein muß, ist noch überdies erforderlich, daß der Verlobte die Auflösung des Verlöbnisses unmittelbar oder mittelbar verschuldet hat, sei es, daß er das Verhältnis ohne Grund gelöst, sei es, daß er der Braut genügende Veranlassung zum Rücktritt gegeben hat; es muß also ein Verlöbnisbruch vorliegen, der den männlichen Teil zur Entschädigung verpflichtet. Wie wenig die Thatsache der Beischlafsvollziehung allein genügend ist, lehrt die Erwägung, daß § 1300 allemal dann versagt, wenn das Verlöbnis nach Vollziehung des Beischlafes aus einem den Bräutigam nicht belastenden Grunde aufgelöst wird, z. B. durch eine gütliche Vereinbarung beider Teile oder wegen un-

---

[1] Diese bisher nicht veröffentlichte Entscheidung des I. CS. enthält keine nähere Begründung obiger Auffassung. — [2] Vgl. auch JW. 1902 S. 182 Nr. 5.

gebührlichen Betragens der Braut oder weil der Verlobte stirbt. In allen diesen Fällen kann trotzdem, daß während des Verlöbnisses der Beischlaf vollzogen worden ist, von einem Anspruche auf Grund von § 1300 nicht die Rede sein, weil eben der Umstand fehlt, der die Forderung erst zur Entstehung bringt: ein dem Verlobten zur Last fallender, unmittelbar oder mittelbar sich vollziehender Bruch des Verlöbnisses.

Nach der ganzen Stellung, die § 1300 im System des BGB. einnimmt, und bei der engen Verbindung, in die § 1300 zu §§ 1298, 1299 gebracht worden ist, läßt sich nicht bezweifeln, daß sich auch der auf § 1300 gegründete Rechtsbehelf als eine Entschädigungsforderung wegen Verlöbnisbruches darstellt, und zwar als eine Entschädigungsforderung, die zu einem besonders ausgiebigen — qualifizierten — Anspruch in der Richtung ausgestaltet worden ist, daß auch der immaterielle Schaden Berücksichtigung zu finden hat. Daß diese Auffassung auch durch die Entstehungsgeschichte des § 1300, der erst bei der zweiten Lesung eingefügt wurde, gerechtfertigt ist, kann nach den Prot. 4 S. 696 und der Denkschrift nicht zweifelhaft sein. Andererseits schlägt auch der Grundgedanke nicht ein, der zu der Ausnahmebestimmung von § 23² GVG. geführt hat. Sie beruht, wie sich aus den Motiven (Hahn 1 S. 70) ergiebt, lediglich auf der Einfachheit der Rechtsfragen, auf der Erwägung, daß eben nur die Thatsache des Beischlafes und unter Umständen auch das zeitliche Verhältnis derselben zur Geburt des Kindes festzustellen seien. Hier liegt aber ein Thatbestand vor, der nichts weniger als einfach ist. Der Richter muß nicht nur den oft höchst zweifelhaften Bestand des Verlöbnisses und die Unbescholtenheit der Verlobten, sondern auch die Frage erörtern, ob ein Verlöbnisbruch des Bräutigams vorliegt. Gerade dieser Gesichtspunkt aber wird oft zu den schwierigsten und eingehendsten Untersuchungen führen, die mit großer Sorgfalt und Gewissenhaftigkeit vorzunehmen sind. Denn in der Regel wird jeder Teil behaupten, daß der andere die Auflösung des Verlöbnisses verschuldet habe, und es wird in dieser Richtung umfänglicher und zeitraubender Erörterungen bedürfen.

Wollte man der Ansicht des Landgerichtes beitreten, so müßte die Zuständigkeit des Amtsgerichtes übrigens auch in den Fällen der §§ 825, 847 Abs. 2 BGB. gegeben sein, eine Ansicht, die bislang noch nirgends vertreten worden ist und zweifellos daran scheitert, daß dort nicht ein Anspruch aus einem außerehelichen Beischlafe, sondern eine Forderung aus einer unerlaubten Handlung, ein Deliktsanspruch, in Frage kommt, dessen Thatbestand mit der außerehelichen Beischlafsvollziehung keineswegs zusammenfällt, sondern noch andere Umstände in sich schließen muß. — Auch sonst würde jene Ansicht zu auffälligen Ergebnissen führen. Es würden die auf §§ 1298, 1299 gegründeten Forderungen, wenn sie mehr als 300 Mark umfassen, zweifellos vom Landgerichte zu erörtern sein, während der Anspruch im Sinne von § 1300 BGB., den doch der Gesetzgeber zu einem besonders inhaltsreichen, qualifizierten Entschädigungsanspruch ausgebildet hat, zur amtsgerichtlichen Zuständigkeit gehören würde. Darin würde ein innerer Widerspruch liegen, der um so befremdlicher erscheint, wenn man erwägt, daß gerade die Ergründung und die Abmessung immaterieller Schäden besondere Schwierigkeiten bieten und mit großer Sorgfalt und Vorsicht vorgenommen werden müssen. — Endlich würde man zu der merkwürdigen Folge gelangen, daß dann, wenn eine Verlobte ihre Entschädigungsansprüche sowohl auf §§ 1298 als auf § 1300 stützt, für den einen Teil ihrer Forderung das Landgericht, für den anderen das Amtsgericht zuständig sein würde. Dies wäre um so auffälliger, als in beiden Fällen in der Hauptsache derselbe Thatbestand in Frage steht und es sich im Grunde genommen nur um zwei Seiten desselben Entscheidungsanspruches handelt. Es müßte z. B. die Grundfrage, ob der Verlobte das Verlöbnis gebrochen habe, von zwei verschiedenen Gerichten selbständig erörtert werden, und es würde sich hiernächst bei den beiden Forderungsteilen der Instanzenzug in einer verschiedene Ergebnisse ermöglichenden Weise verschieden gestalten.

Nach allem ist im Gegensatze zu Gaupp-Stein 1 S. 20 derjenigen Auffassung beizutreten, die grundsätzlich, wenn auch ohne spezielle Beziehung auf den vorliegenden Fall, von Schmidt, Lehrbuch S. 209 und Wach S. 356 vertreten wird, und der auch die Entscheidung des RG. 7 S. 338 nicht entgegensteht, weil sie sich auf einen anderen Thatbestand bezieht. Dr. W.

b) **Gerichtsstand der CPO. § 34.**

OLG. Hamburg, II. CS. Urteil v. 17. Juni 1902.

Schon gemeinrechtlich war das Forum connexitatis materialis begründet für die Deservitenforderung des Advokaten gegen die von ihm vertretene Partei, welche wegen ihres inneren Zusammenhanges mit dem Prozesse, in welchem jene Forderung entstanden war, zur Entscheidung an das Gericht des Hauptprozesses gebracht werden konnte. Diesen Gerichtsstand des materiellen Zusammenhanges hat die CPO. aufgenommen und näher bestimmt im § 34, indem sie für Klagen der Prozeßbevollmächtigten wegen Gebühren und Auslagen das Gericht des Hauptprozesses für zuständig erklärt. Daß hiernach der Prozeßbevollmächtigte seine im Hauptprozeß erwachsenen Gebühren und Auslagen gegen die Partei, welche ihm Prozeßvollmacht erteilt hat, beim Gericht des Hauptprozesses einklagen kann, ist ohne weiteres klar. Ebensowenig aber unterliegt es einem Zweifel, daß dieser Gerichtsstand nicht ausgedehnt werden kann auf die Klagen des Rechtsanwaltes gegen Dritte, die am Hauptprozeß gar nicht beteiligt gewesen sind, zu denen der Rechtsanwalt also auch nicht im Verhältnis eines Prozeßbevollmächtigten gestanden hat, die ihn vielmehr nur gegen das Versprechen einer fest bestimmten Vergütung beauftragt haben, eine Partei im Hauptprozeß zu vertreten. Solchen Dritten gegenüber erscheint der Rechtsanwalt zwar als Beauftragter oder Dienstverpflichteter, aber niemals als Prozeßbevollmächtigter. Als solcher steht er nur im Verhältnis zu der von ihm im Hauptprozesse vertretenen Partei. Es fehlt auch an jedem materiellen Zusammenhang zwischen der Klage des

Rechtsanwaltes gegen seinen Auftraggeber oder Dienstberechtigten und dem Hauptprozeß. Der bevorstehende Hauptprozeß hat nur die thatsächliche Veranlassung, das Motiv für den Dritten abgegeben, den Rechtsanwalt mit der Vertretung der einen Partei zu beauftragen. Die hier vertretene Auffassung entspricht der, soweit ersichtlich, übereinstimmenden Ansicht der bekannteren Kommentatoren, namentlich auch der Seuffert's, Note 2: „Der Gerichtsstand des § 34 ist für Klagen der Prozeßbevollmächtigten . . . gegen die Parteien, in deren Auftrag sie gehandelt haben, aufgestellt." M. M.

c) **Zur Auslegung von CPO. § 124.**

OLG. Dresden, IX. CS. Beschluß v. 16. Juni 1902.

Es besteht in der Rechtswissenschaft und Rechtspflege Streit darüber, ob § 124 eine teilweise gesetzliche Übertragung des Kostenerstattungsanspruches der armen Partei an ihren Anwalt begründe oder dem Anwalte ein selbständiges Recht auf Kostenerstattung neben dem Rechte der Partei selbst verleihe (Gruchot 39 S. 289, OLG. Jena v. 2. Februar 1902 im Recht 1902 S. 152). Der Senat tritt aus den Gründen, die das Reichsgericht (Gruchot 45 S. 652) dargelegt hat, der zweiten Meinung bei. Allerdings entsteht diesfalls die weitere Frage, ob und inwieweit durch das selbständige Recht des Rechtsanwaltes das eigene Recht der Partei auf Kostenerstattung beschränkt werde. Wenn aber der Anwalt selbst namens der Partei auf Kostenfestsetzung anträgt und somit ein Beschränkungsrecht nicht geltend macht, liegt kein Grund vor, auf ein solches Recht Rücksicht zu nehmen. Dr. v. F.

d) **Keine Unterbrechung anhängiger Prozesse, wenn der Konkurs durch Zwangsvergleich aufgehoben wird. KO. § 192, CPO. § 241.**

OLG. Dresden, VII. CS. Urteil vom 3. Juli 1902.

Wird das Konkursverfahren infolge eines Zwangsvergleiches aufgehoben, so werden Rechtsstreitigkeiten, die Masseforderungen zum Gegenstande haben, nicht unterbrochen, sondern der bisherige Gemeinschuldner, der nunmehr die Verfügung über die Konkursmasse wieder erlangt hat, tritt ohne weiteres als Prozeßpartei in den Rechtstreit ein (vgl. KO. § 192, CPO. § 241; auch Gaupp-Stein 1 S. 494 bei Note 26, 27). Dr. W.

e) **„Neue Ansprüche." CPO. § 529².**

OLG. Jena, I. CS. Urteil v. 20. März 1902.

Die erst in der letzten Berufungsverhandlung vorgebrachte Anfechtungseinrede stellt keinen „neuen Anspruch" dar. Allerdings spricht der § 5 AnfG. v. 20. Mai 1898 von der „Erhebung des Anfechtungsanspruches im Wege der Einrede". Der Sprachgebrauch im § 529 CPO. ist aber nicht der gleiche. Im § 529 wie auch z. B. in den §§ 145, 146 CPO. wird die „Erhebung von Ansprüchen" in Gegensatz gestellt zur „Geltendmachung von Angriffs- und Verteidigungsmitteln." Jene erfolgt im Prozesse um ihrer selbst willen, diese lediglich zur Begründung oder Widerlegung eines „erhobenen Anspruches". Das letztere trifft aber gerade für die Anfechtungseinrede, wie überhaupt für alle Einreden mit einer einzigen, gleich zu erwähnenden Ausnahme zu. Sie soll lediglich zur Elidierung des Klaganspruches dienen. Dagegen fordert der erhobene Anspruch selbständige Bedeutung, Verwirklichung im Tenor der Entscheidung durch Verurteilung zur Leistung oder in Rechtskraft erwachsende richterliche Feststellung. Die Form seiner Geltendmachung ist daher grundsätzlich nur die Klage, Widerklage und Incidentfeststellungsklage. Die „neuen Ansprüche" werden denn auch in der Begründung zu § 440 identifiziert mit den „nouvelles demandes" des Art. 464 Code de proc. und damit charakterisiert als ein bisher noch nicht gestelltes, auf dem Grunde eines materiellen Rechtes beruhendes prozessuales Verlangen. Nun wird allerdings in § 529 die Kompensationseinrede den neuen Ansprüchen im bezeichneten Sinne mit einer gewissen Einschränkung gleichgestellt. Dieser Umstand findet aber seine Rechtfertigung in der Bestimmung des § 293 (jetzt 322), wonach die Entscheidung über eine auch nur aufrechnungsweise, also im Wege der Einrede, geltend gemachte Forderung der Rechtskraft fähig ist. — Trotz alledem drängte die Fassung, welche der Gesetzeswille im bisherigen § 491 gefunden hatte: „Neue Ansprüche dürfen nur . . . erhoben werden, wenn mit denselben kompensiert werden soll", welche also die Geltendmachung einer Aufrechnungseinrede förmlich unter den Begriff der Erhebung von Ansprüchen, nicht neben denselben stellte, einigermaßen zu der vom Kläger vertretenen weiteren Bestimmung des letzteren Begriffes, wonach jede Verwendung eines bisher nicht geltend gemachten Rechtes im Prozeß, sei es auch nur als Einrede, unter ihn fallen würde. Dagegen handelt der jetzige § 529 sachgemäßer und klarer von der Geltendmachung der Aufrechnungseinrede neben der Erhebung neuer Ansprüche, sogar in einem besonderen Absatz, so daß das bezeichnete Mißverständnis jetzt ausgeschlossen ist. (Gaupp-Stein § 529 Bem. III, Petersen-Anger § 529 Bem. II 4; Entsch. d. RG. 47 S. 390.) St.

f) **Ein Vorbehalt (CPO. §§ 529, 540) ist im Urteil nicht auszusprechen, wenn Beklagter vor Erlaß des Urteiles freiwillig bezahlt hat.**

OLG. Hamburg, II. CS. Urteil v. 13. Juni 1901.

Den Anträgen beider Parteien, einen Vorbehalt nach §§ 529³, 540¹ in das Urteil aufzunehmen, war nicht stattzugeben, weil zur Zeit des Schlusses derjenigen mündlichen Verhandlung, auf welche das Urteil ergeht, nicht die in § 529³ CPO. bezeichneten Voraussetzungen vorlagen. . . . Das Gesetz ermöglicht den Parteien, falls ein Endurteil mit einem Vorbehalt ergangen ist, auch dann, wenn nach Erlassung dieses Endurteiles die Klageforderung dem Urteile gemäß bezahlt ist, den Streit über die Gegenforderung in einem Nachverfahren zum Ausdruck zu bringen. Das Gesetz läßt aber ein solches Nachverfahren keineswegs für den ganz anders gearteten Fall zu, daß der Beklagte nicht etwa auf Grund eines mit dem bezeichneten Vorbehalt ergangenen Urteiles, sondern vor Erlassung eines Endurteiles freiwillig die Klageforderung bezahlt hat. Vorliegend sind dadurch, daß die Klageforderung vor der letzten mündlichen Verhandlung unter Vorbehalt der Gegenforderungen bezahlt ist, die Gegenforderungen nicht erloschen; es ist aber dadurch die

Veränderung eingetreten, daß die Beklagte mit der freiwilligen Bezahlung der Klageforderung aufgehört hat, die Geltendmachung der Aufrechnung der Gegenforderungen zu einer Einwendung gegen die Klage zu verwenden. (Hans. GZ.)

## 19

a) **Ist der Domizilvermerk nach der Annahme des Akzeptanten durchstrichen, so steht auch dem gutgläubigen Erwerber des Wechsels bei Nichterhebung des Protestes kein Wechselanspruch gegen den Akzeptanten zu.**

OLG. Braunschweig, II. CS. Urteil v. 12. Juni 1902.

Der vom Beklagten akzeptierte Klagwechsel enthält einen durchstrichenen Domizilvermerk. Da Protest mangels Zahlung nicht erhoben ist, muß im Hinblick auf Art. 43 WO. der Wechselprozeß für unstatthaft erachtet werden (ROHG. 1 S. 246, 7 S. 88, 12 S. 432). Auch nach freier richterlicher Überzeugung geht aus dem Wechsel selber nicht hervor, daß Beklagter sich die Durchstreichung gefallen zu lassen braucht; es werden nicht die sämtlichen zur Begründung des Anspruches erforderlichen Thatsachen durch den Wechsel erwiesen. Allerdings hat der Vorderrichter die Klage nicht wegen Unstatthaftigkeit der gewählten Prozeßart, sondern wegen Nichtbestehens des Anspruches abgewiesen. Die Zulässigkeit dieses Verfahrens ist nicht unbestritten. Nach OLG. Hamburg (Seuffert 48 Nr. 226), OLG. Marienwerder (daselbst 55 Nr. 45) wäre das Gericht, wenn die Sache sich zum Urkundenprozeß nicht eignet, zur Prüfung ihrer materiellen Begründung nicht befugt. Indessen eine Prozeßvoraussetzung, eine Voraussetzung für die Sachentschädigung überhaupt, steht bei den Erfordernissen des § 592 nicht in Frage. Nur die Prozeßart hängt davon ab, und dem Beklagten kann nicht verwehrt werden, auf Grund liquiden Vorbringens eine definitive Abweisung zu verlangen (vgl. JW. 1898 S. 10 Nr. 24 und Gaupp-Stein zu § 592 I vor A, II 1, § 597 III 2, Petersen-Anger § 597 vor Note 1, Struckmann-Koch § 597 Anm. 4).

Wie der Kläger zugesteht, ist der Domizilvermerk vom Aussteller durchstrichen, und zwar nach erfolgtem Akzept und in Abwesenheit des Beklagten. Den Kläger trifft daher die Beweislast dafür, warum trotzdem der Beklagte haften soll. Daß dieser den Aussteller zur Durchstreichung ermächtigt oder solche nachträglich genehmigt hätte, wird nicht behauptet, wohl aber, daß der Domizilvermerk selbst erst nach dem Akzept und ohne Einwilligung oder Genehmigung des Beklagten bethätigt sei. Wäre das richtig, so würde der Vermerk an seiner Haftung auch ohne Protest (Art. 44 WO.) nichts geändert haben (ROHG. 6 S. 24, Entsch. d. RG. 28 S. 122), die Durchstreichung wäre bedeutungslos. Durch den geleisteten Eid ist jedoch die klägerische Behauptung widerlegt. Nun mag der Kläger, als er den Wechsel ohne Durchstreichung erwarb, gedacht haben, der Domizilvermerk sei ohne den Willen des Beklagten darauf gesetzt. Allein es kommt auf den Glauben des Klägers nicht an.

Hat er den Wechsel nach Ablauf der Protestfrist erworben, so hat er ein Recht gegen den Beklagten nicht erlangt; geschah der Erwerb früher, so ist sein Recht durch den Fristablauf erloschen. Der Kläger irrt, wenn er meint, daß ihm die Eigenschaft des Wechsels als Domizilwechsels nur bei dolosem Erwerb entgegenstände. Es handelt sich bei dem Durchstreichen nicht, wie in dem von ihm angeführten Urteile des RG. (Entsch. 19 S. 136), um abredewidrige Ausfüllung eines Blanketts, sondern um nachträgliche Veränderung des fertigen Wechsels. Daß im ersten Falle die Einwendung nur in personam wirkt, liegt an der Rücksicht auf den redlichen Verkehr, der unter einer Vertragsverletzung des Gegenkontrahenten nicht leiden darf. Diese Erwägung greift im zweiten Falle nicht Platz. Die unberechtigte nachträgliche Inhaltsänderung ist gar nichts weiter als eine Fälschung; die Natur der Sache wie die Analogie der Artt. 75, 76 über falsche und verfälschte Unterschriften fordert die Wirkung in rem (ROHG. 23 S. 211, Entsch. d. RG. 8 S. 43, 32 S. 38 und speziell über den nachträglich durchstrichenen Domizilvermerk Rehbein zu Artt. 75/76 Anm. 4, 5, Stranz zu Artt. 75/76 Anm. 11, 12, zu Art. 82 Anm. 55). Auch Staub hat in Art. 76 § 18, ausweislich des gebrauchten Citates, nur die abredewidrige Blankettausfüllung im Auge und unterscheidet diese in Art. 7 § 12 Abs. 4, vgl. auch Art. 82 § 21 verb. mit §§ 1, 2, von der nachträglichen Änderung ebenso wie es hier geschieht; wie die Bemerkung in Art. 82 § 3 über unberechtigte Ausstreichung gemeint ist, darf auf sich beruhen. Hu.

b) **Bedeutung von CPO. § 603[2].**

OLG. Hamburg, II. CS. Urteil v. 14. Dezember 1901.

... Über die Frage, ob nach CPO. § 603 Abs. 2 gegen einen auswärtigen Wechselschuldner der hiesige Gerichtsstand begründet ist, wenn bei dem hiesigen Gerichte zugleich mit dem auswärtigen Wechselschuldner der hiesige Aussteller des Wechsels verklagt wird, eine gehörige Protesterhebung aber nicht stattgefunden hat, hat sich bereits das OLG. (Hans. GZ. 1883, Hptbl. Nr. 62) geäußert, und zwar dahin: Fehlt es am notwendigen Protest, so liegt die Sache so, daß die zur Begründung des Anspruches erforderlichen Thatsachen nicht durch Urkunden bewiesen werden können; es liegen die Voraussetzungen, von deren Vorhandensein die Zulässigkeit einer Klage im Wechselprozeß abhängt, nicht vor und mit der Klagerhebung ist noch keine Klage im Wechselprozeß erhoben; die bloße Erklärung des Wechselklägers, daß er eine Klage im Wechselprozeß erheben wolle, genügt dazu nicht. Danach ist der legitimierte Wechselinhaber nicht in der Lage, dadurch, daß er gegen den hiesigen Aussteller eines nicht protestierten Wechsels beim hiesigen Gerichte Klage im Wechselprozeß erhebt, den hiesigen Gerichtsstand gegen eine auswärtige aus demselben Wechsel verpflichtete Person zu begründen. Das jetzt erkennende Gericht ist zwar zu einem übereinstimmenden Endergebnis gelangt, jedoch aus anderen Gründen.

Zunächst muß mit dem erwähnten Urteile als sicher angesehen werden, daß der Gerichtsstand des § 603² nur dann begründet ist, wenn mehrere Wechselverpflichtete im Wechselprozeß verklagt werden. Es geht dies deutlich daraus hervor, daß es in dem vorhergehenden § 602 heißt: Werden im Urkundenprozesse Ansprüche aus Wechseln im Sinne der Wechselordnung geltend gemacht (Wechselprozeß), so kommen die nachfolgenden besonderen Vorschriften zur Anwendung. Dagegen ist der Auffassung nicht beizutreten, daß die Erhebung einer Klage im Wechselprozeß gar nicht zu stande gekommen sei, wenn bei der Erhebung einer Klage zwar der Kläger erklärt hat, er wolle im Wechselprozeß klagen, dabei aber eine der nach § 592 notwendigen Voraussetzungen der Zulässigkeit des Wechselprozesses nicht erfüllt gewesen ist. Vielmehr genügt zur Erhebung einer Klage im Wechselprozeß, daß eine die notwendigen Voraussetzungen einer gültigen Klage erfüllende Klage erhoben wird, welche die Erklärung enthält, daß im Wechselprozesse geklagt werde (§ 604). Ergiebt sich dann, daß es an einer der in § 592 bestimmten Voraussetzungen für die Zulässigkeit des Wechselprozesses fehlt, so ist nach § 597 die Klage als in der gewählten Prozeßart unstatthaft abzuweisen. Dies berechtigt aber keineswegs zu der Auffassung, daß danach eine Klage im Wechselprozeß überhaupt nicht erhoben sei. Ist daher aus einem nicht protestierten Wechsel gegen den Aussteller Klage erhoben mit der Erklärung, es werde im Wechselprozesse geklagt, so ist zwar — ganz abgesehen davon, daß die Klage wegen Nichtbestehens eines Wechselanspruches gegen den Aussteller unbegründet ist — das Verfahren des Wechselprozesses mangels einer der notwendigen Voraussetzungen des § 592 nicht zulässig, aber eine Klage im Wechselprozesse ist nichtsdestoweniger erhoben. Der auswärtige am Wohnsitze des Ausstellers mit verklagte Akzeptant kann demgemäß im bezeichneten Falle die Einrede der Unzuständigkeit des Gerichtes nicht mit Recht darauf gründen, daß eine gültige Klage im Wechselprozeß gegen den Aussteller überhaupt nicht erhoben sei.

Die Einrede erscheint aber aus einem anderen Grunde berechtigt. Der Gerichtsstand des § 603² ist begründet, wenn mehrere Wechselverpflichtete gemeinschaftlich verklagt werden. Ist eine Tratte ordnungsmäßig protestiert worden, so erscheinen Akzeptant und Aussteller nebeneinander als Wechselverpflichtete im Sinne des § 603. Ihre wechselmäßige Verpflichtung ist insofern verschiedenartig begründet, als der Akzeptant auf Grund des Wechsels allein zur Zahlung der Wechselsumme verpflichtet ist, während der Aussteller nur auf Grundlage des Wechsels und der Protesterhebung zusammen verpflichtet ist, demjenigen, der gegen ihn Regreß Mangels Zahlung nimmt, Zahlung zu leisten (Art. 41 WO.). Ist in einem Falle, in welchem nicht etwa der Protest erlassen ist, die rechtzeitige und gehörige Protesterhebung unterlassen, so ist für den Aussteller nicht etwa eine früher begründete Zahlpflicht nachträglich in Wegfall gekommen, sondern es ist dann die hier in Betracht kommende Verpflichtung des Ausstellers, als Regreßschuldner dem Regreßberechtigten Zahlung zu leisten, für den Aussteller überhaupt nicht zur Entstehung gelangt. Ist also die Protesterhebung verabsäumt, so ist für den Aussteller des Wechsels eine Verpflichtung zur Zahlung der Wechselsumme nicht entstanden und ist danach der Aussteller als ein Wechselverpflichteter im Sinne des § 603 CPO. nicht anzusehen. Der hiesige Gerichtsstand erscheint demgemäß gegen den auswärtigen Akzeptanten eines nicht protestierten Wechsels **nicht** schon dadurch nach § 603 Abs. 2 CPO. begründet, daß der auswärtige Akzeptant und der hiesige Aussteller beim hiesigen Gerichte gemeinschaftlich im Wechselprozesse verklagt werden.

Das Gericht übersieht bei dieser Argumentation keineswegs, daß der Ausdruck „Wechselverpflichteter" in der Wechselordnung in einem umfassenderen Sinne gebraucht ist (vgl. Art. 81 und 42 WO.), und daß ferner in der Begründung des Entwurfes zur CPO. dem Ausdruck „Wechselverpflichtete" in der hier in Rede stehenden Bestimmung diejenige Bedeutung beigemessen ist, die er in der Wechselordnung hat. Das Gericht hat aber diese Umstände nicht für ausschlaggebend gehalten. Es ist der Ansicht, daß nur dann, wenn der Wortlaut des § 603 CPO. selbst geradezu zu einer Auslegung in umfassenderem Sinne zwingen würde, angenommen werden dürfte, daß das Gesetz der Anstellung einer unbegründeten Klage, auf welche hin nicht einmal ein Versäumnisurteil gegen den Beklagten erlassen werden dürfte, die Kraft beilegen wolle, andere Personen der Rechtsprechung eines Gerichtes zu unterwerfen, welcher sie sonst nicht unterworfen sein würden. Der Wortlaut des Gesetzes selbst aber zwingt nach dem vorstehend Ausgeführten nicht zu der umfassenderen Auslegung, welche eine so außerordentliche Konsequenz nach sich ziehen würde. M. M.

c) **Klagerecht des Eigentümers eines abhanden gekommenen Wechsels gegen den Aussteller. WO. Art. 73.**

Kammergericht, XIII. CS. Urteil v. 16. Juni 1902.

Der Kläger als Inhaber eines Wechsels, der nach Verfall abhanden gekommen ist, und über den das Aufgebotsverfahren schwebt, beantragt, daß ihm die Ausstellerin nach beendigtem Aufgebotsverfahren gegen Aushändigung des Ausschlußurteiles und gegen Abtretung der Rechte gegen den Akzeptanten auf die geforderte Sicherheit die Wechselsumme nebst Protestkosten und Zinsen zahle. Die Klage ist abgewiesen. Gründe:

Die einmal begründete Wechselverpflichtung erlischt nicht durch den Untergang des Wechselbriefes, die Geltendmachung der dieser Verpflichtung gegenüberstehenden Rechte ist aber an den Besitz der Urkunde gebunden. Diese Voraussetzung wird nach § 1018 CPO. (vgl. Entsch. d. RG. 49 S. 132) durch das Ausschlußurteil ersetzt, wenn aber auch in der Zeit bis zur Erwirkung des letzteren die Rechte aus dem abhanden gekommenen Wechsel fortbestehen, so fehlt es doch an einem Mittel, sie in weiterem Umfange, als in dem durch Art. 73 WO. bestimmten, geltend zu machen. Diese Vorschrift aber giebt dem bisherigen Inhaber des Wechsels Rechte nur gegen den Akzeptanten, nicht gegen die sonstigen Wechselverpflichteten. Hiernach scheitert die Klage an der dem Kläger mangelnden Legitimation, mag sie als Leistungsklage auf Grund des § 257 oder als Feststellungsklage gemäß § 256 CPO. aufzufassen sein. Der letzteren Klage würde überdies entgegenstehen, daß ein rechtliches Interesse des Klägers an der alsbaldigen Feststellung fehlt. Die Feststellung könnte nur bedingt erfolgen für den Fall, daß das Ausschlußurteil ergeht, nur die Feststellung eines unbedingten und unbetagten Anspruches aber ist nach §§ 194, 209 BGB. geeignet, die dem Kläger drohende Verjährung seines Anspruches gegen die Ausstellerin abzuwenden. v. W.

d) **Wechselprotest gegen Exterritoriale.**

Kammergericht XIII. CS. Urteil v. 16. Juni 1902.

Der Klagewechsel ist bei A. in Berlin X.-Straße 1 domiziliert. Der Protest stellt fest, daß dieses Haus Eigentum des ... Staates und Sitz der Botschaft, der Domiziliat aber Küchenchef des Botschafters ist. Der Notar hat darauf von der Vorlegung des Wechsels Abstand genommen und, nachdem er auch durch Nachfrage bei der Polizei ein Geschäftslokal oder eine andere Wohnung des Domiziliaten nicht ermittelt hatte, den Protest mangels Zahlung erhoben. Der Protest ist somit ein Windprotest; ein solcher ist nur zulässig, wenn die nach dem Geschäftslokal oder der Wohnung des Protestaten angestellten Ermittelungen erfolglos geblieben sind. In dem Wechsel ist aber eine Wohnung des Domiziliaten angegeben und dieser hat auch thatsächlich die angegebene Wohnung inne. Diese Wohnung liegt im Amtsbezirke des Notars. Aus der dem Grundstücke vermöge der Exterritorialität zukommenden Ausnahmestellung kann nicht gefolgert werden, daß es nicht zum preußischen Staate und zu Berlin gehöre. Der Begriff Exterritorialität enthält eine Fiktion, die nicht wörtlich zu nehmen ist. Vermöge der Exterritorialität werden die deren Rechte genießenden Grundstücke in manchen Beziehungen rechtlich so behandelt, als wenn sie im Heimatsstaate ihres Inhabers lägen; ihre Zugehörigkeit zum Gebiete des Staates, in welchem sie liegen, wird dadurch nicht beseitigt. Demnach liegen die Voraussetzungen des Art. 91 WO. nicht vor, der Protest mußte vielmehr den Erfordernissen des Art. 88 entsprechen. Dies ist aber nicht der Fall; denn davon, daß die Vorlegung des Wechsels und mit welchem Erfolge versucht worden sei, erhellt aus dem Proteste nichts. Nun entsteht bei der eigenartigen Lage des Falles die Frage, ob die etwa bestehende rechtliche Unmöglichkeit, im Domizile die erforderliche wechselrechtliche Handlung vorzunehmen, im Sinne der WO. der thatsächlichen Unmöglichkeit, ein Geschäftslokal oder eine Wohnung des Betreffenden zu ermitteln, gleichzustellen ist. Bei dem formalrechtlichen Charakter der Vorschriften der WO. ist es nicht unbedenklich, einzelne an das Vorhandensein bestimmter Voraussetzungen geknüpfte Vorschriften sinngemäß auf ähnliche Thatbestände anzuwenden. Aber selbst wenn man obige Frage bejaht, ergiebt sich nicht die Gültigkeit des Protestes. Denn der Fall der rechtlichen Unmöglichkeit, den Wechsel dem Domiziliaten, sei es in seiner Wohnung, sei es an einem anderen

Orte (Art. 91 Satz 2), vorzulegen und mangels Zahlung zu protestieren, liegt nicht vor; da die Ausnahmestellung der Exterritorialen ein Recht derselben darstellt, so ist unbedenklich anzunehmen, daß mit ihrer Zustimmung bezüglich ihrer Person Amtshandlungen vorgenommen werden dürfen und können, die durch das Recht der Exterritorialität an sich ausgeschlossen werden. Die Verf. v. 20. Februar 1893 (JMB. S. 37) sieht auch den Fall der Zustimmung ausdrücklich vor. Demnach bestand die rechtliche Möglichkeit, mit Zustimmung des Beteiligten die erforderlichen wechselrechtlichen Handlungen vorzunehmen. Daß der Notar auch im Falle der Zustimmung nicht zuständig sein sollte, ist nicht abzusehen, da das Haus thatsächlich zu seinem Amtsbezirk gehört. Er hat es übrigens auch ausweislich des Protestes betreten. Auf welchem Wege es hätte versucht werden sollen, die Zustimmung des Beteiligten herbeizuführen, kann auf sich beruhen, da dieser Umstand das Bestehen der rechtlichen Möglichkeit, den Wechsel zur Zahlung vorzulegen und vorschriftsmäßig zu protestieren, nicht berührt. v. W.

Dazu: Kammergericht, XIII. CS. Zwischenurteil v. 23. Juni 1902.

Der Wechsel ist bei A. in der X.-Straße 1 protestiert. Die Ansicht des Beklagten, daß hier der Domizilort in rechtlicher Beziehung deshalb im Auslande liege, weil der Domiziliat Ausländer und Küchenchef der fremden Botschaft sei, auch in deren Hotel wohne, ist schon deshalb unbegründet, weil der Ort des Domizils, nicht die Wohnung des Domiziliaten in Betracht kommt. Wäre also auch das Botschaftshotel als Ausland anzusehen, so richtet sich der Protest dennoch nach dem Recht des Domizilortes Berlin. Die Wohnung eines fremden bei der inländischen Regierung beglaubigten Botschafters gilt aber auch keineswegs als fremdes Territorium. Die Fiktion der Exterritorialität hat nach heutiger Anschauung nur die Bedeutung, daß gewisse Rechte der inneren Hoheitsgewalt, insbesondere Akte der polizeilichen oder richterlichen Gewalt, gegen die exterritorialen Personen nicht ausgeübt werden dürfen (Entsch. d. RG. in Strafsachen 3 S. 71; Heffter, Völkerrecht § 42, Bar § 115 Anm. 7, Zorn, Reichsstaatsrecht 2 S. 457 § 35). Die Chefs und Mitglieder der beim Deutschen Reich beglaubigten Missionen, die Familienglieder, das Geschäftspersonal und die nichtdeutschen Bediensteten dieser Personen sind nach GVG. §§ 18, 19, EG. § 2 von der ordentlichen streitigen Gerichtsbarkeit des Inlandes eximiert. Auf die Sachen dieser Personen, insbesondere auf das Botschaftshotel, erstreckt sich das Privilegium insofern, als diese nicht Gegenstand einer Maßregel der inländischen Staatshoheit sein können, die auf Grund der streitigen Gerichtsbarkeit vorgenommen wird. Eine solche Maßregel ist der Wechselprotest nicht. Wenn Notare und Gerichtsvollzieher auch Staatsbeamte sind und bei der Protesterhebung eine Amtshandlung vornehmen, so handeln sie doch nur im Auftrag Privater, nicht in Ausübung eines Staatshoheitsrechtes (§ 50 ALR. II 17). Das Betreten des Gesandtschaftshotels kann daher als eine Verletzung der Exterritorialität nicht angesehen werden, zumal da dem Protestbeamten der Eintritt in das Hotel nicht verweigert worden ist, der Protestat sich vielmehr auf die Verhandlung mit dem Beamten eingelassen hat (Heffter § 212). v. W.

e) **Hingabe eines Wechsels zahlungshalber.**

OLG. Kiel, I. CS. Urteil v. 12. Juni 1902.

Beklagter hat einen von X. akzeptierten Wechsel dem Kläger auf seine Kaufgeldforderung zahlungshalber gegeben. Kläger hat den Wechsel mit einem Domizil versehen und, nachdem er mangels Zahlung protestiert worden, ihn im Regreßwege eingelöst. Zahlung war vom Akzeptanten nicht mehr zu erlangen, weil über dessen Vermögen 9 Tage nach Fälligkeit des Wechsels das Konkursverfahren eröffnet ist. Der Beklagte hat daraus gegenüber der Klage aus dem Kaufvertrage eine Einrede entgegengesetzt. Aus den Gründen:

Im Anschlusse an mehrfache höchstgerichtliche Entscheidungen (ROHG. 17 S. 269; Sächs. Archiv 10 S. 239) ist davon auszugehen, daß Kläger durch Entgegennahme des vom Beklagten ihm angebotenen Wechsels zu diesem in ein vertragliches Verhältnis trat, aus welchem ihm neben dem Rechte, sich aus dem Wechsel Befriedigung zu verschaffen, auch die Pflicht anwuchs, die Interessen des Beklagten hinsichtlich des Wechsels wahrzunehmen. Dazu gehörte, daß mit dem Wechsel keine Veränderungen vorgenommen wurden, welche seine Einlösung durch den Akzeptanten erschwerten. Das geschah durch die nachträgliche Domizilierung des Wechsels. Ist der Domizilvermerk, ohne daß Kläger sich des Einverständnisses des Beklagten versicherte, auf den Wechsel gesetzt, so verstieß dies gegen den mit der Entgegennahme des Wechsels geschlossenen Vertrag, und aus diesem schuldhaften Verhalten ergiebt sich, daß Kläger nicht ohne weiteres auf seinen Kaufgeldanspruch zurückgreifen darf, sondern daß er, indem er die Zahlung fordert, der begründeten Einrede begegnet, daß er entgegen dem Vertrage, welcher die Grundlage der Hingabe des Wechsels bildet und kraft dessen der Wechsel mit der Kaufgeldforderung in einem rechtlichen, die Interessen beider Parteien gewährleistenden Zusammenhang gebracht ist, die Lage des Beklagten hinsichtlich des Wechsels und demgemäß auch hinsichtlich der Schuld aus dem Kaufvertrage ungünstiger gestaltet hat. Daraus folgt, daß der Kläger nunmehr zu beweisen hat, daß Beklagter mit der nachträglichen Domizilierung des Wechsels einverstanden war, oder daß eine rechtzeitig beim Akzeptanten erfolgte Präsentation des Wechsels keinen Erfolg gehabt haben würde. Gr.

## 20

a) **Anwendung ausländischen Rechtes auf eine Eheherstellungsklage. Recht der Frau, die Herstellung wegen Mißhandlungen des Mannes zu verweigern. EG. z. BGB. Art. 14.**

OLG. Dresden, V. CS. Urteil v. 10. Mai 1902.

Die eheliche Lebensgemeinschaft, deren Wiederherstellung der Kläger fordert, gehört zu den gegenseitigen persönlichen Rechtsbeziehungen der Ehegatten im Sinne von Art. 14. Dort ist bestimmt, daß für diese Beziehungen bei deutschen Ehegatten die deutschen Gesetze maßgebend seien, auch wenn die Ehegatten ihren Wohnsitz im Auslande haben. Demgemäß sind die persönlichen Rechtsbeziehungen ausländischer Ehegatten vor den deutschen Gerichten nach dem Rechte des Staates zu beurteilen, dem die Ehegatten angehören, dem deutschen Rechte aber nur insoweit zu unterstellen, als Art. 30 EG. eingreift oder — dies ist aus Art. 27 zu entnehmen — als nach dem Rechte des fremden Staates die deutschen Gesetze anzuwenden sind (vgl. Sächs. Archiv 8 S. 27 Abs. 1; Niemeyer, Internationales Privatrecht 1901 S. 142; Barazetti, Internationales Privatrecht 1897 S. 71). Daher würde zu prüfen sein, ob das in Österreich geltende Recht auf diesem Standpunkte stehe. Das österr. BGB. behandelt die Fälle, in denen fremdes Recht anzuwenden ist, in den §§ 34—37. Dazu gehören, wie sich aus diesen Vorschriften ohne weiteres ergiebt, Ansprüche von der Art des mit der Klage erfolgten nicht, und es verbleibt daher insoweit bei dem in den §§ 1 und 33 enthaltenen allgemeinen Grundsatze, wonach das bürgerliche Recht für alle „Einwohner" des Staates gilt und den „Fremden" gleiche bürgerliche „Rechte und Verbindlichkeiten" mit den „Eingeborenen" zukommen, folglich also darüber, ob ein in Österreich wohnender ausländischer Ehemann die Wiederherstellung der ehelichen Gemeinschaft verlangen könne, nach dortigem Rechte als dem am Wohnsitze geltenden zu entscheiden ist (vgl. auch Rittners Eherecht 1875 § 5 unter 2, S. 50; anderer Ansicht Jettel, Handbuch des internationalen Privat- und Strafrechtes 1893 § 14 S. 99). Ob hieraus gefolgert werden dürfe, daß vom Standpunkte des österreichischen Rechtes in den Fällen, wo ein im Deutschen Reiche wohnender österreichischer Ehemann die Wiederherstellung der ehelichen Gemeinschaft beansprucht, die deutschen Gesetze anzuwenden seien (vgl. Müller im Sächs. Archiv 8 S. 4 Abs. 2), ist namentlich dann nicht zweifellos, wenn die Frau ihren Klagabweisungsantrag darauf stützt, daß sie berechtigt sei, auf Scheidung zu klagen (BGB. § 1353 Abs. 2 Satz 2). Denn der Sache nach verlangte sie damit eine, wenn auch nicht notwendige lebenslängliche Scheidung von Tisch und Bett im Sinne der §§ 107 und 103 des österr. BGB., und bei der Prüfung der Zulässigkeit der Scheidung (Artt. $17^1$, 27 EG.) hat nach der übereinstimmenden Ansicht österreichischer Rechtslehrer (wie Unger im Systeme 1 § 23 unter IV A 5 S. 193; Rittner § 5 unter 3 S. 52 [dieser jedoch in der Begründung etwas abweichend]; Burkhard im Systeme zweiter Teil § 74 S. 238; in den Kommentaren von Kirchstetter § 37 unter 5 S. 68 und von Stubenrauch, Vorbemerkung II B 6 S. 126 vor § 44) der österreichische Richter ausschließlich das in Österreich geltende materielle Eherecht „als zum öffentlichen Rechte gehörig" auch in Ansehung der von Ausländern im Auslande eingegangenen Ehen und der dort vorgefallenen Scheidungsgründe anzuwenden, eine Ansicht, der sich nach dem Zeugnisse Jettels S. 46 f., 49 die Rechtsprechung der österreichischen Gerichte, einschließlich der des obersten Gerichtshofes, durchgängig angeschlossen hat (vgl. auch Böhms Zeitschrift 10 S. 484). Indessen kann die Frage auf sich beruhen, denn die Anwendung beider Rechte führt zu demselben Ergebnisse.

Nach deutschem (§ 1353[1]) wie nach österreichischem Rechte (§ 92) findet der Anspruch des Klägers in der unstreitigen Thatsache, daß die Beklagte den Kläger verlassen hat und die Wiederherstellung des ehelichen Lebens verweigert, an sich seine Rechtfertigung. Der Umstand, daß der Anspruch in Österreich nicht im Wege der Klage, sondern im Verfahren außer Streitsachen nach dem Patente vom 9. August 1854 (Nr. 208 RGB.) durchzuführen sein würde, ist, ganz abgesehen davon, daß neuerdings der oberste Gerichtshof (Z. 8969) auch die Geltendmachung auf die erstere Weise zugelassen hat, ohne Einfluß. Nach österreichischem Rechte könnte die Beklagte, da der Kläger schon zur Zeit der Eheschließung katholisch war, wegen der von ihr behaupteten, eine schwere Mißhandlung darstellenden Thätlichkeiten zwar nicht Trennung der Ehe vom Bande (§ 111 ö. BGB.), wohl aber lebenslängliche Scheidung von Tisch und Bett fordern (§§ 103, 107, 109 ö. BGB.). Eine Ausschlußfrist im Sinne von § 1571 BGB. ist dem österreichischen Rechte fremd. Nun ist zwar nach § 93 „den Ehegatten keineswegs gestattet, die eheliche Verbindung, ob sie gleich unter sich darüber einig wären, eigenmächtig aufzuheben, sie mögen nun die Ungiltigkeit der Ehe behaupten, oder die Trennung der Ehe — d. h. vom Bande (§ 111) —, oder auch nur eine Scheidung von Tisch und Bett vornehmen wollen", und es ist mit Rücksicht hierauf und auf § 107 in der Rechtsprechung und in der Rechtswissenschaft die Ansicht vertreten worden, daß ein Ehegatte, auch wenn ihm ein Scheidungsgrund zur Seite stehe, vom anderen Gatten zur Rückkehr in die häusliche Gemeinschaft angehalten werden könne, so lange nicht der Richter auf Antrag des ersteren die Scheidung verfügt oder ihm gemäß dem Schlußsatze des § 107 (s. auch österr. Exekutionsordnung vom 27. Mai 1896, §§ 378, 382[8], 391[2]), einen „abgesonderten Wohnsitz" bewilligt habe — Rittner § 42 Anm. 8; Entscheidung des obersten Gerichtshofes vom 18. Oktober 1898 bei Glaser-Unger, neue Folge Nr. 340; ähnliche Entscheidungen bei von Hussarek in Grünhuts Zeitschrift 20 und von Stubenrauch S. 201 Anm. 4 — indessen ist jene Ansicht, bei der der verletzte Teil unter Umständen wider seinen Willen zur Scheidung gedrängt wird, nicht ohne Gegner — Anders, Familienrecht § 18 und Hussarek a. a. O. —, und insbesondere hat der oberste Gerichtshof am 25. Oktober 1892 (Glaser-Unger Nr. 14432) einen Antrag, der darauf gerichtet war, einer Frau die Rückkehr in die eheliche Gemeinschaft aufzugeben, abgelehnt, weil Umstände erwiesen seien, unter denen die Frau — die sich auf Beschimpfungen, Mißhandlungen und Drohungen gestützt hatte —, wenn dem Antrage des Mannes Folge gegeben würde „einer Gefahr für ihre körperliche Integrität oder für ihr Leben ausgesetzt wäre" und hierzu der Richter nicht die Hand bieten könne, da er gesetzlich nicht nur zur Handhabung des dem Manne nach § 92 zustehenden Rechtes, sondern auch zum Schutze der durch das Verhalten des Mannes in ihrer körperlichen Integrität bedrohten Gattin berufen sei.

Danach ist die Beklagte beim Beweise der von ihr behaupteten Thätlichkeiten für berechtigt anzusehen, die Rückkehr in die häusliche Gemeinschaft mindestens zur Zeit zu verweigern. Dr. W.

### b) Vormundschaft und Pflegschaft über Ausländer (Amerikaner). EG. z. BGB. Art. 23.

Kammergericht, Ferien-CS. Beschluß v. 23. Juli 1902.

Die minderjährigen Geschwister A., deren verstorbener Vater amerikanischer Bürger war, sind in Amerika geboren, halten sich dort auf und haben von der dortigen Behörde in der Person ihrer ebenfalls dort wohnhaften Mutter eine Vormünderin erhalten. Sie sind Miterben eines in Frankfurt verstorbenen Verwandten; zum Nachlasse gehört ein Grundstück, das die Erben veräußern wollen. Aus Anlaß der Beanstandung ihrer Vertretungsmacht hat die Vormünderin beim Vormundschaftsrichter die Anordnung einer Pflegschaft für die Mündel behufs ihrer Vertretung bei der Veräußerung beantragt. Das Amtsgericht hat nun eine Pflegschaft anordnen wollen, die sich auch auf die Verwaltung des den Mündeln zufallenden Anteiles am Erlöse bis zur Volljährigkeit erstreckte. Das Landgericht hat dies gebilligt. Die weitere Beschwerde ist begründet. Nach Art. 23 ist eine Pflegschaft über Ausländer nur anzuordnen, wenn der Heimatsstaat die nach den Gesetzen dieses Staates erforderliche Fürsorge nicht übernimmt. Wie die Vorinstanzen feststellen, erstreckt sich die Vertretungsmacht der vom Heimatsstaate bestellten Vormünder nach dem Rechte dieses Staates nicht auf die Rechte der Mündel an außerhalb dieses Staates belegenen Grundstücken, diese Rechte beherrscht vielmehr das Gesetz des Staates, in dessen Gebiet die Grundstücke liegen; wenn also Minderjährige — wie nach deutschem Recht — bei der Veräußerung von Grundstücken eines Vertreters und der Mitwirkung des Vormundschaftsgerichtes bedürfen, so sind sie auch nach dem Gesetze ihrer Heimat der Fürsorge bedürftig. Diese Feststellung entspricht einer in der englisch-amerikanischen Litteratur allgemein, u. a. von Story, Commentaries on the conflict of laws § 504, vertretenen Auffassung, die auf der Anwendung des Prinzipes beruht, daß die Rechte an Grundstücken ausschließlich unter der Herrschaft der lex rei sitae ständen; die vom Landgerichte genannten Schriftsteller bezeugen, daß diese Auffassung in den Staaten der Union thatsächlich in Geltung ist. Meili (Internationales Civil- und Handelsrecht 1 S. 314) bestreitet dies allerdings; nach seiner Ansicht ist der auch von v. Bar (Internationales Privatrecht 1 S. 566—572) als richtig anerkannte Satz, daß der Vormund ohne Einschränkung hinsichtlich der Immobilien die ihm nach dem Personalstatut des Mündels zustehenden Rechte habe, auch in den Vereinigten Staaten geltendes Recht. Einer Nachprüfung jener Feststellung bedarf es indessen umsoweniger, als die Beschwerdeführerin sie nicht angegriffen hat, vielmehr gerade mit Rücksicht auf die Schranken ihrer Vertretungsmacht die inländische Fürsorge für ihre Mündel begehrt. Angesichts dieses Begehrens bedarf es auch nicht des besonderen Nachweises, daß der Heimatsstaat überhaupt in die Lage gebracht worden ist, die Fürsorge für die Mündel zu übernehmen. Ist also davon auszugehen, daß die im Art. 23 geordnete Fürsorge einzutreten hat, so ist weiter zu prüfen, in welchem Umfange sie erforderlich ist. Sie findet ihre Grenze an der Fürsorge des Heimatstaates, sie tritt nur ein, wo die letztere versagt, und tritt zurück, wenn die heimatliche Fürsorge — die sich in der Vertretungsmacht der Vormünderin darstellt — wieder wirksam wird.

Die Vormünderin ist nach den Feststellungen der Vorinstanzen nicht berechtigt, über Rechte an Grundstücken zu verfügen, abgesehen hiervon wird ihre Bestellung nach den im Art. 23 zum Ausdruck gebrachten Prinzipien im Inlande in demselben Umfange als wirksam anerkannt, in welchem sie im Heimatsstaat der Mündel wirksam ist, die Vormünderin ist also auch im Inlande als guardian of the person and property der Mündel (wie es in den Bestallungen heißt) zur Vertretung der Mündel in Bezug auf ihr Vermögen ermächtigt. Einer besonderen inländischen Fürsorge bedarf es also nur, insofern Rechte der Mündel an Grundstücken in Frage kommen; sowie diese Rechte durch Veräußerung untergehen, und an deren Stelle andere Vermögenswerte eintreten, werden die letzteren von der heimatlichen durch die Vormünderin repräsentierten Fürsorge ergriffen. Es liegt kein inländisches Interesse vor, den Übergang des Vermögens der Mündel in das rechtliche, und nach den Anführungen der Beschwerdeführerin auch in das räumliche Herrschaftsgebiet der Heimat zu hindern. Ob dies im Interesse der Mündel liegt, was ja die Regel sein wird, ist nicht zu prüfen, da in dieser Beziehung eine inländische Verpflichtung zur Fürsorge nicht mehr besteht. Nach diesen Grundsätzen haben die inländischen Behörden nur das Interesse der Mündel an der Feststellung der Bedingungen für die Veräußerung des Nachlaßgrundstückes wahrzunehmen und die gehörige Vollziehung der Veräußerung zu beaufsichtigen. Nur zu diesem Zwecke ist eine Pflegschaft erforderlich, die Einziehung, Belegung und Verwaltung des Anteiles der Mündel am Erlöse ist ihrer Vormünderin zu überlassen, da insoweit die ausländische Fürsorge, wie sie auch immer geregelt sein mag, wieder in Kraft tritt. v. W.

c) **Nach welchem Rechte ist die Rechtsfähigkeit einer ausländischen juristischen Person zu beurteilen? EG. z. BGB. Art. 10.**

OLG. Kiel, II. CS. Urteil v. 21. März 1902.

Die Rechtsfähigkeit der klagenden Bank ist nach schwedischem Recht zu beurteilen. Eine gesetzliche Vorschrift, nach welcher die Rechtsfähigkeit einer ausländischen juristischen Person nach den Gesetzen desjenigen Staates zu beurteilen sei, in welchem sie ihren Sitz hat, besteht allerdings nicht. Das EG. hat den in den beiden Entwürfen aufgestellten Satz des erwähnten Inhaltes nicht aufgenommen, sondern bestimmt im Art. 7 nur, daß die Geschäfsfähigkeit einer Person nach den Rechten des Staates beurteilt werden soll, dem die Person angehört. Allgemeine Gesichtspunkte lassen aber den in den beiden Entwürfen aufgestellten Grundsatz trotz seiner Streichung als auch für das geltende Recht zutreffend erscheinen. Es führt dazu schon die Erwägung, daß es an jeder Möglichkeit fehlt, die Rechtsfähigkeit einer ausländischen juristischen Person nach anderen Gesetzen als denjenigen ihres Staates, etwa nach den deutschen Gesetzen, zu beurteilen. Wie Planck (zum Art. 10 Anm. 1) zutreffend ausführt, sind die Gesetze eines Staates nur auf die innerhalb dieses Staates zur Entstehung gelangenden juristischen Personen zugeschnitten. Die ausländischen juristischen Personen können die Bedingungen, welche z. B. das deutsche Recht zur Entstehung der Rechtsfähigkeit vorschreibt, zum großen Teil nicht erfüllen, sie können sich z. B. nicht in Handels- und Genossenschaftsregister deutscher Gerichte eintragen lassen. Ihre Nichtanerkennung für das deutsche Recht kann aber der Gesetzgeber dieserhalb nicht gewollt haben. Dazu kommt, daß der Art. 10 eine Ausnahme enthält, welche um ihres Ausnahmecharakters willen dafür spricht, daß als Regel in allen dem Art. 10 nicht unterstehenden Fällen das ausländische Recht über die Rechtsfähigkeit der ausländischen juristischen Person entscheidet. Art. 10 bestimmt, daß ein einem fremden Staate angehörender und nach dessen Gesetzen rechtsfähiger Verein, der die Rechtsfähigkeit im Inlande nur nach §§ 21, 22 BGB. erlangen könnte, als rechtsfähig gelten soll, wenn seine Rechtsfähigkeit durch Beschluß des Bundesrates anerkannt ist. Diese Ausnahme bezieht sich also nur auf Vereine der in §§ 21, 22 gedachten Art, nicht auf Vereinigungen, deren Rechtsfähigkeit, wenn sie im Inlande bestände, sich nach anderen Gesetzen, als den genannten Paragraphen, z. B. nach dem HGB. 2c, richten würde. Aus dem Statut der Klägerin ergiebt sich nun, daß es bei ihr sich um eine Gesellschaftsform handelt, die den deutschen Genossenschaften mit unbeschränkter Haftung entspricht. Sie würde, wenn sie in Deutschland bestände, nicht den §§ 21, 22 unterliegen, ihre Rechtsfähigkeit hängt daher nicht von ihrer Anerkennung durch den Bundesrat ab, sondern ist nach den schwedischen Gesetzen zu beurteilen. Daß sie nach diesen Gesetzen rechtsfähig ist, bedarf im Hinblick auf den Umstand, daß ihr Statut vom Könige bestätigt, daß sie geregelte Vertretung hat und mit der Fähigkeit zur Ausgabe von Banknoten ausgestattet ist, eines weiteren Beweises nicht. Gr.

## 21

### a) Ist ein Vertrag nichtig, wenn er für einen Kontrahenten den Thatbestand einer strafbaren Handlung enthält? BGB. § 134.

OLG. Breslau, III. CS. Urteil v. 7. Mai 1902.

Die Ausführung, der Vertrag sei nach § 134 BGB. in Verbindung mit § 241 KO. nichtig, ist grundsätzlich zu verwerfen. § 241 KO. ist nicht gegen gewisse Rechtsgeschäfte als solche gerichtet, wie es § 134 BGB. voraussetzt, sondern gegen die besonderen Umstände und die besondere Absicht, unter denen und mit der ein Kontrahent einem Gläubiger Sicherung oder Befriedigung gewährt. Daß ein Rechtsgeschäft schon dann nichtig wäre, wenn nach den Umständen des Falles seine Vornahme oder Erfüllung für einen Kontrahenten den Thatbestand einer strafbaren Handlung — z. B. der Unterschlagung, des Betruges, der Untreue, des Vergehens gegen § 288 StGB. — darstellt, bestimmt § 134 keineswegs (vgl. Entsch. d. RG. 6 S. 170; 18 S. 221). H.

b) **Verstößt die Hingabe eines Darlehens zum Zwecke des Spieles stets gegen die guten Sitten? Ungerechtfertigte Bereicherung. BGB. §§ 138, 762, 817.**

OLG. Marienwerder, II. CS. Urteil v. 15. April 1902.

Die Motive zum BGB. (2 S. 646) lehnen die Aufnahme einer dem § 581 ALR. I 11 entsprechenden Bestimmung mit der Begründung ab, daß sie durch den Zweck der Einschränkung des Spieles nicht gerechtfertigt werde und zu großen Härten führen könne. Dabei lassen sie freilich die Entscheidung des Falles, daß es sich um Darlehen unter Mitspielern handelt, ausdrücklich offen. Bei den Beratungen der zweiten Kommission wurden verschiedene Anträge, welche bezweckten, entweder das zum Zwecke des Spieles gegebene Darlehen überhaupt oder doch das von einem Mitspieler einem anderen Mitspieler zum Zwecke des Spieles gegebene Darlehen der Spielschuld gleichzustellen, nach eingehender Erörterung abgelehnt. Maßgebend war dafür die Erwägung, daß eine einwand- und zweifelfreie Abgrenzung derjenigen Fälle des Darlehens, für welche das Gleiche gelten solle, wie für die Spielschuld, nicht wohl möglich sei, und daß es der Rechtsprechung überlassen werden müsse, den Entw. I § 664 auf gewisse Fälle des Darlehens anzuwenden, wenn sie im Wege der Auslegung dazu gelange, jene Bestimmungen auf diese Fälle für anwendbar zu halten. Von einzelnen Seiten wurde hierbei die Ansicht vertreten, die Rechtsprechung werde an der Hand des § 664 zu demselben Ergebnisse gelangen, welches die französische Rechtsprechung auf Grund des Code civil Art. 1965 gewonnen habe. Auf Grund dieser Verhandlungen haben dann die Vorschriften über Spiel und Wette die Fassung erhalten, wie sie jetzt in §§ 762—764 BGB. vorliegt (vgl. Prot. 2 S. 794). Hiernach kann die Klagbarkeit des zum Spiel gegebenen Darlehens nach BGB. nicht grundsätzlich verneint werden; darüber besteht auch in der Rechtslehre Übereinstimmung (vgl. Planck 2 S. 502, Oertmann, Schuldverhältnisse, Anm. 4 zu § 762). Aber auch in dem hier vorliegenden Falle, daß es sich um Darlehen unter Mitspielern handelt, kann die Klagelosigkeit des Darlehens nicht aus § 762[1] hergeleitet werden. Allerdings scheint, wie aus den mitgeteilten Verhandlungen hervorgeht, die Kommission zu der Ansicht geneigt zu haben, daß die Anwendung der Grundsätze über die Spielschuld auf solche Darlehen nicht ausgeschlossen sei. Auch das ROHG. hat aus dem, mit § 762 fast wörtlich übereinstimmenden § 1480 des Sächsischen BGB. hergeleitet, daß solchen Darlehen die Klagbarkeit versagt werden müsse, weil es sich der Sache nach nur um die Kreditierung eines Spielverlustes handele, obwohl die Kreditierung äußerlich in die Form eines Darlehns eingekleidet sei (Entsch. d. ROHG. 25 S. 290).

Es ist zuzugeben, daß einem Rechtsgeschäft, welches lediglich bezweckte, die nach § 762 bestehende Klaglosigkeit der Spielschuld zu umgehen, die Klagbarkeit versagt werden müßte, und es würde daher die Rückforderung der unter Mitspielern gegebenen Darlehen ausgeschlossen sein, wenn es sich dabei in der That um einen kreditierten Spielverlust handelte. Dies aber kann nicht anerkannt werden.

Die Bedeutung und rechtliche Natur eines Rechtsgeschäftes kann nämlich nur unter Zugrundelegung derjenigen Sachlage festgestellt werden, wie sie bei Abschluß des Geschäftes bestand. Es ist unmöglich, die Beurteilung der rechtlichen Natur eines Geschäftes von später eintretenden, außerhalb des Geschäftes liegenden Umständen abhängig zu machen. Diesem Fehler entgehen diejenigen nicht, welche die Beantwortung der Frage, ob in solchen Darlehen in der Sache die Kreditierung eines Spielverlustes gefunden werden kann, davon abhängig machen, ob der Empfänger im Schlußergebnis beim Spiel gewonnen oder verloren hat. Wenn, wie hier, die Darlehen zur Bestreitung der Einsätze beim Spiel gegeben werden, so liegt in jedem einzelnen Falle der Hingabe des Geldes die Sache so, daß der Empfänger durch das Spiel Schuldner des Gebers in Höhe des hingegebenen Betrages überhaupt noch nicht geworden ist, daß also eine Spielschuld, von deren Kreditierung die Rede sein könnte, bei Hingabe des Geldes überhaupt noch nicht besteht. Zur Annahme einer kreditierten Spielschuld kann man also nur gelangen, wenn man den weiteren Erfolg des Spieles für den Empfänger heranzieht. Daß aber dieser ganz außerhalb des Rechtsgeschäftes liegende Erfolg der Thätigkeit des Empfängers oder des Zufalles über die wirtschaftliche und rechtliche Natur des Geschäftes entscheiden soll, unterliegt den größten rechtlichen Bedenken. Es kommt hinzu, daß bei dem sog. „Mauscheln" es sich nicht um ein Spiel handelt, das nur von zwei Personen gespielt wird und bei dem daher der Gewinn des einen Mitspielers zugleich der Verlust des anderen Spielers ist. Vielmehr wird dies Spiel in der Regel von vier Personen gespielt, von denen eine jede auf ihre eigene Rechnung spielt. So ist es auch hier gewesen. Dann aber liegt es auf der Hand, daß daraus, das Beklagter das empfangene Geld wieder verloren hat, durchaus nicht folgt, daß Kläger es gewonnen hat. Ist letzteres aber nicht der Fall, so wird sich im Verhältnis der Parteien zu einander kaum sagen lassen, daß eine kreditierte Spielschuld vorliege. Ergeben sich somit aus der Gleichstellung des unter Spielern gegebenen Darlehens mit der Spielschuld kaum zu lösende rechtliche Schwierigkeiten, so sprechen dagegen weiter auch innere Gründe. Das Spiel mit barem, wenn auch geborgtem Gelde steht dem „unbaren" Spiele, das heißt dem Spiel um Geldbeträge, die der Spieler gar nicht besitzt, sondern im Falle des Verlustes schuldig bleiben muß, in seiner Wirkung auf den Spieler selbst keineswegs gleich; es läßt jene Maßlosigkeit, welche das unbare Spiel kennzeichnet, nicht aufkommen. Hiernach ist die Anwendung des in § 762 BGB. ausgesprochenen Grundsatzes, daß durch Spiel eine Verbindlichkeit nicht begründet werde, auf das unter Mitspielern gegebene Darlehen abzulehnen.

Mit Recht zieht aber Beklagter die Wirksamkeit des Darlehns auf Grund des § 138 [1] in Zweifel. Ob ein Rechtsgeschäft gegen die guten Sitten verstößt, läßt sich, wo nicht ein Fall des § 138 [2] vorliegt, nicht ein für allemal bestimmen. Vielmehr ist dies nach der besonderen Lage des einzelnen Falles zu beurteilen. Es läßt sich daher auch nicht allgemein sagen, daß jedes unter Mitspielern gegebene Darlehen gegen die guten Sitten verstoße und daher nichtig sei. Denn diese Auffassung ließe sich nur damit begründen, daß jedes Spiel etwas so Verwerfliches sei, daß seine Förderung unter allen Umständen sittlich gemißbilligt werden müsse. Dieser Standpunkt aber hat weder im Gesetze einen Ausdruck gefunden, noch entspricht er der allgemeinen sittlichen Volksanschauung. Prüft man aber die Besonderheiten des vorliegenden Falles, so ist nicht zu verkennen, daß das Darlehn gegen die guten Sitten verstößt. Die Parteien haben das Spiel „Mauscheln“ gespielt. Ob dies Spiel als ein „Glücksspiel“ anzusehen ist, ist von jeher streitig gewesen (vgl. Goltdammer's Archiv 37 S. 159, 38 S. 350). Es wird dabei wesentlich darauf ankommen, wie das Spiel im einzelnen Falle gespielt worden ist. Vorliegend haben die Parteien besondere Anführungen über die Art des Spieles nicht gemacht. Es ist daher davon auszugehen, daß das Spiel zwar ohne besonders erschwerende Bestimmungen — wie den Aßzwang — aber auch ohne Erleichterungen so gespielt worden ist, wie es in der Regel zu geschehen pflegt. Dann aber muß nach der dem Gerichte bekannten Art des Spieles dieses als Glücksspiel bezeichnet werden. Denn wenn auch die Spielkenntnis und Überlegung des Spielers nicht ohne Einfluß auf den Ausgang des Spieles ist, so hängt dieser doch in der Hauptsache von denjenigen Karten ab, die der Spieler kauft, ohne sie gesehen zu haben, also vom Zufall. Daß die Parteien dieses Spiel nicht lediglich der Unterhaltung wegen gespielt haben, folgt aus den umgesetzten Geldbeträgen, deren Erheblichkeit ja schon der Umstand beweist, daß der Kläger dem Beklagten im Laufe des Spieles 400 Mark geliehen hat. Die Parteien selbst haben denn auch keinen Zweifel daran, daß das Spiel so, wie sie es gespielt haben, ein Glücksspiel war. War das von den Parteien betriebene Spiel aber ein Glücksspiel, so war es unter den obwaltenden Verhältnissen verboten. Unstreitig haben die Parteien im Gastzimmer des Kurhauses zu S. gespielt, also in einem öffentlichen Lokale. Das Strafgesetz enthält zwar eine Strafandrohung gegen denjenigen, der in einem öffentlichen Lokale Glücksspiele spielt, nicht, wohl aber bedroht § 285 StGB. den Inhaber eines öffentlichen Versammlungsortes mit Strafe, wenn er Glücksspiele daselbst gestattet. Dieser Fall liegt hier vor; der Bruder des Beklagten, der als Kurhauspächter der Inhaber dieses öffentlichen Versammlungsortes ist, hat den Betrieb des von den Parteien unternommenen Glücksspieles daselbst gestattet, es liegt daher jedenfalls objektiv ein Verstoß gegen § 285 StGB. vor. Das von den Parteien betriebene Spiel war daher ein solches, welches das Gesetz im öffentlichen Interesse verbietet, und wenn auch nicht an den Spielern selbst, so doch an dem Wirte mit Strafe belegt. Die Förderung solchen Spieles verstößt gegen die guten Sitten. Daß aber durch Hingabe des Darlehens an den Beklagten die Fortsetzung des Spieles überhaupt nur ermöglicht ist, kann nach dem eigenen Sachvortrage des Klägers keinem Zweifel unterliegen. Die Bedingungen des Spieles, bei dem jeder Spieler bare Einsätze machen muß, bringen es mit sich, daß wer kein bares Geld hat, überhaupt nicht mitspielen kann. Hatte aber Beklagter seine Barschaft verloren und war er dadurch am Weiterspielen verhindert, so wurde dadurch die Fortsetzung des Spieles überhaupt in Frage gestellt. Denn ein Mauscheln zu Dreien ist, wenn nicht unmöglich, so doch nicht üblich; von der ferneren Beteiligung des Beklagten hing also die Fortsetzung des ganzen Spieles ab. Nun mag es unter Umständen nur eine gewisse Gutmütigkeit sein, wenn ein Spieler dem anderen, der seine Barschaft verloren hat, Geld zur Fortsetzung des Spieles leiht. Denn für den Geber liegt darin die Gefahr, daß der Empfänger beim Weiterspiel mit dem gewonnenen Gelde seinen Verlust wieder einholt und vielleicht gar dem Geber noch etwas abgewinnt. Regelmäßig aber wird für den Geber auch die Absicht bestimmend sein, die günstige Chance des Spieles auszunutzen und dem zahlungsfähigen Mietspieler, von dem er nach den herrschenden gesellschaftlichen Anschauungen die Berichtigung der beim Spiel gemachten Schuld mit Sicherheit erwarten kann, mehr abzugewinnen, als er gerade bei sich hat. Wer dem anderen Geld zur Fortsetzung des Spieles leiht, handelt also regelmäßig nicht aus sittlich einwandfreien Beweggründen, sondern aus Eigennutz und Gewinnsucht. Die **eigennützige** Förderung des im öffentlichen Interesse untersagten Spieles enthält aber nach der sittlichen Volksanschauung sicherlich einen Verstoß gegen die guten Sitten. Es ist daher das Darlehensgeschäft nach § 138[1] nichtig. Die Nichtigkeit hat zur Folge, daß jeder Teil das Empfangene nach den Vorschriften über die ungerechtfertigte Bereicherung zurückgewähren muß (Entsch. d. RG. 49 S. 421).

Kläger hat zwar seine Klage lediglich auf Darlehen gestützt. Da aber die Parteien in der Sache nur darum streiten, ob für den Beklagten überhaupt eine rechtliche Verpflichtung zur Rückerstattung der beim Spiel empfangenen 400 Mk. besteht, und da auch schon der Vorderrichter den Klaganspruch nach den Vorschriften über die ungerechtfertigte Bereicherung geprüft hat, so würde kein Bedenken bestehen, dem Klagantrage stattzugeben, insoweit er sich nach jenen Vorschriften als begründet erweist. Indessen auch nach diesen Vorschriften ist dem Kläger die Rückforderung versagt. § 812 BGB. stellt zwar den allgemeinen Grundsatz auf, daß, wer durch die Leistung eines anderen oder in sonstiger Weise auf dessen Kosten etwas ohne rechtlichen Grund erlangt, ihm zur Herausgabe verpflichtet ist. Wenn aber der Zweck einer Leistung in der Art bestimmt ist, daß der Empfänger durch die Annahme gegen die guten Sitten verstoßen hat, so trifft § 817 eine besondere Bestimmung dahin, daß zwar der Empfänger zur Herausgabe verpflichtet, die Rückforderung aber ausgeschlossen ist, wenn dem Leistenden gleichfalls ein solcher Verstoß zur Last fällt. Diese Bestimmung steht der Klage entgegen. Denn wenn das Darlehensgeschäft, auf Grund dessen die Hingabe des Geldes erfolgt ist, wegen Verstoßes gegen die guten Sitten nichtig ist, und dieser Verstoß gerade in der Zweckbestimmung des Geldes, der Fortsetzung des Spieles, gefunden wird, so folgt daraus auch unmittelbar, daß der Empfänger durch die Annahme des Geldes gegen die guten Sitten verstoßen hat, zugleich aber, daß auch dem Leistenden dieser Verstoß gegen die guten Sitten zur Last fällt. Daraus folgt die Abweisung der Klage, ohne daß es auf den dem Kläger zugeschobenen Eid, daß er die hingegebene Summe alsbald zurückgewonnen habe, noch ankommen könnte (Planck, Anm. 2 Abs. 2 zu § 817).

Diese Grundsätze führen folgerichtig dazu, die Rückforderung des von einem Mitspieler dem anderen gegebenen Darlehens auch in dem Falle auszuschließen, daß der Empfänger im Schlußergebnis beim Spiel mehr als die geborgte Summe gewonnen hat, und es ist nicht zu verkennen, daß diese Folgerung das natürliche Rechtsgefühl wenig befriedigt. Gleichwohl muß sie in den Fällen, in denen die Hingabe des Geldes einen Verstoß gegen die guten Sitten enthält, als dem Wortlaut und Zweck des Gesetzes entsprechend anerkannt werden. H.

c) **Verkauf einer ärztlichen Praxis verstößt gegen die guten Sitten.**
OLG. Braunschweig, II. CS. Urteil v. 19. Juni 1902.

Der Kläger hat — nach Inanspruchnahme eines Vermittelungsbüreaus für die Verbreitung seiner Verkaufsofferte — seine ärztliche Praxis dem Beklagten für 1500 Mark verkauft. Die Klage auf den Kaufpreis wurde abgewiesen. Gründe:

Erschöpfende Vorschriften über das, was auf dem Gebiete der Verträge gegen die guten Sitten verstößt, enthält das BGB. nicht. Ob der Grundsatz, daß ein gegen die guten Sitten verstoßender Vertrag nichtig sei, im Einzelfalle Platz greift, ist Thatfrage; es kommt darauf an, ob der konkrete Vertrag unter Berücksichtigung der gegebenen Verhältnisse als unsittlich anzusehen ist.

Die Gleichstellung des Verkaufes einer ärztlichen Praxis mit dem Verkauf eines sonstigen Geschäftes erscheint nicht gerechtfertigt. Mit letzterem ist die entgeltliche in der Rechtsprechung nicht anstößig gefundene Veräußerung eines Handels- oder sonstigen in den Kreis der Gewerbe fallenden Geschäftes mit der Kundschaft zu verstehen. Wenngleich die GO. in einzelnen Paragraphen, als 29, 53, 80, mit der Ausübung der Heilkunde und den Ärzten sich befaßt, so sind die betreffenden Vorschriften doch nur Ausflüsse der nach § 6 in engen Grenzen zugelassenen Anwendbarkeit der GO. Die GO. hat durch den von ihr zur Ausübung der Heilkunde und zu den zu solcher berufenen Personen — Ärzte, Wundärzte, Augenärzte, Geburtshelfer, Zahnärzte, Apotheker — eingenommenen Standpunkt den Beruf der Ärzte nicht zu einem Gewerbebetriebe im engeren Sinne herabgesetzt. . . . Näher liegt jedenfalls der Vergleich der sozialen Stellung in der Thätigkeit der Ärzte mit derjenigen der Rechtsanwälte: die Ausübung des Berufes setzt bei beiden wissenschaftliches Studium und Nachweis der Befähigung voraus und erfordert Anwendung erworbener wissenschaftlicher Kenntnisse. Wie der Anwalt, so ist der Arzt auf das Vertrauen des Publikums angewiesen, dieses Vertrauen wird regelmäßig dem Maße seines Wissens und Könnens entsprechen. Wenn nun der Ehrengerichtshof für Rechtsanwälte das Ausbieten und den Verkauf rechtsanwaltschaftlicher Praxis als mit dem § 28 RAO. unvereinbar gehalten und den § 62 daselbst für anwendbar erklärt hat, so muß darin ein Fingerzeig für die Auffassung gleicher Handlung beim Arzte erblickt werden. Jener Gerichtshof legt Gewicht darauf, daß der Rechtsanwalt das ihm vom Publikum geschenkte Vertrauen in Geld umsetze und dabei in seinem und des Käufers Interesse, nicht in demjenigen seiner rechtsuchenden Kundschaft handele. Dabei ist ferner hervorgehoben, daß es für die Beurteilung nichts verschlage, ob die Rechtsanwaltschaft freies Gewerbe sei oder nicht, und weitergehend betont, daß trotz und gerade wegen der Freigebung der Advokatur jeder Anwalt verpflichtet sei, genau darüber zu wachen, daß er bei Verwertung seiner Kenntnisse und bei der eingetretenen Konkurrenz alles vermeide, was den Anwaltstand zu einem reinen lediglich den materiellen Erwerb ins Auge fassenden Gewerbebetriebe zu machen geeignet sei. Alle diese Gesichtspunkte treffen auch bei den Ärzten zu, so daß der Verkauf einer Arztpraxis als ein Vorgang sich kennzeichnet, der der Achtung unwürdig ist, die der Beruf des Arztes erfordert, daß er mithin gegen die guten Sitten verstößt. Hierzu tritt die Erwägung, daß die Gefahr sehr nahe liegt, der den Verkauf seiner Praxis betreibende Arzt werde sein Augenmerk weniger auf Fähigkeit, Zuverlässigkeit und Vertrauenswürdigkeit des Reflektanten richten, als danach sehen und trachten, einen möglichst hohen Kaufpreis zu erzielen und einen solventen Käufer zu finden. — Eine Bestätigung der hier vertretenen Auffassung bietet die Standesordnung für die Ärzte des Herzogtums Braunschweig § 5: „Der Kauf und Verkauf der ärztlichen Praxis, sowie das Vermitteln derartiger Käufe und Verkäufe durch Ärzte ist unstatthaft.“ Demgegenüber kann nicht davon die Rede sein, daß die Anschauung ein Produkt gesteigerter Ehrbegriffe eines besonderen Standes innerhalb einer Mehrzahl seiner Mitglieder sei. Der § 5 befindet sich im Einklange mit den guten Sitten, die der Stand der Ärzte nicht weniger wie der der Rechtsanwälte für sich in Anspruch nehmen darf und muß. Ob, wie der Kläger behauptet, Verkäufe ärztlicher Praxis nicht selten vorkommen, weiß der Gerichtshof nicht. Vermutlich finden bei Verkäufen von Heilkuranstalten mit auf Heilung und Pflege darin aufgenommenen Kranken die Rücksichten auf die Zahl und Qualität der Kunden bei der Preisbestimmung einen gebührenden Platz. Vorliegend bildete die ärztliche Praxis des Klägers das alleinige Kaufobjekt. Hu.

d) **Ein Vertrag über Gewährung von Provision für Handlungen, zu denen der Promissar schon kraft seines Anstellungsvertrages verpflichtet ist, verstößt gegen die guten Sitten.**

OLG. Dresden, III. CS. Urteil v. 13. Mai 1902.

Das neuere Anführen des Klägers: in kaufmännischen Kreisen seien derartige Provisionsgewährungen allgemein üblich und würden nicht als anstößig empfunden, vermag seinem Anspruche nicht aufzuhelfen. Gewiß ist auf die Anschauungen der zunächst beteiligten Kreise, hier einer ehrbaren Kaufmannschaft, im Handelsverkehr bei der Frage, ob ein Rechtsgeschäft gegen die guten Sitten verstoße, Rücksicht zu nehmen. Ausschließlich maßgebend aber sind diese Anschauungen nicht; die in besonderem Kreise herrschenden Sitten dürfen jedenfalls nicht dem Gesamtvolksbewußtsein, wie es aus dem Anstandsgefühl aller billig und gerecht Denkenden gebildet wird, widersprechen. Würde aber eine solche Gepflogenheit, wie sie der Kläger behauptet, thatsächlich im Geschäftsverkehre herrschen, so würde das nicht eine gute Sitte, sondern eine Unsitte sein und eben gegen die guten Sitten verstoßen (vgl. JW. 1901 S. 349). Dr. W.

e) **Verkauf eines Hauses an eine Dirne zu Unzuchtszwecken.**

OLG. Köln, I. CS. Urteil v. 14. Mai 1902.

Das angefochtene Kaufgeschäft könnte nur dann nichtig sein, wenn dessen Inhalt oder die dadurch der einen oder anderen Partei zu gewährenden Leistungen gegen die guten Sitten verstoßen würden. Daß nämlich der § 138 BGB. nicht schlechthin ein Rechtsgeschäft für nichtig erklärt, welches aus unsittlichen Beweggründen zu stande gekommen ist, lehrt sowohl dessen Wortlaut, wie seine Entstehungsgeschichte. Nach dem Wortlaut muß das Rechtsgeschäft selbst gegen die guten Sitten verstoßen; und es würde auch ein mit der Rechtspflege durchaus unverträgliches Hinübergreifen auf das Gebiet der Moral bedeuten, wenn der Richter befugt sein sollte, jedes Geschäft für nichtig zu erklären, bei dessen Abschluß unlautere oder gegen die guten Sitten verstoßende Motive mitbestimmend gewesen sind.

Zu dem gleichen Ergebnis führt die Entstehungsgeschichte. Der dem § 138 entsprechende § 106 des 1. Entw. lautet: „Ein Rechtsgeschäft, dessen Inhalt gegen die guten Sitten ... verstößt, ist nichtig." In der Begründung (1 S. 211) wird u. a. auf das Vorbild der Artikel 1131, 1133 Code civil hingewiesen und hervorgehoben, daß die Grenze zwischen dem Gebiete der Sittenpflichten und dem der Rechtspflichten dahin zu ziehen sei, daß die Nichtigkeit eintrete, wenn der Inhalt eines Rechtsgeschäftes unmittelbar, in objektiver Hinsicht und unter Ausscheidung der subjektiven Seite die guten Sitten verletze. Wäre der Entwurf Gesetz geworden, so würde ein Vertrag, wie der vorliegende, der lediglich den Verkauf eines Hauses beurkundet, unanfechtbar sein. Nun sind bei der 2. Lesung (Prot. 1 S. 123) die Worte „dessen Inhalt" gestrichen. Aus der Begründung dieser Änderung geht so viel hervor, daß man gestatten wollte, die Motive, welche die Partei beim Geschäftsabschluß geleitet haben, insoweit heranzuziehen, als aus ihnen auf einen gegen die guten Sitten verstoßenden Inhalt des Rechtsgeschäftes selbst geschlossen werden kann. Man wollte aber nicht schlechthin jedes Rechtsgeschäft, bei dem irgend welche unlauteren Motive der Parteien im Spiele sind, selbst dann für nichtig erklären, wenn sein Inhalt nicht gegen die guten Sitten verstößt; vielmehr sollten die Motive lediglich als Interpretationsmittel für den Inhalt des Rechtsgeschäftes selbst herangezogen werden. Nur in dieser Begrenzung ergiebt § 138 einen erträglichen Inhalt und verhütet namentlich einen Übergriff des Richters auf das Gebiet der Moral. Von dieser Erwägung aus würde das hier fragliche Kaufgeschäft nur dann gegen die guten Sitten verstoßen, wenn der Beklagte sich für die käufliche Überlassung des Hauses einen weit über dessen allgemeinen Verkehrswert hinausgehenden Preis hätte zusichern lassen; alsdann nämlich hätte auch der Inhalt des Rechtsgeschäftes gegen die guten Sitten verstoßen, insofern als der Beklagte in und mit dem Kaufpreise außer dem Ersatz für das Gebäude und den Grund und Boden auch noch einen Entgelt dafür sich hätte gewähren lassen, daß er der Klägerin mittels des Hauses etwa mit Rücksicht auf seine Lage oder die sonstige örtliche Beschaffenheit eine besonders günstige Gelegenheit zur Ausübung der Unzucht verschaffte. Dies ist nicht der Fall... Hätte der Beklagte eine Garantie dafür übernommen, daß Klägerin in dem Hause in Zukunft Unzucht treiben dürfe, so würde allerdings die Berufung auf § 138 zutreffen; denn alsdann würde der Kaufpreis ein Äquivalent für diese Zusicherung enthalten und somit der Inhalt des Rechtsgeschäftes selbst gegen die guten Sitten verstoßen... Dr. N.

f) **Ungültigkeit eines Abkommens, wodurch sich der Eine zum Ersatz des durch seine Strafthaten dem Anderen zugefügten Schadens, der Andere dagegen dazu verpflichtet, „die — auf seine Strafanzeige eingeleitete — Untersuchungssache zurückzuziehen".**

OLG. Marienwerder, II. CS. Urteil v. 9. Mai 1902.

Was unter „guten Sitten" zu verstehen sei, hat das BGB. nicht näher bestimmt. Den Maßstab für den Begriff der „guten Sitten" wird der Richter aus dem herrschenden Volksbewußtsein, „dem Anstandsgefühl aller billig und gerecht Denkenden" zu entnehmen haben (Entsch. d. RG. 48 S. 114, insbes. S. 124). Hier hatte der Beklagte den Kläger als den Dieb in Verdacht und glaubte sich wegen Ersatzes der entwendeten Geldsumme nur an den Kläger als den Thäter halten zu können. Dieser Verdacht war auch nicht unbegründet. Insofern der Beklagte lediglich Ausgleichung der ihm zugefügten Vermögensbeschädigung erstrebte, verfolgte er jedenfalls einen erlaubten Zweck (Entsch. d. RG. 33 S. 337, JW. 1898 S. 683). Wenn jemand die Abstandnahme von einer Strafanzeige davon abhängig macht, daß derjenige, der die Strafthat begangen hat, sich verpflichtet, den angerichteten Schaden nach Möglichkeit wieder gut zu machen, so verstößt er nicht gegen die guten Sitten. (OLG. Köln in Recht 1901 S. 464.) Dieser Auffassung kann auch dann zugestimmt werden, wenn der Thäter zwar nicht geständig oder überführt, aber doch, wie hier, der That verdächtig ist. Auch in letzterem Falle verfolgt derjenige, der vom Verdächtigen Schadensersatz verlangt, keinen unsittlichen Zweck. Etwas anderes wäre es, wenn es sich um einen völlig unbegründeten Verdacht handelte. Es verstößt gegen die guten Sitten, sich gegen Abstandnahme von einer unbegründeten Strafanzeige Vorteile versprechen zu lassen, und wenn es sich auch nur um Beseitigung einer Vermögensbeschädigung handelt (ROHG. 23 S. 226). Den vorbezeichneten Urteilen liegen nun freilich Fälle zu Grunde, in denen der Beschädigte die Strafanzeige noch nicht erstattet hatte, als er sich den Schadensersatz ausbedang. Der vorliegende Fall weicht von diesen Fällen insofern ab, als der Beschädigte bereits vor Abschluß des fraglichen Abkommens die Strafanzeige erstattet hatte. Es handelt sich hier also nicht um Abstandnahme von einer Strafanzeige, deren Erhebung zunächst nur in Aussicht genommen ist, sondern um Rückgängigmachung der Folgen der bereits geschehenen Anzeige. Dabei fällt ins Gewicht, daß es sich hier nicht um ein Antragsvergehen handelt, der Beklagte also gar nicht in der Lage war, durch Zurücknahme der Strafanzeige die Einstellung der Untersuchung herbeizuführen. Wenn er dennoch dem Kläger Abstandnahme von jeder Verfolgung zusicherte und, wie es im Scheine heißt, sich verpflichtete, „die eingeleitete Untersuchungssache ganz und gar gerichtlicherseits zurückzuziehen", so kann dies nur dahin verstanden werden, daß er die Verpflichtung einging, zu Gunsten des Klägers auf den Gang der Untersuchung derart einzuwirken, daß die Überführung des Klägers erschwert oder gar vereitelt würde. Dieses Ziel war, da der Beklagte ein Hauptbelastungszeuge war, nach Lage der Sache immerhin erreichbar, wenn auch nur auf krummen Wegen. Der Beklagte hat auch in der That versucht, den Thatbestand zu verdunkeln; denn er hat an demselben Tage, an welchem der erste Schein vom Kläger ausgestellt wurde, nach Empfangnahme des Scheines unvorgeladen das Gericht aufgesucht und zu Protokoll Erklärungen abgegeben, die vom Inhalte seiner Strafanzeige in erheblichen Punkten abwichen und geeignet waren, den Verdacht gegen den Kläger abzuschwächen. Dieses Vorgehen des Beklagten war im höchsten Grade verwerflich. Indem er sich dafür im voraus vom Kläger Vorteile versprechen ließ, verletzte er das Anstandsgefühl aller billig und gerecht Denkenden. Zur Erstattung einer Strafanzeige ist regelmäßig niemand verpflichtet, und es liegt daher in der Eingehung der Verpflichtung zur Nichterstattung an sich weder eine Verletzung einer Rechtspflicht, noch eine Verletzung einer sittlichen Pflicht. Ist aber die Strafanzeige erstattet, so entsteht allerdings der eingeleiteten Untersuchung gegenüber die Rechtspflicht, dem Verfahren freien Lauf zu lassen und insbesondere ein dem Untersuchungszwecke widersprechendes und entgegenarbeitendes Vorgehen zu unterlassen. Dem hat Beklagter zuwidergehandelt. Das hierauf gerichtete Abkommen verstößt daher gegen die guten Sitten. H.

## 22

a) **Ein unzuständiges Gericht kann nachträglich durch Veränderung des Wohnsitzes des Beklagten zuständig werden. CPO. § 263².**

OLG. Rostock, I. CS. Urteil v. 20. Februar 1902.

... Es kann dahingestellt bleiben, ob für die geltend gemachten Ansprüche bei dem Landgerichte in A. der Gerichtsstand des Erfüllungsortes begründet ist, denn es ergiebt sich schon aus der Thatsache, daß Beklagter nach Zustellung der Klage und vor dem ersten Verhandlungstermine seinen Wohnsitz in A. genommen hat, die Zuständigkeit des Landgerichtes als Gericht des Wohnsitzes. Die von Reincke, S. 263 unter IIª vertretene Ansicht (vgl. auch Gaupp-Stein zu § 263 Note 29), daß nach § 263² die zur Zeit der Klagezustellung nicht vorhandene Zuständigkeit des Gerichtes nachträglich durch Veränderung des Wohnsitzes des Beklagten nicht begründet werden könne, wird durch den Wortlaut des Gesetzes nicht gerechtfertigt. Das Gesetz sagt nur, daß durch eine Veränderung der Umstände, durch welche zur Zeit der Erhebung der Klage die Zuständigkeit des Gerichtes begründet wurde, diese einmal begründete Zuständigkeit des Gerichts nicht berührt wird. Das Gericht bleibt zuständig, wenn der Beklagte nach Erhebung der Klage seinen Wohnsitz nach einem Orte außerhalb des Gerichtsbezirkes verlegt. Das Gesetz enthält nur eine Wiederholung des alten Rechtssatzes „ubi acceptum est semel judicium, ibi et finem accipere debet“ (vgl. Wetzell, System 3. Aufl. S. 477). Für die hier zu entscheidende Frage, ob ein zur Zeit der Klagezustellung unzuständiges Gericht dadurch zuständig wird, daß Beklagter im Laufe des Rechtsstreites in dem Gerichtsbezirke seinen Wohnsitz nimmt, giebt die CPO. keine ausdrückliche Entscheidung. Einer solchen hätte es aber bedurft, wenn das Gesetz die Berücksichtigung der nach der Rechtshängigkeit begründeten Zuständigkeit hätte ausschließen wollen. Denn wie das Prozeßgericht bei der Urteilsfällung zweifellos die im Verlaufe des Rechtsstreites eingetretenen materiellrechtlichen Veränderungen des streitigen Rechtes oder Rechtsverhältnisses, z. B. die inzwischen eingetretene Fälligkeit der Klageforderung, zu berücksichtigen hat, so liegt kein Grund vor, weshalb nicht auch die im Laufe des Rechtsstreites eingetretene Zuständigkeit sollte berücksichtigt werden dürfen. Es müßte sogar als ein mit einer sachgemäßen Rechtsprechung nicht verträgliches Ergebnis angesehen werden, wenn das Gericht verpflichtet sein sollte, wegen Unzuständigkeit eine Klage abzuweisen, die sofort bei demselben Gerichte rechtswirksam wieder würde erhoben werden können.

Die von Reincke vertretene Ansicht ist auch keineswegs in der von ihm in Bezug genommenen Entscheidung des Reichsgerichtes 3 S. 392 gebilligt worden. Hier ist zutreffend ausgeführt, daß die nach dem Inhalte der Klaganträge begründete Zuständigkeit des Landgerichtes nach § 235² (jetzt § 263²) nicht dadurch berührt werde, daß der Beklagte den erhobenen Anspruch teilweise eingeräumt und dadurch den Streitwert unter die für die Zuständigkeit des Landgerichtes maßgebende Summe herabgemindert habe.

Wenn zugleich der Fall des § 467 (jetzt § 506) als eine Ausnahme von der Regel des § 235 hingestellt wird, so ist zu beachten, daß in dem beregten Ausnahmefalle das Amtsgericht für die bei ihm erhobene Klage zuständig ist und erst durch die in § 467 (§ 506) bezeichneten Vorgänge seine Zuständigkeit verliert. Dagegen ist hier zu untersuchen, ob eine Abweichung von der Regel des § 263 vorliegt, wenn angenommen wird, daß ein ursprünglich unzuständiges Gericht durch Veränderung der Umstände zuständig werden kann. Diese Frage ist in der angezogenen Entscheidung nicht bejaht.[1] S.

b) **Das Landgericht ist auch dann zuständig, wenn vor Zustellung des über mehr als 300 Mark lautenden Zahlungsbefehles der Schuldner soviel abzahlt, daß weniger als 300 Mark übrig bleiben.**[2]

OLG. Celle, I. CS. Urteil v. 4. Februar 1902.

Mit der Zustellung des Zahlungsbefehles wurde der darin erhobene Anspruch rechtshängig (§ 693 CPO.). Die Wirkungen der Rechtshängigkeit blieben auch nach Erhebung des Widerspruches bestehen (§ 695) und zu diesen Wirkungen gehört nach § 263², daß die Zuständigkeit des Prozeßgerichtes durch eine Veränderung der sie begründenden Umstände nicht berührt wird. Die Zuständigkeit des Gerichtes bestimmt sich daher nach den Umständen zur Zeit der Zustellung des Zahlungsbefehles, d. h. nach der Höhe des durch den Zahlungsbefehl erhobenen Anspruches und wird durch eine nachher geschehene Ermäßigung des Anspruches nicht berührt. Ob die spätere Ermäßigung erfolgt, weil der Anspruch schon bei Zustellung des Zahlungsbefehles nicht in der geltend gemachten Höhe bestand, oder weil er durch spätere Ereignisse, z. B. Zahlung, eine Minderung erfahren hat, ist unerheblich. Für die sachliche Zuständigkeit der Gerichte, insoweit sie vom Streitwerte abhängt, ist lediglich die Höhe des thatsächlich erhobenen Anspruches maßgebend, ganz unabhängig davon, ob der Anspruch in dieser Höhe begründet ist oder nicht. Bestand ein beim Landgericht eingeklagter Anspruch über 300 Mark schon zur Zeit der Zustellung der Klage nur zu einem Betrage unter 300 Mark, so hat dies nicht die Abweisung der Klage wegen Unzuständigkeit des Gerichtes, sondern nur Abweisung des Klägers mit seiner Zuvielforderung zur Folge. Hfr.

c) **Ein Zahlungsbefehl, der wegen eines Anspruches aus einer Hypothek erlassen ist, verliert durch den Widerspruch gegen den persönlichen Anspruch nicht seine Kraft rücksichtlich des dinglichen Anspruches. CPO. § 694.**

OLG. Kiel, II. CS. Beschluß v. 18. Februar 1902.

Wegen seiner auf dem Grundstücke der Gemeinschuldnerin haftenden

[1] Die Revision gegen das vorstehende Urteil ist durch Urteil des Reichsgerichtes III. CS. vom 8. Juli 1902 als unbegründet zurückgewiesen.

[2] Unterblieb die Zustellung des Zahlungsbefehles, wurde vielmehr der Beklagte verklagt und verurteilt, so sind die Kosten des Mahnverfahrens nicht zu erstatten, weil die §§ 692, 698 CPO. die Zustellung des Zahlungsbefehles voraussetzen (OLG. Dresden, III. CS. Beschluß v. 30. Januar 1900, Annalen 21 S. 525).

Hypothek erwirkte Kläger einen Zahlungsbefehl „zur Vermeidung der sofortigen Zwangsvollstreckung auch in das Grundstück". Der Konkursverwalter erhob Widerspruch, worauf Kläger auf Herausgabe des Grundstückes zur Zwangsversteigerung klagte. Diesen Anspruch erkannte Beklagter in der mündlichen Verhandlung alsbald an. Die Beschwerde wegen seiner Verurteilung in die Prozeßkosten wurde zurückgewiesen. Gründe:

Mit dem Vorderrichter ist anzunehmen, daß der Beklagte durch die Ausdehnung des Widerspruches auf den im Mahnverfahren geltend gemachten dinglichen Anspruch die Klage veranlaßt hat. Der dingliche und der persönliche Anspruch bestanden im Zahlungsbefehl nebeneinander. Der Widerspruch hätte daher auf den persönlichen Anspruch beschränkt werden können mit demselben Recht, mit dem eine Klage aus einer durch Hypothek gesicherten Forderung auf den persönlichen oder auf den dinglichen Anspruch beschränkt werden kann. Auf den persönlichen Anspruch hätte der Widerspruch beschränkt werden müssen, da nur der persönliche Anspruch, der durch Anmeldung im Konkursverfahren geltend zu machen gewesen wäre, vom Beklagten zurückgewiesen werden konnte, während der dingliche Anspruch, der auf Herausgabe des Grundstückes zur abgesonderten Befriedigung gemäß § 48 KO. ging, mit Recht gegen den Beklagten als Konkursverwalter gerichtet war. Der Geltendmachung dieses dinglichen Anspruches im Mahnverfahren stand nach § 688 CPO. in Verbindung mit § 1113 BGB. nichts entgegen. Irrig ist die Annahme, daß die Erhebung des Widerspruches nur gegen den persönlichen Anspruch zwecklos gewesen wäre, da dann der Zahlungsbefehl doch seinem ganzen Inhalte nach wirkungslos geworden sein würde. Nach § 695 CPO. tritt vielmehr, wenn Widerspruch gegen einen Teil eines Anspruches erhoben ist, der Zahlungsbefehl hinsichtlich dieses ganzen Anspuches außer Kraft, für andere, in den Zahlungsbefehl mitaufgenommene Ansprüche dagegen bleibt er bestehen. Vorliegend wäre daher durch die Erhebung des Widerspruches gegen den persönlichen Anspruch der dingliche Anspruch nicht berührt worden. — Auch der fernere Einwand, die Klage habe zum Zwecke der Erlangung eines vollstreckbaren Titels für die Zwangsvollstreckung unter allen Umständen erhoben werden müssen, ist unbegründet. Der Kläger würde in dem Vollstreckungsbefehl nach § 700 CPO. einen hinreichend vollstreckbaren Titel erlangt haben. Gr.

---

## 23

**a) Teilurteil bei Klage auf Wiederherstellung des ehelichen Lebens und Widerklage auf Scheidung. Aussetzung des Verfahrens bezüglich letzterer.[1] CPO. § 620.**

OLG. Jena, II. CS. Beschluß v. 22. Januar 1902.

Unter „Aussöhnung der Parteien (§ 621) kann hier, wo die Klage überhaupt nichts anderes bezweckt, als die Wiedervereinigung der Eheleute

[1] Rsp. 4 Nr. 25m.

herbeizuführen, nur verstanden werden, daß die Herstellung des ehelichen Lebens ohne Richterspruch erfolgt. Die Aussetzung des Verfahrens darf also nur dann angeordnet werden, wenn die Wahrscheinlichkeit besteht, die beklagte Partei werde ohne richterliche Entscheidung zum Kläger zurückkehren. Diese Wahrscheinlichkeit besteht aber hier nicht . . . Anders ist dagegen die Aussetzung des Verfahrens über die Widerklage zu beurteilen. Hier gebietet sie der § 620, wenn die Aussicht auf Aussöhnung „nicht ausgeschlossen" erscheint. Nicht die Wahrscheinlichkeit, sondern schon die Möglichkeit der Aussöhnung genügt, um zur Aussetzung zu führen (Gaupp-Stein § 620 Anm. III). Die Möglichkeit der Aussöhnung für die Eheirrung der Parteien ist aber hier gegeben . . . Die getrennte Beurteilung der Voraussetzungen für die Aussetzung bezüglich der Klage und Widerklage, und eine Entscheidung, die nur die Aussetzung der einen anordnet, ist sowohl nach den Vorschriften des materiellen, als auch nach denen des Prozeßrechtes möglich und zulässig. Nach den letzteren ist ein Teilurteil über die Herstellungsklage, wozu die Aussetzung des Verfahrens über die Scheidungswiderklage führen kann, nicht zu beanstanden. Die Bedenken, die dem Erlaß eines Teilurteiles in dem Falle, daß Klage und Widerklage auf Scheidung gehen, entgegenstehen (Entsch. d. RG. 45 S. 400), treffen hier nicht zu. Auch die prozessuale Präklusion des § 616 CPO. gilt nicht für die Herstellungsklage. Die Beklagte ist auch durch die Aussetzung der Widerklage nicht gehindert, die ihr nach § 1353 ² BGB. zustehenden Einreden, insbesondere auch die von ihr zur Begründung der Widerklage angeführten Thatsachen in dem Verfahren über die Herstellungsklage geltend zu machen. B.

b) **Im Entmündigungsverfahren kann jetzt die Berufung sowohl dem Staatsanwalt beim Oberlandesgericht, wie dem beim Landgericht zugestellt werden. CPO. §§ 179, 664 ff.**

*α*) OLG. Dresden, I. CS. Urteil v. 9. Dezember 1901.

Grundsätzlich ist die Frage, an welche Person eine Zustellung in einem Civilprozesse zu erfolgen habe, nicht als eine Frage der Gerichtsorganisation, sondern als eine solche des Prozeßrechtes aufzufassen, daher nicht aus dem GVG., sondern aus der CPO. zu beantworten. Zwar geht das Reichsgericht (Entsch. 18 S. 405) von der entgegengesetzten Ansicht aus, indem es darin die Vorfrage stellt, wer im zweiten Rechtsgange als Gegenpartei des Entmündigten anzusehen sei, und auf Grund ihrer Beantwortung aus § 143 ² GVG. zu der Schlußfolgerung gelangt, daß die Zustellung der Berufung des Entmündigten mit Rücksicht auf den Inhaber der Rolle der Gegenpartei und nach dem damit übereinstimmenden Rechtsgedanken des § 164 CPO. (a. F.) an die Staatsanwaltschaft beim OLG. erfolgen müsse. Allein diese Auffassung erscheint vom Standpunkte der gegenwärtigen Gesetzgebung aus nicht mehr zutreffend.

Allerdings enthält der § 164 auch in seiner jetzigen Fassung als § 179 keine ausdrückliche Bestimmung darüber, an welchen Beamten der Staatsanwaltschaft in einem Falle der vorliegenden Art die Zustellung zu erfolgen habe. Vielmehr spricht der § 179 nur vom Prozeßbevollmächtigten erster und von demjenigen höherer Instanz, und der Staatsanwalt ist kein vom Gegner des Entmündigten bestellter Prozeßbevollmächtigter (Entsch. d. RG. 18 S. 406 a. E.). Immerhin ist auch in den Fällen, in denen kraft gesetzlicher Vorschrift der Staatsanwalt, und zwar der zuständige, nicht für die eigene Person, sondern als Vertreter des Staatsinteresses die Rolle einer Civilprozeßpartei zu übernehmen hat, das civilprozessualische Verfahren demjenigen nachgebildet, das regelmäßig bei der Vertretung durch Prozeßbevollmächtigte einzuschlagen ist. Es erleiden daher auf die unter Mitwirkung der Staatsanwaltschaft, sei es als Klägerin oder als Beklagter vor sich gehenden Civilprozesse regelmäßig die gewöhnlichen Grundsätze des Civilprozeßrechtes Anwendung. Nun soll nach dem in § 179 an die Spitze der Vorschrift gestellten Grundsatze die Zustellung eines Schriftsatzes, durch die ein Rechtsmittel eingelegt wird, regelmäßig an den Prozeßbevollmächtigten der unteren, nämlich derjenigen Instanz, deren Entscheidung angefochten wird, und in Ermangelung eines solchen an den Prozeßbevollmächtigten erster Instanz erfolgen. Die Zustellung an den Prozeßbevollmächtigten der höheren Instanz dagegen, die nach dem § 164 (a. F.) die Regel bildete, ist gegenwärtig nicht mehr zur Pflicht gemacht, sondern nur fakultativ nachgelassen. Die neuere Gesetzgebung hat also, und zwar aus den im Berichte der Reichstagskommission vom 26. April 1898 hervorgehobenen Zweckmäßigkeitsgründen den auch vom Vertreter der verbündeten Regierungen nicht beanstandeten Grundsatz angenommen, daß die Zustellung der Rechtsmitteleinlegungsschriftsätze regelmäßig noch an den Parteivertreter der unteren Instanz erfolgen solle und dürfe, wenn schon andererseits die Zustellung derartiger Schriftsätze an den Vertreter der höheren Instanz ebenfalls für zulässig erklärt worden ist. Hiermit ist zugleich der Gedanke einer scharfen Trennung der Instanzen und die Schlußfolgerung, daß die Zustellung der Berufungsschrift als die, die Zuständigkeit des OLG. als Berufungsinstanz eröffnende Prozeßhandlung bereits zum Betriebe der höheren Instanz gehöre (vgl. Entsch. d. RG. 18 S. 407 Note 1 und Annalen des OLG. Dresden 13 S. 266), und daß daher infolge des durch die Abgabe des Erkenntnisses eingetretenen Erlöschens der Zuständigkeit des Landgerichtes (vgl. Entsch. d. RG. 25 S. 420) die Zustellung der Berufungsschrift an den Staatsanwalt beim OLG. als an das zur Ausübung der staatsanwaltschaftlichen Funktionen bei diesem Gerichte verfassungsmäßig berufene staatsanwaltschaftliche Organ erfolgen mußte (vgl. auch Entsch. d. RG. 36 S. 346), als vom Gesetzgeber selbst aufgegeben zu erachten. Denn wenn dieser für den Fall, daß die Parteien durch Prozeßbevollmächtigte vertreten werden, auch der gesetzlichen Vorschrift über den Anwaltszwang gemäß sowohl beim Landgerichte als auch beim OLG. durch Anwälte vertreten werden müssen, aus Zweckmäßigkeitsgründen und unter Aufgabe des Gedankens einer scharfen Scheidung der Unter- und der Oberinstanz voneinander die

Zustellung der Berufungsschrift an den Parteivertreter unterer Instanz nunmehr nicht nur zustellt, sondern sogar als Regelfall hinstellt, so muß hierin der Ausdruck des allgemeinen Grundsatzes erblickt werden, daß hinsichtlich der Frage, an wen zuzustellen sei, diese Prozeßhandlung noch nicht zum Betriebe des Berufungsverfahrens gerechnet werden soll. Der Gesetzgeber hat sich dabei von dem den Interessen des rechtsuchenden Publikums dienenden Bestreben leiten lassen, thunlichst zu vermeiden, daß eine sachliche Prüfung des Rechtsmittels durch bloß prozessualische Verstöße gegen die Vorschriften der Prozeßgesetze über die Form seiner Einlegung ausgeschlossen werde.

Warum aber diese Grundsätze an der Grenze der durch die Parteianwälte geführten Rechtsstreitigkeiten Halt machen sollten und nicht auf diejenigen Prozesse ausgedehnt werden dürften, in denen die Staatsanwaltschaft zur Mitwirkung berufen ist, läßt sich nicht absehen. Der Gedanke des Gesetzgebers trifft auf die Fälle der letzten Art zu, und der Wortlaut des Gesetzes steht dieser Auslegung nicht entgegen. Insbesondere folgt dies nicht aus der vom Beklagten für die bisherige Rechtsmeinung angezogenen Vorschrift in § 143[2] GVG. und auch nicht aus den gesetzlichen Bestimmungen des GVG. über die Organisation der Staatsanwaltschaft. Im angezogenen § 143 hat ersichtlich der Kreis der Funktionen abgegrenzt werden sollen, in denen die Beamten der Staatsanwaltschaft in den verschiedenen Instanzen ihr Amt auszuüben haben. Es wird dabei hauptsächlich an die selbständigen Handlungen der Staatsanwaltschaft, also an ihr aktives Vorgehen gedacht. Bei der Frage aber, an wen eine Berufungsschrift zugestellt werden könne, handelt es sich um etwas Passives, das die Gegenpartei auch ohne Zustimmung des Zustellungsempfängers vornehmen kann. Es ist dabei nicht abzusehen, inwiefern es der Sache schaden könnte, wenn diese Handlung gegenüber dem staatsanwaltschaftlichen Beamten des Landgerichtes vorgenommen wird. Vor allem ist schon aus Gründen des inneren Dienstes ausgeschlossen, daß die Einlegung des Rechtsmittels nicht rechtzeitig oder etwa überhaupt nicht zur Kenntnis des Staatsanwaltes der höheren Instanz, dem der Weiterbetrieb der Sache in der letzteren in dem einen wie in dem anderen Falle zukommt, gelangen könne. So gut z. B. nach den §§ 355, 381 StrPO. die Berufung und Revision in Strafsachen bei dem Untergerichte eingelegt werden müssen und dann nach den §§ 362, 387 StrPO. durch Vermittelung der Staatsanwaltschaften bei den Unter- und den Obergerichten die Einsendung der Akten an das Obergericht selbst erfolgt, ebenso läßt sich annehmen, daß in Civilprozessen der vorliegenden Art eine zweckmäßige Behandlung der Rechtsmittel durch die Staatsanwaltschaft beim Oberlandesgerichte auch dann gewährleistet wird, wenn die Zustellung der Berufungsschrift an die gleiche Behörde beim Landgerichte erfolgt ist. Diese Ansicht teilen namhafte Kommentatoren, wie Gaupp-Stein, Petersen-Anger und Seuffert zu § 179 CPO., während Struckmann-Koch allerdings annehmen, daß eine Änderung nicht herbeigeführt worden sei. Dr. W.

*β*) OLG. Celle, I. CS. Urteil v. 16. Mai 1902.

Das Reichsgericht hat wiederholt entschieden, daß die Berufungsschrift an den Oberstaatsanwalt gerichtet werden müsse (Entsch. d. RG. 18 S. 405, 25 S. 419, 36 S. 346). Inzwischen haben jedoch die Bestimmungen über die Zustellung der Schriftsätze, durch welche Rechtsmittel eingelegt werden, eine erhebliche Änderung erfahren. Nach § 164 CPO. a. F. mußte die Zustellung an den für die höhere Instanz von dem Gegner bestellten Prozeßbevollmächtigten und nur, wenn ein solcher vom Gegner noch nicht bestellt war, an den Prozeßbevollmächtigten erster Instanz erfolgen; jetzt ist durch § 179 vorgeschrieben, daß sie an den Prozeßbevollmächtigten derjenigen Instanz zu erfolgen hat, deren Entscheidung angefochten werden soll und die Zustellung an den Prozeßbevollmächtigten der höheren Instanz nur für zulässig erklärt. Nun ist allerdings die Stellung des Staatsanwaltes in dem die Anfechtung der Entmündigung betreffenden Rechtsstreit nicht die eines Prozeßbevollmächtigten, ihm ist vielmehr durch das Gesetz die Stellung einer Partei zugewiesen, die er also kraft seines Amtes einnimmt, und nach den §§ 145, 146 GVG. ist wohl der Oberstaatsanwalt befugt, die Amtsverrichtungen des Staatsanwaltes bei den Landgerichten seines Bezirkes jederzeit selbst zu übernehmen, nicht dagegen der Staatsanwalt beim Landgerichte ohne weiteres als Vertreter des ihm vorgesetzten Oberstaatsanwaltes anzusehen. Geht man weiter davon aus, daß mit Zustellung des Endurteiles die Instanz beendigt ist, so scheint sich als notwendige Folge zu ergeben, daß die Einlegung der Berufung durch Zustellung an den Oberstaatsanwalt erfolgen muß. Allein der § 179 will augenscheinlich die Zustellung der Schriftsätze, durch welche Rechtsmittel eingelegt werden, erschöpfend regeln. Das ergiebt sich aus seiner Fassung und aus der Stellung in dem Titel „Zustellungen“. Der daselbst ausgesprochene Grundsatz ist daher auf den vorliegenden Fall entsprechend anzuwenden, umsomehr, als dies der einzige ist, den er nicht ausdrücklich berücksichtigt. Dieser Grundsatz aber geht dahin, daß die scharfe Trennung der Instanzen für diese Frage nicht eintritt. Denn sonst dürfte das Rechtsmittel überhaupt nur durch Zustellung an einen bei der höheren Instanz zugelassenen Rechtsanwalt eingelegt werden. Übrigens erfolgt z. B. auch die Einlegung des Rechtsmittels der Beschwerde durch Einreichung der Beschwerdeschrift nicht beim Beschwerdegericht, sondern bei dem Gerichte, welches die anzufechtende Entscheidung erlassen hat, selbst in den Fällen der sofortigen Beschwerde, in denen zweifellos die Instanz mit Zustellung des Beschlusses beendigt wird. Sch.

---

## 24

### a) Nachholung des Antrages auf Vollstreckbarkeitserklärung in der Berufungsinstanz. CPO. §§ 716, 718, 710.

OLG. Dresden, I. CS. Urteil v. 7. Mai 1902.

Nach § 716 kommen, wenn der Antrag, das Urteil für vollstreckbar zu erklären, übergangen ist, wegen Ergänzung des Urteiles die Vorschriften des

§ 321 zur Anwendung. Ist aber, wie hier, auch die Frist des § 321[1] abgelaufen, so ist zwar eine Anfechtung der Unterlassung durch eine (selbständige) Berufung nicht möglich, der Gläubiger aber nicht gehindert, wenn die Sache aus anderen Gründen in die Rechtsmittelinstanz gelangt, durch Berufung oder Anschließung die Vollstreckbarkeit auch des in der ersten Instanz erlassenen Urteiles herbeizuführen (Gaupp-Stein zu § 716 und zu § 714 unter I). Solchenfalls ist die Sachlage — soweit nicht zu Gunsten des Gläubigers der § 534 einschlägt — nach § 718 also so zu beurteilen, wie wenn er den Antrag in der Vorinstanz überhaupt noch nicht gestellt hätte. Hiernach aber und gemäß § 710 — nicht § 711 — war dem Verlangen des Klägers, das Urteil des Landgerichts gegen Sicherheitsleistungen für vorläufig vollstreckbar zu erklären, zu entsprechen [1] (vgl. Sächs. Archiv 9 S. 246, auch Annalen 19 S. 284) und zwar in Form eines (provisorischen) Teilurteiles. Dr. W.

b) **Solidarische Verurteilung in der Hauptsache erzeugt keine Solidarhaft für die Kosten der Zwangsvollstreckung.**

OLG. Hamburg, II. CS. Beschluß v. 22. April 1902.

Die in einem Urteile ausgesprochene Verurteilung in die Kosten des Rechtsstreites erstreckt sich nicht auf die Kosten einer etwa erforderlich werdenden Zwangsvollstreckung. Dies würde zu völlig unhaltbaren Ergebnissen führen. Wenn beispielsweise in einem den Beklagten zu einer Leistung verurteilenden Urteile gleichwohl die Kosten nach § 93 dem Kläger auferlegt werden, oder ihm eine Quote der Kosten auferlegt wird, so können ihm unmöglich die Kosten der gegen den Beklagten, weil er dem Urteile nicht nachkommt, erforderlich werdenden Zwangsvollstreckung ganz oder zur betreffenden Quote zur Last fallen. Die Unabhängigkeit der Kostentragungspflicht für das Zwangsvollstreckungsverfahren von der im Urteile für das Hauptverfahren bestimmten ergiebt sich denn auch mit hinlänglicher Deutlichkeit aus § 788 CPO., wonach die Kosten der Zwangsvollstreckung, soweit sie notwendig waren, dem Schuldner zur Last fallen und, ohne daß es eines Titels dafür bedarf, vom Gerichtsvollzieher zugleich mit dem Anspruche beizutreiben sind (vgl. Gaupp-Stein Anm. I zu § 788). Hiernach kann in dem Falle, wo mehrere Solidarschuldner gemäß § 100 Abs. 2 solidarisch in die Kosten des Rechtsstreites verurteilt worden sind, daraus nicht ohne weiteres, auch die Verpflichtung eines der Solidarschuldner hergeleitet werden, die Kosten der Zwangsvollstreckung, insbesondere einer nicht gegen ihn, sondern gegen einen seiner Mitverurteilten gerichteten Zwangsvollstreckung, zu tragen (so auch Wilmowski-Levy Anm. 1 zu § 697). Wenn nun hier der Kläger nach erfolglos versuchter Zwangsvollstreckung bei einem der verurteilten Solidarschuldner von einem anderen derselben Zahlung von Kapital, Zinsen und Kosten mit

[1] Dagegen hat der V. CS. des Kammergerichtes jüngst angenommen, daß, wenn der Antrag in erster Instanz überhaupt nicht gestellt war, eine Vorabentscheidung gemäß § 718 unzulässig ist. Vgl. Busch, Zeitschr. 14 S. 155, 17 S. 478.

Ausnahme der Kosten jener vergeblich versuchten Zwangsvollstreckung erhalten hat und nunmehr bezüglich dieser Kosten eine Kostenfestsetzung gegen sämtliche verurteilten Solidarschuldner beantragt und erwirkt hat, so war dies, insoweit der Schuldner, gegen den die Zwangsvollstreckung erfolglos versucht war, in Betracht kommt, ein überflüssiges Verfahren, weil gegen ihn auch nachträglich immer noch diese Kosten, ohne daß es ihrer gerichtlichen Festsetzung bedarf, gemäß § 788 beigetrieben werden können (vgl. Gaupp-Stein Anm. II Abs. 3 zu § 788). Insoweit aber die Festsetzung gegen die übrigen Schuldner sich richtet, war sie unzulässig, weil diese für die Kosten der gegen ihren Mitschuldner unternommenen Zwangsvollstreckung nicht haften. M. M.

c) **Vorläufige Vollstreckbarkeit eines Versäumnisurteiles, falls der gegen ein solches erhobene Einspruch durch ein zweites Versäumnisurteil verworfen wird. CPO. § 708³.**

Kammergericht, XIV. CS. Beschluß v. 7. Juli 1902.

Der Beklagte, durch Versäumnisurteil zur Zahlung verurteilt, legte dagegen Einspruch ein; demnächst erging gegen ihn ein weiteres Versäumnisurteil, das nach § 708³ für vorläufig vollstreckbar erklärt wurde. Nunmehr fordert der Kläger für das erste Versäumnisurteil die Vollstreckungsklausel. Dieses Gesuch wurde abgelehnt, weil sich die im zweiten Urteile ausgesprochene vorläufige Vollstreckbarkeit nur auf dieses Urteil beziehe. Der Beschwerde wurde stattgegeben. Aus den Gründen:

Indem das Gericht den gegen ein Versäumnisurteil eingelegten Einspruch durch ein weiteres Versäumnisurteil verwirft, bestätigt und wiederholt es zugleich die im ersten Versäumnisurteile in betreff der Hauptsache und der Kosten — ausgesprochene Entscheidung. Die vorläufige Vollstreckbarkeit des zweiten Versäumnisurteiles hat also zur Folge, daß auch das erste Versäumnisurteil vorläufig vollstreckbar wird. Es gilt hier dasselbe wie im Falle des § 711 CPO. bei einem für vorläufig vollstreckbar erklärten oberlandesgerichtlichen Urteile, welches die Berufung zurückweist. (Vgl. Rsp. 3 S. 332.) K.

d) **Vollstreckbarkeit eines in Österreich erwirkten Urteiles. CPO. §§ 723 Abs. 2, 328.**

α) OLG. Dresden, VII. CS. Urteil v. 14. Juni 1902.

Das vom Kläger beim Bezirksgerichte zu Eger erwirkte Versäumnisurteil ist als Exekutionstitel im Sinne von § 1¹ der österreichischen Exekutionsordnung vom 27. Mai 1896 zu betrachten, bezüglich deren — § 80² desselben Gesetzes, verbunden mit § 328² CPO. — das Erfordernis der Gegenseitigkeit zwischen dem Deutschen Reiche und Österreich unter allen Umständen dann als gegeben erscheint, wenn (Entsch. d. RG. 41 S. 424) die den Prozeß einleitende Ladung der Person, wider die das Vollstreckungsverfahren durchgeführt werden soll, durch Gewährung deutscher Rechtshilfe zu eigenen Händen zugestellt worden ist. Dieser Voraussetzung aber ist unstreitig genügt. Streitig ist daher nur noch die sich aus § 328¹ in Verbindung mit § 723² CPO. ergebende weitere Frage, ob das Gericht zu Eger zur Entscheidung des Rechtsstreites nach den deutschen Gesetzen zuständig war. Sie ist mit Recht bejaht worden, da der Kläger dem Beklagten, als er diesem Holz zum Kaufe anbot eine Offertenkarte überreicht hat, auf der die Worte: „zahlbar und klagbar in Eger" vorgedruckt waren. Die Bedeutung dieser Klausel aber besteht zunächst darin, daß sich der Beklagte damit vertragsmäßig verpflichtet hat, die ihm auf Grund seiner Geschäftsverbindung mit dem Kläger obliegenden Zahlungen, statt am eigenen Wohnorte, am Sitze seines Vertragsgenossen zu leisten. Eger hat demgemäß für ihn als Erfüllungsort zu gelten. Schon aus diesem Grunde war die Klägerin nach § 29 CPO. zur Klagerhebung vor dem dortigen Gerichte befugt. Außerdem aber hat der Beklagte durch die Annahme jener Klausel den Kläger auch noch ausdrücklich ermächtigt, sein Recht in Eger zu suchen. Insoweit liegt also eine Vereinbarung über den Gerichtsstand vor, deren Gültigkeit, da sie sich auf ein bestimmtes Rechtsverhältnis — die künftige Geschäftsverbindung der Parteien miteinander — bezieht und vermögensrechtliche Ansprüche betrifft, für welche ein ausschließlicher Gerichtsstand nicht begründet ist, auch nach §§ 38 ff. CPO. nicht bezweifelt werden kann. Die Zuständigkeit des Bezirksgerichtes zu Eger war sonach gegeben.

Hieran vermag auch der Umstand nichts zu ändern, daß die Behauptungen, mit denen in der daselbst eingereichten Klagschrift die Zuständigkeit des Bezirksgerichtes gerechtfertigt worden ist, nach der Ansicht der deutschen Gerichte hierzu nicht ausgereicht haben würden, um einen Gerichtsstand in Eger zu begründen, und daß die Offertenkarte, aus deren Überreichung an den Beklagten in Verbindung mit der nachfolgenden Bestellung jetzt die Zuständigkeit des Bezirksgerichtes gefolgert wird, erst im Laufe des gegenwärtigen Prozesses als ein die Zuständigkeit bestimmender Gesichtspunkt erwähnt worden ist. Das österreichische Gericht erfüllte die ihm zustehende Aufgabe, wenn es die Frage seiner Zuständigkeit nach österreichischem Rechte beantwortete. Kläger hatte daher überhaupt keine Veranlassung, in dem früheren Prozesse Thatsachen zur Sprache zu bringen, welche für das damals entscheidende Gericht nicht unbedingt wesentlich waren. Erst im jetzigen Rechtsstreite ist es vor dem Erlasse des Vollstreckungsurteiles Sache des Gerichtes, zu prüfen, ob auch nach deutschen Gesetzen für den Anspruch ein Gerichtsstand in Eger vorhanden war. Hierbei aber sind die deutschen Richter keineswegs darauf angewiesen, bloß dasjenige Material zu berücksichtigen, welches bereits im ausländischen Vorprozesse Verwertung gefunden hat. Sie dürfen vielmehr (vgl. Annalen 17 S. 161, Gaupp-Stein Anm. 3 zu § 328 und Petersen-Anger Anm. 4 zu § 328) auch solche Thatumstände in Erwägung ziehen, die erst neuerdings von ihnen selbst zu dem Zwecke geltend gemacht worden sind, um die Zuständigkeit des früher mit der Sache befaßten ausländischen Richters auch nach deutschem Rechte als gerechtfertigt erscheinen zu lassen. Dies ergiebt schon die Wortfassung des § 328, der zwar dem Urteile eines ausländischen Gerichtes die Anerkennung dann versagt, wenn die Gerichte des fremden Staates zur Entscheidung „nach den deutschen Gesetzen nicht zuständig" waren, jedoch nicht die leiseste Andeutung enthält, daß, um dem Urteile in Deutschland zur Anerkennung zu verhelfen, außerdem noch die für die Begründung des Gerichtsstandes nach hiesigem Rechte notwendigen Thatsachen bereits im Verfahren vor der ausländischen Gerichtsbehörde erschöpfend dargelegt werden müßten. Dr. W.

$\beta$) OLG. Celle, II. CS. Urteil v. 17. März 1902.

Die Klägerin zu Saaz lieferte 1900 dem Beklagten (Hannoveraner) eine Kontrollkasse und klagte, als er die Kasse wegen Mängel nicht abnahm, sondern zurücksandte, bei dem Bezirksgericht Saaz auf Zahlung, erwirkte auch die rechtskräftig gewordene Verurteilung. Auf Grund dieses Urteils hat sie jetzt auf Erlaß des Vollstreckungsurteils geklagt. Die Klage ist jedoch abgewiesen worden. Aus den Gründen:

... § 328¹ CPO. schließt die Anerkennung des ausländischen Urteils aus, wenn die Gerichte des ausländischen Staates nach den deutschen Gesetzen nicht zuständig sind. Außer Zweifel ist nach dem Wortlaute, daß bei dieser Prüfung das deutsche Gericht deutsches, nicht ausländisches Recht anzuwenden hat, und zwar, soweit ein Eingehen in materiellrechtliche Fragen erforderlich wird, unter Prüfung auch dieser Fragen nach deutschem Recht (Entsch. d. RG. 3 S. 381). Fragt es sich nun, ob das Saazer Gericht als Gericht des Erfüllungsortes für zuständig zu erachten ist, so bestimmt § 29 CPO., daß dasjenige Gericht zuständig ist, wo die streitige Verpflichtung zu erfüllen ist. Die Verpflichtung des beklagten Käufers zur Zahlung des Kaufpreises ist entsprechend der Regel der §§ 269, 270 BGB. am Wohnsitze des Schuldners, hier also in H., zu erfüllen, soweit nicht aus abweichenden Vertragsbestimmungen oder aus besonderen Umständen sich ein Anderes ergiebt. Die Klägerin hat nur geltend gemacht, daß auf der mit den ersten vier Kontrollkassen übersandten Faktur als Erfüllungsort für das Rechtsverhältnis in seinem gesamten Umfange Saaz bezeichnet sei und daß nach österreichischem Recht, insbesondere nach § 88² der Jurisdiktionsnorm dieser Vermerk für den Erfüllungsort maßgebend sein soll. Nun hat zwar das deutsche Gericht nicht nachzuprüfen, ob das ausländische Gericht materiell richtig geurteilt habe, wohl aber, ob es bei Beurteilung der Zuständigkeitsfrage das materielle Recht zutreffend angewandt habe, und bei Prüfung dieser Frage hat, wie oben ausgeführt, der deutsche Richter nach dem bestimmt erklärten Willen des Gesetzgebers lediglich deutsches Recht anzuwenden. Dieses hat aber in konstanter Rechtsprechung daran festgehalten, daß Bemerkungen auf den Fakturen einseitige, den anderen Teil nicht bindende Erklärungen des Verkäufers seien, ungeeignet vereinbarten oder als vereinbart geltenden Erfüllungsort zu ändern, daß die Fakturen im Handelsverkehre nicht dazu bestimmt seien, besondere Vertragsbedingungen in sich aufzunehmen und daß die unwidersprochen gelassene Annahme derartiger Fakturenvermerke keine stillschweigende Annahme der Propositionen des Fakturenabsenders enthalte. Dies gilt selbst dann, wenn wie hier, auf den Antrag des Bestellers keine ausdrückliche schriftliche Annahmeerklärung des Lieferanten erfolgt ist, die Annahmeerklärung vielmehr in der Übersendung der Ware unter Beifügung der Faktur liegt. Denn auch in diesem Falle ist nach § 151 BGB. der Vertrag bereits völlig perfekt geworden durch Absendung der Ware, nicht erst mit Ankunft der Ware samt Faktur bei dem Besteller. Als Gericht des Erfüllungsortes kann danach das deutsche Gericht das Bezirksgericht zu Saaz nicht anerkennen.

Zu prüfen bleibt die Frage, ob dieses Gericht zuständig erscheint nach § 23 CPO.... Zurückzuweisen ist die Ansicht, daß dieser Gerichtsstand nicht begründet sei, weil die Beklagte einen Wohnsitz im Deutschen Reiche habe. Nicht der Wortlaut, sondern der Grundsatz des § 23 ist in Anwendung zu bringen. Der Grundsatz aber besagt, daß ein Gerichtsstand des Vermögens gegen einen ausländischen oder wohnsitzlosen Beklagten dann im Inlande begründet ist, wenn der Beklagte im Inlande Vermögen hat. Der deutsche Richter hat zu prüfen, ob das ausländische Gericht zum Erlaß des Urteils zuständig gewesen wäre, wenn es die deutschen Zuständigkeitsvorschriften anzuwenden gehabt hätte. „Es sollen also, soweit es sich um die thatsächlichen Voraussetzungen für diese Anwendbarkeit handelt, überall an die Stelle der deutschen Verhältnisse die entsprechenden Verhältnisse des Auslandes treten. Das ist keine analoge, sondern eine direkte Anwendung der einheimischen Prozeßgesetze auf Fälle, die zwar an sich außerhalb des Bereiches der deutschen Reichsgesetzgebung liegen, die aber gleichwohl der deutsche Gesetzgeber seiner ausdrücklichen Anordnung zufolge insoweit nach dem inländischen Rechte behandelt wissen will, als die Zwangsvollstreckung im Deuschen Reiche in Frage kommt" (Busch u. Sydow Anm. 2 zu § 328; JW. 1891 S. 334 u. S. 335 Nr. 11, 1900 S. 590 Nr. 7). — Für die Frage, ob Beklagter bei Erhebung der Klage bei dem Gerichte in Saaz in diesem Bezirke Vermögen hatte oder nicht, kann der unter den Parteien herrschende Streit, ob und welche Rechtswirkung der dem Beklagten mit den anderen Kassen übersandte, einen Eigentumsvorbehalt enthaltende Garantieschein überhaupt und insbesondere in betreff der hier streitigen Kasse habe, auf sich beruhen bleiben, wenn bereits jetzt sich klarstellen läßt, daß Beklagter, auch ganz abgesehen von diesem Eigentumsvorbehalt, kein Vermögen im Bezirke von Saaz hatte. Das aber ist der Fall. Daß das Eigentum an dieser Kasse von der Klägerin auf den Beklagten nicht übergegangen sei bei rechtzeitiger und ordnungsmäßiger Mängelanzeige der Beklagten, ist anerkannten Rechtens. Eine derartige Anzeige liegt aber hier vor.... Ist so die Beklagte zu keiner Zeit Eigentümerin der Kasse geworden, so läßt sich auch kein Anspruch auf Herausgabe eines Wertobjektes des Beklagten gegen eine dritte in Österreich domizilierte Person oder Behörde konstruieren. Befand sich die von der Beklagten an die Klägerin zurückgesandte Kasse in Händen eines österreichischen Spediteurs, so ging ein etwaiger Anspruch des Beklagten gegen ihn doch keinenfalls auf etwas Weiteres als auf Aushändigung der Kasse an die Klägerin, und ein solcher Anspruch kann als ein Vermögensobjekt, als ein Bestandteil des der Zwangsvollstreckung unterliegenden Vermögens des Beklagten nicht angesehen werden (Entsch. d. RG. 24 S. 415). Gegen die Klägerin selbst aber hatte die Beklagte damals weder einen Anspruch auf Herausgabe der Kasse noch irgend eine andere Klagforderung. Die rechtzeitige Mängelanzeige und den Beweis der gerügten Mängel unterstellt, wie letzteres sich aus dem Saazer Urteil ergiebt, hatte die Beklagte nach dem auch hier wieder für die Zuständigkeitsfrage anzuwendenden deutschen Rechte nach §§ 462, 459 BGB. das Wahlrecht des Rücktritts vom Vertrage oder der Preisminderung. In ihrem Schreiben vom ... hat sie die erstere Alternative gewählt. Damit aber waren ihre Rechte und Pflichten aus dem Kaufvertrage der Klägerin gegenüber aufgehoben. — Aber selbst wenn man dieser Ausführung nicht folgt, ist die Zuständigkeit des Saazer Gerichtes aus § 23 deshalb nicht begründet, weil die als Vermögensobjekt bezeichnete Forderung des Beklagten lediglich im Verhältnisse einer Gegenleistung zur Klageforderung steht, solchenfalls aber nicht geeignet ist, für die Zuständigkeit in Betracht zu kommen (JW. 1898 S. 474[3]). Eine andere Auslegung dieses Paragraphen würde sonst dahin führen, daß bei allen Prozessen aus Gegenseitigkeitsverträgen der Gläubiger es in der Hand hätte, im Gerichte seines Wohnsitzes den Beklagten zu belangen. H.

e) **Zuständigkeit für die Forderungspfändung auf Grund einstweiliger Verfügungen. CPO. § 930. §§ 528 Satz 2 und 566 CPO. gelten sinngemäß auch für das Beschwerdeverfahren. Verhältnis von § 850 Ziff. 1, 2 CPO. zu § 1579 BGB.**

OLG. Dresden, IX. CS. Beschluß v. 7. April 1902.

In einem Scheidungsprozesse hatte das LG. nach §§ 627, 936 folg. CPO. und § 1361 BGB. eine einstweilige Verfügung erlassen und sodann auf Antrag der Klägerin eine Lohnforderung des Mannes gepfändet und ihr zur Einziehung überwiesen. Letzterer bat, den Beschluß dahin abzuändern, daß nicht der ganze Monatsbetrag seines Lohnes auf einmal gepfändet würde. Seine Einwendungen und seine Beschwerde wurden nicht beachtet. Aus den Gründen:

Das OLG. hat wiederholt die vom Reichsgerichte (Entsch. 36 S. 390; Bolze 21 Nr. 858) und in verschiedenen Kommentaren (Gaupp-Stein zu § 815 I; Petersen-Anger § 936 Nr. 15; Struckmann-Koch § 936 Anm. 1) vertretene Ansicht befolgt, daß bei Forderungspfändungen auf Grund einstweiliger Verfügung die in § 930 Satz 3 über die Zuständigkeit getroffene Bestimmung mindestens dann nicht entsprechend angewendet werden könne (§ 936 a. E.), wenn die Vollziehung der einstweiligen Verfügung nicht mit der Pfändung endigen muß, sondern weitere Abschnitte der Zwangsvollstreckung so lange zu durchlaufen hat, bis die Befriedigung des Gläubigers erreicht ist, daß sich vielmehr in Fällen solcher Art die Zuständigkeit nach der allgemeinen Vorschrift in § 828[2] richte. Danach und weil ferner die Überweisung im Arrestverfahren ausgeschlossen, daher aber die in § 930

Satz 3 gegebene Vorschrift auf sie nicht mit zu beziehen ist, könnte es sich zunächst fragen, ob das LG. für die Pfändung und Überweisung der Lohnforderung überhaupt zuständig gewesen sei. Indessen kann die Frage auf sich beruhen. Denn der Schuldner hat die Unzuständigkeit nicht geltend gemacht, und es ist daher in sinngemäßer Anwendung der §§ 528, Satz 2 und 566 die Zuständigkeit überhaupt nicht zu prüfen, obwohl nach § 802 (vgl. Reincke § 802 Anm. Abs. 2) die daselbst und in § 930 Satz 3 geordneten Gerichtsstände ausschließliche (§ 40 Abs. 2) sind. Die gegenteilige Ansicht wird übrigens zu einer der Absicht des Beschwerdeführers widersprechenden Entscheidung führen.

In der Sache selbst ergiebt sich aus § 850$^{1}$ CPO., verbunden mit Ges. vom 21. Juni 1869/29. März 1897 § 4$^{3}$ ohne weiteres, daß die verfügte Pfändung ohne die vom Schuldner begehrte Einschränkung zulässig ist, denn es handelt sich um die Beitreibung von Unterhaltsbeiträgen, die der Schuldner an seine Frau für die Zeit nach der Stellung des Antrages auf Erlaß der einstweiligen Verfügung (Petersen-Anger § 850 Anm. 5d) kraft Gesetzes zu entrichten hatte, aber in Rückstand gelassen hat. Hieran wird durch den § 1579 BGB. nichts geändert. Denn dieser ordnet den Umfang der Unterhaltspflicht in dem jetzt nicht vorliegenden Falle, daß im Scheidungsprozesse der eine Ehegatte allein für schuldig erklärt worden ist, während nach § 627 für die Dauer des Scheidungsprozesses selbst und sonach auch gegenwärtig die Regelung jener Pflicht nach Maßgabe des § 1361 BGB. zu geschehen hat. Überdies folgt aber aus der materiellrechtlichen Natur des § 1579 noch, daß es der Zweck dieser Bestimmung auch in den Fällen, wo sie Anwendung zu finden hat, nicht ist, die oben angezogenen prozeßrechtlichen Vorschriften über die Einziehung von Unterhaltsbeiträgen auf Grund bestehender vollstreckbarer Schuldtitel noch mehr einzuschränken, als es dort bereits geschehen ist.

Endlich läßt sich auch daraus, daß inzwischen die Gläubigerin unter Abweisung der Scheidungsklage zur Herstellung der ehelichen Gemeinschaft verurteilt worden ist, mindestens zur Zeit nichts zu Gunsten des Schuldners ableiten; denn die Vollstreckung der einstweiligen Verfüguug wird, weil sie auf die Dauer des Rechtsstreites und somit bis zur rechtskräftigen Beendigung des Eheprozesses erlassen war, durch das erwähnte Urteil jedenfalls bis zu dessen noch nicht eingetretener Rechtskraft in keiner Weise beeinflußt.

Dr. v. F.

## 25

**a) Eine Einwendung gegen eine Vollstreckung aus § 766 CPO. kann nicht auf ein materielles Recht an der gepfändeten Sache oder Forderung gestützt werden. — An Mietsforderungen steht dem Vermieter kein Besitzrecht zu.**

Kammergericht, VIII. CS. Beschluß v. 23. April 1902.

Die Erinnerung aus § 766 CPO. beim Vollstreckungsgericht kann gegen einen Pfändungs- und Überweisungsbeschluß nicht nur vom Gläubiger und Schuldner, sondern auch von Dritten erhoben werden, auch wird die Erinnerung durch die gleichzeitige Anstellung der Widerspruchsklage nicht immer ausgeschlossen (JW. 1893 S. 350; dagegen Nessel, Pfändungspfandrecht S. 76). Jedoch setzt die Erinnerung einen Verstoß gegen die Art und Weise der Zwangsvollstreckung, d. h. gegen die prozessualen Vorschriften des 8. Buches der CPO. voraus. Sie ist z. B. zulässig, wenn gegen eine Person vollstreckt wird, gegen die ein vollstreckbarer Titel nicht vorliegt, oder wenn die Pfändung einer der Zwangsvollstreckung nicht unterliegenden Forderung erfolgt. Macht der Dritte jedoch lediglich Einwendungen materiellrechtlicher Natur geltend, behauptet er, daß die Forderung ihm und nicht dem Schuldner zustehe, so ist nicht die Erinnerung, sondern nur die Klage aus § 771 gegeben. So liegt hier der Fall, wo der Beschwerdeführer behauptet, Eigentümer der gepfändeten Mieten zu sein, weil er Eigentümer des Hauses sei. Anders würde die Sache zu beurteilen sein, wenn anzunehmen wäre, daß er kraft der formellen Auflassung des Grundstückes an den Mietsforderungen ein Besitzrecht hätte. Denn dies Besitzrecht müßte der Vollstreckungsrichter ebenso wie der Gerichtsvollzieher bei Pfändung von Gegenständen, die sich im Besitze Dritter befinden, achten. Das BGB. hat jedoch für Forderungsrechte, auch „wenn sie dinglich radiziert sind“, abgesehen von den Grunddienstbarkeiten (§ 1029 BGB.) und den beschränkten persönlichen Dienstbarkeiten weder einen Rechtsbesitz noch einen Besitzschutz anerkannt (vgl. Windscheid-Kipp, Pandektenrecht I S. 747). Eine analoge Anwendung des aus § 809 CPO. folgenden Grundsatzes ist aber ausgeschlossen. Der Beschwerdeführer kann deshalb die formelle Unzulässigkeit der Pfändung nicht aus der Thatsache herleiten, daß er Eigentümer des Grundstückes ist. Diese schützt ihn nur, soweit der Besitzstand des Grundstückes und dessen Zubehöres in Frage kommt, nicht aber bezüglich der Miets- und Pachtforderungen des Grundstückes, die wie andere Forderungen vom Vollstreckungsgericht zu behandeln sind.

In den materiellen Streit der Parteien darf der Vollstreckungsrichter nicht eingreifen. Er hat sich einer Entscheidung darüber zu enthalten, ob die gepfändeten Mietsforderungen dem Beschwerdeführer oder dem Schuldner zustehen. Diese Frage kann nur im Prozesse zum Austrage gebracht werden. Der vom Landgericht angeführte Entscheidungsgrund, daß gegen den Beschwerdeführer nicht vollstreckt werden dürfe, weil gegen ihn ein Schuldtitel nicht vorliege, ist an sich richtig, trifft aber die Sache nicht, weil die Vollstreckung nur gegen den Schuldner erfolgt ist und in dem Falle, daß dieser noch wirklicher Eigentümer des Grundstückes ist oder daß ihm die Mietsforderungen aus anderen Gründen zustehen, auch sachlich zulässig ist, ohne daß vorher eine Richtigstellung des Grundbuches notwendig ist. Eine nur zum Schein erklärte Auflassung ist nichtig und erzeugt keinerlei Rechtswirkung. (Vgl. Leske, Bürgerl. Gesetzbuch § 112 Anm. 11.) Gegen die durch eine unberechtigte Pfändung der Mietszinsen entstehenden Nachteile kann sich der

Grundstückseigentümer nur durch Erwirkung einer einstweiligen Anordnung aus § 771 Abs. 3 CPO. schützen, wie die Gläubiger jeder anderen zu Unrecht gepfändeten Forderung. Nl.

b) **Einlegung der Berufung hat die Unzulässigkeit der daneben erhobenen Widerspruchsklage (CPO. § 767) nicht zur Folge.**

OLG. Dresden, II. CS. Urteil v. 3. Mai 1901.

Die Widerspruchsklage wegen materieller Einwendungen des Schuldners bezweckt die Beseitigung der auf Grund des Urteiles zulässigen Zwangsvollstreckung (vgl. Planck, Civilprozeßrecht 2 S. 692; Wilmowski-Levy 2 S. 985 Anm. 1; Reincke S. 695, Entsch. d. RG. 38 S. 428; Schmidt, Civilprozeßrecht S. 771). Zu ihrer Erhebung ist jeder legitimiert, gegen den eine Zwangsvollstreckung aus dem Urteile eingeleitet ist, oder auch eingeleitet werden kann, mithin im Widerspruchsverfahren über den Arrest auch der unterlegene Arrestausbringer. Die Möglichkeit der Berufung gegen das beschwerliche Urteil steht der Erhebung der Widerspruchsklage nicht entgegen. Diese ist nach § 767² nur dann ausgeschlossen, wenn die durch sie zu verfolgenden Einwendungen nicht mehr durch Einspruch geltend gemacht werden können. Die im Entwurfe (§ 635) bezüglich der Berufung vorgeschlagene Bestimmung gleichen Inhaltes war von der Reichstagskommission abgelehnt. Auch die thatsächliche Einlegung der Berufung hat die Unzulässigkeit der daneben erhobenen Widerspruchsklage nicht zur Folge. Die gegenteilige Ansicht (Planck S. 697¹) findet im Gesetze keine Stütze. Die Widerspruchsklage beruht auf dem gesetzgeberischen Gedanken, daß dem Schuldner in Gestalt der Klageghebung bei dem Prozeßgerichte erster Instanz ein einfaches und bequemes Mittel gegeben werden sollte, die ihm drohende Zwangsvollstreckung abzuwenden (Hahn, Materialien S. 317 f.). Sie ist auf Geltendmachung der in § 767 erwähnten Einwendungen beschränkt und auf Aufhebung der Vollstreckbarkeit des Urteiles zu richten. Die Berufung trägt erheblich weiter. Sie ergreift den gesamten Urteilsinhalt und gewährt dem Schuldner die Füglichkeit — von einzelnen Ausnahmen abgesehen —, den gesamten ihm zu Gebote stehenden Verteidigungsstoff geltend zu machen. Es ist nicht abzusehen, weshalb dem Schuldner, der Anlaß hat, das Urteil in dem nur im Wege der Berufung zulässigen weiteren Umfange anzufechten, die Wohlthat der Widerspruchsklage versagt sein soll, wenn er die Berufung wählt. Allerdings kann das gleichzeitige Schweben des Verfahrens über die Berufung und über die Widerspruchsklage zu widersprechenden Entscheidungen führen. Allein diese Möglichkeit kommt in allen in § 148 CPO. vorgesehenen Fällen vor. Ihr kann nach § 148 wirksam durch Aussetzung des einen der beiden anhängigen Verfahren begegnet werden und von dieser Füglichkeit hat das OLG. auch hier in der Weise Gebrauch gemacht, daß es (und zwar unter Billigung des Reichsgerichtes) das Verfahren über die Berufung des Klägers einstweilen aussetzte.

Unerheblich ist endlich das Bedenken, daß der Kläger durch seine Berufung die Bestätigung des Arrestes erstrebe, während er im Widerspruchsverfahren den Standpunkt vertritt, diese Anordnung sei durch den behaupteten Vergleich erledigt. Denn einmal liegt ein in der mündlichen Verhandlung formulierter Berufungsantrag des Klägers überhaupt noch nicht vor. Aber selbst wenn er den in seiner Berufungsschrift angekündigten Antrag auf Aufhebung des Urteiles und Zurückweisung des Widerspruches des Beklagten wiederholen sollte, und selbst wenn man annehmen wollte, ein solcher Antrag sei mit dem von dem Kläger im gegenwärtigen Prozesse eingenommenen Standpunkt nicht verträglich, so könnte dies zwar zur Zurückweisung jenes Berufungsantrages, nicht aber zur Abweisung der gegenwärtigen Widerspruchsklage führen. Schdt.

c) **Wird die Rechtshängigkeit durch den Prozeßvergleich erledigt? Ablehnung der Terminsbestimmung.**

OLG. Dresden, VII. CS. Beschluß v. 3. April 1902.

Die Parteien hatten vor dem beauftragten Richter einen Prozeßvergleich erklärt. Bei dem Verlesen des Sitzungsprotokolles verlangte die Beklagte vom Kläger noch einen Generalverzicht und erklärte, als dies abgelehnt wurde, daß sie das Protokoll nicht genehmige. Die Beklagte reichte hierauf eine Ladung zur mündlichen Verhandlung ein. Der Vorsitzende lehnte die Terminsbestimmung ab; der Beschwerde hierüber wurde jedoch stattgegeben.

Die Entschließung darüber, ob ein Vergleich i. S. von § 794[1] CPO. geschlossen ist, kann nur nach mündlicher Verhandlung durch richterliches Urteil gefaßt werden, und es war deshalb durchaus sachgemäß, wenn die Beklagte einen Verhandlungstermin zu erwirken suchte. Dem läßt sich auch nicht entgegenhalten, daß der Vorsitzende die Terminsbestimmung ablehnen dürfe, wenn sich die Rechtshängigkeit durch Urteil erledigt habe. Bei dem prozeßgerichtlichen Vergleich ist zu berücksichtigen, daß er nicht ein klar und deutlich in die Erscheinung tretender Akt der Rechtsprechung, der richterlichen Thätigkeit, sondern ein auf Parteiwillenserklärungen beruhendes Rechtsgeschäft ist, das nur dann prozessuale Wirkungen äußern kann, wenn seine formellen und materiellen Voraussetzungen gegeben sind. Gerade dies wird aber in vielen Fällen zweifelhaft und Gegenstand des Streites sein. Es wird die eine Partei am Vergleiche festhalten und der Fortsetzung des Prozesses widersprechen, die andere aber die Rechtsgültigkeit desselben bekämpfen und eine Entscheidung über ihr ursprüngliches Sachgesuch beanspruchen. Ein derartiger Widerstreit, der nicht selten sogar zu Beweisanträgen und Beweiserhebungen führen wird, kann nur im Rahmen des mündlichen Verfahrens erörtert und schließlich durch richterlichen Urteilsspruch entschieden werden (vgl. auch Entsch. d. RG. 37 S. 418, 39 S. 392).[1] Dr. M.

[1] Diese Entscheidung steht im Widerspruche mit der Entscheidung des Reichsgerichtes in der JW. 1895 S. 359 N. 4. D. E.

## 26

**a) Die Klage gegen den Mann aus § 739 CPO. kann mit der Klage gegen die Ehefrau auch dann verbunden werden, wenn für letztere ein ausschließlicher, vom allgemeinen Gerichtsstand des Mannes verschiedener Gerichtsstand begründet ist.**

OLG. Dresden, I. CS. Urteil v. 12. Mai 1902.

Der Gläubiger einer Ehefrau ist nach § 739 darauf angewiesen, sobald er wegen seiner Forderung Befriedigung aus dem eingebrachten Gute erheischt, jedesmal den Mann auf Duldung der Zwangsvollstreckung mitzuverklagen. Er braucht, um zum Ziele zu gelangen, zwei Klagen und zwei Verurteilungen. Über das prozessuale Verhältnis der beiden zu einander enthält das Gesetz keine besonderen Bestimmungen. Indessen ist unverkennbar, daß zwischen ihnen ein gewisser innerer Zusammenhang besteht. Die Klage wider den Mann auf Zulassung der Vollstreckung ist nicht um ihrer selbst willen da, sondern wird nur zu dem Zwecke erhoben, um den Erfolg der auf Zahlung gerichteten Klage gegen die Frau im dereinstigen Vollstreckungsverfahren sicherzustellen. Sie bildet insoweit nur ein Anhängsel der Hauptklage, zu deren Ergänzung sie dient und von der sie sich nicht losgelöst denken läßt.

Der innere sachliche Zusammenhang zwischen Haupt- und Nebenklage nötigt nun allerdings noch nicht ohne weiteres zur Annahme eines prozessualen Zusammenhanges. Es mag insbesondere nicht unstatthaft sein, die Klagen auf Leistung (gegen die Frau) und auf Duldung (gegen den Mann) in getrennten Prozessen durchzuführen. Allein der Absicht des Gesetzes entspricht eine solche Trennung keineswegs, wie ja auch die thatsächliche Gepflogenheit des Prozeßverkehres ihr durchaus widerstreitet. Das Gesetz sieht offenbar als Regel an, daß die beiden Klagen zu gemeinschaftlicher Verhandlung miteinander verbunden werden und daß in demselben einheitlichen Verfahren sowohl über die Verpflichtung der Frau zur Leistung, wie über die Verpflichtung des Mannes, in Ansehung des eingebrachten Gutes die Zwangsvollstreckung über sich ergehen zu lassen, entschieden wird. In diesem Sinne haben sich schon die Motive zu dem jetzigen § 737 CPO. ausgesprochen, indem sie es für den dort behandelten gleichartigen Fall der Zwangsvollstreckung in das einem Nießbrauche unterliegende Vermögen für selbstverständlich erklären, daß der Besteller des Nießbrauches und der Nießbraucher als Streitgenosse zusammen zu verklagen seien. Mit der hervorgehobenen Absicht des Gesetzes ist nicht vereinbar, daß der Gläubiger in einem Falle wie hier genötigt sein soll, seines Anspruches halber getrennte Prozesse zu führen und den Mann in einem anderen Gerichtsstande zu belangen als die Frau. Die Erwägung der Vorinstanz, daß es sich hierbei um zwei ihrem Inhalte und ihrer Richtung nach verschiedene Klaganspruche handle, haftet zu sehr an der äußeren Form. Der Sache nach und materiellrechtlich betrachtet, liegt immer nur ein Anspruch vor, auf dessen Befriedigung die Klage abzielt. Insbesondere kann nicht zugegeben werden, daß die in § 739 zu einem bloßen Nebenzwecke gebotene Erstreckung der Klage auf die Person des Mannes die Wirkung haben könnte, einen besonderen zweiten Rechtsstreit zu begründen, der unabhängig von dem Prozesse über die Hauptsache selbständig neben ihm einherginge und seinen besonderen, ihm eigentümlichen Zuständigkeitsnormen folgte. Jener Nebenzweck stempelt vielmehr die ihm dienende Klage rechtlich zu einem Akzessorium der Hauptklage, dergestalt, daß die Hauptklage gegen die Frau ohne weiteres auch zugleich die Anhangsklage gegen den Ehemann an sich zieht. Wo die auf Leistung belangte Ehefrau Recht zu leiden hat, da hat im Zweifel auch der Mann die Klage des Gläubigers auf Duldung der Zwangsvollstreckung in das seiner Verwaltung und Nutznießung unterliegende Vermögen der Frau über sich ergehen zu lassen.

Die gegenteilige Auffassung führt zu schweren praktischen Unzuträglichkeiten. Stände der Mann in Rechtsstreitigkeiten seiner Frau dem klagenden Gläubiger wirklich als selbständiger Streitgenosse gegenüber, in dem Sinne, daß die Zulässigkeit der Klagerhebung in dem gewählten Gerichtsstande gegen ihn selbständiger rechtlicher Beurteilung unterläge, dann wäre in zahlreichen Fällen eine Verbindung der Klagen gegen Mann und Frau, wie das Gesetz sie als Regel vorsieht, unmöglich. Sie wäre nicht bloß da unstatthaft, wo, wie hier, die gegen die Frau gerichtete Leistungsklage an einen ausschließlichen örtlichen Gerichtsstand gebunden ist, sondern namentlich auch in den Fällen, wo die Hauptklage nicht im ordentlichen Verfahren, sondern im Urkunden- oder Wechselprozeß durchgeführt werden soll. Der mitverklagte Mann müßte nach Befinden sogar mit einer Einrede der sachlichen Unzuständigkeit gehört werden, wenn er bei einer landgerichtlichen Klage gegen die Frau auf Zahlung von über 300 Mark geltend machen wollte, das seiner Nutznießung unterworfene eheweibliche Vermögen betrage weniger als 300 Mark. Das kann unmöglich zugelassen werden. Der Absicht des Gesetzes entspricht es jedenfalls nicht, die auch vom rein praktischen Standpunkte aus so überaus wünschenswerte einheitliche Feststellung des Klaganspruches gegen Mann und Frau auf diese Weise vereitelt zu sehen und den Gläubiger zur Anstellung getrennter Prozesse zu nötigen. Das Streben der Prozeßordnung geht gerade umgekehrt dahin, dem Gläubiger die Beschaffung des notwendigen Schuldtitels gegen den Mann thunlichst zu erleichtern (vgl. §§ 737, 742 CPO.). Diesem Streben zuliebe bricht das Gesetz sogar mit dem bisher festgehaltenen Grundsatze in § 794[5], daß nur Forderungen auf Zahlung einer bestimmten Geldsumme oder auf Leistung einer bestimmten Quantität anderer vertretbarer Sachen den Gegenstand einer vollstreckbaren Urkunde abgeben können, indem es in Abs. 2 § 794 nunmehr auch solche gerichtliche oder notarielle Urkunden als vollstreckbare Schuldtitel zuläßt, in denen der Mann einer Schuldnerin dem Gläubiger die sofortige Zwangsvollstreckung in die seiner Nutznießung unterworfenen Gegenstände bewilligt. In einer wichtigen Beziehung hat neuerdings auch das Reichsgericht (Entsch. 50 S. 51) die akzessorische Natur der Klage gegen den Mann auf Duldung der Zwangsvollstreckung anerkannt und die Verbindung einer solchen Klage mit der gegen die Frau im Wechselprozesse erhobenen für statthaft erklärt. Läßt man das zu, dann kann es auch hier keinem Bedenken unterliegen, die Klage gegen den Mann im dinglichen Gerichtsstande des § 24 CPO., der an sich nur der Frau gegenüber begründet sein würde, zuzulassen. Dr. W.

b) **Der Gläubiger eines Ehemannes, welcher sich aus zum Gesamtgut gehörigen Sachen befriedigen will, die im Besitze der getrennt lebenden Ehefrau sind, muß den Anspruch des Ehemannes pfänden. CPO. § 740.**

OLG. Hamburg, IV. CS. Urteil v. 16. Mai 1902.

Der Ehemann ist nach außen Herr der Gemeinschaft; er kann, wenn die Frau ihn verlassen hat und getrennt lebt, aber zum Gesamtgut gehörende Sachen mitgenommen oder hernach erworben hat, Einräumung des Besitzes und Herausgabe verlangen; die Frau steht ihm hier wie jeder andere Dritte gegenüber. Es fragt sich, ob auch den zur Pfändung in das Gesamtgut schreitenden Gläubigern gegenüber in Bezug auf die getrennt lebende Frau dasselbe gelten muß.

Über den dazu zunächst erforderlichen Vollstreckungstitel schreibt der § 740 vor, daß zur Zwangsvollstreckung in das Gesamtgut ein gegen den Mann ergangenes Urteil erforderlich und genügend sein soll, dem ein wie hier vorliegender Vollstreckungsbefehl nach § 794[4] gleichsteht. Damit ist eine Klage gleich der jetzt angestellten, wonach die getrennt lebende Frau verurteilt werden soll, die Zwangsvollstreckung in die in ihrem Besitze befindlichen, zum Gesamtgut gehörenden Gegenstände zu dulden, unvereinbar. Dafür fehlt sowohl im BGB. wie in der CPO. jegliche rechtliche Grundlage. Fragen kann sich vielmehr nur, ob der Gläubiger kraft des gegen den Mann erlangten Titels ohne weiteres durch den Gerichtsvollzieher bei der getrennt lebenden Frau pfänden lassen kann, wie dies nach bisherigem Hamburgischen Rechte für zulässig erachtet wurde, oder ob ihm dafür ein Weg nur durch Erwirkung der Pfändung des Anspruches des Mannes auf Herausgabe der zum Gesamtgut gehörenden Sachen mit nachfolgender Überweisung des Anspruches zur Einklagung gemäß §§ 846, 826 ff. CPO. zu Gebote steht. Diese Frage ist bestritten. In einem ausführlichen Bescheide des Landgerichtes Hamburg (Hans. Ger.-Zeit. 1900 Beibl. 38 S. 221) wurde mit Falkmann (Jur.-Ztg. 1900 S. 175) der erstgedachte Weg verteidigt, wobei der § 809 als in den Fällen § 740 ff. unanwendbar und beseitigt behandelt wird, während Planck das. S. 77 (unter Verwertung der Motive zu jenen §§ S. 212, 213, die ausdrücklich auf die §§ 809, 846 CPO. verweisen) ein Vorgehen gegen die getrennt lebende Frau als Dritte nur nach Maßgabe dieser Bestimmungen für möglich erklärt. Dieser letzteren Auffassung, der sich das Gericht anschließt, folgt auch die Hamb. Geschäftsanweisung für das Gerichtsvollzieheramt vom 1. Januar 1900 §§ 47, 48, während allerdings die für Preußen erlassene vom 1. Dezember 1899 § 48 Abs. 1—3 den gegenteiligen Standpunkt einnimmt. M. M.

c) **Der Widerspruch der Ehefrau aus § 861 CPO. kann lediglich nach § 766, nicht auch im Wege der Klage nach § 771 geltend gemacht werden.**

OLG. Dresden, II. CS. Urteil vom 28. April 1902.

Mit Recht geht das Landgericht davon aus, daß das Angriffsmittel der Klägerin aus § 861 CPO. — die Früchte ihres Vermögens müßten wegen mangelnden Verdienstes ihres Mannes zum Unterhalte der Familie verwendet werden, und seien daher der Pfändung nicht unterworfen — zur Geltendmachung im Klagewege ungeeignet ist. Auf jene Gesetzesbestimmung kann lediglich eine Einwendung gegen die Art und Weise der Vollstreckung gestützt werden, die ihre Erledigung gemäß § 766 zu finden hätte; nicht aber kann die Klägerin unter Bezugnahme auf sie ein selbständiges, die Veräußerung hinderndes Recht im Wege der Klage aus § 771 geltend machen. Denn an sich unterliegen die Früchte ihres Vermögens dem Zugriff der Gläubiger des Mannes; sie ist also keine „Dritte" im Sinne des § 771. (Vgl. auch Entsch. d. RG. 16 S. 346 und Petersen-Anger, Anm. 3 zu § 771.) Dr. W.

## 27

a) **§ 800 CPO. findet nicht auf Reallasten Anwendung.**

OLG. Dresden, VI. CS. Beschluß v. 14. Mai 1901.

Allerdings weist die Reallast, die in einer Geldrente besteht, in ihrer wirtschaftlichen Bedeutung und auch in rechtlicher Beziehung mit der Rentenschuld viel Ähnlichkeiten auf. Gleichwohl hat der Umstand, daß die Geldrenten noch heutzutage ganz verschiedenen Zwecken dienen, den Gesetzgeber abgehalten, sie mit der Rentenschuld zu einem einheitlichen Rechtsinstitut zu verschmelzen (vgl. Komm.-Prot. 3 S. 778). Er ist sich vielmehr des Gegensatzes zwischen Rentenlast und Rentenschuld völlig bewußt gewesen und hat diesen Gegensatz in verschiedenen Vorschriften zum Ausdrucke gebracht (Turnau-Förster 1 S. 806). Daraus ergiebt sich mit zwingender Notwendigkeit die Schlußfolgerung, daß auch bei den gleichzeitigen Änderungen der CPO. die selbständige Natur der Geldrente als Reallast nicht aus den Augen verloren worden ist. Gerade die vom Beschwerdeführer zum Vergleiche herangezogenen §§ 325, 592, 688, 794[5] CPO. beweisen nach dem bekannten Grunde vom Gegenteile, daß im Falle des § 800 die Geldrente der Hypothek, der Grund- und Rentenschuld nicht gleichgestellt sein soll. Diese Nichtgleichstellung hat auch ihren guten Grund in der Verschiedenartigkeit der in den einzelnen Teilen von Deutschland vorkommenden Reallasten. Derselbe Grund ist es, der zu weitgehenden Vorbehalten für das Landesrecht in Art. 113, 120, 121 EG. z. BGB. geführt hat. Mit welcher Genauigkeit der Gesetzgeber die Rechtssprache anwendet, zeigt sich namentlich im Art. 118 EG., wo neben der Hypothek, der Grund- und Rentenschuld ausdrücklich die Geldrente miterwähnt ist. Die Annahme der Vorinstanzen, daß im Falle des § 800 CPO. die Geldrente außer Betracht zu bleiben hat, erscheint umsomehr gerechtfertigt, als § 800 eine Ausnahmevorschrift von tiefeinschneidender Bedeutung enthält. Diese Annahme läßt sich auch durch den Hinweis auf § 1107 BGB. nicht widerlegen. In §§ 1200, 1192² BGB. sind auch für die Grundschuldzinsen und für die einzelnen Leistungen bei der Rentenschuld die Vorschriften über die Hypothekzinsen für anwendbar erklärt. Bezögen sich die angeführten Bestimmungen nicht bloß auf das materielle Recht, so hätte es genügt, in § 800 CPO. in Ansehung der Hypothekschulden eine Zwangsvollstreckungsnorm aufzustellen. (Annalen 23 S. 69.)

b) **Pfändung des Erfinderrechtes nach der Anmeldung, aber vor der Patenterteilung ist unzulässig.**[1]

OLG. Hamburg, I. CS. Urteil v. 24. März 1902.

Es ist davon auszugehen, daß das Erfinderrecht zunächst, wie andere immaterielle Rechte, insbesondere das Urheberrecht, ein höchst persönliches Recht ist, das mit der Persönlichkeit des Erfinders so fest verbunden ist, daß es wider dessen Willen nicht durch Eingriffe Dritter von ihm abgelöst werden kann. Ihm selbst steht die freiwillige Lösung zu, die rechtliche Möglichkeit zu selbstgewollter vermögensrechtlicher Verwertung auch durch Übertragung an andere, er kann es veräußern und vererben. Dagegen widerstrebt es dem Rechte der Persönlichkeit, Dritten die Befugnis zur Loslösung der Erfinderrechte von dem Erfinder gegen dessen Willen einzuräumen. Dritten steht der Zugriff erst dann zu, wenn das Erfinderrecht sich zu einem unpersönlichen, selbständigen Vermögensrecht entwickelt hat. Das geschieht im Sinne unserer Rechtsordnung erst durch die Patenterteilung, wofür die Anmeldung sich nur als vorbereitende Maßregel charakterisiert. Ebenso nur vorbereitende Maßregel ist auch die Bekanntmachung der Anmeldung, die nach § 23 Patent-G. zwar einstweilen die gesetzlichen Wirkungen des Patentes (§§ 4 und 5) vorweg eintreten läßt, aber nicht endgültig und auch nach ausdrücklicher Vorschrift nur zu Gunsten des Patentsuchers. (Hans. GZ. 1902 Hptbl. S. 139.)

c) **Voraussetzungen des § 811⁵ CPO.**

α) **OLG. Kiel, I. CS. Beschluß v. 21. April 1902.**

Schuldner ist nach seiner eigenen Angabe Viehkommissionär, nach der eingezogenen amtlichen Auskunft ist er Schlächter und Viehhändler. Er ist also Kaufmann, und zwar, sofern sein Gewerbebetrieb nicht über den Umfang des Kleingewerbes hinausgeht, Minderkaufmann. Als solcher fällt er nicht unter die durch § 811⁵ geschützten Personen, da er weder zu den dort angeführten Handwerkern, noch zu den gewerblichen Arbeitern oder anderen Personen zu rechnen ist, welche aus Handarbeit oder sonstigen persönlichen Leistungen ihren Erwerb ziehen (Struckmann-Koch § 811 Anm. 5). Ein

[1] Unpfändbar sind auch Baugelder, welche zur Fortsetzung eines Baues bestimmt sind; denn der Baugeldgeber kann die Verwendung jener Gelder zur Herstellung des Baues beanspruchen und ihre Zahlung ablehnen, wenn sie zu anderen Zwecken gebraucht werden, so daß der Gläubiger durch ihre Pfändung nicht die Befriedigung seines Anspruches an den Bauunternehmer erreichen kann (Beschluß des OLG. Dresden v. 7. Dezember 1901, Annalen 23 S. 367).

bei der Beratung der Novelle gestellter Antrag, auch Kleinkaufleute in den Kreis der hier geschützten Personen zu ziehen, ist abgelehnt worden. Abgesehen hiervon kann das bei dem Schuldner gepfändete Fahrrad auch nicht als ein zur Fortsetzung der Erwerbsthätigkeit des Schuldners unentbehrlicher Gegenstand angesehen werden. Es würde für ihn nur dann unentbehrlich sein, wenn eine zweckentsprechende Fortsetzung seiner Erwerbsthätigkeit ohne das Rad nicht möglich wäre. Dies trifft hier nicht zu. Das Fahrrad dient dem Schuldner lediglich zur Erleichterung seiner Erwerbsthätigkeit, er ist jedoch im stande, auch ohne dasselbe zu Fuß oder unter Benutzung anderer Fahrgelegenheiten seinem Gewerbe nachzugehen. Gr.

β) OLG. Rostock, I. CS. Beschluß v. 10. Juli 1902.

Die Pfändung eines Pferdes, eines Sielengeschirrs, eines Pungenwagens und eines Sackwagens ist für zulässig erachtet, weil der Schuldner nicht zu den durch § 811⁵ geschützten Personen gehöre. Aus den Gründen:

Nach den eigenen Angaben des Schuldners besitzt er in seinem Hause eine zur Herstellung von Grobmehl und Schrot dienende Mühle mit mehreren Gängen, welche durch einen Gasmotor in Betrieb gesetzt wird. Die Mühleneinrichtung allein repräsentiert ein Anlagekapital von 10000 Mark. Der Betrieb der Mühle kann nicht aufrecht erhalten werden, wenn nicht beständig größere Mengen von Korn zum Vermahlen herangeschafft werden, und zu diesem Zwecke, sowie zum Fortbringen von Mühlenprodukten hat der Schuldner das gepfändete Fuhrwerk gehalten. Wenn sich das Anlagekapital verzinsen soll, muß der Schuldner jährlich 8—10000 Zentner Korn vermahlen. Er besorgt seinen Geschäftsbetrieb im übrigen allein, bedarf aber während des Winters eines Arbeiters, welcher regelmäßig mit dem Pungenwagen umherfährt. — Dieser ganze Geschäftsbetrieb des Schuldners gewährt das Bild eines nicht unerheblichen Mühlenbetriebes, in welchem die persönliche Thätigkeit des Schuldners zwar unentbehrlich ist, die größere Bedeutung aber in der zu diesem Betriebsunternehmen angeschafften geschäftlichen Einrichtung liegt. Die hauptsächlichste Erwerbsquelle des Schuldners ist das in das Betriebsunternehmen hineingesteckte Kapital, das er in nutzbringender Weise zu verwerten sucht. Der Erwerb aus der geschäftlichen Einrichtung des Schuldners überwiegt daher den Erwerb aus seinen persönlichen Leistungen. Dies ist für die Frage, ob der Schuldner zu den im § 811⁵ bezeichneten Personen zu zählen ist, von entscheidender Bedeutung. Er ist weniger ein gewerblicher Arbeiter oder eine Person, welche aus ihren persönlichen Leistungen ihren Erwerb zieht, als ein Unternehmer, dessen Erwerb von dem wirtschaftlichen Ergebnis des Betriebsunternehmens abhängt. S.

γ) OLG. Stettin, III. CS. Beschluß v. 24. Juni 1902.

Der angefochtene Beschluß legte den § 811⁵ zu eng aus, wenn er unter den zur persönlichen Fortsetzung der Erwerbsthätigkeit unentbehrlichen Gegenständen bei einem Bäcker nur die zur unmittelbaren Herstellung der Backwaren erforderlichen Gerätschaften und Vorrichtungen und allenfalls die Ladeneinrichtung, nicht aber die von ihm zur Absetzung der Backwaren in den Ortschaften der Umgegend seines Wohnortes benutzten Transportmittel, Pferd und Wagen, versteht. Nach der Absicht der Novelle sollten die bisherigen Pfändungsbeschränkungen durch die neue Fassung des § 811 erheblich erweitert werden; namentlich liegt diese Absicht auch der Fassung der Ziff. 5 zu Grunde, die an die Stelle des § 715⁴ getreten ist, wonach nur die zur persönlichen Ausübung des Berufes unentbehrlichen Gegenstände der Pfändung nicht unterlagen. Zu den zur persönlichen Fortsetzung der Erwerbsthätigkeit unentbehrlichen Gegenständen gehören aber nicht lediglich die Werkzeuge, sondern vielmehr alle Gegenstände, die unter Berücksichtigung der Art der Ausdehnung des bisherigen Erwerbsbetriebes für die persönliche, wirtschaftlich nutzbringende Erwerbsthätigkeit durch den Schuldner unentbehrlich erscheinen (Rsp. 3 Nr. 39 d, Gaupp-Stein S. 552). Die Entscheidungen des OLG. Bamberg (Rsp. 1 S. 226) können zur Unterstützung der Auffassung des Landgerichtes nicht dienen, da sie noch unter der Herrschaft des viel enger gefaßten § 715⁴ ergangen sind. Übrigens hat auch die Rechtsprechung sogar dem § 714⁴ bereits eine weitere Auslegung gegeben, indem ein von einem Bäcker zur Beförderung seiner Backwaren benutzter Handwagen unter Berücksichtigung der bisherigen Art des Betriebes für unpfändbar erklärt ist (Seuffert 50 Nr. 223). Der Schuldner hat vorliegend sein Geschäft in der Weise betrieben, daß er seine Backwaren über Land fuhr und feil bot, eine Art des Betriebes, auf die er bei dem geringen Bedarf seines Wohnortes unbedingt angewiesen ist. Das Pferd und der Wagen sind demnach zu Unrecht bei dem Schuldner gepfändet, da bei der Durchführung der Pfändung der Schuldner wirtschaftlich vernichtet würde, ein Erfolg, der gerade nach dem Zwecke des § 811 vermieden werden soll. M.

## 28

a) **Wiederholter Widerspruch gegen die Leistung des Offenbarungseides. CPO. § 900.**

OLG. Hamburg, III. CS. Beschluß v. 7. Juni 1902.

Das Gericht ist bereits im Beschlusse vom 6. März 1900 (Hans. GZ. Beibl. 1900 Nr. 68) von der Auffassung ausgegangen, daß auch nach rechtskräftiger Zurückweisung des Widerspruches des Schuldners gegen seine Verpflichtung zur Leistung des Offenbarungseides der Einwand, daß der Offenbarungseid einem anderen Gläubiger gegenüber geleistet sei, selbst dann noch mit Erfolg geltend gemacht werden könne, „wenn die Eidesleistung vor dem Termine lag, in dem der Widerspruch geltend gemacht wurde". Die Zulässigkeit dieses neuen Einwandes wurde aus dem letzten Absatz des § 900 gefolgert. Diese Bestimmung läßt erkennen, daß auch noch nach rechtskräftiger Erledigung eines erhobenen Widerspruches ein neuer Widerspruch vom Gesetz für möglich gehalten wird. Daraus ergiebt sich aber, daß die rechtskräftige Verwerfung des früheren Widerspruches sich nur auf diejenigen Widerspruchsgründe erstrecken kann, die im früheren Verfahren vorgebracht worden sind, und daß das Urteil, welches den Widerspruch verwirft, nicht identisch ist mit einer Verurteilung des Schuldners zur Ableistung des Offenbarungseides, durch welche jedenfalls alle Einwendungen, die im früheren Termin geltend gemacht werden konnten, ausgeschlossen sein würden (vgl. auch Seuffert 49 S. 122; anderer Ansicht: Gruchot 33 S. 611 und Struckmann-Koch § 904 Anm. 3). M. M.

b) **Einwendungen gegen den Haftbefehl, wenn Schuldner zur Leistung des Offenbarungseides nicht erschienen ist. Amtliche Berücksichtigung früherer Leistung. CPO. §§ 900, 903.**

OLG. Braunschweig, I. CS. Beschluß v. 5. April 1902.

Gegen den im Termin zur Leistung des Offenbarungseides ausgebliebenen Schuldner erging Haftbefehl. Die Beschwerde wurde zurückgewiesen, der weiteren Beschwerde dagegen stattgegeben. Gründe:

Obwohl zwei inhaltlich übereinstimmende Entscheidungen vorliegen, ist die weitere Beschwerde zulässig. Das Amtsgericht hat die Haft angeordnet lediglich auf Grund des § 901 CPO., weil der Schuldner nicht im Termin erschienen war; das Landgericht hat dagegen bestätigt, weil die Behauptung des Schuldners, die Haftandrohung sei ungerechtfertigt, da er bereits 1900 manifestiert habe, Beachtung nicht verdiene; damit ist also dem Schuldner über die Versäumnisfolge des § 901 hinaus ein Einwand gegen seine Verpflichtung zur Leistung des Offenbarungseides aberkannt, der Haftanordnung also eine für den Schuldner erheblich ungünstigere Bedeutung gegeben. Freilich hatte letzterer bereits in seiner schriftlichen Eingabe auf einen früher von ihm geleisteten Offenbarungseid hingewiesen; da aber die Verpflichtung zur Eidesleistung wirksam nur im Termin durch den Schuldner oder seinen Bevollmächtigten bestritten werden kann (Petersen-Anger S. 607 bei Note 6), so ist in der amtsgerichtlichen Haftanordnung nicht eine Entscheidung über den fraglichen Einwand zu finden, solche vielmehr erst in zweiter Instanz ergangen. — Der Antrag des Schuldners, die Anordnung der Haft (den Haftbefehl) aufzuheben, ist gegenstandslos geworden, nachdem das Amtsgericht nach der Leistung des Offenbarungseides den Schuldner „entlassen", d. h. (vgl. § 902²) aus der Haft entlassen, und damit seinerseits den Haftbefehl aufgehoben hat. Das steht indessen der Zulässigkeit der Beschwerde nicht entgegen; die Zulässigkeit der Rechtsmittel ist zu beurteilen nach dem Zeitpunkt ihrer Einlegung (JW. 1898 S. 257³).

Die Vorinstanz hat die Beschwerde verworfen, weil der Schuldner durch sein Nichterscheinen im Termin die Befugnis verloren habe, behufs Vermeidung nochmaliger Manifestierung sich auf eine frühere Leistung des Eides zu berufen. Petersen-Anger und Gaupp sind allerdings der Ansicht, daß der Schuldner Einwendungen gegen seine Verpflichtung, zu manifestieren, nur in dem zur Leistung des Eides anberaumten Termine vorbringen könne, daß bei erfolgtem Widerspruch nach § 900³ zu verfahren sei, daß mithin der Schuldner, wenn er nicht erscheine und das Gericht deshalb die Haft anordne

(§ 901), seiner Einwendungen verlustig sei, da eben mit der Haftanordnung das für das Vorbringen von Einwendungen offenstehende Stadium des Prozesses sein Ende erreicht habe. Wenn die genannten Schriftsteller daneben der herrschenden Meinung beitreten, daß dem Schuldner gegen den Haftbefehl die sofortige Beschwerde zustehe, so ist es nur folgerichtig, wenn sie eine Begründung dieses Rechtsmittels mit Einwendungen gegen die Eidespflicht nicht für statthaft erachten. Es kann diese Ansicht nur als bedenklich bezeichnet werden, da aus der Ordnung eines bestimmten Verfahrens für den Fall, daß vor dem Vollstreckungsgericht Einwendungen erhoben werden, nicht ohne weiteres zu folgern ist, daß der Schuldner eben nur auf diesem Wege sich verteidigen könne. Ist andererseits anzuerkennen, daß die Anordnung der Haft nicht bloß mit der Behauptung, die dafür im § 901 gesetzten Bedingungen seien vom Gerichte zu Unrecht als vorhanden angenommen, sondern auch mit der Begründung — im Wege sofortiger Beschwerde — angefochten werden könne, daß die Voraussetzungen für die Verpflichtung nicht vorhanden seien, so scheint die Konsequenz zu verlangen, daß man — beim Mangel entgegenstehender gesetzlicher Vorschriften — dem Schuldner die Geltendmachung auch seiner Einwendungen im Beschwerdewege gestattet (vgl. Wicke in der Zeitschr. f. R. 42 S. 36). Es braucht indessen auf diesen die Konstruktion des Verfahrens betreffenden Streit nicht näher eingegangen zu werden, da ein anderer Gesichtspunkt dasselbe Resultat ergiebt. Der § 903, welcher die Verpflichtung eines Schuldners zur nochmaligen Leistung des Offenbarungseides von der Glaubhaftmachung eines späteren Vermögenserwerbes abhängig macht, ist nicht dahin zu verstehen, daß dem Schuldner eine seiner Disposition unterliegende Einrede gegen den Anspruch eines Gläubigers aus §§ 807, 899 ff. CPO. gegeben werde; die Bestimmung ist vielmehr, wie überhaupt die Art und Weise der Zwangsvollstreckung nicht der Privatwillkür der Parteien unterliegt, vom Gerichte von Amts wegen zu beachten; sie hat öffentlich-rechtlichen Charakter und ist dazu bestimmt, zwecklose und überflüssige Eidesleistungen zu vermeiden (vgl. Hahn, Mater. S. 468, Wilmowski-Levy und Seuffert zu § 784). Dieser Ansicht scheint auch Franke, Offenbarungseid zu sein, welcher die Kenntnis des Gerichtes von einem früheren Eide des Schuldners zwar nicht als Hindernis für eine Terminsanberaumung ansieht, aber nach seinen Erörterungen S. 65, 68 dahin gelangen muß, im Termin — auch ohne Widerspruch des Schuldners — die Abnahme des Eides für unstatthaft zu erklären, wenn die frühere Eidesleistung gerichtskundig ist und Gläubiger einen nachherigen Vermögenserwerb nicht darthut. Eben diesen Standpunkt hat das Kammergericht Berlin — ständig (s. Seuffert 49 Nr. 63) — und das OLG. Bamberg (Rsp. 1 S. 210) eingenommen mit der Konsequenz, daß der den Schuldner von der wiederholten Eidesleistung befreiende Umstand auch der Haftanordnung gegenüber, solange sie nicht formell unanfechtbar geworden ist, also auch in der Beschwerdeinstanz, beachtet werden muß. Hu.

## 29

a) **Kein Arrest wegen des bedingten Anspruches des Beklagten auf Kostenersatz gegen den im Auslande ansässigen Kläger.**

OLG. Hamburg, II. CS. Beschluß v. 16. Juni 1902.

Die ausländische Klägerin ist mit der Klage gegen den hier wohnhaften Beklagten kostenpflichtig abgewiesen und hat Berufung eingelegt. Der Beklagte beantragt, ihm einen Arrest wegen seines durch die Rechtskraft jenes Urteils bedingten Anspruches auf Kostenerstattung. Dem Antrage kann jedoch nicht Folge gegeben werden, weil durch jenes Urteil ein Anspruch des Beklagten nicht begründet worden ist. Mit der Erhebung einer Klage ist die Möglichkeit gegeben, daß dem Beklagten ein Anspruch gegen den Kläger demnächst erwachsen wird; nicht aber ist dadurch ein solcher Anspruch, sei es auch nur als ein bedingter, schon zur Entstehung gekommen. Der Entstehungsgrund für die Forderung auf Kostenersatz ist vielmehr erst das den Gegner zum Kostenersatz verurteilende Urteil, und zwar das rechtskräftige Urteil. Ein nicht rechtskräftiges Urteil übt, wenn es nicht für vorläufig vollstreckbar erklärt ist, keinerlei Wirkung; es kann daher auch nicht die Quelle einer Kostenerstattungspflicht sein. Diese Verpflichtung ist eine Rechtsfolge des Unterliegens einer Partei, und in keinem Stadium des Prozesses, in welchem die Frage, ob und inwieweit die eine oder die andere Partei obsiegen oder unterliegen wird, noch eine offene ist, kann davon die Rede sein, daß eine Partei gegen die andere oder gar daß beide Parteien wechselseitig gegen einander einen bedingten Kostenerstattungsanspruch haben. Solange aber nur ein nicht rechtskräftiges Urteil vorliegt, bleibt jene Frage eine offene, wie sie es im Beginne des Rechtsstreites war.

Zu dem nämlichen Resultat führt die folgende Erwägung: Abgesehen von dem Falle, wo ein Ausländer als Kläger auftritt oder wo der Kläger im Laufe des Rechtsstreites seine Eigenschaft als Deutscher verliert (CPO. §§ 110, 111), ist kein Kläger verpflichtet, dem Beklagten eine Sicherheit wegen der Prozeßkosten zu leisten, auch dann nicht, wenn er im Auslande seinen Wohnsitz hat. Dieses Prinzip würde in letzterem Falle illusorisch werden, wenn es dem Beklagten gestattet sein sollte, im Laufe des Rechtsstreites auf dem Umwege des Arrestes von dem im Auslande wohnhaften Reichsangehörigen eine Sicherheitsleistung zu erzwingen. Daß im vorliegenden Falle die Inhaber der klagenden Firma Ausländer sind, ist nicht behauptet worden, wie denn auch weder der Kläger von ihnen eine Sicherheit wegen der Prozeßkosten noch die Gerichtskasse einen dreifachen Vorschuß gemäß § 85 des GKG. verlangt bezw. das Gericht in Ermangelung eines solchen Vorschusses seine Thätigkeit versagt hat. M. M.

b) **Voraussetzungen vorläufiger Regelung eines Vertragsverhältnisses. CPO. § 940.**

α) OLG. Breslau, VII. CS. Beschluß v. 26. Oktober 1901.

Der Theaterdirektor B. verlangte vom Schauspieler A. auf Grund des

Anstellungsvertrages von 1899 die Übernahme der Rolle des Lord Mayor in „Richard III." bei Androhung hoher Geldstrafe, eventuell sofortiger Entlassung. A. bestritt seine Verpflichtung, eine derartige untergeordnete Rolle zu spielen und beantragte unter Hinweis auf die drohende Schädigung seines Künstlerrufes, ihn im Wege der einstweiligen Verfügung zu ermächtigen, die Übernahme dieser und ähnlicher geringwertiger Rollen abzulehnen. Aus den Gründen:

Der Auffassung des LG., daß der Antragsteller mit der Ermächtigung zur Ablehnung der Rolle des Lord Mayor die Befreiung von einer Einzelleistung, nicht die Regelung eines einstweiligen Zustandes fordere, kann nicht beigetreten werden. Denn der Antrag begehrte die Ermächtigung zur Ablehnung nicht nur für den einzelnen Fall, in welchem dem Antragsteller zur Zeit die Übernahme der Rolle des Lord Mayor angesonnen war, sondern ganz allgemein gegen den, auch künftig möglichen Anspruch des Direktors B., dem Antragsteller überhaupt diese Rolle zuteilen zu dürfen. Der einstweilige Zustand, den der Antragsteller durch einstweilige Verfügung geregelt verlangt, besteht also darin, daß der Antragsteller bis auf weiteres die Rolle des Lord Mayor nicht zu spielen braucht, der Direktor ihn aber für diese Weigerung nicht strafen darf, bis über des Letzteren Recht, das Spielen dieser Rolle vom Antragsteller zu verlangen, durch Urteil entschieden ist. Die Regelung dieses Zustandes durch eine einstweilige Verfügung erscheint an sich sehr wohl zulässig.

Der Antrag ist aber auch sachlich begründet.... Auch das ALR. verpönt den Mißbrauch in der Ausübung der Rechte. In §§ 27, 28 I 8 verbietet es den Mißbrauch in der Ausübung des Eigentumes zur Kränkung und Beschädigung anderer. Im Titel 6 § 37 behandelt es die, dem anderen nachteilige und — in der Absicht, ihn zu beschädigen — gewählte Rechtsausübung unter den unerlaubten Handlungen und § 35 I 3 bestimmt, daß aus unerlaubten Handlungen keine Rechte für den Handelnden entstehen. Im § 516 II 20 endlich stellte es sogar den Rechtsmißbrauch unter öffentliche Strafe. Vorliegend giebt ... der Anstellungsvertrag der Direktion ausschließlich das Recht der Rollenverteilung, „wobei sie ohne alle weitere Rücksicht nur die möglichste Vollkommenheit der Darstellung zum Ziele zu nehmen hat." Nach den glaubhaft gemachten Anführungen des Antragstellers aber ist die Besorgnis gerechtfertigt, daß bei der Zuteilung der Rolle des Lord Mayor nicht die Rücksicht auf die möglichste Vollkommenheit der Darstellung entscheidend gewesen, sondern unter dem Schutze des Vertragsrechtes eine Kränkung und Benachteiligung des Antragstellers beabsichtigt ist.... Da ferner glaubhaft gemacht ist, daß dem Antragsteller bei Zuteilung einer solchen Rolle wesentliche Nachteile drohen — hohe Geldstrafe, wenn nicht sofortige Entlassung auf der einen, Schädigung seines Künstlerrufes auf der anderen Seite —, so erschien zur Abwendung dieser Nachteile der Erlaß einer einstweiligen Verfügung gerechtfertigt.

Dem weitergehenden Antrage, den Antragsteller nicht nur zur Ablehnung der Rolle des Lord Mayor, sondern auch „ähnlicher geringwertiger Rollen" zu ermächtigen, konnte dagegen nicht stattgegeben werden. Zum Wesen der einstweiligen Verfügung gehört, daß sie ohne weiteres ausführbar ist, ohne daß es noch weiterer gerichtlicher Entscheidungen bedarf. Der vom Antragsteller in Aussicht genommene einstweilige Zustand kann daher durch einstweilige Verfügung nur in Bezug auf bestimmte, zur Kenntnis des Gerichtes gelangte Rollen geregelt werden, nachdem es sich überzeugt hat, daß aus dem Spielen dieser Rollen wesentliche Nachteile für den Antragsteller entstehen können. Da bisher nur eine einzige Rolle namhaft gemacht ist, rücksichtlich deren das Gericht zu dieser Prüfung in der Lage war, so konnte auch nur in Bezug auf diese der Zustand bis zur Entscheidung durch Urteil über das Rechtsverhältnis zwischen den Parteien einstweilig geregelt werden. Sch.

β) OLG. Hamburg, III. CS. Beschluß v. 10. Mai 1902.

Antragsteller hat glaubhaft gemacht, daß er durch Verschulden des Gegners verletzt worden ist, daß er sich einer sofortigen Kur unterziehen muß, und daß er dazu die erforderlichen Mittel nicht besitzt. Er hat auf Zahlung von Kurkosten geklagt und fordert einen Teil im voraus im Wege einstweiliger Verfügung. Aus den Gründen:

Allerdings liegt in dem Begriffe eines „Zustandes" (§ 940 CPO.), daß es sich um ein Verhältnis von irgend welcher Dauer handeln muß. Dazu gehören aber auch obligatorische Verhältnisse, wenn sie einen dauernden Charakter haben, wie Unterhaltsverbindlichkeiten und dergl. (vgl. Entsch. d. RG. 9 Nr. 97, 15 Nr. 100 und 27 Nr. 97). Ähnliches steht aber auch hier in Frage. Erweist sich das Vorbringen des Klägers demnächst im Prozesse als richtig, so wird der Beklagte ihm den fraglichen monatlichen Kurbeitrag für die Dauer der Kur und eventuell sogar eine Rente gemäß § 843 BGB. im voraus zahlen müssen. Daß der Kläger seine Forderung zunächst auf Vorauszahlung des Kurbeitrages für drei Monate beschränkt hat, läßt den bezeichneten Charakter des vorliegenden obligatorischen Verhältnisses selbst unberührt. Ferner handelt es sich auch bei dem, was mit der beantragten Verfügung angestrebt wird, um eine, zur Abwendung wesentlicher Nachteile vom Kläger nötige Regelung des einstweiligen Zustandes in Bezug auf das streitige Rechtsverhältnis, so daß alle Voraussetzungen für die Anwendung des § 940 CPO. vorliegen. M. M.

c) **Entziehung des ehemännlichen Nießbrauches durch einstweilige Verfügung. Eintragung ins Güterregister.**

OLG. Dresden, VI. CS. Beschluß v. 10. Juni 1902.

Durch rechtskräftiges Urteil ist im Wege einstweiliger Verfügung der Nießbrauch und die Verwaltung des A. an dem eingebrachten Gute seiner Frau aufgehoben. Der Antrag, dies im Güterregister einzutragen, wurde zurückgewiesen, der weiteren Beschwerde jedoch stattgegeben. Gründe:

Die Vorinstanzen gehen davon aus, daß nur ein in der Hauptsache ergangenes rechtskräftiges Urteil, das die Verwaltung und Nutznießung des Mannes aufhebt, ein nach § 1561 Abs. 3 Z. 1 BGB. zur Eintragung der Aufhebung im Güterrechtsregister ausreichender Schuldtitel sei. Dem steht jedoch schon der Wortlaut der Stelle entgegen; denn sie spricht nicht mehr wie § 1437 des 1. Entwurfes von einem rechtskräftigen in der Hauptsache erlassenen Urteile, das den Antrag des verurteilten Mannes ersetzt, sondern von mit dem Zeugnisse der Rechtskraft versehenen Entscheidungen. Eine solche ist aber auch die durch rechtskräftiges Urteil erlassene einstweilige Verfügung. Daß auch sie nicht endgültig die Beziehungen der Ehegatten regelt, ja sogar nach §§ 336, 927 CPO. wieder aufgehoben werden kann, ohne daß in der Hauptsache ein Urteil ergehen müßte, berührt nicht ihre formelle Rechtskraft. Diese ist aber allein erforderlich. Denn auch die vom Vormundschaftsgerichte bei Streitigkeiten über die Schlüsselgewalt erlassenen Entscheidungen (§ 1357 BGB.), die eintragsfähig, ja eintragsbedürftig sind, entbehren der materiellen Rechtskraft, wie die §§ 325, 322 CPO. sie bei Urteilen vorsehen. (Vgl. Rausnitz zu § 18 Anm. 4.)

Nun ist es zwar nicht unbedenklich, bereits in einer einstweiligen Verfügung eine Anordnung gleichen Inhaltes zu geben, wie sie weitergehend im ordentlichen Verfahren nicht angestrebt werden könnte, so daß das in diesem ergehende Urteil nicht durch die Entscheidung selbst, sondern nur durch deren materielle Rechtskraft sich von der einstweiligen Verfügung zu unterscheiden vermag. Allein selbst wenn man derartige einstweilige Verfügungen für unzulässig halten wollte, was immerhin bei der großen Freiheit, die §§ 938, 940 CPO. dem Gericht in der Wahl der Anordnungen lassen, zweifelhaft erscheinen muß, so ist doch sogar dann — ihre formelle Rechtskraft vorausgesetzt — das Registergericht an sie gebunden und verpflichtet, die darin ausgesprochene Änderung der güterrechtlichen Verhältnisse der Ehegattten auf einseitigen Antrag der obsiegenden Partei ins Güterrechtsregister einzutragen. Der Beschluß des OLG. Darmstadt vom 22. November 1901 betrifft offenbar eine durch Beschluß erlassene einstweilige Verfügung, der er zutreffend die Fähigkeit der formellen Rechtskraft abspricht, scheint aber mehr als diese für den Eintrag gleichfalls nicht zu verlangen. Dr. Cl.

---

## 30

### a) **Kündigung an den Vertreter einer Gesellschaft. BGB. §§ 130, 133.**

OLG. Königsberg, II. CS. Urteil v. 4. Juni 1902.

A. und B. als Eigentümer eines dem Kläger verpfändeten Grundstückes hatten dieses 1898 an die beklagte Gesellschaft m. b. H. verkauft und aufgelassen. Im Auflassungstermin trat der im Gesellschaftsregister als Geschäftsführer der Beklagten eingetragene B. für letztere auf; in einer späteren Bescheinigung ist A. als deren Geschäftsführer angegeben. Die Hypothek ist 1901 dem A. und dem B. gekündigt. Aus den Gründen:

Da das eine Kündigungsschreiben dem damaligen Geschäftsführer der

Beklagten zuging, war es auch der Gesellschaft gegenüber wirksam. Die Kündigung ist kein Formalakt, sondern eine einseitige empfangsbedürftige Willenserklärung, zu deren Wirksamkeit genügt, wenn der Wille des Erklärenden dem anderen Teile erkennbar mitgeteilt wird. Nach § 133 soll ferner bei der Auslegung einer Willenserklärung nicht an dem buchstäblichen Sinne des Ausdruckes gehaftet werden. Aus dem Kündigungsschreiben geht der Wille des Klägers, die Hypothek zu kündigen, bestimmt hervor. Dieser Wille ist zwar nicht der Beklagten als solcher, sondern ihrem Geschäftsführer mitgeteilt, welcher nach dem Gesetz zu ihrer Vertretung befugt ist und sie durch die seinerseits in ihrem Namen vorgenommenen Rechtsgeschäfte berechtigt und verpflichtet. Der Geschäftsführer mußte aber aus dem Schreiben den Kündigungswillen des Klägers entnehmen und handelte wider Treu und Glauben, wenn er es nicht als an die Adresse der Beklagten gerichtet ansah. Daß der Kläger sich dahin ausläßt: „Die Hypothek wird Ihnen gekündigt," kann die Wirksamkeit der Kündigung gegenüber der Beklagten nicht beeinträchtigen; denn es war nicht erforderlich, daß Kläger den A. ausdrücklich in seiner Eigenschaft als vertretungsberechtigten Geschäftsführer anging. Wenn Kläger dasselbe auch an B. gerichtet hat, so ist dies darauf zurückzuführen, daß Kläger bei dem bei der Beklagten in der Geschäftsführung eingetretenen Wechsel über die Person des derzeitigen Geschäftsführers, dem gegenüber er die Kündigung abgeben wollte, unsicher war und, um sorgfältig vorzugehen, sowohl dem einen als auch dem anderen kündigte. Auch der Gesichtspunkt, Kläger habe die Absicht gehabt, den früheren Eigentümern des Grundstückes zu kündigen, trifft nicht zu. Eine derartige Absicht würde jedes ersichtlichen Zweckes entbehren. Aus dem festgestellten Sachverhalt ist vielmehr die Absicht des Klägers zu entnehmen, dem damaligen Eigentümer des Grundstückes zu kündigen. Th.

b) **Verträge über gemeinschaftlichen Erwerb bei öffentlicher Versteigerung durch eine der Parteien unter Ausschluß der anderen vom Mitbieten sind nicht notwendig nichtig.**[1]

Kammergericht, VII. CS. Urteil v. 26. Februar 1902.

Die Parteien haben 1901 vereinbart, daß nur die Beklagten auf das von der Stadt X. zur Versteigerung gestellte Holz bieten und, falls der Zuschlag nicht erteilt würde, das Holz freihändig kaufen sollten, und daß bei der demnächstigen Teilung des Holzes jede der drei Parteien $^1/_3$ des Holzes erhalten sollte. Diese Vereinbarung verstößt nicht gegen die Nr. 5 der Verordnung vom 14. Juli 1797, wonach die Verträge als unerlaubt ausdrücklich erklärt werden, wo mehrere sich vereinigen, ein zum öffentlichen Verkauf gestelltes Objekt durch einen unter ihnen ausgemittelten und vorgeschobenen Namensträger an sich zu bringen und es dann zum gemeinschaftlichen Vorteil zu verkaufen. Denn diese sowie die anderen Vorschriften der Verordnung,

[1] Vgl. Rsp. 4 Nr. 58b; auch JW. 1902 S. 407.

soweit sie privatrechtliche Normen enthalten, sind als solche durch Art. 55 EG. zum BGB. aufgehoben; soweit sie sich über strafrechtliche Bestimmungen verhalten, sind sie durch § 270 des Preuß. StrGB. ersetzt worden. Vorliegend handelt es sich nun nicht etwa darum, daß durch die Abnehmer der eine oder der andere Bietungslustige von dem Mitbieten abgehalten worden ist, sondern darum, daß sich die Bietungslustigen gerade zu dem Zwecke vereinigt haben sollen, um gemeinschaftlich das Holz zu kaufen. Eine solche Abrede, nach der also mehrere gemeinschaftlich durch einen geschäftsführenden Gesellschafter auf einer Auktion für einen bestimmten Preis Holz einkaufen wollen, würde aber füglich nicht als gegen die guten Sitten verstoßend dann anzusehen sein, wenn durch diese Abrede verhindert werden sollte, daß ein zu hoher Preis gefordert würde, und wenn die Willensrichtung der Beteiligten nicht dahin gegangen ist, daß von ihnen ein nicht angemessener Preis gezahlt werden sollte. Daß etwa die gegenteilige Willensrichtung auf Erwerb des Holzes für einen unverhältnismäßig niedrigen Preis zwischen den Beteiligten geherrscht haben sollte, kann ohne weiteres nicht angenommen werden. (Vgl. Rehbein, BGB. S. 168, 169; Dernburg, Preuß. Privatrecht 2 S. 35 Anm. 15.) E.

c) **Grenze der Wirksamkeit des gerichtlichen Verbotes der Veräußerung eines Grundstückes. BGB. §§ 135, 888.**

OLG. Colmar, I. CS. Urteil v. 2. Mai 1902.

M. hatte trotz eines an ihn auf Antrag der Kläger erlassenen Verbotes sein Grundstück an die Beklagten verkauft. Die Kläger beanspruchen Berichtigung des Grundbuches dahin, daß die Eigentumsübertragung von M. an die Beklagten gelöscht werde. Aus den Gründen:

... Die rechtlichen Folgen der Wirksamkeit des Veräußerungsverbotes ergeben sich aus den §§ 135, 136, 883, 888. Nach §§ 135, 136 ist die Verfügung gegen ein gerichtliches Veräußerungsverbot nur gegenüber demjenigen unwirksam, zu dessen Schutze das Verbot erlassen ist. Weitere Wirkungen treten nicht ein. Insbesondere ist der Eigentümer nicht gehindert, die Sache zu belasten oder zu veräußern; mit der Maßgabe jedoch, daß alles dies nicht gilt gegenüber demjenigen, dessen Schutz das Verbot bezweckt. Aus § 135 folgt deshalb nicht ohne weiteres, daß derjenige, zu dessen Gunsten das Verbot besteht, die Löschung der Eigentumsänderung im Grundbuche verlangen kann. Denn durch diese Löschung wird bewirkt, daß der Übergang des Eigentumes auf den Erwerber nicht nur gegenüber der zu schützenden Person, sondern überhaupt seine Wirksamkeit einbüßt. Aus § 135 kann deshalb hier nur der Anspruch auf Feststellung hergeleitet werden, daß die Eintragung der Eigentumsänderung den durch das Verbot geschützten Klägern gegenüber unwirksam ist. Diese Unwirksamkeit hat zur Folge, daß die Kläger die streitigen Grundstücke so behandeln dürfen, als ob die Eintragung der Eigentumsänderung nicht erfolgt wäre. Auch der § 888 giebt in Verbindung mit § 883 kein weitergehendes Recht. Vorliegend ist das Verbot erlassen, um den Klägern die Zwangsvollstreckung in das liegenschaftliche Vermögen des M. zu sichern. Zur Erreichung dieses Zweckes bedarf es der Löschung der Eintragung der Eigentumsänderung nicht. Der Zweck wird vielmehr erreicht durch einen Eintrag des Inhaltes, daß die eingetragene Eigentumsänderung den Beklagten gegenüber unwirksam ist. Frdthl.

d) **Beweislast für eine bei Abschluß des Vertrages bewilligte Zahlungsfrist. BGB. § 271.**

OLG. Königsberg, II. CS. Urteil v. 19. Januar 1902.

Nach § 271 kann der Verkäufer — ähnlich wie nach § 221 ALR. I 11 — die Bezahlung des Kaufpreises sofort verlangen, wenn eine Zeit für die Bezahlung weder bestimmt noch aus den Umständen zu entnehmen ist. Wenn der Beklagte daher nicht zahlen will, weil bei Abschluß des Vertrages vereinbart worden, daß der Kaufpreis erst später zu bezahlen, so hat der Beklagte dies zu beweisen. Die behauptete Vereinbarung über die Zeit der Bezahlung des Kaufpreises ist nicht als eine verneinende Einlassung aufzufassen, sie enthält vielmehr eine rechtshindernde Thatsache. Der Kläger wird dadurch gehindert, seinen Anspruch zur Zeit geltend zu machen. Sie ist eine wahre Einrede, deren Beweis dem Beklagten obliegt (vgl. Entsch. d. RG. 1 S. 381 ff.). Die abweichende Ansicht Stölzel's ist durch Staub S. 21 ff. überzeugend widerlegt. Dieser Ansicht ist auch Rassow (bei Gruchot 43 S. 781). Th.

e) **Anmeldung einer abgetretenen Forderung zum Konkurse des Schuldners. Vorlegung der Abtretungsurkunde. BGB. § 410. KO. § 139[3].**

Kammergericht, III. CS. Beschluß v. 11. Februar 1902.

Die Kläger haben zum Konkurse 12000 Mark eingebrachtes Gut der Frau des Gemeinschuldners als eine ihnen zustehende Forderung angemeldet, also für sich Befriedigung in Höhe des auf die Forderung bei Verteilung der Masse entfallenden Anteiles verlangt. Zu der danach begehrten Leistung war der Verwalter gemäß § 410 nur gegen Aushändigung einer von der Frau des Gemeinschuldners über die Abtretung ausgestellten Urkunde verpflichtet. Diese war nach § 139 Satz 3 KO. der Anmeldung in Urschrift oder Abschrift beizufügen. Das ist nicht geschehen, eine solche Urkunde ist auch im Prozesse nicht beigebracht. Zum Nachweise des Überganges haben die Kläger in der Anmeldung wie in der Klage lediglich auf die Urkunde vom 17. April 1901 Bezug genommen. Durch diese ist aber das Forderungsrecht der 12000 Mark nicht abgetreten, die Frau des Gemeinschuldners hat darin lediglich die ihr auf ihren Anspruch zustehende Dividende an die Kläger zu deren Sicherheit cediert. Das Forderungsrecht selbst ist danach bei der bisherigen Gläubigerin verblieben, sie war die Konkursgläubigerin und als solche allein zur Anmeldung, zur Ausübung des Stimmrechtes, der Rechte aus § 164 KO. und aller sonstigen Gläubigerrechte befugt. Der Verwalter war daher nicht nur berechtigt sondern verpflichtet, das von den Klägern als eigenes angemeldete Forderungsrecht zu bestreiten. Wenn er dies unter Hinweis darauf gethan hat, daß dieselbe

Forderung auch von der jetzt zu 2 Beklagten angemeldet sei, so ändert das an der Rechtslage nichts. Die Angabe des Beweggrundes ist rechtlich bedeutungslos. Der Verwalter war auch nicht gehalten, auf etwaige mündliche Erklärungen des Vertreters der Kläger im Prüfungstermine, daß nicht nur der Anspruch auf die Dividende im Konkurse, sondern die Forderung selbst auf die Kläger übertragen sei, den Widerspruch zu unterlassen oder zurückzuziehen. Dies hätte für ihn erst in Frage kommen können, wenn Kläger ihrer vorerwähnten Pflicht aus § 410 BGB. und § 139 KO. nachgekommen wären. Z.

f) **Widerruf einer belastenden Schenkung, wenn der Beschenkte die belastende Verpflichtung bereits erfüllt hat. BGB. §§ 530 ff.**

OLG. Darmstadt, II. CS. Urteil v. 29. November 1901.

Die Kläger haben ihr gesamtes Immobiliarvermögen ihrem Sohne, dem Beklagten, schenkungsweise zu Eigentum abgetreten und widerrufen nun diese Schenkung in Ansehung der unter Ziff. II und III des notariellen Aktes verzeichneten Liegenschaften wegen Undankes. Zu dieser Widerrufsklage erscheint der des Undankes beschuldigte Beschenkte als der allein zu belangende Beklagte; denn ihm allein sind die Liegenschaften zu eigen übertragen worden, und er allein hat durch Undank sich schuldig gemacht, das Eigentum an den ihm noch zugehörigen Liegenschaften, ohne daß eine Rückwirkung des Widerrufes auf den Abschluß der Schenkung stattfände, den Schenkern wieder abzutreten. Die Belastung der Schenkung mit Herauszahlungen an Geschwister, welche sich als eine mit der Schenkung verbundene elterliche Teilung darstellt, ist nicht Gegenstand des Widerrufes und steht der Erhebung der Widerrufsklage nicht hindernd entgegen. Die Folgen des Widerrufes für die Verpflichtung aus den dem Beklagten auferlegten Verbindlichkeiten und für den Rückersatz des etwa schon Geleisteten können in einem besonderen Rechtsstreite festgestellt werden, wenn die Bedachten, welche ihre Übereinstimmung mit dem Widerruf durch Beitritt als Nebenintervenienten zur Unterstützung der Kläger bekundet haben, nicht freiwillig die durch die Gleichstellung, soweit die Schenkung widerrufen wird, erlangten Rechte aufgeben oder die Kläger den Beklagten von denselben befreien sollten, worauf im gegenwärtigen Rechtsstreite ein Antrag nicht gestellt worden ist. Dr. B.

g) **Die strenge Haftpflicht aus § 701 BGB. erstreckt sich auf eingestellte Pferde nur dann, wenn deren Besitzer zur „Beherbergung" aufgenommen ist.**

OLG. Dresden, V. CS. Urteil v. 13. Mai 1902.

Der Schadensersatzanspruch kann nicht schon daraus hergeleitet werden, daß der Beklagte in seinen Stall die Pferde des Klägers aufgenommen hat. Die im gemeinen Recht anerkannte Haftpflicht der Stallwirte hat in das BGB. keine Aufnahme gefunden (Motive 2 S. 584), nachdem die II. Kommission einen dahingehenden Antrag abgelehnt hatte (Prot. 2 S. 412). Zwar ist es hierbei als selbstverständlich bezeichnet worden, daß die Haftung der Gastwirte auf die eingebrachten Wagen und Pferde sich dann erstrecke, wenn mit der Stallwirtschaft eine Gastwirtschaft verbunden sei und der Besitzer der eingestellten Wagen oder Pferde in der gleichen Wirtschaft als Gast absteige. Im Hinblick auf den klaren Wortlaut des § 701 ist jedoch hierbei vorauszusetzen, daß der Gast vom Gastwirt im Betriebe seines auf die Beherbergung Fremder gerichteten Gewerbes aufgenommen worden ist. Nach dem Sprachgebrauche wird unter der Herberge der Ort oder das Haus verstanden, in dem Fremde für die Nacht Unterkunft finden; hiernach bedeutet: „beherbergen": Jemandem gastliche Aufnahme, Zuflucht gewähren. (Vgl. Grimm's Wörterbuch unter: „Herberge" und „herbergen".) Es darf sich also — und hiermit stimmt die heutige Verkehrssitte überein —, wenn von einem „Beherbergen" die Rede sein soll, nicht nur um die Unterbringung von Sachen handeln, es muß sich vielmehr darum handeln, daß einer Person als solcher Unterkunft gewährt wird. Diese Unterkunft darf aber auch weiter, da sie ein Gastwirt innerhalb seines Gastwirtsgewerbes gewährt haben muß, nicht nur eine solche sein, wie sie auch der Schankwirt den zum Genusse von Speise und Trank oder zu sonstigen Zwecken bei ihm eintretenden Gästen — den Verkehrsgästen — zu teil werden läßt. Vielmehr liegt ein „Beherbergen" nur dann vor, wenn eine solche Unterkunft gewährt wird, die gegenüber der dem bloßen Verkehrsgaste eingeräumten Aufenthaltsmöglichkeit ein mehreres insofern enthält, als dem Hotelgaste in gewisser Hinsicht für sein eigenes Heim, seine eigene Häuslichkeit Ersatz gewährt wird (vgl. Langen, Die privatrechtliche Stellung der Wirte 2c S. 23 und l. 6 § 3 Dig. 4, 9: „habitandi causa"). Hierbei kommt darauf nichts an, ob der Reisende in der Herberge übernachten oder längere Zeit darin verweilen will, ob er sich ein besonderes Zimmer anweisen läßt und ob er für die Beherbergung eine besondere Vergütung entrichtet (Entsch. d. ROHG. 17 S. 40, Eccius, Privatrecht 2 S. 312 Anm. 18). Der Kläger hat aber nicht zum Zwecke der Beherbergung im Gasthofe des Beklagten Aufnahme gesucht und gefunden; er hat zwar sich eine längere Zeit hindurch im Gasthofe aufgehalten, während dieser Zeit Speise und Trank genossen, an einem Konzert und Ball teilgenommen, dagegen Quartier in dem Gasthofe nicht genommen, vielmehr etwas anderes nicht erhalten, als was ein Verkehrsgast erhält, der sich in einem Wirtshause aufhält. Dr. W. — Dr. Cl.

**b) Die Coupons der Rentenverschreibungen der Preußischen Renten-Versicherungsanstalt zu Berlin sind keine Inhaberpapiere. BGB. § 793.**

OLG. Celle, I. CS. Urteil v. 23. Mai 1902.

Wenn der § 27 der Statuten vorschreibt: „Der Präsentant des Coupons erhält darauf die Zahlung, ohne daß dessen Legitimation weiter geprüft wird" und im § 29 bestimmt wird: „Die Anstalt nimmt aber auf Cessionen oder Verpfändungen gar keine Rücksicht, sondern zahlt die fälligen Renten an denjenigen aus, welcher den, mit dem Lebensattest des Mitgliedes versehenen Coupon präsentiert", so mag zweifelhaft sein, ob durch diese Bestimmungen die Anstalt sich des Rechtes hat begeben wollen, die Legitimation des Inhabers zu prüfen, oder nur eine Verpflichtung zur Prüfung der Legitimation von sich hat abweisen und die Legitimation des Inhabers hat erleichtern wollen. Aber selbst wenn man annimmt, die Anstalt habe damit auf das Recht, die Legitimation des Vorzeigers des Coupons zu prüfen, verzichtet, wäre damit die Natur des Inhaberpapieres noch nicht begründet. Gegen die Natur eines solchen würde schon der Umstand sprechen, daß nach § 27 der Statuten die Coupons zur Zeit der Fälligkeit der Renten mit dem auf der Rückseite vorgeschriebenen, von einer öffentlichen Behörde oder einem öffentlichen Beamten ausgestellten Lebens- und Aufenthaltsatteste versehen sein müssen. Wenn dieses Erfordernis auch nicht allein den Charakter als Inhaberpapier ausschließt, ist durch die Vorschrift des Lebens- und Aufenthaltsattestes immerhin eine Mitwirkung des Mitgliedes erforderlich gemacht, welches sich zur Aufnahme des Attestes der Behörde oder dem Beamten präsentieren muß, und die Erhebung der Rente ist insofern an die Person des Mitgliedes geknüpft, als die Zahlung zur Voraussetzung hat, daß es noch lebt. Außerdem ist die Höhe des durch den einzelnen Coupon vorgeschriebenen Geldbetrages von einer vorgängigen Berechnung gemäß § 21 der Statuten abhängig und aus dem Coupon selbst nicht zu ersehen; es ist also nicht die Zahlung einer „bestimmten", d. h. in dem Papiere bestimmt angegebenen Geldsumme versprochen, vgl. § 1 Ges. vom 17. Juni 1833 (Pr. Ges.-Smlg. S. 75).

Ferner fehlt aber das wesentliche Merkmal und Erfordernis eines Inhaberpapieres, nämlich die Unbestimmtheit des Gläubigers. Bei einem Inhaberpapier ist, wie in Eccius, Privatrecht 1 § 64 S. 424 ausgeführt wird „zwar ein durch die Ausstellung des Papieres bekundeter einseitiger Verpflichtungswille vorhanden, das obligatorische Band ist von der einen Seite festgehalten, aber noch ist ungewiß, wer es von der anderen Seite ergreifen und dadurch die Obligation zum Abschluß bringen wird; die Gläubigereigenschaft schwebt noch." Diese Unbestimmtheit der Person des Gläubigers ist bei den fraglichen Coupons nicht vorhanden. Der von vornherein bestimmte Gläubiger der Anstalt und der Rente bleibt der Versicherte, er ist von Anfang an der Gegenkontrahent der Anstalt, und der Inhaber des Coupons ist nur der Empfangsberechtigte für die einzelne Rente.

Schließlich sprechen auch die Statuten dafür, daß die Anstalt selbst die Coupons nicht als Inhaberpapiere ansieht. Der § 29 der Statuten behandelt neben der Verpfändung der Renten ihre Cession. Die Übertragung des im Inhaberpapiere verkörperten Gläubigerrechtes vollzieht sich aber, wie bemerkt, nicht durch Cession, sondern durch die Übergabe des Papieres. Nach der Auffassung des § 29 ist also der — vom Mitglied verschiedene — Inhaber des Coupons nicht schon als solcher berechtigter Gläubiger, sondern es bedarf dazu, im Verhältnis zwischen ihm und dem Mitgliede, noch der förmlichen Abtretung; der Besitz des Papieres legitimiert ihn nur der Anstalt als dem Schuldner gegenüber zur Empfangnahme der Rente für den Bezugsberechtigten. — Dementsprechend handelt der § 30 das. von gerichtlichen Arrestschlägen auf die einem Schuldner — als Versicherten oder nach § 7 Bezugsberechtigten — aus der Anstalt zukommenden Jahresrenten, und zwar ohne zwischen fälligen und nichtfälligen Renten zu unterscheiden. Auch nach Eintritt der Fälligkeit wird also der „Interessent" (§ 26 der Statuten) als Gläubiger der Anstalt betrachtet; sein Anspruch kann, im Wege der Forderungspfändung, mit Beschlag belegt werden. Bezeichnend ist auch die Fassung des § 15 Abs. 3: Der Überschuß wird dem Interessenten bei der nächsten Rentenzahlung gegen besondere Quittung mit zurückgegeben. § 25: Der Betrag der Rente wird bekannt gemacht, wodurch also jeder Interessent schon im Jahre vor der Erhebung der Renten erfährt, wieviel er ... von seiner Einlage zu erwarten hat. § 26: An die Interessenten (d. i. die Mitglieder oder die — nach § 7 — etwa sonst Berechtigten, vgl. § 35) werden die Renten . . gezahlt. § 37: Die für die betreffende Person ausgefertigten Dokumente — nämlich Verschreibungen, Interimsscheine und Renten-Coupons. Somit sind weder die Rentenbriefe selbst, noch die Talons und Coupons als Inhaberpapiere anzusehen ... Str.

## 31

**a) Hat der Vorsteher einer juristischen Person den Besitz an Sachen, die er als solcher in Gewahrsam hat? BGB. §§ 855, 868.**

Kammergericht, II. CS. Urteil v. 13. Juni 1902.

Der Kläger hatte als Schiffsältester des mit Korporationsrechten ausgestatteten Schiffervereins mehrere, angeblich dem Verein gehörige Gegenstände in seinem Gewahrsam. 1901 nahm die Polizeibehörde ihm diese Sachen fort und übergab sie der beklagten Schifferinnung. Mit der Behauptung, daß die Wegnahme der Gegenstände auf Veranlassung der Beklagten erfolgt und ihr als verbotene Eigenmacht zuzurechnen sei, hat Kläger aus eigenem Rechte wegen Besitzentziehung geklagt. Die Klage wurde abgewiesen. Gründe:

Die aus § 861 BGB. erhobene Klage setzt voraus, daß der Kläger zur Zeit der Besitzentziehung unmittelbarer oder mittelbarer Besitzer war. War er damals nur Besitzdiener aus § 855, so ist er zur Klage ebensowenig legitimiert, wie wenn er überhaupt nicht als Besitzer anzusehen ist. Denn nach § 860 steht dem Besitzdiener wohl das Selbsthilferecht, nicht aber das Recht der gerichtlichen Geltendmachung zu. Über die hiernach maßgebende Frage: hat der Vorsteher einer juristischen Person Besitz an den Sachen, die er als solcher in seinem Gewahrsam hat, und, gegebenen Falles, von welcher Art ist dieser Besitz? herrscht in der Litteratur erhebliche Meinungsverschiedenheit. Die einen erachten auf Grund des § 868 die Korporation als die mittelbare Besitzerin, den Vorstand als den unmittelbaren Besitzer (vgl. Bartels bei Gruchot 42 S. 668; Leonhard, Vertretung beim Fahrniserwerb S. 63; Planck, Anm. 5 zu § 854 BGB.); andere erklären den Vorsteher für den Besitzdiener (vgl. Wendt im civ. Archiv 87 S. 66; Dernburg 3 S. 50; Isay in Fischer's Abhandlungen 6 S. 284). Strohal (in Jhering's Jahrb. 38 S. 16) wiederum vertritt die Meinung, daß der Vorstand sowohl Besitzdiener als auch unmittelbarer Besitzer sein könne, während Kniep (Besitz S. 19) lehrt, daß Besitzer nur der gesetzliche Vertreter sei, da eine juristische Person nicht besitzfähig sei. Eine letzte Meinung geht schließlich dahin, daß der Vorstand überhaupt nicht Besitzer der Sachen und ebensowenig Besitzdiener ist, daß vielmehr lediglich die Korporation Besitz an den Sachen hat, die der Vorsitzende in seinen Händen hat (vgl. Förtsch bei Gruchot 43 S. 544; Cosack, Lehrbuch 2 S. 66; Turnau-Förster 2 S. 55 Anm. 3 zu § 855 BGB.; Ullmann im civ. Archiv 92 S. 315. 316). Dieser letzten Ansicht ist beizutreten.

Abzulehnen ist zunächst die Gleichstellung des gesetzlichen Vertreters mit dem Besitzdiener. Mag man mit Strohal S. 8 das Befehlsrecht des Herrn und die Gehorsamspflicht des Inhabers als das charakteristische Kennzeichen des Besitzdienerverhältnisses ansehen (vgl. auch Leonhard S. 63) oder mit Isay (S. 285) das Wesen desselben in dem Umstande erblicken, daß die Geschäftsführung des Inhabers typisch aus objektiven, äußeren Momenten für Dritte erkennbar ist, z. B. die Thätigkeit im Haushalte, ein Erwerbsgeschäft des dominus (vgl. auch Dernburg S. 49). Das Besitzdienerverhältnis setzt jedenfalls eine Abhängigkeit des Inhabers voraus. Die juristische Person steht aber zu ihrem Vorstande nicht wie der Herr zum Diener, der nur auf ihre Anweisung zu handeln hat. Vielmehr ist es gerade der Vorstand, der selbständig handelt und entscheidet (vgl. Förtsch S. 549). — Für unzutreffend ist ferner die Lehrmeinung zu erachten, daß der Vorstand der unmittelbare Besitzer ist, während die juristische Person den mittelbaren Besitz hat. Denn wie das Reichsgericht am 8. November 1901 ausgeführt hat (vgl. Recht 1901 S. 619), ist für die Annahme eines zur Erlangung des mittelbaren Besitzes im Sinne des § 868 geeigneten, ähnlichen Verhältnisses erforderlich, daß durch ein konkret bestimmtes obligatorisches oder ein infolge eines dinglichen Rechtes an der Sache entstandenes dingliches Rechtsverhältnis ein Nutzungsrecht oder eine Verwaltungspflicht des unmittelbaren Besitzers begründet ist. Die Schaffung eines derartig konkreten bestimmten Rechtsverhältnisses, kraft dessen der Vorstand zum Besitz der Sachen der juristischen Person berechtigt und verpflichtet ist, ist zwar nicht unmöglich, aber nicht die Regel und insbesondere für den Streitfall nicht behauptet. Der Vorstand hat die Verwaltungspflicht kraft seines Amtes, nicht infolge eines konkret bestimmten Rechtsverhältnisses. Es kommt hinzu, daß das zwischen dem unmittelbaren und mittelbaren Besitzer bestehende Rechtsverhältnis den ersteren nur auf Zeit nach § 868 berechtigen und verpflichten darf; Kniep (S. 53) ist aber darin beizutreten, daß der Vorstand nicht ein „Zeit-", sondern ein „Dauerbesitzer" ist.

Wie Strohal S. 1 lehrt, gebraucht das BGB. den Ausdruck „Besitz" in einem doppelten Sinne: Entweder bezeichnet er die possessorisch geschützte thatsächliche Gewaltausübung oder das durch einen solchen Thatbestand geschaffene Rechtsverhältnis. Da nach der herrschenden, jetzt kaum noch bestrittenen Ansicht der Besitzwille zur Begründung des Besitzes nach dem BGB. im Gegensatz zum römischen Recht nicht erforderlich ist, so kann jeder Rechtsfähige, wenn auch Willensunfähige, mithin die juristische Person im zweiten Sinne des Wortes Besitzer sein. Es fragt sich nur, ob die juristische Person auch Besitz in seiner ersten Bedeutung haben, ob sie thatsächliche Gewalt ausüben kann. Dies ist mit Förtsch S. 45 zu bejahen. Ihr gesetzlicher Vertreter ist ihr nicht als unmittelbarer Besitzer nebengeordnet, er ist nicht von ihr zu trennen, er ist die juristische Person selbst (Rehbein, BGB. S. 45). In ihm konzentrieren sich sämtliche Lebensäußerungen der juristischen Person, sie handelt durch ihn und in ihm, und durch ihn übt sie auch die thatsächliche Gewalt über die Sachen aus, die sich in den Händen des Vorsitzenden befinden. Hieraus folgt, daß nicht dieser, sondern allein die von ihm repräsentierte juristische Person Besitzerin ist, daß demgemäß nur sie, nicht ihr Vorstand zur Anstrengung der Besitzklage legitimiert ist. V.

### b) **Besitzerwerb durch Übergabe. BGB. § 854.**

OLG. Breslau, III. CS. Urteil v. 15. Januar 1902.

Der Kläger hat (1900) von H. Hölzer gekauft, die auf dessen eingefriedigtem Holzplatze lagerten. Hinsichtlich der Übergabe hat H. bekundet: er habe die Hölzer dem Kläger auf dem Lagerplatze mit den Worten vorgezeigt: „Das sind die verkauften Hölzer!" Schon vorher habe er sie ausgesucht, sortiert und abgesondert von seinem anderen Holzvorrat aufgestapelt. Der Kläger habe das oberste Stück jedes Stapels vermittelst eines Stempels mit seinem Namen bezeichnet. Aus den Gründen:

Der Eigentumserwerb setzt neben der erforderlichen Einigung nach § 929 BGB. einen dem § 854 entsprechenden Besitzerwerb voraus. Ein solcher ist aber in den von H. bekundeten Hergängen, der Aussonderung der Hölzer, ihrer Vorzeigung und ihrer Zeichnung durch den Kläger, nicht zu finden. Sie setzten den Kläger nicht in den Stand, Dritte von einer Einwirkung auf die Hölzer auszuschließen, die nach wie vor auf dem eingezäunten Holzplatze des Verkäufers verblieben, verschafften also dem Kläger die thatsächliche Gewalt (§ 854) nicht; sie lassen allerdings eine Einigung der Vertragsparteien über die Besitzübertragung (§ 854²) erkennen, haben aber keineswegs — wofür der Kläger beweispflichtig ist — die Umstände so gestaltet, daß der unmittelbaren, wirklichen Ausübung der Gewalt durch den Kläger fortan kein Hindernis mehr entgegen gestanden hätte. Dazu wäre erforderlich gewesen, daß die Hölzer frei gelagert hätten oder doch dem Kläger jederzeit zugänglich gewesen wären (Dernburgs Sachenrecht S. 58); so lag aber die Sache nicht, denn es ist davon auszugehen, solange nicht der Kläger — und dies hat er auch auf Befragen des Gerichtes nicht gethan — das Gegenteil beweist, daß der Holzplatz außerhalb der Geschäftsstunden, oder wenigstens zur Nachtzeit, von seinem Inhaber verschlossen gehalten wurde. H.

c) **Klage aus § 906 BGB.**

OLG. Breslau, III. CS. Urteil v. 30. April 1902.

Die Meinung der Kläger, weil die Substanz ihres Hauses durch die fraglichen Einwirkungen angegriffen werde, könne sich die Beklagte auch in dem Falle auf § 906 BGB. nicht berufen, daß die Einwirkungen als ortsüblich anzusehen seien, ist unrichtig. ... In und bei G. ist die Cementfabrik der Beklagten für einen weiten Umkreis die einzige. Ein solcher Umstand steht zwar der Annahme der Üblichkeit von Immissionen nicht entgegen. In früheren Zeiten hat aber der Betrieb der Beklagten den Klägern nicht zur Beschwerde gereicht; erst im Sommer 1898 hat die Beklagte eine neue Methode, die Steine zu zermalmen, eingeführt und nur dadurch die Immissionen veranlaßt, und dafür kann sie sich auf eine bestehende Ortsübung nicht berufen. ...

Der Einwand der Verjährung versagt. Soweit der Anspruch auf Schadloshaltung (aus § 26 GewO.) vor 1900 entstanden ist, war er zunächst allerdings nach bisherigem Rechte der dreijährigen Verjährung unterworfen. Diese war am 1. Januar 1900 noch nicht vollendet, da die Immissionen nicht über 1898 hinaus zurückreichen. Seitdem unterliegt also nach Art. 169 EG. z. BGB. der Anspruch der regelmäßigen Verjährung des § 195 von 30 Jahren; denn die kürzere Verjährung des § 852 gilt nur für die im 25. Titel (§§ 823 ff. BGB.) aufgeführten unerlaubten Handlungen, der Anspruch der Kläger aber wird ausreichend durch § 26 GewO. allein gestützt und bedarf insbesondere nicht des Nachweises einer subjektiven Verschuldung der Beklagten (Entsch. d. RG. 47 S. 99). H.

d) **Zur Auslegung des § 909 BGB.**

OLG. Cassel, II. CS. Urteil v. 5 Mai 1902.

Die Stadt C. hat in einer Straße zum Zwecke einer Kanalanlage eine Ausschachtung auch vor dem Hause des Klägers vorgenommen, das dadurch Risse bekam. Das Landgericht gelangt zur Abweisung des Anspruches, indem es ihn nach § 823 BGB. behandelte und hierzu ein Verschulden der Stadt erforderte, ein solches aber weder in der Vornahme der Kanalanlage, noch in der Auswahl des ausführenden Maurermeisters erkannte. Es führt insbesondere aus, daß bei der Kanalanlage zwar objektiv gegen § 909 verstoßen sei, daß aber dies nicht genüge, eine Verpflichtung der Stadt zu begründen, wenn sie, wie angenommen wird, dem gebotenen Maße der Sorgfalt genügt habe. Dieser Ausführung kann nicht beigetreten werden, obgleich die Kommentare zum BGB., soweit sie Stellung nehmen, sich auf einen ähnlichen Standpunkt gestellt haben, auch die Motive zu § 865 etwas Ähnliches andeuten.

Der § 909 enthält eine Beschränkung des Eigentumes zum Besten des Nachbarn. Während es an sich in der Macht des Eigentümers steht, Vertiefungen auf seinem Grund und Boden anzulegen, und das Römische Recht die daraus für den Nachbarn erwachsenden Gefahren durch das Verlangen der cautio damni infecti abwehren ließ, hatte das ALR. und andere deutsche

Gesetze ein absolutes Verbot der Vertiefung in gewisser Entfernung von der Grenze. Für den aus der verbotswidrigen Handlung hervorgehenden Schaden war dann der Vertiefende ebenso verantwortlich, wie aus dem römischrechtlichen Schadensersatzversprechen bei verlangter cautio. Von der Notwendigkeit des Nachweises einer Schuld war keine Rede. Der § 909 soll Ersatz schaffen. Dabei ist von einem einfachen Verbot des Tieferbauens in Schaden drohender Nähe abgesehen. Bei jedem anderen Werk, das einem Nachbargrundstücke objektiv Gefahr dadurch droht, daß sich Teile des Werkes ablösen, giebt der § 908 das Recht, zu verlangen, daß die zur Abwehrung der Gefahr erforderlichen Vorkehrungen getroffen werden. Die Nichterfüllung dieses berechtigten Verlangens macht verantwortlich. War aber solches Verlangen bei drohendem Schaden nicht gestellt, so begründen nach § 826 objektive Fehler des Werkes den Anspruch auf Entschädigung, der nur durch den vom Errichter des Werkes zu führenden Beweis abgewendet werden kann, daß er zur Abwendung der Gefahr die im Verkehre erforderliche Sorgfalt beobachtet habe. In diesen Zusammenhang gesetzlicher Vorschriften tritt der § 909; er giebt also eine Sondervorschrift für den Fall einer Vertiefung, durch welche der Boden des Nachbargrundstückes die erforderliche Stütze verliert. Eine solche Vertiefung wird nicht einfach verboten, es wird auch nicht gesagt, daß bei ihrer Anlegung ein gewisses Maß von Vorsicht angewendet werden soll, sie wird nach dem Wortlaut nur bedingt untersagt, „es sei denn, daß für eine genügende anderweite Befestigung gesorgt ist." Danach kann der Eigentümer also zunächst vertiefen; das darf ihm nicht untersagt werden, es ist auch nicht gegen ihn das Verlangen nach Vorkehrungen zur Abwendung der Gefahr gemäß § 908 zum Ausdruck zu bringen, sondern an das Vertiefen knüpft sich ohne weiteres die Pflicht des Vertiefenden, soweit dadurch dem Boden des Nachbargrundstückes die Stütze entzogen wird, für eine genügende anderweitige Sicherung zu sorgen. Das ist danach eine gesetzliche an das Vertiefen des Grund und Bodens sich knüpfende Verbindlichkeit, die wie andere gesetzliche Verbindlichkeiten zu einem Thun im Falle der Unterlassung dem durch die Unterlassung Geschädigten ein Recht auf Entschädigung gewährt, das von keinem Nachweis eines Verschuldens abhängig ist. Wer also auf seinem Grund und Boden eine Vertiefung vornimmt, die objektiv veranlaßt, daß der Nachbarboden und das etwa, wie hier, darauf befindliche Gebäude seine Stütze verliert, der handelt auf seine eigene Gefahr, er hat die Pflicht, das objektiv Genügende für anderweitige Befestigung vorzunehmen, sonst ist er verantwortlich. Das Gesetz ordnet nicht etwa zum Schutze des Nachbarn eine bestimmte Art der Vertiefung an, bei der absichtlich oder aus Fahrlässigkeit etwas verabsäumt werden könnte (§ 823), sondern es begründet ein persönliches Forderungsrecht des Nachbarn auf genügende Sicherung, dessen Nichterfüllung eine Interesseforderung hervorruft. In der That konnte nur so ein Schutz des Nachbarn gewährt werden, wenn nicht das Vertiefen in schädigender Nähe einfach verboten werden sollte. Sonst wäre der Eigentümer eines Gebäudes um so größeren Gefahren ausgesetzt, je weniger der Nachbar nach seinen Verstandeskräften den Einfluß einer von ihm vorgenommenen Vertiefung auf die Stabilität des Nachbargrundstückes zu übersehen im stande ist, je gefährlicher also sein Unternehmen von vornherein erscheinen muß. Dem Nachbargrundstücke würde durch einen solchen Nachbar das Feststehen ohne wirksamen Schutz entzogen werden, wenn dieser nicht für die Folgen der von ihm absichtlich vorgenommenen Vertiefung einfach einzustehen hätte, vielmehr nur dafür verantwortlich zu machen wäre, daß er ohne Fahrlässigkeit hätte erkennen müssen, daß die Vertiefung gefährdend oder die von ihm angewendete Sicherung unzureichend war.

Hiernach ist der erhobene Anspruch begründet, ohne daß der Umstand zu berücksichtigen ist, daß die Beklagte eine juristische Person ist, welche die Ausführung der Vertiefung ohne ein nachgewiesenes Verschulden bei der Auswahl in die Hand eines Werkmeisters gelegt hat. Dabei kann dahingestellt bleiben, ob nicht dasselbe Ergebnis auch auf Grund des § 1004 BGB. zu gewinnen ist, wenn man den Eingriff, der durch Entziehung der Haltbarkeit auf das klägerische Grundstück durch Tieferbauen auf dem Nachbargrundstücke geschehen ist, als Beeinträchtigung des Eigentumes des Klägers durch etwas anderes als durch Besitzentziehung im Sinne des § 1004 auffaßt, und in der Beseitigung der eingetretenen Risse und Haltlosigkeit die Beseitigung einer negatorisch abzuwehrenden Beeinträchtigung zu sehen hat. F.

e) **Vindikation eines Inbegriffes. BGB. §§ 985, 260.**

Kammergericht, XIV. CS. Urteil v. 17. Februar 1902.

Der Kläger, welcher die im Hause der Beklagten betriebene Hotelwirtschaft seinem Sohne für dessen Rechnung übertragen und ihm zugleich seine Hoteleinrichtung überlassen hatte, verlangt Herausgabe „der gesamten Hoteleinrichtung“ und eidliche Bekräftigung des darüber vorzulegenden Verzeichnisses. Die Klage wurde abgewiesen. Gründe:

Nach dem klaren Wortlaute des § 260² BGB. kann der Offenbarungseid erst dann gefordert werden, wenn das Verzeichnis aufgestellt ist, und wenn dann Umstände bewiesen werden, aus denen geschlossen werden kann, das Verzeichnis sei nicht mit der erforderlichen Sorgfalt aufgestellt. Der Beklagte war indessen zur Vorlegung des Verzeichnisses überhaupt nicht verpflichtet. Wenn der Eigentümer als solcher auf Herausgabe seiner Sache gegen den Besitzer klagt (§ 985), dann muß er die Sache nennen; schon deshalb, weil es sonst seinem Antrage an der erforderlichen Bestimmtheit fehlt (§ 253² CPO.). Eine Ausnahme besteht nicht für den Fall, daß es sich um mehrere oder sehr viele Sachen handelt. Es genügt in der Regel also nicht, wenn das Geforderte unter einer Bezeichnung zusammengefaßt wird, die nicht klar erkennen läßt, wo die Grenze liegt. — Diese Grenze ist für den Beklagten, der sich zu erklären hat, für das Gericht, das entscheiden soll, und für denjenigen Beamten, der später vollstrecken muß, unumgänglich nötig. Unter Umständen führt diese Regel zu Härten. Das ist vom Gesetze erkannt, das im § 809

BGB. nicht eine Ausnahme aufstellt, sondern ein Hilfsmittel bietet. Danach wird dem Besitzer auch dem Eigentümer gegenüber die Verpflichtung zur Vorlegung der Sache und zur Gestattung der Besichtigung auferlegt, damit der Eigentümer (der spätere Eigentumskläger) sich Gewißheit verschaffe, ob ihm ein Herausgabeanspruch zusteht. — Nur in einem Falle geht das Gesetz weiter und besteht eine wirkliche Ausnahme; nämlich dann, wenn jemand „verpflichtet“ ist, einen Inbegriff von Gegenständen herauszugeben. Diese Pflicht muß alsdann jedoch als besondere, neben dem Eigentumsanspruch des § 985 bestehende, dargethan werden. Besteht sie, dann braucht der Kläger die einzelnen Gegenstände nicht zu nennen, vielmehr genügt, wenn er den „Inbegriff“ deutlich bezeichnet. Das ist aber auch hier erforderlich. Die Voraussetzungen für die Anwendung des § 260 sind nicht schon dann erfüllt, wenn der Kläger die Herausgabe mehrerer Sachen fordert, und es dabei möglich ist, diese Mehrheit durch ein zusammenfassendes Wort im allgemeinen zu bezeichnen, und wenn andererseits der Beklagte eine Mehrheit von Sachen besitzt, die unter dem gleichen Kollektivbegriffe zusammengefaßt werden können. Das Gesetz verlangt vielmehr noch, daß der Beklagte gerade einen Inbegriff von Sachen herauszugeben verpflichtet sei (vgl. §§ 89, 666, 667; 1035, 1048, 1055; 2027, 2374 BGB.), und daß diese Verpflichtung gerade dem Kläger gegenüber besteht. Der Kläger hat aber hier keinen Rechtsgrund geltend gemacht, auf welchem fußend gerade er, gerade von der Beklagten die Herausgabe gerade eines Inbegriffes von Gegenständen fordern könnte. Eine obligatorische Beziehung fehlt unter den Parteien überhaupt. So bleibt dem Kläger gegen den Beklagten immer nur der nackte Eigentumsanspruch aus § 985, der nur auf Herausgabe bestimmt zu bezeichnender Sachen geht, und der zu seiner Begründung erfordert, daß der Beklagte diese einzelnen Sachen im Besitz hat. K.

f) **Zur Anwendung des § 985 BGB.**

OLG. Dresden, I. CS. Urteil v. 24. April 1902.

Der Anspruch aus § 985 greift auch gegenüber dem bloß mittelbaren Besitzer Platz. Die Vorschrift unterscheidet nicht zwischen den beiden Arten des Besitzes, und die in dem Entwurfe zweiter Lesung § 899 Abs. 2 aufgenommene Bestimmung, daß gegenüber einem mittelbaren Besitzer dem Eigentümer ein Anspruch auf Überlassung des mittelbaren Besitzes nicht zustehe, ist von der Kommission wieder beseitigt. Die hier vertretene, allerdings von verschiedenen Seiten (vgl. Strohal im Sächs. Archiv 1898 S. 342) nicht geteilte Ansicht ist auch als bei weitem herrschend zu bezeichnen. Dr. W.

g) **Begriff der „Handlungen“ im § 1018 BGB.**

Kammergericht, I. CS. Beschluß v. 30. Juni 1902.

Der Antrag der Eigentümer auf Eintragung folgender Dienstbarkeit: Die Verpflichtung des Eigentümers, bis Ende 1912 auf dem Grundstücke außer einem echt bayerischen Biere nur das in der im Grundbuche Bl. 10 verzeichneten Brauerei hergestellte Bier auszuschänken bei Vermeidung einer als Reugeld zu betrachtenden Vertragsstrafe von 5 Mark für jeden Hektoliter fremden Bieres, wurde zurückgewiesen. Auch die weitere Beschwerde blieb erfolglos. Gründe:

In dem ersteren Teile des Antrages handelt es sich augenscheinlich um eine Belastung des Grundstückes in der Weise, daß darauf der Ausschank anderer Biere als solcher aus einer bestimmten Brauerei und eines echt bayerischen Bieres nicht soll vorgenommen werden dürfen. Dieser Inhalt entspricht nicht dem Sinne des § 1018. Danach kann ein Grundstück zu Gunsten des jeweiligen Eigentümers eines anderen Grundstückes u. a. in der Weise belastet werden, daß auf dem Grundstücke gewisse Handlungen nicht vorgenommen werden dürfen. Der Zusammenhang und die Entstehungsgeschichte des § 1018 ergeben, wie der Beschluß vom 16. Juni 1902 dargelegt hat, daß unter den Handlungen im Sinne jener Vorschrift nur solche zu verstehen sind, welcher kraft des Eigentumes am belasteten Grundstücke an sich erlaubt sind und eine Benutzung dieses Grundstückes, ein Verfahren mit ihm, eine Einwirkung darauf enthalten (vgl. § 903), aber nicht sonstige Handlungen und insbesondere nicht solche, welche vermöge der persönlichen Freiheit des Grundstückseigentümers oder der Freiheit des auf dem Grundstücke bestehenden Gewerbebetriebes gestattet sind (vgl. ALR. I 22 §§ 11, 12 mit I 23 §§ 1, 2). Ob Handlungen dieser oder jener Art in Frage stehen, hängt von den Umständen des einzelnen Falles ab. Wenn das Beschwerdegericht feststellt, daß nicht das Eigentum am Grundstücke, sondern die Freiheit des jeweiligen Grundstückseigentümers eingeschränkt werden soll, so ist dies nicht rechtsirrtümlich. Der Inhalt einer Dienstbarkeit kann allerdings unter Umständen darin bestehen, daß nur Getränke oder selbst Biere einer bestimmten und nicht einer anderen Gattung auf dem Grundstücke verschänkt werden dürfen, weil eine verschiedene Art der Einwirkung auf das Grundstück stattfinden kann, je nachdem die eine oder die andere Gattung von Getränken darauf zum Ausschanke kommt. Dies hat aber auch das Beschwerdegericht nicht verkannt, sondern ausdrücklich anerkannt. Es verneint nur, daß es sich hier um eine Einwirkung auf das Grundstück handelt. Der Beschwerdeführer hat keinerlei Thatsachen angeführt, welche die Annahme rechtfertigten, daß das zu belastende Grundstück verschieden benutzt wird, je nachdem darauf die zugelassenen oder anderen Biere verschänkt werden. Die Feststellung des Beschwerdegerichtes, daß das fragliche Recht den im § 1018 bestimmten Inhalt nicht habe, ist daher für das Gericht der weiteren Beschwerde maßgebend. Da sich das Recht auch den übrigen dinglichen Rechten nicht anpaßt, die das BGB. zuläßt, so ist seine Eintragung mit Recht abgelehnt worden. E.

h) **Bezugnahme auf die Satzung eines Kreditinstitutes bei Eintragung von Zinsen und Zuschußdarlehen. BGB. § 1115[2].**

Kammergericht, I. CS. Beschluß v. 31. Dezember 1901.

Im Grundbuche soll zu Gunsten des Neuen Brandenburgischen Kreditinstitutes eine Hypothek von 9000 Mark in ein Pfandbriefdarlehen umgeschrieben und ein neues Pfandbriefdarlehen von 3000 Mark eingetragen werden. Die Darlehen sollen zum Zwecke der Ausfertigung $3^1/_2$ %iger landschaftlicher Zentralpfandbriefe gewährt werden; es ist an Zinsen und als Beitrag zur Tilgung des Kapitals eine Jahreszahlung von 4 % zu leisten. Diese erhöht sich bis zur Abtragung des wegen des Kursstandes der Pfandbriefe unter Pari bewilligten Zuschußdarlehens um $^1/_2$ %. Die Tilgung des Pfandbriefdarlehens ist nur bei gleichzeitiger Tilgung des Zuschußdarlehens statthaft. In dem vom Kreditinstitute vorgeschlagenen Vermerke soll der Zinssatz der Posten auf $3^1/_2$% angegeben und sodann fortgefahren werden: „Eingetragen als ein den statutarischen Bestimmungen der Zentrallandschaft für die Preußischen Staaten und des Neuen Brandenburgischen Kreditinstitutes nebst Nachträgen unterworfenes, mit Kursdifferenzzuschuß gewährtes Pfandbriefdarlehen, zu welchem außer den Zinsen die satzungsgemäßen Nebenleistungen zu entrichten sind, unter Bezugnahme auf die gesamten Satzungen und die Eintragungsbewilligung vom 1. Mai 1900 am ....". Die Vorinstanzen haben die Eintragung abgelehnt, die weitere Beschwerde blieb erfolglos. Gründe:

1. Aus den statutarischen Bestimmungen des Kreditinstitutes vom 30. August 1869 (§§ 8[a], 14, 32) nebst dem Nachtrage vom 28. Juli 1882 Nr. 2 (abgedruckt u. a. in den statutarischen Bestimmungen des Kur- und Neumärkischen Ritterschaftlichen Kreditinstitutes nebst Kommentar, Berlin 1892, Anlage VII) ist zu entnehmen, daß von der zu leistenden (ordentlichen) Jahreszahlung $^1/_2$% zur Bildung eines Amortisationsfonds bestimmt ist. Es ist zwar dort nur von 4, $4^1/_2$ und 5%igen Pfandbriefen als Darlehensvaluta die Rede, aber man wird, trotzdem eine ausdrückliche statutarische Vorschrift über diesen Punkt fehlt, mangels besonderer Festsetzungen das, was von diesen Pfandbriefen gilt, auf die $3^1/_2$ %igen Pfandbriefe übertragen können. Danach beträgt der eigentliche Zinssatz $3^1/_2$ %, und daß die Eintragungsbewilligung der Eigentümer diesen Zinssatz umfaßt, ergiebt die dort ausgesprochene Unterwerfung unter die Statuten des Kreditinstitutes, die auf den vorliegenden Fall entsprechend anzuwenden sind. Ist hiernach die Eintragung des $3^1/_2$ %igen Zinssatzes bewilligt, so erledigt sich das Bedenken des Landgerichtes, daß der Vorschlag des Kreditinstitutes, in den Eintragungsvermerk den gedachten Zinssatz aufzunehmen, die Bewilligung der betroffenen Eigentümer nicht zu ersetzen vermöge. Der Amortisationsbeitrag braucht im Grundbuche nicht angegeben zu werden; es genügt seinetwegen die Bezugnahme auf die Satzung (§ 1115[2]). Es würde deshalb bezüglich des Zinssatzes dem Vermerke, wie er vom Kreditinstitut entworfen ist, nichts entgegenstehen.

2. Anders verhält es sich mit dem das Zuschußdarlehen betreffenden Vermerke. Insofern kann freilich der Auffassung des Landgerichtes nicht beigetreten werden, als es der (außerordentlichen) Erhöhung der Jahreszahlungen um $^1/_2$%, die mit Rücksicht auf das zu gewährende Zuschußdarlehen zu entrichten ist, die Natur einer Nebenleistung — im Verhältnisse zum Pfandbriefdarlehen — abspricht. Jenes $^1/_2$% soll vom Pfandbriefdarlehen,

wenn schon im Hinblick auf das Zuschußdarlehen, entrichtet werden und bildet einen Zuschlag zu der Amortisationsquote, aus welcher das Zuschußdarlehen samt Zinsen zu tilgen ist. Es ist daher, wie auch in dem, eine gleichliegende Beleihungssache des Kur- und Neumärkischen Ritterschaftlichen Kreditinstitutes behandelnden Beschlusse vom 3. Dezember 1900 (Y. 766.00) ausgeführt worden ist, durch die Bezugnahme auf die Satzung eintragungsfähig. Auch dagegen ist nichts zu erinnern, daß im Eintragungsvermerke das Zuschußdarlehen zu dem Zwecke erwähnt wird, um die satzungsmäßige Mehrleistung von jährlich $^1/_2$ $^0/_0$ zu erklären. Es soll jedoch im gegenwärtigen Falle mehr geschehen. Das Pfandbriefdarlehen soll als ein mit Kursdifferenzzuschuß gewährtes, als ein besonders geartetes, und damit aber auch unter Bezugnahme auf die Eintragungsbewilligung die Abtragung des Zuschußdarlehens in der Form einer Rückzahlungsbedingung sichergestellt werden. Jedenfalls ist diese Auffassung möglich. Daß dadurch die für den Grundbuchverkehr unerläßliche Klarheit und Übersichtlichkeit des Eintragungsvermerkes gefährdet werden würde und daß deshalb eine derartige Eintragung vom Grundbuchrichter mit Recht abgelehnt wird, ist im erwähnten Vorbeschlusse des näheren erörtert. Ein Anlaß, von den dort entwickelten Grundsätzen abzugehen, liegt umsoweniger vor, als der § 12 der Statuten des Neuen Brandenburgischen Kreditinstitutes selbst die besondere Sicherstellung des Zuschußdarlehens nebst Zinsen mittels einer der Pfandbriefschuld unmittelbar folgenden Hypothek vorsieht und mit dieser Vorschrift die Buchung des Zuschußdarlehens in der Form einer Nebenbestimmung zum Hauptdarlehen nicht in Einklang zu bringen ist. Daß der hier eingenommene Standpunkt dadurch nicht berührt wird, daß nach der in den Beschwerdeschriften zu Tage getretenen Meinung des Kreditinstitutes der Zuschuß gegen die Kaufgelder des bepfandbrieften Gutes nicht liquidiert werden könne, ist gleichfalls im Vorbeschlusse auseinandergesetzt. S.

### i) Verhältnis des dinglichen zum obligatorischen Vertrage. § 1222 BGB.

OLG. Königsberg, II. CS. Urteil v. 24. Mai 1902.

Wenn in dem schriftlichen Vertrage gesagt ist: zur Sicherheit dieser Forderung verpfände ich die in der Feuerversicherungspolize versicherten Gegenstände, so enthält diese Abmachung die dingliche Einigung im Sinne des § 1205, welche aber für sich allein dem Kläger kein Pfandrecht gewähren kann, da es an dem zweiten Erfordernis, der Übergabe, fehlt. Einen Anspruch auf Übergabe hat Kläger aus diesem dinglichen Vertrage an sich nicht. Denn der dingliche Vertrag gewährt keinen Anspruch auf Erfüllung. Ebensowenig wie der Eigentumsübertragungsvertrag erzeugt der Pfandvertrag, wenn die Übergabe fehlt, irgendwelche Verpflichtung, namentlich nicht die Verpflichtung zur Übergabe. Dabei ist vielleicht die Auffassung möglich, daß die Einigung sich als Erfüllung einer Verbindlichkeit darstellt und demgemäß ein Schuldanerkenntnis (§ 781 BGB.) enthält. Allein die Frage, ob dies zutrifft, läßt sich nicht allgemein, sondern nach der thatsächlichen Lage des einzelnen Falles entscheiden. (Planck, Anm. 6 zu § 873.) Vorliegend kommt in Betracht, daß im Vertrage der Zusatz gemacht ist: „Sollte Gefahr im Verzuge sein, daß der Gläubiger sein Geld zu verlieren droht, so kann er über die versicherten Sachen mit allen Rechten verfügen." Dieser Satz kann, wenn anders er einen zutreffenden Sinn haben soll, nur dahin aufgefaßt werden, die Beklagte solle verpflichtet sein, diese Sachen dem Kläger zu übergeben, damit er darüber verfügen könne; denn ohne Übergabe wäre ein eigentliches Verfügen über die Sachen nicht möglich gewesen. Insofern ist im Vertrage zugleich die Übernahme einer obligatorischen Verpflichtung zu erblicken, deren wirtschaftlicher Zweck darin bestand, daß Kläger, wenn in den Verhältnissen des Schuldners eine ihn gefährdende Verschlechterung eintreten sollte, berechtigt sein solle, sich vor anderen Gläubigern dadurch zu sichern, daß er die Übergabe der streitigen Sachen verlangen dürfe und dadurch in Verbindung mit der im Vertrage enthaltenen Einigung ein Pfandrecht an diesen Sachen, welche, abgesehen von diesem Falle, dem Gebrauchsrecht des Schuldners nicht entzogen werden durften, erlangen sollte. . . . Wenn Beklagter geltend macht, ein Teil der Darlehensforderung sei getilgt, Kläger könne daher nicht die Übergabe **aller** Sachen verlangen, so übersieht er, daß in dieser Beziehung das Pfändungspfandrecht und das vertragliche Pfandrecht nicht gleich behandelt sind. Für letzteres gilt der Satz des § 1222 BGB., daß bei einer Mehrheit von Pfandsachen jede Sache für die ganze Forderung haftet. Der Pfandschuldner kann demnach nicht verlangen, daß bei nur teilweiser Tilgung der Forderung ihm ein entsprechender Teil der Sachen zurückgegeben werde. Derselbe Gründsatz muß aber auch Platz greifen, wenn es sich nicht um einen dinglichen Pfandvertrag, sondern um einen obligatorischen auf Bestellung eines Pfandes gerichteten Vertrag handelt. Th.

---

## 32

**a) Anfechtung eines Kostenurteiles, wenn die Hauptsache teils durch Anerkenntnisurteil, teils ohne Urteil erledigt ist.**[1] **CPO. § 99.**

*α*) Kammergericht, XIII. CS. Beschluß v. 20. März 1902.

Der Beklagte hat von eingeklagten 400 Mark den Betrag von 155 Mark anerkannt und ist dazu durch Teilurteil verurteilt. Nachdem die Klägerin sich im weiteren Verfahren für befriedigt erklärt hatte, sind im Schlußurteile die Prozeßkosten der Klägerin zu $^4/_5$, dem Beklagten zu $^1/_5$ auferlegt worden. Die Beschwerde der Klägerin ist zugelassen. Aus den Gründen:

Nach ständiger Rechtsprechung (JW. 1888 S. 11 u. 383, 1890 S. 274, 1893 S. 444, Gruchot 41 S. 997) hängt ein über die Kosten entscheidendes Schlußurteil mit dem vorangegangenen Teilurteile, in welchem jene Entscheidung vorbehalten war, derart zusammen, daß es, wenn das Teilurteil mit einem

[1] Rsp. 1 S. 111, 2 S. 162 Anm. 2, 3 S. 134. 436. 437.

Rechtsmittel angefochten wird, nach § 99[1] in derselben Weise angefochten werden kann. Zu Unrecht entnimmt der Beklagte aber aus diesem Grundsatz, daß die Klägerin, weil das Schlußurteil zusammen mit dem vorangegangenen Teilurteile eine nach § 99[2] mit der Berufung anfechtbare Entscheidung darstellt, sich dieses Rechtsmittels habe bedienen müssen. Jenes Prinzip ist nur verwendbar, wenn das Teilurteil im Schlußurteile seine notwendige Ergänzung hinsichtlich der Kostenentscheidung findet, und umgekehrt diese Kostenentscheidung im Schlußurteil sich lediglich als eine solche Ergänzung des Teilurteiles darstellt. Soweit das Schlußurteil die Kostenfrage hinsichtlich solcher Streitpunkte regelt, die nicht im Teilurteile sondern anderweitig erledigt worden sind, besteht ein derartiger Zusammenhang nicht, es fehlt daher an jedem inneren Grunde, das Schlußurteil mit Rücksicht auf das Teilurteil einer besonderen Behandlung hinsichtlich der Rechtsmittel zu unterwerfen. Das vorliegende Schlußurteil nun entscheidet allerdings über diejenigen Kosten, hinsichtlich deren die Entscheidung schon durch das (die Folgen eines teilweisen Anerkenntnisses aussprechende) Teilurteil gegeben oder doch beeinflußt war, aber auch über Kosten, welche durch die Würdigung des im Teilurteile gar nicht erledigten Teiles des Prozeßstoffes bedingt sind. Nur in letzterer Beziehung erachtet sich die Klägerin für beschwert, während durch das Teilurteil und die im Schlußurteile verhängte Belastung des Beklagten mit einem Teile der Prozeßkosten lediglich ihrem Antrage entsprochen, ihr also das Rechtsmittel der Berufung versagt ist. Der Beklagte würde das Schlußurteil, das er ja hinsichtlich der Kostenverteilung in der Schutzschrift ebenfalls bemängelt, nach § 99[2] mit der Berufung angreifen können, die Klägerin nach dem Ausgeführten nicht; schon hieraus ergiebt sich, daß ihr das Rechtsmittel der Beschwerde nach Absatz 3 zustehen muß. Dieser Folgerung steht auch das Gesetz zur Seite; insoweit als die Klägerin die Kostenentscheidung angreift, ist eine Entscheidung in der Hauptsache nicht ergangen. Die Konsequenz, daß gegen dasselbe Urteil der einen Partei die Berufung, der anderen die Beschwerde zustehen kann, bietet an sich nichts Befremdliches, etwa entstehende Schwierigkeiten werden im gegebenen Falle zu lösen sein. v. W.

*β)* OLG. Oldenburg. Urteil v. 12. März 1902.

Die Kläger hatten eine Forderung nebst 6 % Zinsen eingeklagt. Am 20. März 1900 wurde der Beklagte auf Grund seines Anerkenntnisses zur Zahlung der Forderung nebst $3\frac{1}{2}$ % Zinsen verurteilt, die Entscheidung bezüglich der Kosten aber ausgesetzt. Am 22. Mai 1900 verglichen Parteien sich dahin, daß Beklagter noch 1 % Zinsen und die ferneren Kosten übernahm, wogegen die Kläger auf weitere Anträge verzichteten. Durch Urteil vom 3. Dezember 1901 ist dann Beklagter in die Prozeßkosten bis zum Anerkenntnisurteile verurteilt. Die hiergegen vom Beklagten eingelegte Berufung ist für zulässig erklärt. Aus den Gründen:

Der gesetzgeberische Gedanke und Wille, welcher dem durch die Novelle hinzugefügten § 99 Abs. 2 zu Grunde liegt, ist der, „daß die Regel des

Abs. 1, wonach die Entscheidung wegen der Kosten nur bei gleichzeitiger Anfechtung der Entscheidung in der Hauptsache und nur mit den gegen diese Entscheidung gegebenen Rechtsmitteln angefochten werden kann, ausnahmsweise für den Fall des Unterliegens des Beklagten zufolge seines Anerkenntnisses durchbrochen wird, so daß die im Kostenpunkte benachteiligte Partei die höhere Instanz auch dann mit dem bezeichneten Rechtsmittel anrufen kann, wenn sie die Entscheidung in der Hauptsache nicht anficht." (Seuffert 56 Nr. 114.) Da es für das Eintreten dieser Ausnahme von der Regel keinen Unterschied machen kann, ob die gleichzeitige Entscheidung in der Hauptsache und im Kostenpunkte auf Grund eines Anerkenntnisses die ganze Hauptsache und die ganzen Kosten oder nur einen Teil der Hauptsache und den für diesen Teil in Betracht kommenden Teil der Prozeßkosten umfaßt, so folgt daraus, daß auch diejenige Kostenentscheidung, die in einem der Hauptsache nach teilweise verurteilenden Anerkenntnisurteile enthalten ist, selbständig mit dem gegen das Teilurteil überhaupt zulässigen Rechtsmittel (Berufung, Revision) angefochten werden kann, ohne daß es einer gleichzeitigen Anfechtung der Entscheidung in der Hauptsache bedarf. Es wäre also die Kostenentscheidung, wenn das Anerkenntnisteilurteil sie mit enthalten hätte, mit der Berufung selbständig anfechtbar gewesen. Das angefochtene Kostenurteil ist nun nach den in der Urteilsformel und in den Gründen gebrauchten Ausdrücken als ein das Anerkenntnisurteil ergänzendes Urteil gedacht und bezeichnet. Es muß daher, wenn gleich ihm objektiv die Eigenschaft eines Ergänzungsurteiles wegen Mangels eines Übersehens eines streitigen Punktes im ersten Urteile (§ 321) nicht zukommt, bezüglich seiner Anfechtbarkeit auch als ein solches behandelt werden (vgl. JW. 1901 S. 365[2], 839[14] bezüglich der Urteile nach den §§ 304 u. 303 CPO.), nämlich als ein Teil des e r g ä n z t e n  U r t e i l e s, weshalb es gleich diesem der Berufung unterliegt. Wenn man aber auch vom Gesichtspunkte des Ergänzungsurteiles absieht, so würde das im Anerkenntnisurteile ausgesetzte und im angefochtenen Urteile nachgeholte Erkenntnis über die bis zu jenem Erkenntnisse und einschließlich desselben entstandenen Kosten doch ebenfalls nur als ein Teil des ersteren erscheinen, so daß bei dieser Auffassung gleichfalls die Berufung gegen diesen Teil für zulässig zu erachten wäre. Endlich muß man die Zulässigkeit der Berufung vorliegenden Falles deshalb anerkennen, weil dieses dem Geiste der neuen Bestimmungen des § 99 Abs. 2 u. 3 entspricht, durch welche, wie ihre Entstehungsgeschichte lehrt, die Möglichkeit einer bisher unstatthaften Anfechtung ergangener Urteile lediglich im Kostenpunkte gewährt, in dieser Beziehung aber das Beschwerdeverfahren für den Fall einer vorhergegangenen oder gleichzeitigen Entscheidung in der Hauptsache nicht gestattet sein sollte, ohne daß die Absicht einer Beschränkung des zugelassenen Rechtsmittels auf die die Hauptsache v o l l s t ä n d i g erledigenden Anerkenntnisurteile irgendwie hervorgetreten ist. N.

γ) OLG. Stettin, III. CS. Urteil v. 3. Dezember 1901.

Der Kläger hat nach kontradiktorischer Verhandlung den Klaganspruch zur Hälfte zurückgenommen, der Beklagte die andere Hälfte alsbald anerkannt. Er ist dem Anerkenntnisse gemäß verurteilt; die Kosten sind gegen einander aufgehoben. Seine Berufung wegen der Kostenentscheidung ist nach § 99² zulässig. Denn nachdem Kläger den Anspruch zum Teil zurückgenommen hatte, blieb nur noch der durch Anerkenntnisurteil erledigte Anspruch rechtshängig. Die Voraussetzung des § 99² liegt somit vor. M.

δ) OLG. Stettin, I. CS. Urteil v. 26. Oktober 1901.

Der Beklagte hat den Anspruch des Klägers zum Teil anerkannt und ist dazu durch Teilurteil verurteilt. Demnächst ließ der Kläger den Restanspruch fallen, und es ist dann durch ein zweites Urteil lediglich über die Kosten entschieden. Die Berufung gegen dieses Urteil ist mit folgender Begründung zugelassen:

Die Hauptsache ist allerdings nur zum Teil durch Anerkenntnisurteil, im übrigen aber durch das der Klagerücknahme gleichstehende Fallenlassen des Klaganspruches erledigt. Es kann aber keinem Bedenken unterliegen, daß die Berufung wegen des Teiles der Kosten, der den durch das Anerkenntnisurteil erledigten Teil der Hauptsache betrifft, zulässig ist. Wollte man die Berufung nach § 99² nur dann zulassen, wenn die Hauptsache vollständig durch ein Teilurteil erledigt ist, so müßte auch der Abs. 3 § 99 dahin aufgefaßt werden, daß die sofortige Beschwerde nur zulässig ist, wenn eine Entscheidung in der Hauptsache überhaupt nicht, auch nicht wegen eines Teiles der Hauptsache ergangen ist. Dann würde also in den Fällen, in denen ein Anerkenntnisteilurteil ergangen und der durch dieses nicht berührte Teil der Hauptsache durch Zurücknahme der Klage erledigt ist, ein Rechtsmittel zur selbständigen Anfechtung der Entscheidung über den Kostenpunkt überhaupt nicht gegeben sein. Ein solches Ergebnis der Auslegung, zu dem der Wortlaut des § 99 keineswegs zwingt, würde aber der Absicht des Gesetzgebers durchaus nicht entsprechen. Diese Absicht geht dahin, in allen Fällen, in denen die Verurteilung auf Grund des Anerkenntnisses ausgesprochen, oder in der Hauptsache durch Vergleich nachträgliche Befriedigung des Klägers oder in sonstiger Weise ihre Erledigung gefunden hat, der unterliegenden Partei ein selbständiges Rechtsmittel zur Anfechtung der Entscheidung über den Kostenpunkt zu gewähren. Es erscheint deshalb ausgeschlossen, daß jedes Rechtsmittel zu diesem Zwecke der unterliegenden Partei hat versagt werden sollen, wenn zum Teil die eine, zum Teil die andere Voraussetzung vorliegt.

Zu größerem Bedenken giebt die Frage Veranlassung, ob die Berufung auch wegen desjenigen Teiles der Kosten zulässig ist, der den durch das Anerkenntnis nicht berührten Teil der Hauptsache betrifft. Wäre diese Frage zu verneinen, so müßte die unterliegende Partei, um in den Fällen, in denen die Hauptsache teils durch Anerkenntnis, teils ohne Urteil erledigt ist, die einheitliche Entscheidung über den Kostenpunkt ihrem vollen Umfange nach anzufechten, die Berufung und die sofortige Beschwerde einlegen. Daß eine solche zwecklose Häufung von Rechtsmitteln vom Gesetzgeber beabsichtigt ist, läßt sich nicht annehmen. Es erscheint vielmehr dem Zwecke des Gesetzes entsprechend und mit dem Wortlaute des Gesetzes vereinbar, daß in einem solchen Falle, wie er hier gegeben ist, das im Abs. 2 § 99 zugelassene Rechtsmittel der Berufung eine einheitliche Entscheidung über den Kostenpunkt im ganzen herbeizuführen bestimmt ist und das in Abs. 3 zugelassene Rechtsmittel der Beschwerde ausschließt. M.

### b) Unzulässigkeit der Berufung, wenn über die Hauptsache zum Teil durch Anerkenntnisurteil, zum Teil durch kontradiktorisches Urteil entschieden ist.

OLG. Stettin, III. CS. Urteil v. 6. Dezember 1901.

Der Beklagte A. ist durch Teilurteil auf Grund seines Anerkenntnisses verurteilt, über den Nachlaß der Mutter der Parteien ein Verzeichnis vorzulegen und dieses eidlich zu erhärten. Durch das jetzt angefochtene zweite Urteil ist nach kontradiktorischer Verhandlung die Beklagte B. in gleicher Weise verurteilt, dagegen der weitere gegen beide Beklagte gerichtete Anspruch der Klägerin auf Herausgabe von $^1/_3$ des Nachlasses abgewiesen. Die Kosten sind gegeneinander aufgehoben. Lediglich gegen diese Kostenentscheidung richtet sich die Berufung des A. Diese ist jedoch nicht zulässig.

Von der Regelvorschrift im Abs. 1 § 99 enthält der Abs. 2 eine Ausnahme für den Fall, daß die Hauptsache durch eine auf Grund eines Anerkenntnisses ausgesprochene Verurteilung erledigt ist. Dieser Fall liegt hier nicht vor. Denn durch die auf das Anerkenntnis des A. ergangene Verurteilung ist die Hauptsache nur zum Teil erledigt, sowohl über den Anspruch gegen die B. überhaupt, als auch über den nicht erledigten Teil des Anspruches gegen A. ist weiter kontradiktorisch verhandelt und in betreff dieses Teiles des Anspruches zu gunsten der Beklagten erkannt. Erst auf Grund dieser letzten Verhandlung und in Verbindung mit der darauf ergangenen Entscheidung in der Hauptsache ist die Entscheidung über die Kosten getroffen. Allerdings beruht die Verurteilung des A. zur Tragung eines Teiles der Kosten nur auf seiner in dem Anerkenntnisteilurteile ausgesprochenen Verurteilung in der Hauptsache, der Beklagte A. ist auch gar nicht in der Lage, die in der Hauptsache getroffene Entscheidung anfechten zu können, die des ersten Teilurteiles nicht, weil es seinem Anerkenntnisse entspricht, die des zweiten nicht, weil es zu seinen Gunsten ergangen ist. Dies kann aber nicht zur Anwendung des § 99² führen. Denn die Entscheidung über die Kosten ist eine einheitliche, sie beruht ebensowohl auf der Entscheidung im ersten, wie auf der im zweiten Teilurteile zur Hauptsache und legt nicht nur dem A., sondern auch der B. und der Klägerin Kosten auf. Ebensowenig wie es dieser zustehen würde, das Urteil lediglich in betreff der Kosten mit der Berufung anzufechten, kann dies dem A. zugestanden werden. Für den hier vorliegenden Fall versagt der Abs. 2, es muß also die Regelvorschrift des Abs. 1 zur Anwendung kommen.[1] M.

c) **Kein sofortiges Anerkenntnis, wenn es erst in dem auf Einspruch des Beklagten anberaumten Verhandlungstermine erfolgt.**[2]

**CPO. § 93.**

OLG. Kiel, II. CS. Urteil v. 20. Dezember 1901.

Beklagter ist vor Anstellung der Klage nicht gemahnt worden, auch hat er durch sein Verhalten zur Erhebung der Klage keine Veranlassung gegeben. Er hat aber nicht im Sinne des § 93 den Anspruch „sofort" anerkannt. Ein sofortiges Anerkenntnis ist nur ein solches, das vom Beklagten im ersten Verhandlungstermine abgegeben wird, den er wahrzunehmen in der Lage ist. Nach seiner eigenen Darstellung hätte er den ersten Termin wahrnehmen können, und er hat ihn nur deshalb versäumt, um Zeit zur Streitverkündung zu gewinnen. Dieses Verhalten entspricht nicht der Anforderung des Gesetzes. Für die Anwendung des § 93 ist § 342 nicht zu verwerten, nach welchem durch zulässigen Einspruch der Prozeß in die Lage zurückversetzt wird, in der er sich vor Eintritt der Versäumnis befand. Der auf den Einspruch folgende nächste Termin wird dadurch nicht der erste Verhandlungstermin, den der Beklagte wahrnehmen und in dem er das Anerkenntnis abgeben konnte. Der § 93, welcher zu Gunsten des dem Rechtsstreite in der Hauptsache durch sofortiges Anerkenntnis erledigenden Beklagten getroffen ist, findet keine Anwendung auf den Beklagten, der die Erledigung des Rechtsstreites verzögert, indem er in der mündlichen Verhandlung nicht anerkennt, sondern Versäumnisurteil gegen sich ergehen läßt und demnächst durch Einlegung des Einspruches eine weitere Verhandlung erforderlich macht. Für diese Auslegung des Gesetzes spricht auch, daß nach dem Entwurf die Bestimmung des jetzigen § 93 auch Anwendung finden sollte, wenn der Beklagte, ohne auf den Rechtsstreit sich einzulassen, das Versäumnisurteil gegen sich ergehen ließ, daß diese Bestimmung aber in der Justizkommission gestrichen ist. Gr.

---

[1] Einsender hält die Entscheidung nicht für zutreffend. Der Wortlaut des Gesetzes zwingt nicht zu der Annahme, daß die selbständige Berufung gegen die Entscheidung über den Kostenpunkt nur zulässig sein soll, wenn die Hauptsache vollständig durch eine auf Grund eines Anerkenntnisses ausgesprochene Verurteilung erledigt ist. Der § 99[2] CPO. läßt sich sehr wohl auch dahin verstehen, daß die Berufung lediglich wegen der Kosten zugelassen werden soll, soweit die Hauptsache in dieser Weise erledigt ist und darauf die angefochtene Kostenentscheidung beruht. Dies trifft hier zu, da die Verurteilung des Beklagten A. in einen Teil der Kosten nur erfolgte auf Grund seiner in dem Anerkenntnisteilurteile ausgesprochenen Verurteilung in der Hauptsache. Es ist nicht abzusehen, weshalb er dadurch schlechter in Bezug auf das Rechtsmittel gestellt sein sollte, daß die Klägerin nach kontradiktorischer Verhandlung mit ihrem weitergehenden Anspruche abgewiesen ist, als wenn dieser durch Zurücknahme oder sonst ohne Urteil erledigt wäre, da er in beiden Fällen die Verurteilung in der Hauptsache nicht anfechten kann. M.

[2] Rsp. 3 S. 131, 132, 434.

d) OLG. Dresden, VII. CS. Urteil v. 28. Februar 1902.

Die Beklagte hat noch vor der Klagerhebung, was sie schuldete, dem Kläger wörtlich angeboten. Es lag nur an ihm, daß es nicht zur Ausführung dieses Angebotes gekommen ist. Er brauchte zwar nicht gerade eine (dem von der Beklagten als angemessen gebotenen Preis entsprechend) abgeänderte Rechnung zu senden; darauf kam es aber auch der Beklagten gar nicht an, sondern lediglich darauf, daß Kläger sich mit ihrem Zahlungsanerbieten in irgend einer Form einverstanden erklärte. Für die Annahme, daß es auch dann nicht zur Zahlung gekommen wäre, fehlt es an jedem thatsächlichen Anhalte. Der Rechtsstreit ist daher lediglich dadurch veranlaßt, daß Kläger die zu weitgehende Forderung aufrecht erhielt. Ein Verzug der Beklagten lag nicht vor, denn zur Zahlung des verlangten Betrages war sie nicht verpflichtet, so lange Kläger sich nicht zu dessen Annahme (von ihrem Standpunkte aus als einer bloßen Teilleistung) bereit erklärte; die Zuvielforderung ohne diese Erklärung war hier gerade der Grund, daß jede Leistung unterblieb, während nach der ganzen Sachlage anzunehmen ist, daß einer auf die geschuldete Leistung beschränkten Aufforderung Folge geleistet worden sein würde. In solchen Fällen wird aber nun sowohl nach bisherigem Rechte (Entsch. d. ROHG. 21 S. 132) als auch nach BGB. (vgl. Motive 2 S. 58 f.) der Eintritt des Verzuges durch den Mangel einer wirksamen Mahnung ausgeschlossen, so daß dahingestellt bleiben kann, ob man zu gleichem Ergebnisse durch die Erwägung gelangen könnte, daß erst durch das nach § 315³ BGB. ergehende Urteil das vom Gläubiger verschuldete Hindernis der Erfüllung gehoben werde (§ 285 BGB.). Die Beklagte, die noch vor dem ersten Verhandlungstermine die ihr vertragsmäßig obliegende Leistung bewirkt, also noch mehr gethan hat, als was § 93 CPO. voraussetzt (Gaupp 1 S. 261) ist daher mit den Kosten erster Instanz zu verschonen. Schdt.

e) **Prozeßkostenpflicht bei Wechselregreßklagen. Anwendung des § 93 CPO.**

OLG. Königsberg, I. CS. Beschluß v. 10. Dezember 1901.

Für die Frage, ob die Prozeßkosten dem aus Art. 51 WO. belangten Beklagten zur Last fallen, kommt nicht in Betracht, ob es ihm gegenüber der Notifikation im Sinne des Art. 45 das. bedurfte. Vielmehr entscheiden darüber lediglich die Vorschriften der CPO. §§ 91, 93. Nun reicht zwar die bloße Thatsache der Protesterhebung nicht aus, die Vormänner in Verzug zu setzen oder sonst die Annahme zu begründen, daß sie zur Erhebung der Klage Anlaß gegeben haben. Hier war der Beklagte aber durch die der Mahnung gleichstehende Erhebung der Klage in Verzug gekommen (§ 284 BGB.); er leistete darauf nicht alsbald Zahlung, sondern erst nach sechs Tagen, mithin erst nach Verlauf eines für den Wechselverkehr nicht unerheblichen Zeitraumes. Demgemäß kann ihm, obwohl er die Wechselsumme noch vor dem ersten Verhandlungstermine gezahlt hatte und er in diesem seine Verpflichtung zur

Zahlung der Zinsen alsbald anerkannte, der § 93 nicht zu gute kommen (JW. 1900 S. 714[3]). M.

f) **Kostenpflicht bei einer Klage auf eine künftige Leistung.**[1]

**CPO. §§ 257, 259, 93.**

Kammergericht, XIV. CS. Urteil v. 28. November 1901.

Es war auf Zahlung einer erst künftig fällig werdenden Mietrate geklagt, der Beklagte erkannte den Anspruch sofort an, verneinte aber, zur Klage Anlaß gegeben zu haben. Der Kläger begründete dies damit, daß der Beklagte mit der letztfälligen Mietrate in Verzug geraten war, und daß er sich in Zahlungsschwierigkeiten befinde. Die Kosten wurden dem Kläger auferlegt. Gründe:

Die Voraussetzung des § 93 trifft hier nicht zu. Denn die angebliche Mißlichkeit der Vermögenslage des Beklagten kann an sich nicht „ein Verhalten" desselben bedeuten; und seine Unpünktlichkeit bei Zahlung der letztfälligen Mietrate läßt sich nur dann als ein ihn belastendes Verhalten auffassen, wenn erwiesen wäre, daß er habe zahlen können, trotzdem aber, sei es aus Nachlässigkeit, sei es aus Böswilligkeit, nicht gezahlt habe; nicht aber dann, wenn die Zahlung nur aus Mangel bereiter Mittel ausgeblieben sei. Daß nicht der letztere Fall, sondern einer der ersteren vorliegt, hat der hierfür beweispflichtige Kläger nicht nachgewiesen. Es fehlt somit an jedem Anhalte dafür, daß der Beklagte darauf ausgehen wird, auf irgend eine Weise die Befriedigung des Klägers am künftigen Quartalstage zu vereiteln oder zu erschweren.[2] K.

g) **Kosten des Beweissicherungsverfahrens.**

OLG. Karlsruhe, I. CS. Urteil v. 19. Juni 1901.

Das Reichsgericht (Entsch. 13 S. 325) und Petersen, Gaupp-Stein, Struckmann und Koch zu § 485, ebenso das OLG. Karlsruhe (Bad. Rechtspraxis 1901 S. 87 Nr. 16) gehen übereinstimmend davon aus, daß die Kosten eines Verfahrens zur Sicherung des Beweises, wenn es nicht zum Prozesse über die Hauptsache kommt, nur mit besonderer Klage verlangt werden können, falls eine solche nach allgemeinen Grundsätzen begründet sein sollte. Unter welchen näheren thatsächlichen und rechtlichen Voraussetzungen eine solche Klage gegeben sein würde, ist an den angeführten Stellen nicht erörtert und braucht auch hier nicht untersucht zu werden, da zweifellos solche Voraussetzungen nicht vorliegen. Die einzige Thatsache, auf welche Kläger seinen Anspruch gestützt hat, ist die Behauptung des Beklagten, im Vorderhause des verkauften Anwesens seien Schwammbildungen aufgetreten.

---

[1] Vgl. Seuffert's Archiv 55 S. 98.

[2] Die Frage, ob der Beklagte durch sein Verhalten Anlaß zur Klage auf eine künftige Leistung gegeben hat, muß sonach im Einzelfalle in ähnlicher Weise geprüft werden, wie die, ob ein Schuldner nach § 917 CPO. Anlaß zu einem dinglichen Arrest giebt. Auch in diesem Falle entscheidet allein das eine Gefahr bedingende Verhalten des Schuldners, nicht aber die in seinem Vermögenszustande selbst liegende Gefahr. D. E.

Selbst wenn der Beklagte mit dieser Behauptung und dem weiteren Inhalte seines Briefes, er behalte das Haus nicht und werde gegen den Verkäufer klagend vorgehen, den Kaufvertrag verletzt oder den Thatbestand einer unerlaubten Handlung i. S. der §§ 823 ff. BGB. erfüllt hätte, könnte Kläger dennoch hieraus keinen Ersatzanspruch wegen der ihm durch den Antrag auf Sicherung des Beweises entstandenen Kosten ableiten. Denn diese Kosten könnte Kläger in beiden Fällen nur unter dem Gesichtspunkte eines ihm durch die Vertragsverletzung oder die unerlaubte Handlung erwachsenen Schadens geltend machen, und dieser Schaden müßte als durch die Vertragsverletzung oder die unerlaubte Handlung verursacht erscheinen. Es kann aber nicht zugegeben werden, daß der Kläger durch die Behauptungen des Beklagten genötigt war, oder ihm auch nur vernünftigerweise Veranlassung gegeben war, einen Antrag auf Sicherung des Beweises zu stellen. Ob der Kläger der angedrohten Klage des anderen Teiles entgegen zu treten oder selbst aus dem Kaufvertrage auf Leistung oder auf Feststellung zu klagen beabsichtigte, in allen Fällen mußte sein Standpunkt der sein, daß kein Schwamm im verkauften Hause sei. Der Kläger hatte nun wohl ein Interesse daran, bald zu wissen, ob die Behauptung des Beklagten auf Wahrheit beruhe oder nicht. Dieses Interesse konnte möglicherweise die Erhebung einer negativen Feststellungsklage rechtfertigen. Nicht ersichtlich ist aber, weshalb schon vor Erhebung dieser Klage, welche dem Gegner den Nachweis des Schwammes auferlegt hätte, eine Sicherung des Beweises darüber erforderlich war, daß kein Schwamm im Hause sei. Der Einwand, daß eine negative Feststellungsklage dem Beklagten viel größere Kosten verursacht hätte und es andererseits dem Kläger nicht zugemutet werden könne, sofort eine Feststellungsklage mit einem möglicherweise sehr hohen Streitwerte zu erheben, während ein Verfahren zur Sicherung des Beweises zur Aufklärung der streitigen Thatsachen genügen würde, ist nicht stichhaltig und zwar schon um deswillen, weil es im Belieben des Beklagten stand, ob er die Gefahr eines Rechtsstreites tragen wollte. Kläger kann dem Beklagten die Stellung und Rechte, welche er als Beklagter im Prozesse über die negative Feststellungsklage nach der CPO. zu beanspruchen hatte, nicht dadurch entziehen, daß er aus Zweckmäßigkeitsgründen, statt eine negative Feststellungsklage zu erheben, einen Antrag auf Sicherung des Beweises stellte. Wollte Kläger die Thatsache, daß kein Schwamm im Hause herrsche, auf Kosten des Beklagten feststellen, so blieb ihm hierzu nur der Weg einer den Voraussetzungen des § 256 CPO. entsprechenden Klage übrig. Es giebt aber selbst § 256 dem Kläger keinen unmittelbaren Anspruch auf Feststellung der Thatsache des Nichtvorhandenseins von Schwamm, sondern nur auf das Nichtbestehen eines Rechtsverhältnisses, für welches jene Thatsache von rechtlicher Erheblichkeit wäre.

Der Kläger hat endlich hervorgehoben: Die negative Feststellungsklage sei stets dann ausgeschlossen, wenn der Käufer nach Beendigung der Beweisführung erkläre, daß er nunmehr die frühere Behauptung nicht mehr aufrecht erhalte; es könne aber doch in diesen Fällen der Verkäufer nicht jedes Ersatzanspruches für die durch den Käufer veranlaßten Beweissicherungskosten verlustig sein. Die Beantwortung dieser Frage (vgl. dazu Petersen § 256 I Abs. III, Gaupp § 256 I⁴, II⁶) kann aber hier gleichfalls offen gelassen werden, weil Beklagter das Beweissicherungsverfahren nicht veranlaßt hat. Zur letzteren Annahme wäre nötig, daß Kläger darthun könnte, daß ohne den Antrag auf Beweissicherung die beabsichtigte Feststellungsklage gefährdet gewesen wäre. Inwiefern dies der Fall sein konnte, ist aber nicht einzusehen. Dr. E.

### h) Inwiefern gehört Lagergeld zu den Prozeßkosten? CPO. §§ 91. 104. HGB. §§ 354, 379.

OLG. Bamberg, II. CS. Beschluß v. 9. Januar 1902.

Es fragt sich, ob das vom Beklagten beanspruchte Lagergeld zu den Prozeßkosten in dem Sinne gehört, daß es der Festsetzung in dem durch die §§ 104 ff. CPO. geregelten Verfahren unterliegt. Der Erstrichter hat diese Frage bejaht und zwar gestützt auf Petersen-Anger, CPO. 4. Aufl. § 91 Ziff. 5, woselbst unter den zu erstattenden Kosten diejenigen der einstweiligen Aufbewahrung und Niederlegung von Waren aufgeführt sind unter Bezugnahme auf eine im Sächs. Archiv 2 S. 798 mitgeteilte Entscheidung des OLG. Dresden vom 25. November 1899. Auch Willenbücher (Kostenfestsetzungsverfahren S. 20 Nr. 12) rechnet zu den Prozeßkosten „die Kosten der einstweiligen Aufbewahrung angebotener und beanstandeter Waren, § 379 HGB."; er giebt für diese Ansicht Petersen als Gewährsmann an (wenigstens noch in der 4. Aufl. S. 18 Nr. 13). Soweit ersichtlich, erwähnt keiner der namhaften Kommentatoren der CPO. unter den der richterlichen Festsetzung unterliegenden Prozeßkosten die Kosten der Aufbewahrung und Niederlegung von Waren ausdrücklich. Struckmann-Koch (§ 91 Anm. 2 Abs. 3) machen darauf aufmerksam, daß H. Meyer in Busch's Zeitschr. 7 S. 285 ff. eine Aufzählung der der Festsetzung unterliegenden Prozeßkosten gebe. Auch in dieser Aufzählung findet sich das Lagergeld nicht vor.

Der Anspruch des Beklagten auf Lagergeld wird an sich als begründet anzunehmen sein; nach Art. 348 u. 390 (§§ 379, 354) HGB. hat die Kosten der Aufbewahrung der Käufer zwar zu verauslagen, aber der Verkäufer hat sie zu erstatten, wenn die Beanstandung begründet war. Verwahrt der Käufer die Ware selbst, so kann er Lagergeld fordern, wenn er Kaufmann ist. Der Anspruch auf Vergütung wird auch dadurch nicht beseitigt, daß die Handlung auch im eigenen Interesse des Handelnden liegt (Staub § 379 Anm. 17, § 354 Anm. 1 a 5). Eine ganz andere Frage ist aber die, ob der Anspruch auf Lagergeld sich zur Berücksichtigung im Kostenfestsetzungsverfahren eignet, oder ob er, den Charakter eines Nebenanspruches neben dem dem Beklagten zustehenden Anspruche auf Wandelung tragend, entweder im durchgeführten Rechtsstreite mittels Widerklage hätte geltend gemacht werden sollen oder nachträglich in gesondertem Verfahren geltend zu machen wäre. Inwieweit Lagergeld in dem hier nicht gegebenen Falle, daß das Prozeßgericht die Hinterlegung im Streit befangener Waren angeordnet hat, zu den Prozeßkosten im Sinne des § 91 CPO. gehört, ist nicht zu untersuchen. Einen dieser Fälle mag Petersen-Anger im Auge haben. Hier verlangt der Käufer Lagergeld dafür, daß von ihm beanstandete Waren sich eine Zeitlang in seiner eigenen Verwahrung befunden haben, ohne daß eine hierauf gerichtete Anordnung des Prozeßgerichtes vorgelegen hätte. Die Motive zur CPO. (S. 112) sagen: „Außerhalb des Prozeßkostenersatzes liegen Schadensersatzansprüche, deren Fundament nicht allein durch die Thatsache des Obsieges im Rechtsstreite, sondern auch durch weitere Umstände begründet wird. Solche Forderungen sind in besonderen Prozessen zu verfolgen." Vgl. auch Reincke § 91 Anm. I 1a.

Das Beschwerdegericht ist nun der Anschauung, daß der Anspruch auf Lagergeld Aufwendungen, welche in unmittelbarer Beziehung auf den Rechtsstreit erwachsen wären, hier nicht betrifft. Es ist rein zufällig, ob die Waren sich schon vor Beginn des Rechtsstreites und während desselben längere Zeit in Verwahrung des Beklagten befanden, und es hat dieser Umstand mit dem Rechtsstreite gar nichts zu thun. Der Rechtsstreit hätte sehr wohl auch dann geführt werden können, wenn Beklagter alsbald nach der Dispositionsstellung aufgehört hätte, Bewahrer der Schuhwaren zu sein. Zudem ist es nach Art. 348 des alten und § 379 des neuen HGB. lediglich Pflicht des Beklagten gewesen, für die einstweilige Aufbewahrung der von ihm beanstandeten Waren zu sorgen; der Käufer darf die Ware nicht preisgeben, ehe der Verkäufer in der Lage ist, darüber anderweit zu verfügen. Wenn durch die Benachrichtignug von dem Sachverhalte derselbe in dieser Lage sich befindet und trotzdem für weitere Aufbewahrung nicht sobald als möglich sorgt, so ist der Käufer seiner Verpflichtung enthoben (Staub a. a. O. § 379 Anm. 15). Hieraus folgt, daß auf Seiten des Verkäufers A., wenn er die ihm obliegende Sorge für die weitere Aufbewahrung außer Acht gelassen, ein Verschulden liegt, und daß somit der Anspruch des Beklagten auf Lagergeld das außerhalb des § 91 CPO. liegende Thatbestandsmoment der Verschuldung seitens des Verkäufers erfordert. So wie der Anspruch auf Lagergeld beklagterseits erhoben wurde, charakterisiert sich derselbe als Schadensersatzanspruch und ist daher zur Berücksichtigung im Kostenfestsetzungsverfahren nicht geeignet. Sch.

i) **Kosten bei Erledigung der Hauptsache während des Laufes des Prozesses. CPO. §§ 92, 93.**

OLG. Karlsruhe, III. CS. Urteil v. 18. November 1901.

Der Berufungsangriff gegen die Kostenentscheidung stützt sich nicht darauf, daß der Klaganspruch schon zur Zeit der Klagerhebung unbegründet gewesen sei, sondern darauf, daß der Beklagte 1) zur Klagerhebung durch sein Verhalten keine Veranlassung gegeben, und 2) daß er den Kläger schon zur Zeit der landgerichtlichen Verhandlung vor dem Urteile befriedigt, also den

Klaganspruch sofort anerkannt habe. Die Berufung stützt sich also in prozeßrechtlicher Hinsicht auf den § 93 CPO. und die zu billigende Ausdehnung dieser Vorschrift auf den Fall, daß der Beklagte, der zur Klage keinen Anlaß gab, den Kläger schon vor der Verhandlung befriedigte (vgl. Petersen-Anger Note 3 a. E. zu § 93). Nun hat aber der Beklagte bereits in erster Instanz zugestanden, daß der vom Kläger angefochtene Liegenschafts-Kaufvertrag von dem Schuldner des Klägers mit dem Beklagten in der diesem bekannten Absicht, seine Gläubiger zu benachteiligen, abgeschlossen worden ist. Damit war nicht nur die Begründetheit des Anfechtungsanspruches, sondern zugleich eine Verletzung des Vollstreckungsrechtes des Klägers, als dessen Erweiterung das Anfechtungsrecht aufzufassen ist, durch den Beklagten gegeben. Damit war für den Kläger auch das Rechtsschutzinteresse vorhanden, welches ihm zur Erhebung der Anfechtungsklage gerechten Anlaß bot. Wenn aber der Beklagte ein dem Kläger zustehendes Recht arglistig verletzt hat, bedarf es einer vorgängigen außergerichtlichen Aufforderung nicht, um das Rechtsschutzinteresse zu begründen (vgl. Petersen-Anger, Note 2 zu § 93). Der Beklagte kann dann trotz unterlassener Aufforderung nicht mit Grund behaupten, daß er durch sein Verhalten zur Erhebung der Klage keine Veranlassung gegeben habe.

Daß der Beklagte durch sein Verhalten die Klage veranlaßt hat, kann aber die Kostenpflicht desjenigen Beklagten, welcher den Kläger während des Prozesses befriedigt und diese Befriedigung im Prozesse geltend gemacht hat, insoweit nicht begründen, als nach Erlöschung des Klagerechtes der Kläger zu Unrecht weiter prozessiert und dadurch weitere Kosten verursacht hat. In diesem Falle muß vielmehr in analoger Anwendung des § 92 eine verhältnismäßige Teilung der Kosten eintreten, da eine Belastung weder des Klägers noch des Beklagten mit sämtlichen Kosten hier der Natur der Sache und den Anforderungen der Billigkeit entsprechen würde: des klaglos gestellten Klägers deshalb nicht, weil er zur Klagerhebung berechtigt und veranlaßt war, des durch nachträgliche Erfüllung dem Klaganspruch Genüge leistenden Beklagten deshalb nicht, weil die nach diesem Zeitpunkt entstehenden Kosten nicht durch sein Verhalten, sondern durch grundloses Prozessieren des Gegners veranlaßt sind. Allerdings fehlt es im Gesetze an einer ausdrücklichen Regelung der Kostenfrage, wenn in der Hauptsache keine die Kostenpflicht begründende Entscheidung vorliegt. Denn das Gesetz knüpft die Rechtsfolge der Kostenpflicht an den prozeßrechtlichen Thatbestand des Unterliegens im Rechtsstreite kraft des richterlichen Anspruches, welcher durch autoritative Bejahung oder Verneinung der von den Parteien geltend gemachten subjektiven Privatrechte zugleich den (publizistischen) „Anspruch" auf Gewährung des Rechtsschutzes befriedigt, wofür der unterliegende Teil die Gerichtskosten und Auslagen zu bezahlen hat. Insoweit wurzelt die Kostenpflicht ausschließlich im öffentlichen Recht. Aber auch ihre andere Seite, die Verpflichtung zur Erstattung der dem Gegner erwachsenen Kosten, ist nicht etwa als eine Erweiterung der materiellrechtlichen Haftung aufzufassen, sondern gleichfalls prozeßrechtlicher Natur und daher nicht allein von der objektiven Begründetheit der gestellten Anträge, sondern auch von dem Verhalten der Parteien zum und im Rechtsstreite abhängig (vgl. §§ 93, 94, 95, 96, $97^2$, $100^3$ CPO.). Die Bestimmungen der CPO. über Kostenteilung und Kostenseparation sind nun keineswegs erschöpfend und bedürfen daher —, wenigstens für den im Gesetze nicht geregelten Fall, daß der prozeßrechtliche Thatbestand des Unterliegens oder Obsiegens zur Hauptsache wegen Erledigung derselben fehlt — der Ergänzung im Wege des richterlichen Ermessens auf der Grundlage der Analogie und der Natur der Sache. Eine Teilung der Kosten nach Prozeßabschnitten ist für den Regelfall einer richterlichen Entscheidung zur Hauptsache allerdings nicht vorgesehen. Aber es entspricht in dem hier vorliegenden Ausnahmefall, in welchem lediglich über den Zeitpunkt einer während des Prozesses erfolgten Befriedigung des Klägers gestritten wird, dem in § 93 und 96 zum Ausdruck gelangten Gedanken des Gesetzgebers, wenn hier dem Grundsatze einer Kostenteilung wegen zweckloser Rechtsverfolgung und nicht dem hypothetischen Gesichtspunkte der Vorzug eingeräumt wird, nach welchem entweder der Kläger oder der Beklagte sämtliche Kosten zu tragen hätte, weil je nach der Begründetheit oder der Unbegründetheit der Erfüllungseinrede der eine oder der andere als im ganzen unterliegend oder obsiegend zu gelten hätte, wenn nicht die Erledigung eingetreten wäre. Das für die Kostenpflicht entscheidende konkrete Kriterium scheint dem Berufungsgerichte darin zu liegen, ob der Kläger, nachdem der Beklagte die wirklich erfolgte Befriedigung im Prozesse geltend gemacht hatte, durch Fortsetzung des Rechtsstreites — wenn auch ohne Verschulden, so doch auf eigene Gefahr —, weitere Kosten veranlaßt hat. Da nicht allein die materielle Rechtslage sondern, wie oben ausgeführt, auch das Verhalten der Parteien im Rechtsstreite für die Kostenpflicht von Bedeutung ist, so kommt es nicht etwa auf den Zeitpunkt einer ohne Kenntnis des Klägers eingetretenen Erfüllung, sondern erst auf den Zeitpunkt an, in welchem der Beklagte die (begründete) Einrede der Erfüllung geltend gemacht hat. Es kann auch nicht allein entscheidend sein, ob der Kläger seinen Klagantrag, weil ihm der Beweis der Erfüllungseinrede noch nicht erbracht war, damals noch aufrecht erhielt. Dies rechtfertigt vielmehr nur seine Belastung mit denjenigen Kosten, welche nach Erlöschung seines Klagerechtes durch sein Verhalten, nämlich durch die Fortsetzung des Rechtsstreites auf seine Gefahr, entstanden sind, nicht auch die Belastung des Klägers mit den vor der Erlöschung des begründeten Klagerechtes durch die Rechtsverletzung des Beklagten entstandenen Kosten (vgl. zur Litteratur der sehr bestrittenen Rechtsfrage: Busch, Zeitschr. 12 S. 248, 14 S. 258, 19 S. 262; Gruchot 30 S. 98, insbes. S. 107 ff.; Kohler, Prozeß als Rechtsverhältnis § 20; Wach 1 S. 19 ff; Hellwig, Anspr. u. Klagrecht § 22 Note 1 § 51; Seuffert 49 Nr. 200).

Dr. E.

k) **Kosten der Berufung, wenn der erste Richter den Beklagten über den Klagantrag hinaus verurteilt hatte.**

OLG. Hamburg, II. CS. Urteil v. 25. März 1902.

... Die Kosten der Berufung sind, ebenso wie die der ersten Instanz, dem Beklagten aufzuerlegen, da er, obwohl formell seinem Berufungsantrage stattgegeben wird, materiell hinsichtlich des ganzen, durch den Klagantrag bestimmten Streitgegenstandes als unterliegender Teil anzusehen ist. Auch insoweit die Berufung dadurch veranlaßt ist, daß das Landgericht ihn über den Klagantrag hinaus verurteilt hat, läßt sich eine Kostenpflicht der Klägerin nicht begründen, da sie auf diesen — ihr zu Unrecht zugesprochenen — Mehrbetrag keinen Anspruch erhoben hat. Insbesondere hat Beklagter nicht behauptet, daß Klägerin etwa versuchte, diesen Mehrbetrag auf Grund des erstinstanzlichen Urteiles beizutreiben, oder sich auf eine außergerichtliche Aufforderung weigerte, anzuerkennen, daß ihr ein Anspruch auf diesen Mehrbetrag nicht zustehe. Im Prozesse hat Klägerin (Berufungsbeklagte) den Anspruch des Beklagten auf Einschränkung des erstinstanzlichen Urteiles sofort anerkannt. Es rechtfertigt sich deshalb, auf diesen — im Gesetze nicht besonders vorgesehenen — Fall den § 93 CPO. entsprechend anzuwenden. M. M.

l) **Sind die durch Erhebung von Teilklagen verursachten Mehrkosten erstattungsfähig?**[1] **CPO. § 91.**

OLG. Posen, IV. CS. Beschluß v. 31. Oktober 1901.

Durch den angefochtenen Beschluß ist ein Teil der durch das Verfahren vor dem Amtsgericht entstandenen Kosten mit der Begründung abgesetzt worden, die Kläger hätten keine Veranlassung gehabt, zunächst einen Teilbetrag beim Amtsgericht zu verfolgen und demnächst durch Klageerweiterung den gesamten, zur Zuständigkeit des Landgerichtes gehörigen Anspruch geltend zu machen. Der sofortigen Beschwerde war der Erfolg nicht zu versagen.

Ob in Fällen, wie der vorliegende, Erstattung der Kosten des amtsgerichtlichen Verfahrens verlangt werden kann, ist Thatfrage und hängt von der Feststellung ab, inwieweit die Kosten zur zweckentsprechenden Rechtsverfolgung notwendig waren oder nicht. Hier handelte es sich um die Herausgabe von drei Wechseln über je 300 Mark und um die Löschung der für die Wechselforderungen nebst Kosten eingetragenen Vormerkung in Höhe von 950 Mark. In der Klagebegründung wird ausdrücklich darauf hingewiesen, daß die Kläger im Interesse der Kostenersparnis ihre Rechte lediglich im Betrage von 300 Mark verfolgen wollen. Demgemäß lautet auch das zunächst erlassene Versäumnisurteil nur über diese Summe. Erst nachdem

---

[1] Rsp. 4 Nr. 41c; auch JW. 1892 S. 11 Nr. 3, 1898 S. 278 Nr. 9. — § 91 Abs. 2 Satz 2 gilt nicht nur dann, wenn gemäß § 84 mehrere Anwälte nebeneinander zu Prozeßbevollmächtigten bestellt sind, sondern auch dann, wenn der Bevollmächtigte gemäß § 81 sich einen Nachbevollmächtigten bestellt. Stempelkosten für diese Nachvollmacht sind daher regelmäßig nicht zu erstatten, auch wenn beide sich zur Ausübung der Anwaltspraxis verbunden haben. (OLG. Frankfurt, Beschluß v. 22. November 1901, Rundschau S. 201.)

der Beklagte Einspruch eingelegt und seine Verpflichtung schlechtweg bestritten hatte, ist die Klage auf den gesamten Anspruch ausgedehnt worden. Darauf hat der Beklagte, nicht die Kläger, beantragt, die Sache an das Landgericht zu verweisen. Daß die Kläger, indem sie zunächst ihre Ansprüche auf einen Teilbetrag beschränkten, in nicht zweckentsprechender Weise handelten, läßt sich keineswegs annehmen, zumal in der Klageschrift auf den Grund ihres Thuns ausdrücklich hingewiesen ist. Das Bestreben, Kosten zu ersparen, ist anerkennenswert, ein hierauf zurückzuführendes Thun kann gegen die Kläger nicht verwertet werden. Daß dies auch dem Geiste der CPO. entspricht, bestätigt außer anderem der § 510, indem er die Kosten eines erfolglosen Sühneversuches vor dem Amtsgerichte als Kosten des Rechtsstreites behandelt und damit erklärt, daß sie auf alle Fälle als zur zweckentsprechenden Rechtsverfolgung erforderlich zu erachten seien. Ferner darf es den Klägern nicht zum Vorwurf gemacht werden, daß sie ihre Klage erweitert haben, nachdem der Beklagte ein Versäumnisurteil über sich hatte ergehen lassen und erst im Einspruchsverfahren mit der Absicht, den Anspruch der Kläger gänzlich zu bestreiten, hervortrat. Fraglich könnte es vielleicht werden, ob die Kläger zweckentsprechend gehandelt haben, wenn nunmehr auf ihren Antrag die Verweisung der Sache an das Landgericht stattgefunden hätte. Vorliegend bildet indessen das Verlangen des Beklagten den Grund, weshalb der Rechtsstreit an das Landgericht kam und aus dem Verhalten des Gegners kann man keinesfalls ein Argument dafür herleiten, daß das von den Klägern eingeschlagene Verfahren als zweckwidrig zu gelten habe (vgl. Monatsschrift für Posen 1901 S. 64, 65; Seuffert 47 Nr. 227). R.

### m) Beschwerdekosten im Kostenfestsetzungsverfahren.

OLG. Kiel, II. CS. Beschluß v. 29. November 1901.

Die außergerichtlichen Kosten, welche dem Kostengläubiger dadurch anwachsen, daß er sofortige Beschwerde einlegt gegen einen Kostenfestsetzungsbeschluß, den das erstinstanzliche Gericht infolge der Beschwerde gemäß § 577³ CPO. zu gunsten des Beschwerdeführers ändert, sind erstinstanzliche Kosten des Festsetzungsverfahrens. Diese sind aber im Festsetzungsbeschlusse mit festzusetzen. Wollte man ihre Festsetzung in ein späteres, erst auf neuen Antrag einzuleitendes Verfahren verschieben, so würde das zweite Verfahren der Partei wiederum Kosten verursachen, deren Festsetzung dann ein drittes Verfahren erfordern würde, und es würde sich ein Kostenfestsetzungsverfahren an das andere in unendlicher Reihe anschließen müssen. Das kann nicht in der Absicht des Gesetzes liegen. — Diese Erwägung nötigt indessen nicht dazu, auch dann, wenn das erstinstanzliche Gericht ohne Abänderung seines angegriffenen Beschlusses die Beschwerde dem Beschwerdegerichte vorlegt, die durch die Beschwerde verursachten Kosten in der Entscheidung des Beschwerdegerichtes mit festzusetzen. Vielmehr hat in diesem Falle die Partei, sofern sie die Beschwerdekosten ohne deren Festsetzung vom Gegner nicht ersetzt erhält, sich zwecks deren Festsetzung an das Gericht erster Instanz zu wenden, wie dies im § 104² CPO. vorgeschrieben ist. Gr.

---

## 33

### a) Wird Auflassungsstempel durch Verwendung des Stempels zu dem Kausalgeschäft ausgeschlossen im Falle der Auflassung an einen Dritten? — Ungenügende Belehrung des Grundbuchrichters.

Kammergericht, I. CS. Beschluß v. 3. Februar 1902.

Der Beschwerdeführer F. hat vor dem Grundbuchamte von seinem Grundstücke zwei Trennstücke an L. aufgelassen. Im Auflassungsprotokoll ist wegen des Stempels bemerkt: der Auflassung liege das in der eingereichten Urkunde vom 28. März 1901 beurkundete Veräußerungsgeschäft zu Grunde. In dem erwähnten Vertrage — zu welchem 57 ½ Mark Stempel in Natur verwendet sind — ist neben anderen beurkundet, daß F. jene beiden Trennstücke an M. verkauft und sich verpflichtet habe, sie direkt an L. aufzulassen. L. ist in der Urkunde nicht als Beteiligter aufgeführt und hat sie nicht mit unterzeichnet. Bei der Gebührenberechnung ist als Stempel für die angegebene Auflassung der Betrag von 12 ½ Mark angesetzt. F. hat dagegen Erinnerung erhoben.

Aus den Gründen:

Um die Doppelbesteuerung beim Grundeigentumswechsel zu vermeiden, hat Tarifstelle 8 Abs. 3 die Auflassungserklärung dann vom Wertstempel befreit, wenn mit ihrer Verlautbarung oder innerhalb der dort bezeichneten Frist die das Veräußerungsgeschäft enthaltende Urkunde vorgelegt wird. Wenn diese Urkunde über das Kausalgeschäft versteuert ist, soll der zur Erfüllung des Kausalgeschäftes dienende Auflassungsakt nicht noch einmal der Umsatzsteuer unterliegen. Hieraus folgt, daß das Kausalgeschäft und der Auflassungsakt sich gegenseitig dergestalt decken müssen, daß beide auf die gleiche Veräußerung gerichtet sind: also aus dem Veräußerungsgeschäfte im Sinne des Stempelgesetzes muß die Verbindlichkeit des Veräußerers, das Grundeigentum an den bestimmten Erwerber zu übereignen, sowie die entsprechende Verbindlichkeit des Erwerbers, die Auflassung anzunehmen, hervorgehen; die bei der Auflassung Beteiligten müssen auch das zu Grunde liegende Rechtsgeschäft abgeschlossen haben. Vorliegend hat aber nach der Urkunde vom 28. März 1901 L. mit dem Beschwerdeführer F. überhaupt nicht kontrahiert und sich insbesondere gegenüber dem letzteren nicht verbindlich gemacht, die Auflassung entgegenzunehmen. Die Vorinstanzen haben deshalb mit Recht die Ausführung des Beschwerdeführers zurückgewiesen, daß durch die Verstempelung des Kaufvertrages vom 28. März 1901 ohne weiteres der Auflassungsstempel beseitigt sei.

Allein diese Rechtslage mußte dem Grundbuchrichter bei der Aufnahme der Auflassungsverhandlung vom 24. September 1901 und der sich daran anknüpfenden Verhandlung über die Erhebung der Stempelsteuer klar sein. Er war demzufolge nach den Dienstvorschriften — JMBl. 1896 S. 63,

1900 S. 501 und 505 — verpflichtet, die Auflassungsbeteiligten hierüber zu belehren und zu erforschen, ob nicht im Falle der Beurkundung des der Auflassung zu Grunde liegenden Geschäftes der Urkundenstempel niedriger sein würde, als der Auflassungsstempel, es mußte also mit den Beteiligten erörtert werden, auf welchem Rechtsverhältnisse die Auflassung der an M. verkauften Grundstücke an L. beruhte. Die Beteiligten, F. und L., hatten eine Urkunde vorgelegt, die der Grundbuchrichter zurückweisen mußte, weil sie nicht zwischen denselben Personen errichtet war, von denen die Auflassung erklärt wurde. Dieser besondere Fall ist im JMBl. 1900 S. 505 unter Nr. 6 behandelt und darauf hingewiesen, es sei zu beachten, daß der Stempel der Tarifstelle 32 Abs. 5 sich gemäß Abs. 6 auf 1,50 Mark vermindert, wenn der erste Erwerber (M.) erweislich im Auftrage oder als Geschäftsführer ohne Auftrag des Auflassungsempfängers (L.) gehandelt hat. Die Möglichkeit, daß schon **vor** dem Abschlusse des Kaufvertrages L. eine Vollmacht auf M. ausgestellt hat und diese Vollmacht in stempelpflichtiger Form vorgelegt bezw. nachgewiesen, dadurch aber die Nachforderung jedes Stempels ausgeschlossen wird, ist nicht von der Hand zu weisen. Der Umstand, daß schon im Kaufvertrage der Käufer die Auflassung des gekauften Grundstückes an einen Dritten vereinbart, deutet darauf hin, daß zwischen letzterem und dem Käufer schon damals ein Auftragsverhältnis bestanden haben kann. Bei dieser Sachlage war es Pflicht des Grundbuchrichters, die zu Grunde liegenden rechtlichen Verhältnisse genau festzustellen und nachzuprüfen, ob nicht die Beurkundung dieses Rechtsverhältnisses zur Ersparung des Auflassungsstempels führen konnte. Nach Ausweis des Auflassungsprotokolles ist dies nicht geschehen. Dieser Verstoß entzieht, wie in ständiger Rechtsprechung angenommen ist, dem Ansatze des Auflassungsstempels die gehörige Grundlage, so daß infolgedessen das gesamte, den Stempelumsatz betreffende Verfahren zu erneuern ist. M.

b) **Zur Anwendung der Tarifstellen 71 und 32 Nr. 2 des preuß. Stempelsteuergesetzes.**

Kammergericht, I. CS. Beschluß v. 28. Oktober 1901.

Die Tarifstelle $71^2$ bezieht sich auf „Verträge über vermögensrechtliche Gegenstände, **wenn keine andere Tarifstelle zur Anwendung kommt**". Die letztere Voraussetzung liegt hier nicht vor. Denn der Vertrag vom 26. September 1900 wird unbedenklich von der Tarifstelle 32 betroffen, welche die Besteuerung von „Kauf- und Tauschverträgen **und anderen lästige Veräußerungsgeschäfte enthaltenden Verträgen**" betreffs unbeweglicher Sachen und sonstiger Gegenstände bestimmt. Diese Tarifstelle ist wiederum nur dann anzuwenden, „insoweit nicht besondere Tarifstellen zur Anwendung kommen." Die durch die Tarifstellen 32 und $71^2$ begründete Rechtslage in dem hier zu berücksichtigenden Punkte ist nach der klaren Fassung der beiden Vorschriften diejenige, daß Verträge, die ein lästiges Veräußerungsgeschäft enthalten, zunächst nach der für dieses Veräußerungsgeschäft besonders bestehenden Tarifstelle und in Ermangelung einer solchen Stelle nach der

Tarifstelle 32 besteuert werden, während die Tarifstelle $71^2$ auf die ein lästiges Veräußerungsgeschäft enthaltenden Verträge sich überhaupt nicht beziehen läßt. Denn immer setzt die Anwendung der Tarifstelle $71^2$ voraus, daß der betreffende Vertrag einer anderen Tarifstelle nicht unterliegt. Für Verträge, die ein lästiges Veräußerungsgeschäft enthalten, ist aber stets eine andere Tarifstelle, als die in Ziff. $71^2$ anwendbar, nämlich entweder die für ein derartiges Veräußerungsgeschäft besonders gegebene oder aber, wenn eine solche fehlt, diejenige in Ziff. 32 (vgl. Heinitz, Kommentar 2. Aufl., S. 402 flg.).

Der Beschwerdeführer ist allerdings der Ansicht, daß der Vertrag ein lästiges Veräußerungsgeschäft nicht enthalte. Allein seinen Ausführungen kann nicht gefolgt werden. Nach dem Vertrag überläßt der Fiskus dem Beschwerdeführer die näher bezeichneten Sachen, das Boberwehr, die Wassermühle zum Eigentum. Der Vertrag verhält sich ohne Zweifel über die Veräußerung dieser Sachen seitens des Fiskus an den Beschwerdeführer, er enthält im Sinne der Tarifstelle 32 das hierauf bezügliche Veräußerungsgeschäft, und das letztere ist auch ein lästiges, da der Beschwerdeführer sich in dem Vertrage zu entsprechender Gegenleistung verpflichtet. Daß die Gegenleistung nicht in Geld, sondern wesentlich in der Erhaltung, Unterhaltung und eventuell in der Ersetzung des Boberwehres besteht, ist für die Anwendung der Tarifstelle 32 ohne Belang. Denn diese Tarifstelle bezieht sich auf alle Geschäfte, durch welche Sachen gegen eine Leistung irgend einer Art veräußert werden, es sei denn, daß das Geschäft in einer sonstigen Tarifstelle besonders besteuert ist (vgl. Heinitz, S. 433 Nr. 6).

Die Auffassung des Beschwerdeführers, daß die Tarifstelle 32 lediglich auf Kauf- und Tauschverträge, gerichtliche Zwangsversteigerungen, Lieferungsverträge, Verträge über Hingabe an Zahlungsstatt und Übertragungen der Rechte der Erwerber aus Veräußerungsgeschäften bezogen werden könne, ist irrig. Zwar sind diese Rechtsgeschäfte in den einzelnen Absätzen der Tarifstelle hervorgehoben. Allein daraus folgt keineswegs, daß nur sie der Tarifstelle 32 unterfallen. Die grundsätzliche Bestimmung ist diejenige im Abs. 1 der Tarifstelle 32, und nach dieser kann es keinem begründeten Zweifel unterliegen, daß die Tarifstelle sich auf alle Kategorien von Verträgen erstreckt, die ein lästiges Veräußerungsgeschäft enthalten, mit alleiniger Ausnahme der von einer sonstigen Tarifstelle besonders betroffenen. Auch der Hinweis, daß hier ein Kaufpreis fehle, kann die Anfechtung des Stempelansatzes nicht stützen. Denn um einen Kauf- oder Lieferungsvertrag, bei dem nach Tarifstelle 32 die Steuer vom Kauf- oder Lieferungspreise zu entrichten ist, handelt es sich hier nicht. Für sonstige Verträge der in dieser Tarifstelle bezeichneten Art ist aber die Steuer vom Gesamtwerte der Gegenleistung (unter Hinzurechnung des Wertes vorbehaltener Nutzungen) oder, wenn der Wert der Gegenleistung aus dem Vertrage nicht hervorgeht, vom Werte des veräußerten Gegenstandes zu berechnen. Der Besteuerung des Vertrages nach Tarifstelle 32 stände also selbst dann nichts im Wege, wenn der Vertrag den Wert der Gegenleistung des Beschwerdeführers nicht ergäbe. Der Vertrag ergiebt aber diesen Wert. E.

c) **Ein im Kaufvertrage übernommenes Altenteil ist nach dem Alter zu berechnen, das der Altsitzer bei Abschluß jenes Vertrages hatte.**

Kammergericht, I. CS. Beschluß v. 2. April 1902.

Die Instanzen nahmen an, daß der Wert des übernommenen Altenteiles nach dem Zeitpunkte seiner Begründung (1891) zu berechnen sei und dieser Wert von 1250 Mark bis zu seinem Erlöschen unverändert bleibe. Sie stützen sich auf den Beschluß vom 21. Februar 1898 (Jahrb. 19 S. 153). Dieser betrifft jedoch die Frage, in welcher Weise für den Akt der grundbuchmäßigen Löschung der Wert des Gegenstandes eines eingetragenen Altenteiles zu berechnen ist. Hier kommt dagegen nur zur Entscheidung, wie hoch nach den Bestimmungen des Kaufvertrages vom 17. April 1901 der Betrag des Kaufpreises mit Hinzurechnung der dort im § 5 ausbedungenen Übernahme des Altenteiles in Ansatz gebracht werden muß . . ., ob also die nachträgliche Einforderung von 4 Mark Stempelsteuer gerechtfertigt ist. Dies muß verneint werden. Nach Tarifstelle 32 Abs. 1 StStG. ist bei Kaufverträgen die Steuer von 1 % zu entrichten vom Kaufpreise unter Hinzurechnung des Wertes der ausbedungenen Leistungen; neben der Zahlung des Kaufpreises von 5900 Mark haben die Vertragschließenden hier ausdrücklich vereinbart, daß außerdem noch das vom Kaufgrundstücke zu gewährende Altenteil für die Eheleute D. von den Käufern, und zwar vom Tage der Vertragschließung an, gewährt werden solle. Es kann nicht zweifelhaft sein, daß bei der Vereinbarung des Preises selbst diese übernommene Leistung mit in Berechnung gebracht worden ist. Sie ist bei der Stempelberechnung als neben dem Preise ausbedungene Leistung in Rücksicht zu ziehen. In welchem Betrage dieselbe bewertet werden muß, kann nur aus den Vorschriften des StStG. entnommen werden; und zwar kommt hier zunächst die grundsätzliche Vorschrift des § 3 in Betracht, daß die Stempelpflichtigkeit der Urkunde sich nach ihrem Inhalte richtet. In der Urkunde vom 17. April 1901 sind aber die Momente bestimmt angegeben, die bei der Berechnung des Wertes der übernommenen Leistung als Faktoren maßgebend sind: nämlich daß der Jahreswert der Altenteilespräſtationen 100 Mark beträgt, und daß die Altsitzer 72 und 56 Jahre alt sind, sowie daß die von den Käufern zu gewährende Leistung erst mit dem Tage der Vertragschließung beginnt. Auf der Grundlage dieser Angaben kann der Wert dieser Leistung nur nach § 6 StStG. angesetzt werden; Abs. 10 das. schreibt vor, der Wert von Leistungen auf Lebenszeit bestimme sich nach dem zur Zeit ihres Anfanges erreichten Lebensalter der Person, bei deren Tode die Leistung erlischt, und werde bei einem Lebensalter derselben vom 55. bis 65. Jahre auf das 8 1/2 fache des Wertes der einjährigen Leistung angenommen. H.

d) **Stempel für Auseinandersetzungsverträge. Tarifstelle 25d.**

Kammergericht, I. CS. Beschluß v. 11. Juli 1900.

Ein Vertrag, durch den die beiden Teilhaber einer offenen Handelsgesellschaft oder die Erben eines Teilhabers der durch den Tod aufgelösten Gesellschaft mit dem anderen Teilhaber dahin sich auseinandersetzen, daß der eine Teilhaber oder dessen Erben alle Teilhaberrechte und -Pflichten an den anderen Gesellschafter gegen eine Geldabfindung übertragen, ist nur mit $^1/_{50}$ % von der Abfindungssumme zu versteuern, und es begründet dabei keinen Unterschied, wenn zum Gesellschaftseigentume auch unbewegliche Sachen gehören. B.

---

## 34

a) **Berechnung der Gebühr für beglaubigte Abschriften der Abteilung I eines Grundbuchblattes. GKG. §§ 21, 66.**

Kammergericht, I. CS. Beschluß v. 10. März 1902.

Für die Berechnung der Gebühr für die erteilte beglaubigte Abschrift kann hier nur der Wert des Bergwerkes in Betracht kommen. Denn aus Satz 2 § 66² ergiebt sich klar, daß bei der Erteilung von beglaubigten Abschriften, die sich auf das ganze Grundstückseigentum beziehen, der Wert des Grundstückes zu Grunde zu legen ist. Dies steht, wie im Jahrb. 16 S. 237 und 18 S. 146 ausgeführt ist, im Einklange mit dem aus §§ 58⁴ und 65 zu folgernden Grundsatze, daß in Grundbuchsachen der Gegenstand, auf den sich die Einschreibung oder sonstige gerichtliche Thätigkeit bezieht, den Maßstab für den Gebührenansatz bildet. Vorliegend war der Gegenstand der Abschrift das in Abt. I verzeichnete Bergwerkseigentum selbst, und die Gebühr ist also nach dem Werte desselben anzusetzen.... Die eingetragenen hypothekarischen Belastungen können aber von dieser Summe nicht abgezogen werden; denn dieselbe stellt den Schätzungswert des Bergwerkes, den gemeinen Wert des § 21¹ dar, und dieser kann durch die auf dem Bergwerke zur Zeit eingetragenen Belastungen nicht gemindert werden. Dieser objektiv feststellbare gemeine Wert ist aber allein für die Gebührenberechnung maßgebend. Sonst würde auch die Gebühr des § 58 für die Eintragung des Eigentümers auf Grund der Auflassung nicht nach dem gemeinen Schätzungswerte, sondern nur nach dem Reste des Wertes nach Abzug sämmtlicher Belastungen in Ansatz zu bringen sein; diese Folgerung ist in der Theorie und Praxis nirgends vertreten, und das Gerichtskostengesetz bietet dafür keinen Anhalt. E.

b) **Wird im Erbscheine zugleich die Fortsetzung der Gütergemeinschaft[1] bescheinigt, so ist für dieses Zeugnis besonders zu liquidieren. Berechnung des Gegenstandes. GKG. § 81.**

Kammergericht, I. CS. Beschluß v. 7. Oktober 1901.

Der Erblasser ist 1900 verstorben; er hatte mit seiner Frau in der

---

[1] oder die Person des Testamentsvollstreckers und der Umfang der ihm übertragenen Vertretungsmacht (Beschluß v. 14. Oktober 1901, Jahrb. 23 B 6).

westfälischen Gütergemeinschaft des Gesetzes vom 16. April 1860 gelebt. Hinsichtlich des Güterstandes dieser Ehe nach dem 1. Januar 1900 entscheidet Art. 48 § 1 preuß. Ausf.-G. z. BGB., daß das Ges. v. 1860 mit einzelnen hier nicht in Betracht kommenden Modifikationen in Kraft bleiben sollte. Demgemäß hat der Nachlaßrichter, an welchen der Antrag auf Erteilung eines Erbscheines und eines Zeugnisses über die Fortsetzung der Gütergemeinschaft gerichtet wurde, die §§ 7 und 9 jenes Gesetzes für anwendbar erachtet, wonach für den Fall des Ablebens eines Ehegatten das Gemeingut in zwei Hälften zerfällt, von denen die eine Hälfte den Nachlaß des Verstorbenen bildet, welcher sich bei beerbter Ehe unter Ausschluß des Miterbrechtes des Überlebenden auf die unabgefundenen Kinder vererbt; die andere Hälfte verbleibt dem Überlebenden, welcher mit den Kindern die Gütergemeinschaft fortsetzt, wobei ihm der Nießbrauch, Verwaltung und Verfügung über das Gesamtgut zusteht. Auf Grund dieser Bestimmungen hat der Nachlaßrichter den Erbschein zu gunsten der Kinder des Erblassers erteilt und ferner bescheinigt, daß dieselben mit der überlebenden Witwe die Gütergemeinschaft fortsetzen. An Gebühren hierfür waren zu liquidieren: zuerst nach § 81¹ (n. F.) die Gebühr für den Erbschein, welche zu berechnen war nach dem Wert des reinen Nachlasses (Abs. 4), also hier nach der Hälfte des Gesamtvermögens; und zweitens die Gebühr für die Bescheinigung. Beide Gebühren sind nebeneinander als selbständige Gebühren anzusetzen. Denn der Erbschein verhält sich nur über das Erbrecht der Kinder (§ 7 Ges. v. 1860), das Zeugnis über die Fortsetzung der Gütergemeinschaft betrifft aber das Anteilsrecht der Witwe am Gesamtvermögen und ihre Sonderrechte an den Erbteilen der Kinder (§ 9). Die Zeugnisse haben also je besondere Rechtsbeziehungen von verschiedenen Berechtigten zum Gegenstande. Man wird deshalb auch nicht annehmen können, daß die Erteilung der Bescheinigung etwa über die Fortdauer der Gütergemeinschaft ein gebührenfreies Nebengeschäft neben der Erteilung des Erbscheines sei. Somit war nur noch zu entscheiden, welcher Gebührensatz für das Zeugnis anzusetzen ist. Der Vorderrichter bezieht sich auf den Beschluß v. 30. Mai 1901 (Y 374. 1901) und nimmt an, daß es sich auch hier um ein Rechtsverhältnis der Übergangszeit handle, auf das nach dem Grundsatze in § 143² das GKG. in der alten Fassung anzuwenden und demgemäß nach § 49¹ das. zu liquidieren sei. Allein in jenem Falle war der Tod des (in der westfälischen gesetzlichen Gütergemeinschaft lebenden) Mannes schon 1886 eingetreten; die erteilten Bescheinigungen betrafen also Rechtsverhältnisse des früheren Rechtes, deshalb mußte die Gebühr für die Erbbescheinigung (Art. 213 EG. z. BGB.) und für das Zeugnis über die (vor 1900 eingetretene) Fortsetzung der Gütergemeinschaft gemäß § 143² GKG. (n. F.) nach dem alten Kostengesetze angesetzt werden. Hier dagegen, wo das Ableben 1900 eingetreten ist, mußte der Erbschein nach dem BGB. erteilt und dafür nach dem GKG. in der neuen Fassung liquidiert werden. Ebenso verhält es sich aber auch mit dem Zeugnisse über die fortgesetzte Gütergemeinschaft. Da nämlich der § 36 GrBO. als einziges Mittel zur Nachweisung der fortgesetzten Gütergemeinschaft ein bezügliches Attest des Nachlaßrichters verlangt und § 1507 BGB., der die Ausstellung solcher Atteste anordnet, sich nur auf Ehen bezieht, deren Güterstand der allgemeinen Gütergemeinschaft des BGB. untersteht, so hat Art. 66 preuß. Ausf.-G. z. BGB. für solche gütergemeinschaftliche Ehen, die am 1. Januar 1900 bestanden und für die gemäß Art. 200 EG. im preuß. Ausf.-G. die Aufrechthaltung des bisherigen Güterrechtes angeordnet ist, die Möglichkeit einer gleichen Bescheinigung geschaffen. Durch diese Vorschrift ist die dem neuen Rechte eigentümliche Einrichtung ausgedehnt auf die unter dem alten Rechte verbleibenden ehelichen Gütergemeinschaftsverhältnisse (Drucksachen des Abgeordnetenhauses 1899 zu Nr. 34 S. 153 f.). Für letztere ist dadurch die zwar in der Praxis vielfach übliche, aber nicht auf besondere Vorschrift beruhende Bescheinigung erst eingeführt. Sie ist durch Art. 66 ihrem Inhalte und ihrer Wirkung nach vollständig dem Zeugnisse des § 1507 BGB. gleichgestellt. In demselben Gesetze, welches dieses neue Zeugnis eingeführt hat, ist aber auch in Art. 86 Ziffer XXVI die neue Gebührenvorschrift (als Zusatz zu § 81 GKG.) enthalten. Sie muß nach Sinn und Wortlaut auf die gemäß Art. 66 desselben Gesetzes ausgestellten Zeugnisse über die fortgesetzte Gütergemeinschaft des alten Rechtes angewendet werden. Damit steht auch im Einklange GKG. § 143² (n. F.); denn für die Erteilung von Zeugnissen über die Fortsetzung der Gütergemeinschaft ist in diesem Gesetze eine Bestimmung getroffen, nämlich in dem eingeschobenen Abs. 6 des § 81; demzufolge darf nicht nach dem früheren GKG., sondern muß nach diesem § 81 Abs. 6 die Gebühr berechnet werden. Als Objekt hierfür ist die Hälfte des gütergemeinschaftlichen Vermögens zu Grunde zu legen, gemäß den in § 81 ausgesprochenen Grundsätzen und den §§ 7 u. 9 des Ges. v. 1860. W.

### c) „Einleitung“ des Erbteilungsverfahrens. GKG. § 86¹.

Kammergericht, I. CS. Beschluß v. 12. Mai 1902.

Der § 109² GKG., wonach bei Zurücknahme eines Antrages, bevor auf ihn eine Entscheidung erlassen ist oder die beantragte Verhandlung stattgefunden hat, eine ermäßigte Gebühr erhoben wird, findet nur insoweit Anwendung, als nicht besondere Vorschriften getroffen sind. Als solche besondere Vorschrift ist § 86¹ zu betrachten, wonach für ein eingeleitetes, aber nicht durch die Bestätigung der Auseinandersetzung oder durch die Beurkundung einer vertragsmäßigen Auseinandersetzung abgeschlossenes Erbteilungsverfahren das Zweifache des im § 57 bestimmten Gebührensatzes B erhoben wird, auch wenn es sich infolge Zurücknahme des Antrages vor der Bestätigung oder Beurkundung erledigt hat. Daß vorliegend vom Miterben X. die gerichtliche Erbauseinandersetzung beantragt worden ist, steht außer Streit. Es fragt sich daher nur, ob das Erbteilungsverfahren zur Einleitung gelangt ist. Was darunter zu verstehen ist, kann freilich zweifelhaft erscheinen, weil das Gesetz den Begriff „Einleitung“ nicht definiert und die hier anzuwendenden §§ 86 ff.

FrGG. einen ausdrücklichen Einleitungsbeschluß nicht voraussetzen. Man wird daher für die Anwendung der Gebührenvorschrift nach allgemeinen Rechtsregeln und den in den §§ 86 ff. FrGG. enthaltenen Bestimmungen davon ausgehen müssen, daß jede über die Frage der Zuständigkeit und der formellen Zulässigkeit des Verfahrens hinausgehende, auf die materielle Erledigung und Durchführung der beantragten Auseinandersetzung abzielende Verfügung des Richters das beantragte Verfahren einleitet. Eine solche liegt jedenfalls dann vor, wenn das Nachlaßgericht die sämtlichen Beteiligten vorschriftsmäßig zu einem Verhandlungstermine ladet. Denn diese Ladung kann erst erfolgen, nachdem das Gericht den Antrag geprüft und festgestellt hat, daß die Voraussetzungen der gerichtlichen Nachlaßregulierung vorliegen, daß also der Antrag von einem Beteiligten gestellt, daß kein zur Bewirkung der Auseinandersetzung berechtigter Testamentsvollstrecker vorhanden und daß kein Grund gegeben ist, welcher die Teilung des Nachlasses ausschließt (vgl. § 86 FrGG. mit §§ 2042 ff. BGB.). Es kommt hinzu, daß durch die Ladung ein Zwang aller Beteiligten zur Teilnahme an dem Verfahren bei Vermeidung gewisser, in § 91 FrGG. näher bezeichneter Nachteile begründet wird. Die Ladung enthält somit nicht nur eine mittelbare Entscheidung über das Vorliegen der erforderlichen Voraussetzungen, sondern stellt sich zugleich in hervorragender Weise als eine zur materiellen Erledigung und Durchführung des Erbteilungsverfahrens dienliche Maßregel dar. Fr.

d) **Berechnung des Pflichtteiles. Nichtberücksichtigung des überlebenden märkischen Ehegatten dabei. GKG. § 89².**

Kammergericht, I. ZS. Beschluß v. 29. April 1901.

Unter den „Schulden" (§ 89²) sind nicht nur die zu Lebzeiten des Erblassers bereits vorhandenen, sondern auch die durch Verfügungen des Erblassers erst begründeten Nachlaßschulden zu verstehen. Zu den letzteren gehören auch Pflichtteilsverpflichtungen, wenn sie in Form von Vermächtnissen vom Erblasser begründet sind (BGB. § 1967², 2303 ff.). Eine solche Verpflichtung ist hier begründet, denn die eine Tochter des Erblassers ist auf den Pflichtteil gesetzt und dabei ausdrücklich bestimmt, sie solle nur eine Forderung auf die dem Pflichtteile entsprechende Summe gegen den Nachlaß haben. Für die Berechnung des Pflichtteiles ist zum hinterlassenen Aktivvermögen hinzuzurechnen, was sich der Berechtigte auf den Pflichtteil anrechnen lassen muß. Das ist hier eine Ausstattung im Werte von 9000 Mark (§§ 2316 BGB., 2050¹).... Die vier anderen Geschwister haben ebenfalls je eine Ausstattung erhalten. Auch der Wert dieser Ausstattungen ist für die Berechnung des Pflichtteiles mit zur Ausgleichung zu bringen, obwohl im Testamente ihre Anrechnung untersagt ist; denn nach § 2316³ kann der Erblasser eine Zuwendung der im § 2050¹ bezeichneten Art nicht zum Nachteile eines Pflichtteilsberechtigten von der Berücksichtigung ausschließen. — Dagegen ist ein gesetzliches Erbrecht der überlebenden Witwe bei der Pflichtteilsberechnung nicht zu berücksichtigen. Die Eheleute haben vor 1900 nach Märkischem

Provinzialrechte gelebt; es kommen demnach für sie seit 1. Januar 1900 die Vorschriften des BGB. über das gesetzliche Güterrecht zur Anwendung; es sind jedoch die Rechte des überlebenden Ehegatten am Vermögen des verstorbenen als erbrechtliche Wirkungen des Güterstandes im wesentlichen bestehen geblieben, jedoch mit einer nur für die gesetzliche Erbfolge, also hier nicht in Betracht kommenden Modifikation. Im Märkischen Provinzialrechte haben die Rechte des überlebenden Ehegatten am Nachlaß des Verstorbenen auf die Berechnung des Pflichtteiles der Kinder keinen Einfluß (Obertrib. 68 S. 178). Der gleiche Grundsatz muß für Ehen aus dem Märkischen Provinzialrechte aber auch nach BGB. gelten, wenn, wie hier, der Überlebende Testamentserbe des Verstorbenen geworden ist, daher die Möglichkeit des Einwerfens des Vermögens des Überlebenden und der Wahl der statutarischen Portion nicht in Frage kommt und es ungewiß bleibt, ob der Überlebende für den Fall der gesetzlichen Erbfolge Miterbe gewesen wäre. B. M.

---

## 35

a) **Wie wird bei beerbter Ehe nach dem Gesetz v. 16. April 1860 der nach 1900 zuerst versterbende Ehegatte beerbt?**

Kammergericht, I. CS. Beschluß v. 12. Mai 1902.

Nach dem 1902 erfolgten Tode ihres Mannes beantragte die Witwe, welche in westfälischer Gütergemeinschaft nach dem Ges. v. 1860 gelebt hatte und die Gütergemeinschaft mit ihren sieben aus der Ehe hervorgegangenen Kindern fortsetzte, einen gemeinschaftlichen Erbschein des Inhaltes, daß ihr Mann von ihren sieben Kindern als gesetzlichen Erben zu je $^1/_7$ beerbt worden sei. Der Antrag wurde abgelehnt, auch die weitere Beschwerde blieb erfolglos. Aus den Gründen:

Für Ehen, für welche allgemeine Gütergemeinschaft nach dem Ges. v. 1860 bestand, sind durch Art. 48 § 1 des preuß. Ausf.-G. z. BGB. (entsprechend dem Grundsatze des Art. 200 EG. z. BGB.) die Vorschriften des genannten Gesetzes mit den in den §§ 2—7 des Art. 48 bestimmten Änderungen in Kraft erhalten worden. In Betracht kommt der § 2, wonach insoweit, als für die Ehen früher die Vorschriften des ALR. über die allgemeine Gütergemeinschaft gegolten haben, an deren Stelle nach Maßgabe des Art. 47 §§ 1—3 Ausf.-G. die Vorschriften des BGB. getreten sind. Zu den so ersetzten Vorschriften gehört, wie bereits die Beschlüsse des Kammergerichtes vom 2. und 21. April 1902 aussprechen, namentlich der § 7 Satz 1; dieser Satz 1 besteht lediglich in einer Wiederholung der §§ 637, 638 ALR. II 1 und in einer Bezugnahme auf sonstige landrechtliche Vorschriften, stellt sich also als eine echte Verweisung dar (Motive zum EG. S. 64 Prot. 6 S. 363 zu VI, S. 599 zu 1) und gehört nicht zu den provinziellen Besonderheiten, die allein durch den Art. 48 § 1 Ausf.-G. aufrecht erhalten werden sollten (Begründung z. Entwurfe d. Ausf.-G. S. 96). An die Stelle des § 7 Satz 1 sind daher die §§ 1482 flg. BGB. getreten. Zur Anwendung kommt vorliegend der § 1483[1], der die

Fortsetzung der Gütergemeinschaft zwischen dem Überlebenden und den gemeinschaftlichen Abkömmlingen, die im Falle der gesetzlichen Erbfolge als Erben berufen sind, anordnet (vgl. § 10 des Ges. v. 1860) und weiterhin bestimmt: „Der Anteil des verstorbenen Ehegatten am Gesamtgute gehört in diesem Falle nicht zum Nachlasse; im übrigen erfolgt die Beerbung des Ehegatten nach den allgemeinen Vorschriften.“ Es findet also in Beziehung auf den Anteil des Verstorbenen am Gesamtgute hier eine Erbfolge nicht statt (vgl. Prot. 4 S. 304—307), und es kann deshalb auch nicht ein Erbschein, d. i. ein Zeugnis für den Erben über sein Erbrecht (BGB. § 2353), erteilt werden (vgl. Beschluß vom 21. April 1902). Sollte der verstorbene Ehemann Vorbehaltsgut hinterlassen haben (BGB. § 1440, Ausf.-G. Art. 59 § 1, Ges. v. 1860 § 1, ALR. II 1 § 373), so würde es auf seine Kinder und auf seine Frau als seine gesetzlichen Erben übergegangen sein (BGB. §§ 1924, 1931). Ein Erbschein dieses Inhaltes ist nicht beantragt; der Erbschein, wie er beantragt ist, kann nicht erteilt werden. Dr. Fr.

b) **Das Lübische Güterrecht hat auch im Verhältnisse der Ehegatten untereinander gebietenden Charakter.**

Kammergericht, I. CS. Beschluß v. 21. Mai 1902.

Der 1894 verstorbene A. hatte seinen ersten Ehewohnsitz in M. im Bezirke des Kurmärkischen Statutenrechtes und war dann nach Gr., wo Lübisches Recht gilt, übergesiedelt. 1901 beantragte die Witwe die Ausstellung einer Erbbescheinigung, in der neben der Rechtsnachfolge der Witwe und Gütergenossin nach Lübischem Rechte die Erbfolge der Kinder bescheinigt werde. Der Antrag wurde abgelehnt, der weiteren Beschwerde jedoch stattgegeben. Aus den Gründen:

Zur Anwendung kommt das z. Z. des Todes geltende Recht; denn soweit es sich um Erbrecht handelt, folgt dies aus Art. 213 EG. z. BGB. und soweit erbrechtliche Wirkungen des Güterstandes in Frage kommen, ergiebt es sich in zeitlicher Beziehung aus dem in Art. 200 für bestehende Ehen ausgesprochenen Grundsatze der Unwandelbarkeit des Güterstandes, der für Ehen, die beim Inkrafttreten des BGB. bereits aufgelöst waren, erst recht gelten muß, da das preuß. Landrecht insoweit keine Änderungen auf Grund des Art. 218 vorgenommen hat. Es fragt sich also nur, welches örtliche Recht in Beziehung auf den Güterstand des Erblassers und der Beschwerdeführerin maßgebend ist. Auch unter Zugrundelegung des für Gr. subsidiär gültig gewesenen gemeinen Rechtes richtet sich der Güterstand nach dem Rechte im ersten ehelichen Wohnsitze (Entsch. d. RG. 6 S. 223, 394; 12 S. 309; 36 S. 206, 332). Eine Ausnahme findet aber statt, wenn das Ehedomizil an einen Ort verlegt wird, an dem für das Güterrecht ein ausschließliches Recht mit gebietendem Charakter besteht. Das Kammergericht hat (Rsp. 4 S. 444) entschieden, daß das Lübische Recht eine solche gebietende Bestimmung enthält. An diesem Grundsatze ist festzuhalten. Der vom Landgericht angenommene Rechtszustand, daß zwar im Verhältnis gegen Dritte die Fiktion der Gütergemeinschaft besteht, während im Verhältnisse der Ehegatten untereinander Gütertrennung gilt, ist an sich möglich und war auch im § 352 ALR. II 2 zugelassen. Allein um einen solchen immerhin exceptionellen Rechtszustand zu begründen, müssen bestimmte und unzweideutige Vorschriften vorhanden sein. An solchen fehlt es für das Lübische Recht, während andererseits der Art. 10 II 2 des Rev. Lübischen Rechtes von 1586 für den Fall der Wohnsitzverlegung bei beerbter Ehe ausdrücklich das Lübische Recht für maßgebend erklärt, hinsichtlich der Teilung des zuziehenden Gatten mit seinen Kindern. Diese positive Vorschrift kann nur auf der rechtlichen Grundlage beruhen, daß bei einer solchen Wohnsitzverlegung im internen Verhältnisse des einen Ehegatten zu den Kindern der Stand der fortgesetzten Gütergemeinschaft nach Lübischem Rechte und die demnächstige Teilung nach demselben Rechte kraft zwingenden Gesetzes einzutreten hat. Diese Vorschrift würde aber mit der Annahme der Vorinstanzen, daß bei der Domizilverlegung die Lübische Gütergemeinschaft nur nach außen hin als zwingendes Recht Platz greife, nicht vereinbar sein. Jene Bestimmung des Statuts kann nur dahin aufgefaßt werden, daß das Lübische Recht den zuziehenden Ehegatten in Beziehung auf seinen Güterstand schlechtweg und insbesondere auch im Verhältnisse der Gatten untereinander und zu den Kindern seinen Vorschriften über Gütergemeinschaft und fortgesetzte Gütergemeinschaft unterwerfen will. In dieser Weise sind auch die Entsch. bei Striethorst 20 S. 187, 74 S. 144 zu verstehen; wenn das Obertribunal angenommen hätte, daß zuziehende Eheleute nur im Verhältnis zu Dritten dem Lübischen ehelichen Güterrechte unterworfen seien, so würde es diese Einschränkung zum bestimmten Ausdruck gebracht haben. P.

## 36

**a) Zum entgeltlichen Erwerb von Grundstücken für sein Hauskind bedarf der Vater keiner Genehmigung des Vormundschaftsgerichtes.[1] BGB. §§ 1643, 1821⁴.**

Kammergericht, I. CS. Beschluß v. 14. April 1902.

X. verkaufte durch notariellen Vertrag sein Grundstück an den minderjährigen A., gesetzlich vertreten durch seinen Vater. Das Restkaufgeld von 550 Mark sollte vertragsgemäß hypothekarisch auf dem Grundstücke sichergestellt werden. Die Auflassung fand am 29. November 1900 statt, nachdem am 28. Nov. X. beantragt hatte, für ihn eine Grundschuld von 550 Mark einzutragen. Der Grundbuchrichter lehnte ab, weil die Entgegennahme der Auflassung eine der Genehmigung des Vormundschaftsgerichtes bedürftige Verfügung über eine auf die Übertragung von Grundeigentum gerichtete Forderung enthalte, und weil die Eintragung der Grundschuld eine Umgehung des die Belastung des verkauften Grundbesitzes ohne vormundschaftsgerichtliche Genehmigung verbietenden Gesetzes enthalte. Dieser vom Landgerichte gebilligten Auffassung kann nicht beigetreten werden.

[1] Vgl. dazu Arch. f. civ. Pr. 92 S. 378 ff.

Zum Vertrage über entgeltlichen Erwerb von Grundstücken bedarf der Vater nicht der Genehmigung des Vormundschaftsgerichtes; der § 1821⁴ findet nach § 1643 Abs. 1 hier keine Anwendung, der gedachte Kaufvertrag ist daher rechtsgültig. — Aber auch die Auflassung ist nicht genehmigungsbedürftig. Nach § 1821² BGB. bedarf allerdings der Vormund der Genehmigung zur Verfügung über eine Forderung, die auf Übertragung des Eigentumes an einem Grundstücke gerichtet ist. Eine Verfügung derart liegt vor, wenn die Forderung aus dem Vertrage auf Übereignung des Grundstückes durch Annahme der geschuldeten Leistung, also durch Entgegennahme der Auflassung, aufgehoben wird. Dem § 1821² ist jedoch die sich aus dem sonstigen Inhalte des Gesetzes von selbst ergebende Einschränkung beizufügen, daß die Beseitigung eines an sich unter den § 1821² fallenden Forderungsrechtes durch Annahme der Erfüllung dann keine Verfügung über die Forderung im Sinne dieser Vorschrift in sich schließt, wenn der Vormund die Forderung für den Mündel ohne Genehmigung erwerben konnte. Eine andere Auslegung würde zu dem unhaltbaren Ergebnisse führen, daß der Vormund zwar einen Schenkungsvertrag über ein Grundstück namens seines Mündels schließen, nicht aber die Auflassung des rechtsgültig geschenkten Grundstückes ohne gerichtliche Mitwirkung entgegennehmen könnte (§ 1821⁴). — Das Gleiche gilt für den Vater als Inhaber der elterlichen Gewalt. Auch er bedarf zu Verfügungen über Forderungen des Hauskindes auf Übertragung von Grundeigentum die Genehmigung, aber ihm sind ohne diese entgeltliche auf den Erwerb von Grundstücken gerichtete Verträge gestattet (§ 1643 Abs. 1). Steht demgemäß der § 1821² der Eintragung des Eigentumes nicht entgegen, so ist dies ebensowenig der Fall mit der Eintragung der Grundschuld. Um die Frage handelt es sich nicht, ob der Vater beim Erwerb eines Grundstückes mit demselben für das Restkaufgeld Hypothek bestellen kann, denn die Vorinstanzen gehen davon aus, daß das Restkaufgeld nicht eingetragen werden soll. Den Erwerb eines belasteten Grundstückes verbietet aber das Gesetz jedenfalls nicht. Mithin kann die Bestellung der Grundschuld, auch wenn sie die Eintragung des Restkaufgeldes ersetzen soll, nicht den Kaufvertrag genehmigungsbedürftig machen. Hn.

b) **Wenn der Vater zuläßt, daß sein Sohn Medizin studiert, ist er auch verpflichtet, ihm die Mittel zur Erlangung der Doktorwürde zu gewähren. BGB. §§ 1601 ff.**

OLG. Dresden, I. CS. Urteil v. 9. Juni 1902.

Ob die Kosten der Erlangung der akademischen Doktorwürde mit zum standesmäßigen Unterhalte zu rechnen sind, läßt sich nicht für alle Fälle gleichmäßig beantworten. Unter den Verhältnissen, wie sie hier vorliegen, ist die Frage zu bejahen. Nach der GewO. (§ 29) bildet allerdings der Besitz des Doktortitels nicht mehr die unerläßliche Vorbedingung für die Ausübung des ärztlichen Berufes. Allein damit hat der Doktortitel seine Bedeutung für die ärztlichen Kreise keineswegs verloren. Schreibt das Gesetz auch nicht mehr vor, daß der Arzt, um als solcher auftreten zu können, den Doktorgrad erwerben müsse, so ist doch die Führung dieses Titels unter den Ärzten thatsächlich allgemein üblich geworden. Das darf nicht vergessen werden, wenn es gilt, zu der Streitfrage der Parteien rechtliche Stellung zu nehmen. Denn über das, was einem Stande gemäß ist, und was das Standesbedürfnis erfordert, entscheidet in erster Linie nicht das Gesetz, sondern die Anschauung des täglichen Lebens und insbesondere die Auffassung der Standesgenossen. Auf sie verweist unverkennbar der § 1610 BGB., wenn er die Lebensstellung des Bedürftigen für das Maß des ihm zu gewährenden Unterhaltes bestimmend sein läßt. Der Beklagte verneint freilich, daß die Führung des Doktortitels durch ein beachtenswertes Bedürfnis des ärztlichen Standes geboten sei; wer als Arzt promoviere, leiste sich einen Luxus, der wohl ziemlich verbreitet sein möge, den zu befriedigen aber, eben weil es sich insoweit um eine Luxusausgabe handle, dem Unterhaltspflichtigen nicht angesonnen werden könne. Dieser Annahme läßt sich nicht beipflichten. Sie verkennt den Zwang der Verkehrssitte, die es dem Arzte unter den gegenwärtig obwaltenden Verhältnissen fast zur unabweisbaren Notwendigkeit macht, der Gepflogenheit seiner Berufsgenossen, die in der weitaus überwiegenden Mehrzahl der Fälle den Doktortitel führen, nachzugehen. Der Arzt muß mit den Anschauungen des Publikums rechnen, dem er durch seine Kunst dienen will. Im großen Publikum aber ist vielfach der Irrtum verbreitet, daß zu einem vollständig ausgebildeten Arzte der Besitz des Doktortitels gehöre, und wer ohne diesen Titel die Laufbahn des praktischen Arztes beschreiten wollte, könnte zu seinem Schaden leicht die Erfahrung machen, daß er von Manchem nicht für voll angesehen wird. Sicher ist jedenfalls, daß unter im übrigen gleichen Verhältnissen der promovierte Arzt vor dem nicht promovierten zunächst einen gewissen Vorsprung besitzt, und daß er sich leichter als dieser im Wettbewerbe wird behaupten können, zum mindesten so lange, als es dem anderen nicht im Laufe der Jahre vielleicht gelingt, sich durch größere Tüchtigkeit oder Beliebtheit das Übergewicht zu verschaffen. Dies der Grund, warum die Erwerbung des akademischen Grades in den ärztlichen Berufskreisen neuerdings geradezu zur Regel geworden ist. Die Regel hat, wie jede andere, ihre Ausnahmen, allein sie sind so wenig zahlreich, daß sie für die Beurteilung nicht ins Gewicht fallen.... Dr. W.

### c) Einfluß des neuen Rechtes auf die Testamentsbestimmung, daß dem Vater der mit einem Erbteile bedachten Tochterkinder des Erblassers Nießbrauch und Verwaltung entzogen sein solle (§ 155 ALR. II 2). EG. z. BGB. Artt. 203, 204.

OLG. Marienwerder, I. CS. Urteil v. 3. März 1902.

Nach § 155 ALR. II 2 können Ascendenten, die den Kindern den Pflichtteil zu verlassen schuldig sind, den Vater von dem Nießbrauche desselben nicht ausschließen; eine Bestimmung, die auch Anwendung findet, wenn den Kindern mehr als der Pflichtteil hinterlassen ist (vgl. §§ 37, 38 ALR. II 18; Entsch. d. RG. 9 S. 281). Dieser Vorschrift entspricht das großelterliche

Testament, aus dem die Beklagten vor 1900 die Erbschaft angetreten haben, nicht, da in ihm dem Kläger, dem Schwiegersohne der Erblasser, nicht nur die Verwaltung, sondern auch der Nießbrauch des ganzen großelterlichen Erbes entzogen ist. Die Erblasser haben also unbefugt über ein Recht des Vaters verfügt und dieser ist berechtigt, es gegen seine Kinder, die Beklagten, die es ihm vorenthalten, geltend zu machen. Es handelt sich hier nicht um einen Pflichtteilsanspruch des Vaters, den er nur durch Anfechtung des Testamentes und innerhalb der Frist des § 440 ALR. II 2 hätte geltend machen können; der Vater ist nicht pflichtteilsberechtigt in dem Vermögen seiner Schwiegereltern, diese sind nicht verpflichtet, ihn im Testamente zu bedenken, es kann daher auch nicht von einer Anfechtung des Testamentes die Rede sein, wenn dieses unterlassen ist. Es handelt sich vielmehr ausschließlich um ein Rechtsverhältnis zwischen Vater und Kindern; darum, ob diese verpflichtet sind, dem Vater trotz des großelterlichen Testamentes den Nießbrauch zu gewähren, weil der Pflichtteil kraft Gesetzes zu ihrem nicht freien Vermögen gehört. Hiernach greift die zweijährige Verjährung des § 440 nicht Platz; der die entgegengesetzte Ansicht aussprechenden Entscheidung d. Ober-Tribunals bei Striethorst 87 S. 331 konnte nicht gefolgt werden. Dagegen waren die Großeltern berechtigt, dem Schwiegersohne die Verwaltung des ganzen, ihren Enkeln zugewendeten Erbteiles zu entziehen (§ 37 ALR. II 18); es ist daher den minderjährigen Kindern, den Beklagten, mit Recht ein Pfleger bestellt worden, der das Vermögen den gesetzlichen Bestimmungen gemäß, also unter Beachtung des dem Vater zustehenden Nießbrauches zu verwalten hat. Hiernach war am 1. Januar 1900 die Rechtslage die, daß dem Vater an dem Vermögen seiner Kinder, soweit es dem Pflichtteile, den ihm die Großeltern hinterlassen mußten, entspricht, zwar nicht die Verwaltung, wohl aber der Nießbrauch zustand. Nun kennt zwar das BGB. eine dem § 155 ALR. II 2 entsprechende Bestimmung nicht; nach ihm sind die Großeltern in Bezug auf die Bestimmung der Rechte des Schwiegersohnes an dem den weiteren Abkömmlingen von ihnen hinterlassenen Vermögen unbeschränkt. Daraus folgt aber nicht der Untergang des einmal vom Vater erworbenen Rechtes; es ist vielmehr Regel, daß die unter der Herrschaft des alten Rechtes wohl erworbenen Rechte durch die Änderung der Gesetzgebung nicht berührt werden, eine Regel, die in den Artt. 170, 188, 213 EG. z. BGB. und anderen Ausdruck gefunden hat.

Abweichend hiervon bestimmt allerdings Art. 203 EG., daß für das Rechtsverhältnis zwischen Eltern und Kindern sofort vom 1. Januar 1900 ab neues Recht zur Anwendung kommt, insbesondere auch in Bezug auf vorher von dem Kinde erworbenes Vermögen. Hieraus folgt aber nur, daß das Vermögen der Kinder in dem Zustande, in dem es Ende 1899 bestand, also mit den auf ihm für andere haftenden Lasten in das neue Recht übergeleitet worden ist, daß also insbesondere das Vermögen, welches damals zum nichtfreien Kindesvermögen zählte, in den diesem nach neuem Rechte entsprechenden rechtlichen Zustand überging, also nichtfreies Vermögen blieb (Planck zu Art. 203). Dem Kläger würde daher auch jetzt noch die Nutznießung an dem hier in Rede stehenden nichtfreien Vermögen seiner Kinder, der Beklagten, ihm also die Rechte eines Nießbrauchers ungeschmälert zustehen (§§ 1649, 1652 BGB.), wenn ihm nicht durch das Testament dessen Verwaltung in rechtlich wirksamer Weise entzogen wäre. Diese Entziehung besteht noch zu Recht und bewirkt, daß dem Vater die unmittelbare Ausübung der Nutznießung nicht zusteht, daß ihm aber ein persönliches Recht gegen den Pfleger auf Herausgabe der Nutzungen nach Abzug der Verwaltungskosten und der Lasten der Nutznießung zusteht; nicht aber können die Kinder die Herausgabe unter dem Vorgeben, sie seien ihnen unentbehrlich, weigern (§ 1656 BGB.); hier würde nur ein Einschreiten des Vormundschaftsgerichtes auf Grund der §§ 1666², 1667 BGB. Hilfe schaffen können, sofern nicht noch unter altem Rechte eine die Rechte des Vaters in gesetzlich zulässiger Weise einschränkende behördliche Anordnung vorliegt (Art. 204 EG.), was hier nicht der Fall ist. H.

### d) Zur Anwendung des § 1666 BGB.

Kammergericht, I. CS. Beschluß v. 28. April 1902.

... Wenn hiernach das Landgericht zu der Überzeugung gelangt, der Vater werde aus Mangel an gutem Willen sein noch leidendes Kind durch lieblose Behandlung und mangelhafte Pflege vernachlässigen, und wenn es demnach in dem Verlangen des Vaters, das Kind möge zu ihm zurückkehren, einen das leibliche Wohl seines Kindes gefährdenden Mißbrauch im Sinne des § 1666 erblickt, so kann nach Lage der Sache hierin ein Verstoß gegen jene Vorschrift nicht gefunden werden. Ebensowenig ist rechtlich zu beanstanden, wenn das Landgericht, welches in der Beschwerdeinstanz an die Stelle des Vormundschaftsgerichtes tritt und gleich diesem mit der umfassenden Prüfung der Sache betraut ist, unter Berücksichtigung aller Umstände des Falles die zur Abwendung der Gefahr erforderliche Maßregel dahin getroffen hat, daß das schwächliche, der aufmerksamsten Pflege bedürftige Kind bei den Personen bleibt, die es bisher mit der größten und aufopferndsten Liebe gepflegt haben. Zu einer derartigen Anordnung ist es gemäß § 1666¹ befugt gewesen, und es ist nicht ersichtlich, daß die vom Beschwerdeführer vorgeschlagenen Maßregeln (Erziehung unter Aufsicht eines Pflegers oder durch einen Pfleger) auch nur annähernd das Interesse des Kindes, welches hierbei in erster Reihe in Betracht kommt, zu wahren vermöchten. Dr. S.

### e) Wann ist ein Vergehen an einem Kinde verübt? BGB. § 1680.

OLG. Karlsruhe, III. CS. Beschluß v. 13. April 1902.

Der Ausführung der Vorinstanzen, daß unter strafbaren Handlungen, welche an dem Kinde begangen werden, auch Delikte vermögensrechtlicher Natur zum Nachteile des Kindes zu verstehen seien, ist mit dem Wortlaute des Gesetzes nicht vereinbar. Dieser weist vielmehr darauf hin, daß die Verwirkung der elterlichen Gewalt nur wegen solcher strafbarer Handlungen eintreten soll, welche gegen die Person des Kindes gerichtet sind. Auch die Motive unterstützen diese Auslegung; im Entw. I § 1559 war von strafbaren Handlungen die Rede, welche gegen das Kind oder an dem Kinde verübt sind. Die Motive erläutern dies dahin, daß unter den gegen das Kind begangenen Handlungen solche zu verstehen seien, durch welche das Kind verletzt sei, während als an dem Kinde begangene Handlungen solche in Betracht kämen, bei welchen das Kind als sog. notwendiger Teilnehmer beteiligt gewesen sei. Der Umstand, daß man dann bei Beratung des zweiten Entwurfes dem § 1680 BGB. seine jetzige, eingeschränktere Fassung gegeben hat, deutet darauf hin, daß man die Verwirkung der elterlichen Gewalt auf die Fälle der gegen die Person des Kindes gerichteten strafbaren Handlungen beschränken wollte.

Bad. Rechtspr.

## 37

### a) Vereinigung zweier in verschiedenen Gerichtsbezirken belegener Grundstücke.

Kammergericht, I. CS. Beschluß v. 17. März 1902.

Für die Zuschreibung des Grundstückes eines Eigentümers zu seinem in einem anderen Amtsgerichtsbezirke belegenen Grundbesitz finden die §§ 18 flg. der Verf. v. 20. November 1899 (JMBl. S. 349) sinngemäße Anwendung. Denn auch bei der Zuschreibung eines Grundstückes gemäß § 890 BGB., § 5 GrBO., Art. 3 Ausf.-G. zur GrBO. geht die Zuständigkeit für die Führung eines Grundbuchblattes auf ein anderes Grundbuchamt über; nur wird das Grundbuchblatt nicht lediglich für das zu übernehmende Grundstück, sondern auch — einheitlich — für ein anderes, bereits im Grundbuche des nunmehr zuständigen Grundbuchamtes eingetragenes Grundstück geführt (vgl. Predari, Kommentar Anm. 10 S. 59). Indessen bedarf es weder der zuvorigen Eingemeindung der zuzuschreibenden Grundstücke in einen Gemeinde- oder Gutsbezirk des betreffenden Amtsgerichtes, noch kann die Zuschreibung von der zuvorigen Anlegung eines neuen Blattes für das Grundstück, das der sofortigen Schließung anheimzufallen hätte, abhängig gemacht werden. Dr. B.

### b) Rückgängigmachung der Anlegung eines gemeinschaftlichen Grundbuchblattes ist im Beschwerdewege zulässig. GrBO. §§ 4, 73².

Kammergericht, I. CS. Beschluß v. 13. Januar 1902.

Für X. ist eine Hypothek eingetragen. Mit seiner Bewilligung wurden Parzellen pfandfrei abgeschrieben. An Stelle dieser Parzellen erwarb die Eigentümerin das Grundstück Nr. 14 und beantragte in der Auflassungsverhandlung die Zuschreibung zum Grundstück Nr. 13. Das Grundstück Nr. 14 wurde jedoch dem Grundstücke Nr. 13 nicht als Bestandteil zugeschrieben, sondern dahin als selbständiges Grundstück übertragen. Die Beschwerde des X. wurde als unzulässig verworfen, weil die geschehene Übertragung im Beschwerdewege nicht rückgängig gemacht werden könnte. Der weiteren Beschwerde wurde stattgegeben. Aus den Gründen:

Indem das Amtsgericht die Übertragung des Grundstückes Nr. 14 auf Blatt 13 anordnete, eröffnete es ein gemeinschaftliches Grundbuchblatt für mehrere Grundstücke derselben Eigentümerin im Sinne des § 4 GrBO. (vgl. § 13 preuß. GrBO.). Es sind mehrere Grundstücke unter Wahrung ihrer rechtlichen Selbständigkeit zusammengeschrieben. Damit ist keine Rechtsposition für Dritte geschaffen, die nach § 71 Abs. 2 Satz 1 GrBO. (§ 74 Entw. I, Mot. S. 117, ferner § 54 Entw. I und Mot. S. 93) im Beschwerdewege nicht beseitigt werden könnte. Nach § 4 GrBO. ist gemeinschaftliche Buchung mehrerer selbständiger Grundstücke auf einem Blatte zulässig, so lange hiervon Verwirrung nicht zu besorgen ist. Damit soll ausgedrückt sein, daß die gemeinschaftliche Buchung von Amtswegen wieder aufzuheben sei, sobald eine der Voraussetzungen ihrer Zulässigkeit später wegfällt, sobald also die Grundstücke verschiedene Eigentümer erhalten oder aus einem sonstigen Grunde von der Beibehaltung des gemeinschaftlichen Blattes Verwirrung zu besorgen ist (Denkschrift bei Hahn, S. 152, siehe auch Kommissionsbericht daselbst S. 207, wo betont ist, daß bei der gemeinschaftlichen Buchung das öffentliche Interesse an einer übersichtlichen Grundbuchführung beteiligt und mithin die Zustimmung des Eigentümers nicht erforderlich sei). Hiernach handelt es sich nicht um eine Eintragung im Parteibetriebe mit materiellrechtlichen Folgen, wie bei der Vereinigung und Zuschreibung nach § 5 GrBO. (§§ 890, 1131 BGB.), sondern um eine auf Zweckmäßigkeitsgründen beruhende Einschreibung, die der Eigentümer zwar anregen, aber nicht fordern darf. Daraus ergiebt sich, daß die Übertragung eines Grundstückes auf ein anderes Blatt keine Eintragung ist, die der Beschwerde unzugänglich wäre und nur durch einen Widerspruch unschädlich gemacht werden könnte. Vielmehr kann der Eigentümer und ebenso der bei der Buchung rechtlich beteiligte Gläubiger hier auch im Beschwerdewege zur Geltung bringen, daß die Zusammenschreibung zu Unrecht erfolgt sei, und daß eine Zuschreibung nach § 5 beabsichtigt gewesen sei und also hätte angeordnet werden sollen. W.

### c) Hypothekenbestellung für eine abstrakte Verbindlichkeit.

Kammergericht, I. CS. Beschluß v. 21. Mai 1902.

Bei der Eintragung einer Hypothek ist zwar die Forderung bestimmt zu bezeichnen, in der Eintragungsbewilligung ist also das Schuldverhältnis, welches die Voraussetzung der Hypothek bilden soll, genau anzugeben (Jahrbuch 21 S. 139). Dies hindert aber nicht, daß auch für eine abstrakte Verbindlichkeit Hypothek bestellt werden kann, wie schon der § 1187 BGB. ergiebt, der die Hypothek für eine Forderung aus einem Inhaberpapier oder aus einem Wechsel für zulässig erklärt. Sofern das materielle Recht die Gültigkeit abstrakter Verträge anerkennt, waltet auch kein Bedenken ob, die hypothekarische Sicherstellung der aus ihnen entspringenden Verbindlichkeiten zu gestatten (Jahrbuch 22 S. 307), denn die Forderung, zu deren Befriedigung die Hypothek dienen soll, ist somit genügend bezeichnet. Hn.

d) **Der Grundbuchrichter darf die Entscheidung nicht deshalb ablehnen, weil die Bestimmungen der überreichten Urkunden unklar und zweifelhaft sind.**

Kammergericht, I. CS. Beschluß v. 11. November 1901.

„... Da der Erblasser vor 1900 verstorben ist und somit die erbrechtlichen Verhältnisse sich nach altem Recht bestimmen (Art. 213 EG. z. BGB.), so kann der Nachweis der testamentarischen Erbfolge, abgesehen von dem Falle der ergänzenden Bescheinigung nach § 9 des preuß. Ges. v. 12. März 1869, durch einen Erbschein nicht geführt werden. Das Auskunftsmittel, welches der § 36 GrBO. bei Zweifelhaftigkeit testamentarischer Anordnungen dadurch an die Hand giebt, daß dem Grundbuchrichter die Einforderung eines Erbscheines gestattet ist (vgl. Denkschrift Hahn S. 162, Kommissionsbericht das. S. 223), versagt hier. Darum ist aber der Grundbuchrichter nicht berechtigt, die Entscheidung auf den gestellten Eintragungsantrag mit Rücksicht auf die unklaren Bestimmungen des Testamentes und seiner Nachträge abzulehnen. Es bewendet vielmehr bei dem Satze, daß der Grundbuchrichter das an ihn gebrachte Urkundenmaterial unter Berücksichtigung der gesetzlichen Auslegungsregeln positiv zu würdigen und entstehende Zweifel in dem einen oder anderen Sinne zu lösen, nicht aber sich der Mitwirkung bei von ihm geforderten Eintragungen mit Rücksicht auf die Schwierigkeit der Entscheidung zu enthalten habe (Jahrbuch 1 S. 94; 3 S. 77, 79; 16 S. 146)...." N.

e) **Eintragung des Rechtes des Mannes auf Verwaltung und Nutznießung des Grundstückes der Frau im Grundbuche.**

**BGB. §§ 892, 894.**

Kammergericht, Ferien-CS. Beschluß v. 23. Juli 1902.

Im Grundbuche ist der Vermerk eingetragen: „Witwe A. ist jetzt die Frau des X. zu Ch." Frau X. hat unter Vorlegung eines Auszuges aus dem Güterrechtsregister beantragt, einzutragen, daß die Verwaltung und Nutznießung ihres Mannes durch den Ehevertrag ausgeschlossen sei. Der Antrag wurde zurückgewiesen, auch die weitere Beschwerde blieb erfolglos. Gründe:

Der Inhalt des Grundbuches steht keineswegs mit der wirklichen Rechtslage in Widerspruch. Eine Beschränkung der Eigentümerin hinsichtlich ihrer Verfügung über das Grundstück zu gunsten des Mannes ist nicht eingetragen, das Grundbuch macht nur die Thatsache ersichtlich, daß die Eigentümerin eine Ehefrau ist. Wenn hieraus auch geschlossen werden kann, daß die Eigentümerin durch das Recht des Mannes zur Verwaltung und Nutznießung am eingebrachten Gut beschränkt sei, so ergiebt sich diese Beschränkung doch nicht unmittelbar aus dem Grundbuche. Die Voraussetzungen des Antrages nach BGB. § 894 sind also nicht gegeben. Die Möglichkeit, daß sich aus dieser Sachlage für die Eigentümerin Weiterungen ergeben können, die vermieden würden, wenn ihre Eigenschaft als Ehefrau aus dem Grundbuche nicht hervorginge, ist nicht zu verkennen; diese Möglichkeit allein rechtfertigt den Antrag aber nicht, sie besteht ohnehin auch in allen denjenigen Fällen, in denen eine Geschäftsunfähigkeit oder eine beschränkte Geschäftsfähigkeit des eingetragenen Berechtigten in Frage kommt, ohne daß ihr durch die Eintragung entsprechender Vermerke im Grundbuche vorgebeugt werden könnte. Die Unzulässigkeit des Antrages ergiebt sich ferner daraus, daß die aus dem gesetzlichen Güterrechten hervorgehende Beschränkung der Ehefrau überhaupt der Eintragung in das Grundbuch nicht fähig ist. Kann aber die Beschränkung selbst nicht eingetragen werden, so kann es auch ihre vertragsmäßige oder anderweitige Aufhebung nicht. Jener Satz ergiebt sich daraus, daß die Beschränkung der Ehefrau durch die Eingehung der Ehe kraft des Gesetzes eintritt und nach § 1404 BGB. gegen Dritte, auch wenn diese von der Ehe keine Kenntnis haben, wirkt. Demgemäß erklären die Motive zum § 1305 eine Bestimmung des Inhaltes für entbehrlich, daß die Eintragung der Beschränkung des Verfügungsrechtes der Ehefrau in das Grundbuch weder erforderlich noch zulässig sei. Die Unzulässigkeit einer solchen Eintragung folge aus dem Grundsatze des Grundbuchrechtes, daß die Zulässigkeit einer Eintragung immer besonders bestimmt werden müsse und überhaupt Eintragungen, an welche sich eine bestimmte rechtliche Wirkung nicht knüpfe, unzulässig seien. Diese Ausführungen haben auch in Bezug auf das BGB. ihre Bedeutung behalten (Planck 4 S. 152; Neumann, Handausgabe 2 S. 784; Achilles-Strecker S. 20, 253). Den Vorinstanzen ist aber auch darin beizutreten, daß das Güterrechtsregister nach § 1435 BGB. ausschließlich bestimmt und geeignet ist, über den Umfang des Verfügungsrechtes der Frau Auskunft zu geben, daß daher gleichzeitige Vermerke im Grundbuche nicht nur überflüssig, sondern, sofern diese vom Inhalt des Güterregisters abweichen sollten, sogar gefährlich wären. v. W.

f) **§ 41 GrBO. findet nur auf den unmittelbaren Erben Anwendung.**

Kammergericht, I. CS. Beschluß v. 23. Dezember 1901.

Der eine Ausnahme vom Grundsatze des § 40 GrBO. darstellende § 41[1] findet nur auf den unmittelbaren Rechtsnachfolger des eingetragenen Berechtigten Anwendung (Rsp. 2 Nr. 130b, 3 Nr. 46, 78e). Im ersterwähnten Falle handelte es sich um eine Hypothek. Allein für den aufgestellten Rechtssatz begründet es keinen Unterschied, daß gegenwärtig das zu übertragende Recht das Eigentum ist. Was vom Rechte der Hypothek gilt, gilt auch vom Eigentumsrechte, da der § 41[1] ganz allgemein lautet. Die in der Beschwerdeschrift versuchte abweichende Auslegung des § 41[1] nimmt ihre Begründung im wesentlichen aus Erwägungen der Zweckmäßigkeit und der Bedürfnisse der Praxis. Sie scheitert indes an dem unzweideutigen Wortlaut der Gesetzesbestimmung, die nur vom Erben des eingetragenen Berechtigten spricht. Erbe ist nach § 1922 BGB. derjenige, auf welchen mit dem Tode einer Person deren Vermögen als Ganzes übergeht, also lediglich der unmittelbare Rechtsnachfolger, nicht der Erbeserbe. Es kann nicht angenommen werden, daß der Ausdruck „Erbe" im § 41 in einem anderen, auch den Erbeserben umfassenden Sinne gebraucht worden ist. Die Materialien ergeben dafür keinen Anhalt und der Gesetzesinhalt steht jener Annahme entgegen. Sonach ist an dem früheren Beschlusse festzuhalten (so auch Turnau-Förster 2 S. 246, anders, aber ohne ausreichende Begründung Brachvogel-Frydrychowicz Anm. 2 zu § 41; Achilles-Strecker Anm. 5[b] S. 271). K.

## 38

a) **Ein Notar kann keine Vollmacht auf sich selbst aufnehmen. Bedeutung der Worte „zu gunsten" im FrGG. § 171.**

Kammergericht, I. CS. Beschluß v. 17. Februar 1902.

Im Kaufvertrage bevollmächtigten beide Teile den beurkundenden Notar, die Auflassung vorzunehmen und die im Vertrage bestellte Hypothek eintragen zu lassen. Die Entgegennahme der Auflassung wurde abgelehnt. Die Beschwerde des Notars und seine weitere Beschwerde sind verworfen worden. Aus den Gründen:

Was das Gesetz unter der Begünstigung einer Urkundsperson durch eine in der Urkunde getroffene Verfügung versteht, ist aus den Materialien nicht zu entnehmen. Im BGB. ist die Beurkundung von Testamenten geregelt. Die dem § 171[1] FrGG. entsprechende Vorschrift findet sich in § 2235 BGB. Dort heißt es, daß als Richter, Notar, Gerichtsschreiber oder Zeuge bei der Errichtung eines Testamentes nicht mitwirken könne, wer in dem Testamente bedacht werde. Der Begriff des Bedachtwerdens ist scharf umgrenzt; bedacht ist derjenige, welchem durch eine Zuwendung ein selbständiger Anspruch auf einen Vermögensvorteil erwächst. Nur der in diesem Sinne Begünstigte ist von der Mitwirkung bei der Beurkundung eines Testamentes ausgeschlossen, nicht z. B. der zum Testamentsvollstrecker Ernannte (Planck u. Frommhold, Anm. 2 zu § 2235). Bei Beurkundungen von Rechtsgeschäften unter Lebenden war der Begriff der Bedenkung nicht wohl verwertbar. Er ist ersetzt durch die Verfügung zu gunsten des Mitwirkenden. Der Ausdruck ist viel allgemeiner, als der im § 2235 gebrauchte. Verträge zu gunsten Dritter sind solche, aus denen für den Dritten unmittelbar ein Recht auf die Leistung erwächst (§ 328 BGB.). Darauf kommt es nicht an, ob die Leistung für den Dritten eine Freigebigkeit in sich schließt und ihn daher in einem engeren Sinne begünstigt. Das Entscheidende ist die Einräumung des Rechtes. Deshalb wird man, da weder das Gesetz noch dessen Entstehungsgeschichte für eine abweichende Auffassung Raum bieten, auch unter dem Begünstigten nach § 171[1] FrGG. schlechthin die Person zu verstehen haben, der in der Urkunde von dem Beteiligten oder den Beteiligten ein Recht gewährt wird. Für eine beschränktere Bestimmung des Thatbestandes der Begünstigung fehlt es an jedem sicheren Anhalt. Es ist aber in einem Falle, wie dem vorliegenden, wo es sich um die Gültigkeit einer Beurkundung handelt, durchaus notwendig, daß die Grenze des Zulässigen klar erkennbar und nicht von einer im Ergebnis unsicheren Untersuchung im Einzelfalle abhängig ist. Darum erscheint die hier vertretene Meinung als richtig (ebenso: Schultze-Oberneck S. 201; Jastrow S. 27; Dronke Anm. 2 zu § 171; abweichend: Weißler, preuß. Not. S. 228; Werner-Kroschel S. 32). Genügt es mithin, daß der Begünstigte aus der getroffenen Verfügung ein Recht herzuleiten vermag, so erhellt ohne weiteres, daß der Notar eine Vollmacht auf sich selbst nicht aufnehmen kann. Denn die Vollmacht ist die rechtsgeschäftliche Einräumung der Vertretungsmacht. Der Machtgeber erteilt dem Bevollmächtigten das Recht, für ihn und statt seiner innerhalb des Rahmens der Vollmacht dergestalt thätig zu werden, daß das vorgenommene Rechtsgeschäft unmittelbar für und gegen den Vertretenen wirkt (§§ 164, 166² BGB.). Der Bevollmächtigte wird demnach durch die Erteilung der Vollmacht nach Maßgabe des § 171¹ FrGG. begünstigt. Daß die Nichtigkeit der Vollmacht den Inhalt der Urkunde im übrigen unberührt läßt, ergiebt sich aus Abs. 2 daselbst. R.

b) **Form des Protokolles.**[1] **Mangel der Bezeichnung des mitwirkenden Richters. Nachträgliche Beglaubigung der Unterschriften. FrGG. § 176.**

OLG. Hamm, IV. CS. Beschluß v. 25. April 1902.

Die Eheleute K. waren auf Ersuchen des Amtsgerichtes B. zum Beitritt zu einer Erbauseinandersetzung und zur Ausstellung einer Auflassungsvollmacht zu vernehmen. Das Protokoll des ersuchten Richters beginnend: „Im heutigen Termine 2c" und endigend mit der Unterschrift: „V." enthält nicht eine Bezeichnung des bei der Verhandlung mitwirkenden Richters und ist daher wegen Nichtbeachtung der wesentlichen Formvorschrift des § 176² nichtig. Unter dem Protokolle findet sich zwar der — auf Erinnerung des Amtsgerichtes B. angebrachte — Vermerk: „Daß vorstehende Verhandlung vor dem Amtsrichter V. zu D. stattgefunden hat", ferner „die vorstehenden beiden Unterschriften der Eheleute K. zu D. werden gerichtlich beglaubigt.

D., den 15. Februar 1902.

(Siegel.) Königliches Amtsgericht. V., Amtsrichter."

Dieser Vermerk ist jedoch nicht geeignet, das Protokoll zu einer öffentlich wirksamen Urkunde zu machen. Denn ein nachträglich vom beurkundenden Beamten ausgestelltes Zeugnis über seine Mitwirkung bei der Verhandlung, welches ohne Zuziehung der Beteiligten zu stande gekommen und nicht Bestandteil des ihnen vorzulesenden und von ihnen zu genehmigenden Protokolles geworden ist, genügt nicht, um den Mangel der Beobachtung der gesetzlichen Form zu haben (Rsp. 4 S. 94; 2 S. 139; JMBl. 1902 S. 34).

Im Vermerke vom 15. Februar 1902 ist auch nicht eine rechtswirksame öffentliche Beglaubigung von Unterschriften der Aussteller einer Privaturkunde

[1] Der Umstand, daß sich erst unter der Unterschrift des Beteiligten der vom Richter vollzogene Vermerk: „das Protokoll wurde vorgelesen, genehmigt und wie vorsteht unterschrieben" befindet, bietet zu Zweifeln keinen Anlaß (OLG. Dresden v. 15. April 1902, Annalen 23 S. 430).

zu erblicken. Es mag davon abgesehen werden, daß für eine solche Beglaubigung der erforderliche Antrag der Beteiligten fehlt, der Amtsrichter mithin bei Vornahme derselben ohne gesetzliche Ermächtigung verfuhr. Jedenfalls genügt der ersuchte Richter nicht seiner gesetzlichen Verpflichtung, wenn er dem ersuchenden Richter anstatt der öffentlichen Urkunde, deren Aufnahme dieser verlangt, eine beglaubigte Privaturkunde darbietet, und er überschreitet sein Prüfungsrecht, wenn er geltend macht, daß eine beglaubigte Privaturkunde den Parteizwecken, in deren Interesse das Ersuchen erging, genüge (§ 2 FrGG. und § 159 GVG.). Diese Erwägung allein rechtfertigt die Beschwerde des ersuchenden Richters über Verweigerung der erbetenen Rechtshilfe. Die weitere Frage, ob nicht für eine Unterschriftsbeglaubigung gemäß § 183 FrGG. nur Raum ist bei Privaturkunden im eigentlichen Sinne, nicht aber bei wegen Formmangels nichtigen als öffentliche Urkunden instrumentierten Schriftstücken, und ob daher in der hier fraglichen Urkunde eine mit Rechtswirkung bekleidete Privaturkunde mit gerichtlicher Beglaubigung der Unterschriften überhaupt nicht vorliegt, darf auf sich beruhen bleiben. N.

### c) Art des Identitätsvermerkes in einer notariellen Urkunde.[1] FrGG. § 176 Abs. 3.

Kammergericht, I. CS. Beschluß v. 16. Dezember 1901.

Im Eingange eines notariellen Protokolles heißt es: ... „erschien heute von Person bekannt geworden der Kaufmann X." Das Amtsgericht vermißt die Angabe, in welcher Weise der Notar sich Gewißheit über die ihm bis dahin unbekannt gewesene Persönlichkeit des Bewilligenden verschafft habe. Die Beschwerde und weitere Beschwerde sind zurückgewiesen. Aus den Gründen:

Der § 176 FrGG. schreibt im Abs. 1 vor, daß das Protokoll über eine gerichtliche oder notarielle Beurkundung neben anderem die Bezeichnung der Beteiligten enthalten muß, und im Abs. 3, daß das Protokoll eine Angabe darüber enthalten soll, ob der Richter oder der Notar die Beteiligten kennt oder nicht, sofern dies nicht der Fall ist, in welcher Weise er sich Gewißheit über die Persönlichkeit verschafft hat; der Satz 2 des Abs. 3 enthält Verhaltungsmaßregeln für den Fall, daß diese Gewißheit nicht zu erlangen war, trotzdem aber die Aufnahme der Verhandlung verlangt wird. Der Wortlaut des Gesetzes läßt keinen Zweifel darüber, daß es sich hinsichtlich der Angabe über die Feststellung der Persönlichkeit der Beteiligten nur um eine Ordnungsvorschrift handelt, deren Nichtbeobachtung die Gültigkeit der Urkunde als einer öffentlichen, gerichtlichen oder notariellen Urkunde nicht beeinträchtigt. Allein hierdurch wird zu Gunsten der weiteren Beschwerde nichts entschieden. Denn, wie bereits im Beschlusse vom 2. Juli 1900 (Jahrb. 20 S. 177) ausgeführt ist, beschränkt sich die Beweiskraft der öffentlichen Urkunde auf den durch den Urkundsbeamten beurkundeten Vorgang (§ 415) oder die darin be-

[1] Rsp. 3 Nr. 95.

zeugte Thatsache (§ 418 CPO.). Ist also durch den beurkundeten Vorgang oder die bezeugte Thatsache die Persönlichkeit der Beteiligten nicht genügend festgestellt, so wird sie durch die Urkunde nicht mit bewiesen, und diese ist deshalb für den Grundbuchverkehr, der die Bewilligungserklärung des wirklich Beteiligten verlangt, unbrauchbar. Vorliegend sagt die notarielle Verhandlung über die Identität, daß vor dem Notar der von Person bekannt gewordene X. erschienen ist und eine Erklärung abgegeben hat. Der erschienene Beteiligte war also vor der Verhandlung dem Notar unbekannt, er ist aber bei der Verhandlung dem Notar als der X. bekannt geworden, als solcher ist er in der Urkunde bezeichnet. Ein weitergehendes Zeugnis über die Identität ist in der Urkunde nicht abgegeben. Somit lag hier der im § 176 Abs. 3 Satz 1 behandelte zweite Fall vor: der Notar kannte den Beteiligten nicht, hat sich aber Gewißheit über seine Persönlichkeit verschafft. Das Gesetz bestimmt, daß in diesem Falle der Richter oder Notar angeben soll, in welcher Weise er sich Gewißheit über die ihm unbekannte Persönlichkeit verschafft habe. Gegen diese Vorschrift ist hier gefehlt. Das Zeugnis, welches der Notar hier über die Identität abgegeben hat, entbehrt eines Bestandteiles, den das Gesetz ausdrücklich fordert, nämlich der Beurkundung, durch welche Mittel der Notar sich die Gewißheit verschafft hat. Ohne diesen Zusatz ist die Beurkundung unvollständig. Die Vorschrift hängt eng zusammen mit der im ersten Satze des dritten Absatzes des § 176 dem instrumentierenden Beamten beigelegten Befugnis, Zeugnis abzugeben über die Identität eines ihm von Person bekannten Beteiligten oder eines ihm bis dahin Unbekannten, über dessen Persönlichkeit er sich bei der Verhandlung Gewißheit verschafft. Die Verhandlung selbst beweist nur, daß der Urkundsbeamte (wie § 176 Abs. 3 sagt) sich die Gewißheit verschafft hat. Damit aber dieses Identitätszeugnis auch nach außen hin, gegenüber dritten Personen oder anderen Behörden, möglichst überzeugend und wirksam werden soll, hat das Gesetz dem Urkundsbeamten aufgegeben, in der Verhandlung selbst darüber Rechenschaft abzugeben, auf welche Weise er zu seiner Überzeugung gekommen ist. Nur wenn in dieser gesetzlich bestimmten Art das Zeugnis des Urkundsbeamten abgegeben ist, kann es Anspruch auf Beachtung erheben. Die bezügliche Vorschrift im dritten Absatz hat die Bedeutung, dritte Personen oder andere Behörden in den Stand zu setzen, sich einen Einblick in die Mittel zu verschaffen, durch die der Notar sich die Gewißheit von der Persönlichkeit eines dahin unbekannten Beteiligten verschafft hat. Sind die Mittel nicht mit angegeben, so ist die Erklärung, daß der Urkundsbeamte diese Gewißheit gewonnen habe, für die Legitimationsfrage bedeutungslos. Demzufolge kann der Grundbuchrichter, der zur Wahrung der buchmäßigen Rechte die Legitimation der Bewilligenden zu prüfen hat, nicht für verpflichtet erachtet werden, auf Grund der Angabe, ein namentlich bezeichneter Beteiligter sei von Person dem Notar oder Richter bekannt geworden, den Nachweis der Identität als geführt anzunehmen.

Der Beschwerdeführer hat dem in der Urkunde enthaltenen Mangel dadurch abzuhelfen gesucht, daß er eine nachträglich vom Notar ausgestellte Bescheinigung überreicht hat, in welcher die Mittel angegeben sind, die damals dem Notar die Überzeugung von der Identität des in der Urkunde Bezeichneten verschafft haben. Die Vorinstanz hat die Berücksichtigung dieser Bescheinigung abgelehnt, weil jene Angabe im Urkundsprotokolle selbst enthalten sein müsse. Auch hierin kann kein Rechtsirrtum gefunden werden. § 176 Abs. 3 FrGG. schreibt ausdrücklich vor, das Protokoll solle eine Angabe darüber enthalten, ob der Urkundsbeamte die Beteiligten kennt, oder, sofern dies nicht der Fall ist, in welcher Weise er sich Gewißheit über die Persönlichkeit verschafft hat. Das Gesetz verlangt also selbst, daß auch diese dem Urkundsbeamten zugewiesene Beurkundungsthätigkeit in der für die Protokollierung vorgeschriebenen Form mit festgestellt, also den Beteiligten nach § 177 mit vorgelesen, von ihnen genehmigt und unterschrieben werden soll. E. M.

d) **Inwiefern hat der mit der Beurkundung eines Ehevertrages befaßt gewesene Notar für den Antrag auf Eintragung in das Güterrechtsregister sich durch Vollmacht auszuweisen?** [1] **FrGG. § 129.**

OLG. Colmar, I. CS. Beschluß v. 26. März 1902.

Die weitere Beschwerde durfte nach FrGG. § 29 der Notar W. einlegen, da er in vorliegender Sache für die Beschwerdeführer den Antrag bei dem Gerichte der ersten Instanz gestellt hatte. Sie ist indessen unbegründet. Denn nach § 1560 BGB. waren die Eheleute G. zwar berechtigt, die güterrechtlichen Bestimmungen ihres vor Notar W. abgeschlossenen Ehevertrages in das Güterrechtsregister zu beantragen. Sie waren dazu aber keineswegs verpflichtet. Der nach § 161 FrGG. auch für die Eintragungen in das Güterrechtsregister anwendbare § 129 erklärt aber nicht jeden Notar, der einen zur Eintragung in jenes Register geeigneten Ehevertrag beurkundet hat, zur Stellung des entsprechenden Antrages ermächtigt, sondern nur bezüglich der zur Anmeldung verpflichteten Vertragsparteien. Wenn daher ein Notar als Vertreter solcher Personen auftreten will, die zur Anmeldung beim Registergerichte nicht verbunden sind, so muß mit Recht von ihm, wie übrigens auch von jedem Rechtsanwalte, der in einer amtsgerichtlichen, also in einer dem Anwaltszwange nicht unterliegenden Sache für eine Partei einen Antrag stellen will, die Vorlage der Vollmacht verlangt werden, es sei denn, daß aus dem von ihm aufgenommenen Akt bereits die Willenserklärung der Vertragschließenden hervorgeht, durch den Notar ihren Vertrag gemäß § 1560 ins Register eintragen zu lassen. Frdthl.

e) **Der Notar ist zuständig zur Bescheinigung, daß ein Vertreter bei Beglaubigung seiner Unterschrift sich im Besitze der Vollmacht befunden hat. Wieweit erstreckt sich die Prüfungspflicht des Grundbuchrichters in Bezug auf Vollmachten? Pr. FrGG. Art. 31. GrBO. § 29.**

[1] Vgl. Rsp. 1 S. 318 Nr. 198.

Kammergericht, I. CS. Beschluß v. 30. September 1901.

In der vom Notar E. unterschriftlich beglaubigten Urkunde hat der Kaufmann A. namens des Gläubigers, legitimiert durch die ihm erteilte Vollmacht, die sich in beglaubigter Abschrift bei anderen Grundakten befindet, mit der Hypothek (des Gläubigers) der Post Abt. III Nr. 5 den Vorrang eingeräumt und die Eintragung der Rangänderung beantragt ... Dem Beglaubigungsvermerk hat der Notar beigefügt, daß ihm bei Leistung der Unterschrift die erste Ausfertigung der Vollmacht vorgelegen habe. Die Vorinstanzen haben Beibringung der Ausfertigung der Vollmacht verlangt. Die weitere Beschwerde ist begründet.

Darin ist dem Landgerichte beizutreten, daß die Prüfung der Vertretungsmacht eines Bevollmächtigten dem Grundbuchrichter obliegt und sich nicht dadurch erübrigt, daß der Notar, welcher die für die Eintragung erforderliche Erklärung des Vertreters aufgenommen oder beglaubigt hat, diesen für genügend ausgewiesen erachtet. Hier handelt es sich aber um die Frage, ob die Prüfung unter allen Umständen die Vorlage der Urschrift oder einer ihr gleichstehenden Ausfertigung der Vollmacht erheischt oder ob auch andere Beweismittel, insbesondere eine Bescheinigung des Notars über den Besitz der Vollmacht zur Zeit der Abgabe der maßgebenden Erklärung, zulässig sind. Wie bereits im Beschlusse vom 2. Januar 1893 (Jahrb. 12 S. 106) angedeutet, ist dem Grundbuchrichter ein Doppeltes nachzuweisen: einmal, daß die Vollmacht inhaltlich den Vertreter zu der namens des Vertretenen vorgenommenen Rechtshandlung befähigt, sodann, daß die Vertretungsmacht im Zeitpunkte dieser Rechtshandlung wirklich noch bestand. Daß der Nachweis des ersten Punktes durch eine beglaubigte Abschrift der Vollmachtsurkunde, auch wenn sie sich bei anderen Akten desselben Gerichtes befindet, geführt werden kann, ist nicht bedenklich und wird auch anscheinend von den Vorinstanzen nicht bezweifelt (vgl. Rspr. 2 S. 513[7]). Der zweite Punkt erheischt den Beweis, daß sich der Vertreter, als er für den Machtgeber handelte, noch im Besitze der Vollmacht des angegebenen Inhaltes befand, also den Beweis einer in der Vergangenheit liegenden Thatsache. Wo, wie hier, die entscheidende Erklärung in einer vom Notar beglaubigten Urkunde niedergelegt ist, ist ein Mehreres nicht zu fordern. Nun hat der erwähnte Beschluß angenommen, daß jener Beweis durch eine Bescheinigung des Notars über den Besitz der Vollmacht im entscheidenden Zeitpunkte nicht zu führen sei; diese Annahme beruht aber lediglich auf der Erwägung, daß die Ausstellung derartiger Atteste nach Lage der damaligen Gesetzgebung nicht zum Geschäftskreise der (altpreußischen) Notare gehöre. Für das heutige Recht trifft der Grund nicht mehr zu. Die Notare sind durch Art. 31 Satz 2 des preuß. FrGG. allgemein für befugt erklärt, nicht nur Rechtsgeschäfte, sondern auch sonstige Thatsachen zu beurkunden. Eine derartige Thatsache ist aber auch der Besitz einer bestimmten Urkunde zu einer bestimmten Zeit. Der Notar ist zuständig, mit öffentlichem Glauben zu bescheinigen, daß dieser Gegenstand seiner Sinneswahrnehmung gewesen sei, also bei der Ausstellung der Bescheinigung fortgedauert habe. Die grundsätzliche Verwerfung dieses Beweismittels verstößt sowohl gegen den § 29 Satz 2 GrBO. wie gegen den Art. 31 preuß. FrGG. Das Amtsgericht hat nunmehr anderweit von dem rechtlichen Gesichtspunkt aus, daß ein notarielles Zeugnis geeignet ist, darzuthun, daß eine Vollmacht sich in den Händen des Bevollmächtigten befunden habe, über den Eintragungsantrag zu beschließen. Dabei ist zu erwägen, ob die Worte in der Bescheinigung des Notars, daß ihm die Vollmacht vorgelegen habe, nach dem ganzen Zusammenhange etwas anderes bedeuten können, als daß der Vertreter diejenige Vollmacht vorgelegt habe, welche in der Erklärung durch die Angabe der Zeit der Ausstellung und der Nummer des Registers des instrumentierenden Notars zweifelsfrei identifiziert ist. Von der gleichen Auffassung, wie sie hier vertreten ist, gehen aus Schultze-Oberneck, S. 104 Z. 7 und Rausnitz Anm. 14 zu § 176 S. 565 (s. auch OLG. Hamburg im Centralblatt 1900 S. 503). E. M.

f) **Rechtliche Stellung des Notars bei Anträgen auf Grund von GrBO. § 15. Kein Recht desselben auf Rückgabe der von ihm eingereichten Urkunden an ihn.**

Kammergericht, I. CS. Beschluß v. 2. Dezember 1901.

Nachdem der über eine Hypothek der A.-Bank gebildete Brief der Bewilligung des Eigentümers entsprechend der Gläubigerin ausgehändigt war, beantragte Notar X., einen Teil der Hypothek zu löschen und den überreichten Brief nach erfolgter Löschung ihm selbst zurückzugeben. Die Vorinstanzen verlangen formgerechte Zustimmung der Bank. Die weitere Beschwerde ist unbegründet.

Eigentümerin des Briefes ist die Gläubigerin (§ 952 BGB.). Ihr ist daher der vom Grundbuchamte mit dem Vermerke der Teillöschung versehene Brief auszuhändigen, sofern nicht Umstände vorliegen, die eine Abweichung von der Regel rechtfertigen. Der Beschwerdeführer erblickt einen solchen Umstand darin, daß er es gewesen sei, der den Brief überreicht habe. Auf eine ausdrückliche oder auch nur stillschweigende Ermächtigung der Gläubigerin vermag der Beschwerdeführer seinen Anspruch nicht zu stützen. Nur eine auf Gesetz beruhende Ermächtigung könnte in Frage kommen. Sie ist nicht durch die Überlieferung des Briefes an das Amtsgericht zum Zwecke der Vornahme der Löschung und deren Beurkundung auf dem Briefe gegeben. Die eingereichten Urkunden (die Löschungsbewilligung und der die Zustimmung des Eigentümers nach § 27 GrBO. in sich schließende Löschungsantrag) enthielten alles, was nötig war, um die Thätigkeit des Grundbuchrichters anzuregen. Einer Vertretung durch den beglaubigenden Notar bedurfte es deshalb nicht (Rsp. 2 S. 154; Turnau-Förster 2 S. 99). Übrigens würde sie sich auch nur auf die Stellung von Anträgen beziehen, die in den überreichten formgerechten Urkunden ihre Begründung finden (§ 15 GrBO.). Der Notar hat vorliegend, soweit erkennbar, indem er die Urkunden dem

Gerichte zugänglich machte, lediglich faktische Dienste gleich dem Boten geleistet. Nun fehlt es an einer Norm, die es gestattete, demjenigen, der eine einem anderen gehörige Sache für diesen einer Behörde oder einem Dritten abzuliefern hat, die Sache nach Erledigung des betreffenden Geschäftes zurückzustellen. Er war nur Überbringer. Hat er sich der Sache entledigt, so ist damit seine Aufgabe erfüllt. Zur Empfangnahme ist er ohne Vollmacht des Berechtigten nicht legitimiert. Gilt dies vom nicht beamteten Ablieferer, so muß das Gleiche auch vom Notar gelten. Seine Berufsstellung mag es unter Umständen dem Grundbuchrichter unbedenklich erscheinen lassen, ihm Urkunden, die er dem Gericht überreicht hat, wieder zuzustellen. Ein Recht, daß dies geschehe, hat aber der Notar nicht, und es kann nicht als rechtsirrtümlich bezeichnet werden, wenn der Grundbuchrichter den Ausweis des Notars für ein Begehren fordert, das weder in den Erklärungen der Beteiligten noch im Gesetze begründet ist. E. M.

g) **Antragsrecht der Notare in Grundbuchsachen.**

Kammergericht, I. CS. Beschluß v. 10. Juni 1901.

Der § 15 GrBO. beruht auf § 36 preuß. GrBO. Es handelt sich dabei um die Vermutung einer Vollmacht zur Stellung derjenigen Anträge, die ihre materielle Grundlage und Rechtfertigung in den Urkunden finden, namens eines Beteiligten, der nicht mit dem Erklärenden identisch zu sein braucht. Das Gesetz geht davon aus, daß eine solche Vermutung sich durch das Verhältnis der Beteiligten zum Notar ohne weiteres ergebe; diese wollen, daß der Notar die Angelegenheit, mit der er amtlich befaßt worden, auch erledige. Daraus folgt aber von selbst, daß die vermutete Vollmacht allein auf die beurkundeten oder beglaubigten Erklärungen der Parteien zurückgeführt werden kann und daß die Vermutung dann nicht Platz greift, wenn der Antrag von diesen Erklärungen abweicht. Nur von einem innerhalb des Rahmens der Eintragungsbewilligung sich bewegenden, auf deren grundbuchmäßige Verwirklichung abzielenden Antrage kann man sagen, daß er voraussichtlich der Parteiabsicht entspreche und daß darum eine besondere Ermächtigung entbehrlich sei ... E. M.

---

## 39

a) **Begriff des berechtigten Interesses an Einsicht von Akten und Registern. Abschriften von Erbbescheinigungen alten Rechtes. FrGG. §§ 34, 78, 85.**

Kammergericht, I. CS. Beschluß v. 16. Dezember 1901.

Namens des A., der eine urteilsmäßige Forderung gegen die Witwe B. beizutreiben sucht, hat der Rechtsanwalt H. beantragt, ihm Abschrift der Erbbescheinigung nach dem 1889 verstorbenen Mann der Schuldnerin zu erteilen; der Gläubiger beabsichtige den Anteil der Schuldnerin am gütergemeinschaftlichen Vermögen der durch den Tod des Mannes getrennten Eheleute oder am Nachlaß des Mannes zu pfänden. Der Antrag wurde zurückgewiesen; die weitere Beschwerde hatte dagegen Erfolg. Gründe:

Der vom LG. bezogene § 78 FrGG. ist hier nicht anwendbar, weil Erbbescheinigungen nach dem Ges. v. 12. März 1869 — um eine solche handelt es sich hier — unter der im § 78 aufgeführten Urkunde, deren Einsicht und Abschrift gestattet werden kann, nicht aufgeführt sind, und den Erbscheinen des neuen Rechtes Erbbescheinigungen des früheren Rechtes nicht ohne weiteres gleichzustellen sind. Desgleichen kann § 85 nicht zur Anwendung kommen. Dagegen ist § 34 zu Grunde zu legen, weil er die Akteneinsicht und Abschrifterteilung in Sachen der freiwilligen Gerichtsbarkeit zwar nur subsidiär (d. h. für den Fall des Fehlens besonderer einschlagender Bestimmungen), aber doch allgemein (d. h. für alle Angelegenheiten der freiwilligen Gerichtsbarkeit und alle in Betracht kommenden Urkunden) regelt.

Für Erbbescheinigungen des älteren Rechtes, die sich in gerichtlichen Nachlaßakten befinden, wie auch für die ihnen zu Grunde liegenden Verhandlungen, deren Einsicht Antragsteller gleichfalls erstrebt, fehlen aber besondere Bestimmungen der vorgedachten Art. Es ist deshalb § 34 maßgebend, nach welchem dem Beschwerdeführer eine Abschrift der Erbbescheinigung von 1889 (nur auf diesen Anspruch kann es nach den Anträgen in den Vorinstanzen hier ankommen) erteilt werden **kann**, insofern er ein **berechtigtes** Interesse an der Kenntnis des Inhaltes dieser Erbbescheinigung glaubhaft macht. Dabei ist zu beachten, daß der Begriff des berechtigten Interesses hier nicht anders zu bestimmen ist (Hahn 7 S. 133), als in den Fällen des § 11 GrBO., des § 9² HGB., des § 76² ZwVG. und des § 824² BGB., in welchen durchweg von dem Erfordernis eines bereits vorhandenen Rechtes des Antragstellers abzusehen und ein verständiges, durch die Sachlage gerechtfertigtes Interesse für ausreichend zu erachten ist (vgl. Drucks. des Reichst. 1896 Anlage 6 S. 3420 ff.; Rspr. 1 Nr. 100 a). Daneben ist für die Anwendung des § 34 daran festzuhalten, daß der Richter selbst dann, wenn ein berechtigtes Interesse des Antragstellers in vorstehender Weise glaubhaft gemacht sein sollte, die Einsichtnahme und Abschrifterteilung verweigern darf, wenn die Sachlage dafür greifbaren Anhalt liefert, daß der Antragsteller lediglich aus Chikane handelt oder sonstige unlautere Zwecke verfolgt (vgl. Rsp. 1 Nr. 100 b). Im übrigen wird das Erfordernis der Glaubhaftmachung nicht dahin auszulegen sein, daß ein ziffermäßiger Nachweis des zu Grunde liegenden Interesses oder der Nachweis der sicheren wirtschaftlichen Durchführbarkeit desselben zu erfordern wäre. Vielmehr wird die Glaubhaftmachung von Umständen genügen, aus denen erfahrungsmäßig nach dem gewöhnlichen Lauf der Dinge sich ein berechtigtes Interesse ergiebt.

Vorliegend war den Vorderrichtern der vollstreckbare Anspruch des Gläubigers dargethan und die Erklärung abgegeben, daß Pfändungen in den Anteil der Schuldnerin am früher gütergemeinschaftichen Vermögen oder gegebenenfalls am Nachlaß des Mannes H. erfolgen sollten. Es lag auf der Hand, daß der Gläubiger nach beiden gedachten Richtungen hin mit Erfolg nur vorgehen konnte, wenn er mit Sicherheit erfuhr, wer Erbe des H. geworden sei. Sogar die Art der vorzunehmenden Pfändung hing davon ab, ob die Schuldnerin selbst Erbin ihres Mannes geworden war (vgl. Art. 767 Code civ.), oder nicht. Ein Nachweis des Inhaltes, daß ein gütergemeinschaftliches Vermögen der Eheleute H. oder ein Nachlaß des H. wirklich vorhanden war oder vorhanden gewesen sei, kann vom Beschwerdeführer billigerweise nicht verlangt werden. Vielmehr ist unbedenklich davon auszugehen, daß er sich zu den durch Maßnahmen der beabsichtigten Art bedingten Aufwendungen ohne jede Aussicht auf wirtschaftliche Durchführbarkeit solcher Maßnahmen nicht entschließen wird. Völlig abwegig erscheint es schließlich, wenn das LG. bei der gegebenen Sachlage ein berechtigtes Interesse des Antragstellers nur als möglich, nicht als glaubhaft gemacht (wahrscheinlich) betrachtet, da die abschriftlich erbetene Erbbescheinigung unter allen Umständen Angaben enthalten muß, an deren Kenntnis der Gläubiger gewiß ein vernünftiges und damit berechtigtes Interesse hat. E.

b) **Übergehung des zum Pfleger Berufenen. Beschwerdeberechtigung gemäß FrGG. § 57³.**

Kammergericht, I. CS. Beschluß v. 28. April 1902.

Zur Vertretung der minderjährigen Elfriede K. hinsichtlich des ihr aus dem Testamente des Großvaters zugefallenen Erbteiles war ein Pfleger A. bestellt; dieser hatte sodann den Erbteil in seine Verwaltung genommen. Der Sohn des Erblassers, Georg W., machte dem gegenüber geltend, daß ihm der Erblasser im Testamente mit der Verwaltung jenes Erbteiles betraut habe und verlangte, zum Pfleger bestellt zu werden. Auf Beschwerde wurde dies angeordnet. Hiergegen richtete sich die weitere Beschwerde des Vaters der Elfriede. Aus den Gründen:

Die Beschwerdeberechtigung des K. war nach §§ 57³. 63 FrGG. nicht zu beanstanden. Das Landgericht hat zwar die Pflegschaft, für welche A. als Pfleger bestellt ist, nicht unmittelbar aufgehoben, sondern nur angeordnet, daß sie aufgehoben werde. Eine solche Anordnung, welche für das Amtsgericht bindend sein würde, ist deshalb aber einer amtsgerichtlichen Verfügung, welche die Pflegschaft aufhebt, gleichzustellen, und es muß aus diesem Grunde gegen die Anordnung auch die Beschwerde im Sinne des § 57³ FrGG. entsprechend zugelassen werden. Da es sich um eine auf den § 1909 BGB. in Verbindung mit Art. 210 EG. z. BGB. beruhende Pflegschaft handelt, so war das Beschwerderecht des Vaters unbedenklich anzuerkennen, ohne daß es darauf ankam, ob er die weitere Beschwerde für sich oder in seiner Eigenschaft als elterlicher Gewalthaber seiner Tochter für diese eingelegt hat. Es folgen Ausführungen über die Tragweite der Pflegschaft, sodann heißt es: Georg W. hatte das Beschwerderecht gegen seine Übergehung als Pfleger bereits verloren, durch Einlegung der Beschwerde gegen die amtsgerichtliche Verfügung konnte dieses Beschwerderecht nicht wieder aufleben. Das Landgericht hätte hiernach die Beschwerde des W. zurückweisen müssen. Trotzdem kann jedoch die weitere Beschwerde jetzt keinen vollen Erfolg haben, sondern lediglich die Anordnung des Landgerichtes, daß die Pflegschaft aufzuheben, beseitigt werden. Das Amtsgericht hat nämlich inzwischen auf den landgerichtlichen Beschluß hin, den A. entlassen, indem es die Bestellung zurückgenommen, von ihm Schlußrechnung erfordert und ihm ein Honorar bewilligt hat. Dessen Amt hat, wenn auch ohne gesetzlich ausreichenden Anlaß, damit thatsächlich und rechtlich aufgehört. Das Amtsgericht wird deshalb, da die Pflegschaft als nicht aufgehoben anzusehen ist, erneut einen Pfleger bestellen müssen. Nunmehr kommt aber von neuem die Berufung des Georg W. in Betracht. Denn er, der testamentarisch Berufene, wird durch eine jede Bestellung eines Anderen als Pfleger übergangen und hat gegen eine etwaige erneute Übergehung wieder das Beschwerderecht gemäß § 60 FrGG. Von seiner Verpflichtung als Pfleger kann nur dann abgestanden werden, wenn die Voraussetzungen der §§ 1917, 1778 BGB. gegen ihn vorliegen. Das muß das Amtsgericht prüfen, und es wird dabei auch das Vorbringen in der weiteren Beschwerde zu berücksichtigen haben. Dr. S.

c) **Wiedereinsetzung nach FrGG. § 22.**

Kammergericht, I. CS. Beschluß v. 14. April 1902.

Gegen die Versäumung der Frist zur sofortigen Beschwerde kann die Wiedereinsetzung in den vorigen Stand nur gewährt werden, wenn binnen zwei Wochen nach Beseitigung des unverschuldeten Hindernisses für die rechtzeitige Einlegung der Beschwerde das versäumte Rechtsmittel nicht nur eingelegt, sondern auch die Wiedereinsetzung beantragt ist und die Thatsachen, welche sie begründen sollen, glaubhaft gemacht sind. Hn.

d) **Bestellung eines Liquidators nach § 146 [2] HGB. durch einstweilige Verfügung. Zuständiges Gericht. FrGG. § 145.**

OLG. Dresden, IV. CS. Beschluß v. 2. Mai 1902.

A. hat beim Landgericht beantragt, im Wege einstweiliger Verfügung an Stelle des X. einen Liquidator für die zufolge Kündigung aufgelöste offene Handelsgesellschaft zu ernennen. Aus den Gründen:

Unter der Herrschaft des früheren Rechtes war nicht unbestritten, ob die Entschließung aus Art. 133 (§ 146 [2]) HGB., auf welche allein offenbar das Gesuch sich stützt, dem Register- oder dem Prozeßrichter oder beiden zustehe. Jeder Zweifel in dieser Richtung ist aber nunmehr durch die klare Vorschrift in § 145 FrGG. beseitigt, durch welche jene Entschließung als ein Akt der freiwilligen Gerichtsbarkeit hat gekennzeichnet werden sollen und daher dem zur Führung des Handelsregisters berufenen Amtsgerichte zugewiesen wird. Hat aber endgültig nur das Amtsgericht zu befinden, so kann hier dahingestellt bleiben, ob es nur im Wege des Beschlußverfahrens nach § 146 FrGG. oder ob es zunächst auch im Wege der einstweiligen Verfügung entscheiden darf, da es auch im letzteren Falle gemäß § 937 mit § 943 CPO. als Gericht der Hauptsache angesehen werden müßte, die Zuständigkeit des Landgerichtes als erstinstanzlichen Gerichtes also unter allen Umständen ausgeschlossen bleibt (vgl. Centralbl. 2 S. 424 und Dorner Anm. 1 zu § 145). Dr. M.

## 40

a) **Kein Schiedsverfahren gegen den Konkursverwalter[1] für die Feststellung einer Konkursforderung.**

OLG. Braunschweig, I. CS. Urteil v. 4. April 1902.

Die Klägerin zieht aus dem an sich richtigen Satze, daß die Feststellung einer Konkursforderung durch den Widerspruch des Gemeinschuldners nicht gehindert werden kann, den Schluß, daß ein vom Gemeinschuldner vor der Konkurseröffnung geschlossener Schiedsvertrag der Konkursmasse gegenüber nicht wirksam sei: Das ist ein Fehlschluß. Zutreffend wäre die Folgerung, wenn durch den Schiedsvertrag der Entschließung des Verwalters oder der Konkursgläubiger darüber, ob die Forderung zu bestreiten oder unwidersprochen zu lassen sei, vorgegriffen würde. Das aber ist nicht der Fall. Es handelt sich vielmehr darum, ob, wenn der Verwalter oder ein Konkursgläubiger gegen die Forderung Widerspruch erhebt, der Feststellungsstreit mit dem Gläubiger zufolge der zwischen diesem und dem Schuldner vor der Konkurseröffnung getroffenen Vereinbarung im schiedsrichterlichen Verfahren auszutragen ist. Diese Frage würde, wenn die Vorschrift in § 146 Abs. 2 KO. nicht wäre, schwerlich zu verneinen sein. Namhafte Rechtslehrer, wie Kohler (Gruchot 31 S. 524), L. Seuffert (Konkursprozeßrecht § 44 Anm. 3) und Jäger (KO. § 146 Anm. 6), nehmen an, daß der widersprechende Verwalter oder Gläubiger an den vom Gemeinschuldner früher geschlossenen Schiedsvertrag gebunden bleibt. Die beiden erstgenannten Schriftsteller begründen diese Ansicht damit, daß das Widerspruchsrecht des Verwalters und der Konkursgläubiger auf dem mit der Konkurseröffnung entstandenen Pfandrechte an der Masse beruhe und das letztere vom Gemeinschuldner abzuleiten sei. Aber auch wenn die Konstruktion eines Konkurspfand- oder Beschlagsrechtes und einer darauf beruhenden Rechtsnachfolge zu verwerfen sein sollte (vgl. Jäger § 3 Anm. 42, Entsch. d. RG. 19 S. 62, 36 S. 124, Bolze 15 Nr. 634), so wird man doch anerkennen müssen, daß eine derartige Modalität, wie sie durch einen Schiedsvertrag dem davon betroffenen Rechtsverhältnisse beigefügt ist, durch die Konkurseröffnung nur dann beseitigt oder suspendiert wird, wenn sie geeignet ist, die Zwecke des Konkursverfahrens zu vereiteln oder wesentlich zu beeinträchtigen oder wenn ihr eine positive Gesetzesvorschrift entgegensteht.

Eine solche Vorschrift ist in § 146 Abs. 2 KO. zu finden: „Auf die Feststellung streitig gebliebener Forderungen ist im ordentlichen Verfahren Klage zu erheben." Zwar wird diese Bestimmung in den Motiven zur KO.

[1] Dagegen bleibt das Schiedsverfahren gegen den Kridar, der die angemeldete Konkursforderung bestreitet, zulässig (Gruchot 41 S. 1200).

(S. 364) durch den Hinweis auf die Vorzüge empfohlen, welche das damit adoptierte System der Spezialprozesse vor der gemeinrechtlichen Einrichtung habe, wonach der Streit über die streitig gebliebenen Forderungen innerhalb des Konkursverfahrens auszufechten war. Allein diese Begründung darf nicht dazu verleiten, der Vorschrift trotz ihrer positiven und apodiktischen Fassung nur die negative Bedeutung beizumessen, daß der gemeinrechtliche Grundsatz der Hereinziehung des Feststellungsstreites in den Konkurs abgelehnt werden soll. In unmittelbarer Verbindung mit jener Vorschrift steht die Bestimmung eines ausschließlichen Gerichtsstandes (§ 146 Abs. 2 Satz 2), die nach den Motiven (S. 365) einer zu großen Zersplitterung der Streitigkeiten und Entscheidungen vorbeugen soll. Dieser Zweck ist freilich auch dann nicht vollständig zu erreichen, wenn das schiedsrichterliche Verfahren ausgeschlossen ist. Auch dann ist es möglich, daß über dieselbe Forderung mehrfach gestritten und zwiespältig entschieden wird. So können, wenn eine nach ihrem Betrage der landgerichtlichen Zuständigkeit unterstehende Forderung von einem Konkursgläubiger im vollen Umfange, vom Verwalter nur zu einem die amtsgerichtliche Zuständigkeit nicht überschreitenden Teilbetrage bestritten wird, Land- und Amtsgericht nebeneinander mit der Feststellung befaßt werden; oder das Gericht, das den Widerspruch eines Opponenten für unbegründet erklärt hat, kann auf den Widerspruch eines Anderen, der vielleicht bessere Beweise (für eine der Forderung entgegengesetzte Einrede) beibringt, eine abweichende Entscheidung abgeben. Indes, wenn mehrere Feststellungsprozesse bei demselben Gerichte anhängig sind, können sie nach § 147 CPO. miteinander verbunden werden. Der Gläubiger wird regelmäßig in der Lage sein, mehrere Opponenten als Streitgenossen gemeinschaftlich zu verklagen. Das liegt auch schon deshalb in seinem Interesse, weil die Forderung nicht als festgestellt gilt, wenn die erhobenen Widersprüche nicht sämtlich beseitigt sind (§ 144[1] KO.). Ist der Gläubiger aber an einen mit dem Schuldner früher geschlossenen Schiedsvertrag gebunden, so hat er in der Regel keinen Einfluß darauf, daß die Entscheidung über die mehreren Widersprüche durch dieselben Schiedsrichter erfolgt. Denn sofern nach dem Schiedsvertrage oder der denselben ergänzenden Vorschrift des § 1028 CPO. dem Schuldner die Ernennung eines Schiedsrichters zusteht, kann an Stelle des Schuldners der eine Opponent diesen, der andere jenen zum Schiedsrichter ernennen; und wenn so verschiedene Schiedsgerichte über die Forderung zu befinden haben, kann die Entscheidung des einen leicht anders ausfallen, wie die des anderen. Das aber will das Gesetz nach Möglichkeit verhindern, und darum liegt es nicht in seinem Sinne und Geiste, das Schiedsverfahren für die Feststellung einer Konkursforderung zuzulassen. Nach § 146 Abs. 5 finden die in Abs. 1, 3 u. 4 getroffenen Bestimmungen über die Art, wie die Feststellung streitiger Konkursforderungen zu verfolgen ist, auf solche Forderungen entsprechende Anwendung, für deren Feststellung ein besonderes Gericht (z. B. Gewerbe-, Gemeindegericht), eine Verwaltungsbehörde oder ein Verwaltungsgericht zuständig ist. Eine gleiche Vorschrift wäre für das schiedsrichterliche Verfahren am Platze gewesen, wenn das Gesetz dasselbe für die Feststellung streitiger Konkursforderungen hätte zulassen wollen. Mindestens würde es sich empfohlen haben, darüber Bestimmung zu treffen, ob ein beim Konkursbeginne schwebendes Schiedsverfahren mit dem in die Parteistellung des Schuldners einrückenden Verwalter oder Konkursgläubiger fortzusetzen sei (vgl. Abs. 3 § 146). Das vollständige Übergehen des schiedsrichterlichen Verfahrens spricht gegen dessen Zulässigkeit. Ebenso Wilmowski (KO. § 134 Anm. 3) und Levy (Gruchot 37 S. 188). Hu.

b) **Kein Schiedsvertrag nur über die Höhe eines Anspruches.**

OLG. Kiel, II. CS. Urteil v. 29. April 1902.

Der Einwand der Beklagten, daß nach dem Versicherungsvertrage über die Höhe der zu leistenden Unfallentschädigung durch Schiedsrichter zu urteilen und daher im gerichtlichen Prozeßverfahren nur über den Grund des Anspruches zu entscheiden sei, ist zurückzuweisen.

Aus den §§ 1025, 274 CPO. ergiebt sich, daß durch einen Schiedsvertrag nur der Rechtsstreit, d. h. der Rechtsstreit in seiner Gesamtheit, den ordentlichen Gerichten entzogen werden kann. Eine gesetzliche Bestimmung, durch die die Überlassung einzelner Teile des Rechtsstreites an Schiedsgerichte zugelassen wäre, giebt es nicht. Die öffentlich-rechtlichen Normen des Prozeßverfahrens können aber durch Parteivereinbarung nur insoweit eingeschränkt werden, als dies ausdrücklich im Gesetze gestattet ist. Darüber hinaus kann die Partei nicht nach ihrem Belieben die Entscheidung über einzelne Elemente des Rechtsstreites an den ordentlichen Gerichten fordern (Seuffert 41 Nr. 185). Es ist daher auf die Klage auch über die Höhe des Anspruches zu entscheiden. Gr.

c) **Ablehnung eines Schiedsrichters wegen Befangenheit.**

**CPO. §§ 1032, 42.**

OLG. Hamburg, III. CS. Beschluß v. 21. September 1901.

Oftmals mag es bei der Konstituierung von Schiedsgerichten so hergehen, daß jede Partei einen Schiedsrichter ernennt, von dem sie durch vorherige Besprechung mit ihm festgestellt hat, daß er ihren Standpunkt teilt und vertreten wird, so daß das Zustandekommen eines Schiedsspruches erst von der Zuziehung eines Obmannes zu erwarten ist. Zweifellos entspricht dies aber nicht der Absicht des Gesetzgebers, der gemäß § 1032[1] vielmehr voraussetzt, daß der Schiedsrichter seines Amtes mit der Unparteilichkeit eines Richters waltet. Vorliegend hat die Antragsgegnerin den X. unter Mitteilung des Sachverhaltes um seine Ansicht über den Fall ersucht und, da er ihre Auffassung teilte, ihn zur Übernahme des Schiedsrichteramtes bestimmt. Ist nun auch jene Partei nicht sogar, wie nahe liegt, erst durch die gutachtliche Äußerung des X. dazu veranlaßt, den Streit im schiedsgerichtlichen Verfahren auszutragen, und dies dem X. bewußt: so ist das Mißtrauen des Antragstellers gegen seine Unparteilichkeit doch gerechtfertigt, weil auch beim vorauszusetzenden besten Willen des X., die Sache trotz seiner vorherigen Stellungnahme zu ihr auf Grund der beiderseitigen Parteiverträge neu zu prüfen und vorurteilslos zu beurteilen, die Gefahr vorhanden ist, daß er in der einmal gewonnenen und von ihm ausgesprochenen Ansicht . . . befangen bleiben wird.[1] M. M.

d) **Daß ein Schiedsrichter im Auslande wohnt, begründet keinen Ablehnungsgrund, kann aber als Verzögerung der Erneuerung aufgefaßt werden. CPO. §§ 1029, 1032.**

OLG. Hamburg, II. CS. Beschluß v. 19. April 1902.

Von einer örtlichen Zuständigkeit eines Schiedsgerichtes kann nicht die Rede sein. In der Wahl der Schiedsrichter sind die Parteien gesetzlich in der Richtung nicht beschränkt, daß sie nur an einem oder einigen bestimmten Orten wohnhafte Schiedsrichter ernennen dürften, und an welchem Orte die ernannten Schiedsrichter zusammentreten, haben sie untereinander auszumachen. Es ist daher unzutreffend, wenn der Beschwerdeführer ausführt, um deswillen, weil er als Verkäufer den hier fraglichen Kaufvertrag über Phosphat in Florida zu erfüllen gehabt habe und angeblich auch die Gegnerin als Käuferin dort Zahlung zu leisten gehabt habe, so könne in Ermangelung abweichender Bestimmungen der Schiedsklausel nur ein in Florida „tagendes", aus dort wohnhaften Personen zusammengesetztes Schiedsgericht für die aus jenem Vertrage hervorgegangenen Streitigkeiten zuständig sein. Ebensowenig kann der Wohnort der Parteien oder der Ort bezw. einer der mehreren Orte, an denen Staatsgerichte, welche, abgesehen vom Schiedsvertrage, für diesen Rechtsstreit zuständig sein würden, ihren Sitz haben, in der angeführten Richtung von Bedeutung sein. Es ist daher auch keineswegs ausgeschlossen, daß die Parteien an verschiedenen Orten wohnhafte Schiedsrichter wählen. Die daraus für die Schiedsrichter sich etwa ergebende Unbequemlichkeit kann für sie Veranlassung werden, das Amt, eventuell auch nachträglich, abzulehnen; thun sie es nicht, so ist es ihre Sache, wie sie diese Unbequemlichkeit überwinden. Hieraus ergiebt sich, daß der Streit der Parteien über die Frage, wo das Schiedsgericht zu tagen habe, nicht etwa im Wege einer Feststellungsklage vor dem ordentlichen Gerichte zum Austrage zu bringen ist, und daß ferner aus dem Wohnorte einer als Schiedsrichter gewählten Person ein Ablehnungsgrund im gesetzlichen Sinne des Wortes nicht hergeleitet werden kann; nur aus den im § 1032 angeführten Gründen kann ein Schiedsrichter „abgelehnt" werden.

Gleichwohl ist nicht ausgeschlossen, daß die Wahl einer bestimmten Person zum Schiedsrichter deshalb unzulässig zu erachten ist, weil sie dem nach Treu und Glauben auszulegenden Schiedsvertrage und dem aus ihm zu entnehmenden Willen der Kontrahenten widerspricht. In dieser Richtung kann auch der

[1] Vgl. JW. 1902 S. 392, auch 1901 S. 33. — Das Gericht kann nicht das schiedsgerichtliche Verfahren bis zur Entscheidung der Vorfrage aussetzen, ob die Ablehnung des Schiedsrichters gerechtfertigt ist (OLG. Frankfurt, II. CS. Beschluß v. 6. April 1900).

Wohnort des Erwählten in Betracht kommen. Vorliegend wohnt der Beschwerdeführer in Hamburg, die Gegnerin in London; letztere hat ihrerseits, dem Beschwerdeführer entgegenkommend, einen in Hamburg wohnhaften Schiedsrichter erwählt, wogegen der Beschwerdeführer darauf besteht, daß das Schiedsgericht lediglich aus Einwohnern von Florida gebildet werde, oder daß eventuell wenigstens i h m die Befugnis gewahrt werde, einen dortigen Schiedsrichter zu wählen. Es bedarf keiner Ausführung, daß ein gedeihliches Zusammenwirken zweier durch eine weite Ferne voneinander getrennter Schiedsrichter von vornherein ausgeschlossen ist; und ebenso liegt es auf der Hand, daß der Gegnerin nicht zuzumuten ist, einen in Florida ansässigen Schiedsrichter zu wählen und von hier oder von London aus zu instruieren, und daß dies dem Sinne des Vertrages nicht entspricht. Mit der Möglichkeit, daß ein solcher Schiedsrichter sich vielleicht von Florida hierher bemühen würde, um hier in einem Schiedsgerichte mitzuwirken, ist ernstlich nicht zu rechnen. Schon in dem früher anhängigen Verfahren hat der dritte Senat dieses Gerichtes denselben Standpunkt vertreten. ... Wenn nun gleichwohl der Beschwerdeführer aufs neue eine in Florida ansässige Person zum Schiedsrichter ernannt hat, so kann dies nicht anders aufgefaßt werden, als ein gegen Treu und Glauben arg verstoßender Versuch, das Zustandekommen eines Schiedsgerichtes zu vereiteln, und mit Recht hat das Landgericht die solchergestalt erfolgte Ernennung eines Schiedsrichters der W e i g e r u n g einer Ernennung gleichgeachtet; denn es kann einer Partei nicht in die Hand gegeben werden, die Ausführung des Schiedsvertrages dadurch zu vereiteln, daß sie immer aufs neue eine objektiv ungeeignete Person zum Schiedsrichter erwählt. Demgemäß war dem Antrage der Gegnerin, nach § 1029 für den Beschwerdeführer einen Schiedsrichter zu ernennen, Folge zu geben. M. M.

e) **Hinausgehen über die Anträge im Schiedsspruche. Rechtliches Gehör. CPO. § 1037.**

OLG. Königsberg, II. CS. Urteil v. 26. März 1902.

Davon ist unbedenklich auszugehen, daß Unzulässigkeit des Verfahrens dann anzunehmen wäre, wenn die Schiedsrichter wesentliche Grundsätze des von den Parteien vereinbarten Verfahrens nicht beobachtet hätten (Entsch. d. RG. 24 S. 397, 405; 35 S. 422; 40 S. 401; 47 S. 424). Dabei ist jedoch nicht zu übersehen, daß, abgesehen von den aus den §§ 1035—1039 sich ergebenden, vom Gesetze gezogenen Schranken das Schiedsgericht, das seine Funktionen unter dem Schutze der Staatsgewalt, nicht aber als dessen Organ ausübt, diese Funktionen vielmehr lediglich aus dem Willen der Parteien ableitet, an die staatlichen Gesetze, zumal über das Verfahren, nicht gebunden ist. Es ist vielmehr den Parteien überlassen, diejenigen Normen, nach denen das Schiedsverfahren sich entwickeln soll, in freier Vereinbarung festzusetzen. In Ermangelung einer solchen Vereinbarung sind sowohl das formelle Verfahren, wie das anzuwendende materielle Recht dem freien Ermessen des Schiedsgerichtes überlassen. Insbesondere sind für die Schiedsrichter die

Vorschriften über das Versäumnisverfahren, über die Widerklage und die Vorschrift des § 308, daß das Gericht nicht befugt ist, einer Partei etwas zuzusprechen, was nicht beantragt ist, nicht bindend (§ 1034²; vgl. Motive zu § 801; Wilmowski-Levy Anm. 2 Abs. 1, a. E. zu § 867¹; Petersen-Anger Anm. 3 Abs. 2 zu § 1034).... Auch darüber enthält das Gesetz keine Vorschriften, in welcher Weise die Schiedsrichter die Verpflichtung, den Parteien rechtliches Gehör zu gewähren, zu erfüllen haben, ob insbesondere die Anhörung mündlich oder schriftlich geschehen soll; das Ermessen des Schiedsgerichtes ist nach dieser Richtung maßgebend. Th.

f) **Bei der Klage aus einem Schiedsspruche ist die Rechtsfähigkeit der klagenden Partei auch dann zu prüfen, wenn der Schiedsvertrag den Rechtsstreit den ordentlichen Gerichten entzieht. Das der Gesamtheit der Gesellschaft zustehende Klagerecht kann nicht ohne weiteres durch den Gesellschaftsvorstand ausgeübt werden.**

OLG. Kiel, I. CS. Beschluß v. 12. Mai 1902.

Der durch seinen Ausschuß vertretene klagende Verein verfolgt wirtschaftliche Zwecke und hat die Rechtsfähigkeit durch staatliche Verleihung nicht verlangt. Nach dem Statut sind Streitigkeiten der Vereinsgenossen durch ein Schiedsgericht zu entscheiden. Der Beklagte ist durch Schiedsspruch verurteilt, der Vereinskasse wegen Zuwiderhandlung gegen die Vereinsbestimmungen 1500 Mark zu zahlen. Aus den Gründen:

Es kann dahingestellt bleiben, ob die Zulassung einer nicht rechtsfähigen Partei im schiedsrichterlichen Verfahren nicht schon einen solchen Mangel enthält, daß aus diesem Grunde gemäß §§ 1041¹, 1042² CPO. der Erlaß des Vollstreckungsurteiles abgelehnt werden müßte. Denn jedenfalls ist die Zulassung einer solchen Partei im jetzt anhängigen Prozeßverfahren ausgeschlossen. Dieses untersteht den allgemeinen Vorschriften der CPO., es müssen also dafür diejenigen Voraussetzungen erfüllt sein, unter denen überhaupt ein prozessualisches Verfahren stattfinden kann. Zu diesem gehört nach § 274⁷ die Parteifähigkeit. Die auf den Mangel dieser Eigenschaft gestützte Einrede ist unverzichtbar. Die Annahme des Klägers, daß die Beklagte mit dieser Einrede nicht gehört werden könne, weil im Statute die Gesellschaft ausdrücklich auf alle Anfechtungsgründe gegen den Schiedsspruch verzichtet hätte, ist daher unzutreffend. Nach § 50² kann ein Verein ohne Rechtsfähigkeit nicht klagen. Unstreitig ist der klagende Verein nicht rechtsfähig und daher nicht klagfähig. Mag er auch nach altem Recht die Klagefähigkeit gehabt haben, so hat er diese doch seit dem 1. Januar 1900 verloren. Unter der Herrschaft des neuen Rechtes ist aber die jetzige Klage erhoben. Nach § 54 BGB. ist ein nicht rechtsfähiger Verein den Vorschriften über die Gesellschaft unterworfen. Als Träger der einer Gesellschaft zustehenden Rechte sind die einzelnen Gesellschafter anzusehen. Nur diese konnten die Vollstreckungsklage erheben. Wenn der Kläger ausführt, daß nicht allein der Verein, sondern auch die einzelnen Mitglieder des Ausschusses, welche ihrerseits Gesellschafter seien, geklagt hätten, und daß jeder einzelne Gesellschafter aus eigenem Recht die Leistung der in dem Schiedsspruche zugesprochenen Summe fordern könne, so ist dagegen zu bemerken, daß es sich nicht um eine jedem einzelnen Gesellschafter aus eigenem Recht zustehende Forderung, sondern um eine solche handelt, welche der Gesamtheit der Gesellschafter zusteht. Wenn weiter geltend gemacht ist, daß die Gesamtheit der Gesellschafter durch die Mitglieder des Ausschusses vertreten werde und daß also hier alle einzelnen Gesellschafter durch die sie vertretenden Mitglieder des Ausschusses klagten, so mag richtig sein, daß die Mitglieder des Ausschusses nach dem Statut zur Vertretung aller Gesellschafter befugt sind. Dadurch kann aber nicht erreicht werden, daß die Mitglieder des Ausschusses im Prozesse als Vertreter der Gesamtheit der Gesellschafter klagen könnten. Würde die Berufung auf das Statut genügen, um die selbständige Ausübung des Klagerechtes der Mitglieder des Ausschusses für die Gesamtheit der Gesellschafter zu rechtfertigen, so würde auf diese Weise derjenige Erfolg herbeigeführt werden, welcher durch § $50^2$ CPO. versagt wird. Gr.

g) **Unterwerfung unter die Zuständigkeit des „Schiedsgerichtes der Budapester Waren- und Effektenbörse".**

OLG. Dresden, III. CS. Urteil v. 25. Februar 1902.

Die Prüfung der sachlichen Einwendungen des Beklagten erledigt sich nicht dadurch, daß das „Schiedsgericht der Budapester Waren- und Effektenbörse", dessen Zuständigkeit sich der Beklagte im Schreiben vom 1. Juli 1895 für alle Streitfälle unterworfen hat, den Beklagten zur Zahlung der jetzt geforderten Beträge rechtskräftig verurteilt hat.

Dem genannten „Schiedsgerichte" kommt zwar nach der ungarischen Gesetzgebung die Eigenschaft eines Staatsgerichtes zu; das wird in der Auskunft, die der deutsche Generalkonsul in Budapest von rechtskundiger Seite erhalten hat, bestätigt und die abweichende Auffassung im Pester Lloyd vom 21. Juli 1896 kann demgegenüber nicht in Betracht kommen. Auf das Urteil des Schiedsgerichtes aber kann der Kläger im gegenwärtigen Rechtsstreite sich nicht mit Erfolg berufen ... Der Anerkennung jenes Urteiles durch den deutschen Richter steht, selbst wenn die Zustellung der ersten Ladung oder Verfügung an den Beklagten, der sich nach Ausweis des Urteiles des „Schiedsgerichtes" auf die Klage damals nicht eingelassen hat, nach den Vorschriften im § $328^2$ CPO. (vgl. § $661^4$ a. F.) für genügend anzusehen wäre, schon der Umstand entgegen, daß es an der Gegenseitigkeit zwischen dem Deutschen Reiche und Ungarn gebricht (vgl. Wengler's Archiv, N. F. 9 S. 311, auch JW. 1891 S. 335 Nr. 12 und das daselbst angezogene Urteil vom 7. April 1888, abgedruckt bei Seuffert 44 Nr. 67). Nun ist allerdings nicht ausgeschlossen, daß eine richterliche Behörde, auch eine solche des Auslandes, auf Anrufen von Privatpersonen als Schiedsgericht im eigentlichen Sinne thätig wird, und daß demzufolge die von ihr erteilte Entscheidung als Schiedsspruch im Sinne der §§ 1025 flg. CPO. zu behandeln ist (vgl.

Entsch. d. RG. 5 S. 398 unter 1, 13 S. 407 und 36 S. 383). Es ist auch der nach dem Schiedsspruche Obsiegende, wenn er diesen Sieg verwerten will, nicht genötigt, den Erlaß eines Vollstreckungsurteiles gemäß § 1042 CPO. zu beantragen; denn das ist für ihn nicht der einzige gangbare Weg, sondern es ist auch die Klage auf Erfüllung des Schiedsspruches, auch eines ausländischen, zugelassen worden (vgl. Entsch. d. ROHG. 10 S. 397, 17 S. 427 und Entsch. d. RG. 30 S. 371; JW. 1901 S. 424[6]; Seuffert 51 S. 159). Ein Schiedsspruch in diesem Sinne liegt aber nicht vor. Denn einerseits ist der Abschluß eines Schiedsvertrages zwischen den Parteien nicht erwiesen, da im Schreiben vom 1. Juli 1895 nur die vom Beklagten erklärte Unterwerfung unter die Zuständigkeit des Börsenschiedsgerichtes (eines Staatsgerichtes) zu finden ist. Andererseits läßt auch die von diesem Gerichte erteilte Entscheidung aus ihrer ganzen Fassung, so vornehmlich der Gebrauch der Worte „Klage", „Kläger", „Geklagter", der Bezeichnung des Verfahrens als eines „Prozesses", der Stammforderung des Klägers als des „eingeklagten Kapitales", der Kosten des Verfahrens als „Klagekosten" und der Entscheidung selbst als „Urteil" wie auch der Gebrauch der Wendung „hat .... zu Recht erkannt" klar ersehen, daß das Börsenschiedsgericht in seiner Eigenschaft als Staatsgericht hat verhandeln und entscheiden wollen. Dr. W.

## 41

### Fehlerhafte Aufstellung der Zwangsversteigerungsbedingungen. Maßgebende Bedeutung des Wortlautes des Protokolles über den Versteigerungstermin. Haftung des Staates für irrtümliche Rechtsbelehrungen des Versteigerungsrichters.

OLG. Dresden, III. CS. Urteil v. 13. Juni 1902.

Ein Protokoll über den Versteigerungstermin besagte über das geringste Gebot, daß u. a., als dem Anspruche des betreibenden Gläubigers vorgehend, 10000 Mark Forderung für X., grundbücherlich als Sicherungshypothek eingetragen, bestehen zu bleiben hätten, daß der Ersteher dieselbe zu übernehmen habe, und betreffs der Versteigerungsbedingungen, daß dies die gesetzlichen seien; bemerkt war hierbei, daß X. von den 10000 Mark Befriedigung nur bis zur Höhe von 8313 Mark fordere. Das LG. nahm auf Grund der Beweiserhebung an, daß der Versteigerungsrichter als bestehenbleibend bloß den Teilbetrag von 8313 Mark bezeichnet habe, daß also die Hypothek bei der Feststellung des geringsten Gebotes auch nur in solcher Höhe berücksichtigt und infolgedessen nach § 52 ZwVG. bezüglich des Restes von 1687 Mark erloschen sei. Der Ersteher hatte letztere Summe in die Teilungsmasse zahlen müssen und klagte, weil er, durch den Versteigerungsrichter in Irrtum versetzt, um die erwähnte Summe zu viel geboten habe, gegen den Fiskus auf Schadensersatz. Der Klage wurde stattgegeben. Aus den Gründen:

Obige Feststellungen des Protokolles sind verlesen worden und ohne Widerspruch geblieben. Nach § 80 ZwVG. sind Vorgänge im Versteigerungstermine, die nicht aus dem Protokolle ersichtlich werden, bei der Entscheidung über den Zuschlag nicht zu berücksichtigen. Dies gilt insbesondere auch von der Feststellung des geringsten Gebotes und der Versteigerungsbedingungen. Für die Frage, unter welchen Bedingungen der Zuschlag zu erteilen war, ist deshalb ausschließlich das Protokoll maßgebend. Selbstverständlich ist bei dunkler Fassung des Protokolles dessen Auslegung nicht ausgeschlossen, und es wird insoweit vielleicht auch keinem Bedenken unterliegen können, auf nicht protokollarische Vorgänge zurückzugreifen. Diese Auslegung hat aber darin ihre Grenze, daß auf diese Weise nicht ein Thatbestand festgestellt werden darf, der mit dem Protokolle im Widerspruche steht oder doch aus ihm nicht herausgelesen werden kann (Reinhard, Jäckel und Fischer-Schäfer § 80 a. O.). Wäre der Versteigerungsrichter der von den Vorderrichtern für erwiesen angesehenen Meinung gewesen, so wäre sein Wille im Protokolle eben nicht zum Ausdruck gekommen. Freilich fügt er hinzu, daß X. Befriedigung bloß nach Höhe von 8313 Mark fordere. Allein dies besagt keineswegs, daß die Hypothek lediglich in dieser Höhe bestehen bleiben sollte. Die Meinung des Versteigerungsrichters, daß, weil X. nur eine Forderung von 8313 Mark in Anspruch nahm, auch die für ihn eingetragene Hypothek im Nennbetrage von 10000 Mark bei der Veranschlagung der bestehenbleibenden Oblasten in Geld nur mit 8313 Mark zu bewerten sei, nötigt nicht zu der mit dem Protokolle unvereinbaren Feststellung, daß sie nur in dieser Höhe im geringsten Gebote berücksichtigt worden seien.

Wie wenig der Versteigerungsrichter zwischen dem dinglichen Rechte und der Forderung unterschieden hat, zeigt auch die Bemerkung des Protokolles: „Der Ersteher hat die sämtlichen vorstehend aufgeführten Rechte zu übernehmen." Diese Rechte, welche bestehen bleiben, sind die dinglichen, die Hypotheken. Sie sind nicht zu „übernehmen", sondern bleiben, ohne daß es einer Übernahme seitens des Erstehers bedürfte, kraft Gesetzes als gegen ihn wirksam unverändert bestehen. Der Versteigerungsrichter aber hat, wie die Hinzufügung des § 53 in Verbindung mit dem im Protokolle vorausgegangenen Satze ergiebt, mit jener Bemerkung gar nicht die dinglichen Rechte, sondern die persönlichen Forderungen der eingetragenen Realberechtigten gemeint. Es ist selbstverständlich, daß sich die Unklarheit des Versteigerungsrichters auf die von ihm belehrten rechtsunkundigen Bieter übertragen mußte. Deshalb kann auf die Angaben einzelner Zeugen, nach welchen er gesagt haben soll, die „Hypothek" des X. sei nur in Höhe von 8313 Mark zu „übernehmen", kein ausschlaggebendes Gewicht gelegt werden, nur das muß als bewiesen gelten, daß er ihnen erklärt hat: „sie dürften die Hypothek bei Veranschlagung der bestehenbleibenden Rechte nur mit 8313 Mark in Ansatz bringen, weil X. nicht mehr als 8313 Mark fordere."... (Folgt Ausführung, daß der Zuschlagsbeschluß dem bezeichneten Wortlaute des Versteigerungsprotokolles völlig entsprochen habe.) Jene Erklärung des X. ändert hieran nichts.

Seine Hypothek ist unter der Herrschaft des sächsischen Rechtes eingetragen worden. Sie hat sich nach Art. 192 EG. z. BGB. mit dem 1. Januar 1900 in Höchsthypotheken im Sinne des § 1190 BGB. verwandelt und ist seitdem nach Inhalt und Wirkung nach dem deutschen Rechte zu beurteilen. Dies gilt auch für die Verwandlung in eine Eigentümergrundschuld gemäß §§ 1163, 1176, 1177 BGB., da eine dem Art. 194 des EG. entsprechende Bestimmung für Sachsen nicht getroffen worden ist. Die dinglichen Ansprüche des X. hatten nach § 1190 BGB. und § 14 ZwVG. als aufschiebend bedingt durch die Feststellung des Betrages zu gelten. Die Hypotheken waren deshalb bei der Feststellung des geringsten Gebotes nach § 48 ZwVG. wie unbedingte, d. h. in voller Höhe, zu berücksichtigen. Die Ungewißheit, ob X. einmal Ansprüche in voller Höhe des eingetragenen Höchstbetrages haben werde, konnte sich erst lösen, wenn das Kreditverhältnis, woraus sie hervorgingen, endgültig gelöst und der Betrag seiner Forderung dergestalt endgültig festgestellt war, daß nur Ansprüche, die unter die Hypothek fallen konnten, nicht entstehen könnten (Rsp. 4 S. 194, 377; Annalen 23 S. 140, 177; Recht 1902 S. 33; Turnau-Förster 1 S. 764, 688). Eine solche endgültige Feststellung der Forderung des X. ist in seiner einseitigen, vom Schuldner nicht akzeptierten und deshalb nicht bindenden Erklärung im Versteigerungstermine nicht zu erblicken. Diese Erklärung hatte nur, wenn man den Zitaten a. O. folgt, die zweifelsfreie Bedeutung, darauf hinzuweisen, daß hier ein Fall des § 50 Abs. 2[1] ZwVG. vorlag und daß in Aussicht stand, daß der Ersteher, weil er voraussichtlich in der Lage war, die Sicherungshypothek des X. um eine hinter ihrem Nennbetrage zurückbleibende Geldsumme als Eigentümergrundschuld zu erwerben, eine entsprechende Zuzahlung oder Ersatzzahlung zu leisten hatte, die gleich dem übrigen Versteigerungserlöse unter die Realberechtigten zu verteilen war. Die protokollarische Hervorhebung der Thatsache, daß die Ansprüche des X. hinter dem für ihn eingetragenen Höchstbetrage zurückblieben, hatte daher an sich einen guten Sinn. Insbesondere war es durchaus berechtigt, den Hinweis darauf an der Stelle zu wiederholen, wo die bestehenbleibenden Rechte aufgezählt wurden. Wollte man aber selbst in der von X. abgegebenen Erklärung einer Feststellung seiner Ansprüche auf den Betrag von 8313 Mark im Sinne des § 1190 BGB. und des § 14 ZwVG. erblicken, so würde doch hieraus nicht zu folgern sein, daß sich dadurch die hypothekarische Belastung auf 8313 Mark herabgemindert habe und nach Höhe von 1687 Mark weggefallen sei. Vielmehr würde man deshalb anzunehmen haben, daß sich die Hypothek in Ansehung des nicht valutierten Teiles nach § 1163[1] BGB. in eine Eigentümergrundschuld des Subhastaten verwandelt habe, deren Vertretung dem Ersteher gleichfalls obgelegen haben würde.

Zu dem gleichen Ergebnis führt eine andere Meinung (vgl. Endemann 2 S. 524; Oberneck S. 689; Planck, Bem. 4 zu § 1190, wohl auch Staudinger, Bem. 2[b] zu § 1190). Nach dieser steht die Höchsthypothek, wenn sie für künftige Forderungen bestellt und eingetragen worden ist, nach

§ 1163 Satz 1 zunächst dem Eigentümer zu und verwandelt sich erst in dem Maße, wie jene Forderungen zur Entstehung gelangen, in eine Sicherungshypothek für den Gläubiger. Nur hat der Eigentümer — diese Beschränkung wird man hinzufügen müssen — von vornherein und vor der Feststellung des Betrages der Forderung in dem oben dargelegten Sinne den Berichtigungsanspruch nach § 894 BGB. gegenüber dem eingetragenen Gläubiger nicht. Hätte nun vorliegend die Forderung des X. den Betrag von 8313 Mark niemals überstiegen, so würde die Höchsthypothek wegen des überschießenden Betrages von 1687 Mark dem Eigentümer (Subhastaten) verblieben sein. Für den Ersteher wirkten daher die für X. eingetragenen 10000 Mark unter allen Umständen als eine Belastung von 10000 Mark. Zweifelhaft konnte höchstens sein, ob er einmal diese 10000 Mark in vollem Betrage an X. oder teilweise an diesen, teilweise an den Subhastaten zu zahlen oder ob er, soweit seine Zahlungspflicht gegenüber X. nicht bestand, Ersatzzahlung gemäß §§ 50, 125 ZwVG. zu leisten habe. Hieraus folgt zweierlei.

Wenn der Kläger dadurch zu Schaden gekommen ist, daß er ein zu hohes Bargebot abgegeben hat, weil er irrtümlich die bestehenbleibenden Oblasten zu niedrig eingeschätzt hatte, so konnte er diesen Schaden nicht durch sofortige Beschwerde gegen den Zuschlagsbeschluß abwenden oder beseitigen. Dieser Beschluß schlägt ihm das Grundstück unter keinen anderen Bedingungen zu, als es ausgeboten ist und schließt sich durchaus an das vom Kläger abgegebene Höchstgebot an. Der Fall, daß der Zuschlag unter anderen, als den der Versteigerung zu Grunde gelegten Bedingungen erteilt ist (§ 100¹ ZwVG.), liegt also nicht vor. Ob der Kläger etwa gemäß §§ 100¹, 81¹, 71¹ ZwVG. die Anfechtung des Zuschlages darauf würde haben führen können, daß er sich über die Tragweite seines Gebotes, mithin über den Inhalt seiner Erklärung (§ 119 BGB.) geirrt habe, wenigstens nachdem er deshalb gemäß §§ 121, 142, 143 BGB. die Anfechtung seines Gebotes erklärt hätte, ist zweifelhaft, braucht aber nicht entschieden zu werden. Denn wie hier die Sache liegt, ist er über seinen Irrtum zeitigstens durch den Teilungsplan aufgeklärt worden. Zu dieser Zeit aber war der Zuschlagsbeschluß rechtskräftig und damit der Anfechtung durch Beschwerde entzogen. — Ebensowenig hätte er den Schaden durch sofortige Beschwerde oder Widerspruch gegen den Teilungsplan beseitigen können. Ganz abgesehen davon, daß der Ersteher als solcher überhaupt kein Widerspruchsrecht hat, wird ihm durch den Teilungsplan nicht ein größeres Maß von Verbindlichkeiten angesonnen, als es nach dem Inhalte des Versteigerungsprotokolles und des Zuschlagsbeschlusses gerechtfertigt ist. ...

Der Irrtum des Klägers, indem er die bestehenbleibenden Rechte zu niedrig veranschlagte, sowie ein um 1687 Mark zu hohes Bargebot abgab und der ihn zur Einzahlung dieses Mehrbetrages in die Teilungsmasse bestimmte, ist ausschließlich durch die unrichtigen Erläuterungen veranlaßt worden, die der Versteigerungsrichter zu dem von ihm festgestellten geringsten Gebote und den Versteigerungsbedingungen gegeben hat. Er wurzelt also in einem Verhalten, das dieser in Ausübung des ihm übertragenen öffentlichen Amtes als Versteigerungsrichter bethätigt hat. Nun kann sicher nicht jede falsche Rechtsauffassung, die ein Richter bei der Ausübung seines Amtes zur Geltung bringt, ihm als eine Fahrlässigkeit, geschweige denn als eine grobe Fahrlässigkeit angerechnet werden. Ob das zu geschehen hat, muß stets nach den besonderen Verhältnissen des Einzelfalles entschieden werden. Eine Verschuldung wird regelmäßig zu verneinen sein, wenn er beispielsweise einer auch sonst in der Litteratur oder Rechtsprechung verteidigten Rechtsmeinung folgt (Entsch. d. RG. 42 S. 326) oder wenn er bei sonst sorgfältiger Erwägung einer Rechtsfrage über die Bedeutung und Tragweite eines Rechtssatzes sich irrt und wenn er mit Unrecht einen Rechtssatz auf einen gegebenen Thatbestand anwendet oder nicht anwendet, vorausgesetzt, daß es sich nicht um Rechtsfragen handelt, in betreff deren eine Meinungsverschiedenheit kaum denkbar ist (Entsch. d. RG. 40 S. 204). Das aber muß von jedem richterlichen Beamten verlangt werden, daß er die wichtigsten und gebräuchlichsten Rechtsbegriffe richtig erfaßt hat und richtig zu handhaben versteht. Das erfordert gebieterisch das richterliche Amt, das er ohne solche Kenntnisse und ohne solches Verständnis ohne Nachteil für die Allgemeinheit nicht auszuüben vermag (Annalen 19 S. 445). Amtspflicht jedes richterlichen Beamten ist es daher, auch bei einer Veränderung der Gesetzgebung sich rechtzeitig die für die Ausübung seines Amtes unentbehrliche Kenntnis der neuen Gesetze zu verschaffen. ...

Die Voraussetzungen der Haftung des Staates für Schadensersatz bestimmen sich in einem Falle, wie dem vorliegenden, nicht nach §§ 31, 89, 278 BGB., da diese nur die Haftung des Staates für seine privatrechtlichen Vertreter betreffen, auch nicht nach § 839 BGB., der von der Haftung des Staates überhaupt nicht handelt, sondern nach den öffentlich-rechtlichen Vorschriften des sächsischen Rechtes, die auch nach dem Inkrafttreten des BGB. unverändert fortgelten (Art. 77 EG. z. BGB). In Sachsen gilt der sich insbesondere an das Reskript v. 18. Oktober 1796 und v. 20. Juni 1817 § 15 anschließende gewohnheitsrechtliche Satz, daß der Staat für die bei der Ausübung der amtlichen Funktionen seiner Angestellten vorgekommenen widerrechtlichen Handlungen der Letzteren dem Verletzten unmittelbar zu haften hat (Annalen 6 S. 538). Dieses Gewohnheitsrecht hat sich in einer Zeit entwickelt, wo der Beamte nur für den durch Vorsatz oder grobe Fahrlässigkeit verursachten Schaden haftete. Durch § 839 BGB. ist die Haftung des Beamten auch für geringe Fahrlässigkeit eingeführt worden, und es mag immerhin zweifelhaft sein, ob deshalb die Haftung des sächsischen Staatsfiskus auch dann schon begründet wäre, wenn dem schuldigen Beamten nur eine geringe Fahrlässigkeit zur Last fiele. Hier aber beruht der Schaden des Klägers (wie ausgeführt wird) auf grober Nachlässigkeit des Richters. Dr. v. F.

## 42

**a) Ein auf Beschwerde bewilligter Antrag auf Konkurseröffnung kann bis zur Rechtskraft letzteren Beschlusses einseitig vom Gläubiger zurückgenommen werden.**[1]

OLG. Colmar, III. CS. Beschluß v. 6. Mai 1902.

Unter der Herrschaft der früheren KO. wurde mehrfach die Meinung vertreten, daß, wenn einmal die Konkurseröffnung beschlossen sei, der bezügliche Antrag nicht mehr wirksam zurückgezogen werden könne (vgl. Wilmowski Note 6 zu § 97 und Note 2 zu § 101; ferner Motive zur KO. S. 329). Nach der gegenwärtigen Gesetzgebung aber kommt in Betracht, daß nach § 74 Satz 1 KO. die Entscheidung des Beschwerdegerichtes erst mit der Rechtskraft derselben wirksam wird. War daher, wie hier, der Antrag auf Konkurseröffnung vom Amtsgerichte abgelehnt, ihm aber vom Landgerichte stattgegeben worden, so kann diese letztere vor dem Eintritt der Rechtskraft wirkungslose Entscheidung nicht der Zurücknahme des vom Gläubiger gestellten Antrages entgegenstehen und zwar auch dann nicht, wenn bereits vom Gemeinschuldner weitere Beschwerde eingelegt worden ist, vorausgesetzt wenigstens, daß das Beschwerdegericht nicht die sofortige Wirksamkeit angeordnet hat (§ 74 Satz 2 KO.), was hier nicht der Fall ist (vgl. auch Jäger Anm. 1 zu § 74 und Anm. 3 zu § 103 KO.). Hiernach war die weitere Beschwerde für erledigt zu erklären und das Konkursverfahren aufzuheben. . . . Frdth.

**b) Der ausschließliche Gerichtsstand des § 146² KO. gilt nicht für Klagen auf Feststellung von Absonderungsrechten.**

OLG. Zweibrücken, II. CS. Urteil v. 9. Oktober 1901.

A. hatte für X. Waren als Kommissionär auf Lager genommen. X. geriet in Konkurs, worauf die Ware im Einverständnisse mit dem Verwalter versteigert und der Erlös hinterlegt wurde. Als A. seine Forderung aus Kommissionsgeschäften mit abgesonderter Befriedigung zur Tabelle anmeldete, bestritt sie der Verwalter, und klagte sodann im Gerichtsstande des Wohnsitzes des A. auf Herausgabe des Erlöses. A. erhob Widerklage auf Feststellung seiner Berechtigung, aus dem Erlöse 5176 Mark zu beziehen. Kläger bekämpfte die Widerklage wegen Unzuständigkeit. Das Landgericht wies ab, das Berufungsgericht wies in die erste Instanz zurück. Gründe:

Macht ein Absonderungsberechtigter seinen Anspruch geltend, so hat ihm der Verwalter an Stelle des Gemeinschuldners Befriedigung aus der Masse nach dem Umfange seiner Rechte zu gestatten, wie wenn ein Konkursverfahren überhaupt nicht anhängig wäre. Wird der Anspruch bestritten, so kann der Berechtigte gegen den Verwalter auf Feststellung klagen. Daß die Feststellung auch im Wege der Einrede oder Widerklage erfolgen kann, erkennt Kläger an. Maßgebend für den Umfang und Inhalt der Absonderungsrechte ist das bürgerliche Recht, während die Form der Geltendmachung und die Zuständigkeit sich nach den allgemeinen Bestimmungen der CPO. und des GVG.

[1] Anders Rsp. 4 S. 172.

zu richten haben. Obwohl damit die Absonderungsrechte prinzipiell aus dem Konkursverfahren ausgeschieden sind, ist doch gemäß § 64 KO. ein Gläubiger, welcher abgesonderte Befriedigung beansprucht, auch befugt, die Forderung, wenn der Gemeinschuldner auch persönlich für sie haftet, zur Konkursmasse geltend zu machen, kann aber aus derselben nur für den Betrag verhältnismäßige Befriedigung verlangen, zu welchem er auf abgesonderte Befriedigung verzichtet oder mit welchem er bei der letzteren ausgefallen ist. Es findet daher, wenn der Gläubiger seine Forderung an den Gemeinschuldner gemäß § 64 zur Konkursmasse angemeldet hat, darauf auch das in den §§ 138 ff. KO. geregelte Feststellungsverfahren mit allen gesetzlichen Wirkungen der Feststellung Anwendung, und zwar für den ganzen Betrag der angemeldeten und festgestellten Forderung, auch soweit diese durch das Objekt des Absonderungsrechtes gedeckt wird (Entsch. d. RG. 22 S. 154).

Kläger meint, daß dieses Feststellungsverfahren auch dann durchgeführt werden müsse, wenn der Gläubiger seine Absonderungsansprüche verfolge, weil durch die Anmeldung eine Art Rechtshängigkeit eintrete. Der Hinweis auf die Rechtshängigkeit ist jedoch schon deshalb verfehlt, weil das Konkursgericht selbst zur Entscheidung nicht berufen ist. Im übrigen bezieht sich nach § 138 KO. das im vierten Titel des zweiten Buches geregelte Verfahren lediglich auf Konkursforderungen, d. h. auf solche Forderungen, für welche gemeinschaftliche Befriedigung aus der Konkursmasse begehrt werden kann. Nur hierfür ist die Feststellung der Schuldenmasse, hinsichtlich welcher deshalb nicht bloß dem Verwalter, sondern auch allen Konkursgläubigern ein Widerspruchsrecht eingeräumt ist, von Bedeutung. Durch die Anmeldung im Konkurse nimmt nun die Forderung des Absonderungsberechtigten ebenfalls die Eigenschaft einer Konkursforderung an. Sie ist daher dem Feststellungsverfahren auch nur deshalb unterworfen, weil der Gläubiger mit der Anmeldung den gleichen Zweck, in der durch den Schlußsatz des § 64 gegebenen Begrenzung, wie die übrigen Konkursgläubiger verfolgt. Die mit dem Eintrage in die Tabelle verbundene Wirkung muß demnach, wie bei jeder gewöhnlichen Konkursforderung, auf das Konkursverfahren beschränkt bleiben, zumal das Gesetz selbst keine Handhabe dafür bietet, daß sich jene in den Fällen des § 64 darüber hinaus auch auf das Absonderungsrecht des Gläubigers erstrecke. Die erwähnte Entscheidung des Reichsgerichtes, nach welcher die Forderung des Absonderungsberechtigten nicht bloß für den Ausfall, sondern für den ganzen Betrag festgestellt wird, enthält kein Argument für das Gegenteil, indem darin gerade die Anmeldung zur Konkursmasse zum Zwecke der verhältnismäßigen Befriedigung hieraus betont ist und aus den übrigen Darlegungen hervorgeht, daß in dem zur Entscheidung gestandenen Falle das Absonderungsrecht gar nicht bestritten war. Hierzu dürfte auch noch darauf hinzuweisen sein, daß, wie unbestritten Rechtens, durch das konkursmäßige Verfahren nur die persönliche Forderung eines Gläubigers und ein etwa geltend gemachtes Vorrecht im Sinne des § 61 KO., nicht jedoch ein etwa in Anspruch genommenes Absonderungsrecht festgestellt wird, und daß immerhin Fälle möglich sind, in welchen, obwohl die persönliche Forderung unwidersprochen blieb, das nachträglich geltend gemachte, im Feststellungsverfahren gar nicht berührte Absonderungsrecht für einen Teilbetrag bestritten wird. Daß dem Absonderungsberechtigten dem gegenüber der Eintrag in die Tabelle zur Seite steht, wird nicht behauptet werden können (vgl. Seuffert 54 Nr. 132).

Kläger vermag aber mit seinem Einwande auch aus einem weiteren Grunde nicht durchzudringen. In § 146² ist allerdings für Klagen auf Feststellung von Konkursforderungen, welche zur Zuständigkeit der Amtsgerichte nicht gehören, das Landgericht ausschließlich zuständig erklärt, zu dessen Bezirk der Bezirk des Konkursgerichtes gehört. Allein den Gläubigern streitig gebliebener Forderungen ist es ganz überlassen, ob sie die Feststellung gegen die Bestreitenden betreiben wollen oder nicht, und es trifft sie im Säumnisfalle nur der Nachteil der Nichtberücksichtigung bei der vorzunehmenden Verteilung. Gleiches gilt für die Fälle des § 64 (vgl. § 141, 152). Wenn es sonach überhaupt an einem Zwange zur Feststellung von Konkursforderungen fehlt, so kann der Verwalter noch weniger berechtigt sein, die Nichtfeststellung als unterlassene Vorbedingung dem Gläubiger entgegenzuhalten, welcher seine Ansprüche außerhalb des Konkursverfahrens nur auf sein in Anspruch genommenes Absonderungsrecht stützt. Hier hat der Verwalter die angemeldete Forderung des Beklagten nebst dem Absonderungsrechte vollständig bestritten und diesen Standpunkt auch in der Klage noch eingenommen. Die Anmeldung erfolgte wegen des etwaigen Ausfalles. Dem Beklagten blieben daher seine Absonderungsansprüche vollständig gewahrt. Lediglich auf Grund dieser tritt er dem Begehren des Klägers auf Überlassung des Erlöses entgegen. Dadurch, daß der Kläger nur die Höhe der Forderung des Beklagten bestreitet, wird bei der Untrennbarkeit von Forderung und Pfandrecht an der rechtlichen Natur des Widerklageanspruches nichts geändert. Der Beklagte erscheint berechtigt, sein Recht auf abgesonderte Befriedigung auch in diesem allein bekämpften Umfange vor dem durch den Kläger angerufenen Gerichte feststellen zu lassen. Dr. K.

c) **Berichtigungsverfahren im Konkurse hinsichtlich einer festgestellten Konkursforderung. KO. §§ 145, 164.**

OLG. Stuttgart, I. CS. Beschluß v. 27. Mai 1902.

Nach Abhaltung des Prüfungstermines hat der Gemeinschuldner in Bezug auf eine dort festgestellte Konkursforderung beantragt, nachträglich in die Tabelle einzutragen, daß er im Prüfungstermine diese Forderung bestritten habe. Das Konkursgericht hat die Berichtigung eingetragen. Auf die Beschwerde des Konkursgläubigers ist dieses Verfahren aufgehoben worden. Aus den Gründen:

Da das im Prüfungstermine nach der Erörterung einer jeden Forderung gemäß § 145 KO. vom Konkursrichter festzustellende Ergebnis dieser Erörterung nach der Eintragung in die Tabelle rücksichtlich der festgestellten Forderungen nicht bloß gegenüber allen Konkursgläubigern, sondern, wenn der Gemeinschuldner der Forderung vor deren Feststellung im Prüfungstermine nicht ausdrücklich widersprochen hat, auch gegenüber dem Gemeinschuldner als rechtskräftiges Urteil (zudem gegen den letzteren, nach Aufhebung des Konkursverfahrens, auch als Vollstreckungstitel) gilt (§ 164 Abs. 2 und hierzu JW. 1897 S. 110[20]), so enthält der vom Konkursgericht vollzogene Eintrag in die Tabelle nicht bloß die gerichtliche Beurkundung eines thatsächlichen Vorganges, sondern zugleich die gerichtliche Bewilligung des Eintrages, d. h. die Entscheidung, daß die Forderung nach dem Ergebnis ihrer Erörterung im Termine als anerkannt („festgestellt") oder aber widersprochen zu erachten sei, und ist an das hiermit festgestellte Ergebnis der Prüfung, mit anderen Worten an die hierin enthaltene Entscheidung auch das Konkursgericht selbst gebunden, sobald das Prüfungsprotokoll durch seine Beurkundung abgeschlossen und zu den Akten gebracht ist (Arg. § 318 CPO., § 72 KO.). Der Umstand, daß vorliegend die Tabelle vor ihrer Berichtigung von einem Widerspruch des Gemeinschuldners gegen diese Forderung nichts enthalten hat, ergab nicht etwa eine Ungewißheit darüber, ob ein solcher Widerspruch erfolgt sei oder nicht; vielmehr ist, da das gerichtliche Protokoll alles Wesentliche des durch dasselbe zu beurkundenden Inhaltes vollständig enthalten soll und regelmäßig auch enthält, die Annahme gerechtfertigt, daß was im Protokoll nicht angegeben, auch nicht geschehen sei, daß mit anderen Worten das Protokoll auch seinen negativen Inhalt beweise. Da nun ein etwaiger Widerspruch des Gemeinschuldners gegen eine angemeldete Forderung, wenn er im Prüfungstermine vor Feststellung des Prüfungsergebnisses zu dieser Forderung ausdrücklich erklärt ist, vermöge seiner aus § 164² KO. sich ergebenden rechtlichen Bedeutung im Protokolle oder in der Tabelle notwendig zu vermerken ist, folgt aus dem angeführten Satze, daß die Tabelle in ihrem Zustande vor der Berichtigung ergeben hat, daß der Gemeinschuldner gegen die Forderung des X. Widerspruch nicht erhoben habe, und die gerichtliche Beurkundung dieser negativen Thatsache läßt zugleich, nach dem oben Ausgeführten, die Feststellung erkennen, daß ein solcher Widerspruch nicht erhoben sei; es war deshalb auch an diese Feststellung das Konkursgericht den Beteiligten gegenüber gebunden, nachdem das Protokoll und die Tabelle abgeschlossen zu den Konkursakten gebracht und der Inhalt der Tabelle den Beteiligten durch Zustellung von Auszügen aus der Tabelle eröffnet worden war.

Wenn es nun richtig ist — wessen der Konkursrichter sich zu erinnern erklärt hat —, daß der Gemeinschuldner im Prüfungstermine Widerspruch gegen die fragliche Forderung in der That (rechtzeitig) erhoben hat, so ist die eben erwähnte Beurkundung objektiv unrichtig und die entsprechende Feststellung der Anfechtung ausgesetzt. Dies allein begründet jedoch noch nicht die Befugnis des Konkursgerichtes, seine Feststellung, an welche es gebunden ist, ohne weiteres zurückzunehmen und seine frühere Beurkundung durch Beurkundung des Gegenteiles aufzuheben; vielmehr muß ihm diese Befugnis durch besondere Gesetzesbestimmung eingeräumt und deren thatsächliche Voraussetzung gegeben sein. Die in Lehre und Rechtsprechung auf die Berichtigung der Tabelle und des Prüfungsterminsprotokolles unbedenklich als entsprechend anwendbar erachtete Bestimmung der CPO. § 319, wonach „Schreibfehler, Rechnungsfehler und ähnliche offenbare Unrichtigkeiten" im Urteil jederzeit vom Gericht auch von Amts wegen zu berichtigen sind, kann hier nicht zur Anwendung kommen, weil die hier in Frage stehende Unrichtigkeit der Feststellung, nach der ihr innewohnenden oben hervorgehobenen rechtlichen Bedeutung, mit der bloßen Unrichtigkeit einer Schreibung oder Berechnung nicht verglichen werden kann. Dagegen steht kein ernstliches Bedenken im Wege, dem für Fälle der vorliegenden Art ganz unzweifelhaft vorhandenen Rechtsbedürfnis dadurch zu genügen, daß die Bestimmung der CPO. § 320[1] gemäß KO. § 72 insoweit als die besondere Natur des Konkursverfahrens dies zuläßt, sinngemäß angewendet wird, wonach, wenn der Thatbestand eines Urteiles „Unrichtigkeiten, welche nicht unter § 319 fallen, Berichtigung (von der Partei) beantragt werden kann." Denn der Thatbestand eines rechtskraftfähigen Urteiles im Civilprozesse enthält gleichfalls nicht ein bloßes Gerichtszeugnis darüber, daß bestimmte Behauptungen aufgestellt und gewisse Zeugenaussagen abgegeben seien, sondern zugleich die gerichtliche Feststellung dieser Thatsachen als Grundlage ihrer rechtlichen Beurteilung, welche Grundlage, obwohl nach § 314 CPO. vollen, nur durch das Sitzungsprotokoll zu entkräftenden Beweis liefernd, also an sich unabänderlich, gleichwohl auf Antrag der Partei dem Berichtigungsverfahren des § 320 unterworfen sein soll. Der entsprechenden Anwendung dieses § 320 auf die Berichtigung der Tabelle steht auch § 164 CPO. nicht entgegen, wonach „die Beobachtung der für die mündliche Verhandlung vorgeschriebenen Förmlichkeiten nur durch das Protokoll bewiesen werden kann" und dieses insoweit bloß durch den Nachweis wissentlicher Fälschung zu entkräften ist, — da das Konkursverfahren eine „mündliche Verhandlung" d. h. die obligatorische mündliche Verhandlung vor dem erkennenden Gericht überhaupt nicht kennt, und jedenfalls nach Ausweis der Motive und der übereinstimmenden Ansicht der Ausleger zu den in § 164 erwähnten „für die mündliche Verhandlung vorgeschriebenen Förmlichkeiten des Protokolles" die in § 160 Abs. 2 Nr. 1 u. 2 genannten Angaben (Anträge und Erklärungen der Parteien) nicht gehören, während vorliegend gerade die Erklärung eines Beteiligten (des Gemeinschuldners) in Frage steht. — Von entsprechender Anwendung der in Abs. 1 u. 2 § 320 enthaltenen Befristung des Berichtigungsantrages und der in Abs. 3 vorgeschriebenen Form dieses Antrages kann im Konkursverfahren schon deshalb keine Rede sein, weil dieses weder die Einrichtung des Aushanges des Urteilsverzeichnisses kennt, noch eine mündliche Verhandlung im eigentlichen Sinne des Civilprozesses — als Verhandlung über einen durch Klage oder Widerklage erhobenen Anspruch vor dem erkennenden Gerichte — enthält. Dagegen ist es für eine im Sinne des § 320 entsprechende Anwendung desselben unumgänglich, daß vor der Beschlußfassung über den Berichtigungsantrag der Gegner des Antragstellers gehört werde, und erscheint es dem Wesen des Konkursverfahrens entsprechend, daß dies mittels Anordnung einer mündlichen Verhandlung im weiteren Sinne (sog. fakultative mündliche Verhandlung) geschehe, zu welcher der Antragsteller (hier der Gemeinschuldner) den Gegner (den Konkursgläubiger, sowie den Verwalter) zu laden hat.

Selbstverständlich ist, daß den Gegenstand dieser Verhandlung ausschließlich die Richtigstellung des die betreffende Forderung behandelnden Eintrages der Tabelle bezüglich eines vom Gemeinschuldner gegen die Forderung erhobenen Widerspruchs bildet, und daß deshalb auch die Erörterungen der Beteiligten auf die Frage sich zu beschränken haben, ob und welche — ausdrückliche — Erklärung auf diese Forderung der Gemeinschuldner bei ihrer Erörterung in dem früheren Prüfungstermine und zwar vor deren Abschluß durch Feststellung ihres Ergebnisses — abgegeben habe. In das über diese Verhandlung im Termine selbst (nicht erst nachträglich) zu errichtende Protokoll sind die Erklärungen der Beteiligten aufzunehmen, den Beteiligten vorzulesen oder zur Durchsicht vorzulegen und daß solches geschehen, sowie daß die Genehmigung erfolgt oder welche Einwendungen erhoben seien, im Protokolle selbst zu vermerken (CPO. § 162). Auf Grund dieser Verhandlung hat das Konkursgericht ohne vorgängige Beweisaufnahme (CPO. § 320[4]) über den Berichtigungsantrag zu beschließen und diesen Beschluß, welcher der Anfechtung entzogen ist, zu verkünden (CPO. § 329[1]) und, sofern er nicht auf Abweisung des Antrages geht, demnächst durch Beifügung der Berichtigung in der Tabelle und Beurkundung derselben zu vollziehen. Welche Beweis- und welche Rechtswirkung einer so erfolgten Berichtigung des Prüfungsprotokolles oder der Tabelle zukomme, ist nicht hier zu erörtern.

Sofern nun das Konkursgericht ohne Einhaltung dieses Verfahrens, insbesondere ohne Gehör des Gegners und ohne mündliche Verhandlung die Berichtigung der Tabelle beschlossen hat, entbehrt dieser Beschluß der gesetzlichen Grundlage und ist deshalb samt dem hierauf gebauten Beschwerdeverfahren, in entsprechender Anwendung von CPO. § 539 aufzuheben und dem Konkursgerichte aufzugeben, über den Berichtigungsantrag des Gemeinschuldners unter Beobachtung des im vorstehenden bezeichneten Verfahrens zu entscheiden.

H.

## 43

**a) Kann ein von der Justizverwaltung einem Anwalt als Vertreter bestellter Referendar in dieser seiner Eigenschaft auch einen anderen Anwalt desselben Gerichtes vertreten? RAO. § 25.**

Kammergericht, IX. CS. Urteil v. 7. Januar 1902.

Die rechtzeitig zugestellte Berufungsschrift der Beklagten ist unterzeichnet: „X., Rechtsanwalt am Kammergericht, vertreten durch den Rechtsanwalt Y.; letzterer vertreten durch seinen amtlich bestellten Vertreter Referendar N." Kläger meint, der dem beim Berufungsgerichte zugelassenen Rechtsanwalte von der Justizverwaltung gemäß § 25 RAO. in der Person eines im Vorbereitungsdienste mindestens zwei Jahre beschäftigten Rechtskundigen bestellte Stellvertreter sei nach demselben § 25 nicht befugt, an Stelle eines anderen beim Berufungsgerichte zugelassenen Rechtsanwaltes, welcher den Rechtsanwalt, zu dessen Stellvertreter er bestellt sei, sich zu seinem Vertreter erwählt und bestellt gehabt habe, die lediglich mit Hilfe eines beim Berufungsgerichte zugelassenen Rechtsanwaltes einzureichende Berufungsschrift zu vollziehen und damit in dessen Namen in gesetzlich erlaubter Weise wirksam Berufung einzulegen. Der Kläger legt aber den § 25 zu eng aus. Die Justizverwaltung bestellt dem zeitweise behinderten Rechtsanwalte in der Person eines anderen Rechtskundigen, der auch ein, sonst nur an einem anderen Gerichte zugelassener Rechtsanwalt sein kann, einen Stellvertreter zur Ausübung seines Berufes, an der er behindert ist. Zur Ausübung dieses Berufes eines Rechtsanwaltes gehört aber nach § 25 auch die freiwillige Übernahme der Stellvertretung eines anderen, bei demselben Gerichte zugelassenen Rechtsanwaltes. Die Bestellung des Stellvertreters eines Rechtsanwaltes durch die Justizverwaltung erstreckt sich daher auch mit auf die Befugnis des ihrerseits bestellten Stellvertreters zur freiwilligen Übernahme einer Vertretung eines anderen bei demselben Gerichte zugelassenen Rechtsanwaltes im Namen des von ihm auf Anordnung der Justizverwaltung vertretenen Rechtsanwaltes und an dessen Stelle.[1] Dr. Br.

b) **Rechtsanwaltsordnung § 33.**

OLG. Rostock, I. CS. Beschluß v. 9. Juli 1901.

Durch den angefochtenen Beschluß des Landgerichtes zu N. ist die Beiordnung eines Rechtsanwaltes nach § 33 RAO. abgelehnt, weil nicht vorlag, daß auch die außerhalb des Gerichtssitzes wohnenden bei dem Landgerichte zugelassenen Rechtsanwälte die Übernahme der Vertretung abgelehnt hatten. Der Beschwerde ist Folge gegeben. Aus den Gründen:

Wie durch die mit dem Antrage überreichten Schreiben glaubhaft gemacht wird, hat der Beschwerdeführer fast sämtlichen in N. wohnenden Rechtsanwälten vergeblich seine Vertretung angeboten. Damit hat er genug gethan, sich einen Vertreter zu beschaffen, und es darf ihm insbesondere schon wegen der entstehenden, nach § 18 Abs. 5 RAO. von der Gegenseite nicht zu erstattenden Mehrkosten nicht angesonnen werden, sich für die Führung eines bei dem Landgerichte zu N. anhängig zu machenden Rechtsstreites nach einem bei diesem Gerichte zwar zugelassenen, aber am Sitze desselben nicht wohnenden Vertreter umzusehen. S.

[1] Nichterwähnung der Vertretereigenschaft: JW. 1902 S. 420 Nr. 8.

c) **Der Umstand, daß zwischen dem zum Armenanwalt Ernannten und der armen Partei ein Rechtsstreit anhängig ist, berechtigt den Anwalt nicht, die Beiordnung abzulehnen. § 36 RAO.**

OLG. Dresden, I. CS. Beschluß v. 23. Dezember 1901.

Der Rechtsanwalt A. hatte die ihm erteilte Vollmacht niedergelegt und seine Gebührenforderung gegen seinen Mandanten eingeklagt. Das Landgericht gab dem Gesuch seines bisherigen Mandanten um Bewilligung des Armenrechtes statt und bestellte den Rechtsanwalt A. anderweit als Armenanwalt. Die von A. hiergegen eingelegte Beschwerde wurde zurückgewiesen, „da der Umstand, daß ein Anwalt seine Vollmacht niederlegt und alsbald zur Einklagung seiner Gebührenforderung vorschreitet, wenigstens so lange, als Einwendungen von der dadurch betroffenen Partei nicht erhoben werden, keine Veranlassung bietet, bei der inzwischen erforderlich gewordenen Bestellung eines Armenanwaltes von seiner Person abzusehen und die Vertretung einem anderen Anwalt zu übertragen". Dr. W.

---

## 44

a) **Anwendung der „Hamburger Norm".[1] GebO. für Zeugen § 4.**

OLG. Karlsruhe, I. CS. Beschluß v. 21. September 1901.

Der III. CS. des OLG. und ähnlich der II. CS. (Bad. Rechtspraxis 1900 S. 63 [12] und S. 268 [62]) haben sich bereits dahin ausgesprochen, daß bei schwierigen Untersuchungen die Hamburger Norm im Sinne des § 54 GebO. als Vergütungsmaßstab des „üblichen Preises" für die Leistung des sachverständigen Architekten gelten kann. Auch der I. CS. tritt dieser Ansicht bei, wonach die Zeitstunde nicht, wie nach § 3 GebO. mit 2, sondern mit 4 Mark (§ 8 [1] der Norm) zu berechnen ist. Dr. E.

b) Kammergericht, V. CS. Beschluß v. 9. April 1902.

Nach § 4 Geb.O. hat das Gericht, wenn es eine Sachprüfung für schwierig erachtet, den üblichen Preis zu ermitteln und darf ihn, falls er die im § 3 bestimmten Vergütungssätze übersteigt, „für die aufgetragene Leistung", mithin nur für die schwierige Sachprüfung, nicht aber auch für die zur sachlichen Vorbereitung des Gutachtens erforderlichen Aufwendungen gewähren. Das LG. hat dagegen nicht geprüft, ob der beanspruchte Betrag von 5 Mark für die Stunde bei den hier fraglichen Untersuchungen üblich sei, sondern selbst die Vergütung auf 3 Mark geschätzt und diesen Satz andererseits auf die ganze Thätigkeit der Sachverständigen erstreckt, dadurch aber den § 4 verletzt... Der Sachverständige kann nur für die Untersuchung und die dazu gebotenen Besichtigungen den üblichen Preis berechnen, dagegen für die

---

[1] Ebenso hat das Kammergericht, XIII. CS. im Urteil vom 1. Juli 1901 — bestätigt vom RG. am 25. Januar 1902, VI 342 — angenommen, daß für ein mit Sachkenntnis aufgestelltes Bauprojekt, zu welchem die geistige, schöpferische Thätigkeit des Architekten und Ingenieurs gehört, die in der Hamburger Norm aufgeführten Ansätze eine angemessene Vergütung bilden.

Terminsmitteilungen, frustrierte Besichtigungstermine, Durchsicht der Akten keinen höheren Satz als 2 Mark nach § 3 ansetzen . . . B. M.

c) **Verjährung des Anspruches auf Ersatz barer Auslagen eines Zeugen. GebO. § 16.**

OLG. Cöln, V. CS. Beschluß v. 1. Mai 1902.

Der Gebührenanspruch eines Sachverständigen in Civilsachen hat im § 413 CPO. seine Grundlage, wonach ihm nach Maßgabe der Gebührenordnung eine Entschädigung für Zeitversäumnis, die Erstattung der ihm verursachten Kosten, sowie eine angemessene Vergütung seiner Mühewaltung zustehen. Die GebO. vom 30. Juni 1878/20. Mai 1898 ist daher für die weitere Bestimmung des Umfanges und der Geltendmachung der Gebührenforderung maßgebend. In den GKG., der GebO. für RA. sowie § 92² CPO. ist allerdings zwischen den gesetzlichen Gebühren und den Auslagen unterschieden; hieraus folgt aber nicht, daß die Unterscheidung auch für die GebO. vom 30. Juni 1878 Platz greift. Der Begriff der Gebühren für dieses Gesetz ist aus dessen Gesamtinhalte selbständig zu bestimmen. Schon die Überschrift des Gesetzes weist darauf hin, daß unter dem Ausdruck „Gebühren" die gesamte Vergütung, die den Zeugen und Sachverständigen zusteht, zusammengefaßt ist. Wenn § 1 sodann bestimmt: In den vor die ordentlichen Gerichte gehörigen Rechtssachen erhalten die Zeugen und Sachverständigen Gebühren nach Maßgabe der folgenden Bestimmungen — so folgt hieraus auch unzweifelhaft, daß unter den Gebühren neben der Vergütung für die Leistungen, die nach §§ 6 flg. den Sachverständigen zu leistende Entschädigung für die Reise und den durch seine Abwesenheit vom Aufenthaltsorte verursachten Aufwand zu verstehen ist, und daß daher § 16 zugleich für die Geltendmachung dieser Entschädigung, also des gesamten Gebührenanspruches, Anwendung findet. Keine der Einzelbestimmungen unterscheidet zwischen Gebühren und Auslagen, und wenn der Vorderrichter glaubt, diese für andere Gesetze bestehende Unterscheidung in die GebO. vom 30. Juni 1878 hineintragen und für deren Auslegung verwerten zu können, so widerstreitet diese Auffassung dem klaren und bestimmten Wortlaute des Gesetzes. Sie widerstrebt auch dem Zwecke des § 16, den Abschluß der Kostenrechnungen für die Gerichte und Beteiligten zu erleichtern. M.

## 45

a) **Begriff der „Niederlassung". Die Replik der Arglist greift gegen die Einrede der Unzuständigkeit nicht durch. CPO. § 21.**

Kammergericht, VI. CS. Urteil v. 31. Mai 1901.

Der Begriff der „Niederlassung", welcher sowohl die Haupt- als auch die Zweigniederlassung umfaßt, erfordert die Errichtung einer nach außen erkennbaren Geschäftsstelle in der Absicht, dort einen zweiten geschäftlichen Wohnsitz als Mittelpunkt der davon ausgehenden, selbständig abzuschließenden Geschäfte zu begründen (Entsch. d. RG. 30 S. 379). Hier aber hat (der in

Charlottenburg wohnende) Beklagte in Berlin lediglich einen Raum einer Kellerwohnung in Benutzung, in welchem sein Gewerbegehilfe die schriftlichen Arbeiten besorgt und Anfragen von Schiffern und Verfrachtern entgegengenommen und beantwortet werden; selbständige Geschäfte werden von hier aus nicht abgeschlossen, vielmehr sucht Beklagter die Kunden selbst auf und läßt sich von ihnen Aufträge zur Verfrachtung von Waren durch die von ihm vertretene Schiffahrtsgesellschaft erteilen. Früher, als Beklagter noch in S. wohnte, hatte er das Bureau in seiner Wohnung. Erst später hat er lediglich zur Bequemlichkeit der Kunden das in Rede stehende Geschäftslokal in der Nähe des Spreeufers eingerichtet. Es handelt sich also nur um eine Hilfseinrichtung zur Förderung des Gewerbebetriebes, nicht um eine Niederlassung im Sinne des § 21 CPO. (vgl. Gruchot 33 S. 215). Allerdings ist Beklagter sowohl im Telephonverzeichnis als auch im Adreßkalender nur mit der Adresse dieser Geschäftsstelle vermerkt. Hierin liegt jedoch nur eine Kundgebung des Beklagten, daß telephonische und schriftliche Anfragen, insbesondere geschäftlicher Natur, dorthin gerichtet werden könnten und daß er dort anzutreffen sei, sie läßt das Geschäftslokal weder als Mittelpunkt der Lebensverhältnisse des Beklagten noch als einen solchen der darin selbständig abzuschließenden Geschäfte erscheinen.... Auch eine Absicht, das Publikum, insbesondere das gegen ihn Recht suchende, irrezuleiten und den Anschein zu erwecken, als ob er dort seine Wohnung habe, würde daraufhin nicht festgestellt werden können, umsoweniger, als er sich hätte sagen müssen, daß er derjenigen Person, der es daran gelegen wäre, seine Wohnung zu ermitteln, ein Leichtes wäre, festzustellen, daß er in Berlin nur einen Raum einer Kellerwohnung zu Geschäftszwecken in Benutzung habe, und daß er in Charlottenburg wohne. Er hatte auch diese Wohnung keineswegs verheimlicht, vielmehr hatte er sie nicht nur seinem Buchhalter, sondern auch dem Portier des Berliner Hauses mitgeteilt, und er war dort auch als wohnend in Charlottenburg gemeldet. Die Eintragung dieser Wohnung im Telephonverzeichnis und im Adreßkalender konnte für seine Lebensverhältnisse ihm sehr wohl als überflüssig und die Nichtveranlassung derselben der Kostenersparnis halber ihm sogar als zweckmäßig erscheinen, da es ihm in der Hauptsache nur daran liegen konnte, daß diejenigen, welche mit ihm in Geschäftsbeziehungen treten oder geschäftliche Rücksprachen nehmen wollten, die Stelle ersehen könnten, wo er oder bei seiner Abwesenheit sein Gewerbegehilfe zur Geschäftszeit anzutreffen wäre. Auch daß er im Adreßkalender nicht als Mieter in Charlottenburg aufgeführt ist und daß er sich nicht als Mieter angemeldet hat, läßt auf ein arglistiges Verhalten nicht schließen. Er konnte es sehr wohl als genügend ansehen, wenn er sich als im genannten Hause überhaupt wohnend anmelden ließ.

Aber auch wenn dem Beklagten ein arglistiges Verhalten zur Last fiele, wäre ihm dadurch nicht die Einrede der Unzuständigkeit entzogen. Denn hätte sich auch Klägerin durch dieses arglistige Verhalten verleiten lassen, die-

Klage bei dem Landgerichte I zu erheben, würde dieses Gericht nach den durch das Prozeßrecht hinsichtlich der Zuständigkeit geregelten Voraussetzungen doch immer unzuständig bleiben und der Grundsatz, „daß die Bethätigung gesetzlich unter bestimmten Voraussetzungen sanktionierter Schritte niemandem versagt werden darf, wenn jene gesetzlichen Voraussetzungen gegeben sind", würde dazu führen, daß Beklagter trotz seiner Arglist von dem ihm gesetzlich gewährten Verteidigungsmittel, die Unzuständigkeit des Gerichtes geltend zu machen, Gebrauch machen könnte (Entsch. d. RG. 16 S. 391, 393; 24 S. 422; 40 S. 410; JW. 1897 S. 80[10] betreffen anders geartete Fälle und stehen nicht entgegen). Höchstens könnte in Frage kommen, ob, wenn Klägerin nach Erhebung der Einrede die Klage zurückgenommen hätte, der Beklagte ihr wegen der entstandenen Kosten zufolge seiner Arglist schadensersatzpflichtig wäre. B.

b) **Über das Rechtsmittel der vom Nebenintervenienten unterstützten Partei kann ohne dessen Zuziehung verhandelt werden.**

OLG. Cöln. I. CS. Urteil v. 14. Juli 1902.

Obwohl keine Partei aus der nicht erfolgten Zuziehung der Nebenintervenientin in dieser Instanz einen Einwand erhoben hat, war doch zu prüfen, ob nicht mit Rücksicht auf § 71³ die Verhandlung der Sache von Amts wegen zu vertagen ist, um Gelegenheit zu geben, die Nebenintervenientin zu laden. Hierbei ist davon auszugehen, daß das Gesetz nicht etwa ausspricht, der Nebenintervenient sei bis zur rechtskräftigen Entscheidung der Hauptsache zuzuziehen, vielmehr lediglich sagt, daß er zugezogen wird, so lange nicht die Unzulässigkeit der Nebenintervention rechtskräftig ausgesprochen ist. Schon nach dieser Fassung erscheint es mindestens fraglich, ob diese Zuziehung über die jeweilige Instanz hinaus geboten ist; jedenfalls spricht der Umstand, daß das Gesetz, worüber in Theorie und Praxis nahezu Einverständnis herrscht, zur Gültigkeit der Einlegung eines Rechtsmittels weder Zustellung des angefochtenen Urteiles noch der Berufungsschrift an den Nebenintervenienten verlangt (vgl. Gruchot 29 S. 1053; 18 S. 416; 34 S. 388; Struckmann-Koch Anm. 1 zu § 67), eher dafür, daß die durch § 71³ gebotene Zuziehung sich stets nur auf die jeweilige Instanz bezieht, zumal wenn man (mit Gruchot 29 S. 1056) annimmt, daß er in der Rechtsmittelinstanz vom Gegner der unterstützten Partei nicht geladen zu werden braucht, es vielmehr „seine Sache ist, sich zeitig umzuthun, wenn er von der von ihm unterstützten Partei nicht benachrichtigt wird". Unterläßt er dies, so muß angenommen werden, daß er sich am Verfahren der höheren Instanz nicht mehr beteiligen will, eine Annahme, die hier umsomehr geboten ist, als die Nebenintervenientin in erster Instanz sich darauf beschränkt hat, ohne Angabe von Gründen die Abweisung der Klage zu beantragen.

Jedenfalls muß angenommen werden, daß es einer Zuziehung in der höheren Instanz dann nicht bedarf, wenn die unterstützte Partei ein Rechtsmittel eingelegt hat, wie denn auch das Reichsgericht (Gruchot 34 S. 388) davon ausgeht, daß ohne Zuziehung verhandelt werden darf, wenn ein vom

Gegner der unterstützten Partei eingelegtes Rechtsmittel zurückgewiesen wird. Denn ebensowenig, wie die Rechtslage des Nebeninterventienten dadurch, daß ein vom Gegner der unterstützten Partei eingelegtes Rechtsmittel zurückgewiesen wird, eine Verschlechterung erfährt, so gilt das Gleiche, wenn die unterstützte Partei ein Rechtsmittel eingelegt hat; wird dieses zurückgewiesen, so bleibt es bei der vorinstanzlichen Entscheidung; die Sachlage ist also für den Nebeninterventienten dieselbe, als ob die unterstützte Partei überhaupt kein Rechtsmittel eingelegt hätte. Hat dagegen das Rechtsmittel Erfolg, so wird die Lage des Nebeninterventienten höchstens verbessert. Wenn demnach sogar Wach (Handbuch 1 S. 644), welcher die Rechtsmittelfristen zu Ungunsten des Nebeninterventienten nur dann beginnen läßt, falls auch ihm das Urteil zugestellt ist, den Interventen für befugt hält, den Anspruch anzuerkennen und folgeweise ein Anerkennungsurteil gegen sich ergehen zu lassen, auch wenn der Nebeninterventient gar nicht geladen war, so muß um somehr auch der Erlaß eines ein Rechtsmittel des Interventen zurückweisenden Urteiles in Abwesenheit des nicht geladenen Nebeninterventienten zulässig sein. — Dafür, daß die Beachtung des § 71³ CPO. in einem Falle, wie dem vorliegenden, nicht von Amtswegen zu berücksichtigen ist, spricht endlich die Erwägung, daß jene Vorschrift im Verhältnis der Prozeßführung der Hauptparteien zu einander ebenso wie der § 70 (Entsch. d. RG. 15 S. 396), zu denen gerechnet werden muß, deren Verletzung durch unterbliebene Parteirüge geheilt wird (§ 295 CPO.). M.

c) **Fortsetzung eines Prozesses nach Zurücknahme eines Auseinandersetzungsantrages.**

OLG. Posen, III. CS. Beschluß v. 29. Mai 1901.

Eine „Unterbrechung" des Verfahrens (§§ 239 ff. CPO.) ist durch § 7 der Verordnung v. 1. August 1879 nur für den hier nicht vorliegenden Fall eines Kompetenzkonfliktes zwischen Gericht und Auseinandersetzungsbehörde ausdrücklich bestimmt (JMBl. 1891 S. 221). Es fehlt dagegen an ausdrücklicher gesetzlicher Verordnung für den Fall, wo nach Beendigung des Verfahrens vor der Auseinandersetzungsbehörde ohne Endentscheidung, z. B. bei zulässiger Zurücknahme des Antrages die Akten dem vorher mit der Sache befaßten Gerichte zurückgegeben werden. Da nicht anzunehmen ist, daß das Gesetz iu solchem Falle den Prozeß ohne sachliche Entscheidung, also unbeendet, liegen lassen wollte, so ist davon auszugehen, daß für die Dauer des Auseinandersetzungsverfahrens die Zuständigkeit des ordentlichen Gerichtes nur suspendirt gewesen ist, und, zwar ohne daß ein Erlöschen der Rechtshängigkeit vor dem ordentlichen Gerichte eintrat. Es greifen in diesem Falle gewissermaßen die Wirkung der Unterbrechung Platz (vgl. Anm. 10 in Gruchot 40 S. 274). Es spricht für diese Ansicht, abgesehen von der ihr konformen Auffassung der Generalkommission, der § 20 der Verordnung v. 20. Juni 1817 (GS. S. 161), der das Ressort der ordentlichen Gerichte dann wieder eintreten läßt, wenn die Rezesse und Nachträge bestätigt und die jedem Teile zukommenden Abfindungen überwiesen sind. Ein Wiedereintritt der Gerichte ist umsomehr dann für geboten zu erachten, wenn es zum Prozeßabschluß wegen Zurücknahme der Provokation nicht gekommen ist. Deshalb war das Landgericht anzuweisen, dem Prozeßverfahren Fortgang zu geben. Pos. MSch. S. 109.

## 46

a) **Der prozeßbevollmächtigte Rechtsanwalt hat für den nach § 715 CPO. gestellten Antrag auf Rückgabe einer Sicherheit die besondere Gebühr des § 24 GebO. f. RA. nicht neben der Prozeßgebühr zu beanspruchen.**[1]

OLG. Colmar, I. CS. Beschluß v. 28. Mai 1902.

Der Umstand, daß unter die Geschäfte, für welche nach § 24 GebO. f. RA. die $^2/_{10}$ Gebühr gefordert werden kann, nach der jetzigen Fassung dieses Paragraphen auch die Thätigkeit gemäß § 47[16] GKG. aufgenommen ist, wozu auch Anträge auf Anordnung der Rückgabe einer Sicherheit im Falle des § 715 CPO. gehören, hat für die Entscheidung der Frage, ob die Gebühr für einen solchen Antrag neben der Prozeßgebühr angesetzt werden darf, keine Bedeutung. Die §§ 23 und 24 bestimmen nämlich keineswegs, daß die durch sie bestimmten Gebühren neben der Prozeßgebühr zu beanspruchen sind. Sie enthalten vielmehr eine Zusammenstellung von Fällen, in denen eine Herabsetzung der gewöhnlichen Gebühren erfolgen soll (vgl. Motive zu §§ 23, 24). Diese Fälle aber sind teils solche, in welchen die herabgesetzte Gebühr neben der Prozeßgebühr beansprucht werden kann, teils solche, in denen die betreffende Anwaltsthätigkeit durch die Prozeßgebühr mit umfaßt wird bezw. die herabgesetzte Gebühr der bezeichneten Gesetzesstellen nur verlangt werden kann, wenn der Rechtsanwalt nicht Prozeßbevollmächtigter, sondern ausschließlich mit der fraglichen Thätigkeit betraut war. Der erstbezeichnete Fall ist zum Beispiel bei der Thätigkeit im Sinne der §§ 38 Nr. 1 und 2 GKG. gegeben: § 30 Nr. 3 GebO. f. RA. bestimmt, daß in diesem Falle die Gebühr (des § 23) besonders zur Erhebung kommt, während bei der Thätigkeit im Sinne des § 47 Ziff. 1—12 GKG. von einer besonders zu erhebenden Gebühr aus § 23 GebO. f. RA. nicht die Rede sein kann, da gemäß § 29[6] GebO. f. RA. diese Thätigkeit bereits durch die Prozeßgebühr entgolten wird. Maßgebend für die Beantwortung der Frage, ob die Gebühren aus §§ 23 und 24 neben der Prozeßgebühr zu erheben sind, ist, ob die betreffende Thätigkeit zur Instanz gehört oder nicht. Insoweit letztere Frage nicht schon gesetzlich geregelt ist (§§ 29—36 GebO. f. RA.), ist sie in den einzelnen Fällen zu prüfen. Zu bemerken ist hierzu, daß § 29 nur beispielsweise, nicht beschränkend, eine Anzahl von Geschäften aufführt, die zur Instanz gehören. Was nun den Antrag auf Rückgabe einer Sicherheit anlangt, so bestimmt allerdings § 30 GebO. f. RA. (n. F.), daß in den im § 38[2] GKG. bezeichneten Angelegenheiten die Gebühren besonders zu erheben seien,

[1] Abweichend: Jur. Ztschr. f. Els.-Lothr. 26 S. 137.

und § $38^2$ GKG. umfaßt die Anträge auf Bestimmung einer Frist zur Rückgabe und auf Anordnung der Rückgabe einer Sicherheit, jedoch nicht allgemein, sondern nur in den Fällen des § 109 Abs. 1 und 2 CPO. Vorliegend handelt es sich aber nicht um einen dieser Fälle, sondern um die Rückgabe im Falle des § 715 CPO. (§ 30 GebO. f. RA. mit $47^{16}$ GKG.). Bezüglich dieser Thätigkeit ist aber in Übereinstimmung mit der feststehenden Rechtsprechung des Reichsgerichtes, die in dieser Hinsicht durch die Abänderung des § 30 nicht berührt wird, anzunehmen, daß der Antrag auf Rückgabe der Sicherheit zum Prozeßbetrieb, zur Instanz gehört und demnach gemäß § 29 durch die Prozeßgebühr mit entlohnt ist. Ein Argument für die Richtigkeit dieser Annahme ergiebt sich übrigens schon daraus, daß § $30^3$ die besondere Entlohnung für bestimmte andere Fälle der Rückforderung von Sicherheiten bewilligt, so daß der Schluß gerechtfertigt erscheint, daß diese, nicht aber andere Fälle der Rückforderung in der Instanz nicht enthalten sind (vgl. Entsch. d. RG. 11 S. 364 und Gruchot 44 S. 208), woselbst die Ansicht Walters, daß die Thätigkeit bei der Rückforderung der Sicherheit in allen Fällen besonders zu entlohnen sei, zurückgewiesen wird. Frdthl.

b) **Dem Prozeßbevollmächtigten des Berufungsklägers, der gegen mehrere Teilurteile hintereinander mehrere selbständige Berufungen eingelegt hat, über die in der Berufungsinstanz zusammen verhandelt und durch ein Urteil entschieden ist, steht die Prozeßgebühr für jede einzelne Berufung besonders zu. GebO. §§ 25, 26.**

Kammergericht, V. CS. Beschluß v. 24. Mai 1902.

Der Kläger hatte Klage auf 1700 Mark, der Beklagte Widerklage auf 400 Mark erhoben. Zunächst wurde durch Urteil vom 1. März 1900 über die Klage entschieden, und hiergegen legte der Kläger durch Zustellung der Berufungsschrift am 6. April 1900 Berufung ein. Darauf wurde am 12. April 1900 über die Widerklage entschieden und auch gegen dieses Urteil vom Kläger Berufung eingelegt. Durch Urteil vom 14. November 1901 wurde auf beide Berufungen zu Gunsten des Klägers entschieden. Der Kläger berechnete nun für jede Berufung eine besondere Prozeßgebühr, für die erste mit 36 Mark, für die zweite mit 14 Mark, die Verhandlungsgebühr dagegen beanspruchte er nur einmal nach dem zusammengerechneten Streitwerte mit 36 Mark. Das Landgericht bewilligte dagegen auch für die Prozeßgebühr nur eine einmalige Gebühr von 36 Mark nach dem zusammengerechneten Werte. Auf die Beschwerde ist die zweimalige Prozeßgebühr von 36 Mark und 14 Mark festgesetzt; denn durch die zweite Berufung gegen das erst nach Einlegung der ersten Berufung verkündete Schlußurteil über die Widerklage ist eine neue selbständige Berufungsinstanz eröffnet und steht deshalb, weil über beide Berufungen zusammen verhandelt und entschieden wurde, der § 25 der doppelten Berechnung der Prozeßgebühr ebensowenig entgegen, wie wenn über mehrere selbständig erhobene Klagen nach Verbindung der mehreren Prozesse zusammen verhandelt und entschieden wird, oder wenn die zweite Berufung erst eingelegt worden wäre, nachdem über die erste erkannt war. Dr. R.

c) **Zur Anwendung des § 45 GebO. f. RA.**

OLG. Rostock, II. CS. Beschluß v. 6. Mai 1901.

Die Zubilligung der aus § 45 GebO. f. RA. sich ergebenden Gebühren (vgl. Entsch. d. RG. 21 S. 407) muß abgelehnt werden, weil die Anwesenheit eines Vertreters des Prozeßbevollmächtigten neben dem schwurpflichtigen Inhaber der klagenden Firma zur zweckentsprechenden Rechtsverfolgung nicht erforderlich war. Zwar ist die Frage nach der Erstattungsfähigkeit der Gebühr des § 45 bestritten (vgl. Meyer-Irmler, GebO. f. RA. S. 90; Willenbücher S. 22; Walter 3. Aufl. S. 343 und JW. 1896 S. 184[8]). Das Beschwerdegericht tritt der Rechtsauffassung bei, welche in der JW. 1898 S. 540[6] näher dargelegt ist, und hält vorliegend für entscheidend, daß es sich lediglich um die Erledigung eines bedingten Endurteiles durch Leistung eines Eides, dessen Formel feststand und nicht beanstandet ist und dessen Sinn und Bedeutung völlig klar war, handelte. Zur Verhandlung war der Termin nicht bestimmt, sondern nur zur Eidesleistung. Bei dieser Sachlage war die Anwesenheit eines Vertreters des Prozeßbevollmächtigten völlig überflüssig, und es können die dadurch entstandenen Mehrkosten der beklagten Partei nicht auferlegt werden. Ob dadurch, daß der Prozeßbevollmächtigte von Rostock nach Magdeburg zum Schwurtermin gereist wäre, Reisekosten in Höhe von 72 Mark entstanden sein würden, ist gleichgültig, da auch derartige Reisekosten nicht hätten passieren können (vgl. auch Entsch. d. RG. 13 S. 312). S.

---

## 47

a) **Das Nachlaßgericht hat auf Antrag eines Nachlaßgläubigers, wenn neben den bekannten Erben noch unbekannte Erben in Betracht kommen, für den Erbteil der letzteren eine Nachlaßpflegschaft anzuordnen. BGB. § 1961.**

Bayer. Oberstes Landgericht, I. CS. Beschluß v. 22. März 1902.

Das Beschwerdegericht hat den Antrag des Nachlaßgläubigers zurückgewiesen, weil er nach § 2058 BGB. die bekannten Erben als Gesamtschuldner belangen könne und sohin ein Bedürfnis für die an sich allerdings zulässige Anordnung einer Nachlaßpflegschaft nicht bestehe. Die weitere Beschwerde ist begründet. Nach § 1961 BGB. hat das Nachlaßgericht auf Antrag eines Nachlaßgläubigers, der seinen Anspruch gegen den Nachlaß gerichtlich geltend machen will, einen Nachlaßpfleger zu bestellen, wenn Ungewißheit darüber besteht, wer Erbe ist oder ob der Erbe die Erbschaft angenommen hat. Das Gleiche gilt nach § 1922 Abs. 2 für den Anteil eines Miterben. Das Nachlaßgericht hat nicht zu prüfen, ob für den Gläubiger ein besonderes Interesse besteht, seinen Anspruch gerade gegenüber dem Miterben geltend zu machen, für dessen Erbteil gegebenen Falles eine Nachlaßpflegschaft erforderlich ist, sondern es hat die Nachlaßpflegschaft anzuordnen, wenn der Gläubiger, der nach § 747 CPO. zur Zwangsvollstreckung in den noch ungeteilten Nachlaß eines gegen alle Erben ergangenen Urteiles bedarf, es beantragt.

Die Nachlaßpflegschaft ist aber nicht für den ganzen Nachlaß, sondern nur für den Erbteil des Miterben anzuordnen, in Ansehung dessen die Ungewißheit besteht, die die Fürsorge des Nachlaßgerichtes erforderlich macht. Fr. M.

b) **Aufgebot der Nachlaßgläubiger.**

OLG. Stettin, V. CS. Urteil v. 13. Juni 1902.

Die Parteien sind Gläubiger des verstorbenen H. Der im Verfahren betreffend das Aufgebot der Nachlaßgläubiger ausgeschlossene Beklagte hat nach Erlassung des Ausschlußurteiles mehrere Nachlaßforderungen gepfändet und zur Einziehung sich überweisen lassen. Die zu den nicht ausgeschlossenen Nachlaßgläubigern gehörigen Kläger beantragen, im Wege der einstweiligen Verfügung die Zwangsvollstreckungen des Beklagten bis zur Befriedigung der nicht ausgeschlossenen Nachlaßgläubiger für unberechtigt zu erklären, schlimmstenfalls den Drittschuldnern die Hinterlegung der dem Beklagten überwiesenen Forderungen aufzugeben.

Dieses Verlangen ist prozessual und sachlich unbegründet. Nicht eine einstweilige Verfügung (CPO. §§ 935, 940), sondern eine einstweilige Anordnung (§ 771 [3], § 769) ist der zulässige Rechtsbehelf für den Widerspruch gegen eine im Zuge befindliche Zwangsvollstreckung (Gruchot 39 S. 1160, 45 S. 380, JW. 1895 S. 225 [10]). Erst nach deren Beendigung wird eine einstweilige Verfügung zulässig (JW. 1897 S. 530 [7]). Jene Beendigung ist aber erst mit der Zahlung des Drittschuldners (JW. 1897 S. 631 [12]) oder mit der Überweisung an Zahlungsstatt gegeben (JW. 1896 S. 57 [5]).

Die Kläger haben aber überhaupt kein Widerspruchsrecht. Ein dingliches Recht haben sie nicht. Aufgebotsverfahren und Ausschlußurteil haben dem Beklagten allerdings Rechtsnachteil gebracht, aber lediglich den, daß er als ausgeschlossener Gläubiger nur insoweit von den Erben Befriedigung verlangen kann, als — abgesehen von dem hier nicht in Betracht kommenden Verhältnis zu Pflichtteilsrechten, Vermächtnissen und Auflagen — der Nachlaß nach Befriedigung der nicht ausgeschlossenen Gläubiger nicht erschöpft ist, noch Überschuß ergiebt. Ob den Erben der Anspruch des Beklagten bekannt war, ist gleichgültig. Der Rechtsnachteil ist nur im Verhältnis des Beklagten zu den Erben eingetreten. Das Aufgebot hat nur den Zweck, den Erben zuverlässige Kenntnis über die Nachlaßverbindlichkeiten zu geben. Das ist nach BGB. §§ 1970, 1973, 2015 und CPO. §§ 989 ff. 995 nicht anders, als nach dem preuß. Gesetz vom 28. März 1879 §§ 1, 10, 11, dem jene Vorschriften nachgebildet sind (Motive 5 S. 643, 653, Prot. 5 S. 774, 787). Ein Recht der anmeldenden Gläubiger auf Nichtberücksichtigung der nichtangemeldeten wird nicht begründet; die Kläger haben gegen die Beklagten durch das Aufgebot keinerlei Ansprüche erlangt. Als Gläubiger desselben Schuldners stehen die Parteien in keinem Rechtsverhältnis zu einander. Mittelbar mag den Klägern Vorteil durch das Ausschlußurteil erwachsen, wenn die Erben die vorrechtliche Befriedigung der nicht ausgeschlossenen Gläubiger thatsächlich durchführen. Ein unmittelbar geltend zu machendes Vorrecht haben die Kläger nicht (Eccius, Privatrecht 4 S. 355 Note 138 und S. 639 Note 61 gegen Dernburg 3 § 133 Note 11; Entsch. d. RG. 16 S. 222). Nur der Erbe oder der Nachlaßpfleger kann „für die Dauer des Verfahrens" der Zwangsvollstreckung widersprechen, und zwar nach § 1 Abs. 2, 3 und § 11 Abs. 2 des preuß. Gesetzes schlechthin, nach CPO. §§ 782, 305 und BGB. §§ 2015, 2016 Abs. 2 wenigstens den Maßregeln, die über die Vollziehung eines Arrestes hinausgehen. Ob die Kläger sich diese Befugnisse des Erben hätten überweisen lassen können, ist nicht zu entscheiden; überdies würde eine solche Überweisung nach Beendigung des Aufgebotsverfahrens nichts mehr helfen. Die Beseitigung der Rechte, die der Beklagte durch die nach dem Eintritt des Erbfalles erfolgten Maßregeln der Zwangsvollstreckung zum thatsächlichen Nachteil der Kläger erlangt hat, können die Kläger durch die Eröffnung des Konkurses über den Nachlaß herbeiführen (KO. §§ 221, 220), wenn der Erbfall nach 1. Januar 1900 eingetreten und die Antragsfrist auf Konkurseröffnung nicht schon versäumt ist (Ges. vom 17. Mai 1898 Art. 6 Satz 2). Solche Vorschriften bestehen aber nicht nach der zuvor geltenden Fassung der KO., die für Erbfälle aus der Zeit vor dem 1. Januar 1900 maßgebend ist.... Gr.

c) **Verpflichtung des Miterben zur Auskunft über den Bestand der Erbschaft. Umfang dieser Pflicht.**[1] **BGB. §§ 2018, 2027, 2174.**

Kammergericht, III. CS. Urteil v. 11. März 1902.

Der Vorderrichter hat die auf § 2027 gestützte Klage abgewiesen, weil die Beklagten Erben der Witwe K. seien, als solche den Nachlaß in Besitz genommen, ihn also nicht erlangt hätten auf Grund eines ihnen nicht zustehenden Erbrechtes; sie seien daher nicht Erbschaftsbesitzer im Sinne des § 2018 und deshalb auch nicht zur Auskunftserteilung gemäß § 2027 ebenda verbunden. Die Annahme, daß die Erbeneigenschaft der Beklagten die Anwendbarkeit der Vorschriften über den Erbschaftsanspruch ausschließe, erscheint jedoch nicht zutreffend, eine solche Auslegung würde das Anwendungsgebiet der in den §§ 2018 ff. gegebenen Erbschaftsklage in einer Weise beschränken, die durch den Wortlaut des Gesetzes nicht bedingt wird, seinem Zweck und den Bedürfnissen des täglichen Lebens nicht entspricht. Mit dem Tode des Erblassers fällt die Erbschaft als Ganzes den Erben zu, der Nachlaß wird ihr gemeinschaftliches Vermögen, der Besitz an den Nachlaßgegenständen geht auf alle Erben gemeinschaftlich über (§§ 1922, 2032, 857). Daraus folgt, daß beim Vorhandensein mehrerer Erben einer ohne Genehmigung des anderen über den Nachlaß nicht verfügen, ein Erbe sich auch nicht eigenmächtig in den Alleinbesitz des Nachlasses setzen darf. Geschieht dies gleichwohl, so liegt

[1] Rsp. 2 Nr. 102, 4 Nr. 102. JW. 1902 Beilage 11 S. 266 Nr. 197.

ein Eingriff in die Rechte der Miterben, eine unbefugte Beeinträchtigung ihrer Anteilsrechte an der Erbschaft vor. Der einzelne Erbe, der solchergestalt den ganzen Nachlaß und damit auch die Anteile seiner Miterben in seinen Besitz nimmt, erlangt damit in Höhe dieser Anteile etwas aus der Erbschaft, was ihm auf Grund seines eigenen, durch das Miterbrecht der übrigen Erben beschränkten Erbrechtes nicht zusteht.

Um einen solchen Erben insoweit als Erbschaftsbesitzer ansehen zu können wird allerdings die weitere, subjektive Voraussetzung hinzukommen müssen, daß sein Handeln eine Bethätigung des Willens ist, die Verfügungsmacht für sich selbst Kraft eigenen Erbrechtes geltend zu machen. Wer, wenn auch ohne Wissen oder selbst gegen den Willen seiner Miterben, lediglich im Interesse der Gesamtheit der Erben für diese die Erbschaft in Besitz nimmt oder darüber verfügt, wird dadurch noch nicht zum Erbschaftsbesitzer, er führt Geschäfte seiner Miterben, aber er geriert sich hinsichtlich ihrer Anteile nicht als der Erbe. Die Erbschaftsklage ist hiernach gegeben gegen den, der sich ein in Wirklichkeit nicht bestehendes Erbrecht anmaßt und daraufhin etwas aus der Erbschaft erlangt hat; ob er Nichterbe oder Miterbe ist, das ist bedeutungslos.

Vorstehende Auffassung entspricht dem Wortlaute und Sinne der Bestimmungen über den Erbschaftsanspruch, sie steht auch im Einklang damit, daß nach Abs. 2 § 1922 auf den Anteil eines Miterben (Erbteil) die sich auf die Erbschaft beziehenden Vorschriften Anwendung finden sollen. Setzt man danach im § 2018 an Stelle von „Erbschaft" „Anteil an der Erbschaft" oder „Erbteil", so ergiebt sich zwanglos die Anerkennung und Zulässigkeit der gemeinrechtlichen hereditatis petitio partiaria, unter welche die vorerörterte Klage fällt.

Nach den Materialien des Gesetzes ist bei Prüfung der Frage, ob neben den Singularklagen noch die Erbschaftsklage als Universalklage nötig und zuzulassen sei, zwar von dem Regelfall ausgegangen, daß ein Nichterbe sich als Erbe verhält, dabei aber bemerkt, daß er für die zu begründende Entscheidung dahin gestellt bleiben könne, ob es einen Unterschied mache, wenn der Erbprätendent die thatsächliche Erbenstellung nur unvollkommen erlangt habe. Auch die zum § 2080 (jetzt § 2018) gestellten Anträge der II. Kommission ergeben nichts gegen obige Ansicht, vielmehr sprechen eher dafür die Anträge 1 und 4, wonach der Anspruch gegen denjenigen gegeben werden sollte, welcher dem Erben die Erbschaft als solche ganz oder teilweise vorenthält (Küntzel in Gruchot 41 S. 845). Planck zu § 2018 bezeichnet denn auch als berechtigt zur Erbschaftsklage Jeden, dem das Allein- oder das Miterbenrecht ganz oder in der behaupteten Höhe bestritten wird, und als passiv legitimiert sowohl den Nichterben wie den Miterben, der dem Kläger das Recht abspricht. Auf demselben Standpunkt steht Endemann 3 § 120; im § 121[5] bezeichnet er es als einen besonders wichtigen Fall, daß der Kläger sein Recht als Miterbe neben dem Beklagten erstreiten will...

Da Beklagte sich unstreitig in den Alleinbesitz des gesamten Nachlasses gesetzt haben, nehmen sie hinsichtlich des Anteiles der Kläger die Stellung des Erbschaftsbesitzers ein, haben insoweit also die Pflichten eines solchen. Sie sind daher den Klägern zur Auskunfterteilung verpflichtet; dazu gehört nach § 260 die Vorlegung eines vollständigen Verzeichnisses des Bestandes des Nachlasses. Dieser Verpflichtung sind sie nicht nachgekommen. Die Vorlegung der Aufzeichnungen der Erblasserin war nicht ausreichend. Es ist darin nur die Höhe der Kapitalien, aber weder die Art der Anlegung noch deren Verbleib angegeben. Auch etwaige mündliche Erläuterungen genügten zur Erfüllung der Verbindlichkeiten aus §§ 2027, 260 nicht. Dem Pfleger war vielmehr ein Verzeichnis vorzulegen, das alle einzelnen Teile des Nachlasses so deutlich und genau enthielt, daß er sich ein klares Bild über die Bestandteile machen und danach seine Entschließungen zur Wahrung der Rechte der Kläger treffen konnte. Die Mängel der Auskunftserteilung sind auch durch Vorlegung des Verzeichnisses B und die sonstigen Angaben der Beklagten im Prozesse nicht behoben. Abgesehen davon, daß auch jetzt die grundbuchmäßigen Bezeichnungen der Grundstücke, auf denen die Nachlaßhypotheken haften, nicht angegeben sind, obwohl Beklagte die Briefe hinter sich haben, also die Angaben ohne jede Schwierigkeit für sie möglich waren, ist auch das Verzeichnis der Mobilien nicht als ein solches anzusehen, welches eine erschöpfende Auskunft enthält. Es finden sich darin Kollektivangaben wie „Wäsche, Betten, Geschirr". Dadurch wird eine erschöpfende Kenntnis des Nachlaßbestandes nicht gewährt, dazu gehört vielmehr Angabe aller einzelnen Gegenstände oder beim Vorhandensein gleichartiger Sachen wenigstens Angabe der Stückzahl.

Der Umstand, daß die Mobilien durch das Kodizill den Beklagten vermacht sind, befreit sie von der Auskunftspflicht über diese nicht. Beklagte haben dadurch nach § 2174 zunächst nur ein Forderungsrecht erlangt, die Mobilien selbst sind Teile der Erbschaft, auf deren gesamten Bestand sich die Auskunftspflicht erstreckt. Die Kläger haben ein Recht, genau und vollständig zu erfahren, welche Gegenstände Beklagte an sich genommen und als Vermächtnis unter sich geteilt haben. Z.

d) **Erbteilung. BGB. § 2047.**

OLG. Rostock, I. CS. Beschluß v. 30. Juni 1902.

Die 1897 zu Wollin, ihrem Wohnorte, verstorbene Witwe X., hat den Beschwerdeführer A., dessen Frau und den B. zu gleichen Teilen zu Erben eingesetzt und den A. zugleich zum Testamentsvollstrecker ernannt, der befugt sein soll, den Nachlaß zu teilen und den Erbrezeß zu entwerfen. B. soll dagegen niemals in den Besitz des ihm von ihr zugedachten Kapitales kommen, vielmehr nur den Zinsgenuß haben und nach seinem Tode das Kapital seinen Kindern zufallen. Nach dem Ableben der Erblasserin hat der Beschwerdeführer den Erbrezeß entworfen. Dieser hat auch die Zustimmung der Frau A., des B. und des für die Descendenz des B. vom zuständigen Vormundschaftsgericht bestellten Pflegers gefunden. Im Erbrezesse sind die zum Nachlasse gehörigen Wertpapiere und die — weder nach preußischem, noch nach mecklenburgischem Rechte mündelsicheren — Hypothekenforderungen auf die im Testamente Berufenen bezw. auf die Descendenz des B. einzeln ganz, also nicht anteilsmäßig, verteilt. Die Vorinstanzen haben deshalb den Rezeß nicht genehmigt, auch die weitere Beschwerde blieb erfolglos. Gründe:

Es kann dahin gestellt bleiben, ob nach dem in Beihalt Art. 213 EG. z. BGB. für die Beurteilung der erbrechtlichen Verhältnisse maßgebenden ALR. auf Grund der letztwilligen Verfügungen der Erblasserin der Vater B. oder dessen Kinder als in erster Linie berufene Erben anzusehen sind und ob insbesondere die Rechtsstellung des Vaters nur als die eines Vermächtnisnehmers zu betrachten ist. Denn zweifellos steht dem Vater der Minderjährigen nach den Bestimmungen der Erblasserin eine Verfügung über die Substanz des ihm zugewandten Vermögens nicht zu, und mußten daher zu der Erbteilung die substanzberechtigten Descendenten zugezogen werden (Entsch. d. RG. 30 S 239, 241). Bei dem kollidierenden Interesse des Vaters und Gewalthabers war schon aus diesem Grunde die geschehene Bestellung eines Pflegers für die Kinder nach § 1909 BGB. erforderlich. Es bedurfte weiter nach § 1915, 1822[3] der Rezeß rücksichtlich der Minderjährigen der Genehmigung des Vormundschaftsgerichtes. Wenn im Testamente der Beschwerdeführer ermächtigt ist, die Teilung des Nachlasses vorzunehmen und den Erbrezeß zu entwerfen, so hat doch die Erblasserin nirgends eine bestimmte Art der Teilung vorgeschrieben oder ausgeschlossen, und daher muß als ihr Wille angesehen werden, daß bezüglich der Teilung nicht die Willkür des Beschwerdeführers entscheiden, sondern daß die Teilung unter Beobachtung der bestehenden gesetzlichen Regeln erfolgen solle, deren Resultat der Vater der interessierenden Kinder sich gefallen lassen muß, da ihm der Nießbrauch an einer bestimmten Summe oder an bestimmten Kapitalforderungen oder in bestimmter Höhe nicht hinterlassen ist. Zulässig ist nun gewiß eine Teilung in der Art, daß einzelne Erbinteressenten ihre Anteile an den im Nachlasse vorhandenen Hypotheken zu Gunsten der übrigen Erbinteressenten ganz aufgeben und diese dagegen ihre Anteile an anderen Hypotheken an erstere veräußern und übertragen. Aber ein Recht auf eine solche Teilungsart steht keinem Erbinteressenten zu (Entsch. d. RG. 21 S. 258; ALR. I 17 § 123, 87—90; Motive z. BGB. 2 S. 882). S.

### e) Wann beginnt die Ausschlagungsfrist für einen Pflichtteilsberechtigten, der als Nacherbe auf mehr als die Hälfte des gesetzlichen Erbteiles eingesetzt ist? Inventarlegungs-Anspruch in diesem Falle. BGB. §§ 2306, 2142.

Kammergericht, III. CS. Urteil v. 9. Mai 1902.

Der Kläger ist durch das 1901 errichtete Testament seines demnächst verstorbenen Vaters als Nacherbe auf die Hälfte des Nachlasses eingesetzt, während er für den Fall, daß er hiermit nicht zufrieden sein sollte, nur einen Anspruch auf den Pflichtteil „nach den Bestimmungen des BGB." haben soll. Er macht diesen Pflichtteilsanspruch dahin geltend, daß er, gestützt auf § 2314, von der Beklagten als Erbin Legung eines Nachlaßinventars verlangt, indem er gleichzeitig eine Feststellung in Betreff der Ergänzung seines Pflichtteiles (§ 2325 ff.) beantragt. Die Klage ist begründet. Der Einwand, daß der Kläger die nach § 2306 vorgesehene Ausschlagungserklärung zu spät abgegeben habe, greift nicht durch. Allerdings geht die Ausführung des Klägers, daß es vorliegend einer förmlichen Ausschlagung überhaupt nicht bedurft hätte, weil er den Pflichtteilsanspruch auf das Testament, nicht auf das Gesetz stütze, fehl. Denn dadurch, daß der Erblasser gesagt hat: „Ist mein Sohn . . . mit diesem Testamente nicht zufrieden, dann steht ihm nur ein Pflichtteil nach den Bestimmungen des BGB. zu", hat er ihn nicht zum Erben auf die Hälfte der Intestatportion eingesetzt, sondern bloß eine Bestimmung aufgenommen, die schon ohnehin auf dem Gesetze selbst beruht, und zwar hat er, wie die Worte „nach den Bestimmungen des BGB." beweisen, dies sicher nicht in der Absicht gethan, dem Kläger mehr Rechte zu geben, als er nach dem Gesetze hat. Völlig abzulehnen ist auch die weitere Ausführung, daß der § 2306 deshalb nicht anzuwenden sei, weil Kläger bezüglich der einen Hälfte des Nachlasses „enterbt" wäre. Ganz abgesehen davon, daß der gesetzliche Erbteil des Klägers nur $^3/_4$ des väterlichen Nachlasses beträgt, kann hier von einer „Enterbung" überhaupt nicht die Rede sein. Kläger ist vielmehr als Erbe auf $^1/_2$ des Nachlasses berufen und dieser Erbteil übersteigt seinen $^3/_8$ betragenden Pflichtteil. Er kann daher, da er auf die Hälfte des Nachlasses nur als Nacherbe eingesetzt ist, zwar seinen Pflichtteil verlangen, aber gemäß § 2306 Satz 2 nur, wenn er den Erbteil ausschlägt. Endlich beruht auch die Meinung, daß eine Ausschlagung deshalb nicht notwendig sei, weil noch nicht feststehe, ob der Erbteil des Klägers mehr oder weniger als der Pflichtteil betragen werde, auf Verkennung des § 2306. Der hinterlassene Erbteil beträgt thatsächlich $^1/_2$, also mehr als der Pflichtteil, und er bleibt $^1/_2$ des Nachlasses, wenn auch der Nachlaß beim Eintritt der Nacherbfolge bedeutend an Umfang verloren haben sollte. Gerade mit Rücksicht auf diese Möglichkeit giebt der § 2306 demjenigen Pflichtteilsberechtigten, dessen Erbteil die Hälfte des gesetzlichen Erbteiles übersteigt, der aber durch die Einsetzung als Nacherbe beschränkt ist, die Wahl anzunehmen oder auszuschlagen und den Pflichtteil zu fordern. Indessen kommt es auf alles dies für die Entscheidung nicht an, da Kläger die nach § 2306 notwendige Ausschlagungserklärung rechtzeitig abgegeben hat.

Die Frist beginnt nach § 1944 mit dem Zeitpunkt, in welchem der Erbe von dem Anfall und dem Grunde der Berufung Kenntnis erlangt, bei Berufungen durch Verfügung von Todes wegen nicht vor der Verkündung der Verfügung. Nach § 1946 kann jedoch der Erbe die Erbschaft schon ausschlagen, sobald der Erbfall eingetreten ist, mithin oft schon vor dem Beginn der Ausschlagungsfrist, die unter Umständen erst lange nach Eintritt des Erbfalles zu laufen beginnen kann. Vollkommen wirkungslos ist dagegen nach den §§ 1944, 1946 eine vor Eintritt des Erbfalles erklärte Ausschlagung. Hiervon ist im § 2142 eine Ausnahme zu Gunsten des Nacherben gemacht. Nach den allgemeinen Vorschriften würde nämlich auch der Nacherbe frühestens mit dem Eintritt des Falles der Nacherbfolge die Ausschlagungserklärung abgeben können, da gemäß § 2139 erst in diesem Augenblicke dem Nacherben die Erbschaft anfällt. § 2142 bestimmt aber, dem praktischen Bedürfnisse entsprechend, daß der Nacherbe die Erbschaft bereits vor dem Eintritt des Falles seiner Erbfolge, nämlich sogleich nach dem Tode des Erblassers ausschlagen kann. Praktisch unentbehrlich ist dies Recht der sofortigen Ausschlagung insbesondere für den hier in Betracht kommenden Fall, daß ein Pflichtteilsberechtigter auf einen die Hälfte seines gesetzlichen Erbteiles übersteigenden Bruchteil des Nachlasses als Nacherbe eingesetzt ist und daher den Pflichtteil erst verlangen kann, nachdem er den ihm hinterlassenen Erbteil ausgeschlagen hat. Der lediglich zu Gunsten des Nacherben gegebene § 2142, wonach der Nacherbe bereits mit dem Eintritt des Erbfalles, nicht erst mit dem Eintritt des Falles der Nacherbfolge ausschlagen kann, ändert aber nichts an den Vorschriften des § 1944 über die Frist, innerhalb deren die Ausschlagung erklärt werden muß. Die Ausschlagungsfrist beginnt für den Nacherben immer frühestens erst nach dem Eintritt des Falles der Nacherbfolge, keinesfalls aber vor der Verkündung des Testamentes, im Falle des § 2306 auch nicht, bevor der Pflichtteilsberechtigte von der Beschränkung seiner Erbeinsetzung Kenntnis erlangt hat (vgl. u. A. Frommhold, Erbrecht Anm. 3 zu § 2142; Planck, Anm. 1, 2 zu § 2142 u. Anm. 5 zu § 1944). Da nun vorliegend der Fall der Nacherbfolge noch nicht eingetreten ist, so hat auch die Ausschlagungsfrist für den Kläger überhaupt noch nicht zu laufen begonnen. Die Ausschlagungserklärung ist daher rechtzeitig abgegeben. Der Kläger kann demnach von der Beklagten in deren Eigenschaft als Erbin den Pflichtteil verlangen, und zwar gemäß § 2325 einschließlich des ordentlichen Pflichtteiles, d. h. desjenigen Betrages, um den sich der Pflichtteil erhöht, wenn die vom Erblasser der Beklagten geschenkten Gegenstände dem Nachlasse hinzugerechnet werden. Aus dem Pflichtteilsanspruch folgt aber gemäß §§ 2314, 260 auch der Inventarlegungsanspruch... Z.

---

## 48

### a) Erbenlegitimation, wenn der Erblasser vor 1900 verstorben ist. EG. z. BGB. Art. 213. GrBO. § 36.

Kammergericht, I. CS. Beschluß vom 28. April 1902.

Nach § 36 GrBO. ist der Nachweis der Erbfolge grundsätzlich durch einen Erbschein zu führen. Nach dem Wortlaute dieser Bestimmung würde mithin der vorgelegte — gemäß dem BGB. ausgestellte — Erbschein als genügendes Beweismittel für die Erbfolge des X. — in den Nachlaß der 1895 verstorbenen S. — gelten müssen. Indessen hat der § 36 nicht die Frage beantworten wollen, ob nach den materiell-rechtlichen Übergangsbestimmungen auch für die vor 1900 eingetretenen Erbfälle die Normen des BGB. über den Erbschein (§§ 2353ff.) Platz zu greifen haben. Hierfür ist vielmehr der Art. 213 EG. z. BGB. maßgebend. Danach findet das frühere Recht auf die erbrechtlichen Verhältnisse Anwendung, und daß zu diesen erbrechtlichen Verhältnissen auch die über das Erbrecht zu erteilenden Ausweise gehören, hat das Kammergericht in Übereinstimmung mit anderen Gerichten und mit der Litteratur wiederholt ausgesprochen (Centralblatt 2 S. 128, Jahrb. 23 A S. 127, ebenso jetzt Planck Anm. 2[1] zu Art. 213 EG.). Daraus folgt, daß, wenn nach den maßgeblichen Vorschriften des früheren Rechtes ein Erbschein nicht erteilt werden kann, die Erbfolge dem Grundbuchrichter in der bisherigen Weise darzuthun ist. Man kann auch nicht sagen, daß der nach dem BGB. ausgefertigte Erbschein, wenn er in einem dem alten Rechte angehörigen Erbfalle gegen die Vorschriften dieses Rechtes erteilt ist, als zulässige Legitimation zu betrachten sei. Der Erbschein nach Inhalt des BGB. begründet nur für den Erben im Sinne dieses Gesetzbuches die Vermutung des Erbrechtes (§ 2365). Der Nachlaßrichter ist nicht zuständig, dem Testamentserben des früheren Rechtes, abgesehen von der ergänzenden Bescheinigung nach § 9 des Gesetzes vom 12. März 1869, einen Erbschein unter Zugrundelegung des jetzigen Rechtes zu erteilen, und der Grundbuchrichter ist nicht gehalten, einen solchen Erbschein, der außerhalb der Grenzen der Amtsbefugnisse des Nachlaßrichters aufgenommen ist, als öffentliche Urkunde und somit als Beweis des Erbrechtes gelten zu lassen (§ 415 CPO.). Daraus ergiebt sich von selbst, daß die die Erblegitimation betreffenden bisherigen Bestimmungen als Übergangsbestimmungen in Kraft geblieben sind und daß insbesondere § 13 des hann. Grundbuchgesetzes, der den Nachweis der Erbfolge aus Privattestamenten oder aus Erbverträgen, welche gültig ohne öffentliche Urkunden errichtet sind, regelt, für die Erbfälle des früheren Rechtes seine Bedeutung behalten hat. Er wird denn auch in der Begründung zu Art. 33 Ausf.-G. zur GrBO. ausdrücklich als eine solche Übergangsbestimmung bezeichnet und die Grundbuchgesetze sind in Art. 33 nur unbeschadet der Übergangsvorschriften aufgehoben (vgl. auch Achilles-Strecker Anm. 2b S. 467). Daher ist es nicht rechtsirrtümlich, wenn die Vorinstanzen das Erbrecht des X. durch den Erbschein nicht für erwiesen ansehen, sondern einen Nachweis nach § 13 des hannov. Gesetzes fordern. W. H.

b) **Erbschein zur Identifizierung der Nacherben bei einem nach dem 1. Januar 1900 eingetretenen Erbfall.**

Kammergericht, I. CS. Beschluß v. 21. Mai 1902.

Nach § 52 GrBO. sind die Rechte der Nacherben von Amts wegen bei Eintragung des Vorerben im Grundbuche zu vermerken. Wenn der Grundbuchrichter hier die Nacherben namentlich aufführen will, so verstößt er damit in keiner Weise gegen das Gesetz. Der § 4 der Allg. Verf. vom 20. November 1899 ordnet ganz allgemein, also auch für die Eintragung des Rechtes des Nacherben (§ 11[2]) an, daß zur Bezeichnung des Berechtigten im Grundbuche bei natürlichen Personen der Name und erst, soweit dies nicht thunlich, andere den Berechtigten deutlich kennzeichnende Merkmale im Grundbuche anzugeben seien. Auch ohne eine besondere Vorschrift würde nichts dagegen zu erinnern sein, wenn die namentliche Mitteilung der Nacherben im Interesse der Klarheit und Übersichtlichkeit der Grundbuchführung da gefordert würde, wo sie zu erreichen ist. Das Kammergericht hat dies bereits in einem ähnlichen Falle angenommen, der sich nur dadurch von dem gegenwärtigen unterschied, daß der Erbfall vor 1900 lag (Jahrb. 23 S. 127). Es wurde dort eine ergänzende Bescheinigung gemäß § 9 des Gesetzes vom 12. März 1869 verlangt. Vorliegend kommt neues Recht zur Anwendung. Im Testamente sind die Nacherben insofern nicht mit der erforderlichen Bestimmtheit bezeichnet, als auch die etwa noch zu erwartenden Kinder berufen sind. Das Testament selbst reicht also zum Nachweise der Erbfolge nicht aus und in einem derartigen Falle kann der Grundbuchrichter unbedenklich nach § 36¹ GrBO. die Vorlegung eines Erbscheines fordern. Die Meinung der Beschwerdeführer, daß der Inhalt des Testamentes keine Veranlassung zu der Vermutung nachgeborener Kinder biete, widerlegt sich von selbst gerade durch den Inhalt des Testamentes. Der Erblasser würde der zu erwartenden Kinder nicht gedacht haben, wenn er nicht mit der Möglichkeit von Nachkömmlingen gerechnet hätte. Nur ein Erbschein kann also darüber Gewißheit verschaffen, ob diese Möglichkeit wirklich geworden ist oder nicht.

Im zweiten Punkte übersehen die Vorinstanzen, daß die Vormerkung zu Gunsten der Abkömmlinge der Kinder des Erblassers eingetragen werden soll, also für Berechtigte, die zur Zeit unbekannt sind. Daß eine solche Eintragung zulässig ist, ergiebt sich schon aus den §§ 123, 128 ZwVG. und ist nicht zu bezweifeln (Jahrb. 4 S. 184, 6 S. 98; Fuchs, Anm. 3b zu § 1115 BGB.; Turnau-Förster 1 S. 551). Man wird in diesem Falle aber eine nähere Angabe des Gemeinschaftsverhältnisses gemäß § 48 GrBO. nicht verlangen können; das Testament ist die maßgebende Urkunde und sofern wegen der Ungewißheit der Anzahl der Berechtigten deren Anteile in Bruchteilen nicht angegeben werden könne, ist eben von der Befolgung der Ordnungsvorschrift des § 48 Umgang zu nehmen. Die thunlichste Identifizierung der Berechtigten macht aber auch hier die Vorlegung des Erbscheines notwendig. Es bedarf seiner übrigens schon deshalb, weil die Kinder des Erblassers als Zinsberechtigte einzutragen sind. E. M.

c) OLG. Dresden, VI. CS. Beschluß v. 25. März 1902.

Die Witwe A. ließ vor dem Notar B. das noch auf den Namen ihres Mannes eingetragene Grundstück an X. auf. Die Beteiligten beantragten die Verlautbarung der Auflassung auf Grund eines Erbscheines, der bezeugt, 1. daß die A. alleinige Erbin ihres 1900 verstorbenen Mannes auf Grund wechselseitigen Testamentes sei und das, was zur Zeit ihres Todes noch vorhanden sein werde, den beiderseitigen Kindern zu hinterlassen habe; 2. daß das Testament bei Wiederverheiratung des Überlebenden hinfällig werde.

Die Eintragung wurde abgelehnt und die weitere Beschwerde des Notars B. zurückgewiesen. Aus den Gründen:

Aus GrBO. § 15, auf den der Notar sein Recht zur Beschwerde stützt, läßt sich nur folgern, daß der Notar für einen Antragsberechtigten auch Beschwerde einlegen kann, ohne eine hierauf gerichtete Vollmacht beibringen zu müssen. B. hat aber nicht gesagt, in wessen Namen er das Rechtsmittel einlege, sich vielmehr nach dem Wortlaute seiner Eingaben im eigenen Namen beschwert. Das Rechtsmittel ist aber jedenfalls auch sachlich unbegründet. Der Antrag war nicht auf das (nicht vorgelegte) Testament, sondern nur auf den Erbschein gestützt. Dieser ergiebt, daß die A. mit einer Nacherbschaft beschwert ist, ohne daß zugleich die Befreiung der Erbin von den Beschränkungen des Verfügungsrechtes bezeugt wäre. Mit Rücksicht hierauf ist dem Antrage nur so stattzugeben, daß zuvor die A. eingetragen und dabei die Bestimmung des Testamentes, die in Nr. 2 des Erbscheines angegeben ist, vermerkt wird. Denn nur so würden die Nacherben den Schutz erlangen, der ihnen nach GrBO. § 52 gebührt. Glaubt die A., daß sie nach dem Zusammenhange der testamentarischen Bestimmungen von den Beschränkungen ihres Verfügungsrechtes befreit sei, so hat sie die Ausstellung eines neuen Erbscheines zu erwirken, der dies besagt; der Grundbuchrichter ist nicht befugt, eine Befreiung des Vorerben von den gesetzlich (BGB. §§ 2104, 2113, GrBO. § 52) geordneten Verfügungsbeschränkungen als vorhanden anzusehen, die im Erbscheine nicht bezeugt ist. Sch.

---

## 49

**a) Die §§ 823 ff. BGB. gewähren auch eine Klage auf Unterlassung weiterer unerlaubter Handlungen.**[1]

OLG. Celle, II. CS. Urteil v. 5. Mai 1902.

Zu Unrecht nimmt das Landgericht, gestützt auf Gruchot 42 S. 372, 387 an, daß beim Vorliegen eines Thatbestandes der §§ 823, 824, 826 stets nur ein Anspruch auf Schadensersatz, nicht aber ein solcher auf Unterlassung gegeben sei. Will man auch nicht so weit gehen, dem ungestörten Gewerbebetriebe einer Person als solchem den Charakter eines absoluten subjektiven Rechtes („Individualrechtes") beizulegen und daraus die Zulässigkeit einer quasinegatorischen Klage auf Unterlassung von Beeinträchtigungen oder Gefährdungen des Gewerbebetriebes herzuleiten (vgl. Örtmann zu § 823 Nr. 3$^{b}$ und Juristen-Zeitung 1899 S. 95), so muß doch (vgl. auch Entsch. d. RG. 48 S. 118) die Zulässigkeit einer Unterlassungsklage wenigstens da anerkannt werden, wo ein unerlaubtes Handeln bereits verwirklicht wurde, aber die Besorgnis weiterer schädigender Handlungen vorliegt, wo also mit der Klage weiter drohende Schädigungen verhütet werden sollen. Denn wenn auch die §§ 823 ff. in den dort geregelten Fällen aus-

---

[1] Vgl. JW. 1901 S. 808[20].

drücklich nur eine Schadensersatzpflicht festsetzen, so ist damit der Sache nach zugleich eine Verbindlichkeit zur Unterlassung der schädigenden Handlungen aufgestellt, und das Gesetz muß, wenn es ein Recht gewährt oder eine Verpflichtung auferlegt, auch die Möglichkeit gewähren, den Anspruch hierauf, also gegebenen Falles den Anspruch auf Unterlassung, im Wege der Klage verfolgen zu lassen. Die Anerkennung der Zulässigkeit einer Klage auf Unterlassung entspricht denn auch dem praktischen Bedürfnisse umsomehr, als der in den §§ 823 ff. gewährte Schadensersatzanspruch in vielen Fällen nur problematisch sein wird, weil sich nicht immer absehen läßt, ob und in welcher Höhe bereits ein Schaden vorliegt, und weil andererseits bei bestehender Mittellosigkeit des Schädigenden von ihm voller Ersatz des Schadens nicht zu erlangen sein wird. Es muß also ein Mittel gegeben sein, erst noch drohenden Schädigungen wirksam entgegenzutreten, und dieses Mittel ist die Klage auf Unterlassung, deren rechtliche Zulässigkeit vom BGB. nicht dadurch hat ausgeschlossen werden sollen, daß es für einzelne Fälle (§§ 12, 862, 1004) einen Unterlassungsanspruch besonders festsetzt. Die Klage ist insoweit aber auch begründet, da sich die behaupteten Klagthatsachen sowohl unter den § 824 BGB., als auch unter den § 823² in Verbindung mit § 7 des Wettbewerbsges. subsumieren lassen. Der § 824 gewährt einen Schadensersatzanspruch, also — unter der Voraussetzung, daß weitere schädigende Handlungen zu besorgen sind — auch einen Unterlassungsanspruch, wenn Jemand der Wahrheit zuwider eine Thatsache behauptet oder verbreitet, die geeignet ist, den Kredit eines anderen zu gefährden oder sonstige Nachteile für dessen Erwerb oder Fortkommen herbeizuführen, und derselbe die Unwahrheit der Thatsachen zwar nicht kennt, aber kennen muß. Der § 7 bestraft aber denjenigen, der wider besseres Wissen über das Erwerbsgeschäft oder über die gewerblichen Leistungen eines Anderen unwahre Behauptungen thatsächlicher Art aufstellt oder verbreitet, die geeignet sind, den Betrieb des Geschäftes zu schädigen. Die damit gegebene strafrechtliche Rechtsnorm bezweckt zweifelsohne, die Gewerbetreibenden gegen dolose Schädigungen ihres Geschäftsbetriebes zu schützen; sie ist also als ein den Schutz eines Anderen bezweckendes Gesetz im Sinne des § 823² anzusehen (vgl. Art. 2 EG. z. BGB.). Wer dagegen verstößt, haftet daher dem Verletzten nach § 823 auf Schadensersatz, kann also auch auf Unterlassung weiter zu besorgender schädigender Behauptungen belangt werden. H.

b) **Streuen bei Glatteis auf Straßenübergängen.**[1]

α) OLG. Rostock, I. CS. Urteil v. 10. April 1902.

Der Kläger ist, als er in einer Kleinstadt an der Kreuzungsstelle zweier Straßen den Fahrdamm überschreiten wollte, gefallen, angeblich infolge des auf der Straße vorhandenen Glatteises. Wegen Ersatzes des durch den Fall entstandenen Schadens hat er gegen die Stadt geklagt, ist aber abgewiesen worden. Gründe:

[1] Rsp. 4 Nr. 64c und JW. 1902 S. 149 Nr. 93.

Eine spezielle Bestimmung, wonach die Beklagte bei Glatteis zum Bestreuen der Straßen oder der Übergänge oder der Bürgersteige verpflichtet wäre, besteht nicht; insbesondere enthält auch die Straßenpolizeiordnung für M. keine hierauf bezügliche Anordnung. Zur Begründung des Anspruches läßt sich daher § 823² BGB. nicht heranziehen.

Es kann dahingestellt bleiben, ob das Eigentum an der von einer Stadt angelegten und dem öffentlichen Verkehr übergebenen Straße die Stadt überhaupt verpflichtet, den durch Witterungseinflüsse hervorgerufenen Gefahren für den Verkehr zu begegnen, insbesondere bei Glatteis zu streuen. Denn jedenfalls bestand für die Beklagte vorliegend eine Verpflichtung zum Bestreuen des interessierenden Überganges nach allgemeinen Rechtsgrundsätzen nicht. Es handelt sich um den Übergang über die Straße einer kleinen etwa 4000 Einwohner umfassenden Stadt mit geringem Verkehr. Hier, wo die Passanten nicht, wie in einer Großstadt mit lebhaftem Verkehr, durch außer ihnen liegende Umstände, insbesondere nicht durch das gleichzeitige Gehen einer größeren Menge von Menschen oder durch vielen und schnellen Wagenverkehr von ihrer Aufmerksamkeit auf den Straßendamm abgelenkt worden, gebot die im Verkehr erforderliche Sorgfalt das Streuen nicht, selbst wenn der Übergang abschüssig sein sollte. Die Beklagte durfte davon ausgehen, daß die wenigen Passanten den Übergang mit der bei Glatteis erforderlichen Vorsicht betreten würden und ihn dann bei gehöriger Aufmerksamkeit ohne Gefahr überschreiten könnten. Es trifft daher auch in dieser Richtung die Beklagte der Vorwurf der Nachlässigkeit nicht. S.

β) OLG. Oldenburg. II. CS. Urteil v. 8. Februar 1902.

Es mag dem Beklagten freilich geglaubt werden, daß er vom Glatteis keine Kenntnis gehabt hat. Aber gerade solche in Übereinstimmung mit seinen eigenen Angaben festzustellende Unkenntnis, welche auch den Gedanken an die Pflicht, an dem in Betracht kommenden Sonntage vor seinem Hause streuen zu lassen, nicht aufkommen ließ, beruht auf weiter nichts, als auf einer sorglosen Außerachtlassung der von ihm als Hauseigentümer zwecks Erfüllung solcher Obliegenheit zu verlangenden Aufachtung auf Glatteis. Er muß sich letzterer gemäß § 276 BGB. befleißigen, wenn er sich dem gerechten Vorwurfe der Fahrlässigkeit, der Außerachtlassung der im Verkehr — vorliegend im Straßenverkehr — erforderlichen Sorgfalt nicht aussetzen will... Er hätte, wenn er dieser Sorgfalt sich befleißigt hätte, die Glätte des Trottoirs gleich Anderen — und dies sind für den kurzen Zeitraum, der hier in Frage kommt, verhältnismäßig sehr viele Personen — rechtzeitig bemerkt haben und dann seiner beregten Pflicht genügen müssen. Daß eine Anzahl Einwohner in B. zur Zeit des Unfalles noch nicht gestreut hatten, entschuldigt den Beklagten nicht. Selbst angenommen, daß üblicher Weise das Aschestreuen bei Glatteis in B. sehr lässig betrieben würde, so würde es doch darauf nicht ankommen. Denn nicht die im Verkehr übliche, häufig hinter den berechtigten Anforderungen zurückbleibende, sondern die im Verkehr, d. h. die im normalen und gesunden Verkehr erforderliche Sorgfalt verlangt das Gesetz (Planck zu § 823 unter 2a). Beklagter mußte dasselbe leisten, als die anderen Hauseigentümer, welche rechtzeitig vor dem Unfalle gestreut haben, und diese haben nicht mehr gethan, als die im Verkehr erforderliche Sorgfalt entwickelt. Schließlich kann sich Beklagter auch nicht darauf berufen, daß ihm nicht ausreichend Zeit zu Gebote gestanden habe, um seiner Streupflicht genügen zu können. In dieser Hinsicht ist erwiesen, daß mindestens 20 Minuten zwischen dem Auftreten des Glatteises auf dem Straßentrottoir und dem Niederfallen der Klägerin liegen, freilich eine durch Fügung des Zufalles kurz bemessene, aber immerhin doch für ausreichend zu erachtende Frist zum Streuen von Asche oder Sand. Spr.

γ) OLG. Stettin, III. CS. Urteil v. 6. Mai 1902.

Gegen die Polizeiverordnung, die das Streuen bei Glätte gebietet, hat der Beklagte verstoßen. Die Glätte ist nicht etwa erst am späten Abend, sondern schon am Nachmittag eingetreten. Hätte der Beklagte aber, wozu er hiernach verpflichtet gewesen, noch gegen Abend gestreut, so würde der Unfall voraussichtlich verhindert worden sein. Zuzugeben ist, daß Beklagter das Streuen nicht persönlich vorzunehmen brauchte, daß er damit vielmehr auch sein Dienstmädchen beauftragen konnte. Dieser Auftrag allein konnte ihn aber von der Haftbarkeit für etwaige Übertretungen der Polizeiverordnung noch nicht befreien; der Beklagte hatte vielmehr auch dafür Sorge zu tragen, daß sein Auftrag ordnungsmäßig ausgeführt wurde, und zu diesem Behufe mußte er die Dienstmagd gehörig kontrollieren (JW. 1897 S. 615, 1898 S. 84). M.

δ) OLG. Kiel, II. CS. Urteil v. 11. Juli 1902.

Kläger, der gegen 10 Uhr abends infolge von Glatteis auf dem Trottoir der öffentlichen Promenade in Rendsburg zu Falle gekommen ist, klagt gegen die Stadt auf Schadensersatz, wurde jedoch abgewiesen aus den folgenden Gründen:

Nachdem ausgeführt, daß nach der Polizeiverordnung das Bestreuen der Bürgersteige bei Glatteis spätestens um 8 Uhr morgens erfolgt sein müsse, daß diese Verordnung als ein den Schutz eines Anderen bezweckendes Gesetz i. S. des § 823² BGB. anzusehen sei, daß aber an dem fraglichen Abende die Glätte nicht vor 9 Uhr abends eingetreten sei, daß diese Zeit nach den örtlichen Verhältnissen Rendsburgs als Nachtzeit gelten müsse, innerhalb deren nach den Bestimmungen der Polizeiverordnung ein Bestreuen der Bürgersteige nicht vorgenommen zu werden brauche, heißt es: Aber auch abgesehen hiervon, würde der Klage nicht stattgegeben werden können, da es an dem Nachweise eines Verschuldens der Beklagten fehlt, ohne welches eine Haftpflicht derselben nicht besteht. Das Verschulden besteht in Vorsatz oder Fahrlässigkeit. Nach § 276 handelt fahrlässig, wer die im Verkehre erforderliche Sorgfalt unterläßt. Die Stadt Rendsburg ist eine Korporation des öffentlichen Rechtes, welche nach den §§ 89, 31 für den Schaden verantwortlich ist, den der Vorstand, ein Mitglied des Vorstandes oder ein anderer verfassungsmäßig berufener Vertreter durch eine in Ausübung der ihm zustehenden Vorrichtungen begangene, zum Schadensersatz verpflichtende Handlung einem Dritten zufügt. Nach den sozialen Verhältnissen versteht es sich von selbst, daß Verrichtungen, wie das Sandstreuen, nicht von den verfassungsmäßigen Vertretern der Stadt in Person auszuführen sind, sondern daß hierzu Arbeiter verwendet werden. Die Beklagte hat den S. mit dem Streuen betraut. Dazu war sie befugt. Nach der ihm erteilten Instruktion war S. nur zum Streuen verpflichtet, wenn er von der Polizei dazu aufgefordert wurde. Diese Anordnung läßt ein Verschulden der verfassungsmäßigen Vertreter der Beklagten nicht erkennen. Nach dem Ergebnis der Beweisaufnahme hat S. stets ordentlich seines Amtes gewaltet, war also jedenfalls eine geeignete Persönlichkeit. Dafür, daß es an der nötigen Kontrole des S. oder der mit Anordnung der Streuung beauftragten Polizeibeamten seitens der Polizeibehörde der Stadt R. gefehlt habe, liegt nichts vor, und die Beklagte durfte sich, da regelmäßig ordnungsmäßig gestreut wurde, auf ihre Angestellten verlassen. Selbst wenn also anzunehmen wäre, daß an sich an dem fraglichen Abende von 9 bis 10 Uhr die Verpflichtung zum Streuen noch bestanden habe, so fehlt es doch an jedem Anhalte dafür, daß wegen der Unterlassung des Streuens einen verfassungsmäßigen Vertreter der Beklagten ein Verschulden trifft. Der Polizeibeamte, der es etwa unterlassen haben könnte, den S. zum Streuen aufzufordern, ist kein verfassungsmäßiger Vertreter der Stadt. Gr.

c) **Haftung einer Gemeinde für Verunglückung einer Person in einem in der Nähe der öffentlichen Straße befindlichen Graben.**[1]

OLG. Dresden, I. CS. Urteil v. 20. März 1902.

Ist der Mann der Klägerin bei der Benützung einer dem öffentlichen Verkehre dienenden (Gemeinde-)Straße zu Schaden gekommen, so kann sich die beklagte Gemeinde ihrer Verantwortlichkeit für die Folgen des Unfalles nicht entschlagen. Denn nach § 2 des Sächs. Gesetzes über die Wegebaupflicht vom 12. Januar 1870 war die Gemeinde verpflichtet, die zur Sicherheit des Verkehrs auf der Schulstraße erforderlichen Vorkehrungen zu treffen und darüber zu wachen, daß in unmittelbarer Nähe jener Straße keine Gräben errichtet wurden, aus deren Vorhandensein „denen Vorbeyreisenden Gefahr entstehen konnte". Die gleiche Verpflichtung ergab sich für sie aus den Bestimmungen der Gemeindeordnung über die Handhabung der Ortspolizei. Nach § 74$^{b}$ der revid. Landgemeindeordnung vom 24. April 1873 gehört es zu den ortspolizeilichen Obliegenheiten des Gemeindevorstandes, nicht bloß für den Bau und die Unterhaltung öffentlicher Wege, Wasserläufe und Brücken, sondern auch für die Sicherheit des freien Verkehrs auf denselben Sorge zu tragen. Diese Sorge umfaßt aber auf öffentlichen Straßen zugleich die Herstellung von Geländerabschließungen, wenigstens dort, wo die Beschaffenheit der örtlichen Verhältnisse ihre Anbringung zum Schutze des

---

[1] Ähnlicher, aber entgegengesetzt entschiedener Fall: Rsp. 4 Nr. 64b S. 282.

verkehrenden Publikums gegen die Gefahr des Abstürzens geboten erscheinen läßt. Es kann nicht anerkannt werden, daß die mit der Vertretung der Beklagten betrauten Organe dieser Fürsorgepflicht ausreichend genügt haben. Der in einer Tiefe von zwei Metern unter der Schulstraße durchführende Wassergraben machte das Begehen der Straße an jener Stelle gefährlich, namentlich zur Nachtzeit. Die Beklagte hat auch einiges gethan, um die von ihr erkannte Gefährlichkeit zu mindern. Sie hat die Straßenseite unmittelbar nach dem Graben zu durch einen Stengelzaun verwahrt, und sie hat sich auch der Einsicht nicht verschlossen, daß eine gleiche Schutzwehr querein von der Straße, am Graben entlang, erforderlich war. Denn so lange am Kreuzungspunkte keine Straßenlaterne brannte, mochte es für den Passanten zur Nachtzeit nicht immer möglich sein, die gerade Richtung der Straße genau innezuhalten. Jede Abweichung vom Wege, der kleinste Schritt zur Seite, mußte aber an jener Stelle für ihn unfehlbar den Sturz in den Graben herbeiführen. Dieser Gefahr zu begegnen war seitwärts von der Straße, auf eine Stelle von etwa vier bis fünf Metern, längs des ausgemauerten Grabens eine Querbarrière errichtet worden. Die Vorkehrung war indes, wie der Erfolg gelehrt hat, für ihren Zweck nicht ausreichend. Die Barrière war nicht lang genug. Der Verunglückte ist an einer Stelle in den Graben gestürzt, die ungefähr fünf Meter von der Straße entfernt lag, wo also die Barrière eben aufgehört hatte. Wäre das Geländer nur einen Meter länger gewesen, würde es den Verunglückten vor dem tödlichen Sturze sicher bewahrt haben. Es fragt sich mithin nur, ob die unterlassene Verlängerung der Barrière dem Vertreter der Beklagten zum Verschulden gereicht, ob dieser insbesondere sich bei Anwendung der durch seine Amtspflicht gebotenen Aufmerksamkeit hätte zum Bewußtsein bringen müssen, daß ein Straßenpassant in der Dunkelheit an der Unfallstelle zu Schaden kommen konnte. War dies der Fall, so hat er die im Verkehr erforderliche Sorgfalt außer Acht gelassen und der Vorwurf einer fahrlässigen Amtspflichtenverletzung ist ihm alsdann nicht zu ersparen (§ 839 mit § 276 BGB.). Die Frage ist zu bejahen. Fällt aber dem Gemeindevorstande eine Fahrlässigkeit zur Last, so begründet dies nach einem Satze des sächsischen öffentlichen Gewohnheitsrechtes zugleich die Haftung der Beklagten.

Gleichgültig ist hierbei der Grad des dem Vorstande zur Last fallenden Verschuldens, so daß nicht untersucht zu werden braucht, ob grobe oder geringe Fahrlässigkeit anzunehmen sein würde. Wenn in Sachsen auf diesen Unterschied bisher Gewicht gelegt wurde, indem man den Staat und die Gemeinde für die Versehen ihrer Beamten nur dann haftbar werden ließ, wenn er sich bei Ausübung der ihm anvertrauten öffentlichen Gewalt Vorsatz oder grobe Fahrlässigkeit hatte zu schulden kommen lassen, so beruhte das darauf, daß auch die Beamten ihrerseits zeither nur in diesem beschränkten Umfange schadensersatzpflichtig waren (§§ 1506, 1507 Sächs. BGB.). Infolge der veränderten Gesetzgebung ist die Schranke gefallen. Nach dem Rechte des BGB., das hier Anwendung finden muß, haben die Beamten fortan auch für geringe Fahrlässigkeit einzustehen (§ 839). Dies führt von selbst zu einer entsprechenden Erweiterung der Haftpflicht des Staates und der Gemeinden. Denn der Grund, der zur gewohnheitsrechtlichen Anerkennung der sächsischen Syndikatsklage geführt hat, ist augenscheinlich der, daß dem Beamten im Verhältnis zu dem beschädigten Dritten die Schadensersatzpflicht abgenommen werden sollte, unter gleichzeitiger Übertragung derselben auf den leistungsfähigeren Staats- oder Gemeindeverband, wennschon unter Vorbehalt des Rückgriffes an den schuldigen Teil (Grützmann, Lehrbuch II § 190 S. 176, 177). Die Grenzen der den Beamten treffenden Haftpflicht bestimmt aber das jeweilige bürgerliche Recht. Der Syndikatsanspruch würde eine Lücke haben, wenn der Staat und die Gemeinde jetzt nur noch teilweise für die gegen ihre Beamten aus § 839 erwachsenen Schädenansprüche einzustehen brauchten (übereinstimmend: Otto im Sächs. Arch. 9 S. 25). Dr. W.

d) **Haftung des Fabrikbesitzers für den Unfall eines Arbeiters auf der Treppe zum Schlafraum. Entschuldigungsgründe.**

OLG. Stettin, III. CS. Urteil v. 14. Februar 1902.

... Der § 823 Abs. 2 BGB. ist nur anwendbar in solchen Fällen, für die der Schutz des Gesetzes bestimmt ist. Auf § 823 Abs. 1 kann aber wegen der festgestellten Übertretung die Klage nicht gestützt werden, da für Beklagte nicht voraussehbar war, daß jemand infolge des am Fenster fehlenden Geländers die Treppe hinunterfallen könnte.

Kläger haben behauptet, daß Beklagte den § 618 BGB. und den § 120a GewO. übertreten habe. Insoweit ist die Klage auf den Dienstvertrag und § 823² BGB. gestützt. Danach hat der Dienstberechtigte bezw. Gewerbeunternehmer die Arbeitsräume so einzurichten, daß die Arbeiter gegen Gefahr für Leben und Gesundheit nach Möglichkeit geschützt sind. Der Raum, zu dem die Treppe führte, diente den Arbeitern als Schlafraum, in dem sie sich während der Arbeitspausen aufhalten und ausruhen konnten. Dieser Raum mag zu den Arbeitsräumen zu rechnen sein. Beklagte war daher aus dem Dienstvertrage gesetzlich verpflichtet, diesen Raum und den Zugang dazu so einzurichten, daß die Arbeiter gegen Gefahren nach Möglichkeit geschützt waren. Nach dem Gutachten des Sachverständigen hat Beklagte gegen diese Verpflichtung objektiv verstoßen. Um genügenden Schutz zu gewähren, hätte die Treppe mit Handläufern versehen sein müssen. Ob diese Annahme richtig ist, kann dahingestellt bleiben. Denn selbst wenn Beklagte objektiv gegen diese Vorschrift verstoßen hätte, und selbst wenn ein Kausalzusammenhang zwischen diesem Verstoß und dem Unfall als vorliegend angenommen werden müßte, so würde Beklagte doch für den Unfall nur haftbar gemacht werden können, wenn ihr ein Verschulden zur Last fiele. Es steht aber schon fest, daß ein Verschulden auf seiten der Beklagten nicht vorliegt. Zwar gilt der Arbeitgeber nicht in allen Fällen schon dadurch für entschuldigt, daß die Polizei revidiert, den Mangel nicht gerügt und eine Abänderung nicht angeordnet hat. Der Arbeitgeber hat selbständig die Verpflichtung, für die zum Schutze der Arbeiter notwendigen Verpflichtungen Sorge zu tragen (Entsch. d. RG. 12 S. 49, 130). Es ist im einzelnen Falle zu prüfen, ob der Arbeitgeber diese Verpflichtung erfüllt hat. Vorliegend handelt es sich um die Anlage einer Treppe in einem Neubau. Die Beklagte hat die Ausarbeitung des Planes einem sachverständigen Baumeister übertragen. Der Kreisbaumeister hatte die Pläne geprüft, den Rohbau und den vollendeten Bau revidiert und nichts zu erinnern gefunden. Der Bau war dann polizeilich abgenommen. Nun ist zu berücksichtigen, daß der § 618 BGB. und § 120a GewO. nicht im einzelnen vorschreiben, was zu geschehen hat. Beklagte konnte daher wohl annehmen, daß der von ihr beauftragte Baumeister und der Kreisbaumeister den damals schon geltenden § 120a beachtet hätten. Daß sie nicht noch anderweitige Erkundigungen eingezogen hat oder selbst noch auf den Gedanken gekommen ist, bei der Treppe Handläufer anzubringen, kann ihr nicht zum Verschulden gerechnet werden. Die Klage läßt sich daher nicht auf § 823 ¹ BGB. stützen. M.

e) **Schadensersatz wegen Ehrverletzung.**

OLG. Hamburg, IV. CS. Urteil v. 9. Mai 1902.

Für die Frage, ob durch Ehrverletzung ein Schadensersatzanspruch entstanden ist, kommt nicht bloß der § 824 BGB. in Betracht; gemäß § 825 ² BGB. haben vielmehr auch die Vorschriften §§ 185, 186, 187 StrGB. Geltung, vorausgesetzt, daß ein Thatbestand vorliegt, wie solcher nach diesen Vorschriften als Grundlage einer Bestrafung vorhanden sein müßte, wobei dann aber auch der für § 824 ² vorbildlich gewesene § 193 StrGB. nicht außer acht gelassen werden darf... M. M.

f) **Dienstbeschädigung im Sinne des § 59 Militärpensionsges. vom 27. Juni 1871 erfordert ursächlichen Zusammenhang zwischen der Beschädigung und dem Dienst. — Haftung des Reichsmilitärfiskus für das Umfallen einer Telegraphenstange, die zu einer zu militärischen Übungszwecken errichteten Telegraphenleitung gehört.**

OLG. Colmar, III. CS. Urteil v. 17. Juni 1902.

Auf Befehl der Cavalleriebrigade wurde für Übungszwecke der beiden in S. garnisonierenden Regimenter auf Grund und Boden der Stadt S. eine Telegraphenleitung errichtet. Von einer umfallenden Telegraphenstange wurde der Soldat M. erschlagen. Für den seinen Eltern durch seinen Tod entstandenen Schaden wurde der Reichsmilitärfiskus für ersatzpflichtig erklärt. Gründe:

1. Der vom Kriegsministerium auf das Gesuch der Kläger erlassene Bescheid enthält keine — nach § 115 Pensionsges. vom 27. Juni 1871 für die gerichtliche Beurteilung bindende — Entscheidung dahin, daß die vom Sohne der Kläger erlittene Beschädigung nicht als eine Dienstbeschädigung (§ 59) anzusehen sei. Das Gesuch war, soweit aus der Antwort erkennbar ist, nur allgemein auf „Gewährung einer angemessenen Entschädigung" —

insbesondere war nicht auf ein bestimmtes, wie das angeführte Gesetz und auf die zu dessen Abänderung und Ergänzung erlassenen späteren Gesetze gestützt. Das Kriegsministerium hatte also keinen Anlaß, eine ausdrückliche Entscheidung im Sinne des § 115 zu treffen, und hat dies nach dem Inhalt seines Bescheides auch nicht gethan, am wenigsten in dem Sinne, daß keine Dienstbeschädigung vorliege. Denn dies ergiebt sich keineswegs daraus, daß das Anrecht des Gesuchstellers auf Entschädigung verneint wird. Näher läge der Schluß, daß das Kriegsministerium in seinem Bescheide — gleich dem Vertreter des beklagten Fiskus — von der Auffassung ausgeht, daß eine Dienstbeschädigung in Frage stehe. Denn gerade in diesem Falle ist der Anspruch der Kläger von vornherein unbegründet. Der Art. 20 des Ges. vom 22. Mai 1893 will nicht das Fürsorgegesetz vom 15. März 1886 über seinen Rahmen hinaus auf andere Dienstbeschädigungen, welche nicht Betriebsunfälle sind, ausdehnen, sondern hat umgekehrt, wie sich aus seiner Wortfassung und der Begründung (Reichstagsbericht 1892/93 Anlageband 2 S. 674) zweifellos erhellt, eine beschränkende Bedeutung. Er ist u. a. durch die auf Grund der Art. 1382, 1384 Code civil ergangene Rechtsprechung des Reichsgerichtes (vgl. Bolze 4 Nr. 1026a) veranlaßt und will verhindern, daß bei Dienstbeschädigungen von Militärpersonen andere landesrechtliche Normen neben den Spezial-Reichsgesetzen in Anwendung kommen. Diese Reichsgesetze geben nun aber den Klägern keinen Anspruch, weder die Pensionsgesetze — da diese die Ascendenten verstorbener Pensionsberechtigter, außer im Kriegsfall und bei Seedienst (§§ 96, 94 Ges. vom 27. Juni 1871), nicht berücksichtigen —, noch das Unfallfürsorgegesetz, da dieses die Beschäftigung des Verletzten in einem reichsgesetzlich der Unfallversicherung unterliegenden Betriebe zur Voraussetzung hat, was hier nicht zutrifft.

2. Es ist also in erster Linie zu prüfen, ob eine Dienstbeschädigung vorliegt. . . Als solche ist nach § 59b des Militärpensionsges. anzusehen: . . . „bei Ausübung des aktiven Militärdienstes im Kriege oder Frieden erlittene äußere Beschädigung“. Eine „Beschädigung bei Ausübung des Dienstes“ setzt einen ursächlichen Zusammenhang zwischen der Beschädigung und dem Dienste voraus, ebenso wie der „Unfall beim Betrieb“ im Sinne der Unfallversicherungsgesetze und des Haftpflichtgesetzes einen ursächlichen Zusammenhang zwischen dem Unfall und dem Betrieb voraussetzt (vgl. Entsch. d. RG. 24 S. 117). Diese innerlich wohlbegründete, auch der anfänglichen Auffassung des preuß. Kriegsministeriums entsprechende Begriffsbestimmung der „Dienstbeschädigungen“, wonach eine Beschädigung durch den Dienst verlangt war, kann nicht deswegen — zu Ungunsten der Kläger — aufgegeben werden, weil später — zu Gunsten der Invalidenansprüche — die Verwaltungspraxis der Militärbehörde den Begriff der Dienstbeschädigung auf jede „während der Ausübung der dienstlichen Handlungen ohne eigenes Verschulden erlittene Beschädigung“ ausgedehnt hat (vgl. den Erlaß des preuß. Kriegsminist. vom 20. Januar 1875 und die im Anschluß an diesen Erlaß ergangene Dienstanweisung und Instruktion in der

Sammlung der Militärgesetze des Deutschen Reiches Berlin 1890, 2 Abschn. V S. 41, 92, 118). Es ist vielmehr daran festzuhalten, daß ein bloß zeitliches und örtliches Zusammentreffen der Beschädigung mit dem Dienst nicht genügt, um den Begriff der Dienstbeschädigung zu erfüllen. Mehr aber ist hier nicht gegeben: Der Getötete befand sich im Augenblick der Verletzung allerdings auf dienstlichem Fahrrad auf dem Wege zum, und vielleicht insofern im Dienste. Die Verletzung selbst steht aber zu seinem Dienste in keinem ursächlichen Zusammenhange. Mit der Telegraphenleitung hatte der Getötete dienstlich nichts zu thun, und es ist rein zufällig, daß der von der fallenden Stange Getroffene ein Soldat war, ebenso rein zufällig, daß die Telegraphenstange, die ihn erschlug, militärisches Eigentum war. Hiernach liegt eine Dienstbeschädigung nicht vor (vgl. JW. 1902 S. 446 Nr. 13).

3. Die Frage, ob — in Ermangelung anwendbarer Spezialgesetze — das BGB. den Klägern einen Anspruch gegen den Reichsmilitärfiskus gewährt, ist zu bejahen. Da ein Vertragsverhältnis zwischen den Parteien nicht besteht, kann dieser Anspruch nur auf §§ 823ff. gestützt werden. Die außerdem angerufenen §§ 89, 31 kommen deshalb nicht in Betracht, weil die schädigende Handlung oder Unterlassung keinesfalls einem verfassungsmäßig berufenen Vertreter des Beklagten zur Last fällt. Es kann vielmehr nur in Frage kommen, ob einen Beauftragten oder Angestellten der Militärbehörde (§ 831) ein Verschulden trifft. Das angefochtene Urteil führt den Unfall auf das Verschulden der beiden Ulanenregimenter zurück als „derjenigen Behörden, welche die fragliche Telegraphenleitung zu überwachen hatten“. Allerdings kann ein Versehen nicht von einem Regiment, nicht einmal von einer juristischen Person, sondern nur von einer physischen Person begangen werden. Der erste Richter hat dies schwerlich verkannt, sondern sich nur des kurzen Ausdruckes bedient. Denn auf die Feststellung der verantwortlichen Person kommt es untergebens nicht an, wenn es nur feststeht, daß es eine Person ist, für welche der Beklagte die Verantwortung trägt. Dies ist festgestellt. Unbestritten ist, daß die Telegraphenleitung, zu welcher die Stange gehörte, die den Sohn des Klägers erschlagen hat, auf Befehl der 30. Kavalleriebrigade für die beiden Ulanenregimenter errichtet ist; daß eine ständige Überwachung der Leitung nicht angeordnet war und nicht stattgefunden hat; daß erst nach dem Unglücksfall das Generalkommando des 15. Armeekorps das Garnisonkommando von S. angewiesen hat, für eine regelmäßige periodische Revision Sorge zu tragen, und daß daraufhin das eine Ulanenregiment mit der ständigen Aufsicht beauftragt worden ist. Es unterliegt hiernach keinem Zweifel, daß von einem Offizier oder einem Beamten, welcher im Sinne des § 831 von der Militärbehörde angestellt war, die im Verkehre erforderliche Sorgfalt bei Überwachung unterlassen worden ist, wobei dahingestellt bleiben kann, wer der schuldige Stelleninhaber (des Regiments, der Brigade oder des Garnisonskommandos) gewesen ist. Ebenso zweifellos ist, daß durch die mangelhafte Überwachung der Tod des Sohnes der Kläger (§ 823) verursacht

und dadurch der Klagegrund aus § 844² gegeben ist. Dies trifft sowohl dann zu, wenn die Fäulnis des Holzes, als wenn die Loslösung des Verankerungsdrahtes die nächste Ursache des Sturzes der Stange war, als endlich dann, wenn beide Umstände zusammenwirkten. In allen Fällen wäre der Sturz nicht erfolgt, wenn eine entsprechende Aufsicht über die Telegraphenleitung geübt worden sein würde.

Nach Art. 77 EG. z. BGB. wäre aber allerdings § 831 dann nicht anwendbar, wenn die schuldhafte Unterlassung des Offiziers oder sonstigen Angestellten der Militärbehörde in Ausübung der ihm anvertrauten öffentlichen Gewalt (Militärhoheit des Reiches) stattgefunden hätte. Dies ist jedoch zu verneinen. Die Telegraphenleitung diente zwar einem rein dienstlichen Übungs- und Verkehrszwecke, nicht dem Erwerbe. Gleichwohl ist die Unterhaltung und Beaufsichtigung der Leitung als eines dem Militärfiskus gehörigen Vermögensgegenstandes eine privatrechtliche Angelegenheit, also ist, wie eben ausgeführt, § 831 in Verbindung mit §§ 823, 844² maßgebend.

4. Die Klage ist aber ferner auch nach §§ 836, 837 begründet. Unbestritten ist der Beklagte Eigenbesitzer der Telegraphenleitung, die er auf einem fremden Grundstück, in Ausübung der ihm von der Gemeinde S. als Eigentümerin des Grundstückes erteilten Berechtigung hat errichten lassen. Als Eigenbesitzer eines mit einem Grundstücke verbundenen Werkes, haftet er den Klägern, als den unterhaltsberechtigten Eltern des Getöteten, für den ihnen durch die Tötung erwachsenen Schaden. Denn die Tötung ist durch Ablösung von Teilen der Telegraphenleitung erfolgt, und diese Ablösung ist die Folge fehlerhafter Errichtung oder mangelhafter Unterhaltung der Leitung. Die dem Beklagten — wie im Falle des § 831 — zustehende Einrede, daß er bezw. sein Organ bei Anlage und Überwachung der Leitung zum Zweck der Abwendung der Gefahr die im Verkehre erforderliche Sorgfalt beobachtet habe, ist nicht geltend gemacht. Es steht übrigens fest, daß diese Sorgfalt nicht beobachtet worden ist. Frdth.

g) **Ablösung von Teilen eines Gebäudes (Herausfliegen einer Thürscheibe). BGB. § 836.**

OLG. Hamburg, II. CS. Urteil vom 21. Juni 1902.

... Die [den Eingang zur Badeanstalt bildende] Thür stellt den Bestandteil eines Gebäudes oder eines mit dem Grundstücke verbundenen Werkes dar. Auch ist das Herausfliegen und Zersplittern der großen in dieser Thür befindlich gewesenen Glasscheibe als ein „Ablösen" eines Teiles der Thür anzusehen. Das Gesetz setzt, indem es von „Ablösen" spricht, nicht etwa den teilweisen Einsturz des Gebäudes, sondern nur ein Sich-Trennen einzelner Bestandteile des Werkes vom Ganzen, eine Aufhebung des bisherigen Zusammenhanges voraus. Auf die Größe und die Bedeutung des losgelösten Teiles im Vergleich zum Ganzen kommt es nicht an. Ein vom Dache fallender Ziegel, eine Fensterscheibe sind ebensowohl Teile des Ganzen, wie ein herabstürzender ganzer Balkon oder Ähnliches... M. M.

**h) Für einen von mehreren Tieren gemeinschaftlich angerichteten Schaden haften die mehreren Tierhalter als Gesamtschuldner. BGB. §§ 833, 830, 840.**

OLG. Celle, I. CS. Urteil v. 10. Juni 1902.

Der vom § 833 erforderte Thatbestand stellt allerdings keine unerlaubte Handlung im wissenschaftlichen Sinne dar, da dieser Paragraph eine Haftung des Tierhalters für den vom Tiere angerichteten Schaden, abgesehen von einem Verschulden des Verpflichteten, aus dem Gedanken heraus normiert, daß nach Billigkeitserwägungen der Nächste zum Tragen des zufällig durch das Verhalten des Tieres entstandenen Schadens der ist, der im eigenen Interesse das Tier gehalten und damit die Möglichkeit, daß Schaden von demselben angerichtet wurde, erst eröffnet hat. Trotzdem unterliegt die Haftung des Tierhalters aus § 833 auch den §§ 830, 840. Hierauf deutet einmal die Stellung der Vorschrift im Titel „Unerlaubte Handlungen", sowie der Umstand hin, daß die Verjährungsfrist des § 852 sowie der in § 32 CPO. für Ansprüche aus unerlaubten Handlungen normierte Gerichtsstand auch auf die im 25. Titel des BGB. aufgeführten Quasidelikte Anwendung finden. Entscheidend fällt aber ins Gewicht, daß sowohl die Entstehungsgeschichte als auch die Fassung des § 840 kaum einen Zweifel darüber läßt, daß dieser Paragraph unter den „unerlaubten Handlungen" auch die Fälle der Haftung ohne Verschulden, soweit sie im 25. Titel des BGB. geregelt sind, mitbegreifen will. In dem von der zweiten Kommission beratenen Entwurfe finden sich mehrfach Bestimmungen, wonach der für einen Schaden ohne Verschulden Haftende neben einem anderen als Gesamtschuldner verpflichtet ist, nämlich

a) die Mehreren, die ein Tier halten, sowie der aufsichtspflichtige Dritte neben dem Tierhalter §§ 734, 734a (vgl. Prot. 2 S. 646);

b) die mehreren Eigentümer eines Gebäudes, die nach dem § 735 des Antrages 2 für den durch Einsturz des Gebäudes entstandenen daselbst näher bezeichneten Schaden auch ohne Verschulden haften sollten (vgl. Prot. 2 S. 651, Antrag 2 S. 654);

c) die mehreren Jagdberechtigten (vgl. das. S. 806, 836).

Alle diese Vorschriften sind später zusammen mit den Anordnungen über die gesamtschuldnerische Haftung der schuldhaften Schadensstifter zu dem jetzigen § 840, der nach Prot. 2 S. 836 nur eine redaktionelle Änderung herbeiführen sollte, verschmolzen worden. Erwägt man dabei, daß auch im römischen Rechte, dem das BGB. in diesem Punkte im wesentlichen folgt, die solidarische Verpflichtung der mehreren bei einem Quasidelikte Beteiligten anerkannt war und nimmt man ferner hinzu, daß § 840¹ gerade für den § 835³, der die Haftung der durch Gesetz zu einem Verbande vereinigten Jagdberechtigten regelt, eine Ausnahme zu machen für nötig hält, und daß in dem das Verhältnis mehrerer Schadensersatzpflichtigen zu einander ordnenden Abs. 3 § 840 der § 833 ausdrücklich mit erwähnt wird, so kann man sich der Schlußfolgerung nicht entziehen, daß der § 840 unter dem Ausdrucke „unerlaubte Handlungen" auch die im 25. Titel normierten Fälle der Haftung ohne Verschulden, insbesondere den § 833 mitumfaßt. Daß aber der Sprachgebrauch des § 830 ein ganz anderer sein sollte, ist bei dem Fehlen jedes dafür sprechenden Umstandes umsoweniger anzunehmen, als der § 830 mit § 840 im innigsten Zusammenhange steht, und der Inhalt dieser beiden Paragraphen sowohl in der Wissenschaft als in den Quellen des gemeinen Rechtes im Zusammenhange erörtert wurde (vgl. l. 11 § 2, l. 51 D ad leg. Aquil. 9 2). Ein anderes läßt sich auch nicht daraus folgern, daß in den Motiven 2 S. 806 und in den Prot. 2 S. 606 von einem Verschulden des Schädigenden die Rede ist, da im ersten Entwurfe, abgesehen vom § 729, eine Haftung ohne Verschulden in diesem Titel gar nicht normiert ist, und da sich zudem die Erwähnung des Verschuldens zwanglos daraus erklärt, daß der betreffende Antragsteller nur die Hauptfälle im Auge hatte und die wenig zahlreichen Fälle der Haftung ohne Verschulden übersah.

Wenn aus den Drucksachen der Kommission und des Plenums des Reichstages nicht deutlich hervorginge, daß bei der Erweiterung der Haftung des Tierhalters im Reichstage an die Frage der Solidarhaftung überhaupt nicht gedacht worden ist, so würde das so gewonnene Ergebnis noch eine weitere Stütze durch die Erwägung erhalten, daß der Gesetzgeber, nämlich der Reichstag durch die von ihm vorgenommene Änderung lediglich eine Erweiterung der Haftung herbeizuführen beabsichtigte, daß aber bei Annahme der Gegenansicht insofern eine Einschränkung dieser Haftung eingetreten sein würde, als das nach der Gegenansicht für die Solidarhaft des Tierhalters erforderliche Verschulden des Verpflichteten von dem Ersatzberechtigten zu beweisen sein würde, während es nach der Regierungsvorlage umgekehrt Sache des Verpflichteten war, das Fehlen seines Verschuldens, die Beobachtung der erforderlichen Sorgfalt darzuthun. W. H.

---

## 50

### a) Bedingte Auflassung; Bedingtheit des kausalen Geschäftes.

OLG. Colmar, II. CS. Beschluß v. 30. Juni 1902.

Das Landgericht hat zutreffend ausgeführt, daß die Auflassung unter einer Bedingung erfolgt sei, da zur Zeit der Auflassung die jetzigen Eheleute A. nicht Eheleute waren und ein Gesamtgut nicht bestand. Die Behauptung der Beschwerdeführer, eine Auflassung trete erst in Erscheinung in dem Augenblicke, in dem sie durch den Eintragungsantrag dem Grundbuchamte gegenüber geltend gemacht wird, beruht auf einer Verschiebung der zeitlichen Beurteilung der Auflassungserklärung, für welche es an jeder gesetzlichen Grundlage fehlt; die Auflassung tritt vielmehr in die äußere Erscheinung mit ihrer Erklärung, denn dadurch wird sie der Außenwelt mitgeteilt. Rechtlich unhaltbar ist die Behauptung des Beschwerdeführers, die Auflassung sei nur so lange unwirksam, als die Bedingung in Schwebe sei, und werde wirksam, wenn die Bedingung durch Erfüllung oder aus anderen Gründen in Wegfall komme. Nach § 925 [2] BGB. ist eine Auflassung, die unter einer Bedingung erfolgt, unwirksam. Einer Auflassung darf eine Bedingung überhaupt nicht beigefügt werden, weil die Auflassung, die unter einer Bedingung erfolgt, unwirksam, d. h. nichtig ist. Ein nichtiges Rechtsgeschäft hat aber durchaus keine rechtliche Existenz, es kommt nie zur Entstehung. Die Bedingung, welche einem solchen Rechtsgeschäfte beigefügt ist, kann somit auch niemals in Erfüllung gehen und ein Schwebezustand nicht aufgehoben werden, da er niemals bestanden hat.

Die Beschwerdeführer gehen auch von einer falschen Ansicht aus, wenn sie den notariellen Akt als einen einheitlichen Vertrag ansehen, der durch die condicio juris des Eheabschlusses bedingt sei. Der Akt enthält vielmehr verschiedene selbständige Verträge zwischen verschiedenen Parteien, den Ehevertrag zwischen den Brautleuten, die Schenkung zwischen den Eltern des Bräutigams und diesem selbst, den Auflassungsvertrag zwischen den Schenkgebern und den zukünftigen Eheleuten. Das Landgericht führt nun richtig aus, daß der Eheabschluß für die Regelung des künftigen ehelichen Güterstandes eine Rechtsbedingung sei, nicht aber für die Schenkung Dritter an die Brautleute und die dingliche Erfüllung dieser Schenkung. — Das Landgericht tritt auch nicht in Widerspruch mit seinem Beschlusse vom 3. Dezember 1901. In der dieser Entscheidung zu Grunde liegenden Auflassungserklärung sind die Parteien einig, daß das Eigentum auf die Beschenkten übergehen solle, bei der angefochtenen Entscheidung erklären die Parteien einig zu sein, daß das Eigentum auf die künftigen Eheleute übergehen solle. Im ersten Falle also ist das Kausalgeschäft bedingt, die Auflassung aber unbedingt. Im vorliegenden Falle ist sowohl das Kausalgeschäft als auch die Auflassung ihrem Wesen nach dadurch bedingt, daß die Ehe zwischen den Brautleuten zu stande kommt. Dr. Fr.

### b) Erfordernis der staatlichen Genehmigung bei Grunderwerb durch eine katholische Kirchengemeinde in Preußen.

Kammergericht, I. CS. Beschluß v. 7. Juli 1902.

Die katholische Kirchengemeinde zu X. (Rheinprovinz) kaufte durch einen Akt, in dem auch die Auflassungserklärungen enthalten waren, von A. ein Grundstück für 3200 Mark und von B. zwei Grundstücke für 3000 Mark. Die Umschreibung wurde abgelehnt, weil die Genehmigung der staatlichen Aufsichtsbehörde nicht beigebracht sei. Der weiteren Beschwerde des Kirchenvorstandes wurde stattgegeben. Aus den Gründen:

Zunächst ist die Ansicht des Amtsgerichtes, der § 50 [1] des Gesetzes vom 20. Juni 1875 über die Vermögensverwaltung in den katholischen Kirchengemeinden, welcher bestimmte, daß bei dem Erwerbe von Grundeigentum für die Kirchengemeinde die Beschlüsse des Kirchenvorstandes und der Gemeindevertretung zu ihrer Gültigkeit der Genehmigung der staatlichen Aufsichtsbehörde bedürfen, sei vom Art. 7 des Ausf.-Ges. zum BGB. unberührt geblieben, rechtsirrtümlich. Der Art. 86 EG. zum BGB. hat die landesgesetzlichen Vorschriften, welche den Erwerb von Rechten durch juristische Personen beschränken oder von staatlicher Genehmigung abhängig machen, aufrecht erhalten, soweit diese Vorschriften Gegenstände im Werte von mehr als 5000 Mark betreffen. Auf Grund dieser Bestimmung ist im Ausf.-Ges. Art. 7 § 1 Abs. 1 die allgemeine Vorschrift gegeben, daß juristische Personen, die in Preußen ihren Sitz haben, zum Erwerbe von Grundstücken im Werte von mehr als 5000 Mark der Genehmigung der staatlichen Aufsichtsbehörde bedürfen. Durch diese Vorschrift ist der Gegenstand für Preußen neu und gleichmäßig geregelt, und es ist dadurch auch der § 50¹ cit. abgeändert worden. Das ergiebt sich unzweifelhaft aus der Begründung zu Art. 7. Die Begründung erwähnt die bestehenden Vorschriften, welche staatliche Genehmigung für Erwerbshandlungen juristischer Personen gebieten und unter diesen ausdrücklich der § 50, und fährt dann fort: „Alle diese Bestimmungen bleiben an sich nach Art. 86 EG. zum BGB. für Gegenstände im Werte von mehr als 5000 Mark in Kraft. Der Entwurf setzt an ihre Stelle eine für alle preußischen juristischen Personen geltende einheitliche Regel (Art. 7 § 1 Abs. 1)." Das Amtsgericht meint zwar, der § 50¹ sei um deswillen vom neuen Rechte unberührt geblieben, weil er öffentlich-rechtlichen Charakter habe, während das BGB. und seine Nebengesetze nur privatrechtliche Normen enthielten und nur privatrechtliche Vorschriften des Landesrechtes beseitigen wollten. Der wesentlich privatrechtliche Charakter des BGB. und der mit ihm in Kraft getretenen Reichs- und Landesgesetze hindert jedoch nicht, daß durch einzelne Vorschriften auch solche bestehende gesetzliche Bestimmungen abgeändert sind, welche nicht ausschließlich dem Privatrecht angehören, sondern wie der § 50 zugleich aus staatsrechtlichen Erwägungen hervorgegangen sind.

Rechtsirrtümlich sind aber auch die Gründe des Landgerichtes, welches die staatliche Genehmigung zwar nicht aus § 50¹ für erforderlich hält, sie aber verlangt, weil der Wert der drei Grundstücke zusammengerechnet den Betrag von 5000 Mark übersteige. Allerdings hat die XV. Kommission des Abgeordnetenhauses die Worte des Art. 7 §. 1 des Ausf.-Ges. in der Vorlage: „Juristische Personen, die in Preußen ihren Sitz haben, bedürfen zum Erwerbe des Eigentumes an einem Grundstücke" durch die Worte: „Juristische Personen, die in Preußen ihren Sitz haben, bedürfen zum Erwerbe von Grundstücken", die auch Gesetz geworden sind, ersetzt, um dadurch zum Ausdruck zu bringen, daß, wenn es sich um den Erwerb von mehreren Grundstücken handelt, der gesamte, den Gegenstand eines einheitlichen Erwerbsaktes bildende Wert entscheidend sei (Drucksachen 1899 Nr. 227). Ein einheitlicher Erwerbsakt liegt aber hier nicht vor, trotzdem der Kaufvertrag und die Auflassungserklärungen in Ansehung der sämtlichen Grundstücke in einem notariellen Protokoll zusammengefaßt sind. Die Einheitlichkeit des Erwerbsaktes wird hier dadurch ausgeschlossen, daß die Kirchengemeinde die Grundstücke von mehreren Verkäufern erwirbt. Von einem Verkäufer kann jemand einheitlich mehrere Grundstücke erwerben, so für die beiden Grundstücke von dem B., von mehreren Verkäufern mehrere Grundstücke aber nur durch verschiedene Erwerbsakte. Die verschiedenen Erwerbungen sind durch zufällige Vereinigung in der neuen Urkunde nur rein äußerlich miteinander verknüpft (vgl. auch Planck, Anm. 4 zu Art. 86 EG. zum BGB.). Mz.

---

## 51

### a) Eintragung einer Hypothek auf die Firma eines Einzelkaufmannes.

OLG. Colmar, II. CS. Beschluß v. 10. Juli 1902.

Dem Beschwerdeführer, der im Betriebe seines Bankgeschäftes einem anderen Kaufmanne vertraglich Kredit gewährt hat, ist hierfür eine Sicherungshypothek eingeräumt. Kreditgewährung und Hypothekenbestellung geschahen unter der auf ihn allein übergegangenen Firma A. & B. Die Eintragung wurde abgelehnt; der weiteren Beschwerde jedoch stattgegeben. Aus den Gründen:

Die Firma ist der Name, unter welchem der Kaufmann im Handel seine Geschäfte betreibt, seine Unterschrift, auch sogar seine Wechselunterschrift abgiebt, unter dem er klagen und verklagt werden kann. Es ist kein Grund vorhanden, von diesem Grundsatze dann eine Ausnahme zu machen, wenn der Kaufmann in seinem Handelsgewerbe Eigentum erwirbt oder auf Grund eines von ihm etwa erwirkten Urteiles gemäß § 866 CPO. Zwangsvollstreckung durch Eintragung einer Sicherungshypothek einleiten will. Im Bescheide vom 23. Februar 1875 (Johow 5 S. 126) hat das Kammergericht angenommen, daß ein Kaufmann, der nicht in einem Gesellschaftsverhältnisse steht, unter seiner Firma Hypothek für Forderungen aus Handelsgeschäften erwerben kann. Allerdings hat es im Beschlusse vom 25. Juni 1883 (Jahrbuch 4 S. 133) seine Ansicht gewechselt und die Unzulässigkeit der Eintragung aufgestellt. Wenn die gegenteilige, die Zulässigkeit der Eintragung verneinende Ansicht sich auf diesen späteren Beschluß stützt, so trägt sie der veränderten Gesetzgebung nicht genügend Rechnung. Dabei kommt nicht nur die Ersetzung des § 23 preuß. Ges. vom 5. Mai 1872, der den Namen eines bestimmten Gläubigers verlangt, durch § 1115 BGB., der sich mit der Angabe des Gläubigers begnügt, und die Erweiterung des § 17 HGB. durch den in Absatz 2 aufgenommenen Zusatz, sondern vor allem und ausschlaggebend der Umstand in Betracht, daß der Art. 275 HGB. in das neue HGB. nicht übernommen ist, so daß der früher angegebene Grund, daß Verträge über unbewegliche Sachen keine Handelsgeschäfte seien, jetzt nicht mehr zutrifft.

Nicht uninteressant erscheint die Thatsache, daß selbst die Gegner nicht soweit gehen, die Nichtigkeit der auf die Firma des Einzelkaufmannes eingetragenen Hypothek zu behaupten; vgl. Eccius 3 § 198 Nr. 19a; Planck 3

S. 458. — Ebensowenig wie die Genannten begründen Förster-Turnau § 1115[1] und Oberneck § 117b ihre abweichende Ansicht. . . . Auf demselben Standpunkte steht Neumann, BGB. § 1115 Anm., und Biermann, Sachenrecht, begründet in Anm. 1a zu § 1115 diese Ansicht damit, daß eine genügende Bestimmtheit nicht vorliege. Das dürfte auch für die Vorgenannten maßgebend sein, während Staudinger den Grund darin findet, da ja die Hypothek nicht allen künftigen Erwerbern der Firma zukommen soll.

Demgegenüber ist zu bemerken: Zum Unterschiede von § 23 Ges. vom 5. Mai 1872 beschränkt sich § 1115 BGB. auf die Mußvorschrift der „Angabe des Gläubigers". Dazu bemerken die Motive S. 641, „aus dem Grundbuchrechte läßt sich für die Hypothek nur das Erfordernis der Bestimmtheit des Gläubigers ableiten". Unter Bestimmtheit ist im Sinne des § 1113 die Möglichkeit zu verstehen, die Identität des Gläubigers festzustellen. „Nicht verlangt wird (Dernburg 3 S. 223), daß die Eintragung auf den Namen eines bestimmten Gläubigers geschehe. Selbstverständlich hat die Eintragung so genau zu erfolgen, daß keine begründeten Zweifel an der Identität des Gläubigers aufkommen können." Nur in diesem Sinne kann den Ausführungen Staub's (HGB. § 17 Anm. 3), daß der Grundbuchrichter mit dem höchst erreichbaren Grade von Erkennbarkeit die Identität des Gläubigers ersichtlich zu machen habe, beigepflichtet werden. Soweit sie darüber hinausgehen, sind sie, wie Fuchs (GrBG. § 1115b[bb]) geltend macht, ohne Beweiskraft, weil sie zuviel beweisen. Denn sie sind nur dann erheblich, wenn man in der Firmenbezeichnung eine nicht ausreichende Bestimmtheit oder Bestimmbarkeit des Gläubigers erblickt. Wäre das der Fall, dann könnte das Gesetz unmöglich Wechselunterschriften, Klageschriften unter der Firma eines Einzelkaufmannes zulassen und es müßte die auf die Firma des Einzelkaufmannes eingetragene Hypothek nichtig sein, weil es ihr an einer ausreichenden Bestimmtheit fehlt, — eine Folgerung, der man sich nicht entziehen könnte, die jedoch, wie schon bemerkt, von keiner Seite gezogen wird. Die Angabe des bürgerlichen Namens kann nicht bloß da unterbleiben, wo sie aus begrifflichen Gründen unmöglich ist, so bei der Inhaber- und Ordrehypothek, sondern auch da, wo eine Namensbezeichnung unthunlich ist, z. B. da, wo der Berechtigte zur Zeit noch unbekannt, indessen bestimmte Merkmale zur Feststellung seiner Person gegeben sind. Wo die Merkmale so angegeben sind, daß die Person des Berechtigten mit Zuverlässigkeit, sei es aus amtlichem Material, sei es durch sonstige überzeugende Beweismittel, festgestellt werden kann, da hat nicht nur der Prozeßrichter die Rechtsbeständigkeit der Hypothek anzuerkennen, sondern auch der Grundbuchrichter darf die Eintragung einer solchen Hypothek nicht versagen. Nicht weniger wie die ganz unbedenklich befundenen Eintragungen auf „Deszendenz", „Testamentsexekutoren", „Erben" oder „Nachlaßmasse" erscheint diese auf die Firma genügend bestimmt und darum zulässig.

Da die Frage nicht aus dem Grundbuchrechte, sondern aus dem

materiellen Rechte zu lösen ist, so ist schon aus diesem Grunde die Bezugnahme auf § 33 GrBO., der den Nachweis der Legitimation der Vertreter von Handelsgesellschaften betrifft, verfehlt. Der Umstand, daß dabei die Legitimation des Inhabers der Firma des Einzelkaufmannes nicht erwähnt ist, kann übrigens um so weniger dafür, daß der Gesetzgeber die Firma des Einzelkaufmannes als eintragsfähig nicht erachtet habe, verwertet werden, als die Vorlage der in § 33 erwähnten Zeugnisse für den zu führenden Nachweis lediglich eine Erleichterung darstellen soll, keineswegs aber die Bedeutung hat, daß er in anderer Weise und für den Einzelkaufmann überhaupt nicht zu führen wäre. Dem Vorstehenden entsprechend haben in neuerer Zeit nicht nur Kommentatoren des Grundbuch- und Handelsrechtes die Zulässigkeit der Eintragung der Firma des Einzelkaufmannes entschieden bejaht (Boehm § 1115 Nr. 2, Fuchs § 1115 Anm. 3b, Düringer-Hachenburg S. 102, Lithauer zu § 17 Anm. e), sondern es hat auch die Gesetzgebung von Einzelstaaten (vgl. Kretschmar, sächs. GrBR. 20 S. 130), um die Zugehörigkeit der Hypothek wie der ihr zum Grunde liegenden Forderung zum Handelsgeschäft zu kennzeichnen, ausdrücklich bestimmt, daß dem Antrage des Einzelkaufmannes, der eine Hypothek erwirbt, sie auf seine Firma einzutragen, entsprochen werden soll, § 64 Abs. 2 sächs. Ausf.-B. Dr. Fr.

### b) Tilgungsbeiträge als Nebenleistungen.[1] BGB. § 1115.

Kammergericht, I. CS. Beschluß v. 26. Mai 1902.

Für die A.-Bank ist in Abt. 3 unter Nr. 2 eine Amortisationshypothek von 7000 Mark (mit $4^3/_4$% Jahreszahlungen, nämlich $4^1/_4$% Zinsen und $^1/_2$% Kapitalabtrag) eingetragen. Für dieselbe Gläubigerin ist daselbst unter Nr. 16 eine fernere Hypothek von 10 000 Mark eingetragen. Der Grundstückseigentümer hat der letzteren Post den Vorrang vor allen im Wege regelmäßiger Amortisation oder durch außerordentliche Rückzahlungen getilgten oder noch zu tilgenden Teilen der ersten Post eingeräumt und die Eintragung der Vorrangseinräumung beantragt. Dem Antrage ist bezüglich der außerordentlichen Rückzahlungen entsprochen; im übrigen wurde er abgelehnt, weil die Entstehung der Eigentümerhypothek für die regelmäßigen, als Nebenleistungen anzusehenden Tilgungsbeträge gemäß § 1178 BGB. ausgeschlossen sei. Die weitere Beschwerde erschien begründet.

Die Entscheidung hängt davon ab, ob die als Zuschläge zu den Zinsen jährlich zu zahlenden Amortisationsbeiträge Nebenleistungen im Sinne der §§ 1115, 1158, 1159, 1178 BGB. sind. Denn als Nebenleistungen wären diese Amortisationsbeiträge der Eigentümerhypothek entzogen (§ 1178), sie würden insofern vom Gesetz anders behandelt, wie die außerordentlichen Abschlagszahlungen auf das Kapital, in Ansehung deren die Hypothek, wenn sie sich in Höhe des gezahlten Betrages mit dem Eigentum in einer Person vereinigt, nicht erlischt, sondern auf den Eigentümer übergeht (vgl. § 1176).

[1] Vgl. D. Jur.-Zeit. 1902 S. 243.

Würde für die als Zinsenzuschläge zu zahlenden Amortisationsbeiträge die Entstehung der Eigentümerhypothek ausgeschlossen, dann wäre die beantragte Eintragung der Vorrangseinräumung für die Post von 10 000 Mark vor den im Wege regelmäßiger Amortisation getilgten oder zu tilgenden Teilen der ersten Post von 7000 Mark mit Recht abgelehnt, weil für die getilgten Teile die Hypothek mit der Zahlung erloschen sein würde, also für eine Vorrangseinräumung insoweit nicht mehr in Betracht kommen könnte. Der Beschluß vom 2. Dezember 1901 (Rsp. 4 S. 70) hat allerdings die als Zinsenzuschläge zu zahlenden Amortisationsbeiträge für Nebenleistungen erklärt und auch ausgesprochen, daß sie als solche der Eigentümerhypothek entzogen seien; bei erneuter Prüfung der Frage hat die Ansicht jedoch nicht aufrecht erhalten werden können.

Was das BGB. unter Nebenleistungen versteht, das ist im Gesetz nirgends unmittelbar ausgesprochen. Eine Nebenleistung steht aber sprachlich im Gegensatz zur Hauptleistung, d. h. zur gänzlichen oder auch nur teilweisen Zahlung der Hauptschuld. Demnach kann schon um deswillen nicht wohl als Nebenleistung bezeichnet werden, was, wenn auch in regelmäßigen vereinbarten Abschlagszahlungen, auf die Hauptschuld gezahlt wird, also einen Teil der Hauptleistung darstellt. Der rechtliche Charakter der Leistung wird auch durch die rein äußerliche Angliederung an die Zinsen nicht geändert. Der Anspruch auf Nebenleistungen ist ausdrücklich in einen solchen Gegensatz zum Hauptanspruch gebracht im § 12 Ziff. 2 und 3 des ZwVG. Aus dem erwähnten sprachlichen Gegensatz ergiebt sich als Begriff der Nebenleistungen, wie ihn auch Planck, Anm. 4a Abs. 3 zu § 1115 aufstellt, daß sie neben dem Kapital zu entrichten sind, so daß durch sie die Forderung des Gläubigers und die Belastung des Grundstückes erweitert wird. Hiernach sind auch die regelmäßigen Amortisationsbeiträge keine Nebenleistungen, „da sie nicht neben dem Kapital der Hypothekenforderung zu entrichten, sondern diese selbst allmählich zu tilgen bestimmt sind.“ (Planck a. a. O.)

Die Entstehungsgeschichte des § 1115 Abs. 2 BGB. in seiner gegenwärtigen Fassung spricht nicht für die gegenteilige Ansicht (die z. B. von Oberneck S. 492 unter d, und von Turnau-Förster S. 554, 720 u. a. vertreten wird), sondern gerade dafür, daß man bei der Wahl der Bezeichnung Nebenleistungen nicht an Zahlungen irgend welcher Art auf das Kapital, also auch nicht an die regelmäßigen Amortisationsbeiträge gedacht hat. Der erste Entwurf (§ 1066 und Motive 3 S. 650) hatte sich auf den Standpunkt gestellt, daß sich die Hypothek in der Haftung für Kapital, gesetzliche Zinsen und Kosten erschöpfe. Ein praktisches Bedürfnis der Haftung für Erweiterungen der Hypothek sei schwerlich erweisbar. Jahreszahlungen würden entweder auf das Kapital oder auf die Zinsen geleistet, und für sie hafte daher die Hypothek ohne weiteres. Wenn Jahreszahlungen eine besondere Forderung zum Gegenstande haben, so könne auch eine besondere Hypothek dafür bestellt werden. — In den Beratungen der zweiten Kommission wurden zu § 1064 des ersten Entwurfes (§ 1115 des Gesetzes) zwei Anträge gestellt, aus deren einem der Abs. 2 des § 1115 BGB. geworden ist. Diese Anträge bezweckten zu ermöglichen, daß die für Darlehen von Kreditanstalten, deren Satzungen von der zuständigen Landesbehörde öffentlich bekannt gemacht sind, bestellten Hypotheken durch Vereinbarung der Beteiligten auf die nach den Satzungen außer den Zinsen zu entrichtenden Nebenleistungen erstreckt werden könnten, und daß bezüglich dieser Nebenleistungen bei der Eintragung nur auf die Satzungen Bezug genommen zu werden brauche. Es wurde dabei unter anderem betont, daß nach den Satzungen dieser Kreditanstalten die Darlehensschuldner neben Zinsen und Kosten noch mannigfache andere Nebenleistungen zu entrichten hätten. Da es sich bei einigen derselben um Forderungen handele, deren Entstehung und Betrag nicht von vornherein feststehe, so müsse für diese eine besondere Sicherheitshypothek bestellt werden. Das sollte vermieden werden. Als solche Nebenleistungen wurden erwähnt: Zinsen für rückständig gebliebene, von der Anstalt vorgeschossene Hypothekenzinsen, Vertragsstrafen bei unpünktlicher Zinszahlung. Erwägt man, daß es sich in der zweiten Kommission also um die Zulassung einer vertragsmäßigen Erweiterung der Haftung der Hypotheken auf gewisse Leistungen handelte, so ergiebt sich, daß Zahlungen zum Zweck der Abtragung des Kapitales nicht unter diese Leistungen gerechnet werden konnten, da jene Zahlungen, wie auch die oben mitgeteilten Motive annehmen, schon durch die Haftung der Hypothek für die Hauptschuld, von der sie eine vereinbarte Teilzahlung darstellen, gesichert sind. Bei ihnen hätte daher auch überhaupt nicht von einer besonderen Sicherheitshypothek, die man durch die Erweiterung der Haftung unnötig machen wollte, die Rede sein können. Die mehrerwähnten Leistungen werden in den Verhandlungen der zweiten Kommission auch stets nur neben den Zinsen als andere Nebenleistungen erwähnt, dagegen ist der technische Ausdruck des früheren Rechtes (§ 30 EEG.) Jahreszahlungen, der auch die Amortisationsquote umfaßte, vermieden worden. Unter dem Ausdruck „Zinsen und andere Nebenleistungen" konnten nach dem Ausgeführten demnach die Amortisationsquoten nicht mitbegriffen werden. Endlich lassen auch die Beispiele, die man für die Nebenleistungen, in dem Sinne der zweiten Kommission, in den Verhandlungen angeführt hat, erkennen, daß man dabei immer nur an Leistungen neben, d. h. noch außer der Hauptschuld, nicht aber an Leistungen auf die Hauptschuld gedacht hat.

Aus Bestimmungen des Hypothekenbankgesetzes vom 13. Juli 1899 und seiner Begründung ist aber klar erkennbar, daß man in diesem Gesetze davon ausgegangen ist, daß die durch Amortisationsbeiträge getilgten Hypothekenteile zu Eigentümerhypotheken werden, daß die Amortisationsbeiträge also nicht als Nebenleistungen gelten sollen, für welche nach § 1178 BGB. die Eigentümerhypothek ausgeschlossen ist. Allerdings sind die Vorschriften des Hypothekenbankgesetzes und der Inhalt seiner Begründung keine authentische Interpretation des BGB., es bildet aber immerhin ein wichtiges Auslegungsmittel, da es als Reichsgesetz von demselben Gesetzgeber herrührt, wie das BGB., und insofern einen Rückschluß auf die Absichten des Gesetzgebers im BGB. gestattet. Nach § 6 Abs. 2 des Hypothekenbankgesetzes muß die Pfandbriefdeckung, soweit Hypotheken an landwirtschaftlichen Grundstücken dazu verwendet werden, mindestens zur Hälfte aus Amortisationshypotheken bestehen. Die Amortisationshypothek wird in der Begründung (Drucksachen 1898/1900 2 S. 937) dahin gekennzeichnet, daß sie zur allmählichen Befreiung des Grundstückes von der Belastung führe. Es ist also offenbar an Hypotheken gedacht, die durch regelmäßige Abträge, insbesondere durch Zinsenzuschläge, amortisiert werden. Der § 21 Abs. 2 a. O. verbietet den Hypothekenbanken, sich im voraus von der Verpflichtung zu befreien, in Ansehung des amortisierten Betrages die ihr behufs Berichtigung des Grundbuches, der Löschung der Hypothek oder der Herstellung eines Teilhypothekenbriefes nach den Vorschriften des bürgerlichen Rechtes obliegenden Handlungen vorzunehmen. In der Begründung (S. 944) ist insbesondere auf die §§ 1144, 1145 BGB. ausdrücklich hingewiesen. Daselbst ist gesagt, daß der Eigentümer gegen Befriedigung des Gläubigers die Aushändigung des Hypothekenbriefes und der sonstigen Urkunden verlangen kann, die zur Berichtigung des Grundbuches oder zur Löschung der Hypothek erforderlich sind, und ferner, daß der Eigentümer, der den Gläubiger nur teilweise befriedigte, die Aushändigung des Briefes zwar nicht verlangen kann, daß der Gläubiger aber verpflichtet ist, die teilweise Befriedigung auf dem Briefe zu vermerken und den Brief zum Zwecke der Berichtigung des Grundbuches oder der Löschung dem Grundbuchamte, oder zum Zwecke der Herstellung eines Teilhypothekenbriefes für den Eigentümer der zuständigen Behörde oder einem zuständigen Notare vorzulegen. Es ergiebt sich aus der Vergleichung des § 21 mit den angezogenen Bestimmungen des BGB., daß die Hypothekenbank als Gläubigerin grundsätzlich verpflichtet ist, soweit erforderlich, dazu mitzuwirken, daß die Umschreibung des durch die Amortisationsbeiträge getilgten Hypothekenteiles auf den Eigentümer bezw. den Schuldner erfolgen kann. In der Begründung (S. 944) ist das ganz präzise zum Ausdruck gebracht, und die Stelle zeigt unzweideutig den Standpunkt des Entwurfes über die Frage, ob die durch Zinsenzuschläge getilgten Hypothekenteile zu Eigentümerhypotheken geworden sind. Es heißt daselbst: „Das Recht des Schuldners, über den amortisierten Teil der Hypothek zu verfügen, ergiebt sich schon aus den Vorschriften des BGB., nach welchen die Hypothek in Höhe des getilgten Betrages auf den Eigentümer des Grundstückes oder den persönlichen Schuldner mit der Maßgabe übergeht, daß der Übergang nicht zum Nachteile der dem Gläubiger verbleibenden Hypothek geltend gemacht werden kann, der Resthypothek also der Vorrang gebührt. Der Übergang ist nicht davon abhängig, daß er in das Grundbuch eingetragen wird; der Gläubiger ist aber verpflichtet, zur Umschreibung des getilgten Betrages auf den Namen des Eigentümers oder

Schuldners oder zur Löschung des Betrages, gegebenen Falles auch zur Herstellung eines Teilhypothekenbriefes mitzuwirken".

Allerdings finden sich im BGB. und im ZwVG. auch Vorschriften, welche den Anschein erwecken, als seien die als Zuschläge zu den Zinsen erscheinenden Amortisationsbeiträge doch Nebenleistungen. Es sind das im BGB. die §§ 197, 902 und im ZwVG. die §§ 10 Ziff. 4 und 12 Ziff. 2, 3.

Der § 902 Abs. 1 BGB., welcher den Grundsatz der Unverjährbarkeit der Ansprüche aus eingetragenen Rechten aufstellt, nimmt zugleich die Ansprüche auf Rückstände wiederkehrender Leistungen davon aus. Unter die wiederkehrenden Leistungen fallen auch die vereinbarten regelmäßigen Amortisationsbeiträge. — Nach § 197 BGB. verjähren die Ansprüche auf Rückstände von Zinsen mit Einschluß der als Zuschlag zu den Zinsen zum Zwecke allmählicher Tilgung des Kapitales zu entrichtenden Beträge in vier Jahren. Die Gleichstellung der Amortisationsbeiträge mit den Zinsen in Ansehung der Verjährung ist jedoch nur eine Ausnahmevorschrift, der eine weitergehende Bedeutung nicht beigemessen werden darf, durch die namentlich die wirtschaftlichen und rechtlichen Unterschiede zwischen den Zinsen und Zinsenzuschlägen nicht haben berührt werden sollen. Das ergeben die Verhandlungen über den § 157 des ersten Entwurfes (jetzt § 197 BGB.) in der zweiten Kommission (Prot. 1 S. 212—215). Man war jedoch der Meinung, daß von den anzuerkennenden Unterschieden zwischen Zinsen und Amortisationsbeiträgen für die Verjährungsfrage abzusehen sei, wenn die Teilzahlungen als Zinsenzuschläge den Zinszahlungen in der Weise „assimiliert" seien, daß nach der Auffassung des Verkehres und insbesondere auch nach der Auffassung der Beteiligten die Unterschiede völlig verschwinden.

Von den aus dem ZwVG. hierher gehörenden Vorschriften bestimmt § 10⁴, daß bei der Verteilung des Erlöses in der vierten Klasse zur Befriedigung kommen: „Die Ansprüche aus Rechten an dem Grundstücke, soweit sie nicht infolge der Beschlagnahme dem Gläubiger gegenüber unwirksam sind, die Ansprüche auf wiederkehrende Leistungen jedoch, mit Einschluß derjenigen, welche als Zuschlag zu den Zinsen behufs allmählicher Kapitalstilgung zu entrichten sind, nur wegen der laufenden und der aus den letzten zwei Jahren rückständigen Beträge". Ferner schreibt § 12² vor, daß unter Ansprüchen aus einem und demselben Rechte an zweiter Stelle rangieren: „Die Ansprüche auf wiederkehrende Leistungen und andere Nebenleistungen". Nimmt man diese letzte Vorschrift wörtlich, dann würde man darin den bestimmten Ausspruch finden müssen, daß auch die Amortisationsbeiträge, die unzweifelhaft zu den wiederkehrenden Leistungen gehören, Nebenleistungen sind, und man würde damit einen unlösbaren Widerspruch zu den oben erörterten Vorschriften des Hypothekenbankgesetzes festzustellen haben. Es handelt sich bei der Bestimmung des § 12² in Ansehung des Zusatzes „und andere Nebenleistungen" aber offensichtlich um einen ungenauen Ausdruck. Es geht das schon daraus hervor, daß, ganz abgesehen von den Amortisationsbeiträgen, noch verschiedene wiederkehrende Leistungen, so z. B. die Leistungen aus einer Reallast oder die Renten aus einer Rentenschuld — vorkommen können, die unzweifelhaft nicht Nebenleistungen sind. Die Worte „und andere Nebenleistungen" waren im Entwurfe des Gesetzes nicht vorhanden, und erst bei der Kommissionsberatung eingeschoben. Es ist dabei offenbar nicht die Absicht gewesen, mit den Worten den rechtlichen Charakter der „wiederkehrenden Leistungen" zu bestimmen, sondern man hat nur in Übereinstimmung mit der Fassung, welche der § 1115 BGB. erhalten hatte, den unter den wiederkehrenden Leistungen enthaltenen Nebenleistungen die „anderen Nebenleistungen" hinzufügen wollen, und sich dabei nur in der Fassung der Vorschrift vergriffen (vgl. auch Jäckel ZwVG. S. 59 letzter Absatz). Folgt man diesen Ausführungen, dann kommt der oben mitgeteilten Bestimmung in § 10⁴, welche die Ansprüche auf Amortisationsbeiträge in gewissen Fällen den Zinsen gleichstellt, keine weitergehende Bedeutung zu, als der Vorschrift der §§ 197, 902 BGB., die oben dargelegt worden ist. Der rechtliche Charakter der Amortisationsbeiträge als Rückzahlungsbedingungen für die Hauptschuld wird dadurch in keiner Weise berührt, wie das auch Fischer-Schäfer (die Gesetzgebung betreffend die Zwangsvollstreckung S. 189) mit Recht hervorheben. Sie führen aus: „Zu den wiederkehrenden Leistungen im Sinne dieser Bestimmung (§ 10⁴) rechnet das Gesetz nicht nur Zinsen und andere, neben dem Kapitale zu entrichtende Nebenleistungen, sondern auch die rechtlich unter den Begriff der Kapitalsrückzahlung fallenden, aber nach Umfang und Fälligkeit wirtschaftlich die äußere Form eines Zinszuschlages annehmenden Amortisationsbeiträge. Soweit diese Beiträge nicht mehr rückständig, sondern vom Eigentümer bezahlt sind, ist der dadurch berichtigte Kapitalanteil als Grundschuld auf den Eigentümer, ebenso wie in jedem anderen Falle einer Kapitalabtragung übergegangen".

Kann es sonach einem begründeten Zweifel nicht unterliegen, daß die regelmäßigen, als Zinsenzuschläge vereinbarten Amortisationsbeiträge Nebenleistungen im Sinne der §§ 1115, 1178 BGB. nicht sind, dann ist für die so getilgten Teile des Kapitales auch die Eigertümerhypothek nicht ausgeschlossen. Mz.

---

## 52

### a) Begriff und Umfang der Rechtshilfe.

OLG. Jena, II. CS. Beschluß v. 3. Mai 1902.

Das Amtsgericht W. hat als Vormundschaftsgericht nach § 1906 BGB. den A. damals in W., jetzt in J., unter vorläufige Vormundschaft gestellt und ihm den B. in W. als Vormund bestellt. Als später das Amtsgericht den Vormund als an der ihm obliegenden Sorge für die Person des Mündels verhindert ansah, hat es die Bestellung eines Pflegers hierfür nach § 1909 BGB. beschlossen. Es hat deshalb das Amtsgericht J. ersucht, eine in J. wohnende, geeignete Person als Pfleger zum Zwecke der Sorge für die Person des Mündels zu bestellen. Das ersuchte Gericht hat anheimgegeben, eine bestimmte Person zu bezeichnen, die bestellt werden solle, da es für die Auswahl des Pflegers nicht zuständig sei. Hierin erblickt das Amtsgericht W. eine unzulässige Ablehnung eines Ersuchens um Rechtshilfe und hat deshalb die Sache dem OLG. zur Entscheidung vorgelegt.

Handelte es sich um einen Fall der Rechtshilfe, so würde das OLG. über die Berechtigung der Weigerung des Amtsgerichtes J. zu entscheiden haben und zwar auf Grund des FrGG. § 2; denn es steht hier in Frage eine Angelegenheit der freiwilligen Gerichtsbarkeit, die durch Reichsgesetz (BGB. §§ 1774, 1915, FrGG. §§ 1, 35, 37 ff.), nicht durch Landesgesetz den Gerichten übertragen ist. Soweit die Auswahl des Pflegers in Betracht kommt, ist aber ein Fall der Rechtshilfe gar nicht gegeben.

Auf die Pflegschaft finden nach § 1915 BGB. im allgemeinen die für die Vormundschaft geltenden Vorschriften entsprechende Anwendung, nach § 1916 gelten aber für die nach § 1909 anzuordnende Pflegschaft die Vorschriften über die Berufung zur Vormundschaft nicht. Der Pfleger ist also im vorliegenden Falle, wo es sich um eine Pflegschaft im Sinne des § 1909 handelt, nach §§ 1915, 1916, 1779 vom Vormundschaftsgerichte nach Anhörung des Gemeindewaisenrates unter Beachtung der in § 1779 gegebenen Anweisungen auszuwählen und dann nach §§ 1915 und 1789 als Pfleger zu bestellen. Örtlich zuständig für die Pflegschaft ist nach § 37 FrGG. das Amtsgericht W.

Die örtliche Zuständigkeit der Gerichte wird wie für das Gebiet der streitigen so für das der freiwilligen Gerichtsbarkeit durch das Gesetz bestimmt. Das örtlich zuständige Gericht hat alle zur Erledigung der ihm durch das Gesetz zugewiesenen Sache notwendigen Rechtspflegeakte vorzunehmen. Dem örtlich zuständigen Gerichte ist nun aber nur ein bestimmter Bezirk, sein Gerichtsbezirk, als Feld seiner Thätigkeit zugewiesen. Häufig gestattet die Erledigung einer Sache es dem zuständigen Gerichte, sich innerhalb der Grenzen seines Bezirkes zu halten, in manchen Fällen machen sich aber auch einzelne Amtshandlungen nötig, die außerhalb des Bezirkes vorzunehmen sind, sei es, daß die Handlung notwendig außerhalb des Gerichtsbezirkes vorgenommen werden muß (Inaugenscheinnahme eines außerhalb des Gerichtsbezirkes befindlichen Gegenstandes), sei es, daß es nur zweckmäßig erscheint, die Handlung nicht innerhalb, sondern außerhalb des Gerichtsbezirkes vorzunehmen (Vernehmung von Zeugen, die weitab vom Bezirk des für die Sache zuständigen Gerichtes wohnen). Dann muß das Gesetz dem Richter, will es ihm nicht die ordnungsmäßige Sacherledigung unmöglich machen, gestatten, entweder die Handlung außerhalb seines Bezirkes selbst vorzunehmen oder die Beihilfe des Lokalrichters zur Vornahme der Handlung in Anspruch zu nehmen. Ersteres ist nicht ausgeschlossen (§ 167 GVG.), aber natürlich nur in beschränktem Maße möglich, in der Regel wird es angezeigt erscheinen, den letztgedachten Weg einzuschlagen. Dann redet man von Rechtshilfe. Nach § 158 GVG. ist Voraussetzung der Rechtshilfe, die Amtsgerichte einander leisten, daß eine Amtshandlung außerhalb des Bezirkes des ersuchenden und im Bezirke des ersuchten Gerichtes vorgenommen werden soll. Dieses „soll" könnte zu der Meinung verleiten, es lasse sich nicht objektiv begrenzen, was Gegenstand der Rechtshilfe sein könne, sondern es werde der Umfang der Rechtshilfe durch das souveräne Ermessen des ersuchenden Gerichtes bestimmt. Diese Meinung wäre falsch. Bei der Rechtshilfe muß es sich um die Vornahme einer Amtshandlung handeln, die der ersuchende Amtsrichter, will er nicht die Grenzen seines Bezirkes überschreiten bezw. unzweckmäßig handeln, nicht selbst vornehmen kann, die, wie die Motive zu § 157 ff. GVG. sagen, in einem fremden Gerichtsbezirke vorzunehmen ist.[1] Nicht jede Amtshandlung kann hiernach Gegenstand der Rechtshilfe sein, vielmehr ist hierzu nur die Amtshandlung geeignet, deren Vornahme an einen außerhalb des Bezirkes des ersuchenden Amtsgerichtes liegenden Ort geknüpft ist. Das sind auf dem Felde der streitigen und freiwilligen Gerichtsbarkeit Beweisaufnahmen, Sühneversuche 2c, auf dem Gebiete der freiwilligen Gerichtsbarkeit daneben Vormundsverpflichtungen 2c. Nicht dagegen gehören hierher Entscheidungen, die der mit der Sache befaßte Richter zu treffen hat, wie die Auswahl einer Person zum Vormund, Pfleger, die unter Beachtung bestimmter gesetzlicher Vorschriften zu erfolgen hat. Denn diese Entscheidungen hat der Richter an seinem Amtssitze, also innerhalb der Grenzen seines Bezirkes, zu treffen. Wollte man den § 158 GVG. so verstehen, daß der für die Sache zuständige Richter berechtigt sei, jede Amtshandlung, auch die ihm obliegenden Entscheidungen, einem anderen Richter zu übertragen, so würde man damit die Grundsätze über die örtliche Zuständigkeit der Gerichte vollständig lahm legen, es würde dann der ersuchte Richter nicht mehr als Gehilfe neben dem vom Gesetze mit der Erledigung der Sache betrauten Richter stehen, vielmehr wäre der letztere berechtigt, einen anderen, den ersuchten Richter, einfach an seine Stelle zu setzen. Dann könnte nicht mehr von Rechtshilfe die Rede sein.

Nun ist das Amtsgericht W. der Meinung, das Amtsgericht J. sei im vorliegenden Falle besser in der Lage, einen Pfleger auszuwählen, als es selbst. Ob dies thatsächlich zutreffend ist, soll nicht untersucht werden. Jedenfalls hat der Gesetzgeber Zweckmäßigkeitsgründen, wie sie vom Amtsgerichte W. geltend gemacht werden, bei Festsetzung der Gerichtszuständigkeit hier keine Bedeutung beigemessen. Im anderen Falle hätte er eine dem § 405 Satz 1 der CPO. entsprechende Vorschrift für den vorliegenden Fall gegeben.

B.

b) **Genehmigung von Amtshandlungen im Bezirk eines anderen Gerichtes durch das dem letzteren übergeordnete Oberlandesgericht.[2] GVG. §§ 167, 160.**

[1] Vgl. Seuff. Arch. 52 S. 341.

[2] Entgegengesetzt hat OLG. Jena entschieden: Busch, Zeitschr. 28 S. 169.

OLG. Kiel, I. CS. Beschluß v. 7. Juli 1902.

Die Frage, ob im Falle der Versagung einer nach § 167 erforderlichen Zustimmung seitens des in Betracht kommenden Amtsgerichtes die Genehmigung im Wege des § 160 erwirkt werden kann, ist in Übereinstimmung mit Struckmann-Koch, Wilmowski-Levy und Hauck zu bejahen. Wenn auch das ersuchte Amtsgericht im Beweisverfahren eine Thätigkeit nicht ausüben sollte, so handelte es sich doch um die Gewährung einer rechtlichen Hilfe im weiteren Sinne. Denn durch die Erteilung der nachgesuchten, gesetzlich erforderlichen Zustimmung sollte dem ersuchenden Prozeßgerichte die Möglichkeit gewährt werden, eine Amtshandlung außerhalb seines Bezirkes im Bezirke des ersuchten Gerichtes vorzunehmen. Bei der Beratung des § 167 wurde auch vom Regierungsvertreter als die Absicht des Gesetzes bezeichnet, daß, falls das Amtsgericht die Zustimmung verweigere, solche durch das vorgesetzte Gericht erteilt werden könne (Prot. S. 12). Da hier eine Beschwerde gegen ein Amtsgericht als Organ der Rechtshilfe im weiteren Sinne in Frage steht, ist anzunehmen, daß das dem Amtsgerichte vorgesetzte OLG., wie im Falle des § 160, so auch bei Versagung der Zustimmung im Falle des § 167 nach der Absicht des Gesetzgebers zu entscheiden hat. Gr.

## 53

### a) Rückwirkung der §§ 66, 67 Abs. 1, 2 HGB. auf ein bereits vor 1. Januar 1898 bestandenes Dienstverhältnis eines Handlungsgehilfen.[1] Zeitpunkt der Einforderbarkeit seines Zeugnisses.[2]

OLG. Colmar, I. CS. Urteil v. 2. Mai 1902.

Der 1894 unter den Parteien abgeschlossene Dienstvertrag bestimmt in Art. 4, daß das Vertragsverhältnis beiderseits ohne Einhaltung einer Kündigungsfrist jederzeit gelöst werden könne. Nach §§ 66, 67 Abs. 1, 2 HGB. kann jedoch ein für unbestimmte Zeit eingegangenes Dienstverhältnis von jedem Teile nur für den Schluß eines Kalendervierteljahres unter Einhaltung einer Kündigungsfrist von 6 Wochen gekündigt werden und eine etwa ausbedungene kürzere Kündigungsfrist muß für beide Teile gleich sein und darf nicht weniger als einen Monat betragen. Über die Anwendung dieser wie überhaupt aller das eigentliche Dienstverhältnis eines Handlungsgehilfen betreffenden Bestimmungen auf Dienstverhältnisse, welche bereits am 1. Januar 1898 bestanden, ist zwar im EG. zum HGB. nichts ausdrücklich bestimmt. Im Hinblick auf Art. 171 EG. zum BGB. und aus inneren Gründen muß aber angenommen werden, daß deren sofortige Anwendung vom Gesetzgeber beabsichtigt gewesen ist. Denn wenn dieser die sofortige Anwendung der neuen Kündigungsbestimmungen auf bereits am 1. Januar 1900 bestehende dem bürgerlichen Rechte unterstellte Dienstverhältnisse festsetzte, so spricht schon

[1] Übereinstimmend: OLG. Karlsruhe, Urt. v. 13. August 1901 im „Recht" S. 493 Nr. 2027.

[2] Abweichend: OLG. Darmstadt, Rsp. 3 S. 78 Nr. 25c.

im allgemeinen die Vermutung dafür, daß er solche nicht weniger für die mindestens ebenso schutzbedürftigen handelsrechtlichen Dienstverhältnisse gewollt hat; diese Vermutung wird noch durch die Erwägung verstärkt, daß das BGB. die subsidiären Bestimmungen für das Handelsrecht enthält (Art. 2 EG. zum HGB.). Daß der Gesetzgeber diese sofortige Anwendung der neuen Bestimmungen nicht bezüglich der handelsrechtlichen, sondern nur bezüglich der bürgerlich-rechtlichen Dienstverhältnisse ausdrücklich anordnete, hat seinen Grund in der verschiedenen Ausdrucksweise des BGB. und des HGB. Der § 67⁴ HGB. bestimmt nämlich, daß eine Vereinbarung, die den vorstehenden Kündigungsvorschriften zuwiderläuft, nichtig ist. Das BGB. dagegen regelt ohne eine derartige Bestimmung lediglich die Kündigungsfristen. Während hiernach schon allein aus dem Wortlaute des HGB. der Wille des Gesetzgebers genügend klar zum Ausdruck kommt, daß abweichende Vereinbarungen, also auch die früher getroffenen, mit den neuen Bestimmungen unvereinbar und nichtig seien, war dies bezüglich des bürgerlichen Rechtes nicht in gleicher Weise der Fall; daher bedurfte es einer besonderen Bestimmung. Daß die §§ 66 und 67 auch diesen ausschließlichen Charakter haben, ergiebt sich aus den sozialen, wirtschaftlichen und politischen Gründen, welche den Gesetzgeber zu diesen schon längst vom Reichstag verlangten und von der Reichsregierung wiederholt versprochenen dringlichen Schutzbestimmungen veranlaßt haben und geradezu die Annahme ausschließen, daß jener das Erreichen der von ihm beabsichtigten Zwecke noch länger habe aufschieben wollen. Es wird dies aber auch noch dadurch zum Ausdrucke gebracht, daß der Gesetzgeber den Abschnitt des Gesetzes, der die erwähnten Bestimmungen enthält, in einer jedenfalls außergewöhnlichen Weise vorzeitig in Kraft hat treten lassen.

Aber wenn man auch von all diesen Gründen absehen müßte, so wären doch die Bestimmungen des neuen HGB. nach Art. 171 EG. zum BGB., das wie das BGB. selbst als subsidiäres Recht in handelsrechtlichen Fragen zu gelten hat, vom 1. Januar 1900 ab auch auf frühere handelsrechtliche Dienstverträge als anwendbar zu erachten.

Zum Teil aus diesen Gründen sind auch Staub (S. 3 und zu § 67 Anm. 8) und Habicht (Einwirkung; 3. Aufl. S. 303 ff., namentlich S. 306) zur gleichen Ansicht gelangt. Letzterer stehen auch die die Annahme einer Rückwirkung verwerfenden Entscheidungen des Reichsgerichtes hinsichtlich der Konkurrenzklausel (43 S. 27, 48 S. 129) nicht entgegen, schon deshalb nicht, weil die Konkurrenzklausel nicht das eigentliche Dienstverhältnis, sondern nur die Rechtsbeziehungen der Parteien nach dessen Beendigung betrifft....

Auch hinsichtlich der Zeit, wann das vom Kläger verlangte Dienstzeugnis auszustellen ist, ist dem Erstrichter beizutreten. Aus der Ausdrucksweise des nach dem Obengesagten anwendbaren § 73 „bei der Beendigung des Dienstverhältnisses“ muß gefolgert werden, daß der Handlungsgehilfe schon seit dem Tage der diese Beendigung herbeiführenden Kündigung das Zeugnis fordern kann, da er dessen zum Zwecke der Aufsuchung einer neuen Stellung bedarf und mit dessen Empfang nicht bis zur endgültigen Beendigung des Dienstverhältnisses zu warten braucht (vgl. Staub zu § 73 Anm. 2). Über den Inhalt des Zeugnisses enthält der § 73 die maßgebenden Bestimmungen. Ungenügend ist daher, nachdem Kläger ein Zeugnis auch über seine Führung und seine Leistungen verlangt hat, das nur über die Zeit seiner Beschäftigung ausgestellte Zeugnis. Frdthl.

b) **Die Abmachung, der Reisende dürfe sofort entlassen werden, wenn seine Resultate nicht befriedigen, ist zulässig.**

OLG. Hamburg, II. CS. Urteil v. 10. Mai 1902.

Kläger war als Reisender einen Monat für Beklagten auf Probe thätig. Während dieses Probemonats hat er keinen Erfolg gehabt, ist auch erkrankt. Auf Bitten des Klägers hat Beklagter ihn neu engagiert mit der Beredung, „falls Ihre Resultate uns nicht befriedigen, steht uns frei, Sie ohne Kündigung sofort zu entlassen". Das Landgericht hat diese Vereinbarung, als den zwingenden Vorschriften des § 67 HGB. zuwiderlaufend, für nichtig erklärt. Dem kann nicht beigepflichtet werden.

Der Grundsatz unbedingter Vertragsfreiheit, von welcher das HGB. ausgeht, ist durch die §§ 66, 67 durchbrochen. Im Interesse der Handlungsgehilfen sind den Vereinbarungen über die Kündigungsfristen bestimmte Schranken gezogen (Denkschrift S. 56, 61). Diese Schranken dürfen bei Auslegung des Gesetzes nicht überschritten werden. Wie alle Ausnahmebestimmungen, ist auch der § 67 strikt zu interpretieren, jede analoge Ausdehnung ist ausgeschlossen. Das Gesetz verbietet darnach nichts anderes, als Vereinbarung einer Kündigungsfrist, die 1. nicht für beide Teile gleich ist, die 2. unter einem Monat beträgt und die 3. nicht auf den Schluß eines Kalendermonates lautet. Das Hauptgewicht bei diesen Verboten ist auf den Begriff der Kündigung zu legen. Die Kündigung ist eine jedem Kontrahenten zustehende einseitige, von Angabe von Gründen unabhängige, also rein willkürliche Erklärung des Inhaltes, daß der Kündigende den Vertrag aufhebe. Von einer solchen willkürlichen, von den gesetzlichen Beschränkungen unabhängigen Vertragsaufhebung durch den Prinzipal soll der Gehilfe als „der wirtschaftlich schwächere" Teil durch das Gesetz geschützt werden. Vorliegend ist nun nicht schlechthin vereinbart, daß es dem Prinzipal freistehen solle, den Vertrag jederzeit durch Kündigung sofort aufzuheben. Die Vereinbarung geht vielmehr dahin, daß das Recht des Prinzipals zur Vertragsaufhebung abhängig sein solle von der Bedingung, daß die Resultate des Reisenden den Prinzipal nicht befriedigen. Müßte man diese Bedingung mit dem Landgerichte dahin verstehen, daß das einseitige willkürliche Ermessen des Prinzipals ausschließlich darüber entscheiden solle, ob die Resultate ihn befriedigen oder nicht, so würde die Entlassung lediglich von der Willkür des Prinzipals abhängen. Die Vereinbarung würde dann allerdings gegen § 67 verstoßen. Aber eine solche Auslegung würde mit den bei Auslegung von Verträgen maßgebenden

Grundsätzen von Treu und Glauben (§ 157 BGB.) unvereinbar sein. Sie würde die Folge haben, daß der Reisende auch bei objektiv völlig genügenden Resultaten nach dem rein subjektiven Belieben des Prinzipals brotlos gemacht werden könnte, und würde so eine Umgehung des Gesetzes enthalten, was die Kontrahenten gutgläubig nicht gewollt haben können. Aber die Vereinbarung läßt recht wohl eine andere Auslegung zu, bei deren Anwendung die verabredete Bedingung zu Recht besteht, die also, da die Kontrahenten jedenfalls im Zweifel einen rechtswirksamen Vertrag haben abschließen wollen, den Vorzug verdient. Diese Auslegung kann nur dahin gehen, daß die Entlassungsbefugnis von einem nach objektivem Maßstabe ungenügenden Resultate der Thätigkeit des Klägers hat abhängig gemacht sein sollen. Darnach hat nicht die subjektive Willkür des einen Kontrahenten, sondern das unparteiische Ermessen eines verständigen Geschäftsmannes darüber zu entscheiden, ob die Ergebnisse der Reisen im Verhältnisse zu den aufgewendeten Spesen und Kosten als genügende anzusehen sind. Einen solchen Vertrag zu schließen, verbietet die Ausnahmebestimmung des § 67 nicht. Er steht auch nicht etwa in Widerspruch mit den guten Sitten und enthält keine unbillige Verletzung der Interessen des Handlungsgehilfen (vgl. noch Denkschrift S. 62 Abs. 3 Satz 1). Von ähnlichen Erwägungen geht das vorgelegte Urteil des OLG. München aus in einem Falle, wo der zu erzielende Umsatz von vornherein auf eine objektiv bestimmte Summe festgesetzt war. Auch Staub (Anm. 1 zu § 67) erklärt die Vereinbarung von auflösenden, nicht in den Willen des Prinzipales gestellten Bedingungen für zulässig.

Der geschlossene Vertrag würde auch unter dem Gesichtspunkte einer zulässigerweise verabredeten vertragsmäßigen Festsetzung eines zur sofortigen Aufhebung des Engagements berechtigenden wichtigen Grundes der Entlassung aufrecht zu erhalten sein (vgl. Staub Anm. 6 zu § 70). Noch weiter geht der IV. Senat des OLG. Hamburg im Urteil vom 28. April 1899, indem er es auch ohne vorgängige Vereinbarung für einen wichtigen Grund zur sofortigen Entlassung eines Waterklerks im Sinne des § 70 HGB. erklärt, wenn der Erfolg von dessen Thätigkeit in einem krassen Mißverhältnisse zu dem ihm zu vergütenden Gehalte steht. Ob dem für den vorliegenden Fall beizutreten ist, bedarf keiner Entscheidung. — Thatsächlich war der vom Kläger in der Zeit vom 22. Juli bis 3. August erzielte Umsatz nach objektivem Maßstabe durchaus ungenügend. Bei 125 Mark monatlichem Gehalt und 12 Mark Tagesspesen beliefen sich die Bezüge des Klägers für den angegebenen Zeitraum auf 210 Mark 21 Pfg. Dem gegenüber steht ein Umsatz von nur 950 Mark. Der auf diese Verkäufe zu erzielende Nettogewinn wird zweifellos die Höhe der angegebenen Unkosten nicht erreichen. Daß in der That der Kläger selbst den Ausfall des Geschäftes geradezu als schlecht ansah, daß er dem Beklagten riet, ihn sofort zurückzurufen, daß er erklärte, unter obwaltenden Umständen sei das Reisen für ihn schon bald eine Strafe, ergeben seine Briefe. . . . M. M.

c) **Begriff von Dienstverweigerung, Dienstversäumnis und Untreue nach Handelsrecht. HGB. § 72.**

OLG. Bamberg, I. CS. Urteil v. 12. April 1902.

Ein Handlungsreisender war von seinem Prinzipale ohne Kündigung entlassen worden; letzterer machte hierfür im Prozesse als Gründe Dienstverweigerung und Dienstversäumnis geltend. Das Berufungsgericht führte hierüber aus:

1. Dienstverweigerung. Nach § 72² ist als ein wichtiger Grund zur sofortigen Entlassung des Handlungsgehilfen anzusehen, wenn er sich beharrlich weigert, seinen Dienstverpflichtungen nachzukommen; also nicht jeder geringfügige Widerspruch gegen einen Dienstbefehl ist schon genügend, sondern es muß ein beharrlicher Widerstand vorliegen (Staub § 72 Anm. 3). Ein solcher ist also nicht gegeben, wenn der Handlungsgehilfe dem Dienstbefehl nachzukommen verspricht, dies aber aus Saumsal oder Unachtsamkeit nachher unterläßt. Letzteres mag dem Prinzipal Anlaß zur ordnungsmäßigen Kündigung geben, berechtigt ihn aber zur sofortigen Entlassung nicht. Hier soll die Dienstverweigerung darin liegen, daß der Kläger trotz strengen Befehles, auf seinen Dienstreisen dem Prinzipal immer seine genaue Adresse mitzuteilen, dies beharrlich unterlassen habe. Der Kläger hat sich aber niemals geweigert, dem erwähnten Auftrag Folge zu leisten, sondern vielmehr ausdrücklich Gehorsam versprochen. Wenn er trotzdem die Adresse manchmal nicht oder nicht genau angab, so hat er hierfür triftige Gründe, wie Unkenntnis der Reiseroute, Ungewißheit des zu wählenden Gasthofes, vorgebracht. Jedenfalls lag keine beharrliche Weigerung vor, da der Kläger auf jeder Reise mehr oder weniger oft seine Adresse mitteilte, sondern höchstens Saumsal oder Unachtsamkeit.

2. Dienstversäumnis. Nach § 72² gilt es ferner als Entlassungsgrund, wenn der Handlungsgehilfe seinen Dienst während einer den Umständen nach erheblichen Zeit verläßt. Der Kläger soll nach einem viertägigen geschäftlichen Aufenthalt noch einmal heimlich nach N. zurückgekehrt sein, um mit seiner Geliebten zu verkehren. Dieser Entlassungsgrund wurde in zweiter Instanz neu vorgebracht. Dies ist zulässig; der Prinzipal ist zur Angabe von Gründen bei der Entlassung überhaupt nicht verpflichtet; er kann im Prozesse andere Gründe angeben als bei der Entlassung und sich auch auf später bekannt gewordene berufen; denn es kommt nicht auf die subjektiven Motive, sondern auf die objektive Sachlage an (Staub § 70 Anm. 1). Das Dienstversäumnis muß erheblich und unbefugt sein. Ob ein Dienstversäumnis erheblich ist, muß aus den Umständen gefolgert werden. Die Rückkehr nach N. auf einige Tagesstunden oder auf eine Nacht, um dort billiger oder angenehmer zu übernachten, würde nur geringen Zeitverlust zur Folge haben und daher kein erhebliches Dienstversäumnis bilden. Selbst bei Versäumnis eines ganzen Reisetages würde dies der Fall sein, wenn nicht besondere Umstände zu einer anderen Auffassung nötigen, z. B. dringendes Interesse des Prinzipals

an der Beschleunigung der Tour (Busch, Archiv 13 S. 179). Das Versäumnis von zwei oder mehreren Reisetagen (Werktagen) wäre aber jedenfalls erheblich. Hier würde also auch die Versäumnis eines einzigen ganzen Werktages ein wichtiger Entlassungsgrund sein, jedoch nicht wegen des Zeitverlustes und der hierdurch veranlaßten Schädigung des Prinzipals, sondern wegen der dann vorliegenden Untreue und des Vertrauensmißbrauches. Die Rückkehr erfolgte nämlich gegebenenfalls heimlich; der Kläger spiegelte sogar seinem Prinzipale durch eine Postkarte fälschlich die Einhaltung einer anderen Reiseroute vor und täuschte ihn so in der Absicht, hinter seinem Rücken seinen selbsüchtigen Zwecken zu fröhnen. Dies wäre ein grober Vertrauensmißbrauch und eine Untreue im Sinne des § 72[1] gewesen. Untreue nach Handelsrecht ist nicht gleichbedeutend mit Untreue nach Strafgesetzbuch; Schädigung des Prinzipals ist nicht erforderlich; das wesentliche ist die Erschütterung des Vertrauens, ohne welches das Verhältnis zwischen Prinzipal und Gehilfen nicht bestehen kann (Staub § 72 Anm. 2; Busch, Archiv 13 S. 180). Es kann keinem Prinzipal zugemutet werden, einen Gehilfen, der ihn in der erwähnten Weise einmal getäuscht hat, weiter Vertrauen zu schenken; er kann ihn sofort entlassen. Würde endlich der Kläger die auf die fragliche Zeit erwachsenen, aber nicht im Interesse des Prinzipals verwendeten Reisespesen diesem aufgerechnet haben, so wäre darin eine weitere Thatsache zur Begründung der Untreue nach § 72[1] zu finden (Staub § 72 Anm. 2). Sch.

d) **Anspruch auf Abänderung eines erteilten Zeugnisses. HGB. § 73.**

OLG. Hamburg, II. CS. Urteil v. 3. Juni 1902.

Der Kläger, der als Reisender der Beklagten angestellt war, hat verlangt, daß das Zeugnis auch auf seine Führung und seine Leistungen ausgedehnt werde. Die Beklagte hat ihm dann ein Zeugnis erteilt, in welchem es heißt:

„Herr A. war bei uns vom September 1899 bis Februar 1901 als Reisender thätig. Er hat während dieser Zeit sich mit bestem Willen bemüht, Abschlüsse zu erzielen, wenn auch häufig mit zweifelhaftem Erfolge. Seine Führung hat zu besonderen Ausstellungen keine Veranlassung gegeben."

Die Klage darauf, daß die Worte „Wenn auch häufig mit zweifelhaftem Erfolge" in Satz 2, und das Wort „besonderen" in Satz 3 fortgelassen werden sollen, wurde abgewiesen. Aus den Gründen:

Die Meinung der im Zeugnisse enthaltenen Angaben über die Leistungen und die Führung des Klägers ist, mit deutlicheren Worten ausgedrückt, offenbar die folgende: Der Kläger hat sich Mühe gegeben, Abschlüsse zu erzielen, aber seine Geschicklichkeit war nur eine mittelmäßige; seine Führung war nicht schlecht, aber sie war auch nicht ganz tadelfrei. Daß die Beklagte um ein ihrer Ansicht nach richtiges Bild von den Leistungen des Klägers zu geben, der Angabe, daß der Kläger mit gutem Willen sich bemüht habe, Abschlüsse zu erzielen, die Angabe gegenübergestellt hat, daß dieses mit häufig zweifelhaftem Erfolge geschehen sei, hat das erkennende Gericht für durchaus zweckentsprechend gehalten. Die Leistungen eines Reisenden werden in der Regel am Erfolge gemessen werden. Seine Leistungsfähigkeit wird regelmäßig nach dem Maße einerseits der aufgewendeten Mühe, andererseits des erzielten Erfolges zu beurteilen sein. Mit nichten darf daher eine Äußerung über die von dem Reisenden erzielten Erfolge als ein in das Zeugnis über die Leistungen des Reisenden nicht hineingehörender Zusatz angesehen werden. Die hier in Rede stehenden Angaben des Zeugnisses ermöglichen dem Leser, sich ein der Meinung der Beklagten entsprechendes Bild von den Leistungen des Klägers zu machen, ohne daß doch dem Zeugnisse die scharfe Form gegeben ist, die es hätte erhalten müssen, wenn die Beklagte sich unmittelbar über den Grad der vom Kläger bewiesenen Geschicklichkeit nach Maßgabe ihrer (der Beklagten) Überzeugung geäußert hätte.

Das dem Kläger erteilte Zeugnis enthält, soweit es sich auf die Leistungen und die Führung des Klägers bezieht, Urteile der Beklagten über die Leistungen und die Führung des Klägers, nicht etwa Angaben über bestimmte einzelne Thatsachen. Es fragt sich, ob, bezw. unter welchen Voraussetzungen dem Handlungsgehilfen, welcher nach § 73 HGB. die Ausdehnung des Zeugnisses auf die Führung und die Leistungen verlangt hat, ein Recht auf Berichtigung des vom Prinzipal daraufhin im Zeugnisse abgegebenen Urteiles zuzugestehen ist. Die gesetzlich dem Prinzipal auferlegte Pflicht zur Erteilung eines schriftlichen Zeugnisses, ebenso wie die entsprechende nach § 630 BGB. dem Dienstherrn und nach § 113 GewO. dem Arbeitgeber obliegende Pflicht, ist der einem Jeden gesetzlich obliegenden Pflicht zur Ablegung des Zeugnisses im gerichtlichen Verfahren verwandt. Ein Prinzipal, der verpflichtet ist, einem Handlungsgehilfen ein schriftliches Zeugnis zu erteilen und es auf die Führung und die Leistungen auszudehnen, hat sich nach bestem Wissen und Gewissen über die Führung und die Leistungen des Handlungsgehilfen schriftlich zu äußern. Zu mehr ist er nicht verpflichtet, insbesondere liegt ihm nicht etwa ob, in dem Falle, daß der Handlungsgehilfe die Wahrheit der im Zeugnisse enthaltenen thatsächlichen Angaben oder die Richtigkeit der im Zeugnisse enthaltenen Urteile bestreitet, die Wahrheit jener Angaben oder die Richtigkeit jener Urteile zu beweisen. Die Forderung, daß, wer ein Zeugnis abzulegen oder zu erteilen hat, im Bestreitungsfalle die Wahrheit des Bezeugten beweisen müsse, steht mit dem Begriffe der Zeugnispflicht im unvereinbaren Widerspruche. Oftmals kann derjenige, der ein Zeugnis abzulegen oder zu erteilen hat, nicht beweisen, daß dasjenige wahr ist, was er angeben muß, wenn er seine Überzeugung pflichtgemäß zum Ausdruck bringen will. Besonders scharf tritt der Widerspruch zwischen jener Forderung und dem Inhalte der Zeugnispflicht aber dann hervor, wenn man die Folgen in Betracht zieht, die sich für den Erteiler eines Zeugnisses, wenn er seine Angaben nicht beweisen kann, ergeben müssen, sofern man ihn als für die Wahrheit jener Angaben beweispflichtig ansieht. Man müßte dann annehmen, daß gegebenenfalls auf die Klage des Handlungsgehilfen der Prinzipal zu verurteilen sei, ein Zeugnis zu erteilen, das mit seiner Überzeugung nicht im Einklange steht; der Prinzipal wäre dann also gerichtlich zur Abgabe eines nach seiner Überzeugung falschen Zeugnisses zu verurteilen, weil er das, was er für wahr hält, nicht zu beweisen vermag. Derartiges ist vom Gesetze nicht gewollt. Die Last des Beweises der Wahrheit der im Zeugnisse enthaltenen Angaben liegt dem Prinzipal nach dem Gesetze nicht ob.

Eine andere Frage ist es, ob bezw. inwieweit dem Handlungsgehilfen der Beweis der Unrichtigkeit des ihm erteilten Zeugnisses frei zu lassen, und im Falle der Erbringung des Beweises der Prinzipal zur Berichtigung zu verurteilen ist. Sicherlich steht dem Handlungsgehilfen das Recht zu, dann, wenn der Prinzipal im Zeugnisse über bestimmte Thatsachen unrichtig berichtet oder ein Urteil wider besseres Wissen abgegeben hat, die Berichtigung des Zeugnisses zu verlangen. In diesem Falle liegt dem Handlungsgehilfen die Beweislast ob. Der Prinzipal ist zur Berichtigung des Zeugnisses zu verurteilen, sobald der Handlungsgehilfe bewiesen hat, daß die bezeugten Thatsachen unwahr sind oder daß der Prinzipal wider besseres Wissen geurteilt hat. Anders liegt die Sache, wenn es sich um ein im Zeugnisse enthaltenes Urteil handelt, das nach der Darstellung des Handlungsgehilfen unrichtig sein soll, während doch dem Prinzipal der Vorwurf, das Urteil wider besseres Wissen abgegeben zu haben, nicht gemacht wird. In diesem Falle kann der Handlungsgehilfe zum Beweise der Unrichtigkeit nicht zugelassen werden. Ein vom Prinzipal pflichtgemäß nach seiner besten Überzeugung über die Führung und die Leistungen abgegebenes Urteil beruht auf den subjektiven Wahrnehmungen und Ansichten des Prinzipals. Das Zeugnis, dessen Erteilung vom Gesetze vorgeschrieben ist, soll demgemäß ein Produkt der Wahrnehmungen und Ansichten des Prinzipals sein. Das Gericht, das vom Handlungsgehilfen angegangen wird, kann sich zwar unter Umständen auf Grund einer Beweisaufnahme ein Urteil über die Führung und die Leistungen des Handlungsgehilfen bilden, aber das so gewonnene Urteil des Gerichtes ist dann eben ein Urteil des Gerichtes und nicht ein subjektives Urteil des Prinzipals. Das Urteil des Gerichtes über die Führung und die Leistungen des Handlungsgehilfen darf aber nicht dem Urteile des Prinzipals substituiert werden, geschweige denn, daß der Prinzipal verurteilt werden dürfte, im Zeugnisse ein Urteil abzugeben, daß er nach seiner besten Überzeugung für unrichtig hält. Hier muß das Recht des Handlungsgehilfen Berichtigung seines Zeugnisses zu verlangen seine Grenze finden. Ein Recht auf Berichtigung des Zeugnisses steht in solchem Falle dem Handlungsgehilfen nicht zu. Vorliegend faßt das Gericht die im Zeugnisse enthaltenen Angaben über die Leistungen und die Führung des Klägers als Urteile — und überdies als sehr allgemein gehaltene Urteile — der Beklagten über die Leistungen und die Führung des Klägers auf. Der Kläger hält diese Urteile für unrichtig, er hat aber nicht etwa behauptet, daß die Beklagte diese Urteile wider besseres Wissen abgegeben habe. M. M.

e) **Vertragsstrafe bei Übertretung des Konkurrenzverbotes, wenn vertragswidriges Verhalten des Prinzipals vorliegt, der Handlungsgehilfe aber aus anderem Grund ordnungsmäßig gekündigt hat. HGB. § 75 Abs. 1.**

OLG. Stuttgart, I. CS. Urteil v. 18. April 1902.

Gegenüber der Klage auf die vereinbarte Strafe wegen Eintritts in ein Konkurrenzgeschäft hat der Beklagte u. a. geltend gemacht, der Kläger habe ihn, solange er noch bei ihm als Handlungsgehilfe angestellt war, grundlos des Diebstahls von Waren bezichtigt; hierin liege ein vertragswidriges, zur Auflösung des Dienstverhältnisses nach §§ 70, 71 HGB. berechtigendes Verhalten. Die Einwendung wurde verworfen. Aus den Gründen:

Auch nach der Darstellung des Beklagten steht fest, daß dieser aus anderen Gründen — nicht wegen des Diebstahlsbezichtes — und mit ordentlicher Frist gekündigt hat und ausgetreten ist, sowie, daß der Beklagte jenen Bezicht des Diebstahls erst erfahren hat, nachdem er längst bei dem Kläger ausgetreten war und das Konkurrenzverbot übertreten hatte. Daß auf einen solchen Fall § 75 nicht zutrifft, wird von Staub (Anm. 2 zu § 75) als sicher ohne Anführung einer gegenteiligen Meinung angenommen. Daß aus einem Grunde der §§ 70, 71 das Verhältnis vom Handlungsgehilfen auch wirklich aufgelöst sein muß und es nicht genügt, wenn ein solcher Grund überhaupt vorliegt etwa in der Weise, daß die Auflösung wegen desselben möglich wäre, wenn der Angestellte das Vorliegen kennen würde, entspricht auch zunächst dem Wortlaute des § 75 und der Anordnung der Fälle im Abs. 1. Immerhin können die Worte: „giebt ... Grund, aufzulösen", namentlich im Zusammenhang damit Zweifel erregen, daß § 70 HGB. unbeanstandet auch bei dem „Vorliegen eines wichtigen Grundes" Anwendung findet, der erst nachträglich, sogar erst nach der Entlassung eintritt (vgl. Entsch. d. RG. 32 S. 250). Aber das Letztere beruht auf der besonderen Erwägung, daß die Rechtfertigung des Rücktritts vom Vertrage von dem Richter nach der gegenwärtigen Gestaltung der Verhältnisse zu prüfen ist. Diese Erwägung ist auf die Verletzung des Konkurrenzverbotes oder auf die Frage seiner Wirksamkeit nicht gleichmäßig anzuwenden; hier ist es die Art der Auflösung des Dienstverhältnisses, welche nach § 75 unter Umständen das Konkurrenzverbot als unbillig erscheinen läßt. Das spricht aber dafür, daß es auf den wirklichen Grund der Auflösung ankommt. Im Entwurfe des HGB. von 1896 war der fragliche Fall in § 67 dahin bestimmt: „giebt er (der Prinzipal) durch vertragswidriges Verhalten dem Handlungsgehilfen Veranlassung zur Auflösung des Dienstverhältnisses ...." Dies spricht entschieden für das Erfordernis wirklicher Veranlassung, nicht für die Annahme eines nur möglichen Anlasses. Diese Fassung ist in dem an den Reichstag gelangten Entwurfe § 74 in die später auch vom Gesetze beibehaltene Fassung verändert: „giebt er durch vertragswidriges Verhalten Grund, das Dienstverhältnis gemäß den Vorschriften der §§ 69, 70 aufzulösen." In der Denkschrift ist jedoch keine Änderung der Begründung eingetreten: „ganz ebenso liegt die Sache, wenn der Gehilfe durch vertragswidriges Verhalten des Prinzipals zur Auflösung des Dienstverhältnisses veranlaßt worden ist. . . ." Hd.

f) **Es ist zulässig, daß der Lehrherr die Gründe der Entlassung des Lehrlinges in dem Zeugnisse mit anführt. HGB. § 80.**

OLG. Dresden, VIII. CS. Urteil v. 22. Januar 1902.

Nach § 80 hat der Lehrherr dem Lehrlinge ein schriftliches Zeugnis auszustellen, das unter anderem über dessen „Betragen" Auskunft zu geben hat. Die Beklagte hätte also nur in Ausübung eines Rechtes und Erfüllung einer Pflicht gehandelt, indem sie dem Kläger, ihrem bisherigen Lehrlinge, ein Zeugnis mit dem Schlußsatze anbot: „Sein Betragen, insbesondere seine Verweigerung des uns schuldigen Gehorsames veranlaßte heute, ihn aus seiner Lehrzeit bei uns zu entlassen", wenn dieser, dem sie als Lehrherrin auch eine gewisse geschäftliche Disziplin beizubringen verpflichtet war, einen ihm rechtmäßigerweise erteilten Auftrag in mürrischer und ungezogener Weise auszuführen sich geweigert hätte. Sie hätte solchenfalls, da sie annehmen mußte, daß der Kläger das Zeugnis behufs Fortsetzung der Lehre in einem anderen Bankgeschäfte, womöglich ebenfalls in Dresden, vorlegen würde, nur ihren geschäftlichen Ruf zu wahren versucht, indem sie eine, eine Schuld ihrer Inhaber und Angestellten ausschließende Erklärung für die vorzeitige Lösung des Lehrverhältnisses gab. Es wäre aber auch im Interesse ihres Nachfolgers in der Stellung eines Lehrherrn und der weiteren beruflichen Ausbildung des Klägers selbst ihre Pflicht gewesen, ersteren darauf hinzuweisen, daß in Ansehung des Gehorsams und der Wohlanständigkeit die Ausbildung des Lehrlinges noch zu wünschen übrig lasse. Dr. W.

---

## 54

a) **Durch den Antrag, im Wege der Berichtigung eine nicht bestehende, eingetragene Firma im Firmenregister umzuändern in eine bestehende, bisher nicht eingetragene, wird der Pflicht zu deren Anmeldung nicht genügt.**

OLG. Colmar, I. CS. Beschluß v. 2. Juli 1902.

Die Inhaber des Meyer'schen Bankgeschäftes haben seit 1868 stets unter dem Namen „Meyer frères" ihre Geschäfte betrieben und die Unterschrift abgegeben. Das war und ist zulässig, weil die Führung eines nichtdeutschen Namens als Firma weder durch das alte noch durch das neue HGB. verboten ist. Der Name „Meyer frères" ist deshalb ihre Firma im Sinne des § 17 wie des Art. 15 HGB., so daß die Frage, welche von beiden untergebens anzuwenden ist (vgl. Art. 22 EG.), auf sich beruhen kann. Diese Firma haben die Geschäftsinhaber niemals zum Handelsregister angemeldet.

Statt ihrer haben sie eine andere Firma „Gebrüder Meyer" angemeldet und eintragen lassen. Der Name „Gebrüder Meyer" bedeutet zwar inhaltlich dasselbe wie „Meyer frères". Allein hierauf kommt es nicht an; denn da unter Firma lediglich ein kaufmännischer Name zu verstehen ist, so ist der Wortlaut und nicht die Bedeutung entscheidend. Die Sache liegt demnach so, daß 1. eine nicht bestehende Firma eingetragen, 2. eine bestehende Firma nicht eingetragen ist.

Das erstere hat nun zwar die Folge, daß der Inhaber des Geschäftes die Eintragung Dritten gegenüber wider sich gelten lassen muß, so daß er z. B. unter der fälschlich eingetragenen Firma verklagt werden kann. Es hat aber nicht die Wirkung, daß der Name „Gebrüder Meyer" die thatsächliche Firma des Geschäftsinhabers geworden ist; letztere ist vielmehr nach wie vor der Name „Meyer frères". Die Nichteintragung der thatsächlich geführten Firma verstößt gegen das Gesetz. Der Anmeldungspflichtige genügt seiner Anmeldungspflicht, für die jetzt § 29 HGB. in Frage kommt, durch den gestellten Berichtigungsantrag nicht. Für eine Berichtigung in dem von ihm verstandenen Sinne ist nach Lage der Sache kein Raum. Der § 17 der els.-lothr. Ministerial-Verf. vom 4. Januar 1900, wonach Schreibfehler und ähnliche offenbare Unrichtigkeiten, die in einer Eintragung vorkommen, neben dieser Eintragung nach Maßgabe der Anordnung des Richters zu berichtigen sind, hat nur Berichtigungen im Sinne des § 319 CPO. im Auge. Eine derartige auf einem Versehen beruhende Unrichtigkeit liegt aber nicht vor. Der § 126 FrGG. aber handelt von einem Berichtigungsverfahren, wie es der Beschwerdeführer hier angewendet haben will, überhaupt nicht. Allerdings hat der Registerrichter behufs Berichtigung und Vervollständigung des Handelsregisters, sei es auf oder ohne Anregung Dritter, das Geeignete zu veranlassen, aber nicht durch Berichtigungen im Sinne des § 17 der zitierten Verf. vom 4. Januar 1900, sondern auf dem durch § 132 FrGG. vorgezeichneten Wege. Wollte man den Antrag seinem Wortlaute zuwider als die Anmeldung einer Änderung der Firma (§ 31) oder als die Anmeldung einer neuen Firma (§ 29) ansehen, so würde er der Formvorschrift des § 12 HGB. nicht entsprechen.

Frdthl.

b) **Die gemäß §§ 132, 140 FrGG. erlassenen Verfügungen sind genau den Vorschriften des Gesetzes anzupassen.**

Kammergericht, I. CS. Beschluß v. 30. Juni 1902.

Im Handelsregister ist die Firma Matthias Sch. und als deren Inhaber der Kaufmann Matthias Sch. eingetragen. Dieser hatte die ihm nicht zustehende Firma M. Sch. gebraucht. Das Amtsgericht forderte ihn gemäß den §§ 37, 14 HGB. bei Vermeidung einer Ordnungsstrafe von 30 Mark auf: „binnen zwei Wochen das Firmenschild zu entfernen und weiterhin den Gebrauch der Firma M. Sch. zu unterlassen, oder die Unterlassung mittels Einspruches gegen diese Verfügung zu rechtfertigen". Die Beschwerde des Sch. wurde zurückgewiesen, seiner weiteren Beschwerde jedoch stattgegeben aus den Gründen:

Nach § 140[1] in Verbindung mit § 132 Abs. 1 FrGG. hat bei dem Einschreiten gegen eine Person wegen des Gebrauches einer ihr nicht zustehenden Firma, die das Ordnungsstrafverfahren einleitende Verfügung des Registerrichters dahin zu ergehen, daß dem Beteiligten unter Androhung einer Ordnungsstrafe aufgegeben wird, „sich des Gebrauches der Firma zu enthalten oder binnen bestimmter Frist den Gebrauch der Firma mittels Einspruches gegen die Verfügung zu rechtfertigen“. Mit dieser Vorschrift steht die an den Beschwerdeführer erlassene Verfügung nicht im Einklange. Das Amtsgericht hat ihn zunächst unter Androhung von Strafe aufgefordert, sein Firmenschild zu entfernen. Hierzu war es nach dem Gesetze überhaupt nicht befugt; es greift damit in unstatthafter Weise in den Kreis der polizeilichen Zuständigkeit ein. Das Amtsgericht hat ferner dem Beschwerdeführer aufgegeben, binnen zwei Wochen das Schild zu entfernen und weiterhin den Gebrauch der Firma M. Sch. zu unterlassen. Auch die Stellung dieser Frist war nicht gesetzmäßig. Nach § 140[1] ist die Aufforderung an den Beteiligten, sich des Gebrauches der Firma zu enthalten, ohne Gewährung einer Frist zu erlassen. Nur für den Einspruch muß eine Frist gewährt werden....

Das Kammergericht hat nun bei seinen Entscheidungen in handelsrechtlichen Ordnungsstrafsachen in ständiger Rechtsprechung daran festgehalten, daß die gemäß §§ 132, 140 erlassenen Verfügungen genau den Vorschriften des Gesetzes angepaßt sein müssen, weil sie die Grundlage für eine demnächstige Bestrafung der Beteiligten sind. Der Beteiligte hat ein Recht darauf, daß die für seine Bestrafung maßgebende Verfügung nur so ergeht, wie das Gesetz dies vorschreibt. Eine Verfügung, die, wie die hier ergangene, in untrennbarem Zusammenhange mit der gesetzlich gerechtfertigten Aufforderung zur Unterlassung des Firmengebrauches eine nicht dem Gesetze entsprechende Auflage enthält, ferner eine nicht im Gesetze vorgesehene Frist für die Befolgung dieser Aufforderung stellt und endlich auf die Zulässigkeit des Einspruches in einer nicht gesetzmäßigen Formulierung hinweist, braucht der Beteiligte nicht gegen sich gelten zu lassen.... St.

### c) Wirkung der Zurücknahme des Einspruches gegen eine angedrohte Ordnungsstrafe. FrGG. §§ 132 ff.

Kammergericht, I. ZS. Beschluß v. 8. Juli 1901.

Nach § 132 FrGG. hat das Registergericht, sobald es von einem sein Einschreiten nach § 14 HGB. rechtfertigenden Sachverhalte glaubhafte Kenntnis erhält, dem Beteiligten unter Androhung einer Ordnungsstrafe aufzugeben, innerhalb einer bestimmten Frist seiner gesetzlichen Verpflichtung nachzukommen oder die Unterlassung mittels Einspruches gegen die Verfügung zu rechtfertigen. Der § 133 Abs. 1 verordnet sodann: „Wird innerhalb der bestimmten Frist weder der gesetzlichen Verpflichtung genügt, noch Einspruch erhoben, so ist die angedrohte Strafe festzusetzen.“ Mit Recht ist hier der § 133 Abs. 1 zur Anwendung gebracht. Allerdings hat der Beschwerdeführer zunächst rechtzeitig gegen die strafandrohende Verfügung vom 31. Januar 1901

Einspruch eingelegt; er hat ihn indessen zu Protokoll vom 19. April 1901 zurückgenommen. Diese Zurücknahme, die durch das Gesetz nicht ausgeschlossen wird, hatte die Wirkung, daß die Sache so angesehen werden muß, als sei der Einspruch nicht eingelegt. Es stand damit am 19. April 1901 fest, daß innerhalb der in der Verfügung vom 31. Januar 1901 gewährten Frist von vier Wochen, die am 15. März 1901 ablief, ein Einspruch gegen die strafandrohende Verfügung nicht erhoben war. Ebensowenig hatte der Beschwerdeführer innerhalb dieser Frist die von ihm verlangte Firmenanmeldung bewirkt. Es lagen also nunmehr die Voraussetzungen für die Straffestsetzung vor. Der Umstand, daß der Beschwerdeführer die Zurücknahme des Einspruches nachträglich widerrufen hat, ist nicht von Belang; denn die Strafe war, wie bemerkt, mit dem Augenblicke der Zurücknahme des Einspruches verfallen, und hieran konnte durch den nachträglichen Widerruf nichts mehr geändert werden.

Wenn der Beschwerdeführer demgegenüber zunächst geltend macht, daß für ihn eine gesetzliche Verpflichtung zur Firmenanmeldung nicht bestanden habe, so wird damit die Bedeutung des § 133 verkannt. Die „gesetzliche Verpflichtung", von der im § 133 gesprochen wird, ist die in der strafandrohenden Verfügung bezeichnete. Wird innerhalb der gestellten Frist die in der Verfügung bezeichnete Verpflichtung nicht erfüllt und auch nicht Einspruch erhoben, so ist die Festsetzung der Ordnungsstrafe gerechtfertigt. Darauf, ob die betreffende Verpflichtung nach dem Gesetze wirklich bestand oder nicht, kommt es für die Straffestsetzung aus § 133 nicht an. Dies ergiebt sich klar aus § 139 Abs. 2, wonach zwar gegen eine auf Grund des § 133 erfolgte Straffestsetzung sofortige Beschwerde stattfindet, dieses Rechtsmittel aber nicht darauf gestützt werden kann, daß die Verfügung, durch welche die Strafe angedroht ist, nicht gerechtfertigt gewesen sei. Es ist also die Erörterung, ob die dem Ordnungsstrafverfahren zu Grunde gelegte gesetzliche Verpflichtung mit Recht oder mit Unrecht als bestehend angenommen worden, im Falle der Straffestsetzung gemäß § 133 nicht weiter zulässig. Die Festsetzung erfolgt hier wegen Säumnis des Beteiligten, ohne Rücksicht darauf, ob er sachlich im Rechte ist oder nicht. Das Gericht hat danach bei der Straffestsetzung auch nicht in eine Prüfung von Amts wegen nach dieser Richtung einzutreten. Es ist zur Straffestsetzung gehalten, wenn und weil innerhalb der Frist weder die geforderte Vornahme bewirkt, noch Einspruch erhoben ist.[1]

Ebensowenig hat der einmal eingelegte Einspruch die Wirkung der strafandrohenden Verfügung endgültig beseitigt. Es braucht nicht näher darauf eingegangen zu werden, daß auch für die Entscheidung zufolge rechtzeitigen Einspruches immer die strafandrohende Verfügung die Grundlage bleibt, dergestalt, daß sie entweder aufzuheben oder der Einspruch gegen sie zu ver-

[1] Ebenso Bayer. OL. am 6. Dezember 1901, Rsp. 4 S. 464 Anm.

werfen 2c ist (§ 135 Abs. 1, 2). Denn hier ist eben, weil der Einspruch zurückgenommen worden, die Sache so anzusehen, als sei ein Einspruch rechtzeitig nicht eingelegt. Damit entfällt die Möglichkeit, daß die Wirkung der strafandrohenden Verfügung durch den Einspruch aufgehoben ist; denn dieser ist vom Rechtsstandpunkte aus nicht beachtlich.

Eine Verpflichtung des Beschwerdeführers, seine Firma eintragen zu lassen, ist durch die bisherigen Entscheidungen nicht ausgesprochen. Er kann in dem nunmehrigen weiteren Verfahren (§ 133 Abs. 2) seine sachlichen Einwendungen mittels rechtzeitigen Einspruches und erforderlichenfalls im Beschwerdeverfahren geltend machen.

## 55

a) **Es genügt, wenn die Anfechtungsklage aus § 271 HGB. dem Vorstande und dem Vorsitzenden des Aufsichtsrates zugestellt wird. Unvollständige Bezeichnung der Aufsichtsratsmitglieder.**

OLG. Dresden, V. CS. Urteil v. 17. Juni 1902.

Nach § 272 Satz 1, 2 ist die Anfechtungsklage gegen die Gesellschaft zu richten, die hierbei durch den Vorstand, sofern dieser nicht selbst klagt, und durch den Aufsichtsrat vertreten wird. Hieraus folgt, daß als die verklagte Partei die Gesellschaft, als deren gesetzliche Vertreter im Prozesse aber — vom erwähnten Ausnahmefalle abgesehen — deren Vorstand und Aufsichtsrat anzusehen sind. Dieser Vorschrift entspricht das Rubrum der vorliegenden Klage, insofern darin die Aktiengesellschaft als die Beklagte bezeichnet und hinzugefügt ist, daß sie durch ihren Vorstand und durch ihren Aufsichtsrat vertreten werde. Nun sind zwar in dieser Klage nur die beiden Mitglieder des Vorstandes und ein Mitglied des Aufsichtsrates, nicht aber die übrigen vier Personen namhaft gemacht, die außerdem zur Zeit der Klagerhebung dem Aufsichtsrate angehörten. Auch ist die Klage nur den beiden Vorstandsmitgliedern und dem in der Klage bezeichneten Mitgliede, dem Vorsitzenden des Aufsichtsrates, sowie seinem Stellvertreter zugestellt. Die Bezeichnung der gesetzlichen Vertreter der Parteien ist aber in den §§ $253^4$, $130^1$ CPO. nur in der Weise vorgeschrieben, daß die Klageschrift diese Personen bezeichnen soll, dagegen ist nicht vorgeschrieben, daß sie diese Personen bezeichnen muß. Die unvollständige Bezeichnung der Aufsichtsratsmitglieder in der Klageschrift kann daher unmöglich für den Kläger den Verlust des Anfechtungsrechtes zur Folge haben. Der Vorschrift in § $313^1$ CPO. aber, wonach die gesetzlichen Vertreter der Parteien im Urteile zu bezeichnen sind, kann das Gericht nachgehen, nachdem der Kläger diejenigen Personen namhaft gemacht und durch das von ihm überreichte Registerzeugnis legitimiert hat, die zur Zeit den Vorstand und Aufsichtsrat der Beklagten bilden. Daß diese Bezeichnung und Legitimation innerhalb der im § 271 Abs. 2 für die Erhebung der Klage bestimmten Frist erfolgen müsse, ist nirgends vorgeschrieben, und auch im Urteile des Reichsgerichtes (JW. 1901 S. 482) nicht als erforderlich erklärt worden.

Ebensowenig aber ist notwendig, daß die Klage innerhalb der erwähnten monatlichen Frist den sämtlichen Personen zugestellt werde, die zur Zeit der Klagerhebung den Aufsichtsrat bilden. Da er zusammen mit dem Vorstande gesetzlicher Vertreter der Gesellschaft ist, so ist es vielmehr nach § 171 Abs. 2, 3 CPO. für genügend zu erachten, daß die Zustellung der Klage an den Vorsitzenden des Aufsichtsrates für diesen selbst erfolge (vgl. das angef. Urteil)....

Dem Vorsitzenden liegt es alsdann ob, die übrigen Mitglieder des Aufsichtsrates im ordentlichen Geschäftswege von der Klagerhebung in Kenntnis zu setzen und eine Beschlußfassung des Aufsichtsrates über seine Beteiligung und Stellung im Prozesse herbeizuführen (vgl. Goldschmidt's Zeitschr. 40 S. 105[7]). Ob dies hier geschehen ist, kann dahingestellt bleiben, denn der Kläger hat keinen Einfluß darauf; es kann ihm daher auch nicht zum Nachteile gereichen, wenn der Vorsitzende des Aufsichtsrates nach dieser Richtung hin etwas verabsäumt haben sollte. Dr. W.

b) **Ein Generalversammlungsbeschluß über Erhöhung des Grundkapitales wird wegen ungenügender Besetzung des anmeldenden Aufsichtsrates mit Recht beanstandet. HGB. § 280.**

Kammergericht, I. CS. Beschluß v. 11. Juli 1902.

Nach § 280 Abs. 1 HGB. ist der Beschluß über die Erhöhung des Grundkapitales von sämtlichen Mitgliedern des Vorstandes und des Aufsichtsrates zur Eintragung in das Handelsregister anzumelden. Den Vorinstanzen ist darin beizutreten, daß hierbei unter den sämtlichen Mitgliedern des Aufsichtsrates diejenigen verstanden werden müssen, welche nach den für die Gesellschaft maßgebenden Bestimmungen den Aufsichtsrat in seiner vollständigen Besetzung bilden. Das Gesetz kann bei der in Betracht kommenden Vorschrift nur davon ausgegangen sein, daß die beteiligten Gesellschaftsorgane sich in ordnungsmäßigem Zustande befinden, daß sie also in gehöriger Weise besetzt sind. Träfe die Ansicht der Beschwerdeführerin zu, so müßte auch, wenn nur ein oder zwei Aufsichtsratsmitglieder vorhanden wären, deren Mitwirkung bei der Anmeldung trotz des Umstandes genügen, daß das Gesetz eine Mindestanzahl von drei Aufsichtsratsmitgliedern verlangt (§ 243 HGB). Daß das Gesetz diese Möglichkeit nicht im Auge gehabt haben kann, ist ohne weiteres klar. Andernfalls wäre die Garantie, die offenbar nach § 280 Abs. 1 für die Richtigkeit der mit einer Versicherung über die Einzahlung des bisherigen Grundkapitales zu verbindenden Anmeldung durch das Erfordernis der Mitwirkung aller Aufsichtsratsmitglieder geboten werden soll, illusorisch. Für eine Unterscheidung aber zwischen den Fällen, in denen die nach dem Gesetze erforderliche Anzahl von Aufsichtsratsmitgliedern fehlt und denjenigen, in welchen die höhere, aus dem Gesellschaftsvertrage sich ergebende Anzahl mangelt, läßt sich aus dem Gesetze ein Anhalt nicht entnehmen.

Nun bestimmt allerdings hier der Gesellschaftsvertrag die Anzahl der Aufsichtsratsmitglieder nur dahin, daß sie mindestens drei und höchstens fünf sein solle. Zugleich ist aber die Festsetzung der Anzahl innerhalb dieser Grenzen der Generalversammlung übertragen. Die Generalversammlung hat sich schlüssig gemacht, daß der Aufsichtsrat aus fünf Mitgliedern zu bestehen habe. Dies ist in Gemäßheit des Gesellschaftsvertrages bis auf weiteres für die Gesellschaft bindend. Der Aufsichtsrat ist also nur mit fünf Mitgliedern vollständig besetzt und alle diese fünf Mitglieder müssen, wie ausgeführt, nach § 280 Abs. 1 HGB. bei der Anmeldung des Beschlusses über die Erhöhung des Grundkapitales mitwirken. Die Generalversammlung hat es freilich in der Hand, die Anzahl der Aufsichtsratsmitglieder bis auf drei herabzusetzen. Bisher ist dies indessen nicht geschehen. Vielmehr beweist die Ersatzwahl vom 30. Dezember 1901, daß die Generalversammlung nicht gesonnen war, an einem fünfgliederigen Aufsichtsrate festzuhalten. Demgemäß hat das Amtsgericht die Anmeldung mit Recht mangels Mitwirkung von fünf Aufsichtsratsmitgliedern beanstandet. Hfr.

c) **Die Umwandlung einer Aktienkommandit- in eine Aktiengesellschaft stellt keine Neugründung, sondern nur eine Veränderung des rechtlichen Charakters der fortbestehenden Gesellschaft dar. HGB. § 332 ff.**

Bayer. Oberstes Landesgericht, II. CS. Beschluß v. 26. März 1902.

... Daß dies der Standpunkt des Gesetzes ist, deutet schon der Kommissionsbericht zum Art. 206a des Ges. v. 18. Juni 1884 an und kann jedenfalls angesichts der klaren Vorschriften des HGB. keinem Zweifel unterliegen. Schon der Umstand, daß daselbst die Bezeichnung „Umwandlung“ beibehalten ist, obwohl einige Schriftsteller gegen diese Bezeichnung die Anschauung vertreten hatten, daß hier im Rechtssinne keine bloße Veränderung, sondern die Auflösung der bisherigen und die Bildung einer neuen Gesellschaft vorliege, beweist, daß der Gesetzgeber diese Auffassung nicht geteilt hat. Dazu kommt, daß § 332² ausdrücklich bestimmt, daß auf die Umwandlung die Vorschriften über Änderung des Gesellschaftsvertrages Anwendung finden, und damit zum Ausdrucke bringt, daß die Umwandlung sich rechtlich als eine Änderung des ursprünglichen Gesellschaftsvertrages darstellt. Der gleiche Gedanke liegt dem § 333³ zu Grunde; mit der Vorschrift „die Gesellschaft besteht als Aktiengesellschaft ... fort“, ist nicht nur der Zeitpunkt, von dem an sie den Bestimmungen über die Aktiengesellschaften unterworfen ist, bezeichnet, sondern auch klar ausgesprochen, daß sie infolge der Umwandelung nicht aufgelöst ist, sondern in einer anderen Rechtsform weiterbesteht. Auch der Satz 1 des Abs. 3, wonach die persönlich haftenden Gesellschafter „ausscheiden“, setzt notwendig das Fortbestehen der Gesellschaft voraus. Es liegt somit im Umwandlungsverfahren der §§ 332 ff. eine Schöpfung des positiven Rechtes vor, zu der sich der Gesetzgeber aus wirtschaftlichen Gründen veranlaßt sah und deren Eigenartigkeit darin besteht, daß sich die Umwandlung ausnahmsweise ohne Auflösung und Neubildung nur im Wege der Änderung des Gesellschaftsvertrages vollzieht. ... B. M.

## 56

a) **Im Laufe eines Geschäftsjahres verstorbene Genossen sind zwar in der zu veröffentlichenden Zahl der ausgeschiedenen Genossen mitzuzählen, aber auch in dem zu veröffentlichenden Schlußbestande der Mitglieder aufzuführen. Genossenschaftsgesetz § 33.**

Kammergericht, Ferien-CS. Beschluß v. 26. Juli 1902.

Die Annahme des Landgerichtes, daß unter der nach § 33 a. a. O. zu veröffentlichenden Zahl der im Laufe des Geschäftsjahres 1901 ausgeschiedenen Genossen diejenigen vier Mitglieder mitzuzählen waren, die im Jahre 1901 verstorben sind, daß aber diese Genossen in dem gleichfalls nach § 33 zu veröffentlichenden Schlußbestande der Mitglieder noch mit aufzuführen seien, da diese am Jahresschlusse d. h. am letzten Tage des Geschäftsjahres 1901 der Genossenschaft als Mitglieder noch angehört hätten, ist für zutreffend zu erachten. Wenn das Gesetz im § 33 Abs. 2 die Veröffentlichung der Zahl der am Jahresschlusse der Genossenschaft angehörigen Genossen vorschreibt, so kann kein Zweifel daran sein, daß unter dem Bestande der Mitglieder alle diejenigen Genossen mit aufzuführen sind, die am letzten Tage des Geschäftsjahres der Genossenschaft noch angehören, mögen sie auch mit dem Jahresschlusse aus dieser ausscheiden. Denn die Gläubiger der Genossenschaft sollen, wie das Landgericht richtig hervorhebt, aus der Bekanntmachung ersehen, wie viel Genossen ihnen für ihre bereits entstandenen Forderungen verhaftet sind. Allerdings haften diese Mitglieder nicht mehr für die in dem neuen Geschäftsjahre eingegangenen Verbindlichkeiten der Genossenschaft. Um aber festzustellen, wie viel Genossen für die neu entstehenden Forderungen verhaftet sind, haben die Gläubiger nur die gleichfalls veröffentlichte Zahl der im Laufe des Jahres ausgeschiedenen Genossen von der Zahl der am Jahresschlusse der Genossenschaft noch angehörigen Mitglieder abzuziehen. Im Falle des Todes eines Genossen gilt dieser nach § 77 des Gesetzes erst mit dem Schlusse des Geschäftsjahres, in welchem der Tod erfolgt ist, als ausgeschieden. Die im Laufe des Jahres 1901 verstorbenen vier Genossen waren daher in der Nachweisung des Bestandes der am Jahresschlusse der Genossenschaft angehörigen Genossen mit aufzuführen. Hsr.

b) **Die Formvorschrift des § 15[4] Ges. v. 20. April 1892 gilt auch für die vor Errichtung des Gesellschaftsvertrages vereinbarte Abtretung von Geschäftsanteilen.**

OLG. Kiel, I. CS. Urteil v. 10. Juli 1902.

Mit Unrecht glaubt der Kläger, daß es der gerichtlichen oder notariellen Form nicht bedurft habe, weil der die Abtretungserklärung des Beklagten enthaltende schriftliche Vertrag v o r Errichtung des notariellen Gesellschaftsvertrages liege, während nach der Überschrift des den § 15 mitumfassenden zweiten Abschnittes „Rechtsverhältnisse der Gesellschaft und der Gesellschafter" dessen Vorschriften nur für die Zeit n a ch der Errichtung der Gesellschaft maßgebend seien. Diese lediglich aus der Überschrift entnommene einschränkende

Auslegung ist nicht gerechtfertigt. Bei der allgemeinen Fassung des § 15 und der zum Ausdruck gelangten gesetzgeberischen Absicht, Vereinbarungen der hier fraglichen Art nur dann Gültigkeit beizulegen, wenn die vorgeschriebene Form erfüllt ist, muß unter Gesellschafter i. S. des § 15 Abs. 4 nicht nur derjenige verstanden werden, welcher mit einem anderen einen Gesellschaftsvertrag in der Form des § 2 bereits abgeschlossen hat, sondern auch derjenige, welcher sich mündlich oder schriftlich mit einem anderen über Eingehung eines Gesellschaftsvertrages in der im § 2 vorgeschriebenen Form geeinigt und hierbei für das zukünftige Gesellschaftsverhältnis maßgebende Vereinbarungen über Abtretung von Geschäftsanteilen nach Inkrafttreten der Gesellschaft mit dem anderen getroffen hat. Solche Vereinbarungen sind in der Regel in den der Form des § 2 entsprechenden Gesellschaftsvertrag aufzunehmen und alsdann selbständig wirksam. Werden sie dagegen in einem besonderen Vertrage getroffen, so ist die Formvorschrift des § 15[4] bei Meidung der Ungültigkeit zu erfüllen (Entsch. des RG. 43 S. 136). Zu Gunsten des Klägers ist auch aus der späteren Entscheidung (50 S. 43) nichts zu folgern. Daselbst wurde die Verpflichtung des Beklagten aus einem Auftrage und dessen Ausführung hergeleitet, außerdem aber besonders hervorgehoben, daß die zweite Abtretungserklärung in notarieller Form abgegeben worden sei. Es handelt sich also um einen im wesentlichen Punkte vom gegenwärtigen Falle abweichenden Sachverhalt. Gr.

c) **Bestimmte Festsetzung der Einlagen der Gesellschafter. Form der Vereinbarung über die von einem Gesellschafter gewährleistete Verzinsung der Einlagen. Nachträgliche Hebung eines rechtlichen Mangels.**

Bayer. Oberstes Landesgericht, I. CS. Beschluß v. 12. April 1902.

Mit notariellem Vertrage vom 30. November 1900 vereinbarten die Aktiengesellschaft A. und acht Personen die Gründung einer G. m. b. H. Das Stammkapital beträgt 250000 Mark; die acht Personen haben 17000 Mark zu leisten, während A. das Elektrizitätswerk X. im Werte von 40000 Mark und bewegliche Werte und Geld von 193000 Mark Wert einbringt. Die Eintragung der G. m. b. H. wurde vom Amtsgerichte abgelehnt, worauf zur notariellen Verhandlung vom 24. Oktober 1901 der Geschäftsführer eine Eröffnungsbilanz vorlegte, nach der dem „Gesellschaftskapitalkonto" mit 250000 Mark als Aktiva gegenüberstehen: Grundstückskonto von 100000 Mark, Maschinen- 2c.-Konto 132000 Mark und Guthaben bei A. von 18000 Mark. Die Gesellschafter beschlossen, die Bilanz anzuerkennen unter der Bedingung, daß die Aktiengesellschaft den übrigen Gesellschaftern einen Mindestertrag von jährlich 4% auf zehn Jahre gewährleiste. Für den Gesellschafter Z. hatte ein anderer Gesellschafter mitgestimmt und nachträglich eine Privatvollmacht desselben beigebracht. In notariell beglaubigter Urkunde hatten sodann zwei Prokuristen der Aktiengesellschaft die verlangte Verzinsung gewährleistet. Die Eintragung der G. m. b. H. wurde wiederum abgelehnt und die weitere Beschwerde zurückgewiesen aus den Gründen:

Die Verhandlung vom 24. Oktober 1901 bezweckte eine Ergänzung des Gesellschaftsvertrages und war deshalb den im § 2 enthaltenen Formvorschriften unterworfen. Die jetzt vorgelegte notarielle Beitrittserklärung zu jener Verhandlung muß nach § 27 FrGG. unbeachtet bleiben, weil für die weitere Beschwerde die in der angefochtenen Entscheidung festgestellten Thatsachen maßgebend sind und daneben nur die im § 554 Nr. 2, 3 CPO. bezeichneten Thatsachen berücksichtigt werden können, die nachträgliche Hebung eines rechtlichen Mangels, der zur Zeit der Entscheidung des Beschwerdegerichtes bestand, daher nicht die weitere Beschwerde, sondern nur einen neuen Antrag bei dem Registergerichte zu begründen vermag.

Der beantragten Eintragung stehen aber auch sachliche Bedenken entgegen. Allerdings fehlt es nicht an einer vertragsmäßigen Bestimmung der Einlage; denn der Inhalt der Eröffnungsbilanz, die in der Verhandlung vom 24. Oktober 1901 anerkannt und der darüber aufgenommenen Notariatsurkunde beigefügt worden ist, ist dadurch zu einem Bestandteile dieser Verhandlung gemacht worden, die gerade den Zweck hatte, den Gesellschaftsvertrag vom 30. November 1900 bezüglich der Einlage der Aktiengesellschaft zu ergänzen; er ist also so anzusehen, wie wenn er in den Gesellschaftsvertrag selbst aufgenommen worden wäre. Auch kann die den Gesellschaftsvertrag ergänzende Anerkennung der der Urkunde vom 24. Oktober 1901 beigefügten Bilanz nur dahin verstanden werden, daß für die in der Bilanz bezeichneten Gegenstände, welche die nicht in Geld zu leistende Einlage der Aktiengesellschaft bilden, der in der Bilanz angegebene Geldwert festgesetzt werden sollte, und aus dem Gesellschaftsvertrage im Zusammenhalte mit der Bilanz ist unzweifelhaft zu entnehmen, daß die Bareinlage der Aktiengesellschaft 1000 Mark beträgt. Aber abgesehen davon, daß die bei einer neuerlichen Anmeldung erforderliche Versicherung des im § 8² bezeichneten Inhaltes nicht vorliegt und der Betrag der Bareinlagen sich nicht in der freien Verfügung des Geschäftsführers zu befinden scheint, ist bei der Vereinbarung über die den Mitgesellschaftern gewährleistete Verzinsung ihrer Einlagen die im § 2¹ vorgeschriebene Form nicht beobachtet. Die Zinsengewähr bildet einen Bestandteil des Gesellschaftsvertrages, sie dient den Mitgesellschaftern gegenüber zur Ergänzung der Einlage der Aktiengesellschaft, indem sie ihnen eine gewisse Sicherheit für die Angemessenheit des für diese Einlage festgesetzten Geldwertes bietet. Die Gesellschafter haben, indem sie die Anerkennung der ihnen vorgelegten Bilanz und damit die Festsetzung des von der Aktiengesellschaft verlangten Geldwertes ihrer Einlage von der Erstreckung der im Gesellschaftsvertrage übernommenen Zinsengewähr auf zehn Jahre abhängig machten, eine neue Bestimmung des Gesellschaftsvertrages vorgeschlagen, über die nach § 154¹ BGB. eine Einigung erzielt werden mußte, wenn der Gesellschaftsvertrag zustande kommen sollte (Parisius-Krüger Note 6 zu § 5; Birkenbihl Anm. 8 zu § 5; Staub Anm. 19 zu § 186 HGB.; Ring, Aktiengesetz 2. Aufl. S. 211). Die Einigung bedurfte deshalb der gerichtlichen oder notariellen Beurkundung, die lediglich notariell beglaubigte Erklärung der Aktiengesellschaft, die verlangte Zinsengewähr zu übernehmen, leistet der Formvorschrift nicht Genüge. B. M.

d) **Rückforderung einer zur Erhöhung des Stammkapitales gemachten Einzahlung. Ges. v. 1892/98 § 55. BGB. § 812 ff.**

OLG. Braunschweig, I. CS. Urteil v. 16. Mai 1902.

Der Kläger, als Geschäftsführer der Beklagten bis 1906 durch schriftlichen Vertrag bestellt, hat daselbst im Hinblick auf die bereits damals beabsichtigte Erhöhung des Stammkapitales der Gesellschaft „sich verpflichtet, 1000 Mark (2 Anteilscheine) in das Unternehmen einzuschießen." Er hat die Einzahlung geleistet, nachdem ein auf die Erhöhung gerichteter Beschluß gehörig zustande gekommen war; er hält sich aber zur Rückforderung berechtigt, nachdem die Beklagte ihn vorzeitig aus seiner Stellung entlassen hat. Die Vorinstanz geht davon aus, daß die eingezahlten 1000 Mark als Stammeinlage des Klägers bislang nicht angesehen werden könnten; dem ist zuzustimmen. Nach dem Gesetze vom 20. April 1892 ist die Rechtsgültigkeit des Erhöhungsbeschlusses an sich nicht zu beanstanden, er ist indessen noch ohne rechtliche Wirkung, da er noch nicht in das Handelsregister eingetragen ist (§§ 53, 54). Diese Eintragung erfolgt nach § 57 erst, nachdem das erhöhte Kapital durch Übernahme von Stammeinlagen gedeckt ist, auch die vorgeschriebenen Einzahlungen auf die letzteren geleistet sind. Daraus folgt, daß aus der Erklärung, eine Stammeinlage auf das erhöhte Kapital übernehmen zu wollen, nur eine durch die nachherige Eintragung bedingte Verpflichtung entsteht; der Übernehmende ist aber gebunden, bis der Eintritt oder Nichteintritt dieser Bedingung sich entschieden hat (BGB. § 160). Es fragt sich daher, ob eine rechtswirksame Übernahme einer Stammeinlage durch Kläger erfolgt — oder ein Surrogat hierfür vorhanden — ist. Nach § 55¹ bedarf es zur Übernahme jeder auf das erhöhte Kapital zu leistenden Stammeinlage einer gerichtlich oder notariell aufgenommenen oder beglaubigten Erklärung. Eine solche Erklärung liegt nicht vor. Ein Ersatz dafür kann nicht in der Einzahlung, für sich oder in Verbindung mit dem Vertrage gefunden werden, denn darauf hin würde nach § 57³ eine Eintragung ins Handelsregister nicht angemeldet werden können. Kläger würde selbst dann nicht Gesellschafter geworden sein, wenn etwa der Registerrichter in Verkennung der Rechtslage eine beantragte Eintragung der Änderung des Gesellschaftsvertrages vorgenommen hätte. Eine solche Eintragung würde nicht die Kraft haben, ungültige Abmachungen rechtswirksam zu machen und andererseits würde die Zahlung nicht die, weil formlos abgegeben, nichtige Übernahmeerklärung konvaleszieren lassen (BGB. § 125; Ausnahme: § 313). Wenn demgegenüber Beklagte darauf hinweist, daß, wie aus einer Vergleichung des § 55 mit § 15 folge, jedenfalls dem Gesetze eine Form für das Geschäft fremd sei, durch welches sich jemand verpflichte, der Gesellschaft demnächst eine Übernahmeerklärung abzugeben, so verkennt sie die rechtliche Verschiedenheit der in den §§ 15, 55 behandelten Rechtsgeschäfte. Im § 15 besteht die rechtsgeschäftliche Veräußerung vorhandener Gesellschaftsanteile in Frage und wird die Veräußerung selbst, das abstrakte Rechtsgeschäft, und das darauf bezügliche Kausalgeschäft unter Formzwang gestellt. Der § 55 dagegen behandelt das dem Willen, Gesellschafter zu werden, Ausdruck gebende, einseitige, empfangsbedürftige Rechtsgeschäft, welches sich sachlich als ein — stillschweigend und formlos zu akzeptierender — Vertragsantrag an die Gesellschaft darstellt und betreffs des Verhältnisses zu einer vorangegangenen formlosen Zusage in eine Vergleichung gebracht werden kann höchstens mit dem Verhältnis zwischen einem formbedürftigen Kausalgeschäft und einem vorangeschickten formlosen als rechtsungültig anzusehenden pactum de contrahendo (Planck zu BGB. § 125 Bem. 5, Rehbein 1 S. 207; für das frühere Recht: Entsch. d. RG. 14 S. 93, 40 S. 48).

Mit vorstehendem ist nicht schon das Rückforderungsrecht des Klägers bewiesen. Daß die 1000 Mark nicht als eine nach den Vorschriften der Verwahrung gegebene und jederzeit zurückzufordernde Summe zu behandeln sind, liegt auf der Hand. Ebensowenig trifft die Argumentation zu, sie seien eine Gegenleistung gegen die Übertragung der Stellung als Geschäftsführer und nach Lösung dieses Verhältnisses zurückzufordern. Denn ein Zusammenhang zwischen dem Dienstvertrage und der Zusage ist nur insofern anzuerkennen, als diese anläßlich des Engagements des Klägers und im Hinblick auf dieses gegeben ist; daraus mochte folgen, daß Kläger an seine Zusage nicht gebunden war, wenn ihm die Stellung als Geschäftsführer nicht wirklich übertragen wurde; wäre er aber Gesellschafter geworden, so würde er es haben — abgesehen von Veräußerung des Geschäftsanteiles an Dritte — bleiben müssen und nicht das Recht gehabt haben, seine Einlage zurückzufordern (vgl. § 58). Dagegen besitzt die Beklagte die 1000 Mark seit der Entlassung des Klägers ohne Rechtsgrund. Nach dem Ausgeführten ist ein gültiger Rechtsakt, auf den hin Kläger — bedingt — Gesellschafter geworden wäre, nicht vorhanden und eine rechtsgültige Verpflichtung, sich zu beteiligen, durch den Vertrag nicht begründet. Dieser lautet zwar auf eine Verpflichtung, 1000 Mark „einzuschießen"; damit hat sich aber Kläger nicht zur Zahlung dieser Summe an Beklagte, sondern zur Übernahme eines solchen Anteiles an der Gesellschaft verpflichtet, und eine rechtswirksame Verpflichtung zur Zahlung würde erst durch Rechtswirksamwerden des abgeänderten Gesellschaftsvertrages begründet worden sein. Daraus folgt, daß die 1000 Mark hingegeben sind nicht zur Bezahlung einer Schuld, sondern im Hinblick auf die spätere Beteiligung des Klägers an der Beklagten und in der Meinung, die Summe werde demnächst einen Teil der klägerischen Stammeinlage bilden. Dieser bei Hingabe und Annahme des Geldes bezweckte Erfolg ist nicht eingetreten, folglich Beklagte nach BGB. § 812 Satz 2 zur Herausgabe verpflichtet. Unerheblich ist, ob man den Nichteintritt des Erfolges darauf, daß Kläger eine formell gültige Übernahmeerklärung nicht abgegeben hat, zurückzuführen hat, oder ob noch weitere

Umstände in Betracht kommen, wie denn die Eintragung der Gesellschaftsänderung noch bis jetzt nicht geschehen ist. Kläger, nicht gebunden durch verbindliche Abmachungen, durfte seinen ursprünglichen Willen, der Gesellschaft beizutreten, jederzeit ändern; in Frage würde dabei nur kommen, ob Kläger (vgl. BGB. § 815) den Eintritt des Erfolges wider Treu und Glauben verhindert hat. Ausdrücklich hat Beklagte hierauf sich nicht berufen; man könnte aber ihre Behauptung hierher beziehen, Kläger habe es verschuldet, daß die Übernahme nicht in gehöriger Form erklärt sei, insofern er trotz seiner Kenntnis von dem Erfordernis der Form und trotz Aufforderung eine korrekte Erklärung der Übernahme nicht abgegeben habe. Allein es kommt in Betracht, daß, da die Beklagte erst nach dem Beschlusse wegen der Kapitalserhöhung sich auf die Suche nach neuen Teilnehmern begeben hat, für Kläger also die Ausstellung der erst für die nachherige Anmeldung nötigen Erklärung nicht dringlich, daß andererseits bei der Beteiligung augenscheinlich eine gewisse Vorsicht am Platze und dem Kläger nicht zu verargen war, wenn er zunächst die Entwickelung des kurz vor seinem Eintritte gegründeten Unternehmens eine Zeitlang beobachten wollte. Es kann auf die immerhin eigentümlichen Umstände der Einrichtung von Anteilscheinen über je 500 Mark trotz der abweichenden Stammeinlagen, auch auf die bedenklichen Auslassungen in den gedruckten, doch augenscheinlich für den Verkehr bestimmten Statuten verwiesen werden. Muß hiernach für die Zeit der Geschäftsführung des Klägers die Frage, ob er gegen Treu und Glauben gehandelt hat, als er die fragliche Erklärung nicht ausstellte, verneint werden, so gilt dasselbe selbstverständlich von der Zeit an, als er von der Beklagten entlassen war. War aber Kläger nicht verpflichtet, einen Geschäftsanteil zu übernehmen, so kann er sich dadurch, daß er das nicht gethan, auch nicht schadensersatzpflichtig gemacht haben; sein Rücktritt kann aber die Beklagte höchstens insofern geschädigt haben, als sie sich auf das Zustandekommen seiner Beteiligung verlassen und durch die Vereitelung dieser Aussicht Schaden gehabt hat (negatives Interesse), der sich auf 1000 Mark nur belaufen könnte, wenn gerade Kläger notwendig zutreten müßte, um den vollen Betrag der Kapitalserhöhung nach § 57¹ zu decken. . . .

Anlangend den Umfang der Verpflichtung der Beklagten zur Herausgabe . . . ist eine Zinspflicht nach § 820² nicht begründet, weil die aus Abs. 1 hierher zu beziehende Voraussetzung ermangelt; der bezweckte Erfolg ist nach dem Inhalte des Rechtsgeschäftes nicht als ungewiß angesehen; das Bewußtsein der Möglichkeit, daß der Erfolg nicht eintreten werde, genügt hierfür nicht (Enneccerus-Lehmann, 2. Aufl. 1 S. 833; Oertmann Bem. 1 zu § 820). Was die Beklagte mit den 1000 Mark begonnen hat, ist nicht dargelegt; sie mag sie im Geschäfte verwandt und so nutzbringend angelegt haben; aus diesem Gesichtspunkte gezogener Nutzungen können nicht ohne weiteres Zinsen gefordert werden (§ 818¹). Die Zinsen sind, da auch Zahlungsverzug nicht behauptet ist (§ 288), vielmehr gemäß

§ 818⁴ mit § 291 erst von der Rechtshängigkeit des Anspruches an zuzusprechen. Hu.

---

## 57

### a) Beschwerde des Gläubigers, dem der zur Eintragung eines Ergänzungsvermerkes eingereichte Hypothekenbrief vorenthalten wird.[1] FrGG. §§ 20, 57.

Kammergericht, I. CS. Beschluß v. 11. Juli 1902.

Der Brief über die für A. eingetragene Hypothek wurde von der X.-Bank, die angeblich Generalvollmacht von A. hat, dem Amtsgerichte auf dessen Erfordern, damit es nachträglich eine ihm nötig erscheinende Ergänzung der Eintragung vornehmen konnte, vorbehaltlich der Rückgabe an sie eingereicht. Am 12. Mai 1902 beantragte der aus Amerika vorübergehend anwesende Gläubiger, den Brief ihm z. H. des Eigentümers des belasteten Grundstückes B. herauszugeben. Letzterer hat diesen Antrag wiederholt und vorgebracht, A. habe ihm, um ihm die Verfügung über die Post zu sichern, Generalvollmacht erteilt, und die der Bank zurückgenommen. Die weitere Beschwerde des B. blieb erfolglos. Gründe:

Allerdings ist die Ansicht des Landgerichtes, daß die Ablehnung des Grundbuchamtes, den Brief an B. herauszugeben, keine mit der Beschwerde anfechtbare Entscheidung sei, weil das Grundbuchamt dabei nicht als entscheidende Behörde, sondern als Depositar, als civilrechtlicher Besitzer der Urkunde gehandelt habe, und daß deshalb nur die Beschwerde im Aufsichtswege oder die Civilklage im Prozeßwege zulässig sei, unhaltbar. Die Anordnung, einen Hypothekenbrief vorzulegen, ist eine Handlung der richterlichen Amtsgewalt. Die Ausführung dieser Anordnung seitens desjenigen, an den sie ergangen ist, bewegt sich wesentlich auf öffentlich-rechtlichem Gebiete, insofern die Handlung im Interesse der Rechtspflege erfolgt. Daneben zeigt die Ausführung der Anordnung freilich auch ihre privatrechtliche Seite, indem die Übergabe des Briefes an das Grundbuchamt ein dem bürgerlichen Rechte angehörendes Rechtsverhältnis zwischen dem bisherigen Inhaber des Briefes und dem Justizfiskus schafft. Wenn aber das Grundbuchamt über einen Antrag eines Dritten auf Aushändigung der Urkunde entscheidet, und die Aushändigung, wie geschehen, verweigert, weil der Antragsteller sein Recht auf den Brief nicht dargethan, dann handelt es sich dabei nicht um die Entschließung des Verwahrers im Sinne der §§ 688 ff. BGB., als vielmehr um eine Entscheidung, die in Ausübung der Rechtspflege ergeht. Deshalb kann hier weder von einer Beschwerde im Aufsichtswege, noch gar von einem Civilprozesse gegen das Grundbuchamt oder den Justizfiskus die Rede sein,

---

[1] Es genügt, wenn die weitere Beschwerdeschrift nicht die angeblich verletzten Gesetzesvorschriften ausdrücklich bezeichnet, aber aus ihren Ausführungen erkennen läßt, inwiefern die angefochtene Entscheidung rechtsirrtümlich sein soll (Bayer. OL. II. CS. Beschluß v. 28. Dezember 1901, Sammlung 2 S. 852).

vielmehr unterliegt die Entscheidung nur der Beschwerde im Instanzenzuge der ordentlichen Gerichte.... Mz.

b) **Beschwerde des Amtsrichters.**[1] **Zulässigkeit der Erteilung auszugsweiser Ausfertigungen gerichtlicher Urkunden.**

Kammergericht, I. CS. Beschluß v. 20. Januar 1902.

1900 hat das Amtsgericht eine Erbbescheinigung nach dem 1894 verstorbenen L. ausgestellt und hinzugefügt: „Dieser Erbschein dient nur zur Verfügung über die auf dem Grundstücke des N. für die Frau des Erblassers eingetragene Hypothek.“ 1901 hat der Eigentümer eines mit einer ferneren Hypothek für den Erblasser belasteten Grundstückes eine Ausfertigung des Erbscheines beantragt. Das Amtsgericht wies den Antrag zurück, es wurde aber auf Beschwerde angewiesen, den Erbschein ohne den einschränkenden Zusatz, der nur eine für den Inhalt der Erbbescheinigung rechtlich unerhebliche Verfügung des Nachlaßrichters sei, zu erteilen. Hiergegen hat der Amtsrichter die weitere Beschwerde eingelegt; sie wurde jedoch zurückgewiesen. Aus den Gründen:

Der Beschwerdeführer bestreitet selbst nicht, daß, wie das Kammergericht auch für das gegenwärtige Recht wiederholt angenommen hat, dem Amtsgerichte auf dem Gebiete der freiwilligen Gerichtsbarkeit ein Recht zur Beschwerde gegen Anordnungen des Landgerichtes, die im Rechtsmittelzuge amtsgerichtliche Anordnungen abgeändert oder aufgehoben haben, nicht zusteht, weil der Amtsrichter eigene Rechte in Beziehung auf die von ihm bearbeiteten Angelegenheiten Dritter nicht besitzt (§§ 20, 57). Der Amtsrichter sucht hier aber seine Legitimation zur Beschwerde daraus herzuleiten, daß ihm eine Verletzung der Amtspflicht zugemutet werde. Ob in Fällen der letztgedachten Art, wie der Beschluß des OLG. Darmstadt (Rsp. 4 S. 2) offen läßt, eine Beschwerdeführung des Amtsgerichtes im Rechtsmittelzuge zugelassen werden könnte, ist hier aber nicht zu erörtern. Denn es fehlt an dem zur Begründung einer solchen Ausnahme erforderlichen Thatbestande, weil nicht anzuerkennen ist, daß die Weglassung des Zusatzes in der Ausfertigung, welche das Landgericht angeordnet hat, einem gesetzlichen Verbote zuwiderlief, so daß auch unerörtert bleiben kann, ob nicht die Verletzung der Amtspflicht für das Amtsgericht schon durch die landgerichtliche Anordnung ausgeschlossen wäre. In Art. 53 preuß. FrGG. ist ausgesprochen, daß für gerichtliche Urkunden über andere Gegenstände als Rechtsgeschäfte die Artt. 54—62 das. gelten, soweit nicht die Beurkundung einen Teil eines anderen Verfahrens bildet und als Teil dieses Verfahrens (Begründung S. 43) von den Vorschriften jener Artikel befreit ist. Art. 61 Satz 2 macht demnächst für die gedachten Urkunden auch den § 182 FrGG. entsprechend anwendbar, läßt mithin (§ 182 Abs. 2) auch eine auszugsweise Ausfertigung derselben zu. Daß damit nicht ausgesprochen ist, daß für die Bedeutung der Urkunde und deren Rechts-

[1] Dem Standesbeamten steht gegen die Anweisung des Amtsgerichtes zur Vornahme einer Handlung keine Beschwerde zu. Kammergericht, I. CS. Beschluß v. 30. Juni 1902.

wirksamkeit wesentliche Teile weggelassen werden dürfen, unterliegt keinem Bedenken. Hier aber handelt es sich nur um einen Zusatz, der bei Erbbescheinigungen nach dem Gesetze vom 12. März 1869 überhaupt unzulässig erscheint. Odf.

c) **Auf außergerichtliche Teilungen ist § 97² FrGG. unanwendbar. Prüfungsrecht des Grundbuchrichters.**

OLG. Colmar, II. CS. Beschluß v. 28. April 1902.

Die vorgelegten beiden Teilungen des Nachlasses sind nicht durch Vermittelung des Nachlaßgerichtes herbeigeführt, sondern gütliche Vereinbarungen, also Verträge. Die Anwendung der §§ 86—89 FrGG. ist mithin bei ihnen ausgeschlossen und hat auch thatsächlich nicht stattgefunden. Es kann deshalb auch nicht zulässig sein, lediglich den § 97 Abs. 2 als für die vertragsmäßigen Teilungen maßgebend herauszugreifen und die beiden Teilungen auch für die dabei beteiligten Minderjährigen A. lediglich deshalb für wirksam zu erklären, weil sie — und zwar in mißverständlicher Anwendung der angezogenen Bestimmung — durch das Nachlaßgericht bestätigt worden sind. Die Frage, ob und inwieweit diese Teilungen für die Minderjährigen wirksam sind, ist vielmehr lediglich nach den allgemeinen Vorschriften zu entscheiden, welche für die Wirksamkeit der von Minderjährigen und für sie von ihren Vertretern abgeschlossenen Verträge gelten. Dies würden die Bestimmungen des BGB. über die Geschäftsfähigkeit und die Vertretung Minderjähriger sein, wenn die Geschwister A. in dieser Beziehung den deutschen Gesetzen unterworfen wären. Sie sind aber französischer Nationalität und stehen in Frankreich unter der Vormundschaft ihrer Väter. Es findet hiernach Art. 7 EG. zum BGB. auf sie Anwendung, dem zufolge die Beurteilung ihrer Geschäftsfähigkeit nach den französischen Gesetzen zu erfolgen hat. Die Prüfung der Geschäftsfähigkeit im gegenwärtigen Falle umfaßt naturgemäß auch die Frage, ob sie bei den Teilungen gehörig vertreten waren, und ob ihre Vertreter im Rahmen ihrer Vertretungsmacht gehandelt haben. In dieser Beziehung kommen aber die Artt. 465, 466, 817 Code civil zur Geltung; diese sind aber nicht beobachtet. ... Auch die Vereinbarung über die öffentliche Versteigerung der Nachlaßgrundstücke und die daraufhin erfolgte Versteigerung ist nach obigen Ausführungen in Verbindung mit Art. 457 ff. Code civil für die Minderjährigen A. unverbindlich. Der Einwand, daß der Grundbuchrichter nur befugt sei zu der Prüfung, „ob dem formellen Konsensprinzip des § 19 GrBO. genügt sei, ob also im Falle der Auflassung die materielle Einigung der Beteiligten gemäß §§ 873, 925 BGB. stattgefunden habe, ist zwar an sich richtig, vermag aber die Beschwerde doch nicht zu begründen. Denn diese Prüfung umfaßt unbestritten die Geschäftsfähigkeit der Beteiligten und die Legitimation ihrer etwaigen Vertreter, und damit hier auch die Feststellung, ob die Vertreter der Minderjährigen A. bei Abgabe der Auflassungserklärungen innerhalb ihrer Vertretungsmacht gehandelt haben. Letzteres ist aber nicht der Fall, wenn sie ohne die nach den angezogenen Vorschriften des französischen Rechtes erforderliche Genehmigung des Familienrates und Bestätigung des Gerichtes gehandelt haben. Allerdings beziehen sich jene Vorschriften ihrem Wortlaute nach nur auf den obligatorischen Vertrag: Die Veräußerung, die Teilung. Da aber letztere nach dem französischen Rechte die dingliche Einigung des BGB. in sich enthalten, so muß, wenn diese letztere besonders beurkundet wird, die Genehmigung bezw. Bestätigung auch bezüglich ihrer erteilt sein, damit sie für die Minderjährigen wirksam sind. Dr. Fr.

d) **Wer ist zur Beschwerde über Mängel gerichtlicher Taxen befugt?**

Kammergericht, I. CS. Beschluß v. 24. März 1902.

A. hatte die gerichtliche Abschätzung seines Hausgrundstückes beantragt. Das Protokoll darüber lautete: „Das Grundstück wurde in seinen einzelnen Teilen vorgezeigt und besichtigt. Darauf übergaben die Sachverständigen X. und Z. das anliegende Protokoll und erklärten, daß darin die Taxe des Grundstückes enthalten sei." In dem beigefügten Protokolle ist die Beschreibung des Hauses und die Abschätzung enthalten. Gegen die Taxe erhob der Gemeindekirchenrat für die Kirchengemeinde, aus deren Vermögen das Grundstück beliehen werden sollte, Beschwerde, weil die Beschreibung des Grundstückes durch den Richter fehle. Die Beschwerde ist zurückgewiesen, auch die von dem Gemeindekirchenrate und der Regierung eingelegte weitere Beschwerde blieb erfolglos. Aus den Gründen:

Allerdings entspricht die Taxe nicht den gesetzlichen Vorschriften. Beim Mangel reichsgesetzlicher Normen über das gerichtliche Abschätzungswesen sind die Landesgesetze maßgebend geblieben.[1] Im ehemaligen Geltungsgebiete der AGO. sind deren Bestimmungen entscheidend. Das für die Aufnahme der Taxe zuständige Gericht ist das Amtsgericht der belegenen Sache (§§ 3, 8, 9 II 6, § $26^2$ Ausf.-G. zum GVG.). Der Taxkommissar hat bei Hausgrundstücken das abzuschätzende Haus nach seiner Lage, Beschaffenheit, Länge, Breite und Höhe, nach seinem Baustande, nach der Anzahl und Einrichtung der darin befindlichen Wohnungen und anderen Behältnisse umständlich zu beschreiben (§§ $9^3$, $15^1$ II 6), daran fehlt es hier. Die Beschreibung ist lediglich von den Sachverständigen geliefert. Sie haben die von ihnen gefertigte Taxe als Protokollanlage überreicht. Daß der Richter sich selbst von der Vollständigkeit und Richtigkeit der Beschreibung überzeugt habe, erhellt nicht. ... Dennoch erschienen der Gemeindekirchenrat und die Regierung nicht berechtigt, die Mängel der Taxe im Beschwerdewege zu rügen und deren Abstellung zu erzwingen. Auf die Beschwerde in Abschätzungssachen findet der § 20 FrGG. Anwendung (Art. 6 Abs. 1 des preuß. FrG.). Danach ist nur der beschwerdeberechtigt, dessen Recht durch die angefochtene gerichtliche Verfügung beeinträchtigt ist. Vorausgesetzt ist also die behauptete Nichtanerkennung eines dem Beschwerdeführer zustehenden oder von ihm wahrzunehmenden subjektiven Rechtes, wobei es auf dessen Inhalt und Ursprung

[1] Vgl. Urteil des RG. vom 2. Januar 1900, Gruchot 44 S. 727.

nicht ankommt (Jahrb. 21 S. 181). Die Denkschrift S. 39 sagt ausdrücklich: Hiernach genügt es zur Anfechtung nicht, daß die Verfügung auf die rechtlichen Beziehungen des Beschwerdeführers von Einfluß ist und daß er insofern ein Interesse an ihrer Änderung hat, vielmehr ist stets erforderlich, daß eine Beeinträchtigung seines Rechtes vorliegt. Nun besteht aber ein Recht der Kirchengemeinde auf die Beleihung des abgeschätzten Hauses nicht. Sie hat daran ein wirtschaftliches Interesse, nur dieses kommt bei einer formwidrigen Taxe vor. Die Folge einer solchen Taxe ist, daß rechtliche Beziehungen zwischen der Kirchengemeinde und dem Eigentümer nicht angeknüpft werden, nicht aber, daß ein bestehendes Recht der ersteren berührt wird. Berechtigt zum Antrage auf gerichtslose Abschätzung ist nur der Eigentümer, nur er ist daher auch befugt, eine etwaige Verletzung dieses seines Rechtes durch ein vorschriftswidriges Taxverfahren zu rügen (vgl. Jahrb. 12 S. 71). . . . Wg.

e) **Beschwerde über die Genehmigung eines der Genehmigung nicht bedürftigen Vertrages. FrGG. § 20. BGB. § 1822.**

Kammergericht, Ferien-CS. Beschluß v. 6. September 1902.

Der 1886 geborene A. ist, nachdem ihm bereits ein Vormund bestellt war, 1897 in Zwangserziehung gebracht worden. 1902 hat der Provinzialverband mit X. für A. auf 3 Jahre einen Lehrvertrag abgeschlossen, den das Vormundschaftsgericht nach Anhörung des Vormundes und des Mündels genehmigt hat. Die gegen dieses Verfahren erhobene Beschwerde des Landeshauptmanns wurde zurückgewiesen, seiner weiteren Beschwerde jedoch stattgegeben. Aus den Gründen:

Zutreffend hat das Landgericht ausgeführt, daß, obgleich die Zwangserziehung nach dem Gesetze von 1878 angeordnet worden ist, gegenwärtig das Gesetz vom 2. Juli 1900 Anwendung finde. Der Beschwerdeführer ist legitimiert nach § 20 FrGG. Es läßt sich nicht einwenden, daß der Lehrvertrag vom Vormundschaftsgerichte lediglich gebilligt worden sei; denn aus dem vom Reichsgerichte (Entsch. 25 S. 281) zutreffend angenommenen Grundsatze, wonach erhebliche Willensmängel bei der vormundschaftsgerichtlichen Genehmigung diese ungültig machen, ergiebt sich, daß der Bestand des Lehrvertrages in Frage gestellt wäre, sobald sich ein Grund zum Widerrufe der Genehmigung ergeben würde. Es besteht daher das Interesse des Beschwerdeführers an der Feststellung der von der Genehmigung unabhängigen Gültigkeit des Lehrvertrages.

Die Beschwerde erscheint aber auch gerechtfertigt, da die Genehmigung eines durch den Vormund geschlossenen Vertrages, worüber allein der § 1822 BGB. handelt, nicht in Frage ist, der Vertrag vielmehr auf Grund des Fürsorgeerziehungsgesetzes vom Provinzialverbande abgeschlossen worden ist. Der letztere hat hierbei in Übereinstimmung mit § 9 das. gehandelt, welcher bestimmt: „Die Ausführung der Fürsorgeerziehung liegt dem verpflichteten Kommunalverbande ob . . ., er entscheidet darüber, in welcher Weise der

Zögling untergebracht werden soll." Auch die Ausführungsbestimmungen vom 18. Dezember 1900 sehen diesen Fall vor, indem es dort heißt, nachdem von der notwendigen Dauer der Unterbringung in eine Anstalt die Rede gewesen ist: „Sobald dieser körperliche und sittliche Reinigungsprozeß beendet ist, sind sie in Familien ... unterzubringen, ... die Schulentlassenen im Gesindedienste oder als Lehrlinge." Daß neben der im § 9 dem Kommunalverbande gegebenen Befugnis das Vormundschaftsgericht einzugreifen habe, ist in keiner Weise zum Ausdruck gekommen. Eine Kollision zwischen Reichs- und Landesrecht liegt bei Berücksichtigung des EG. z. BGB. Art. 135, 3 nicht vor. Es war deshalb der Genehmigungsvermerk für ungültig zu erklären. Wlf.

f) **Festsetzung einer zweiten Ordnungsstrafe.**

Bayer. Oberst. Landesgericht, II. CS. Beschluß v. 12. Dezember 1901.

A. lehnte im Termine die Übernahme einer Vormundschaft ab und verblieb dabei, nachdem ihm vorgehalten wurde, daß er dazu durch Ordnungsstrafen angehalten werden würde; hierauf wurde er in eine Strafe von 25 Mark verfällt. In einem neuen Termine wiederholte er seine Weigerung, worauf er durch sofort bekannt gegebene Verfügung in eine Strafe von 50 Mark genommen wurde. Auf weitere Beschwerde wurde diese zweite Strafe aufgehoben. Gründe:

Nach FrGG. § 33 muß der Festsetzung der Strafe eine Androhung vorausgehen; erst wenn die Androhung fruchtlos bleibt, wenn sie den Zweck, auf die Willensentschließung des Pflichtigen einzuwirken, verfehlt, darf die Strafe verhängt werden. Dem Pflichtigen muß zwischen der Androhung und der Verhängung der Strafe eine Zeit des Besinnens gelassen werden, die Festsetzung kann aber in demselben Termine geschehen, in dem die Strafe angedroht wurde, wenn der Pflichtige nach der Androhung im Ungehorsam verharrt. Der Zweck der Androhung bringt es mit sich, daß sie vor jeder einzelnen Straffestsetzung wiederholt werden muß, eine allgemeine Androhung in der Art, daß der Pflichtige bei fortgesetztem Ungehorsam mehrmals in Strafen bis 300 Mark verfällt, genügt nicht, vielmehr muß auch vor Verhängung der weiteren Strafen immer wieder versucht werden, ob der Zweck sich nicht jetzt durch die Androhung erreichen läßt. Dies ist bei der Verhängung der weiteren Strafe nicht geschehen.... B. M.

## 58

a) **Eintragung von Gesamtgutteilhabern einer fortgesetzten Gütergemeinschaft auf Antrag eines Hypothekars. GrBO. § 14; ZwVG. § 17.**

OLG. Hamburg, I. CS. Beschluß v. 9. Juli 1902.

Die fortgesetzte Gütergemeinschaft endigt zwar mit dem Tode des überlebenden Ehegatten (BGB. § 1494); die Beendigung hat aber nicht zur Folge, daß das Gesamtgut zu bestehen aufhört. Vielmehr ist dies nur die Folge der Auseinandersetzung, welche nach der Beendigung in Ansehung des Gesamtgutes stattfindet (§ 1497). Bis dahin steht die Verwaltung des Gesamtgutes allen

Teilhabern gemeinschaftlich zu (§ 1472). Aus dem Gesamtgute sind zunächst die Gesamtgutsverbindlichkeiten zu berichtigen (§ 1498, 1475). Die Zwangsvollstreckung in das Gesamtgut erfordert nach Beendigung der fortgesetzten Gütergemeinschaft durch den Tod des überlebenden Ehegatten ein Urteil gegen die Erben dieses Ehegatten und gegen die als Teilhaber am Gesamtgute berechtigten Abkömmlinge (CPO. § 745²). Sind die Erben des Ehegatten unbekannt und soll ein Anspruch, der sich gegen den Nachlaß richtet, gerichtlich geltend gemacht werden, so hat auf Antrag des Berechtigten das Nachlaßgericht einen Nachlaßpfleger zu bestellen (BGB. § 1961). Vorliegend hat das Nachlaßgericht eine Nachlaßpflegschaft angeordnet und den X. zum Pfleger bestellt. Die Erben der verstorbenen Witwe A. werden daher durch diesen Nachlaßpfleger vertreten. Gegen ihn in dieser seiner Eigenschaft und gegen den Adoptivsohn der Witwe A. sind demzufolge die Ansprüche zu verfolgen, welche sich gegen das Gesamtgut richten.

Zu den Gesamtgutsverbindlichkeiten gehört die von dem Beschwerdeführer eingeklagte Forderung auf Bezahlung von Hypothekenzinsen. Schuldner dieser Forderung ist das Gesamtgut. Die Zwangsvollstreckung in das dazu gehörende Pfandgrundstück erfordert, daß der Schuldner, also das Gesamtgut als Eigentümer des Grundstückes eingetragen ist (ZwVG. § 17). Ist, wie hier, das Grundstück nicht auf das Gesamtgut geschrieben, während es nach der wirklichen Rechtslage diesem zugeschrieben sein müßte, so kann der Beschwerdeführer, weil sein Recht von der Eintragung betroffen wird, die Berichtigung des Grundbuches verlangen (GrBO. § 14). Er hat nun nachgewiesen, daß das Grundstück, in welches er die eingeklagte Forderung zu vollstrecken beabsichtigt, zum Gesamtgute gehört, an welchem die Erben der verstorbenen Witwe A. und deren Adoptivsohn als Teilhaber berechtigt sind. Er ist deshalb berechtigt, die Berichtigung des Grundbuches dahin zu fordern, daß das Grundstück auf die Erben der Witwe A. und zwar weil diese durch den Nachlaßpfleger vertreten sind, auf letzteren in dieser seiner Eigenschaft und den Adoptivsohn als Gesamtgutsteilhaber geschrieben wird.

M. M.

b) **Umfang der dem Notar im § 15 GrBO. erteilten Antragsermächtigung. — Versprechen des Mannes, ein eingebrachtes Kapital seiner Frau zu verzinsen, als Verzicht auf die Nutznießung jenes Kapitals.**

Kammergericht, I. CS. Beschluß vom 9. Mai 1902.

Der Eigentümer hat sich verpflichtet, das von seiner Frau eingebrachte Kapital von 24000 Mark mit 5% zu verzinsen, und die Eintragung der Forderung bewilligt. Als der Notar R., der die Unterschriften beglaubigt hatte, die Eintragung der Hypothek namens des Eigentümers beantragte, wurde die Eintragung der Zinsen beanstandet, weil ein Anspruch der Frau auf Zinsen mit Rücksicht auf die Nutznießung des Mannes nur dadurch entstehen könne, daß das einzutragende Kapital durch Ehevertrag als Vorbehaltsgut erklärt würde. Der Notar hat darauf beantragt, die Hypothek ohne

Zinsen einzutragen. Auch dies wurde abgelehnt, weil der Antrag des Notars an den Wortlaut der Eintragungsbewilligung gebunden sei. Die weitere Beschwerde des Notars wurde zurückgewiesen. Gründe:

Der Eigentümer des zu belastenden Grundstückes lebt nach der Urkunde vom 25. Februar 1902 mit seiner Frau in getrennten Gütern nach dem gesetzlichen Güterrechte. Das zum eingebrachten Gute der Frau gehörende Kapital von 24000 Mark ist daher der Verwaltung und Nutznießung des Mannes unterworfen (BGB. § 1363). Der Mann hat es nach §§ 1377², 1376¹ anzulegen; die Frau kann jedoch eine andere Anlegung und insbesondere, auch durch Darlehnsvertrag, gestatten, daß der Mann das Geld bei sich selbst anlege (vgl. Prot. 4 S. 220 zu C.). Auch eine solche Forderung der Frau gegen den Mann unterliegt seiner Nutznießung, so daß, wenn die Forderung verzinslich wäre, die Zinsen dem Manne gebühren würden (§§ 1383, 1068, 1076, 1030, 100, 99³, 101²). Es ist deshalb nicht rechtsirrtümlich, in dem Versprechen des Mannes, eine solche Forderung der Frau zu verzinsen, einen Verzicht auf die Nutznießung am eingebrachten Kapitale zu sehen. Der Verzicht des Mannes auf die Nutznießung am eingebrachten Gute der Frau schlechthin oder an einem einzelnen eingebrachten Gegenstande enthält aber eine vom gesetzlichen Güterstande abweichende Regelung der güterrechtlichen Verhältnisse der Ehegatten und fällt deshalb unter den Begriff des Ehevertrages (§ 1432; vgl. Mot. 4 S. 305). Die Urkunde vom 25. Februar 1902 ermangelt der für Eheverträge nach § 1434 vorgeschriebenen Form. Eine gültige Zinsenforderung ist mithin nicht nachgewiesen (§ 125). Damit entfällt die Zulässigkeit der Eintragung einer Hypothek für die Zinsen.

Aber auch die Ablehnung der Eintragung der Forderung ohne Zinsen läßt einen Rechtsirrtum nicht erkennen. Die rechtsgeschäftliche Grundlage der Eintragung bildet die Eintragungsbewilligung desjenigen, dessen Recht von der Eintragung betroffen wird (GrBO. § 19, vgl. § 29). Der nach § 13 erforderliche Eintragungsantrag hat nur die Bedeutung einer Verfahrenshandlung (vgl. § 30); er giebt dem Grundbuchamte Veranlassung, die bewilligte Eintragung zu bewirken. Bewilligung und Antrag müssen sich daher inhaltlich decken. So wenig der Antrag über die Bewilligung hinausgehen darf, so wenig darf er hinter ihr zurückbleiben, es sei denn, daß in der Bewilligung selbst ein abweichender Wille erkennbaren Ausdruck gefunden hat. Die dem Notar im § 15 erteilte Antragsermächtigung beruht auf einer vermuteten Bevollmächtigung durch die im § 13² bezeichneten Antragsberechtigten. Sie kann also keinen weiteren Umfang haben, als deren Antragsrecht (Denkschrift zur GrBO. § 14). Ob Bewilligung und Antrag inhaltlich übereinstimmen, ist Sache der Auslegung. Vorliegend ist aber festgestellt, daß in der Urkunde nur die Eintragung der verzinslichen Forderung und nicht auch die Eintragung der Forderung ohne Zinsen bewilligt sei. H.

c) **Ablehnung der Eigentumseintragung wegen eines nach der Auflassung bekannt gewordenen Hindernisses. Pfändung von Erbteilen.**

Kammergericht, I. CS. Beschluß v. 7. Juli 1902.

Als Eigentümer stehen die Eheleute X. eingetragen. Nach dem Tode des Ehemannes (1900) haben die Erben, nämlich die Witwe und die Kinder A., B., C. das Grundstück dem Z. verkauft. Bevor es zur Auflassung kam, ist auch die Witwe gestorben und von den drei Kindern beerbt worden. Von diesen haben A. und B. ihren Erbteil und ihre Forderung an den Nachlaß ihrer Mutter an C. abgetreten und dieser hat die Abtretung zur notariellen Verhandlung vom 6. Februar 1902 angenommen. C. hat sodann das Grundstück dem Z. aufgelassen. Nachträglich hat aber der Grundbuchrichter die Umschreibung abgelehnt, da die Annahme der von A. und B. erfolgten Abtretung ihrer Erbteile seitens des C. unwirksam sei; das ergebe sich aus zwei mit Anträgen auf eine einstweilige Verfügung beim Amtsgericht überreichten Beschlüssen vom 12. Oktober 1901, durch die auf Antrag des M. der Anspruch des A. und des B. gegen ihren Miterben auf Auskehrung des ihnen zustehenden Anteiles gepfändet und überwiesen sei. Hiernach habe C., dem der Pfändungsbeschluß bereits am 21. Oktober 1901 zugestellt worden, die Abtretung am 6. Februar 1902 nicht mehr annehmen und an Stelle der Cedenten die Auflassung nicht erteilen dürfen. Die Beschwerde des Z. wurde zurückgewiesen, auch die weitere Beschwerde blieb erfolglos. Aus den Gründen:

Zu den allgemeinen Voraussetzungen für die Eintragung auf Grund rechtsgeschäftlicher Bewilligung gehört die Prüfung der Verfügungsbefugnis des Verfügenden. Ergeben sich hiergegen weder aus dem Grundbuche noch aus den zur Eintragung erforderlichen Urkunden Bedenken, so ist der Grundbuchrichter zu weiteren Ermittelungen nicht verpflichtet. Dagegen ist ihm nicht versagt, falls ihm solche Bedenken auf Grund anderweit ihm vorliegenden Materiales erwachsen, sie zu berücksichtigen (bezüglich des Grundakteninhaltes vgl. Jahrb. 20 S. 282). Aber es steht nichts im Wege, daß der Grundbuchrichter auch sonstige Thatsachen, welche in beglaubigter Form im Rahmen seiner dienstlichen Thätigkeit, wenn auch nicht gerade in seinen Funktionen als Grundbuchrichter, zu seiner Kenntnis gelangt sind, berücksichtigt. Stehen diese der Eintragung im Wege, so hat er das Recht, von einer Eintragung Abstand zu nehmen, welche mit dem wahren Rechtszustande im Widerspruche steht. Die in den Motiven zum ersten Entwurf einer GrBO. S. 73 ff. vertretene Ansicht, daß der Grundbuchrichter nur die ihm von den Parteien vorgelegten Urkunden berücksichtigen dürfe, hat in der Grundbuchgesetzgebung keinen Anhalt. Es war deshalb nicht unzulässig, wenn der Grundbuchrichter die in seiner gleichzeitigen Eigenschaft als Prozeßrichter zu seiner Kenntnis gelangten Pfändungsbeschlüsse berücksichtigte. — Auch insoweit ist das Verfahren des Amtsgerichtes nicht zu beanstanden, als es die Eintragung versagte, obwohl es die Auflassung entgegengenommen hatte. Die Auflassung für sich allein hatte den Eigentumsübergang noch nicht zur

Folge. Zwar war der bisherige Eigentümer dadurch dinglich gebunden, so daß nachträglich in seiner Person erst eintretende Hindernisse die Eintragung nicht mehr hindern konnten. Kamen aber Umstände, welche vor der Auflassung lagen, erst nachher zur Kenntnis des Grundbuchrichters, so mußte er von der Eintragung Abstand nehmen, wenn sie bei früherer Kenntnis die Entgegennahme der Auflassung gehindert hätten.

Es fragt sich also, ob mit Rücksicht auf die Pfändung und Überweisung der Erbanteile die Auflassung unzulässig war. Nach § 2033 BGB. ist der Anteil eines Miterben am Nachlaß ein veräußerlicher Vermögensgegenstand, welcher nach § 859 CPO. zum Gegenstande der Zwangsvollstreckung gemacht werden kann. Die formelle Wirksamkeit der Pfändung, welche mit der Zustellung an die Miterben eintritt, ist nicht beanstandet. Die Auffassung des Landgerichtes, daß die Pfändung des Rechtes der Pfandschuldner auf Auskehrung der ihnen gegen die Miterben zustehenden Anteile die Bedeutung der Pfändung der Erbteile habe, beruht auf einer thatsächlichen Auslegung der Pfändungsbeschlüsse, die einen Rechtsirrtum nicht verrät. Die materielle Wirkung des Pfandrechtes richtet sich nach allgemeinen Grundsätzen. Der Pfandschuldner darf über seinen Erbanteil nicht mehr verfügen. Darin liegt zugleich das Verbot, in Gemeinschaft mit den Miterben über die einzelnen Nachlaßgegenstände zu verfügen. Nun ist allerdings das Verfügungsverbot kein absolutes, es verhindert nicht jede Disposition, sondern nur eine Verfügung zum Nachteil des Pfandgläubigers. Mit diesem Vorbehalt kann also der Pfandschuldner an der Veräußerung von Nachlaßgegenständen teilnehmen, und wenn später das Pfandrecht wegfällt, so wird die Verfügung vollinhaltlich gültig (BGB. § 135). Was aber der Pfandschuldner selbst kann, kann auch sein Cessionar. Indessen erfordert der Grundbuchverkehr mit Rücksicht auf die Möglichkeit gutgläubigen Erwerbes durch Dritte insofern eine Einschränkung, als eine grundbuchmäßige Verfügung über das durch die Pfändung beschränkte Recht jedenfalls nur zulässig ist, sofern gleichzeitig die Eintragung der Verfügungsbeschränkung mit beantragt wird. Da das hier nicht geschehen ist, so ist die unbeschränkte Eintragung des neuen Eigentümers mit Recht abgelehnt. Der Umstand, daß bereits die Witwe X. ihren Grundstücksanteil veräußert hatte, ist belanglos, da die obligatorische Wirkung jenes Vertrages der dinglichen Wirkung der Pfändung nicht im Wege steht. Da endlich die Zustellung der Pfändungsbeschlüsse bereits 1901, die Annahme der Abtretung aber erst 1902 erfolgt ist, so geht die Pfändung der Abtretung vor. Wn.

d) **Kann eine Berichtigung des Grundbuches darauf gestützt werden, daß auf Grund unrichtiger Testamentsauslegung ein unrichtiger Eigentümer eingetragen sei? GrBO. § 22.**

OLG. Celle, Ferien-CS. Beschluß v. 6. September 1902.

A. hatte in seinem Testamente zu Gunsten seiner Frau bestimmt, daß diese bis zu ihrem Lebensende in Besitz und Genuß des gesamten Nachlasses verbleiben und darüber nach ihrem Ermessen solle verfügen können, ohne zur Rechnungsablage, Inventarisation und Kautionsleistung verpflichtet zu sein. Nachdem auf Grund dieses Testamentes die beiden Kinder des A. als Eigentümer des Nachlaßgrundstückes eingetragen waren, beantragte die Witwe Berichtigung, weil sie nach Inhalt des Testamentes als Vorerbin, die Kinder blos als Nacherben anzusehen seien. Der Antrag ist abgelehnt, und die weitere Beschwerde zurückgewiesen aus folgenden Gründen:

Die Berichtigung des Grundbuches (§ 894 BGB.) setzt der Regel nach voraus, daß derjenige sie bewilligt, dessen Recht von ihr betroffen wird (§ 19 GrBO); dieser Bewilligung bedarf es jedoch dann nicht, wenn die Unrichtigkeit des Grundbuches durch öffentliche oder öffentlich beglaubigte Urkunden nachgewiesen wird (§§ 22 $^{1}$, 29). Die Beschwerdeführerin hat jedoch weder die Bewilligung der eingetragenen Eigentümer zu der von ihr beantragten Eintragung beschafft, noch die Unrichtigkeit des Grundbuches nachgewiesen. Sie hat sich auf die Behauptung beschränkt, daß die 1895 bewirkte Eintragung der Geschwister A. auf einer verfehlten Auslegung des Testamentes beruhe, und daß durch das Testament vielmehr der Übergang des Eigentumes auf sie — die Beschwerdeführerin — nachgewiesen werde. Durch die Bezugnahme auf dieselbe Urkunde aber, auf Grund welcher die Eintragung der Geschwister erfolgt ist, läßt sich der der Beschwerdeführerin obliegende Beweis nicht erbringen. Es wäre vielmehr beizubringen gewesen entweder eine die Rechte der Beschwerdeführerin anerkennende Erklärung der eingetragenen Eigentümer oder ein diese Erklärung ersetzendes Urteil. Die Beschwerdeführerin aber hat mit ihren Ausführungen nicht den Beweis der Unrichtigkeit des Grundbuches erbracht, sondern sich damit begnügt, die Richtigkeit der Testamentsauslegung des Grundbuchamtes zu bestreiten. Ihre Darlegungen stellen sich lediglich als Anfechtung der Auffassung des Grundbuchamtes, somit als eine Beschwerde gegen die von diesem angeordnete Eintragung dar. Eine solche ist aber nach § 71 GrBO. nicht zulässig. F.

e) **Löschung mitübertragener Hypotheken, vor deren Eintragung auf dem Stammgrundstücke das Recht auf Eigentumsübertragung vorgemerkt war.**

Kammergericht, Ferien-CS. Beschluß v. 3. September 1902.

Das Grundstück Nr. 2 ist vom Grundstück Nr. 1 abgeschrieben, wobei 14000 Mark Hypotheken mitübertragen worden. Der Eigentümer von Nr. 2 verlangt Löschung dieser Hypotheken, weil vor deren Eintragung auf Nr. 1 für ihn eine Vormerkung zur Sicherung seines Anspruches auf Übertragung des Eigentumes an dem jetzt abgeschriebenen Grundstücke vermerkt war. Das Amtsgericht hat die Löschung von der Löschungsbewilligung der Gläubiger abhängig gemacht, nachdem es bei diesen Hypotheken gemäß § 899 BGB. einen Widerspruch eingetragen hatte. Das Landgericht ist dem beigetreten. Auch die weitere Beschwerde ist zurückgewiesen. Gründe:

Der Eigentümer von Nr. 1 war trotz der zu Gunsten des Beschwerdeführers eingetragenen Vormerkung berechtigt, dieses Grundstück weiter zu belasten. Seine diesbezüglichen Verfügungen sind keineswegs als nichtig, sondern nur als relativ unwirksam zu bezeichnen, wie sich aus § 883² BGB. deutlich ergiebt; und zwar sind sie unwirksam gegenüber dem durch sie betroffenen Beschwerdeführer. Für diesen ist aber in den §§ 888, 894 BGB. der Weg eröffnet, der zur Beseitigung der Hypotheken auf seinem Grundstücke führt. Denn es ist ihm das Recht gegeben, von den Gläubigern die Zustimmung zur Löschung, äußerstenfalls unter Angehung des Prozeßgerichtes, zu verlangen. Zu einem Vorgehen des Amtsgerichtes, die Löschung ohne weiteres von Amts wegen zu veranlassen, fehlt es an einem gesetzlichen Anhalt. Denn auch dem Gerichte muß die im § 22 erwähnte Unrichtigkeit in der Form des § 29 GrBO. nachgewiesen werden. St.

f) **Berichtigung durch Eintragung des wahren Eigentümers ohne Zustimmung des als Eigentümer Eingetragenen. GrBO. § 22².**

Kammergericht, I. CS. Beschluß v. 7. Juli 1902.

Nach § 22¹ bedarf es zur Berichtigung des Grundbuches der Bewilligung desjenigen, dessen Recht betroffen wird, nicht, wenn die Unrichtigkeit nachgewiesen wird. Zweck dieser Vorschrift ist, für die Fälle, in denen der Inhalt der Eintragungen mit der wirklichen Rechtslage, z. B. infolge von nachträglichen Rechtsveränderungen, die sich außerhalb des Grundbuches vollzogen haben, nicht mehr im Einklange steht, die Berichtigung des Grundbuches zu erleichtern (vgl. Hahn, Mat. 5 S. 220). Danach bedarf z. B. im Falle der Vereinigung einer Hypothek mit dem Eigentume zufolge Befriedigung des Gläubigers der Eigentümer, da mit der Vereinigung das Grundbuch unrichtig wird (§§ 1144, 1145 BGB.), zur Umschreibung oder Löschung der Hypothek nicht der Bewilligung des Gläubigers (Denkschrift a. a. O. S. 159). Nun enthält allerdings Abs. 2 des § 22 gegenüber dem Abs. 1 hinsichtlich des hier in Betracht kommenden Falles der Berichtigung durch Eintragung eines Eigentümers insofern eine Ausnahmebestimmung, als danach diese Berichtigung, sofern nicht der Fall des § 14 vorliegt, nur mit Zustimmung des Eigentümers erfolgen darf. Es ist aber unzutreffend, wenn die Vorinstanzen unter dem „Eigentümer", dessen Zustimmung erforderlich ist, den eingetragenen Bucheigentümer verstehen. Abs. 2 steht zum Abs. 1 § 22 in demselben Verhältnisse wie § 20 zu § 19 (a. a. O. S. 221). Im § 19 wird die Regel aufgestellt, daß zu einer Eintragung die einseitige Eintragungsbewilligung des von der Eintragung Betroffenen ausreichend sei. Hiervon enthält für den Fall der Eigentumsübertragung § 20 eine Ausnahme dahin, daß außer der Bewilligung des eingetragenen bisherigen Eigentümers auch noch die Zustimmung des Erwerbers, des neuen Eigentümers verlangt wird. Die Aufstellung dieses weiteren Erfordernisses für die Umschreibung des Bucheigentumes hat seinen Grund darin, daß das Eigentum dem neuen Erwerber nicht bloß Rechte gewährt, sondern auch Verpflichtungen öffentlich-rechtlicher Natur, insbesondere in polizeilicher und steuerlicher Hinsicht auferlegt (Kommissions-Ber.

a. O. S. 221). Dieser Gesichtspunkt muß aber in gleicher Weise auch dann gelten, wenn die Eintragung des neuen Eigentümers im Wege der Berichtigung erfolgt. Deshalb ist im Abs. 2 § 22 gegenüber den Abs. 1, wonach der bloße Nachweis der Unrichtigkeit zur Berichtigung genügt, für den Fall der Berichtigung durch Eintragung eines neuen Eigentümers ebenfalls das weitere Erfordernis der Zustimmung des letzteren aufgestellt (a. a. O. S. 221). Daß dies die Bedeutung des Abs. 2 § 22 ist, ergiebt auch deutlich sein Wortlaut; denn der „Eigentümer", durch dessen Eintragung das Grundbuch berichtigt werden soll, und der „Eigentümer", dessen Zustimmung hierzu erforderlich sein soll, können nur ein und dieselbe Person, nämlich derjenige sein, der als Eigentümer eingetragen werden soll. Dies erhellt weiter aus der Ausnahmebestimmung, die wiederum von Abs. 2 dann gegeben ist, wenn ein Fall des § 14 GrBO. vorliegt. Nach § 14 darf nämlich die Berichtigung durch Eintragung eines Berechtigten auch von demjenigen beantragt werden, der auf Grund eines gegen den Berechtigten vollstreckbaren Titels eine Eintragung in das Grundbuch verlangen kann, sofern die Zulässigkeit dieser Eintragung von der vorgängigen Berichtigung des Grundbuches abhängt. Danach wird mit der Einschränkung, welche die Aufstellung des Erfordernisses der Zustimmung des „Eigentümers" durch den Zwischensatz „sofern nicht der Fall des § 14 vorliegt" erfährt, klar zum Ausdruck gebracht, daß der Berichtigungsantrag desjenigen, der einen vollstreckbaren Titel gegen den nicht eingetragenen Eigentümer hat, die Zustimmung dieses Eigentümers zu seiner Eintragung ersetzt. Daraus folgt, daß der „Eigentümer", dessen Zustimmung in diesem Falle nicht erforderlich ist, der nicht eingetragene, wahre Eigentümer ist, dessen Eigentum im Wege der Berichtigung eingetragen werden soll. Auch die Denkschrift spricht dies mit klaren Worten aus, indem sie zum § 21² (jetzt § 22) bemerkt: „Andererseits darf ein Eigentümer, sofern nicht der Fall des § 13 (jetzt § 14) vorliegt, auch im Wege der Berichtigung nur mit seiner Zustimmung eingetragen werden. Die Vorschrift entspricht dem § 19 (jetzt § 20) und rechtfertigt sich durch die Bedeutung der in Frage stehenden Rechte". Es bedarf also, abgesehen von dem hier nicht vorliegenden Ausnahmefall, zur Berichtigung des Grundbuches hinsichtlich der Eigentumsverhältnisse außer dem Nachweise der Unrichtigkeit nur der Zustimmung desjenigen, der, ohne eingetragen zu sein, bereits wahrer Eigentümer ist, nicht auch desjenigen, der als Eigentümer eingetragen ist (vgl. Kammergericht in Samml. d. R. J.A. 1 S. 159; Turnau-Förster Anm. II 1, 2 zu § 22; Achilles-Strecker Anm. 3 zu § 22). Dr. Frk.

g) **Bei Nichtbeobachtung der Ordnungsvorschrift des § 28 Satz 1 GrBO. ist der Eintragungsantrag abzulehnen.**

Kammergericht, I. CS. Beschluß v. 21. April 1902.

Der durch Erbschein als Erbe des X. nachgewiesene A. hat zu Protokoll des Notars die Umschreibung „der zum Nachlaß des X. gehörigen, in der Gemeinde L. gelegenen Immobilien und Immobilaranteile" auf seinen Namen beantragt und bewilligt. Der Antrag wurde zurückgewiesen, auch die weitere Beschwerde blieb erfolglos. Aus den Gründen:

Obwohl, weil der Beschwerdeführer lediglich sein bereits gemäß § 1922¹ BGB. entstandenes Eigentum zu einem buchmäßigen machen will, eine Berichtigung des Grundbuches (§ 22 GrBO.) in Frage steht, so ist die Thätigkeit des Grundbuchamtes doch von einem ordnungsmäßigen Antrag abhängig. Denn von Amts wegen hat — abgesehen von besonderen Fällen: § 2², Achilles-Strecker S. 179 Anm. II²; § 54¹ GrBO. — das Grundbuchamt auch bei der Berichtigung des Grundbuches nicht zu verfahren (Begründung zum 1. Entwurf der GrBO. § 19 S. 51). Im übrigen kann dahin gestellt bleiben, ob in der notariellen Urkunde eine Bewilligung der Eintragung des A.'schen Eigentumes (§ 19) mit dem Antrage auf diese Eintragung verbunden oder lediglich ein Antrag auf Eintragung gestellt ist, der nach der Sachlage auch die durch § 22² erforderlich werdende Zustimmung des Eigentümers umfaßt. Denn im einen, wie im anderen Falle hat das Grundbuchamt seine Thätigkeit von der Erfüllung der in § 28 Satz 1 enthaltenen Ordnungsvorschrift abhängig zu machen, d. h. zu verlangen, daß sämtliche in Betracht kommende Grundstücke übereinstimmend mit dem Grundbuche oder durch Hinweisung auf das Grundbuchblatt bezeichnet werden. Der Beschwerdeführer hat aber dem § 28 Satz 1 nicht Genüge gethan. Ohne weiteres erhellt dies, soweit die Bezeichnung dem Grundbuche entsprechen soll. Denn die Nummern oder Buchstaben, unter welchen die betr. Grundstücke in dem nach § 2² maßgebenden amtlichen Verzeichnisse und folgeweise im Grundbuche verzeichnet sind (Art. 2 der Verordn. vom 13., § 3³ der Allg.-Verf. vom 20. November 1899), werden nicht angegeben. Ebensowenig liegt eine gehörige Bezeichnung durch Hinweisung auf das Grundbuchblatt vor. Soll eine solche für den Grundbuchrichter maßgebend sein, so muß sie von besonderen Fällen abgesehen (z. B. thatsächliche Unmöglichkeit der Hinweisung auf das neue Grundbuchblatt eines in der Abschreibung begriffenen, oder soeben abgeschriebenen und auf ein neues Blatt übertragenen Grundstückes) der gesetzlich vorgeschriebenen Bezeichnung des Grundbuchblattes nach dem Grundbuchanlegungsbezirke (§ 1¹ der Allg. Verf. vom 20. November 1899), der Nummer des Grundbuchamtes (§ 1 Satz 2 ebenda) und der Nummer des Grundbuchblattes (§ 2 ebenda, zu vgl. auch § 1² GrBO. und Art. 29 des AG. zur GrBO.) entsprechen. Ist dies nicht der Fall, so verletzt der Grundbuchrichter das Gesetz nicht, wenn er den Antrag wegen mangelnder Bezeichnung des von der beantragten Eintragung betroffenen Grundstückes zurückweist. Mz.

h) **Zum Nachweis der Bevollmächtigung reicht ein Auszug der Vollmacht nicht aus. FrGG. § 29.**

OLG. Colmar, Ferien.-CS. Beschluß v. 18. Juli 1902.

Das Amtsgericht hat die Löschung abgelehnt, weil der Bevollmächtigte der Hypothekare, der die Löschung bewilligte, nur einen Auszug der Vollmachtsurkunde beigebracht hat. Das Landgericht hat die Beschwerde zurückgewiesen, indem es ausführt: Die Vollmachtsurkunde, in deren Besitz der Bevollmächtigte sein muß, um als legitimiert zu gelten (BGB. § 172), ist die Ausfertigung der notariellen Vollmacht; die Vorlage eines beglaubigten Auszuges oder einer beglaubigten Abschrift dieser Vollmachtsurkunde genügt dazu nicht, weil dadurch nicht ausgeschlossen ist, daß die Vollmacht seither durch Zurückverlangen und Zurückgabe der ursprünglichen Ausfertigung erloschen ist, zumal die Vollmacht bereits 1883 ausgestellt ist; bei den Grundakten kann allerdings ein beglaubigter Auszug als ausreichend verbleiben. Diese Ausführungen enthalten, soweit sie das jetzt geltende Recht betreffen, unbestrittene Rechtsanschauung (vgl. besonders Böhm, Grundbuchrecht S. 410 Ziff. IV; Turnau-Förster I S. 196; Kretschmar, Grundbuchrecht S. 98ff.; Weißler, FrGG. § 182 Anm. 2). Sie müssen aber auch für die hier in Frage stehende Vollmachtsurkunde vom 14. September 1883 als zutreffend anerkannt werden, weil für den Widerruf der darin erteilten Vollmacht als solcher unzweifelhaft die Bestimmungen des BGB. (§ 172²) maßgebend sind (vgl. Habicht 2. Aufl. S. 138 Ziff. 4).

Dr. Fr.

### i) Bei fortgesetzter Gütergemeinschaft kann die Witwe die Löschung einer Hypothek auf dem zum Gesamtgut gehörenden Grundstücke erst beantragen, nachdem sie und die Kinder eingetragen worden sind. GrBO. §§ 40, 41.

Kammergericht, I. CS. Beschluß v. 21. Mai 1902.

Wenn die Vorinstanzen davon ausgehen, daß die zu löschende Hypothek infolge des Erlöschens der Forderung auf die Grundstückseigentümer übergegangen ist, daß diese daher durch die Eintragung (Löschung) betroffen werden, so ist dies nicht rechtsirrtümlich. An der hieraus sich ergebenden Notwendigkeit der Eintragung der Berechtigten (§ 40 GrBO.) könnte nur in dem Falle gezweifelt werden, daß die Beschwerdeführerin und ihre Kinder als Erben des als Eigentümers und eventuellen Inhabers der Eigentümerhypotheken eingetragene F. N. in Betracht kämen (Jahrbuch 23 S. 156). Dies trifft jedoch nicht zu. Die Beschwerdeführerin setzt mit ihren Kindern die GG. nach der pommerschen Bauernordnung fort. Die Hypothek sowie das Grundstück gehören zum Gesamtgut, das bis zur Auseinandersetzung ein ungeteiltes Ganzes bildet und nach außen durch die mit umfassenden Verwaltungsbefugnissen ausgestattete Witwe vertreten wird, bei der Schichtung aber zur Hälfte lediglich kraft Güterrechts auf die Witwe, zur Hälfte kraft Erbrechts auf die Kinder fällt (Entsch. des Obertribunals 59 S. 189, 65 S. 332, 66 S. 106). Diejenigen, deren Recht durch die Löschung betroffen wird, sind sonach überhaupt nur zum Teil Erben des eingetragenen Berechtigten und an der Hypothek jedenfalls insgesamt als Genossen der fortgesetzten Gütergemeinschaft beteiligt. Es handelt sich um die Aufhebung des Rechtes nicht durch die Erben des eingetragenen Berechtigten, sondern durch die Beschwerdeführerin als Vertreterin der fortgesetzten Gütergemeinschaft. Die entsprechende Anwendung des § 41 GrBO. ist ausgeschlossen. Deshalb ist die Eintragung des Rechtsverhältnisses der fortgesetzten Gütergemeinschaft bei der Löschung der Hypothek nicht zu vermeiden (vgl. auch Jahrbuch 18 S. 57). Zn.

k) **Auch bei Ersuchen von Behörden greift § 48 GrBO. Platz.**

Kammergericht, I. CS. Beschluß v. 6. Januar 1902.

Das Grundstück ist zum Zwecke der Aufhebung einer Gemeinschaft zwangsversteigert worden. Auf Grund des Zuschlages ersuchte das Vollstreckungsgericht das Grundbuchamt „die Ersteher A., B. und C. als Eigentümer einzutragen". Die Eintragung wurde abgelehnt, auch die weitere Beschwerde des Vollstreckungsgerichtes blieb erfolglos. Aus den Gründen:

Die Vorschrift des § 48 beruht auf der Erwägung, daß im Interesse des Grundbuchverkehres das Grundbuch sichere Auskunft über das Rechtsverhältnis mehrerer zu einem Grundstück oder einem dinglichen Recht an einem solchen geben soll. Dieses Rechtsverhältnis kann entweder eine Gemeinschaft nach Bruchteilen (bei Grundstücken Miteigentum) oder eine Gemeinschaft zur gesamten Hand sein. Letztere ist im BGB. die Rechtsform für die Gesellschaft, die Güter- und die Erbengemeinschaft (Denkschrift S. 167). Abgesehen von diesen Fällen kann ein Miteigentum an einem Grundstücke zur gesamten Hand durch Parteibelieben nicht geschaffen werden. Daß der Grundbuchrichter diese Grundsätze auch dem Ersuchen einer Behörde gegenüber zur Anwendung zu bringen hat, ist zweifellos. Das Ersuchen ersetzt die Eintragungsbewilligung und den Antrag sowie die sonstigen zu einer Eintragung erforderlichen Erklärungen, entbindet aber den Grundbuchrichter nicht von der Beachtung der weiteren, für die Vornahme einer Eintragung geltenden allgemeinen Vorschriften (Denkschrift S. 163, wo ausdrücklich darauf hingewiesen ist, daß auch der § 48 bei dem Ersuchen von Behörden Platz greife). Das Ersuchen einer Behörde, insbesondere des Versteigerungsgerichtes, ein Recht für mehrere gemeinschaftlich einzutragen, hat sich also darüber auszusprechen, ob eine Bruchteilsgemeinschaft oder eine Gemeinschaft zur gesamten Hand und im letzteren Falle, welches der vom Gesetze zugelassenen Gesamthänderverhältnisse eingetragen werden soll. Ist das Ersuchen in diesem Punkte mangelhaft, so ist es abzulehnen, wobei nicht ins Gewicht fällt, daß die Nichtbeachtung des § 48 keine Nichtigkeit der Eintragung zur Folge hat. Hieraus ergiebt sich, daß hier mit Recht von den Vorinstanzen die Vervollständigung des Ersuchens des Versteigerungsrichters gefordert worden ist. Ihm wird es obliegen, das zwischen den Erstehern obwaltende Gemeinschaftsverhältnis festzustellen und danach anderweit die Eigentumseintragung herbeizuführen. Mz.

l) **Die im Rentengutsvertrage abgetretenen Interessentenwege fallen nicht unter § 90 GrBO.**

Kammergericht, I. CS. Beschluß v. 9. Juni 1902.

Der Eigentümer des Grundstückes X. hat unter Vermittelung der Generalkommission durch den von dieser bestätigten Vertrag von 1901 sechs Rentengüter errichtet und an gemeinschaftlichen Anlagen eine Mergelgrube, sowie an Wegen und Gräben die im § 8 festgestellten Wirtschaftswege und Gräben „an die Gesamtheit der Rentengutsnehmer abgetreten.“ Im § 11 bewilligen und beantragen beide Teile, „daß auf dem Titelblatte die im § 8 nachgewiesenen Flächen der Interessentenwege und Gräben, sowie der Mergelgrube ohne Übertragung auf ein besonderes Grundbuchblatt abgeschrieben werden.“ Dem Eintragungsersuchen der Generalkommission wurde nicht entsprochen; auch ihre weitere Beschwerde blieb erfolglos. Aus den Gründen:

Die Flächen, deren Ausbuchung beantragt ist, werden im Vertrage an die Gesamtheit der Rentengutsnehmer abgetreten, sollen also deren gemeinschaftliches Eigentum werden (EG. zum BGB. Art. 62, 113; Ges. vom 7. Juli 1891 § 12⁴; Gemeinheitsteilungsordnung vom 7. Juni 1821 §§ 95—99; Strietshorst, Arch. 72 S. 258). Der Eigentumsübergang vom Begründer auf die Übernehmer der Rentengüter vollzieht sich nicht, wie bei Auseinandersetzungen, durch die Besitzanweisung seitens der Generalkommission, sondern durch die auf deren Ersuchen erfolgende Umschreibung des Eigentumes (Ges. vom 7. Juli 1891 § 12 Abs. 2 Satz 3, 4 und Abs. 4 Nr. 2). Wie die Umschreibung zu bewirken ist, bestimmt das im EG. Art. 62, 113 und in der GrBO. § 83 aufrecht erhaltene Landesrecht nicht. Zur Anwendung kommt daher die GrBO., da das Grundbuch als angelegt anzusehen ist. Nach § 3 erhält jedes Grundstück ein Grundbuchblatt, sofern nicht die Ausnahmevorschrift des § 90 anwendbar ist, und eine Ausbuchung einmal eingetragener Grundstücke findet nur unter den Voraussetzungen des § 90² statt. Die beantragte Ausbuchung ist danach nur zulässig, wenn die Voraussetzungen des auf Grund des § 90 erlassenen Art. 1 der Verordnung vom 13. November 1899 vorhanden sind.

Die Frage, ob die in Rede stehenden Grundstücke als solche einer Gemeinde oder eines anderes Kommunalverbandes anzusehen sind, ist zu verneinen. Die Gesamtheit der Rentengutsübernehmer bildet, selbst wenn sie gemäß dem Ges. vom 2. April 1887 organisiert und wenn ihre Vertretung Dritten gegenüber und die Verwaltung der gemeinschaftlichen Angelegenheiten nach den §§ 1 und 2 das. dem Gemeindevorstande übertragen ist, weder eine Gemeinde noch einen anderen Kommunalverband (vgl. EG. zum BGB. Art. 77). Hieraus folgt die Unzulässigkeit der Ausbuchung der Mergelgrube.

Hinsichtlich der Wege und Gräben kommt noch in Frage, ob sie als öffentliche Wege oder Gewässer zu betrachten sind. Maßgebend ist auch hierfür das Landesrecht (EG. zum BGB. Art. 113, 65). Danach ist ein Weg nicht schon dann öffentlich, wenn er allgemein benutzt wird, sondern nur dann, wenn er unter ausdrücklich oder stillschweigend erteilter Zustimmung der rechtlich Beteiligten, d. i. der zuständigen Wegepolizeibehörde, des Eigentümers und des zur Unterhaltung der öffentlichen Wege Verpflichteten dem öffentlichen Verkehre gewidmet ist (JMBl. 1896 S. 161; JW. 1901 S. 170 Nr. 28, S. 586; Germershausen, Wegerecht 2. Aufl. 1 S. 5). Daß hier die Wege in dieser Weise dem öffentlichen Verkehre gewidmet worden sind, ist nicht behauptet. Sie sind im Gegenteil im Vertrage als Wirtschaftswege und als Interessentenwege bezeichnet und daher als Privatwege anzusehen (Gruchot 40 S. 1173; 42 S. 720, S. 1070 f.; Germershausen S. 12 zu 5; vgl. Wegeordnung für die Provinz Sachsen vom 11. Juli 1891 §§ 1, 2). — Öffentliche Gewässer sind die von Natur schiffbaren Ströme, Meeresbuchten und -arme, sowie Häfen (ALR. II 14 § 21, 15 § 38). Die für die Rentengutsübernehmer künstlich angelegten Abzugs- und Grenzgräben, um die es sich nach dem Vertrage handelt, gehören nicht dazu.

Die Voraussetzungen des Art. 1 cit. liegen somit nicht vor. Der Grund für die zugelassenen Ausnahmen vom Buchungszwange, daß gewisse Grundstücke wegen der Rechtsstellung ihres Eigentümers oder wegen ihrer Zweckbestimmung dem Rechtsverkehre fern zu bleiben pflegen (Motive zur GrBO. § 11, Denkschrift zu § 88; vgl. Werner, preuß. Grundbuch- und Hypothekengesetze 2 S. 162), mag hier zutreffen. Dies rechtfertigt jedoch nicht, die Ausnahmevorschriften des Art. 1 über ihren klaren Wortlaut auszudehnen. Dr. H.

## 59

a) **Der Vertrag, in welchem bei Auflösung einer offenen Handelsgesellschaft der eine Gesellschafter gegen eine Geldabfindung des Anderen das Gesellschaftsvermögen übernimmt, ist nicht nach Abs. 1, sondern nach Abs. 2, 3 der Tarifstelle 25d zu versteuern.**[1]

Kammergericht, I. CS. Beschluß v. 7. April 1902.

Bisher hat das Kammergericht daran festgehalten, daß Auseinandersetzungsverträge der hier vorliegenden Art der Stempelabgabe des Abs. 1 der Tarifstelle 25d unterliegen, weil am Schlusse des Abs. 1 ausdrücklich vorgeschrieben sei, daß die Abfindung eines Gesellschafters mit $^1/_{50}$ % des Wertes der Gegenleistung zu besteuern ist (Jahrb. 19 S. 177; [oben S. 177]). Eine hiervon abweichende Auffassung hat das Reichsgericht (Entsch. 45 S. 218, JMBl. 1901 S. 272) angenommen. . . . Das Kammergericht hat sich jetzt, unter Aufgabe der gegenteiligen Auffassung, dieser ausführlich begründeten Rechtsansicht des Reichsgerichtes angeschlossen . . . Es ist also weiter zu entscheiden, in welcher Weise hier die Stempelsteuer unter Anwendung des Abs. 2 zu berechnen ist. Die Gerichtsschreiberei hat den aus der Urkunde nicht ersichtlichen und anderweit ermittelten Wert des zum Gesellschaftsvermögen gehörigen Grundstückes bei der Abgabenberechnung zu Grunde gelegt. Das Gesetz verlangt aber, daß die Steuer vom Entgelt in

[1] Die Befreiung der Übertragsverträge (Nr. 32 Abs. 11 Z. 2 des Tarifes) gilt nur für Verträge, mittels deren Ascendenten Immobilien auf Descendenten übertragen, nicht aber auch für den umgekehrten Fall, selbst wenn die Immobilien von Descendenten an Ascendenten im Zusammenhange mit einem steuerfreien Übertragsvertrage zwischen Asc- und Descendenten übertragen werden (Urteil des OVG. II. CS. v. 13. Dezember 1901, Entsch. 40 S. 47). — Stempelpflicht der Rückauflassung im Redhibitionsfalle auf Grund eines Urteiles: Entsch. d. RG. 47 S. 303, auf Grund eines Vergleiches: Entsch. des OVG. 40 S. 83.

Ansatz zu bringen ist, sofern dieses aus dem Vertrage hervorgeht. Letzteres ist hier der Fall: der Vertrag enthält die als Entgelt für die Übereignung des Gesellschaftsvermögens zu gewährende Abfindungssumme von 30000 Mark. Von ihr ist die Stempelabgabe zu entrichten. Und zwar muß hier dieses Entgelt mit 1 $^0/_0$ besteuert werden, weil der Berechnungsgrundsatz des § 10 LStG. anzuwenden ist; denn die allgemeine Abfindungssumme von 30000 Mark ist für sämtliche übereigneten Vermögensgegenstände, zu denen Grundstücke, bewegliche Sachen und Forderungen gehören, ungetrennt ausgeworfen.

Die im Abs. 3 vorgesehene Erleichterung findet hier keine Anwendung. Sie setzt voraus, daß im Vertrage für die Überlassung der volle Erwerbspreis ausgeworfen ist, an dem der erwerbende Gesellschafter selbst mitbeteiligt ist. Ist aber der Erwerbspreis so bestimmt, daß dabei der der Beteiligung des Erwerbers am Gesellschaftsvermögen entsprechende Teil schon mit verrechnet und abgezogen ist, so findet Abs. 3 keinen Raum. Dies ist aber hier geschehen: Die Abfindungssumme ist nicht der Gesamtbetrag, zu dem das übergehende Gesellschaftsvermögen eingeschätzt ist, sondern fließt dem überlassenden Gesellschafter allein zu; bei der Festsetzung der 30000 Mark muß also der Anteil des übernehmenden Gesellschafters vorweg berücksichtigt sein....

### b) Schenkungsstempel bei lästigen Verträgen. *

Kammergericht, I. CS. Beschluß v. 7. Juli 1902.

A. hat 1895 sein Grundstück dem B. verkauft, der sich verpflichtete, ihm 9000 Mark zu zahlen und freie Wohnung nebst Verpflegung zu gewähren. Der Jahreswert dieses Alimentationsrechtes wurde auf 400 Mark veranschlagt, mit dem zwanzigfachen dem Übernahmepreise hinzugerechnet und von der Gesamtsumme von 17000 Mark 1 $^0/_0$ Stempel erhoben. Die Stempelbehörde ist dagegen der Ansicht, daß von dem Werte des Grundstückes, der 87500 Mark betrage, nach Abzug der Gegenleistungen der Schenkungsstempel zu berechnen sei. Die Entscheidung der Vorinstanzen, welche den Ansatz des Schenkungsstempels für gerechtfertigt erachtet haben, stützt sich auf § 4 Abs. 1 des Erbschaftssteuergesetzes, wonach beurkundete Schenkungen unter Lebenden, insbesondere auch die remuneratorischen und mit einer Auflage belasteten, der Wertstempelabgabe der Schenkung unterliegen. Nach Abs. 2 sind hierin alle Geschäfte einbegriffen, bei welchen die Absicht auf Bereicherung des einen Teiles gerichtet war, auch wenn das Geschäft in der Form eines lästigen Vertrages geschlossen ist. Bei Beurteilung der Frage, ob die Absicht der Bereicherung des einen Teiles anzunehmen, sind, wie ausdrücklich bestimmt wird, auch solche Umstände in Betracht zu ziehen, welche aus der Urkunde nicht ersichtlich sind. Dieser Vorschrift ist in den Vorinstanzen nicht genügend Rechnung getragen worden.

Enthält die Urkunde, wie hier, ihrer äußeren Form nach einen lästigen Vertrag, so kann ihr eine Schenkung entweder in der Weise zu Grunde liegen, daß eine verdeckte freigebige Verfügung mit dem entgeltlichen Geschäft verbunden ist, oder in der Weise, daß das entgeltliche Geschäft zum Schein abgeschlossen ist, um der Schenkung das äußere Ansehen eines entgeltlichen Vertrages zu geben (Entsch. d. RG. 8 S. 307, 27 S. 308 und 29 S. 265). In stempelrechtlichem Sinne ist auch in ersterem Falle eine Schenkung anzunehmen. Der eine wie der andere Fall ist aber nach der erwähnten Vorschrift, die übrigens mit der Tarifstelle 56 des geltenden StStGes. im wesentlichen übereinstimmt, nur dann gegeben, wenn die Absicht des einen Teiles, den anderen zu bereichern, klar erhellt. Diese Absicht wird nicht unbedingt ausgeschlossen durch das ernsthafte Versprechen einer Gegenleistung; sie folgt aber ebensowenig mit Notwendigkeit aus dem bloßen Mißverhältnis, in welchem der Wert dieser Gegenleistung zu dem Werte der gewährten Leistung steht. Es kann vielmehr die Absicht der Vertragschließenden auch im Falle eines solchen Mißverhältnisses ausschließlich auf ein entgeltliches Geschäft gerichtet sein. Das Vorliegen des erwähnten Mißverhältnisses macht daher keineswegs die Prüfung entbehrlich, ob nach Lage des Einzelfalles für die Beurteilung des ganzen Rechtsverhältnisses das Moment der Verpflichtung oder das der Schenkung maßgebend ist. Dieser Prüfungspflicht haben sich die Vorinstanzen entzogen und sich lediglich der Auffassung der Steuerbehörde angeschlossen, die wiederum ihre Ansicht ausschließlich auf das angebliche Mißverhältnis zwischen Leistung und Gegenleistung gestützt hat, ohne die sonstigen Umstände in Erwägung zu ziehen. Der erforderlichen Prüfung hat sich jetzt das Amtsgericht zu unterziehen. Hierbei ist zu berücksichtigen, daß das Mißverhältnis zwischen Leistung und Gegenleistung als ein thatsächliches Moment in Verbindung mit sonstigen, die Absicht einer Bereicherung ergebenden Umständen zu Gunsten der Annahme einer Schenkung in die Wagschale fallen kann. Der Grad dieses Mißverhältnisses ist aber davon abhängig, ob, was noch keineswegs feststeht, schon zur Zeit des Vertragsschlusses die Verwendbarkeit des Bodens als Ziegelerde eine für die allgemeine Wertschätzung wesentliche Eigenschaft des Grundstückes gebildet hat und von den Vertragschließenden als ein Faktor der Wertbestimmung in Betracht gezogen wurde, oder ob etwa erst nachträglich diese Eigenschaft infolge einer Veränderung der Umstände eine Erhöhung des Wertes der Grundstücke bedingt hat. Ferner ist im Hinblick auf JW. 1892 S. 106 zu beachten, daß für die Auslegung des Vertragswillens bei Ausbedingung eines Unterhaltsrechtes nicht bloß der objektive Geldwert der dazu gehörigen Leistungen, sondern auch die für den Unterhaltsempfänger durch das persönliche Verhalten des anderen Teiles und die erwartete liebevolle Behandlung bewirkte Werterhöhung zu berücksichtigen ist. Wird die erforderliche Bereicherungsabsicht, sei es auch nur hinsichtlich des den Wert der Gegenleistung überschießenden Betrages festgestellt, so ist der Vertrag nach Maßgabe der §§ 4, 16 des Erbschaftssteuergesetzes und des dazu gehörigen Tarifes zu 7 $B^b$ und D als Schenkungsvertrag zu versteuern; der hierfür maßgebende Wert ist durch Abzug des Wertes des Unterhaltes von dem Werte des überlassenen Vermögens zu ermitteln.

Dr. W.

c) **Ist für die Stempelpflicht einer Prozeßvollmacht lediglich deren Inhalt maßgebend?**[1]

Kammergericht, I. CS. Beschlüsse v. 14. Oktober 1901 und 14. April 1902.

Das Kammergericht hält an dem in konstanter Rechtsprechung festgestellten Grundsatze, daß hinsichtlich der Angabe des Objektes in der Prozeßvollmacht unter Umständen auf den Inhalt der mit eingereichten Prozeßschrift zurückgegangen werden kann, auch vorliegend fest. Wenn auch nach § 3 LStG. die Stempelpflicht nach dem Inhalte der steuerpflichtigen Urkunde zu bemessen ist, so kann doch in der Urkunde ausdrücklich oder stillschweigend auf den Inhalt einer anderen Urkunde derart Bezug genommen werden, daß diese als Teil der ersteren zu gelten hat, und demgemäß für die Stempelberechnung maßgebend wird. Solche stillschweigende Bezugnahme ist insbesondere anzunehmen, wenn in der mit einer Prozeßschrift überreichten Prozeßvollmacht der Gegenstand des Rechtsstreites, für den die Vollmacht erteilt wird, unvollständig oder ungenau bezeichnet ist; in solchem Falle unterliegt es keinem Bedenken, bei der Feststellung des Objektes der Vollmacht die Prozeßschrift, auf welche sie hindeutet, in Betracht zu ziehen. Die Wertangabe in der Vollmachtsurkunde ist in solchem Falle nur provisorisch und ungenau. So ist auch die vorliegende Prozeßvollmacht zu beurteilen; sie giebt als Streitgegenstand nur an „Forderung", und fügt hinzu „Objekt 500 Mark". Damit will sie offenbar das Geschäft, zu dessen Vertretung der Bevollmächtigte bestellt ist, nur summarisch bezeichnen, so daß zur genauen Feststellung des Gegenstandes auf die Klageschrift hingewiesen wird. Demzufolge ist hier der Gegenstand der Vollmacht aus der in Bezug genommenen Klageschrift dahin zu ergänzen, daß die gesamte Klageforderung von 500 Mark zuzüglich der miteingeklagten Zinsenforderung für die Zeit vom 1. Mai 1900 bis zum Tage der Vollmachtsausstellung (vgl. § 6 StStG.) das Objekt der Vertretungsmacht bildet. Sch. W.

d) **Stempelpflichtigkeit der in einem Scheidungsprozesse dem Armenanwalte erteilten Vollmacht, die ihn zur Empfangnahme von Geldern ermächtigt.**

Kammergericht, I. CS. Beschlüsse v. 10. Juni und 25. November 1901.

Das Kammergericht hat bereits (Jahrb. 19 S. 207) dargelegt, daß nach Bewilligung des Armenrechtes an die Partei auch deren Prozeßbevollmächtigter für die Prozeßvollmacht nicht aus § 13 d LStG. zur Entrichtung von Stempel herangezogen werden kann. Es hat jedoch gleichzeitig ausgesprochen, daß dieser Grundsatz nicht anwendbar ist, soweit der Inhalt der vom Prozeßbevollmächtigten vorgelegten Vollmacht über die bloß für das Prozeßverfahren wirksamen Ermächtigungen hinausgreift und als eine solche den Rahmen der Prozeßvollmacht überschreitende Ermächtigung, insbesondere die Befugnis zur Empfangnahme von Sachen und (nicht zu den Prozeßkosten gehörigen) Geldern

[1] Vgl. Rsp. 3 Nr. 3b S. 7.

bezeichnet; in letztgedachter Beziehung ist hier auf Jahrb. 18 S. 198 zu verweisen. Der Beschwerdeführer scheint auch die Erwägungen der Vorinstanz nach dieser Richtung nicht bemängeln zu wollen. Seine Ausführungen zielen vielmehr darauf ab, daß das Prozeßgericht zu Unrecht die Gegenstandslosigkeit der über die bloße Prozeßvollmacht hinausgehenden Ermächtigungen für den vorliegenden Fall verneint hat. Doch ist ihm darin nicht zu folgen. Geht man nämlich auch davon aus, daß es sich in der Vollmacht vom 21. Dezember 1900 lediglich um den Scheidungsprozeß des Klägers handelt, so ist doch hiermit auch bei Heranziehung des § 615 Abs. 2 CPO. stempelrechtlich noch nicht die Gegenstandslosigkeit der erteilten außerprozessualen Ermächtigungen gegeben. Vielmehr ist bei der stempelrechtlichen Wertsbemessung die etwaige Gegenstandslosigkeit der erteilten Empfangsermächtigung gemäß § 3 Abs. 1 LStG. unbeachtlich und zur Bewertung der Empfangsermächtigung — die sich auf die Prozeßkosten nach ihrem Wortlaute nicht beschränkt — lediglich § 6 zu Grunde zu legen. Nach § 6 gilt aber jeder Gegenstandswert, der nicht auf einen bestimmten Geldbetrag bestimmt werden kann, als unschätzbar, sofern nicht die (hier nicht in Betracht kommenden) Voraussetzungen des § 8 vorliegen. H.

Dazu: OLG. Celle, I. CS. Beschluß v. 6. Dezember 1901.

Durch die Bewilligung des Armenrechtes erlangt die Partei nach § 115 CPO. die einstweilige Befreiung von der Berichtigung der Gerichtskosten, einschließlich der Stempelsteuer, also auch von der Stempelsteuer für die ihrem Anwalte zu erteilende Prozeßvollmacht. Der gesetzliche Inhalt der Prozeßvollmacht ist durch § 81 CPO. bestimmt und besteht außer der Befugnis zur Prozeßführung in der Ermächtigung zur Empfangnahme der von dem Gegner zu erstattenden Prozeßkosten, nicht aber des Streitgegenstandes oder sonstigen Gelder. Erstreckt sich die dem Rechtsanwalte von der Partei erteilte Vollmacht auf die Befugnis, den Streitgegenstand und Gelder für die Auftraggeberin in Empfang zu nehmen, so bleibt sie nicht in dem Rahmen einer Prozeßvollmacht und die arme Partei genießt für sie nicht die Wohlthat der Befreiung von der Stempelsteuer. Ist aber die Vollmacht stempelsteuerpflichtig, so haftet der die Vollmacht produzierende Anwalt nach § 13 d für die Entrichtung des Stempels als Zweitschuldner.

Der Umstand, daß die vorliegende Vollmacht in einem Scheidungsprozesse erteilt ist und daß nach Lage der Sache eine Empfangnahme des Streitgegenstandes oder sonstiger Gelder kaum in Frage kommen konnte, rechtfertigt nicht die Annahme, daß sie über den Rahmen einer Prozeßvollmacht nicht hinausgeht, sondern bewirkt nur, daß der Gegenstandswert der von der Klägerin über die Prozeßvollmacht hinaus dem Rechtsanwalte erteilten Ermächtigung in stempelrechtlichem Sinne eine Schätzung überhaupt nicht gestattet. Daraus ergiebt sich, daß, wenn der Prozeßvollmachtsstempel als solcher unerhoben bleiben muß, die Urkunde vom 12. Februar 1900 doch aus Abs. 4 der Tarifstelle 73 LStG. einem Fixstempel von 1,50 Mark unterliegt. Für diesen

Stempel, dessen Einziehung nach § 31 preuß. GKG. und § 35³ LStG. dem Gerichte obliegt, haftet der Rechtsanwalt nach § 13 d. W. H.

e) **Stempelansatz zu einer Vollmacht in Unfallversicherungssachen.**
Kammergericht, Ferien-CS. Beschluß v. 3. September 1902.

Der bei der Berufsgenossenschaft versicherte X. hatte 1901 einen Unfall erlitten. Behufs Feststellung der Ursache ersuchte der Vorstand der Sektion II jener Genossenschaft das Amtsgericht um Vernehmung eines Zeugen. Im Termine erschien ein Bevollmächtigter des Sektionsvorstandes A. unter Vorlegung einer Vollmacht. Für diese setzte die Gerichtsschreiberei 1,50 Mark Stempel an — bei Annahme des Streites des Gegenstandes der Vollmacht auf den 16fachen Jahresbetrag der für X. mit 806 Mark jährlich vorgesehenen Rente, d. h. auf 14896 Mark. Aus den Gründen:

Nach § 145 GewerbeUVG. sind alle zur Begründung und Abwickelung der Rechtsverhältnisse zwischen den Berufsgenossenschaften einerseits und den Versicherten andererseits erforderlichen schiedsgerichtlichen und außergerichtlichen Verhandlungen und Urkunden gebühren- und stempelfrei; dasselbe gilt für die behufs Vertretung von Berufsgenossen ausgestellten privatschriftlichen Vollmachten. Diese Bestimmung ist als eine Ausnahmevorschrift nicht auf andere (wenn schon ähnlich liegende) Fälle auszudehnen; unter die von ihr betroffenen Fälle aber läßt sich die hier in Betracht kommende Vollmacht nicht bringen. Die vom Landgerichte angenommene Gleichstellung der Berufsgenossen mit den Berufsgenossenschaften findet im Gesetze, insbesondere im § 28, keinen Anhalt; während die Berufsgenossenschaften die mit Rechtspersönlichkeit begabten Träger der Versicherung derselben[1] sind, sind die Berufsgenossen die physischen Personen, aus welchen sich jene zusammensetzen; zwischen beiden sind rechtliche Beziehungen der mannigfaltigsten Art denkbar, und es ist nicht ausgeschlossen, daß ihre Interessen in Widerstreit geraten können. Es kann deshalb über den Unterschied, welchen der § 145 Satz 2 zwischen den Angelegenheiten der Berufsgenossenschaften und der Berufsgenossen macht, nicht hinweggegangen werden, und es ist unstatthaft, die Stempelfreiheit privatschriftlicher Vollmachten behufs Vertretung von Berufsgenossen auch solchen Vollmachten beizulegen, welche die Berufsgenossenschaft für ein gerichtliches Verfahren aus § 144 ausstellt. Gegen eine derartige Stempelfreiheit spricht auch die Erwägung, daß in Satz 1 § 145 nur schieds- und außergerichtliche Verhandlungen und Urkunden des dort bezeichneten Inhaltes als gebühren-

[1] Juristische Persönlichkeit kommt nur der Berufsgenossenschaft, nicht auch ihren Sektionen zu. Durch Verträge, die der Vorstand einer Sektion innerhalb der Grenzen seiner Vollmacht abschließt, wird jedoch die Genossenschaft verpflichtet. Im Statute kann bestimmt werden, daß die Vertretung der Genossenschaft in Rechtsstreitigkeiten, die aus Rechtsgeschäften entstehen, die zur Deckung des von den Sektionsmitgliedern zu bestreitenden persönlichen oder sachlichen Bedarfes der Sektionsverwaltung erforderlich sind, dem Sektionsvorstande zusteht. (Bayer. OLG. I. CS. Urteil vom 25. Januar 1901, Samml. 2 S. 47.)

und stempelfrei bezeichnet sind, während aus § 144 erhellt, daß für die Rechtshilfe der Weg des gerichtlichen Verfahrens als offenstehend vorausgesetzt wird. Es darf hieraus geschlossen werden, daß die Stempelkosten von Vollmachten, welche seitens der Genossenschaftsvorstände (als der gesetzlichen Vertreter der Berufsgenossenschaften) für deren weitere Vertretung in dem gerichtlichen Rechtshilfeverfahren ausgestellt werden, zu den im § 144 Abs. 2 bezw. § 29 erwähnten Verwaltungskosten zu rechnen sind. Unter den Begriff der „Urkunde" im Sinne des Satzes 1 läßt sich die vorliegende Vollmacht nicht bringen, weil sie sich auf ein gerichtliches Verfahren bezieht. — Endlich ist darauf hinzuweisen, daß auch die Motive zu dem — hinsichtlich der hier in Betracht kommenden Vorschrift völlig gleichlautenden — § 102 des Ges. vom 6. Juli 1884 erkennen lassen, daß die im Satze 2 gewährte Stempelfreiheit privatschriftlicher Urkunden nur Platz greifen soll, insoweit sie behufs Vertretung von Berufsgenossen als solchen ausgestellt sind, denn dort (Motive S. 84) wird hervorgehoben, daß jene Rechtswohlthat sich nur auf solche Vollmachten behufs Vertretung der Berufsgenossen bezieht, die im Rahmen des Gesetzes ausgestellt sind; in bezeichnender Weise ist als Beispiel dafür die Vollmacht behufs Vertretung der Berufsgenossen auf den General- und Genossenschaftsversammlungen angeführt.

In dieser Weise wird auch der § 145 Satz 2 von Woedtke-Caspar (5. Aufl. S. 524) verstanden. Dr. W.

### f) Verfahren bei gerichtlicher Festsetzung der Gebühren eines Notars.[1] GebO. § 25.

Kammergericht, I. CS. Beschluß v. 14. Oktober 1901.

Auf Anordnung der Aufsichtsbehörde hat der Notar O. bei dem Amtsgerichte die gerichtliche Festsetzung seiner Gebühren und Auslagen für fünf teils 1899, teils 1900 verfaßte Akte beantragt. Das Amtsgericht hat die Gebühren teilweise abweichend von der Berechnung des Notars am 11. August 1901 festgesetzt. Eine Anhörung der Zahlungspflichtigen hat nicht stattgefunden; ebensowenig ist ihnen der Beschluß zugestellt worden. Auf sofortige Beschwerde des Notars hat das Landgericht den Beschluß teilweise abgeändert. Auf seine weitere Beschwerde wurde die Sache an das Amtsgericht zurückverwiesen. Gründe:

In §§ 4, 5 Ges. v. 11. Mai 1851 war ein besonderes gerichtliches Prozeßverfahren für Beschwerden über den Ansatz von Gebühren und Auslagen der Notare, sowie wegen deren Eintreibung vorgesehen. Diese Vorschriften wurden durch den § 10 Ges. vom 8. März 1880 (GS. S. 177) aufgehoben. Seitdem stand, abgesehen von der Befugnis der Aufsichtsbehörde, einen unrichtigen Gebührenansatz zu rügen, für derlei Streitigkeiten zwischen dem Notare und dem Zahlungspflichtigen nur der Prozeßweg offen. Das

[1] Das Recht des Zahlungspflichtigen, die Festsetzung der Gebühren des Notars zu beantragen, erlischt nicht dadurch, daß die Kostenrechnung bereits bezahlt ist (Kammergericht, I. CS. Beschluß v. 14. April 1902, Jahrb. 24 B S. 31).

war als ein Übelstand empfunden worden, und deshalb kehrte der Entwurf einer GebO. für Notare im wesentlichen zum früheren Rechte zurück, ließ jedoch das Festsetzungsverfahren auch bei Meinungsverschiedenheiten zwischen der Aufsichtsbehörde und dem Notare zu. Wie der Komm.-Bericht (Drucksachen 1895 Nr. 91 S. 14) ergiebt, soll das Verfahren mit Rücksicht auf die amtliche Stellung des Notars eine einfache und billige Austragung von Streitigkeiten über die Höhe der angesetzten Notariatsgebühren ermöglichen. Zur Erreichung dieses Zweckes ist in Abs. 3 ff. des § 25 ausdrücklich vorgeschrieben, daß die Beschlußfassung des Amtsgerichtes nach Anhörung der Beteiligten erfolgt, daß der Beschluß von Amts wegen dem Notar und dem Zahlungspflichtigen zuzustellen ist, daß gegen den Beschluß die sofortige Beschwerde nach Maßgabe der CPO. mit gewissen Änderungen stattfindet, und daß der rechtskräftige Beschluß endgültig über die Höhe der Gebühren und Auslagen bestimmt. Durch diese Gestaltung des Verfahrens soll ein Prozeßverfahren erübrigt werden. Der Notar und der Zahlungspflichtige haben darin die Stellung von Parteien. Beiden gewährt das Gesetz die Möglichkeit, im Falle sie mit der Entscheidung des Amtsgerichtes nicht zufrieden sind, zwei weitere Instanzen zu beschreiten, um zu einer endgültigen Bestimmung über die Höhe der Gebühren und Auslagen zu gelangen. Haben die Beteiligten diesen Weg gewählt, so kann es nur noch wegen der Frage, ob eine Zahlungspflicht besteht, zu einem Prozesse zwischen ihnen kommen.

Sowohl aus dem Wortlaute wie aus dem Zwecke des Gesetzes ergiebt sich, daß seine Vorschriften zwingender Natur sind. Hat eine Anhörung des Zahlungspflichtigen nicht stattgefunden, ist ihm auch der amtsgerichtliche Beschluß nicht zugestellt worden, so ist er der Möglichkeit beraubt, sein Recht in dem geordneten Instanzenzuge geltend zu machen. Aber auch dem Notare gegenüber entbehrt die einseitige Festsetzung der Bedeutung, weil sie für sein Verhältnis zum Zahlungspflichtigen niemals zu einer rechtskräftigen Entscheidung führen kann. R.

---

## 60

**a) Muß eine Krankenkasse die Kosten derjenigen Krankenhauspflege tragen, welche ohne ihren Auftrag einem Mitgliede in dringendem Falle in einer Anstalt gewährt ist, die nicht zu den in den Statuten bestimmten Krankenhäusern gehört?** [1]

Kammergericht, XII. CS. Urteil v. 5. Februar 1902.

Die durch Einsturz eines Gerüstes schwer verunglückten Kassenmitglieder

[1] Eine ärztliche Behandlung ist nur dann dringlich, wenn die Zuziehung des Kassenarztes wegen obwaltender Gefahr unthunlich war (Entsch. des OVG. 40 S. 353). — Die Statutsbestimmung: „Die Unterstützung beginnt mit Ablauf der 13. auf den Beitritt folgenden Woche" besagt nicht, daß erst eine nach Ablauf von 13 Wochen eingetretene Erkrankung zum Verlangen nach Unterstützung berechtige, sondern ist dahin zu verstehen, daß der Erkrankte den Anspruch habe, sofern nur seit seinem Beitritt 13 Wochen verstrichen sind (OLG. Dresden,

wurden auf Anordnung des Arztes einer Unfallstation, der wußte, daß in der mit einer anderen Unfallstation verbundenen Privatklinik die nötige Zahl Betten frei war, dorthin überführt und daselbst mehrere Wochen lang verpflegt. Dem Inhaber und Arzt dieser Klinik, die nicht zu den in den Statuten der in Betracht kommenden Krankenkasse bestimmten Krankenhäusern gehörte, verweigerte die Kasse wenige Tage nach der Aufnahme die Erteilung des Aufnahmescheines für die Verletzten. Der Arzt beansprucht von der Kasse für jeden Tag und Mann während der Dauer des Aufenthaltes der Verletzten in seiner Klinik den üblichen Krankenhaussatz von 2,50 Mark. Dieser ist ihm nur bis zu dem Tage, wo die Kasse den Aufnahmeschein verweigerte, aus folgenden Gründen bewilligt.

Mangels eines speziellen Auftrages kann der Arzt den Anspruch nur dann erheben, wenn die Krankenhauspflege dem Interesse und wirklichen oder mutmaßlichen Willen des Beklagten entsprach, oder aber, wenn ohne die Thätigkeit des Arztes eine Pflicht der Kasse, deren Erfüllung im öffentlichen Interesse liegt, oder eine gesetzliche Unterhaltspflicht der Kasse nicht rechtzeitig erfüllt worden wäre (§§ 683, 679 BGB.). Die Kasse war nicht gesetzlich oder mit Rücksicht auf das öffentliche Interesse verpflichtet, den Verletzten Krankenhauspflege zu teil werden zu lassen.

Darüber, welche Pflichten eine Krankenkasse im öffentlichen Interesse gegen verletzte Mitglieder zu erfüllen habe, bestimmt das Gesetz vom 10. April 1892 in §§ 6 bezw. 20, wonach neben einem Krankengeld sachgemäße Hilfe in Gestalt freier ärztlicher Behandlung, sowie freier Arznei und anderer Heilmittel zu gewähren ist. Allerdings giebt der § 7 der Kasse nicht bloß das Recht, unter Umständen statt vorgedachter Leistungen freie Krankenhauspflege zu gewähren, sondern auch das Recht, die Entgegennahme solcher freien Krankenhauspflege bei Verlust aller Unterstützungsansprüche vom Mitgliede unter Umständen zu verlangen. Immerhin aber läßt der Wortlaut dieses § 7 („kann") keinen

---

II. CS. Urteil v. 19. Oktober 1900). — Die Arbeiter des Besitzers eines mit Dampf betriebenen Karussells sind nur beim Vorhandensein eines bestimmten örtlichen Betriebssitzes versicherungspflichtig, nicht aber dann, wenn der Betrieb ohne solchen lediglich im Umherziehen stattfindet (Entsch. des OVG. 39 S. 325). Versicherungspflicht der Hofgänger, der im Möbeltransportgewerbe Beschäftigten, der Handlungsgehilfen: das. 40 S. 326. 332. 355. Erwerbslosigkeit, Erwerbsunfähigkeit: das. S. 342. 359. — Es kann niemand gleichzeitig Zwangsmitglied der einen und gemäß § 27 KVG. freiwilliges Mitglied einer anderen Ortskrankenkasse sein (das. 39 S. 329). Der infolge des Eintrittes einer Krankheit entstandene Unterstützungsanspruch gegen eine Zwangskasse geht, wenn die Kassenmitgliedschaft wegen einer Veränderung im Betriebe durch dessen Inhaber wechselt, für den Rest der Unterstützungszeit auf die andere Zwangskasse über: das. 39 S. 339. Dagegen berührt die Eingemeindung eines Ortes nicht den Fortbestand der bisher daselbst errichteten Ortskrankenkasse (das. 40 S. 338). — Die Krankenkassen und die Kassen der Versicherungsanstalten gehören zu den öffentlichen Kassen. Zahlungen aus der einen an die andere sind gemäß Art. 11 Ausf.-G. an der Kasse in Empfang zu nehmen (das. 39 S. 352). Die Ortskrankenkassen sind selbständig ohne Genehmigung der Aufsichtsbehörde auch zum Erwerbe und zur Veräußerung von Grundeigentum sowie zur Aufnahme von Darlehen befugt (das. 40 S. 336).

Zweifel, daß das Gesetz die Gewährung freier Krankenhauspflege ausschließlich in das freie Ermessen der Kasse stellt, ohne ihr eine diesbezügliche Verpflichtung aufzuerlegen (vgl. v. Woedke Anm. 2 zu § 7; Hahn Anm. 1[1] zu § 7; Rosin, Das Recht der Arbeiterversicherung S. 384; Amtl. Nachrichten des Reichsversicherungsamtes II. S. 17 Nr. 130; Mugdan-Freund 2 S. 19 Nr. 165). Mit Rücksicht auf § 6a Nr. 6 könnte zweifelhaft sein, ob nicht wenigstens im Falle der Dringlichkeit die Kasse zur Gewährung freier Krankenhauspflege verpflichtet sei. Allein § 6a stellt nur den weiteren Ausbau der im § 6 Abs. 3 des alten Gesetzes von 1883 anerkannten Befugnis der Kasse dar, unter Umständen das Krankengeld ganz oder teilweise zu entziehen oder die Gewährung der im § 6 gedachten Unterstützung von einer Karenzzeit abhängig zu machen. Im Rahmen dieses Ausbaues wird durch § 6a Nr. 6 der Kasse ein weiteres Recht beigelegt, nämlich, die freie ärztliche Behandlung 2c nur durch bestimmte Ärzte, Apotheken 2c zu gewähren, und ausgesprochen, daß die Kasse nur im Dringlichkeitsfalle auf der Benutzung der von ihr bestimmten Ärzte 2c nicht bestehen dürfe. Wenn an dieser Stelle auch der Krankenhäuser gedacht ist, so geschieht dies lediglich, um festzustellen, daß die Kasse, wo sie nach § 7 das Recht hat, auf Krankenhauspflege zu bestehen, auch das Recht haben soll, auf Benutzung bestimmter Krankenhäuser — abgesehen vom Dringlichkeitsfalle — zu bestehen, nicht aber ist hier der Krankenhäuser gedacht, um der Kasse im Dringlichkeitsfalle die Gewährung freier Krankenhauspflege zur Pflicht zu machen. —

Es wird dann weiter ausgeführt, daß die Gewährung der Krankenhauspflege vorliegend dem Interesse der Kasse nur bis zu dem Tage, wo der Aufnahmeschein verweigert ist, auch dem mutmaßlichen Willen der Kasse entsprach. Daher ist bis zu diesem Tage der Klaganspruch für begründet erklärt, für die spätere Zeit dem Arzte aber auf Grund des § 812 BGB. nur ein Geldbetrag zugebilligt worden, welcher dem nach § 6 Nr. 2 zu gewährenden Krankengeld und dem nach § 57a Abs. 4 zu berechnenden Werte der Leistungen aus § 6 Nr. 1 des Gesetzes gleichkommt. St.

b) **Einfluß eines Vergleiches des Verletzten mit dem ersatzpflichtigen Dritten auf das Recht der Berufsgenossenschaft auf Ersatz ihrer Aufwendungen.**

OLG. Hamburg, II. CS. Urteil v. 26. Oktober 1901.

Der Hafenarbeiter X. war bei den Löscharbeiten des Dampfers „Dora" durch Verschulden eines Schiffsmannes 1898 verletzt worden. Die Berufsgenossenschaft, welche dem X. eine Rente bewilligt hat, fordert von der Rhederei des Dampfers Ersatz. Diese wendet ein, daß sie kurz nach dem Unfalle den X. durch Zahlung eines Betrages vergleichsweise abgefunden habe. Aus den Gründen:

Die Beklagte war daher verpflichtet, dem X. den durch diesen Unfall erlittenen Schaden nach HGB. Art. 452 zu ersetzen. Daß hieran nichts durch das UVG. vom 6. Juli 1884 geändert wird, hat das Landgericht zutreffend ausgeführt. Da X. nicht zur Besatzung der Dora gehörte, die Beklagte daher nicht sein Arbeitgeber war, so erscheint die Beklagte als Dritte im Sinne des § 98 Satz 1 UVG. (vgl. Entsch. d. RG. 23 Nr. 11, 27 Nr. 31, 47 S. 56). Allerdings besagt Satz 1 des § 98 nur: Die Haftung dritter in den §§ 95 und 96 nicht bezeichneter Personen, welche den Unfall vorsätzlich herbeigeführt oder durch Verschulden verursacht haben, bestimmt sich nach den bestehenden gesetzlichen Vorschriften. Diese Fassung ist aber, wie das Reichsgericht (Entsch. 24 S. 128) überzeugend ausgeführt hat, zu eng: es hat an den bestehenden gesetzlichen Vorschriften nichts geändert werden sollen, insbesondere nicht am Haftpflichtgesetz und an dem HGB. Art. 452 (vgl. das neue GewerbeUVG. § 140 Satz 1 und die Begründung dazu). Deshalb steht der Klägerin, bei welcher X. versichert war, der Satz 2 des § 98 zur Seite.... Danach geht die Forderung des Entschädigungsberechtigten an den Dritten auf die Genossenschaft insoweit über, als die Verpflichtung der letzteren zur Entschädigung durch dieses Gesetz begründet ist. Derselbe Unfall, welcher einen Ersatzanspruch des X. gegen die Beklagte begründete, begründete gleichzeitig den Anspruch des X. gegen die Klägerin. Daran wird nichts geändert, daß Klägerin erst vom Beginn der 14. Woche ab eine Rente zu zahlen verpflichtet war (UVG. § 5²), daß die Feststellung der Entschädigung (§§ 57 fg.) und eine Zahlung an X. erst am 11. August 1899 erfolgt ist. Wenn das Reichsgericht (Entsch. 24 S. 131) Gewicht auf die Gewährung der Leistungen seitens der Berufsgenossenschaft gelegt hat, so ist das in einem wesentlich anderem Zusammenhange geschehen. Dort ist ausgesprochen, daß der Verletzte den Dritten in Anspruch nehmen könne und sich nicht entgegenhalten zu lassen brauche, daß der Dritte von der Berufsgenossenschaft gleichfalls in Anspruch genommen werden könne, wenigstens nicht, solange diese nicht ihrerseits dem Verletzten Entschädigungen gewährt habe oder ihre Verpflichtung hierzu in ordnungsmäßiger Weise festgestellt worden sei (vgl. dazu aber den Kom.-Bericht Nr. 703a der Drucksachen des Reichstages 1898—1900 S. 4517 und den § 140 des GewerbeUVG.). Hier handelt es sich aber darum, daß die Klägerin vom Dritten Ersatz fordert für Aufwendungen, welche sie schon gemacht hat bezw. welche sie festgestelltermaßen in Zukunft zu machen haben wird. Demgegenüber ist der Dritte allerdings berechtigt, sich damit zu verteidigen, daß er dadurch von solchem Anspruch des gesetzlichen Cessionars frei geworden sei, daß er an den ursprünglichen Gläubiger in gutem Glauben schon alles bezahlt bezw. diesen sonst endgültig abgefunden habe, wie dies auch vom 6. Senat des Reichsgerichtes am 2. Februar 1892 (Reger 14 S. 159) in einem ganz ähnlichen Falle anerkannt worden ist (vgl. BGB. § 413 in V. mit § 407). Die Beklagte kann sich aber hierauf nicht berufen, weil nicht anzunehmen ist, daß sie in Unkenntnis der Sach- und Rechtslage gehandelt hat. Die Bestimmungen des UVG. sind jedenfalls in ihrer Allgemeinheit seit Jahren allen Gewerbetreibenden bekannt und sicherlich der Beklagten, einer Aktiengesellschaft, bezw. ihrem Vertreter, dem

Kapitän, nicht unbekannt gewesen. Letzterer war sich deshalb sehr wohl bewußt, daß die Berufsgenossenschaft („die Unfallversicherung") sich mit der Angelegenheit befassen und eventuell ihrerseits Ansprüche erheben werde. M. M.

c) **Verjährung der Ersatzansprüche einer Berufsgenossenschaft gegen den Eigner des Schiffes, durch dessen Mitschuld bei einem Schiffszusammenstoß Versicherte umgekommen sind.**

OLG. Hamburg, II. CS. Urteil v. 12. Juli 1902.

Am 23. Juli 1897 sind im Hamburger Hafen der beklagtische Dampfer und eine Barkasse zusammengestoßen. Letztere ist gesunken und dabei ihr Maschinist ertrunken. Dieser war bei der Klägerin versichert, welche für dessen Angehörige auf Grund des Unfallversicherungsgesetzes verschiedene Beträge aufgewendet hat und noch aufwenden muß. Ihre Erstattung bezw. Tragung durch die Beklagte wird gefordert, weil unstreitig der Führer des Dampfers den Zusammenstoß durch Fahrlässigkeit mitverschuldet hat.... Die Klägerin ist daher berechtigt, die Ansprüche der Angehörigen des bei dem Unfalle Verunglückten, welche diesen auf Grund des Binnenschiffahrtsgesetzes §§ 3, $4^3$ gegen die Beklagte erwachsen waren, als gesetzliche Cessionarin in dem durch UVG. § 98 Satz 2 begrenzten Umfange geltend zu machen.

Gegen den so begründeten Klaganspruch hat aber Beklagte mit Recht die Verjährung eingewendet. Die Klägerin macht eine Forderung aus dem Verschulden einer Person der Schiffsbesatzung geltend, welche nach BSchG. (a. F.) § $118^7$ in einem Jahre verjährt. Diese Verjährung beginnt mit dem Schlusse des Jahres, in welchem die Forderung *fällig* geworden ist. Hierzu hat Klägerin ausgeführt, daß durch den Unfall die Forderung zwar entstanden, daß sie damit aber noch nicht fällig geworden sei, daß vielmehr, weil die Angehörigen des Verunglückten Renten beanspruchen könnten, jede Rate für sich fällig werde. Allein die Sachlage wird verdunkelt und verschoben, wenn die Art der klägerischen Leistungen vorangestellt wird. Nicht darauf kommt es an, was die Klägerin und wie sie es zu leisten hat, sondern welche Forderung ihre Rechtsvorgänger gegen die Beklagte hätten erheben können. Diese hätten aber sofort nach dem Unfall *Schadensersatz*, sei es in Gestalt der Zahlung einer Abfindungssumme, sei es in Gestalt einer Rente, verlangen können. Ihre *einheitliche* Forderung war somit sofort mit der Entstehung *fällig* geworden (vgl. Entwurf I eines BGB. § 158 Abs. 1) und begann deshalb mit Ende 1897 zu verjähren, so daß von da ab die zu Gunsten der Schiffseigner eingeführte kurze Verjährungsfrist lief.... M. M.

## 61

a) **Erhalten neue Grundstücke schon dadurch, daß sie einem Fideikommißgute zugeschrieben werden, die Fideikommißeigenschaft? BGB. §§ 890, 1131. Kostenpflicht in Fideikommißsachen.**

Kammergericht, I. CS. Beschluß v. 30. Juni 1902.

Auf Antrag des Fideikommißbesitzers A. sind der Herrschaft O., auf deren Grundbuchblatt die Fideikommißeigenschaft eingetragen stand, 1902 die auf dem Titelblatte Nr. 33 bis 47 bezeichneten Grundstücke als Bestandteile zugeschrieben worden. In diesem zu Protokoll des Grundbuchrichters aufgenommenen Antrage erklärte der Antragsteller, daß er hiermit die anderen Grundstücke dem Familienfideikommisse Herrschaft O. einverleibe. Später ist auf das Ersuchen des OLG., als der zuständigen Fideikommißbehörde, in Abt. II vermerkt worden, daß die Nr. 33 bis 47 aufgeführten Zuschreibungen die eingetragene Fideikommißeigenschaft teilen. An Kosten ist (neben den Gebühren für die Beurkundung der Erklärung über Unterstellung der zugeschriebenen Grundstücke unter die Fideikommißeigenschaft und für Zuschreibung der Grundstücke aus §§ 34 und 62 des preuß. GKG.) noch die Gebühr aus § 59 das. für die Eintragung der Fideikommißeigenschaft hinsichtlich der zugeschriebenen Grundstücke von A. erfordert worden. Die Beschwerde des A. über diesen letzteren Ansatz wurde zurückgewiesen; auch seine weitere Beschwerde blieb erfolglos. Aus den Gründen:

Unzutreffend ist die Annahme des Beschwerdeführers, daß die Eintragung der Fideikommißeigenschaft nur zur Ausführung und Ergänzung seiner vor dem Grundbuchrichter abgegebenen Erklärung gedient habe, daß er die Grundstücke dem Familienfideikommisse einverleibe. Die Eintragung war vielmehr eine — aus dieser Erklärung sich nicht unmittelbar und notwendig ergebende — selbständige Thätigkeit, veranlaßt durch das von seiner Erklärung unabhängige Ersuchen der Fideikommißbehörde und für sich allein notwendig und genügend, um die beabsichtigte Rechtswirkung herbeizuführen. Denn es folgt aus §§ 892, 932 BGB. und Art. 61 EG. zum BGB., daß nur die im Grundbuche eingetragene Fideikommißeigenschaft dem gutgläubigen Dritten gegenüber, der ein Recht am Grundstücke durch ein Rechtsgeschäft erwirbt, wirksam ist, weil anderenfalls der Erwerb Dritter unter dem Schutze des öffentlichen Glaubens des Grundbuches steht. Die Eintragung erfolgt aber lediglich auf das von Amts wegen gestellte Ersuchen der Fideikommißbehörde (§ 3 Ges. v. 5. März 1855 und Art. 16 preuß. Ausf.-Ges. zur GrBO.). Die Zuschreibung der Grundstücke zum Fideikommißgrundstücke war, auch in Verbindung mit der erwähnten Erklärung des Beschwerdeführers, nicht geeignet, ihre Fideikommißeigenschaft zu begründen, da im Falle des § 890 Abs. 2 die Voraussetzung des § 93 BGB. nicht zutrifft, und der § 1131, wonach die Hypotheken, die dem Pfandgrundstücke zugeschriebenen Bestandteile ergreifen, auf Eigentumsbeschränkungen nicht auszudehnen ist (Planck Anm. 3 zu § 890, Anm. 49 zu § 1131; Turnau-Förster Anm. $3^b$ zu § 890).

Ist sonach die Gebühr aus § 59 preuß. GKG. begründet, so unterliegt die Zahlungspflicht des Beschwerdeführers keinem Bedenken. Nach §§ 62, 63, 30 ALR. II 4 mußte die Verlautbarung des Fideikommisses vor dem Richter der belegenen Sache erfolgen, und zwar, wenn der Stifter am Leben war, durch diesen, anderenfalls durch den Vorsteher der Familie. Nach § 3 des Ges. v. 1855 findet solche Verlautbarung ferner nicht statt, vielmehr hat die Fideikommißbehörde wegen Eintragung des Fideikommisses das nach den bestehenden Gesetzen Erforderliche von Amts wegen zu veranlassen. Diese letztere Vorschrift ist in Art. 16 Ausf.-Ges. zur GrBO. aufrecht erhalten. Hieraus folgt, daß die Fideikommißbehörde, indem sie von Amts wegen die Eintragung der Fideikommißeigenschaft herbeiführt, in erster Reihe das Interesse des Stifters wahrnimmt und der Beschwerdeführer, der hinsichtlich der von ihm dem Familienfideikommisse einverleibten Grundstücke als Stifter anzusehen ist, haftet deshalb nach § 1 Abs. 2 preuß. GKG. für die Kosten der Eintragung. Es liegt endlich auch keine doppelte Gebührenberechnung vor, da die vor dem Grundbuchrichter abgegebene Erklärung und die Eintragung zwei voneinander unabhängige Akte bilden. Ob die Erklärung zur Erreichung des beabsichtigten Erfolges notwendig war, ist hier nicht zu erörtern, jedenfalls entfällt sie der Gebühr aus § 34 ebenso wie die Eintragung der Gebühr aus § 59 preuß. GKG. Dr. B.

b) **Eigentum an Dispositionsware. BGB. § 929.**

OLG. Hamburg, II. CS. Urteil v. 27. September 1902.

... Der Kläger (Verkäufer) hatte durch die vorbehaltlose Übersendung der verkauften Ware dem J. gegenüber zum Ausdruck gebracht, daß er diesem das Eigentum daran übertragen wolle. J. hat durch seine Zurdispositionsstellung zu erkennen gegeben, daß er nicht Eigentümer werden wolle. Der Kläger war daher in der Lage, die Ware an sich zu nehmen oder sonst darüber zu verfügen. Das hat er nicht gethan, sondern brieflich erklärt, daß er die Ware für vertragsmäßig halte und auf Empfang bestehe. Der Kläger hat somit seine Willenserklärung, Eigentum an J. zu übertragen, diesem gegenüber aufrecht gehalten und zwar jedenfalls solange, als noch nicht der Konkurs eröffnet war. Auf solches Angebot ist J. noch vor der Konkurseröffnung stillschweigend eingegangen, indem er die Ware als sein Eigentum behandelt hat, was dadurch zum erkennbaren Ausdrucke gelangt ist, daß er sechs Ballen verbraucht, die restlichen zehn Ballen aber für sich auf Lager gegeben hat. Ein derartiges Verfahren läßt keine andere Erklärung zu — und wird auch thatsächlich von J. glaubhaft dahin erklärt — als daß J. damit seine Zurdispositionsstellung zurücknahm und die ihm zum Eigentume angebotene Ware als solches behielt und dementsprechend behandelte (vgl. Entsch. d. RG. 18 S. 162). Damit war die zum Eigentumsübergange nach § 929 erforderliche Einigung darüber, daß das Eigentum übergehen solle, erfolgt. Einer bezüglichen Erklärung des J. dem Kläger gegenüber bedurfte es unter solchen Umständen nicht. M. M.

c) **Inhalt der Grunddienstbarkeit.[1] BGB. §§ 1018, 1090.**

Kammergericht, Ferien-CS. Beschluß v. 23. August 1902.

Die Vorinstanzen haben folgende Eintragung: „Daß auf dem Grundstücke für die Zeit von zehn Jahren seit der Auflassung keine Fabriken und ähn-

[1] Oben S. 154 Nr. 31g. Wendt im civil. Archiv 92 S. 117.

liche gewerbliche Betriebe, keine Ställe und sonstige Einrichtungen für das Halten von Tieren, welche nicht für den persönlichen Gebrauch der Bewohner der Grundstücke, sondern zu gewerblichen Zwecken gehalten werden, keine Verkaufsläden, Restaurations- oder Schanklokale und öffentliche Vergnügungslokale errichtet werden dürfen", für unzulässig erklärt. Dies wurde für rechtsirrig erklärt. Denn hier bestehe die Beschränkung darin, daß auf den Grundstücken gewisse Handlungen nicht vorgenommen werden dürfen. Eine solche Beschränkung könne den Inhalt einer Grunddienstbarkeit bilden; daher sei nach §§ 1018, 1090 die Belastung der Grundstücke zu Gunsten der beschwerdeführenden Aktiengesellschaft (der Verkäuferin) zulässig. Der § 1091 stehe dieser Auslegung nicht entgegen, da er nur eine Auslegungsregel für den Umfang einer als bestehend vorausgesetzten persönlichen Dienstbarkeit enthalte. Wg.

d) **Die Verpflichtung zur Zahlung in deutschem Golde ist eintragungsfähig. BGB. § 1115.**

Kammergericht, I. CS. Beschluß v. 22. September 1902.

A. hat in der notariellen Urkunde bekannt, von B. ein Darlehen von x Mark erhalten zu haben, und beantragt, dies Darlehen mit allen in der Urkunde aufgeführten Bedingungen als Hypothek einzutragen. Die Eintragung folgender Bedingung: „Sämtliche Zahlungen sind auf Verlangen des Gläubigers in Gold deutscher Währung zu leisten," wurde abgelehnt, auf weitere Beschwerde des Gläubigers jedoch angeordnet. Aus den Gründen:

Daß nach der Seite der rein persönlichen Verbindlichkeit der Zulässigkeit einer Vereinbarung über die Rückzahlung einer Schuld in Gold nichts entgegensteht, wird vom Vorderrichter nicht in Zweifel gezogen, seine Bedenken richten sich lediglich gegen die Eintragungsfähigkeit der vereinbarten Goldklausel. Den Ausgangspunkt seiner Ausführungen bildet die Annahme, daß der Inhalt der hier vorliegenden Vereinbarung nicht dahin gehe, die zur Zeit noch als Währung geltenden Thalerstücke als Zahlungsmittel auszuschließen, sondern den aus einer etwaigen Einführung der reinen Silberwährung oder der Doppelwährung befürchteten Gefahren und Verlusten vorzubeugen. Diese Auslegung verstößt jedoch gegen den klaren und unzweideutigen Wortlaut des Vertrages, es seien die Zahlungen in Gold deutscher Währung zu leisten. Zunächst läßt der Vorderrichter unaufgeklärt, inwieweit die Verpflichtung „in Gold deutscher Währung zu zahlen," den aus der Einführung der reinen Silberwährung befürchteten Verlusten vorbeugen, also wirksam werden soll zu einer Zeit, wo Gold Zahlungsmittel deutscher Währung nicht mehr ist. Vielmehr läßt der Wortlaut der Abmachung nur die Deutung zu, daß dann, wenn im deutschen Reiche nach dem jeweilig geltenden Münzrechte neben dem Goldgelde auch Silbergeld als währungsmäßiges Zahlungsmittel festgesetzt ist, die Zahlungen aus der Hypothek auf Verlangen ausschließlich in dem als gesetzliches Währungsgeld fungierenden Goldgelde geleistet werden müssen. Diese

Vereinbarung bezieht sich sowohl auf die jetzt geltende Münzwährung, bei welcher neben dem währungsmäßigen Reichsgoldgelde auch noch die im Umlaufe befindlichen Silberthalerstücke bei Zahlungen zu bestimmtem Kurse anzunehmen sind (Art. 15 des Münzgesetzes vom 9. Juli 1873) als auch auf den etwaigen Fall der künftigen Einführung einer Doppelwährung, wo währungsmäßiges Silbergeld und währungsmäßiges Goldgeld gleicherweise als gesetzliche Zahlungsmittel im Reiche zugelassen werden könnten. Der Wortlaut ergiebt also, daß hier Gläubiger und Schuldner nur für die Zeit, wo im deutschen Reiche ein währungsmäßiges Goldgeld besteht, die Zahlung in diesem vereinbart haben. Sollte der Vorderrichter die Vereinbarung dahin ausgelegt haben, daß der Hypothekengläubiger auch bei vollständiger Beseitigung des Goldes als Währungsmünze entweder in Goldstücken der gegenwärtigen Art oder — falls solche alsdann nicht mehr vorhanden sind — mit anderen (inländischen oder ausländischen) Goldstücken derart zahlen solle, daß der Gläubiger soviel in seinem Golde erhält, als er haben würde, wenn er Goldstücke der gegenwärtigen Währung erhielte, so würde dem der Wortlaut der Klausel entgegenstehen, denn eine Verpflichtung zur Zahlung „in Gold deutscher Währung" kann nur dahin aufgefaßt werden, daß die Zahlung erfolgen soll in Gold der jeweilig zur Zeit der Rückzahlung geltenden Reichswährung. Für die Verbindung eines anderen Sinnes mit jenen Worten liegt kein Grund vor, zumal nicht zur Annahme eines Vertragswillens der vorgedachten Art, welchen das Reichsgericht (Entsch. 50 S. 145) mit Recht als ungewöhnlich bezeichnet. Die Bucheintragung einer Vereinbarung des hier gegebenen Inhaltes kann nicht beanstandet werden.

Die entgegengesetzten rechtlichen Erwägungen des Vorderrichters gehen dahin, daß der von den Parteien beabsichtigte Zweck, den durch Einführung einer Währungsänderung befürchteten Gefahren und Verlusten vorzubeugen, mit dem für das Grundbuchrecht geltenden Spezialitätsprinzip unvereinbar sei, da hierdurch die Möglichkeit ausgeschlossen werde, die Höhe der geschuldeten Summe festzustellen. Hieran ist soviel richtig, daß das Spezialitätsprinzip eine zur Zeit der Eintragung bereits ihrer Höhe nach feststehende Forderung erheischt. Für Forderungen, deren Feststellung vorbehalten wird, hat das BGB. die Höchsthypothek geschaffen (§ 1190). Allein der Begriff der Spezialität der hypothekarischen Belastung ist nach § 1115 BGB. in Verbindung mit § 28 GrBO. nicht, wie die Vorinstanzen annehmen, ein rein wirtschaftlicher, sondern ein Rechtsbegriff, welchen die angeführten Bestimmungen dahin feststellen, es könne nur eine durch Angabe des Geldbetrages in Reichswährung spezialisierte Forderung als Hypothek eingetragen werden. Ist aber die Forderung nach ihrem Geldbetrage angegeben und die Zahlung in einer vom Reiche zugelassenen Währung ausbedungen, so kann nach den angeführten Vorschriften die Eintragung nicht verweigert werden, denn dadurch wird der Forderung der Spezialität der Hypothek, wie sie das Gesetz verlangt, genügt. Die im Wirtschaftsleben hervortretende

Möglichkeit der Schwankungen der Valuta — die sich übrigens sowohl auf das Gold- wie auf das Silbergeld erstrecken können — läßt das Gesetz unberücksichtigt, sie können deshalb der Eintragung einer Hypothek von bestimmtem Geldbetrage in einer reichsrechtlich zugelassenen Währung nicht entgegengesetzt werden. Der Rechtsbegriff der Spezialität der Hypothekbestellung ist in den angefügten Bestimmungen nur in der angegebenen Weise präzisiert. Die Berücksichtigung der Kursschwankungen des währungsmäßigen Geldes würde auch in der That eine Überspannung des Prinzipes der Spezialität bedeuten, wie im Jahrb. 20 S. 198 ausgesprochen ist. Die rechtliche Bestimmtheit aber läßt die hier in Frage kommende Vereinbarung nicht vermissen, da darin die Hypothek zu einem bestimmten Nennbetrage angegeben ist und zwar in Reichswährung. Etwas weiteres verlangt das Gesetz nicht und es kommt für die Eintragungsfähigkeit der Goldklausel nicht in Betracht, daß bei einer Wiederaufnahme oder Freigabe der Ausprägung von Silbergeld sich durch die Entwickelung eines Aufschlages auf Gold wirtschaftlich der Wert einer bestimmten Summe in währungsmäßigem Goldgelde höher gestalten kann, als der Wert der gleichen Summe in Silber.

Die vom Vorderrichter angerufene Entscheidung des Kammergerichtes (Jahrb. 21 S. 322) und des Reichsgerichtes (Entsch. 50 S. 145) stehen ihm nicht zur Seite. Dieselben verhalten sich über den Fall, daß bei einer späteren Währungsänderung nicht in den alsdann geltenden Währungsmünzen, sondern in den jetzt geltenden Reichsgoldmünzen oder, falls solche nicht mehr vorhanden sind, in anderen Goldmünzen zu einem jenen entsprechenden Feingehalt gezahlt werden soll, und haben für diesen die Eintragung für unzulässig erklärt, weil dann nicht ein in Währung angegebener Betrag, sondern ein Betrag in nicht währungsmäßigen Goldmünzen geschuldet werde, dessen Höhe in Währung umgesetzt, sich nach dem jeweiligen Kurse des vom Schuldner anzuschaffenden Goldes bemesse. Dieser Fall liegt, wie oben ausgeführt, hier nicht vor. K.

### e) **Haftung der Versicherungsgelder. BGB. §§ 1127 f.**

OLG. Dresden, II. CS. Urteil v. 14. März 1902.

Die Witwe A. hatte ihr Haus bei der beklagten Gesellschaft versichert. 1900 brannte der dazu gehörige Stall ab. Der Schaden von 738 Mark wurde ihr alsbald ausgezahlt, ohne daß der Kläger als Hypothekar dies genehmigt hatte. Nachdem er sodann in der auf seinen Antrag wegen einer persönlichen Schuld der A. 1901 eingeleiteten Zwangsversteigerung das Grundstück erstanden hatte, klagte er als Hypothekar und als Ersteher auf Zahlung von 737 Mark zum Wiederaufbau des Stalles: er wurde jedoch abgewiesen.

1. Nach § 12 des Versicherungsvertrages wird die Entschädigung nur behufs der Wiederherstellung und nachdem letztere gesichert worden, bezahlt, die sämtlichen vor dem Brande eingetragenen Gläubiger müßten denn in die unbedingte Zahlung willigen oder selbst zur Empfangnahme berechtigt sein. In dieser Bestimmung hat für den Kläger nicht ein Recht begründet werden

sollen, das inhaltlich über das Recht des Pfandgläubigers hinausginge; sie bezweckt vielmehr, das Surrogationsprinzip zur Geltung zu bringen. Fraglich ist nur, in welcher Weise. Daß die Summe behufs Wiederherstellung des abgebrannten Gebäudes zu zahlen war, steht an sich der Wirksamkeit der Zahlung an die A. nicht im Wege (vgl. auch § 1130 BGB.). Zweifelhaft kann erscheinen, welchen Sinn die Bestimmung hat, „nachdem die Wiederherstellung gesichert worden". In der 2. Kommission ist der Antrag: zu bestimmen, daß die Auszahlung der Versicherungsgelder nur dann mit Wirksamkeit den Hypothekengläubigern gegenüber geschehen könne, wenn deren Verwendung zur Wiederherstellung der versicherten Sache sichergestellt sei, mit Rücksicht darauf abgelehnt worden, daß die Durchführung einer solchen Vorschrift kaum möglich sein werde (Prot. 3 S. 563). In welcher Weise sich hier die Vertragsbeteiligten die Ausübung der den Hypothekengläubigern eingeräumten Rechte vorgestellt haben, ist nicht klar. Insbesondere ist nicht gesagt, daß die Zahlung an die Versicherungsnehmerin ohne vorherige Sicherung der Gläubiger nichtig sei, und namentlich auch nicht ausgeschlossen, daß die Sicherstellung sich nach Lage des einzelnen Falles richten sollte. Solchenfalls käme hier in Betracht, daß die Beklagte bei dem Grundbuchamte die Genehmigung zur Auszahlung an die A. eingeholt und darin ausreichende Sicherstellung der Hypothekengläubiger erblickt hat. Indessen, selbst wenn sie sich dabei in einem unentschuldbaren Irrtum befunden hätte, so würde doch dem Kläger immer nur ein Recht auf Ersatz des durch den Mangel einer Sicherheit für die Wiederherstellung des Stalles und nunmehr durch dessen Nichtwiederherstellung erwachsenen Schadens, keinesfalls aber ein stärkeres Recht auf die Versicherungsgelder zustehen, als dem Gläubiger, dem die Versicherungsgelderforderung verpfändet wäre. Er könnte als Pfandgläubiger die Gelder nur zum Zwecke seiner Befriedigung wegen seiner hypothekarisch gesicherten Forderung in Anspruch nehmen. Dazu würde nach §§ 1282, 1228 BGB. die Fälligkeit dieser Forderung gehören, die bisher unstreitig nicht eingetreten ist. Damit erledigt sich insbesondere der Einwand des Klägers gegen den Hauptgrund des angefochtenen Urteiles, daß bei der Versteigerung die Hypothek des Klägers in das geringste Gebot aufgenommen und demnach gedeckt worden sei. Wenn hieraus noch keineswegs folgt, daß der Kläger wegen seiner Hypothek (z. B. nach Weiterveräußerung des von ihm erstandenen Grundstückes) aus dem Grundstücke volle Befriedigung erlangen müßte, und daher sich zur Zeit nicht endgültig feststellen läßt, daß dem Kläger durch die Auszahlung an die A. kein Vermögensverlust zugefügt sei, so fehlt es zur Zeit auch andererseits an jedem Anhalte dafür, daß der Kläger zu seiner Befriedigung nötig hätte, die Versicherungsgelder in Anspruch zu nehmen.

2. Einer solchen Behauptung würde es nur in dem Falle nicht bedürfen, wenn der Kläger als Ersteher auch die Forderung aus dem Versicherungsvertrage erworben hätte. Dies ist aber nicht der Fall. Die Versteigerung ist nicht wegen einer Hypothek, sondern gemäß § 866 CPO. wegen einer

rein persönlichen Schuld erfolgt, für die dem Kläger das Grundstück nur Kraft des Versteigerungsbeschlusses und der darin enthaltenen Beschlagnahme haftete. Diese hat sich aber auf die Versicherungsforderung nicht erstrecken können. Wäre nämlich für die Forderung des Klägers nach Auszahlung der Versicherungssumme eine Hypothek bestellt worden, so würde ihr die Versicherungsforderung nicht unterliegen, weil letztere im Verhältnis der Eigentümerin zur Beklagten bereits getilgt war. Die Beschlagnahme hat aber dem Kläger nicht mehr Rechte geben können, als die Eintragung einer Hypothek; denn sie giebt dem persönlichen Gläubiger kein Pfandrecht, sondern nur ein Vorzugsrecht. Ein Pfandrecht an Gründstücken kann nur in Gestalt einer Hypothek oder Grundschuld und nur mittels Eintrages im Grundbuche begründet werden. Dieser Eintrag hat in der 3. Abteilung zu erfolgen. Die in der 2. Abteilung erfolgende Eintragung des Versteigerungsvermerkes kann als Erwerbsart für eine Hypothek oder ein anderes dingliches Recht schon deshalb nicht angesehen werden, weil § 22 die Wirkungen der Beschlagnahme nicht an die Eintragung des Vermerkes, sondern an die Zustellung des Versteigerungsbeschlusses geknüpft hat. Die Beschlagnahme erlischt, wenn das Verfahren aufgehoben wird oder sich durch Zurücknahme des Antrages erledigt, nicht erst mit der darauffolgenden Löschung des Vermerkes. Ist demnach das Recht aus der Beschlagnahme als ein nach den Grundsätzen des Grundbuchrechtes entstandenes Pfandrecht nicht anzusehen, so hätte das ZwVG., wenn dennoch für den betreibenden Gläubiger ein gesetzliches Pfandrecht hätte geschaffen werden sollen, dies ausdrücklich bestimmen müssen. Dies ist nicht geschehen (vgl. Jäckel zu § 23 Note 7, 9). Schm.

f) **Zur Auslegung des BGB. § 1134.**

OLG. Königsberg, II. CS. Urteil v. 4. Oktober 1902.

Kläger hat wegen angeblicher Devastationen Zwangsverwaltung im Wege der einstweiligen Verfügung beantragt. Der Beklagte hat zwar glaubhaft gemacht, daß es sich bei dem ihm zur Last gelegten Verhalten lediglich um vorübergehende Maßnahmen gehandelt und daß er nicht nur die Absicht gehabt habe, sondern auch im stande gewesen sei, die dem Kläger nachteilig erscheinenden Veränderungen im Grundstücksbestande zu beseitigen. Allein der Thatbestand der Verschlechterung, wie ihn § 1134 voraussetzt, ist nach rein objektiven Gesichtspunkten zu beurteilen; jede Veränderung im Grundstücksbestande, welche auf dessen Wert vermindernd einzuwirken geeignet ist, ist als Verschlechterung desselben aufzufassen, mag der Eigentümer noch so sehr die Absicht und auch die Mittel haben, den früheren Bestand wieder herzustellen oder gar zu verbessern. Der Gläubiger, der dem Eigentümer eine Forderung kreditiert, thut dies im Vertrauen auf die ihm durch das Grundstück gebotene Sicherheit und diese reale Sicherheit darf nicht in den guten Willen und das Vermögen des Schuldners gesetzt werden (vgl. Entsch. des Obertrib. 76 S. 120). Ob der Beklagte mithin die Grundstücke devastieren, ob er die fortgeschafften Viehstücke wieder zurückbringen wollte oder nicht, kann dahingestellt bleiben;

zu fragen bleibt nur, ob von ihm, insbesondere nach seinem bisherigen Verhalten, weitere derartige, objektiv sich als Verschlechterungen darstellende Veränderungen im Grundstücksbestande zu besorgen waren. Th.

g) **Dem Verkäufer kann für den Fall der Nichtbezahlung des hypothekarisch sicher zu stellenden Kaufpreises ein Rücktrittsrecht eingeräumt werden, jedoch nicht in der Weise, daß er auf Kosten des Käufers das Kaufobjekt öffentlich versteigert. BGB. § 1149.**

Bayer. Oberstes Landesgericht, Ferien-CS. Beschluß v. 3. September 1902.

In einem notariellen Kaufvertrage über ein Grundstück behielt sich der Verkäufer für den Fall, daß die Käufer mit Bezahlung des in Fristen zu entrichtenden Kaufpreises im Rückstande bleiben, das Recht des Rücktrittes vom Vertrage vor und zwar in der Art, daß er oder seine Rechtsnachfolger befugt sein sollen, das Kaufsobjekt nach vorheriger Mitteilung an die säumigen Käufer auf deren Kosten und Gefahr in Form freiwilliger öffentlicher Versteigerung an den Meistbietenden versteigern zu lassen, um sich für seine Forderung bezahlt zu machen, wobei ein etwaiger Mehrerlös den Käufern zu überweisen, ein Mindererlös dagegen von den Käufern an den Verkäufer zu bezahlen sei. Zu diesem Zwecke erteilten die Käufer dem Verkäufer die unwiderrufliche Vollmacht, die Versteigerung vorzunehmen und die Auflassung auf den Ersteher zu erklären. Sie bewilligten und beantragten Eintragung einer Sicherungshypothek für den Kaufpreis und einer Vormerkung zur Sicherung des Anspruches auf Übertragung des Grundstückes an den Ersteher bei der vertragsmäßigen Versteigerung. Die Eintragung der Vormerkung wurde abgelehnt; auch die weitere Beschwerde blieb erfolglos. Aus den Gründen:

Es steht nichts im Wege, dem Verkäufer eines Grundstückes für den Fall der Nichtbezahlung des Kaufpreises ein Rücktrittsrecht im Sinne des § 346 BGB. einzuräumen und den sich aus dem Rücktritte ergebenden Anspruch auf Rückübertragung des Eigentumes am Grundstücke nach § 883 durch Eintragung einer Vormerkung zu sichern. Eine derartige Vertragsbestimmung ist auch zulässig, wenn für den Kaufpreis eine Hypothek am Grundstücke bestellt wird, weil der § 1149 eine Vereinbarung, die dem Gläubiger das Recht giebt, die Übertragung des Eigentumes an dem mit der Hypothek belasteten Grundstücke zu verlangen, nur verbietet, wenn die Übertragung des Eigentumes zum Zwecke der Befriedigung der Forderung geschehen soll, während im Falle des Rücktrittes die Kaufpreisforderung nicht befriedigt wird, sondern erlischt (vgl. Planck § 1149 Anm. 2; Turnau-Förster 1 S. 657 Anm. 1).

Hier haben aber die Vertragschließenden ein Rücktrittsrecht nicht vereinbart. Das Recht, das der Verkäufer sich unter dem Namen eines Rücktrittsrechtes vorbehalten hat, bezweckt nicht, den Rechtszustand herzustellen, der bestehen würde, wenn der Kaufvertrag nicht geschlossen worden wäre, sondern dient der Erfüllung des Kaufvertrages. Die Kaufpreisschuld bleibt bestehen, dem Gläubiger wird neben der Zwangsvollstreckung ein zweiter Weg eröffnet, sich aus dem Grundstücke die Befriedigung für sie zu verschaffen, er soll zum Zwecke der Befriedigung die Veräußerung des Grundstückes auch auf andere Weise als im Wege der Zwangsvollstreckung, durch einfache öffentliche Versteigerung, bewirken dürfen. Ein Recht dieses Inhaltes kann aber, auch wenn es nicht mit den Motiven 3 S. 681 für überhaupt unstatthaft zu erachten ist, nach § 1149 vor dem Eintritte der Fälligkeit einem Hypothekgläubiger nicht eingeräumt werden. Fr. M.

h) **Die Bestellung eines Pfandes für fremde Schuld unterliegt nicht den Formvorschriften für die Bürgschaft.**[1]

OLG. Dresden, I. CS. Urteil v. 5. Mai 1902.

Die Klägerin hat sich keineswegs verpflichtet, dem Beklagten für die Erfüllung der Schuldverbindlichkeiten ihres Stiefsohnes schlechthin einzustehen; sie hat sich vielmehr darauf beschränkt, ihm zur Sicherung seiner Ansprüche eine Darlehnshypothek zu verpfänden. Die Bestellung eines Pfandes für eine fremde Schuld unterliegt aber anderer Beurteilung als die Übernahme einer Bürgschaft. Dies muß namentlich dem Formerfordernisse des § 766 gegenüber festgehalten werden. Hat das Gesetz die Gültigkeit des Bürgschaftsvertrages an die Beobachtung der dort hervorgehobenen schriftlichen Form geknüpft, so gilt dies nicht ohne weiteres auch von allen anderen, ihrer wirtschaftlichen Wirkung nach mit der Bürgschaft auf gleicher Linie stehenden Rechtsgeschäften. Diese sind formfrei. Auch der Pfandvertrag würde mithin, abgesehen von der zur Pfandrechtsbestellung notwendigen Übergabe der Pfandsache, einer besonderen Form nicht bedurft haben (Cosack, Lehrbuch § 759; Planck zu § 765). Dr. W.

i) **Pfandbestellung durch Einräumung des Mitbesitzes. BGB. § 1206.**

OLG. Stettin, V. CS. Urteil v. 23. September 1902.

Der Ehemann H. hat 1901 dem Kläger folgendes erklärt:

„Ich verpfände dem Kläger zur Sicherung seiner Forderung meine Möbel ..., räume ihm an diesen Sachen den Mitbesitz ein und erkenne ihn als Mitbesitzer an. Ich bestelle zur Ausübung dieses Mitbesitzes nach Vereinbarung mit Kläger meine Ehefrau .. als Aufseherin und Verwahrerin über jene Sachen dergestalt, daß sie in deren Gewahrsam gelangt. Ich, der Schuldner und Gläubiger vereinbaren, daß die genannte Ehefrau die Sachen nur an den Eigentümer und Gläubiger gemeinschaftlich herausgeben darf. Ich, die Ehefrau H. erkenne an, jene Sachen von meinem Manne zur Verwahrung erhalten zu haben. Ich halte sie zur gemeinsamen Verfügung dergestalt, daß sie nur an beide Herren gemeinschaftlich herausgegeben werden dürfen."

Bis zu dieser, von Kläger und den H.'schen Eheleuten unterschriebenen und notariell beglaubigten Erklärung waren die Sachen im Alleinbesitz des Mannes

[1] Vgl. Gruchot 26 S. 989 und Entsch. des RG. 22 S. 329. Kreditauftrag: Entsch. des RG. 50 S. 160; kumulative Schuldübernahme: JW. 1902 Beil. S. 221 und 231.

H., der mit seiner Frau zusammenwohnt. Eine räumliche oder körperliche Änderung ist an den Sachen nicht vorgenommen. Eine Pfandbestellung gemäß § 1205 liegt keinesfalls vor. Gewollt ist offensichtlich Pfandbestellung gemäß § 1206. Der Bestellungsakt entspricht aber dieser Vorschrift nicht. Allerdings ist Mitbesitz entstanden, für den Mann H. unmittelbarer, für den Kläger mittelbarer Mitbesitz, sowie für die Frau H., als Verwahrerin der beiden anderen Beteiligten, unmittelbarer Mitbesitz (§§ 868, 854² BGB.). Die Einräumung des Mitbesitzes an Stelle der Übergabe der Sache zum Alleinbesitze des Gläubigers genügt jedoch nur, wenn außerdem noch entweder „sich die Sache unter dem Mitverschlusse des Gläubigers befindet oder, falls sie im Besitze eines Dritten ist, die Herausgabe nur an den Eigentümer und den Gläubiger gemeinschaftlich erfolgen kann". Ein Mitverschluß (Prot. 3 S. 443 und 6 S. 260) ist hier jedenfalls nicht erfolgt; beabsichtigt war, durch den „Besitz eines Dritten" dingliche Wirkung herbeizuführen. Über die Bedeutung „Besitz eines Dritten" ergibt die Entstehungsgeschichte des § 1206 folgendes. Der ihm entsprechende § 1147³ Entw. I verlangte, „daß ein Dritter das Pfand für den Pfandgläubiger und den Eigentümer innehat". Die Motive 3 S. 802 bemerken hierzu „... Mitinhabung ist auch Inhabung ... Wenn die Herstellung einer jeden Art von Mitinhabung für genügend erklärt würde, würde ... auch eine solche Gestaltung der Mitinhabung zulässig sein, bei der der Eigentümer nicht gehindert wird, ohne Zuziehung des Gläubigers zur Sache zu gelangen und über sie zu verfügen. Der Entwurf fordert eine dergestalt qualifizierte Gestaltung der Mitinhabung, welche eine unmittelbare und selbständige thatsächliche Verfügung des Eigentümers über das Pfand ausschließt und eine solche Verfügung als ein Wegnehmen (§ 289 StrGB.) erscheinen lassen würde. Die ... Verwahrung ... durch einen gemeinsamen Treuhänder sind solche Gestaltungen ... Die Herstellung eines qualifizierten Mitinhabungsmodus, der dem Gläubiger nicht positiv die unabhängige thatsächliche Gewalt über das Pfand verschafft, sondern ihn nur sichern soll, daß nicht ohne seine Einwilligung thatsächlich über das Pfand verfügt wird, soll Pfandrecht begründen". Dieser Standpunkt ist von der zweiten Kommission dahin bestätigt, daß es für die Erkennbarkeit der Pfandbestellung genügen soll, wenn ... „ein Dritter den Besitz der Sache auf Grund eines Rechtsverhältnisses erhalte, das den mittelbaren Besitz für den Pfandgläubiger und den Verpfänder gemeinschaftlich begründe". Unter Berücksichtigung der geänderten Terminologie „Besitz" statt „Inhabung" (Prot. 3 S. 28, 219) wurde (6 S. 261) der Redaktionskommission folgende Fassung vorgeschlagen § 1115: „die Übergabe kann dadurch ersetzt werden, daß ..., wenn die Sache im Besitze eines Dritten ist, der Pfandgläubiger und der Eigentümer gemeinschaftlich den mittelbaren Besitz erhalten". Sachliche Änderungen haben die späteren Beratungen und die Denkschrift nicht gebracht. Die Redaktionskommission hat zunächst die Fassung (§ 1115) gegeben: „... der mittelbare Besitz dem Pfandgläubiger und dem Eigentümer gemeinschaftlich zusteht".

Daraus ist ohne weiteres der mit dem jetzigen § 1206 genau übereinstimmende § 1191 der Bundesrats-, sowie § 1189 der Reichstagsvorlage geworden. Die Pfandbestellung durch Ernennung eines gemeinschaftlichen Verwahrers oder Treuhänders ist hiernach unwirksam, wenn der Verpfänder unmittelbaren Mitbesitz behält, wenn er über die Sache eine thatsächliche Gewalt hat, der die Gewalt des Treuhänders höchstens etwa gleichwertig ist. Der Treuhänder muß eine thatsächliche Herrschaft haben, die sich ohne weiteres als die stärkere aller Beteiligten zeigt. Laufen die Veranstaltungen aber darauf hinaus, daß der Verpfänder in Wirklichkeit unmittelbare Gewalt behält, so ist dem § 1206 nicht genügt, eine sachenrechtliche Wirkung tritt nicht ein. Das folgt aus jener Entstehungsgeschichte sowie aus dem für das Pfandrecht des BGB. geltenden Grundsatz der Erkennbarmachung. Der § 1147 Abs. 3 Satz 2 des ersten Entwurfes, der solche Unwirksamkeit ausdrücklich aussprach, ist nur gestrichen, weil er Selbstverständliches enthielt (vgl. auch § 31 Hypothekenbankgesetzes vom 13. Juli 1899 sowie § 14—16 EG. zur KO. vom 10. Februar 1877).

Ob der Besitz eines Dritten gleichzeitig mit der Einigung darüber, daß dem Gläubiger das Pfandrecht zustehen solle, erst entsteht oder zuvor schon bestanden hat, ist bedeutungslos. Der Dritte muß aber von nun an die Pflicht haben, nur gemeinschaftlich an Eigentümer und Gläubiger herauszugeben, und er muß außerdem, um dieser Pflicht entsprechend sein Verhalten einrichten zu können, fortan unmittelbaren Alleinbesitz erlangen; insbesondere darf neben ihm der Verpfänder keine gleichartige unmittelbare Gewalt weiterhin haben. Dabei besteht zwischen §§ 1205² und 1206 der klare Unterschied, daß dem Dritten gegenüber nur bei der Bestellungsart des § 1205² der Pfandgläubiger an sich allein die Herausgabe zu verlangen hat, dies aber bei § 1206 nicht „kann". Vorliegend ist die der Treuhänderin zugeteilte Gewalt der dem Verpfänder verbleibenden Gewalt nicht überlegen, höchstens ihr gleichwertig, die eine wie die andere ist unmittelbare Gewalt. Das genügt nicht. (Vgl. Entsch. des RG. 48 S. 318.) Gr.

## 62

a) **Ordnet das Landgericht auf Beschwerde gegen den eine einstweilige Verfügung ablehnenden Beschluß mündliche Verhandlung an, so ist gegen das demnächst ergehende Urteil Berufung nicht zulässig.**[1]

OLG. Königsberg, II. CS. Urteil v. 17. September 1902.

Die Berufung findet nur gegen die in erster Instanz erlassenen Endurteile statt. Hat ein Landgericht durch Endurteil in zweiter Instanz erkannt, so ist — abgesehen von der nicht in Frage kommenden singulären Vorschrift des § 99 Abs. 3 — ein Rechtsmittel überhaupt ausgeschlossen, da eine Beschwerde nicht stattfindet (§ 567) und die Revision nur gegen die in der Berufungsinstanz ergangenen Endurteile des OLG. zugelassen ist (§ 545). Hiernach

[1] Vgl. Rsp. 3 S. 444 Nr. 113e.

ist die vom Beklagten eingelegte Berufung dann unzulässig, wenn das Urteil des Landgerichtes als ein in zweiter Instanz ergangenes Endurteil anzusehen ist. Daß dasselbe ein Endurteil im Sinne der CPO. ist, unterliegt keinem Bedenken, weil es den Anspruch der Kläger nach vorgängiger mündlicher Verhandlung für die Instanz endlich erledigt (vgl. Entsch. d. RG. 17 S. 350). Ein Endurteil — nicht nur ein Beschluß — mußte erlassen werden, weil § 922 (936) dies für den Fall voraufgegangener mündlicher Verhandlung direkt vorschreibt (vgl. Entsch. d. RG. 40 S. 426). — Das Urteil hat aber auch als ein in zweiter Instanz ergangenes zu gelten, weil das Landgericht in seiner Eigenschaft als Beschwerdegericht erkannt hat. Denn zweite Instanz ist nicht nur die Berufungs-, sondern auch die Beschwerdeinstanz. Es kann für den Begriff der zweiten Instanz keinen Unterschied machen, ob zufolge Einlegung des Rechtsmittels der Berufung oder des Rechtsmittels der Beschwerde zu entscheiden ist, weil in beiden Fällen das angerufene Gericht als zweiter Richter Recht spricht. Ebenso unerheblich erscheint es für diesen Begriff, ob der erste Richter seine Entscheidung in der Form eines Urteiles oder, wie hier, in der Form eines Beschlusses gefällt hat, weil immer eine erstinstanzliche Entscheidung vorliegt, was für die Berufung der zweiten Instanz die alleinige Voraussetzung bildet. Hiernach liegt ein in zweiter Instanz ergangenes landgerichtliches Endurteil vor, das unanfechtbar ist. Zu demselben Resultate gelangen auch die Kommentatoren der CPO. (vgl. Gaupp-Stein, Petersen-Anger zu § 922; Seuffert zu §§ 801, 802 a. F.).

An diesem Ergebnisse wird dadurch nichts geändert, daß nach dem Streitwerte offenbar das Land- und nicht das Amtsgericht Gericht der Hauptsache (§ 943) war, und daß die Anrufung des Amtsgerichtes nur bei dem Vorliegen eines dringenden Falles (§ 942) eine Rechtfertigung finden kann. Denn der Rechtsstreit ist an das Landgericht nicht in seiner Eigenschaft als Gericht der Hauptsache gelangt, in welchem Falle ein unbeschränkter Instanzenzug stattgefunden hätte, sondern es hat lediglich in seiner Eigenschaft als Beschwerdegericht entschieden. Th.

b) **Keine Beschwerde gegen die Anordnung, daß über einen Antrag auf einstweilige Verfügung mündlich zu verhandeln sei.**[1]

**CPO. §§ 567, 937.**

Kammergericht, III. CS. Beschluß v. 20. Juni 1902.

Die Entscheidung über den Antrag ist von vorgängiger mündlicher Verhandlung abhängig gemacht. Gegen diese lediglich das Verfahren bestimmende Anordnung ist weder die sofortige noch die einfache Beschwerde gegeben. Die Voraussetzungen, von denen nach § 567 die Zulässigkeit der Beschwerde abhängig ist, liegen nicht vor. Während über ein Arrestgesuch nach § 921 in der Regel durch Beschluß zu befinden ist, bildet bei dem Verfahren betreffend

[1] Ebenso der V. und der IX. CS. des Kammergerichtes; dagegen läßt der Beschluß des OLG. Posen v. 28. August 1901 (MonatsSchr. 4 S. 166) die Beschwerde zu, weil abgelehnt werde, durch Beschluß ohne mündliche Verhandlung über den Antrag zu entscheiden.

einstweilige Verfügungen vorgängige mündliche Verhandlung die Regel; ohne eine solche kann die Entscheidung nach § 937 nur in dringenden Fällen erfolgen. Nach dem Wortlaut dieser Vorschrift ist es in das freie Ermessen des Gerichtes gestellt, im Einzelfalle, selbst wenn Dringlichkeit vorliegt, zu bestimmen, ob der Entscheidung über die beantragte Verfügung eine mündliche Verhandlung vorauszugehen hat oder nicht. Ordnet das Gericht vorgängige Verhandlung an, so ist Beschwerde dagegen nicht statthaft. Der Antragsteller hat kein Recht darauf, daß die Entscheidung über sein Gesuch im Wege des Beschlußverfahrens erfolgt (Petersen-Anger S. 659, Reincke S. 848).

Wenn das OLG. Breslau am 19. Dezember 1894 in einem ähnlich liegenden Falle bei Bejahung der Dringlichkeit die Beschwerde für zulässig erachtet hat (Busch' Zeitschrift 21 S. 505), so kann dieser nicht näher begründeten Auffassung nicht beigetreten werden, da sie mit der Fassung des § 937 CPO. nicht vereinbar erscheint. Sollte dem Gerichte die Zwangspflicht auferlegt werden über Anträge auf einstweilige Verfügungen im Falle der Dringlichkeit ohne mündliche Verhandlung zu befinden, sollte also dem Antragsteller ein Recht auf Erledigung seines Gesuches durch Beschluß gewährt werden, so hätte dem im Gesetze erkennbarer Ausdruck gegeben werden müssen. Dies ist nicht geschehen. Z.

c) **Falsche Bezeichnung der Entscheidung, welcher Rechtsbehelf?**

OLG. Breslau, VII. CS. Beschluß v. 2. November 1901.

Das Amtsgericht hatte nach Erlaß einer einstweiligen Verfügung (Eintragung einer Vormerkung) auf Antrag dem Gläubiger eine Frist zur Klagerhebung bestimmt (§ 926 CPO.) und mangels Einhaltung der Frist die Aufhebung der Verfügung durch Beschluß ausgesprochen, statt durch Urteil. Auf Beschwerde des Gläubigers hob das Landgericht diesen Beschluß auf und stellte damit die einstweilige Verfügung wieder her. Auf weitere Beschwerde des Schuldners wurde dagegen die Beschwerde des Gläubigers als unzulässig verworfen. Aus den Gründen:

Mit Recht geht das Landgericht davon aus, daß die Entscheidung des Amtsgerichtes als Beschluß aufzufassen ist. Maßgebend hierfür ist nicht, ob ein solcher Beschluß zulässig war, was nach § 926² offenbar nicht der Fall ist, sondern ob der Richter einen Beschluß hat erlassen wollen und in Wirklichkeit erlassen hat (vgl. Entsch. d. RG. 42 S. 439). Bei dem erheblichen und allgemein bekannten Unterschiede zwischen Beschluß und Urteil ist nicht anzunehmen, daß der Richter etwa den rechtlichen Charakter seiner Entscheidung verkannt habe. Vielmehr kennzeichnet sich die Entscheidung nach ihrem, aus Form und Begründung zu entnehmenden, Inhalt als Beschluß und nicht als Urteil (vgl. Entsch. d. RG. 42 S. 396). . . .

Der Vorderrichter übersieht aber, daß gegen diesen Beschluß eine Beschwerde unzulässig war, weil weder einer der gesetzlich besonders hervorgehobenen Fälle noch eine Entscheidung vorliegt, durch welche ein das Verfahren betreffendes Gesuch zurückgewiesen ist (§ 567¹). Denn da der Beschluß des Amtsgerichtes unter Verletzung des § 926 ergangen ist, so kann die Zulässigkeit der Beschwerde gesetzlich nicht vorgesehen sein. Der Antrag des Schuldners, die einstweilige Verfügung aufzuheben, ist auch nicht zurückgewiesen, sondern zum Beschluß erhoben worden. Aus diesen Gründen mußte der angefochtene Beschluß, welcher die Beschwerde für zulässig erachtete, aufgehoben worden. Dem Gläubiger bleibt aber die Möglichkeit, da der Antrag des Schuldners auf Aufhebung der einstweiligen Verfügung durch den amtsgerichtlichen Beschluß als in gesetzlich vorgeschriebener Weise erledigt nicht anzusehen ist, den Gegner anderweit zur Erledigung dieses Antrages vor das Amtsgericht zu laden und den Antrag auf Erlassung eines Endurteiles nach § 926 zu stellen. Gegen die Ablehnung dieses Antrages würde ihm dann allerdings aus § 567[1] die Beschwerde zustehen (Entsch. d. RG. 33 S. 432). Bis zum Erlaß des Endurteiles aber sichert den Gläubiger gegen die Löschung der Vormerkung der § 25 GrBO. und § 926[2] CPO. Sch.

d) **Neuer selbständiger Beschwerdegrund. CPO. § 568[2].**

OLG. Dresden, IV. CS. Beschluß v. 17. Juni 1902.

Ein neuer selbständiger Beschwerdegrund kann zwar auch bei äußerlicher Übereinstimmung der erst- mit der zweitinstanzlichen Entscheidung vorhanden sein, so insbesondere, wenn letztere unter Verletzung einer wesentlichen Verfahrensvorschrift ergangen ist. Eine solche Verletzung liegt aber nicht in der Nichterhebung der vom Beschwerdeführer angebotenen Beweise. Das Beschwerdeverfahren ist in der CPO. wenig eingehend geregelt. Die entsprechende Anwendung der im zweiten Buche enthaltenen Vorschriften ist nicht angängig (vgl. Gruchot 22 S. 122; Barazetti, Berufung und Beschwerde S. 267; Petersen-Anger zu § 573). Das Beschwerdegericht entscheidet lediglich auf Grund der Akten. Dabei steht es allerdings in seinem pflichtmäßigen Ermessen, ob es den Akteninhalt ohne weiteres für spruchreif erachten oder in formlosem Verfahren vervollständigen will, oder ob es durch Anordnung einer mündlichen Verhandlung eine breitere Entscheidungsgrundlage schaffen will. Hier hat das Gericht das in Sachen B./S. erstattete Gutachten durch Bezugnahme mit zum Akteninhalte und damit zur Entscheidungsgrundlage gemacht. Dieses Verfahren ist in keiner Richtung anfechtbar. Die Nichterhebung der angebotenen Beweise enthält auch keine Versagung des rechtlichen Gehörs; denn dieses ist ihm ausreichend dadurch gewährt worden, daß sein Beschwerdevorbringen in vollem Umfange geprüft worden ist. Übrigens würde er, selbst wenn das Landgericht die Vernehmung eines anderen Sachverständigen angeordnet hätte, kein Recht auf Anwesenheit bei dieser Beweisaufnahme gehabt haben (JW. 1898 S. 351 Nr. 15). Ebensowenig hätte er Anspruch darauf gehabt, nach geschehener Vernehmung über das erstattete Gutachten gehört zu werden (das. S. 284 Nr. 26; Busch Zeitschr. 13 S. 398). Schdt.

## 63

### a) Zur Anwendung des § 741 CPO[1].

Kammergericht, XIII. CS. Beschluß v. 6. Oktober 1902.

Verurteilt ist die „Firma A.“ in der A.=Straße, vollstreckt ist in der vom Ehemann A. gemieteten Privatwohnung der Eheleute B.=Straße durch Pfändung der Wohnungseinrichtung. Der Ehemann hat diese Maßregel auf Grund des § 766 CPO. beanstandet, indessen ohne Grund. Zunächst ist der Umstand, daß das Urteil gegen eine Firma A. lautet, die Vollstreckungsmaßregel aber gegen Frau A. gerichtet worden ist, angesichts der Thatsache, daß Frau A. alleinige Inhaberin der Firma ist, unerheblich. — Daß sodann die Schuldnerin mit Zustimmung ihres Mannes ein selbständiges Erwerbsgeschäft treibt, ist unstreitig. Es fragt sich also, ob nach § 741 auf Grund des gegen die Frau erlangten Titels auch in das eingebrachte Gut der Frau vollstreckt werden durfte, obwohl sich dieses im Gewahrsam des Mannes befand und dieser seine Bereitwilligkeit zur Herausgabe der Pfandstücke nicht erklärt hat. Der Senat legt im Hinblick auf die §§ 48, 63 der Geschäftsanweisung vom 12. Dezember 1899 und deren Verteidigung im JMBl. 1900 S. 22 sowie auf die Ausführungen von Falkmann (Juristenzeitung 1900 S. 175) den § 741 dahin aus, daß das gegen die Frau ergangene Urteil die Verurteilung des Mannes zur Duldung der Zwangsvollstreckung in das Vermögen der Frau durchaus ersetze. Es ist sowohl aus dem Wortlaute als aus der Stellung der Vorschrift zu entnehmen, daß ihre Bedeutung sich nicht in der materiellen Zurückdrängung der Rechte des Mannes erschöpft (Planck, Juristenzeitung 1900 S. 77. 246), sondern auch formell darin äußert, daß auf Grund des Titels gegen die Frau ohne weiteres gegen den Mann vollstreckt werden kann. Liegt darin auch, wie Hellwig (Klagerecht und Anspruch S. 338) ausführt, eine Singularität stärkster Art, indem gegen einen Schuldner vollstreckt wird, der als solcher im Titel und in der Klausel nicht erwähnt, dem auch keine der beiden Urkunden zugestellt worden ist, so ist doch das über diesen Rechtszustand von Gaupp (4. Aufl. Bd. 2 S. 408) gefällte Urteil nicht gerechtfertigt. Der Ehemann, der dem Betriebe eines Erwerbsgeschäftes durch seine Frau zugestimmt hat, kann nach §§ 1405, 1414 BGB. der Vollstreckung der gegen seine Frau aus Geschäftsschulden erlangten Titels nicht widersprechen. Bedarf es, um die Vollstreckung in das in seinen Händen befindliche eingebrachte Gut zu ermöglichen, einer gemäß § 739 CPO. auch gegen ihn gerichteten Klage, so kann er seine Einwendungen gegen die Verbindlichkeiten der Geschäftsschulden für ihn oder gegen die Qualifikation der Schulden als Geschäftsschulden im Wege der Verteidigung als Beklagter geltend machen, während er nach der hier vertretenen Auffassung des § 741 auf den Weg der Klage gemäß § 774 CPO. verwiesen ist. Daß diese ungünstigere Stellung des Mannes vom Gesetzgeber beabsichtigt gewesen sei,

[1] Anders OLG. Hamburg, oben S. 131. Vgl. auch Falkmann, Zwangsvollstr. 2. Aufl. S. 184 Nr. 19.

ist trotz der entgegenstehenden amtlichen Begründung der Prozeßnovelle (die von den meisten Kommentatoren lediglich wiederholt wird) anzunehmen. Das Bedenken Seufferts (Gruchot 43 S. 150), daß § 741 auf vor dem 1. Januar 1900 geschlossene Ehen keine Anwendung finde, ist nicht begründet. . . v. W.

b) **Pferd und Wagen eines Milchhändlers unterliegen der Pfändung. CPO. § 811 Nr. 5.**

OLG. Hamburg, V. CS. Beschluß v. 9. Juli 1902.

. . . Wenn auch anzunehmen wäre, daß der Beklagte als Milchhändler unter den Personenkreis des § 811[5] fällt, so sind ihm doch Pferd und Wagen keine zur persönlichen Fortsetzung der Erwerbsthätigkeit als Milchhändler unentbehrliche Gegenstände. Er kann vielmehr seine Erwerbsthätigkeit, soweit er dazu besonderer Fortschaffungsmittel bedarf, auch unter Benutzung seiner Milchkarre fortsetzen, wobei nach Wortlaut und Sinn des § 811[5] unberücksichtigt bleiben muß, daß ihm möglicherweise mit seinem Gespann die Ausübung seiner Erwerbsthätigkeit erleichtert werden würde. . . . M. M.

c) **Verwertung teilweise gepfändeter Forderung. CPO. § 844.**

Kammergericht, I. CS. Beschluß v. 11. Juli 1902.

Die für X. eingetragene Kaufpreisforderung von 6515 Mark sowie fünf andere Hypotheken im Gesamtbetrage von 20000 Mark sind wegen einer von der Beschwerdeführerin gegen X. erstrittenen Forderung von 16000 Mark auf Höhe dieser Beträge gepfändet und zugleich ihre öffentliche Versteigerung durch einen Gerichtsvollzieher angeordnet. Der Gerichtsvollzieher K. hat die gepfändeten Forderungen und zwar in voller Höhe für 5000 Mark versteigert. Die Forderung von 6515 Mark hat die Gläubigerin selbst erstanden. Ihr Antrag auf Umschreibung der Post wurde jedoch zurückgewiesen, auch die weitere Beschwerde blieb erfolglos. Aus den Gründen:

An den im Jahrb. 17 S. 98 aufgestellten Rechtsgrundsätzen ist auch jetzt festzuhalten. Die §§ 835 bis 844 CPO. betreffen die Verwertung der gepfändeten Forderungen; sie regeln zunächst die gewöhnliche Art der Verwertung durch Überweisung zur Einziehung oder an Zahlungsstatt und sodann im § 844 die anderweite Verwertung nach besonderer Anordnung des Vollstreckungsgerichtes. Die Verwertung in dieser wie in jener Art kann nur soweit erfolgen, als die Forderung gepfändet ist. § 835[1] bestimmt ausdrücklich: „Die gepfändete Forderung ist dem Gläubiger . . . zu überweisen" und ebenso bezieht sich § 844[1] nur auf die „gepfändete" Forderung. Ist von einer Forderung nur ein Teilbetrag gepfändet, so kann bloß er und nicht auch die Restforderung überwiesen oder in anderer Art verwertet werden.

In welchem Umfange eine Forderung zu pfänden ist, ergiebt sich aus der allgemeinen Bestimmung des § 803 Satz 2, wonach die Pfändung nicht weiter ausgedehnt werden darf, als zur Befriedigung des Gläubigers und zur Deckung der Kosten der Zwangsvollstreckung erforderlich ist. Ob danach und unter welchen Umständen eine Forderung zu einem höheren Betrage als dem des Vollstreckungsanspruches gepfändet werden darf, kann dahingestellt bleiben (vgl. KG.-Blätter 1893 S. 2; Gaupp-Stein Anm. III zu § 708). Das Beschwerdegericht legt den Pfändungsbeschluß dahin aus, daß nur ein dem Vollstreckungsanspruche entsprechender Teil der Forderungen, und daß insbesondere auch die fragliche Forderung nicht im vollen Umfange hat gepfändet werden sollen. Diese Auslegung läßt eine Gesetzesverletzung nicht erkennen. War aber nur ein Teil der fraglichen Forderung gepfändet, so durfte sie nicht zum ganzen Betrage zur Versteigerung gebracht werden. Die Beschwerdeführerin hat sie durch den Zuschlag so wenig erworben, wie wenn sie ihr ein Unberechtigter übertragen hätte. Der § 1244 BGB. bezieht sich nur auf bewegliche Sachen, d. h. nach § 90 daselbst auf körperliche Gegenstände und nicht auf Forderungen; diese können nur in der im § 1282 vorgesehenen Weise und nicht durch Verkauf verwertet werden (Motive 3 S. 858, 859; 861 zu 3[a]). Der öffentliche Glaube des Grundbuches (§§ 892, 893, 1155) kommt nicht in Frage.

Wenn das Beschwerdegericht außerdem die vorgelegten Urkunden zur Umschreibung für nicht ausreichend [und einen Überweisungsbeschluß für erforderlich] erachtet, so kann auch hierin eine Gesetzesverletzung nicht gefunden werden. Das Vollstreckungsgericht kann nach § 844 CPO. zweifellos die Versteigerung der gepfändeten Forderung anordnen und sie, wie § 7 der GebO. f. GerVollz. ergiebt, einem Gerichtsvollzieher übertragen. Der die Anordnung enthaltende Beschluß und das Versteigerungsprotokoll liefern zwar vollen Beweis nach Maßgabe der §§ 415, 417, 418 CPO.; es läßt sich ihnen aber nicht ohne weiteres entnehmen, ob die Versteigerung der Anordnung entsprechend vorgenommen worden ist. Wenn das Grundbuchamt und das an seine Stelle tretende Beschwerdegericht die Prüfung und Entscheidung dieser Frage ablehnen und sie, wie augenscheinlich der Fall, dem Vollstreckungsgerichte zuweisen, so erscheint dies nicht rechtsirrtümlich, sondern der Stellung dieser Behörden und insbesondere den Vorschriften des § 844 (vgl. §§ 822, 823) CPO. entsprechend. Auch nach der preuß. KO. (§§ 274, 275) hatte der Kommissar dem Ersteher einer Forderung des Gemeinschuldners ein Attest über deren Übereignung zu erteilen. Wn.

d) **CPO. § 866[3] ist bei Verteilung der Forderung auf mehrere Grundstücke (§ 867[2]) nicht anwendbar.**

OLG. Colmar, Ferien-CS. Beschluß v. 2. August 1902.

Das Landgericht hält die Eintragung des aus Nebenforderungen bestehenden Teilbetrages Nr. 3 von 120 Mark für sich allein im Hinblick auf § 866[3] für unzulässig. Allein die Vorschrift, daß die Zwangshypothek nur für eine 300 Mark übersteigende Forderung eingetragen werden dürfe, kann zweifellos auf die gemäß § 867[2] einzutragenden Teilbeträge einer 300 Mark übersteigenden Forderung keine Anwendung finden. Hier entscheidet lediglich der Gesamtbetrag der Forderung, nicht der einzelne Teilbetrag (vgl. Petersen-Anger § 866 Anm. 4, § 867 Anm. 2). Das Landgericht ist augenscheinlich bezüglich der Hauptforderung auch der gleichen Ansicht; denn es beanstandet den Antrag nicht bezüglich der Teilbeträge unter 1, 2, 4 und 5, die sämtlich den Betrag von 300 Mark nicht erreichen, aber einen Teil der Hauptforderung bilden. Es legt also das entscheidende Gewicht auf den Umstand, daß der Betrag von 120 Mark sich nur aus Nebenleistungen zusammensetzt. Aber mit Unrecht. Nur das kann zugegeben werden, daß eine Kostenforderung, die abgesondert von der Hauptforderung eingetragen werden soll, wie jede andere selbständige Forderung zu behandeln ist, also dem § 866 ³ unterliegt. Vorliegend sollen aber die 120 Mark nicht als selbständige Forderung, sondern als Zubehör der Hauptforderung und zugleich mit dieser eingetragen werden. Dadurch, daß der Beschwerdeführer durch § 867 ² gezwungen ist, diesen Betrag auf ein besonderes Grundstück eintragen zu lassen, wird der Betrag nicht zur selbständigen Forderung, verliert er seinen Zusammenhang mit der Hauptforderung nicht. Nach der Ansicht des Landgerichtes müßte man die Eintragung nur dann für zulässig halten, wenn dem Betrage von 120 Mark wenigstens noch 1 Mark von der Hauptforderung beigefügt würde: eine Auffassung, die im Gesetze offenbar keinen Boden findet. Dr. Fr.

e) **Verteilung der Zwangshypothek auf die einzelnen Grundstücke.**

OLG. Colmar, Ferien-CS. Beschluß v. 18. Juli 1902.

Werden mehrere Grundstücke des Schuldners nach Maßgabe des § 867² mit einer Zwangshypothek belastet, so wird zwar die Forderung durch die Verteilung auf die einzelnen Grundstücke an sich nicht geteilt, sondern sie bleibt einheitlich; aber es entsteht auch keine Gesamthypothek, sondern der Gläubiger erlangt soviele selbständige Einzelhypotheken, als Grundstücke belastet werden. Jedes der letzteren haftet nur für den Teilbetrag der Forderung, mit dem es belastet worden ist. Dies ist unbestrittene Rechtsanschauung (vgl. Turnau-Förster 1 S. 614⁶, 785⁵; Oberneck S. 626; Planck 3 S. 490 Anm. 1ᵇ, 2). Damit rechtfertigt sich auch der Ansatz der vollen Gebühr für die Eintragung einer jeden Einzelhypothek.

f) **Zulässigkeit einer Zwangshypothek für eine Forderung, für die schon eine Vertragshypothek besteht.**

Bayer. Oberstes Landesgericht, I. CS. Beschluß v 5. Juni 1902.

Der Wortlaut des Gesetzes verlangt vom Gläubiger nur die Verteilung des Betrages der Forderung auf die Grundstücke, die mit der Vollstreckungshypothek belastet werden sollen, nicht einen Verzicht auf eine andere Hypothek, die der Gläubiger im Wege des Vertrages oder sonstwie erworben hat, und die [mitgeteilte] Entstehungsgeschichte des Gesetzes (Prot. der 2. Kom. 3 S. 463 f.; Begründung der CP.-Novelle) läßt unzweifelhaft erkennen, daß eine solche Beschränkung des Vollstreckungsrechtes nicht beabsichtigt worden ist. Das Gesetz will die Entstehung von Gesamthypotheken „nicht begünstigen", aber es verfolgt nicht den Zweck, sie schlechthin zu verhüten, deshalb verwehrt es ebensowenig dem Gläubiger, dem schon eine Vertragshypothek zusteht, die Erlangung einer Vollstreckungshypothek, wie es ihn der Vollstreckungshypothek verlustig erklärt, wenn er hinterher eine Vertragshypothek erwirbt.

Die Schriftsteller, die die Verhütung von Gesamthypotheken als den Zweck des Gesetzes ansehen und deshalb zu der Annahme genötigt sind, daß es dem Gesetzgeber nicht gelungen sei, seinem Gedanken den richtigen Ausdruck zu geben (Achilles-Strecker S. 99; Gaupp-Stein zu § 867; Fischer-Schäfer S. 153; a. A. Turnau-Förster 2 S. 516), unterschieben dem Gesetze, das seinen wirklichen Gedanken klar ausspricht, einen Gedanken, der ihm fremd ist und dessen Angemessenheit sich ernstlich bezweifeln läßt. B. M.

g) **Vollstreckbare Ausfertigung ist dem Gesamtschuldner, der den Gläubiger gegen Abtretung des Anspruches befriedigt, nicht zu erteilen.**[1]
Kammergericht, V. CS. Beschluß v. 28. Juni 1902.

A. hatte gegen B. und C. als Gesamtschuldner eine Forderung von 40 000 Mark erstritten. Er einigte sich mit B. dahin, daß er sich diesem gegenüber gegen Zahlung von 5000 Mark für befriedigt erklärte und ihm seine ausdrücklich vorbehaltenen Ansprüche gegen C. in Höhe der 5000 Mark abtrat. Der Antrag des B., ihm eine vollstreckbare Ausfertigung in Höhe von 5000 Mark zu erteilen, wurde zurückgewiesen. Aus den Gründen:

Dem Antrage stehen die für das Gesamtschuldverhältnis geltenden Grundsätze entgegen. Für die Beklagte galt die Regel des § 426² BGB., daß, soweit ein Gesamtschuldner den Gläubiger befriedigt und von den übrigen Schuldnern Ausgleichung verlangen kann, die Forderung des Gläubigers gegen die übrigen Schuldner auf ihn übergeht. Das Verhältnis ist hiernach derart geordnet, daß kraft Gesetzes, soweit ein Ausgleichungsanspruch besteht, die Forderung des Gläubigers gegen die übrigen Schuldner auf den Gesamtschuldner, der den Gläubiger befriedigt hat, übergeht, daß im übrigen aber die Schuldverbindlichkeit wegen Befriedigung des Gläubigers erlischt. Letzterem steht dagegen nicht das Recht zu, entgegen dieser gesetzlichen Ordnung ohne Rücksicht auf das Ausgleichungsverhältnis die gesamte Forderung dem ihn befriedigenden Gesamtschuldner zu übertragen, und deshalb kann auch der Beschwerdeführer nicht die Erteilung einer vollstreckbaren Ausfertigung in Höhe der 5000 Mark, die er dem Gläubiger zahlt, auf Grund der vom Gläubiger erklärten Abtretung verlangen. In Frage würde nur kommen, ob nicht der Antrag insoweit begründet wäre, als dem B. ein Ausgleichungsanspruch gegen C. zusteht. Allein einen solchen Antrag hat B. nicht gestellt; das Gericht hat nicht die Möglichkeit, im gegenwärtigen Verfahren über die Höhe des Ausgleichungsanspruches zu befinden und es muß deshalb, falls hierüber Streit entsteht, dem B. überlassen bleiben, diesen Streit im Wege einer besonderen Klage auszutragen. Daß aber der Gläubiger die 5000 Mark etwa von der nach Abzahlung von 5000 Mark noch verbleibenden Restforderung von 35 000 Mark dem B. abgetreten hätte, kann nach der Fassung der Einigung und mit Rücksicht auf die Unentgeltlichkeit der Abtretung nicht angenommen werden. Dr. R.

[1] Vgl. Urteil des RG. v. 13. Dez. 1895, JW. 1896 S. 58.

## 64.

### a) Zur Auslegung der §§ 50, 14 des Zwangsversteigerungsgesetzes.

OLG. Dresden, IV. CS. Urteil v. 4. Juli 1902.

a) Im Hauptfalle des § 50¹ hat der Ersteher außer dem Bargebot auch den Betrag des berücksichtigten Kapitales zu zahlen, soweit eine bei Feststellung des geringsten Gebotes berücksichtigte Hypothek (Grund- oder Rentenschuld) nicht besteht. Zu ergänzen ist hier: „zur Zeit des Zuschlages". Diese Zeit entscheidet, denn nur wenn das berücksichtigte Recht beim Zuschlag nicht bestand, würde dem Ersteher hieraus ein Vorteil erwachsen, weil der Wert des Grundstückes nur scheinbar durch das Recht geschmälert war. Wenn aber das berücksichtigte Recht zur Zeit des Zuschlages besteht und erst nachher zu bestehen aufhört, so erwächst dem Ersteher ein Vorteil, wenn überhaupt, nicht durch den Zuschlag und nicht durch den Umstand, daß das Recht nicht bestand, sondern aus dem späteren Grunde, aus dem es aufhört. Ein solcher Vorteil verleiht dem Versteigerungsgeschäft nicht den Charakter eines gewagten Geschäftes, wie die Motive zu § 69 des ersten Entwurfes (S. 172) sagen, weil er nicht aus dem Versteigerungsgeschäft erwächst, sondern erst infolge späterer Ereignisse eintritt; er muß also nicht den Beteiligten zufallen, welche auf Deckung in der Zwangsversteigerung nicht rechnen können, weil das Recht zur Zeit des Zuschlages besteht, er erwächst vielmehr dem Ersteher oder seinem Rechtsnachfolger wie einem jeden Eigentümer, unter dem günstige Veränderungen in der Belastung seines Grundstückes eintreten (vgl. Reinhard, Anm. III 1 zu § 50).

b) Das Gleiche, wie in Abs. 1 gilt nach § 50 Abs. 2 Ziff. 1, wenn das berücksichtigte Recht bedingt ist und die aufschiebende Bedingung ausfällt oder die auflösende Bedingung eintritt. Denn alsdann ergiebt sich für die Beteiligten und den Ersteher die nämliche Sachlage wie beim Nichtbestehen eines berücksichtigten unbedingten Rechtes (Motive zu § 71 des ersten Entwurfes S. 174). Die Gleichheit beider Fälle besteht aber nur insofern und gilt auch nur insoweit, als die Bedingung des berücksichtigten Rechtes schon zur Zeit des Zuschlages eine Ungewißheit in dessen Bestand und in die Belastung des Grundstückes hineinträgt. Aus diesem Grunde gebührt der Vorteil, den ihre Entscheidung, nämlich der Ausfall bezw. Eintritt der Bedingung ergeben kann, den Beteiligten, die nur deshalb zunächst keine Deckung erhielten, weil das bessere Recht aus Zweckmäßigkeitsgründen des Versteigerungsverfahrens vorläufig wie ein unbedingtes berücksichtigt wurde, während das Grundstück nur bedingt belastet war, und nicht dem Ersteher, dem mit diesem Vorteile ein zufälliger Gewinn aus dem Versteigerungsgeschäft in den Schoß fallen würde. Das Gleiche wie in § 50 Abs. 1 gilt aber nicht, wenn das berücksichtigte bedingte Recht nicht durch die Entscheidung seiner Bedingung, sondern aus einem anderen Grunde aufhört, der erst nach dem Zuschlage eintritt. Der Vorteil, der hierdurch vielleicht erwächst, gebührt aus den gleichen Gründen wie unter a) dem Ersteher oder seinen Rechtsnachfolgern und nicht den anderen Beteiligten, deren Deckung nur von dem Stande der Belastung des Grundstückes zur Zeit des Zuschlages abhing.

c) Ansprüche von unbestimmtem Betrage gelten nach § 14 ZwVG. als aufschiebend bedingt durch die Feststellung des Betrages. Diese Bestimmung stammt aus § 71 des ersten Entwurfes (vgl. Jäckel Anm. 4 zu §§ 50, 51), der in Abs. 1 Satz 1 die Bestimmung in § 50 Abs. $2^1$ ZwVG. enthielt und in Satz 2 fortfuhr: „Im Sinne dieser Vorschrift gilt eine Hypothek für eine Forderung von unbestimmtem Betrage als aufschiebend bedingt durch die Feststellung des Betrages". Die Motive sagten hierzu (S. 174), dies entspreche der Natur einer solchen Hypothek, sowie der Rücksicht auf die Beteiligten, deren Befriedigung von dem Wegfalle bezw. der Ermäßigung des Anspruches aus dieser Hypothek abhänge (vgl. die Denkschrift zu § 14). Im Falle des § 14 ZwVG. handelt es sich um (zur Zeit des Zuschlages) bestehende und unbedingte Hypotheken und insbesondere um Sicherungshypotheken von der Art in § 1190 BGB. Daß das Grundstück durch letztere sogleich durch ihre Eintragung zum vollen eingetragenen Höchstbetrage unbedingt belastet wird, ist vom Reichsgericht (Entsch. 49 S. 165) nachgewiesen. Solche Hypotheken von unbestimmtem Betrage (der Forderung) gelten aber nach § 14 als aufschiebend bedingt durch die Feststellung des Betrages (der Forderung), weil erst diese Feststellung die Ungewißheit darüber entscheidet, ob oder zu welchem Betrage sie dem Gläubiger oder dem Eigentümer gebühren (Entsch. d. RG. a. a. O.). Wenn und soweit die Feststellung das letztere ergiebt, erwirbt sie der Ersteher oder sein Rechtsnachfolger als Eigentümer auf Grund von § 1163 BGB. (vgl. Reinhard im „Recht" 1902 S. 31 ff.; Kretzschmar, Grundbuchsrecht S. 415), und damit der Vorteil aus diesem Erwerbe nicht ihm erwächst, sondern den Beteiligten zukommt, werden sie durch § 14 dem § 50 ZwVG. unterworfen, der den Ersteher zur Zahlung des durch die Forderung nicht erschöpften Betrages der Hypothek außer dem Bargebote verpflichtet. Aber auch hier gilt die Hypothek und mit ihr die Zuzahlungspflicht des Erstehers als aufschiebend bedingt nur durch die Feststellung des Betrages der Forderung, also durch die Erledigung des Elementes der Ungewißheit in der Belastung des Grundstückes, welches schon zur Zeit des Zuschlages vorhanden war und aus dem der Ersteher keinen Vorteil ziehen soll. Vorteile aus Veränderungen in der Belastung des Grundstückes, welche erst später und aus anderen Gründen eintreten, werden auch durch § 14 nicht berührt und dem Ersteher oder seinen Rechtsnachfolgern nicht entzogen, wenn sie überhaupt erwachsen.

d) Die vorstehende Auslegung des Gesetzes unter a—c steht im Einklange mit der Ausführung eines Regierungsvertreters in der Kommission des Reichstages (vgl. deren Bericht über die Spezialdebatte unter 14): daß das Erlöschen eines Altenteiles oder eines ähnlichen Rechtes nach dem Zuschlage dem Ersteher zu gute komme, ergebe sich aus § 51 des Entwurfes (Reinhard Anm. I $2^b$ zu § 51; Jäckel Anm. 2 zu §§ 50 f.). Dr. W.

b) **Die Zuschlagserteilung kann nicht wegen ungerechtfertigter Zurückweisung eines früheren Gebotes angefochten werden. ZwVG. § 72.**

Kammergericht, XI. CS. Beschluß v. 19. September 1902.

Wie das Landgericht mit Recht ausführt, kann dahingestellt bleiben, ob K. gegen die Zurückweisung seines Gebotes Widerspruch erhoben hat. Selbst wenn dies geschehen ist, würde eine Verletzung der für die Versteigerung maßgebenden Bestimmungen nicht vorliegen. Denn K. ist nicht Meistbietender gewesen, sondern hat nach der Zurückweisung seines Gebotes vom Weiterbieten Abstand genommen und der Zulassung der weiteren Gebote ebensowenig wie die anderen Beteiligten widersprochen. Sein Gebot ist deshalb nach § 72 ZwVG. erloschen. Hiernach ist dem Rentner S. für sein Meistgebot, gegen das von keiner Seite Widerspruch erhoben ist, mit Recht der Zuschlag erteilt worden. Aus den Ausführungen des Beschwerdeführers geht auch nicht hervor, daß dem K. das Weiterbieten unmöglich gemacht ist. Wenn auch die Zurückweisung der von K. angebotenen Sicherheit und die Ablehnung, seinen Widerspruch hiergegen im Versteigerungsprotokoll festzustellen, ungerechtfertigt war, so war doch K. nicht gehindert, sich weiter am Bieten zu beteiligen und für seine Gebote die Sicherheit anzubieten. Der Richter hätte dann diese Vorgänge im Versteigerungsprotokolle feststellen und, wenn K. den Meistbietenden überbot, sich über die Erteilung des Zuschlages an ihn schlüssig machen müssen. Wenn er dann dem K. den Zuschlag versagte, so hätte das Landgericht diesem den Zuschlag auf Grund der Versteigerungsverhandlung erteilen können. Nach der Darstellung des Beschwerdeführers hat sich K. nur deshalb vom Weiterbieten abhalten lassen, weil der Richter die von ihm angebotene Sicherheit zurückgewiesen und dessen Verlangen, seinen Widerspruch hiergegen zu Protokoll festzustellen, nicht entsprochen hat. Daß der Richter aber die Protokollierung weiterer Gebote des K. unterlassen hätte, ist aus jenem Vorgange nicht zu entnehmen und auch von dem Beschwerdeführer nicht behauptet worden. C.

c) **Aufhebung der Zwangsverwaltung, wenn in der demnächst eingeleiteten Zwangsversteigerung der bisherige Eigentümer den Zuschlag erhält. ZwVG. § 161.**

Kammergericht, XI. CS. Beschluß v. 19. September 1902.

Auf Antrag des Grundschuldgläubigers war die Zwangsverwaltung eingeleitet. Das Grundstück kam demnächst zur Zwangsversteigerung und wurde dem bisherigen Eigentümer A. der Zuschlag erteilt. Er beantragte Aufhebung der Zwangsverwaltung. Der Antrag wurde zurückgewiesen, der weiteren Beschwerde jedoch stattgegeben. Aus den Gründen:

Zutreffend gehen beide Vorinstanzen von der Auffassung aus, daß die Zwangsverwaltung aufzuheben ist, wenn das Grundstück im Wege der Zwangsversteigerung zugeschlagen ist, weil dadurch die Voraussetzung der Zwangsverwaltung, nämlich das Eigentum des Schuldners, in Wegfall kommt, eine Ansicht. welche auch das Reichsgericht, für das mit dem jetzigen Reichsrechte im wesentlichen übereinstimmende frühere preußische Recht ausgesprochen hat (vgl. JMBl. 1887 S. 252; Wolff und Jäckel zu § 161 ZwVG.). Das Landgericht meint, daß hier die Erteilung des Zuschlages einflußlos sei, weil dem bisherigen Eigentümer der Zuschlag erteilt und die Zwangsverwaltung auf Grund eines gegen ihn gerichteten persönlichen Titels beantragt sei. Es bedarf indessen nicht der Prüfung der Frage, ob beim Vorliegen eines persönlichen Vollstreckungstitels bei der Identität des früheren Eigentümers mit dem Ersteher die Fortsetzung der Zwangsverwaltung berechtigt ist. Denn es liegt hier ein persönlicher Schuldtitel nicht vor. Das Urteil, welches für den Antrag auf Einleitung der Zwangsverwaltung verwendet ist, betrifft die Zinsen einer Grundschuld, für welche der Eigentümer A. also persönlich nicht haftete, und es ist das Urteil gegen diesen ausdrücklich dahin ergangen, daß er nur zur Vermeidung der Zwangsvollstreckung in das Grundstück verurteilt ist, Zahlung zu leisten. In solchem Falle ist die Fortsetzung der Zangsverwaltung an sich nicht schlechtweg gerechtfertigt. Voraussetzung der Fortsetzung ist, daß der zur Vollstreckung gegen den Eigentümer verwendete Titel für diesen Zweck geeignet geblieben ist. Der Vollstreckungstitel hat aber durch den Zuschlag seine Wirksamkeit verloren. Die Grundschuld, deren Zinsen eingeklagt sind, ist durch das Meistgebot nicht gedeckt, vielmehr ausgefallen. Dadurch hat sich, wenn A. auch durch den Zuschlag Eigentümer geblieben ist, doch der Inhalt des Eigentumes geändert, insofern er es von der Erteilung des Zuschlages an frei von der hier interessierenden Grundschuld besitzt. Damit ist das Recht des Antragstellers in Wegfall gekommen, gegen das Grundstück Vollstreckungsmaßregeln vorzunehmen oder die früher vorgenommenen fortzusetzen. Sch. G.

d) **Der zum Zwangsverwalter seines eigenen Hofes Bestellte kann einen von ihm früher geschlossenen Milchlieferungsvertrag nur ganz aufheben oder ganz fortsetzen.**

OLG. Hamburg, III. CS. Urteil v. 10. Juni 1902.

Dem Landgerichte kann weder darin, daß Kläger A. zum Zwangsverwalter seiner eigenen Hofstelle nicht habe bestellt werden dürfen, zugestimmt werden, noch in der ferneren Behauptung, ebenso wie im Konkursverfahren könne der Zwangsverwalter die Aufrechnung mit Gegenforderungen einem einzelnen Gläubiger auch nicht vertragsmäßig einräumen. Wenn auch an sich die Aufrechnung nach KO. § 55 nicht zulässig erscheint, so kann der Konkursverwalter sie gleichwohl gültig mit einem der Gläubiger vereinbaren. Er kann sich haftbar machen, wenn er dadurch die Konkursmasse schädigt, ungültig ist solche gerade bei fortlaufenden Verträgen möglicherweise im Interesse der Masse liegende Vereinbarung aber keineswegs. Die Entscheidung des RG. 33 S. 45 spricht von einem ganz anderen Falle, nämlich der Frage der Wirksamkeit eines vor Konkurseröffnung geschlossenen Aufrechnungsvertrages. — Die analoge Anwendung von Rechtsregeln über das Konkursverfahren auf die Zwangsverwaltung ist überhaupt nur in engsten

Grenzen zulässig. Denn ersteres ergreift das gesamte Vermögen des Gemeinschuldners, alle seine dinglichen wie obligatorischen Rechtsbeziehungen, letztere dagegen ordnet nur über ein einzelnes Grundstück mit Zubehör eine gesonderte Verwaltung im Interesse der Gläubiger an. Ob es sich bei Lieferungen von einem unter Zwangsverwaltung stehenden Hofe wirklich — wie das Landgericht meint — um „Forderungen eines Anderen als des Schuldners" handelt, ist sehr bestritten. Jäckel und Wolff differieren gerade darüber, ob als Rechtssubjekt der Zwangsverwaltung der bisherige Eigentümer oder die Gesamtheit der dinglichen Gläubiger anzusehen sei. Hierüber bedarf es indessen hier keiner Entscheidung so wenig wie über die nach ZwVG. §§ 146, 148 und 20 bis 23 zu beurteilende Frage, mit welchem Augenblicke die Wirkungen der Anordnung einer Zwangsverwaltung für den Drittschuldner (den Schuldner einer Forderung, die vom Hofeigentümer auf die Zwangsverwaltung mit übergeht) eintreten, ob schon mit der Eintragung dieser Anordnung im Grundbuche oder erst mit Kenntniserlangung des Drittschuldners. Denn hier ist ein auf längere Zeit abgeschlossener Lieferungsvertrag des Eigentümers von der Zwangsverwaltung thatsächlich übernommen und fortgesetzt worden. Dieser Vertrag ging ursprünglich auf Lieferung von Milch gegen Zahlung von 10 Pfg. pro Liter und war für ein ganzes Jahr geschlossen. Er wurde aber später modifiziert durch die Vereinbarung, daß Beklagter von dem an sich zu zahlenden Milchpreise monatlich 200 Mark (wegen einer Gegenforderung) kürzen dürfe. An diese Abmachung war auch Beklagter gebunden; darum kann er jetzt für September 1901 nicht mehr als 200 Mark kürzen. Andererseits war auch Kläger an diese Abmachung gebunden, so lange, bis er in seiner Eigenschaft als Zwangsverwalter dem Beklagten den ganzen Milchlieferungsvertrag aufgesagt hätte. Das hat er nicht gethan, obwohl er es gekonnt hätte. Jäckel und ebenso Reinhard zu § 152 ZwVG. lehren übereinstimmend, daß der Verwalter in die obligatorischen Beziehungen des bisherigen Eigentümers insbesondere in Lieferungsverträge über auf dem Grundstücke zu gewinnende Erzeugnisse nicht einzutreten braucht. Es kann ebensowohl im Interesse einer ordnungsmäßigen Verwaltung liegen, solche Verträge ruhig weiter laufen zu lassen, wie auch sie aufzukündigen. Der Kläger hätte also am 7. September 1901 unter der Mitteilung von Anordnung einer Zwangsverwaltung den ganzen Vertrag mit dem Beklagten für die Zukunft lösen können. Das hat er überhaupt nicht gethan, auch nicht als er dem Beklagten am 5. Oktober schrieb, „weil Zwangsverwaltung wäre, müsse er das Milchgeld alle einschicken." Denn einen einheitlichen Vertrag (hier Lieferung der Milch, Zahlung von 10 Pfg. pro Liter, unter Abzug von 200 Mark monatlich laut der Modifikation) kann man nur ganz aufsagen. Die Protestation: hinfort statt des vereinbarten um 200 Mark monatlich geringeren Preises den vollen Wert der Milch zu beanspruchen, war als einseitiger Akt wirkungslos. Wenn also der Kläger auch noch als Zwangsverwalter bis Dezember 1901 unausgesetzt Milch lieferte, obschon er wußte, daß Beklagter das Recht in Anspruch nehme, vom Preise monatlich 200 Mark zu kürzen, so hat Kläger als Zwangsverwalter thatsächlich das vor dem 7. September 1901 bestehende Vertragsverhältnis zu den damals vereinbart gewesenen Bedingungen fortgesetzt. Daran ist die Zwangsverwaltung gebunden, einerlei ob diese Handlungsweise des Zwangsverwalters eine sachgemäße Verwaltungsmaßregel war oder nicht. M. M.

## 65

a) **Das einem Notar gemäß § 2238 BGB. übergebene Schriftstück ist ein mittels öffentlicher Urkunde errichtetes Testament; die hierdurch nachgewiesene Legitimation eines unehelichen Kindes berechtigt zur Eintragung eines sie ersichtlich machenden Vermerkes nach § 26 des Personenstandsgesetzes.**

Bayer. Oberstes Landesgericht, I. CS. Beschluß v. 26. Juni 1902.

Die ledige Maria A. hat 1890 ein Kind namens Max geboren und als dessen Vater den X. bezeichnet, der sich mit ihr 1891 verehelichte. Letzterer ist 1901 verstorben mit Hinterlassung eines Testamentes, das er 1900 einem Notar nach Maßgabe der §§ 2238, 2240—2242 BGB. verschlossen übergeben hatte. In diesem von X. unterschriebenen Testamente ist unter anderen die Erklärung enthalten, daß aus seiner Ehe vier Kinder, darunter der genannte Max, vorhanden seien. Auf Grund dieser Anerkennung beantragte die Witwe die Eintragung eines Randvermerkes, daß Max als eheliches Kind den Namen X. zu führen berechtigt sei. Das Standesamt hat diesem Antrage nicht entsprochen, auch eine gerichtliche Anordnung wurde abgelehnt. Auf weitere Beschwerde wurde jedoch der Antrag für begründet erachtet.

X. hat dadurch, daß er in seinem Testamente das von seiner Ehefrau vor der Ehe geborene Kind Max als ein aus seiner Ehe mit ihr stammendes Kind bezeichnet hat, klar zum Ausdruck gebracht, daß er seine Vaterschaft anerkenne und das durch nachfolgende Ehe legitimierte Kind als eheliches Kind ansehe. Das die Anerkennung enthaltende Testament ist nicht ein nach § 2231² BGB. errichtetes Privattestament, sondern ein nach § 2231¹, § 2238 Abs. 1 vor einem Notar errichtetes Testament. Der Erblasser hat nicht ein von ihm allein errichtetes Testament nach § 2248 dem Notar zur Übernahme in amtliche Verwahrung übergeben, sondern das Testament unter Mitwirkung des Notars und der zwei zugezogenen Zeugen in der Weise errichtet, daß er dem Notar eine Schrift mit der mündlichen Erklärung übergeben hat, daß die Schrift seinen letzten Willen enthalte, und der Notar hat darüber ein den Vorschriften für die Testamentserrichtung entsprechendes Protokoll aufgenommen. Das Testament ist also mittels öffentlicher Urkunde errichtet und die dem Notar übergebene, von ihm mit dem Protokolle in besondere amtliche Verwahrung gebrachte

Schrift bildet einen Teil des Protokolles im Sinne des § 176² FrGG., sie hat dieselbe Bedeutung, wie wenn ihr Inhalt selbst in das Protokoll aufgenommen worden wäre.

Die in dem öffentlich beurkundeten Testamente niedergelegte Anerkennung begründet die im § 1720² BGB. bestimmte Vermutung und in Verbindung mit Abs. 1 die Vermutung, daß das Kind durch nachfolgende Ehe legitimiert ist. Daß im § 1720² nicht wie im § 1598³ für die Anerkennung eines in der Ehe oder innerhalb der Empfängniszeit nach Auflösung der Ehe geborenen Kindes ausdrücklich bestimmt ist, daß die Anerkennung auch in einer Verfügung von Todes wegen erfolgen kann, schließt die Wirksamkeit einer solchen Anerkennung nicht aus. Die ausdrückliche Erwähnung der letztwilligen Verfügung im § 1598 hat ihren Grund darin, daß die Anerkennung in diesem Falle die Rechtslage ändert, indem sie die Anfechtbarkeit der Ehelichkeit beseitigt und damit das Kind endgültig zu einem ehelichen Kinde macht; die Anerkennung nach § 1720² läßt aber die Rechtslage an sich unverändert und hat nur Einfluß auf den Beweis, und in dieser Beziehung kommt der Beurkundung der Vaterschaft durch den Mann der Mutter auch ohne ausdrückliche Vorschrift dieselbe Bedeutung zu, gleichviel, ob sie in der einen oder in der anderen Weise erfolgt. . . . Fr. M.

b) **Berichtigung eines polnischen Vornamens.**[1]

Kammergericht, I. CS. Beschluß v. 11. Juli 1902.

Nach der Eintragung im Geburtsregister ist dem Kinde der Vorname „Wladislaw“ beigelegt. Der Vorsitzende des Kreisausschusses betreibt eine Berichtigung dahin, daß der Vorname „Wladislaus (Wladislaw)“ laute. Es kann ganz von der Erörterung abgesehen werden, ob der Vorname „Wladislaw“ in dieser Schreibweise — statt „Władysław“ — noch als ein polnischer anzusehen ist, und ob, wenn das zutreffen sollte, für ihn eine anerkannte deutsche Form „Wladislaus“ besteht oder nicht. Dies würde nur für einen Fall, wie den im Beschlusse vom 11. Juni 1900 (Jahrb. 20 A S. 252) erörterten von Belang sein, wo es sich darum handelte, den Standesbeamten zur Eintragung der Vornamen „Stanisław Kostka, Józef“ gemäß § 11³ anzuweisen. Vorliegend ist nicht eine derartige Anweisung, sondern die Berichtigung des bereits eingetragenen Vornamens „Wladislaw“ in „Wladislaus (Wladislaw)“ zufolge §§ 65, 66 in Frage. Für eine solche Berichtigung ist aber kein Raum. Der Beschwerdeführer geht selbst davon aus, daß „Stanislaw“ und „Stanislaus“ ein und derselbe Vorname sei, der nur in der deutschen und der polnischen Sprache eine abweichende Form habe. Das Kammergericht hat mit ausführlicher Begründung eine Berich-

[1] Die Ersetzung deutscher durch polnische Schriftzeichen enthält eine Änderung des Familiennamens, selbst wenn der schon durch den Vater unbefugt geänderte Name in das Kirchenbuch oder Geburtsregister eingetragen war und seitdem beibehalten worden ist. Die Anbringung des unrichtigen Familiennamens auf einem Geschäftsschilde berechtigt die Ortspolizei, die Berichtigung oder Entfernung des Schildes anzuordnen (Entsch. d. OVG. 39 S. 403).

tigung des mit der Endung ki in das Standesregister eingetragenen polnischen Namens der Tochter eines gleichnamigen Vaters in diesen Namen mit der Endung ka abgelehnt (Jahrb. 23 A S. 60). Völlig entsprechende Erwägungen rechtfertigen die Ablehnung der gegenwärtig begehrten Berichtigung. Es kann dahingestellt bleiben, ob der Fall der Min.-Verf. vom 27. Juli 1875 (Kruse, Standesamt S. 71) hier gegeben war, wonach in den Landesteilen mit polnisch redender Bevölkerung Vornamen, die im Deutschen und im Polnischen eine verschiedene Sprachform aufweisen, in die Standesregister in der deutschen Form, unter Zusatz der polnischen Form in Klammern, eingetragen werden sollen. (Vgl. Min.-Verf. vom 11. März 1898, MBl. d. i. V. S. 58 am Schlusse.) Denn auch wenn dies zutreffen sollte, würden sich aus der Vernachlässigung dieser instruktionellen Vorschriften höchstens disziplinare Folgen für den Standesbeamten ergeben. Dadurch, daß er vielleicht unter Verletzung der ihm erteilten Anweisung den Vornamen mit „Wladislaw" beurkundet hat, ist das Standesregister nicht insoweit unrichtig geworden. Eine Unrichtigkeit würde nur anzuerkennen sein, wenn der Name Wladislaus ein anderer als Wladislaw wäre und wenn der als geboren Angemeldete den Vornamen Wladislaus führen müßte. Keines von beiden aber ist der Fall. Der Vorname Wladislaus und Wladislaw ist offensichtlich derselbe; und keine gesetzliche Vorschrift zwingt dazu, daß dieser Name in der Form Wladislaus geführt werde. Gerade auf der Zulassung der Führung des Vornamens in seiner deutschen oder seiner polnischen Form beruhen die gedachten Ministerialverfügungen, welche die Eintragung des Vornamens in seinen beiden Formen in die Standesregister gestatten. Ein Zweifel über die Personenidentität kann hier überhaupt nicht in Frage kommen. Dr. H.

c) **Berichtigung eines Adelsprädikates.**[1]

Kammergericht, Ferien-CS. Beschluß v. 13. August 1902.

Das Amtsgericht hat auf Antrag des Vorsitzenden des Kreisausschusses die Berichtigung des Geburtsregisters dahin angeordnet: „Paul Joski hat die Berechtigung der Führung des Adelsprädikates nicht nachgewiesen und ist deshalb das Adelsprädikat in seiner Namensunterschrift zu löschen". Die Beschwerde und die weitere Beschwerde wurden zurückgewiesen; letztere aus den Gründen:

... Wie das Heroldsamt ausgeführt hat, kann das adelige Prädikat, welches die Vorfahren des Beschwerdeführers etwa geführt haben, nur das Prädikat des polnischen Adels gewesen sein und nur die Zugehörigkeit zum polnischen Adel bedeutet haben. Diesen Adel darf der Beschwerdeführer in Preußen nur führen, wenn er in den preußischen Adel aufgenommen ist, oder

[1] Ist einem Preußen die Führung des ihm verliehenen außerpreußischen Adelstitels nach einer Mitteilung des Min. des Königl. Hauses untersagt, so ist die Eintragung im Standesregister, in der er als „von X." aufgeführt worden, unrichtig und der Fall der Berichtigung gegeben (Beschluß v. 13. Januar 1902, Jahrb. 23 S. 192).

seine adeligen Vorfahren beim Anfalle ihrer heimatlichen Provinz an Preußen dem Könige als Adel gehuldigt haben. Hierfür ist garnichts erbracht. Es besteht keine rechtliche Vermutung dafür, daß eine solche Huldigung seitens eines der Vorfahren des Beschwerdeführers stattgehabt hat. Ebensowenig hat er darzulegen gesucht, daß der beanspruchte Geschlechtsadel gemäß § 17 ALR. II 9 durch Aufnahme in adelige Ritterorden und Stifter zu adeligen Stellen, zur Ritterbank oder zu adeligen Hofämtern erwiesen sei. Endlich ist ohne Rechtsirrtum festgestellt, daß die Voraussetzungen des § 19 das. nicht vorliegen. Das Heroldsamt begutachtet, daß in der polnischen Bevölkerung vielfach der irrtümliche Glauben verbreitet ist, daß alle Polen, deren Namen auf ki endigten, dem Adel angehörten. Der Umstand, daß in dem Tauf- und Trauscheine des Vaters des Beschwerdeführers, in dessen Losungsscheine, in den Impfungsscheinen und dem Führungszeugnisse des Beschwerdeführers, in seinem Taufscheine und seiner Heiratsurkunde, sowie in dem Taufscheine seines Bruders vor dem Familiennamen ein „v" steht, kann sehr wohl in diesem irrtümlichen Glauben seinen Grund haben und ergiebt nicht, daß der Beschwerdeführer und sein Vater sich 44 Jahre lang adeliger Prädikate und Vorrechte ruhig bedient und also ein ausdrückliches oder stillschweigendes Anerkenntnis des Staates für sich haben, daß ihnen der Geschlechtsadel wirklich zukomme.

Dr. H.

## 66

**a) Ein Miterbe kann gegenüber dem im Besitze des Nachlasses befindlichen Miterben gerichtliche Inventarisierung beantragen.**

**BGB. § 2003.**

Kammergericht, Ferien-CS. Beschluß v. 23. Juli 1902.

Nach § 1993 BGB. ist der Erbe berechtigt, ein Verzeichnis des Nachlasses einzureichen. Dieses Recht steht mangels einer ausdrücklichen Beschränkung jedem Miterben zu, umsomehr, als die Inventarfrist auch nur einem einzelnen Miterben gesetzt werden kann. Ob das Recht des Erben von erheblichem materiellen Inhalte ist, kann dahingestellt bleiben, jedenfalls ist das formale Recht des Erben, und damit auch des Miterben, vom Gesetze ausdrücklich anerkannt, das Nachlaßgericht ist deshalb zur Ablehnung eines Antrages aus § 2003 BGB. nicht befugt. Einer Angabe des mit dem Antrage verfolgten Zweckes bedarf es nicht, es ist deshalb auch nicht erheblich, ob die thatsächliche Aufnahme des Verzeichnisses gerade dem angegebenen Zwecke dienen kann. — Der Umstand, daß der Antrag von einem nicht besitzenden Miterben gestellt ist, hindert nicht, dem Antrage auf Aufnahme des Verzeichnisses beim Besitzer der Erbschaft zu entsprechen. Darüber, wie zu verfahren, wenn der Letztere der Aufnahme des Verzeichnisses bei ihm widersprechen oder auch die Leistung des Offenbarungseides verweigern sollte, ist hier nicht zu entscheiden.

H.

b) **Testamentsauslegung. BGB. § 2091.**

Kammergericht, I. CS. Beschluß v. 11. Juli 1902.

Der 1902 verstorbene A. hat im Testamente von 1887 bestimmt: „Zu meinen Erben in meinem Nachlasse ernenne ich:

1. meine Ehefrau Johanna geb. . . .
2. die aus meiner Ehe mit ihr hervorgegangenen oder noch hervorgehenden Kinder. Zur Zeit sind vier am Leben, nämlich . . .“

Der Antrag der Witwe auf einen Erbschein für sich zu $^1/_4$ und für die vier Kinder zu je $^3/_{16}$ ist abgelehnt, weil in Hinblick auf die Fassung des Testamentes, insbesondere die Aufführung der einzelnen Erben unter ihrem Namen nach § 2091 die sämtlichen Erben als zu gleichen Teilen eingesetzt anzusehen seien. Die weitere Beschwerde blieb erfolglos. Gründe:

Hinsichtlich eines vor 1900 errichteten Testamentes gelten, wenn der Erblasser nachher verstorben ist, folgende Grundsätze. Der Inhalt und die Wirksamkeit eines solchen Testamentes, bezüglich welcher — im Gegensatz zur „Errichtung“ und „Aufhebung“ — im EG. eine besondere Vorschrift nicht getroffen ist, sind entsprechend dem im Art. 213 hinsichtlich der „erbrechtlichen Verhältnisse“ enthaltenen allgemeinen Grundsatze nach dem BGB. zu beurteilen. Jedoch ist bei der Auslegung des Testamentes gemäß dem auch für letztwillige Verfügungen maßgebenden § 133 BGB. der wirkliche Wille des Erblassers zu erforschen. Da aber der Wille des Testators von den Anschauungen und Gewohnheiten, sowie dem Rechtszustand der Errichtungszeit beeinflußt zu werden pflegt, so ist bei der Auslegung des Testamentes auf die Zeit der Errichtung zurückzugehen (Jahrb. 21 S. 52 ff., JW. 1902 S. 216[63]; Planck Anm. 1 und 3[d] zu Art. 214, Anm. 3 zu Art. 213 EG.). Ob nach vorstehenden Grundsätzen hier die Vorschriften des BGB. oder die des bisherigen Rechtes anzuwenden sind, braucht jedoch nicht entschieden zu werden. Denn wie das BGB. im § 2091, so bestimmt auch das ALR. I 12 im § 261, daß, falls mehrere Personen ohne Bestimmung ihrer Erbteile zu Erben eingesetzt sind, sie als zu gleichen Teilen eingesetzt gelten. Dabei ist sowohl nach dem BGB. wie nach ALR. zu beachten, daß die Regel der Kopfteilung nur dann zur Anwendung kommt, wenn der Wille des Testators, den Umfang der Erbteile zu bestimmen, weder durch eine dahin gehende Anordnung besonders zum Ausdruck gebracht, noch sonst aus dem gesamten Inhalte des Testamentes zu entnehmen ist (Planck zu § 2091; Dernburg, Preuß. Privatrecht 3 § 129[5]; Rehbein, Entsch. 2 S. 478 Anm.). Von diesen Rechtsgrundsätzen ist das Landgericht ausgegangen. Es hebt ausdrücklich hervor, daß zur Anwendbarkeit der Regel der Kopfteilung zu prüfen sei, „ob sich nicht aus der gesamten Verfügung ein bestimmter Wille des Erblassers hinsichtlich des Maßstabes der Erbeinsetzung entnehmen läßt“. Wenn es dann bei Prüfung des gesamten Inhaltes des Testamentes unter Berücksichtigung insbesondere auch der von der Beschwerdeführerin betonten Gruppierung der Erben unter zwei Ziffern zu der Feststellung gelangt, daß sich kein Anhalt dafür finde, daß der Testator den eingesetzten Erben den gesetzlichen — oder sonst einen bestimmten — Erbteil hat zuwenden wollen, so ist dies eine thatsächliche Würdigung. K.

c) **Weitere Behandlung des bei einem Notar offen verwahrt gewesenen und vom Amtsgerichte demnächst eröffneten Ehe- und Erbvertrages.**

Kammergericht, I. CS. Beschluß v. 11. Juli 1902.

Der Notar H. hat den 1855 notariell errichteten und von ihm bei den Akten offen verwahrten Ehe- und Erbvertrag dem Amtsgerichte auf dessen Ersuchen zwecks Eröffnung in Urschrift mit der Bitte um Rückgabe überreicht. Das Amtsgericht hat nach der Eröffnung die Rückgabe abgelehnt. Die Beschwerde des Notars wurde zurückgewiesen; auch seine weitere Beschwerde blieb erfolglos. Aus den Gründen:

Die Frage, ob die in den §§ 2259 ff. BGB. über Eröffnung von Testamenten getroffenen Bestimmungen auch auf die offenen, nicht in besonderer amtlicher Verwahrung befindlichen Erbverträge Anwendung finden, ist vom Kammergericht (Jahrb. 20 S. 151) verneint, vom Reichsgericht durch Beschluß vom 1. April 1901 (Entsch. 48 S. 97) bejaht worden.... Das Kammergericht ist nunmehr der Auffassung des Reichsgerichtes, welches seine Entscheidung unter Würdigung des kammergerichtlichen Beschlusses getroffen hat, beigetreten. Von dem Standpunkte des reichsgerichtlichen Beschlusses aus ist die Frage, ob der zwecks Eröffnung abzuliefernde offene Erbvertrag vom Nachlaßgerichte dauernd zu behalten oder nach Eröffnung an den Notar zurückzugeben ist, im Sinne der ersteren Alternative zu beantworten. Erstreckt sich nämlich, wie das Reichsgericht ausführt, die im § 2259² festgesetzte Ablieferungspflicht des Notars gemäß der allgemeinen Fassung des § 2259 auf alle Testamente, die er überhaupt in seiner amtlichen Eigenschaft verwahrt, und ist in zulässiger analoger Anwendung des § 2259² auch anzunehmen, daß der Notar alle von ihm verwahrten Erbverträge, gleichviel, ob er sie offen bei den Akten verwahrt oder in besonderer amtlicher Verwahrung hält, an das Nachlaßgericht abzuliefern hat, so ist auch die weitere Annahme begründet, daß die bei dem Notar verwahrt gewesenen Erbverträge, und zwar auch wenn sie, wie hier, mit einem Ehevertrage verbunden sind, bei dem Nachlaßgerichte dauernd zu verbleiben haben. Wenn nämlich der § 2259 bezüglich der nicht in den Händen des Gerichtes befindlichen Testamente die Pflicht zur „Ablieferung" nach dem Tode des Erblassers festsetzt, so ist darunter nach dem allgemeinen Sprachgebrauche und nach der Ausdrucksweise des BGB. (Planck Anm. 2 Abs. 3 zu § 2300) nicht die Pflicht der Herausgabe oder Vorlage zum vorübergehenden Gebrauch, sondern die Pflicht der endgültigen Überlassung zum dauernden Besitze zu verstehen, eine Pflicht, deren Auferlegung mit Planck Anm. 2 Abs. 2 zu § 2300 daraus zu erklären ist, daß der Gesetzgeber beabsichtigt hat, alle Urkunden über letztwillige Verfügungen möglichst bei dem Nachlaßgerichte, welches der Urschrift des Vertrages u. a. zur

Erteilung des Erbscheines bedarf (§§ 2355, 2356; Planck Anm. 1c zu § 2356) zu vereinigen. Warum diese im § 2259 bezüglich der Testamente festgesetzte Ablieferungspflicht bei der, nach den obigen Ausführungen bezüglich aller — auch der offenen — Erbverträge gebotenen analogen Anwendung des § 2259 bei den Erbverträgen bezw. den Ehe- und Erbverträgen einen anderen Inhalt haben sollte, ist nicht ersichtlich. Damit entfallen auch alle die Ausführungen, welche der Beschwerdeführer aus dem Gesichtspunkte macht, daß das BGB. über den Verbleib verkündeter offener Erbverträge überhaupt keine Bestimmung enthalte. Richtig ist an sich, daß nach § 2300 der § 2264, in welchem die Kenntnisnahme von eröffneten Testamenten durch Einsichtnahme und Abschrifterteilung geregelt wird, auf Erbverträge nicht analog anwendbar ist. Daraus folgt jedoch nicht, wie der Beschwerdeführer meint, daß die allgemeinen Bestimmungen über die Verwahrung öffentlicher Urkunden Platz greifen, sondern nur, daß bei Erbverträgen bezüglich der Einsichtnahme und Abschrifterteilung die Vorschriften des § 34 FrGG. bezw. des Art. 50 preuß. FrGG. zur Anwendung kommen. Es.

Dazu: Kammergericht, I. CS. Beschluß v. 2. Dezember 1901.

A. und seine Braut B. haben 1879 einen Ehe- und Erbvertrag mündlich zu Protokoll erklärt. Das Protokoll wurde versiegelt, überschrieben und im Testamentsarchive verwahrt. Die nunmehrige Frau A. beantragte 1901 den Vertrag zu entsiegeln und für sie auszufertigen. Die weitere Beschwerde über die Ablehnung dieses Antrages wurde für begründet erklärt. [Nachdem dargelegt, daß nach bisherigem Rechte ein zwischen Verlobten geschlossener Ehe- und Erbvertrag hinsichtlich der Form lediglich als Ehevertrag zu beurteilen und deshalb nicht einzusiegeln war, heißt es:] Aus dem Umstande, daß infolge Irrtumes des Gerichtes dieser Akt der freiwilligen Gerichtsbarkeit in Gegenwart der Parteien verschlossen worden ist, kann keine Abrede zwischen ihnen, daß er versiegelt werden sollte, hergeleitet werden; vielmehr hatte der Richter das Versehen ohne weiteres wieder gut zu machen.... Hiernach hat das Amtsgericht zunächst den Vertrag zu entsiegeln. Für die Erteilung der Ausfertigung ist nicht § 2300 BGB., der es nur mit der Eröffnung von Erbverträgen zu thun hat, maßgebend, sondern Art. 49 preuß. FrGG. Die Anwendbarkeit dieser Vorschrift folgt daraus, daß in Art. 144[1] das. die AGO. II Tit. 1—5 und damit der die Erteilung von Ausfertigungen eines Ehe- und Erbvertrages regelnde § 49 II 2 aufgehoben ist. Die Aufhebung ist zwar nur „unbeschadet der Übergangsvorschriften" erfolgt; solche sind indes für den vorliegenden Fall nicht ergangen.... B. M.

d) **Verkündung eines gemeinschaftlichen Testamentes nach dem Tode des überlebenden Ehegatten. BGB. §§ 2261 f.**

Bayer. Oberstes Landesgericht, II. CS. Beschluß v. 28. April 1902.

Die Eheleute X. zu A. hatten 1875 ein gemeinschaftliches Testament dem Notar verschlossen übergeben. Dieser übersandte es nach dem Tode des Mannes 1875 dem Amtsgerichte A., von dem es verkündet wurde.

Demnächst verzog die Witwe nach B. und verstarb dort 1902. Das Amtsgericht A. lehnte die Eröffnung ab und übersandte die das Testament als Aktenstück enthaltenden Nachlaßakten dem Amtsgericht B. Letzteres lehnte gleichfalls ab und holte die Entscheidung gemäß § 5 FrGG. ein; es wurde für zuständig erklärt. Aus den Gründen:

Grundsätzlich hat das Nachlaßgericht alle für die Eröffnung der Testamente erforderlichen Maßregeln zu treffen und nicht nur die bei ihm verwahrten, sondern auch die ihm abgelieferten Testamente zu verkünden (§§ 2259 f.). Die Voraussetzung des § 2261 trifft hier nicht zu; denn die Verfügung der Erblasserin befindet sich bei dem Amtsgericht A. nicht mehr in „amtlicher Verwahrung". Darunter ist nur die besondere Verwahrung zu verstehen, die die §§ 2246, 2248, 2256 erwähnen (Planck zu § 2261). Das Amtsgericht A. hatte das Testament der Eheleute X. überhaupt nicht in „amtliche Verwahrung" genommen, auch nicht, nachdem es in der Nachlaßsache des Mannes A. geöffnet und verkündet war (§ 2273).

e) **Kann das Erbschaftssteueramt die Eröffnung eines wechselseitigen Testamentes nach dem Tode des einen Ehegatten gegen den Willen des Überlebenden beanspruchen? BGB. §§ 2263, 2273.**

Kammergericht, I. CS. Beschluß v. 2. Juni 1902.

Die Eheleute X. haben 1897 vor dem Amtsgericht ein wechselseitiges Testament errichtet und dabei zu gerichtlichem Protokolle erklärt: „Die Bekanntmachung dieses Testamentes soll erst nach dem Tode des Letzten von uns erfolgen, kann aber, wenn notwendig, vom Letztlebenden zu jeder Zeit beantragt werden, muß indessen auf Wunsch desselben, nachdem es eingesehen und der Zweck der Eröffnung erreicht ist, ohne jede weitere Publikation des Inhaltes, bis nach dem Tode des Letzten von uns in bisheriger Weise neu eingesiegelt und geschlossen aufbewahrt werden". X. ist 1900 verstorben; die Witwe lebt noch. Der Antrag des Erbschaftssteueramtes auf Eröffnung des Testamentes im erbschaftssteuerlichen Interesse ist vom Amtsgericht abgelehnt, auf Beschwerde jedoch für begründet erklärt. Die weitere Beschwerde der Witwe blieb erfolglos. Aus den Gründen:

Da X. 1900 verstorben ist, so richten sich die erbrechtlichen Verhältnisse in betreff seines Nachlasses grundsätzlich nach dem Rechte des BGB. Dazu gehören auch die Vorschriften über die Behandlung des Testamentes nach dem Tode des Testators, denn der Begriff der erbrechtlichen Verhältnisse im Art. 213 EG. umfaßt das gesamte Erbrecht ohne Unterschied, ob die Vorschriften materielles Recht oder das Verfahren betreffen. Der Art. 214 enthält allerdings in der Vorschrift, daß die vor 1900 erfolgte Errichtung oder Aufhebung einer Verfügung von Todes wegen nach den bisherigen Gesetzen beurteilt werden soll, auch wenn der Erblasser nach dem Inkrafttreten des BGB. verstorben ist, eine Ausnahme von dem allgemeinen Grundsatze. Doch kommt der Art. 214 vorliegend nicht in Betracht; denn wenn er von der Errichtung und Aufhebung einer letztwilligen Verfügung handelt, so ist darunter nichts anderes wie der Errichtungs- und Aufhebungsakt zu verstehen. Für diese Auslegung spricht, abgesehen vom Wortlaute, auch eine Stelle aus den Motiven zum Art. 219 (jetzt 214), in der gesagt ist, daß für die Errichtung einer letztwilligen Verfügung das zur Zeit der Errichtung geltende Recht maßgebend sei. Unter der „Zeit der Errichtung" kann aber nur der Zeitpunkt der Errichtung, unter der Errichung also nur die Errichtungshandlung verstanden werden, nicht aber auch der Inhalt der Verfügung in Ansehung seiner rechtlichen Würdigung. Für diesen können, beim Tode des Erblassers nach dem Inkrafttreten des BGB., nur dessen Vorschriften maßgebend sein. Soweit die Verfügung inhaltlich auch Bestimmungen über die formelle Behandlung des Testamentes nach dem Tode des Erblassers trifft, gilt dasselbe umsomehr, als, wie bereits erwähnt, für die Behandlung des Testamentes nach des Erblassers Tode nur das zur Todeszeit geltende Recht zur Anwendung kommen kann (Art. 213). Das BGB. schreibt im § 2260 vor, daß das Nachlaßgericht, sobald es von dem Tode des Erblassers Kenntnis erhält, das in seiner Verwahrung befindliche Testament in einem von Amts wegen zu bestimmenden Termine zu eröffnen hat. Für gemeinschaftliche Testamente sind im § 2273 besondere Vorschriften über die Verkündung gegeben. Im § 2263 ist eine Anordnung des Erblassers, durch die er verbietet, das Testament alsbald nach seinem Tode zu eröffnen, für nichtig erklärt. Diese Vorschrift gilt grundsätzlich auch für gemeinschaftliche Testamente und namentlich auch für den Fall, daß erst einer der gemeinschaftlich Testierenden verstorben und damit der Fall der Eröffnung (und der Verkündung des Testamentes in den Schranken des § 2273) gekommen ist. Der Sinn und Zweck des § 2273 führt jedoch zu einer Einschränkung, was die Art und Weise der Verkündung des Testamentes anlangt. Enthält das Testament Bestimmungen, die der Verstorbene lediglich für den Fall, daß er selbst der Längstlebende sein würde, getroffen hat, so sind diese Bestimmungen infolge des zuerst eingetretenen Todes des Testators gegenstandslos geworden. Wenn nun solche Bestimmungen mit gleichen Verfügungen des Überlebenden in einem derartigen äußerlichen Zusammenhange stehen, daß sie von diesen nicht gesondert werden können (so daß also durch die Verkündung der betreffenden Verfügungen des Erstverstorbenen auch die Verfügungen des Überlebenden mit bekannt gemacht werden würden), während sie von dem sonstigen Inhalte der Verfügungen des vorverstorbenen Ehegatten äußerlich getrennt gehalten sind, daß sie sich von diesem sondern lassen, dann erscheint es unbedenklich, die gegenstandslos gewordenen Verfügungen des Vorverstorbenen unverkündet zu lassen, damit die Verfügungen des Überlebenden auf diese Weise geheim bleiben können. Auf diesem Wege läßt sich die Anordnung des Testators über die Nichteröffnung des Testamentes nach dem Tode des Erstverstorbenen wenigstens teilweise als wirksam aufrecht erhalten (vgl. Sammlung des Reichsjustizamtes I S. 45 und Planck Anm. 3b zu § 2273).

Hr.

f) **Bedeutung der Unterschrift bei einem gemeinschaftlichen privatschriftlichen Testamente. BGB. §§ 2267, 2270.**

Kammergericht, I. CS. Beschluß v. 23. Juni 1902.

Das im Nachlasse des Kaufmannes A. vorgefundene gemeinschaftliche Testament der Eheleute A. hat der Ehemann unter Beifügung des Datums: „G..., 27. Juni 1901" eigenhändig geschrieben und unterschrieben; die Frau hat folgenden Vermerk eigenhändig darunter gesetzt: „Ich, A... geb. H... erkläre, daß obiges Testament auch das meinige ist. G...., 27. Juni 1901." Dies Testament ist — bei Gelegenheit einer Eintragung ins Handelsregister — wegen Formmangels für nichtig erklärt; die weitere Beschwerde der Witwe blieb erfolglos. Gründe:

Nach der zwingenden Vorschrift des § 2267 muß bei der Errichtung eines gemeinschaftlichen Testamentes in eigenhändiger Form derjenige Ehegatte, welcher das Testament nicht selbst ganz niederschreibt, die Erklärung beifügen, daß das Testament auch als sein Testament gelten soll; diese Erklärung aber muß unter Angabe des Ortes und Tages eigenhändig geschrieben und unterschrieben werden. Das Erfordernis der Unterschrift kann an dieser Stelle nicht anders verstanden werden als nach anderen gesetzlichen Vorschriften, welche die Unterschrift oder Unterzeichnung einer schriftlichen Erklärung verlangen bezw. voraussetzen, insbesondere nach BGB. §§ 126, 2231²; FrGG. § 177; CPO. §§ 416, 439², 440². Zu allen diesen Stellen ist nach der Wortbedeutung wie nach dem Zwecke der Unterschrift unbedenklich anzunehmen, daß als eine „Unterschrift" nur eine solche Niederschrift des Namens gelten darf, welche sich am Schlusse der Erklärung befindet, die sie decken soll. Hierüber besteht auch, soweit ersichtlich, in der Literatur und Rechtsprechung keine Meinungsverschiedenheit (Hölder zu § 126 BGB. Anm. 3b; Planck zu § 2231 Anm. II 2c; Rausnitz FrGG. § 177 Anm. 4a und 7b; Struckmann-Koch CPO. § 416 Anm. 2 und wegen des früheren Rechtes Förster-Eccius 1 § 40 Anm. 19; Dernburg, Privatrecht I § 97 Anm. 2). Aus dem festgestellten Begriffe der Unterschrift ergiebt sich aber ohne weiteres, daß sie durch die Aufnahme des Namens des Erklärenden in den Text der Erklärung nicht ersetzt werden kann. Ob die fragliche Erklärung lang oder kurz ist, insbesondere auch, ob sie, wie im gegenwärtigen Falle, aus einem einzigen Satze besteht, der von dem Namen des Erklärenden als Subjekt regiert wird, begründet keinen Unterschied. — Die Ausführung der Beschwerde, daß bei den von Nichtjuristen verfaßten Urkunden auf die Form kein besonderes Gewicht gelegt werden dürfe, ist, soweit die Beobachtung wesentlicher gesetzlicher Formen in Frage steht, offenbar unzutreffend und findet auch in der bisherigen Rechtsprechung keine Stütze. Auf das Urteil des OLG. Kiel, das die Unterzeichnung des Protokolles über ein in öffentlicher Form errichtetes Testament (§ 2242, 2249) betrifft, braucht aus Anlaß der vorliegenden Sache nicht eingegangen zu werden.

Der Mangel der Unterschrift unter der von der mittestierenden Frau A. nach § 2267 abzugebenden Beitrittserklärung hat zunächst die Nichtigkeit dieser Erklärung, also der Verfügung der Frau, zur Folge. Wegen der korrespektiven Natur der im gemeinschaftlichen Testamente enthaltenen beiderseitigen Verfügungen sind aber nach § 2270 auch die vom Manne getroffenen Verfügungen unwirksam und es tritt bezüglich seines Nachlasses die gesetzliche Erbfolge ein. W. H.

g) **Beim eigenhändigen Testament ersetzt die Angabe des Wohnortes des Erblassers nicht die des Ortes der Testamentserrichtung. BGB. § 2231 Ziffer 2.**

Kammergericht, I. CS. Beschluß v. 17. März 1902.

Unter „Angabe des Ortes“ (§ 2231 Ziffer 2 BGB.) kann nach der Fassung des Gesetzes nichts anderes verstanden werden als die Bezeichnung des Ortes der Erklärung, d. h. der Testamentserrichtung. Die Angabe braucht nicht in der Weise zu erfolgen, daß, wie in vorliegendem Falle hinsichtlich der Zeit geschehen, in der Urkunde ausdrücklich erklärt wird, sie sei an dem und dem Orte geschehen; es genügt vielmehr eine Bezeichnung, die nach der üblichen Ausdrucksweise bestimmt und geeignet ist, den Ort der Testamentserrichtung erkennen zu machen. Es reicht, wie das Kammergericht wiederholt ausgesprochen hat (Rsp. 2 S. 135), hin, wenn die Angabe des Ortes und Tages zu der Erklärung des letzten Willens in solche Beziehung gesetzt ist, daß kein Zweifel darüber bestehen kann, daß sie Ort und Tag der Erklärung, der Testamentserrichtung, bezeichnen soll.

Das vorgelegte Testament enthält nur eine einzige Ortsangabe, die für die Erfüllung des erörterten Erfordernisses in Betracht kommen kann, nämlich die Eingangsworte: „Ich endesunterschriebene N. N., wohnhaft zu X., bestimme hiermit . . .“ Die Feststellung des Beschwerdegerichtes, daß mit diesem Ausdrucke der Wohnort der Erblasserin — augenscheinlich zur näheren Bezeichnung derselben — und nicht der Ort der Testamentserrichtung bezeichnet werden sollte und angegeben worden ist, erscheint zutreffend.

Die Angabe des Wohnortes des Erblassers ersetzt aber nicht die des Ortes der Testamentserrichtung, weil dies verschiedene Orte sein können. Ob im vorliegenden Falle die Erblasserin das Testament an ihrem Wohnorte errichtet hat, ist unerheblich. E.

h) **Der Erbschein darf nicht schon bei Nichtüberzeugung vom Erbrechte des Antragstellers versagt werden.[1] BGB. §§ 2358 ff.**

Kammergericht, I. CS. Beschluß v. 16. Juni 1902.

Die 1902 verstorbene Witwe X. hatte in einem 1857 errichteten Testa-

[1] Der Grundbuchrichter, dem ein Erbschein mit dem Antrage vorgelegt wird, eine dem Inhalte des Scheines widersprechende Eintragung vorzunehmen, ist nicht verpflichtet, das weitergehende Recht des Antragstellers und insoweit die Unrichtigkeit des Erbscheines festzustellen, vielmehr ist es Sache des Antragstellers, die Einziehung oder Kraftloserklärung des Scheines zu beantragen (Bayer. OL., I. CS. Beschluß v. 28. Dez. 1901, Samml. 2 S. 866).

mente ihre Schwester zur alleinigen Erbin eingesetzt, ihr aber Vermächtnisse auferlegt, darunter 6000 Mark an den Beschwerdeführer, den Sohn ihres verstorbenen Bruders. Nachdem die eingesetzte Erbin 1899 verstorben war, hat die X. bald darauf ein zweites Testament errichtet, dessen Eingang lautet: „Zu meinem Testamente will ich noch folgendes hinzufügen und bestimmen:“ Es folgen unter 1—5 weitere Vermächtnisse und am Schlusse heißt es:

„6. Falls noch bares Geld übrig bleibt, so soll dieses an den rechten Bruder meines verstorbenen Mannes oder, falls er früher sterben sollte als ich, an dessen rechtmäßigen Erben fallen.“

Beschwerdeführer hat beantragt, ihm als dem alleinigen gesetzlichen Erben der X. einen Erbschein zu erteilen, da die im ersten Testamente eingesetzte Erbin vor der Erblasserin verstorben sei, das zweite Testament aber nur über das bare Geld des Nachlasses verfüge und keine Erbeinsetzung enthalte. Der Antrag wurde jedoch abgelehnt, weil es nach dem Inhalte der beiden Testamente namentlich in Anbetracht der Schlußbestimmung des zweiten Testamentes möglich sei, daß die Erblasserin mit dieser letzten Zuweisung ihren Nachlaß ganz habe erschöpfen und den Beschwerdeführer mit den ihm im ersten Testamente zugewendeten 6000 Mark habe abfinden wollen. Der weiteren Beschwerde wurde stattgegeben. Aus den Gründen:

... § 2359 bestimmt allerdings, daß der Erbschein nur zu erteilen ist, wenn das Nachlaßgericht die zur Begründung des Antrages erforderlichen Thatsachen für festgestellt erachtet. Hier stehen aber die zur Begründung des Antrages erforderlichen Thatsachen an sich fest; denn der Beschwerdeführer ist der nächste Verwandte der Erblasserin und kommt daher allein als gesetzlicher Erbe in Frage. Zweifel in thatsächlicher Hinsicht stehen also der Erteilung des Erbscheines an sich nicht entgegen. Bei dieser Sachlage ließe sich die Versagung des Erbscheines nur dann rechtfertigen, wenn sich aus den von der Erblasserin errichteten Testamenten ergeben würde, daß eine Erbeseinsetzung darin enthalten oder der Beschwerdeführer gemäß § 1438 BGB. ohne Einsetzung eines Erben dadurch von der gesetzlichen Erbfolge ausgeschlossen worden ist. Der Beschwerdeführer hat bei Stellung des Antrages gemäß § 2354[4] angegeben, welche Verfügungen von Todes wegen die Erblasserin errichtet habe, und hat zugleich bemerkt, daß durch diese Verfügungen sein gesetzliches Erbrecht nicht aufgehoben worden sei, da die in der ersten Verfügung von 1897 enthaltene Erbeseinsetzung durch den vorzeitigen Tod der eingesetzten Erbin hinfällig geworden und in der zweiten Verfügung von 1899 eine Erbeseinsetzung nicht enthalten sei. Hinsichtlich dieser Rechtsfrage mußte das Nachlaßgericht bestimmt entscheiden, ob die Auffassung des Beschwerdeführers zutreffend sei, oder ob sich aus den beiden Testamenten ergebe, daß die gesetzliche Erbfolge, sei es überhaupt, sei es nur in Bezug auf den Beschwerdeführer, ausgeschlossen sei. Nur wenn nach letzterer Richtung das Nachlaßgericht volle Überzeugung gewann, durfte es ihm die Erbbescheinigung versagen.

Allerdings ist in der zweiten Kommission (Prot. 5 S. 671) von einem

Mitgliede bemerkt werden: „Zu beachten sei, daß das Nachlaßgericht nicht gehalten sei, eine positive Entscheidung über das Erbrecht der Parteien abzugeben; es könne die Erteilung des Erbscheines auch mit der Begründung ablehnen, daß das Erbrecht des Antragstellers zur Zeit nicht genügend dargethan sei". Dieser Bemerkung kann aber kein entscheidendes Gewicht beigelegt werden, weil nicht feststeht, ob diese Ansicht von den übrigen Mitgliedern geteilt worden und in das Gesetz übergegangen ist.

Gewichtiger ist, wenn in den Motiven (5 S. 560) bemerkt wird: „Nicht besonders bestimmt ist, wie das Nachlaßgericht sich zu verhalten habe, wenn Zweifel sich erheben, ob eine Verfügung gültig oder unwirksam sei, oder ob sie eine Erbeseinsetzung enthalte. Nach § 2071 Satz 1 ist der Erbschein nur zu erteilen, wenn erhebliche Zweifel in Ansehung des behaupteten Erbrechtes nicht obwalten. Dieser Grundsatz wird genügen." Jedoch ist der mit dieser Bemerkung in engem Zusammenhange stehende § 2071 Satz 1: „Das Nachlaßgericht habe den Erbschein nur dann zu erteilen, wenn es von dem Erbrechte des Antragstellers überzeugt ist" nicht in das Gesetz aufgenommen, vielmehr hat ihn die 2. Kommission durch den jetzigen § 2359 ersetzt. Wenn dieses auch nur von der Redaktionskommission geschehen ist, ohne daß zu erkennen ist, was Anlaß zu der Änderung gegeben hat, so besteht doch ein gerade für den vorliegenden Fall wesentlicher Unterschied zwischen der Vorschrift des Entwurfes und der des Gesetzes; denn während nach jener das Nachlaßgericht schon bei Nichtüberzeugung von dem Erbrechte den Erbschein versagen durfte, ist jetzt das Versagungsrecht mit der Nichtfeststellung der zur Begründung des Antrages erforderlichen Thatsachen verknüpft. Danach kann aus der Entstehungsgeschichte der hier in Betracht kommenden Gesetzesvorschriften nichts gegen die Richtigkeit der obigen Darlegung entnommen werden, daß, wenn es sich um die Rechtsfrage handelt, ob ein von dem Erblasser errichtetes Testament dem an dem Antragsteller behaupteten gesetzlichen Erbrecht entgegensteht, das Nachlaßgericht eine bestimmte Entscheidung über die Bedeutung des Testamentes treffen muß (vgl. Rsp. 3 S. 380; A. M. Planck Anm. 3 zu § 2359, der sich jedoch lediglich auf die obigen Bemerkungen in den Motiven und in der 2. Kommission beruft).

Das Nachlaßgericht ist gemäß § 2358, wenn es Zweifel über die Bedeutung des Testamentes hat, sowohl berechtigt, als auch verpflichtet, soweit thunlich, nach Thatsachen zu forschen und deren Feststellung zu betreiben, sofern sie für die Erkenntnis des Willens des Testators von Wesentlichkeit sein können. Auf Grund der Gesamtheit des ermittelten Materiales muß das Gericht sich aber bestimmt darüber schlüssig werden, ob das Testament die gesetzliche Erbfolge des Antragstellers ausschließt oder bestehen gelassen hat. Sache desjenigen, der sich durch diese Entscheidung benachteiligt erachtet, ist es, dem Nachlaßgericht entgegenstehende Momente mitzuteilen und die Einziehung des unrichtigen Erbscheines gemäß § 2361 zu betreiben, oder im Prozeßwege vorzugehen. . . . St. H.

### i) Erbschein bei Erbeinsetzung auf einen bestimmten Geldbetrag.

Bayer. Oberstes Landesgericht, II. CS. Beschluß v. 30. Mai 1902.

... Hat der Erblasser einer Person, die er als „Erben" bezeichnet, einen bestimmten Geldbetrag zugewendet, so ist diese Person entweder wirklich als Erbe eingesetzt, demgemäß beim Vorhandensein mehrerer Erben auf einen Bruchteil berufen und daneben mit dem Vermächtnisse des bestimmten Geldbetrages bedacht, oder es ist ihr in Wirklichkeit nur der Geldbetrag zugewendet.... Das Nachlaßgericht hat deshalb zu prüfen, ob die Verfügung eine Erbeinsetzung mit Vermächtnis-(Teilungs-)anordnung oder nur die Anordnung eines Vermächtnisses ist. Für den Fall, daß die Prüfung zu keinem sicheren Ergebnisse führt, stellt § 2087² die Auslegungsregel auf. Kommt das Nachlaßgericht zu der Überzeugung, daß der Bedachte Erbe ist, so hat es beim Vorhandensein anderer Erben im Erbscheine auch den Erbteil anzugeben, anderenfalls ihn, da Vermächtnisse nicht im Erbscheine anzugeben sind, überhaupt nicht zu erwähnen. Es darf aber keinen Erbschein erteilen, in welchem es bezeugt, daß der Bedachte Erbe und daß er nur mit einem Vermächtnisse bedacht, also nicht Erbe sei.

Ist dies gleichwohl geschehen, so kann die dem Erbscheine nach §§ 2365 f. zukommende Wirkung nicht durch eine Entscheidung des Beschwerdegerichtes, die die Erteilung des Erbscheines für ungerechtfertigt erklärt, sondern nur durch Einziehung oder Kraftloserklärung nach § 2361 entzogen werden; eine Änderung des Inhaltes des Erbscheines kann deshalb nicht im Beschwerdewege erwirkt werden, es besteht aber kein Hindernis, im Wege der Beschwerde die Einziehung zu beantragen (Schneider Note 2 zu § 84 FrGG.). Der Beschwerde, die keinen ausdrücklichen Antrag enthält, ist daher insoweit stattzugeben. Bei der anderweiten Verfügung hat das Nachlaßgericht zu erwägen, daß vorliegend die Kinder, nicht wie in den Beschlüssen vom 29. März, 10. Mai und 13. Juli 1901 (Sammlung 2 S. 191, 301, 532) ihre Erbteile in Geld nach einer Schätzung des Wertes, sondern einen von vornherein fest bestimmten Geldbetrag erhalten sollten, daß der Ausdruck „Vatergut" nicht notwendig auf eine Erbeseinsetzung hinweist[1] (das. 711) und daß die Anrechnung eines Vorempfanges auch bei einem Vermächtnisse angeordnet werden kann.

Dazu: Kammergericht, Ferien-CS. Beschluß v. 2. August 1902.

Indem das Landgericht feststellt, daß die Witwe K. als Erbin neben anderen Eingesetzten ausdrücklich berufen ist, stellt es fest, daß ihr nicht lediglich bestimmte Sachen oder Summen zugewendet sind, sondern daß ihr auch eine Erbeinsetzung zu teil geworden ist. Abgesehen von der ausdrücklichen Erbeinsetzung hat der Erblasser seine Frau auch in den die Ordnung des Nachlasses im einzelnen bezweckenden Bestimmungen als wirkliche Erbin be-

[1] In diesem Falle hatten sich Ehegatten durch Ehe- und Erbvertrag gegenseitig zu alleinigen Erben eingesetzt und angeordnet, daß der Überlebende den Kindern das Vater- oder Muttergut auszuzeigen hat; diese Anordnung bildet ein Vermächtnis und hindert nicht die Erteilung eines Erbscheines dahin, daß der Überlebende alleiniger Erbe sei.

handelt. Denn er hat im § 3 angeordnet, daß, wenn die Voraussetzungen der Aufteilung eingetreten seien, eine Teilung des Nachlasses unter seine Erben dahin stattfinden solle, daß seine Frau 1200 Mark und ihre eingebrachten Sachen erhalten, der übrige Nachlaß seinen Kindern zu gleichen Teilen zufallen solle. Demnach sollte nicht seine Frau den Nachlaß an die Kinder herausgeben, vielmehr sollte der Nachlaß unter die vier Erben, nämlich Frau und Kinder, geteilt werden. Daß der der Frau bei der Teilung zukommende Erbteil auf eine bestimmte Summe festgesetzt ist, steht ihrer Erbeseigenschaft nicht entgegen. Der § 3 bestimmt nicht etwa, daß nach Eintritt der Teilungsvoraussetzungen die Kinder den Nachlaß unter sich teilen und der Witwe 1200 Mark zahlen sollen, sondern die Witwe teilt mit und erhält von der Teilungsmasse 1200 Mark. Die Bestimmung des § 1, daß die Frau über den Nachlaß nicht verfügen dürfe, vermag die Annahme, daß sie nicht Erbe sei, nicht zu stützen; denn sie ist auch als Miterbin nicht befugt, allein über den Nachlaß zu verfügen. Aus diesen Erwägungen ergiebt sich ferner, daß die Witwe K. nicht Vorerbin ist. Dr. S.

k) **Erbschein auf Grund gesetzlicher Erbfolge. Erbrecht des Adoptivkindes. BGB. §§ 2361, 1767.**

OLG. Jena, II. CS. Beschluß v. 14. Mai 1902.

In dem Erbscheine sind die Antragstellerin, die Witwe des 1900 verstorbenen Erblassers, zu $^1/_4$ und die gemeinsame Adoptivtochter zu $^3/_4$ des Nachlasses als erbberechtigt bezeichnet. Die Beschwerde der Witwe, daß jede der beiden Erbinnen zur Hälfte als erbberechtigt aufzuführen sei, wurde zurückgewiesen, der weiteren Beschwerde jedoch stattgegeben. Gründe:

Zunächst erscheint es statthaft, die Erteilung des Erbscheines im Wege der Beschwerde anzufechten. Allerdings kann damit nicht erreicht werden, daß die Erteilung aufgehoben oder daß der Erbschein vom Beschwerdegericht abgeändert wird; diesem steht § 2361 BGB. entgegen. Vielmehr kann nur erreicht werden, daß der Erbschein eingezogen oder für kraftlos erklärt wird (Komm.-Bericht S. 59; Birkenbihl FrGG. § 84 Anm. 1; Dronke FrGG. Vorbem. 6 zu § 84). Erscheint sonach auch der Beschwerdeantrag als unstatthaft, so ist doch das Rechtsmittel selbst, da die Parteianträge in Sachen der freiwilligen Gerichtsbarkeit das Gericht in der Art und Wahl seiner Anordnungen nicht binden, zuzulassen, und es würde, falls es für begründet befunden würde, zur Anordnung der Einziehung oder Kraftloserklärung des Erbscheines führen.

In der Sache selbst meint die Beschwerde, die Vorinstanz habe den § 62 des Altenb. Intestaterbges. sowohl nach EG. Art. 170 wie nach Art. 209 anwenden müssen. Nun ist zunächst ohne weiteres klar, daß Art. 170 auf den vorliegenden Fall keine Anwendung leidet. Denn auch wenn das Erbrecht des Adotivkindes gegenüber den Adoptiveltern seine Grundlage in dem Annahmevertrage hat, handelt es sich nicht um ein Schuldverhältnis zwischen beiden, sondern um das Erbrecht und dieses ist kein Schuldverhältnis, auch wenn es auf einem Vertrage beruht. Vielmehr bildet Art. 213 die maßgebende Norm, nach der das Verhältnis des alten zum neuen Rechte zu beurteilen ist. Da nun der Erblasser nach dem 1. Januar 1900 gestorben ist, so wäre an sich für die Erbfolge in seinen Nachlaß das BGB. anzuwenden. Allerdings muß hier auch Art. 209 berücksichtigt werden, da es sich um das Erbrecht eines angenommenen Kindes handelt und der Adoptionsvertrag bereits 1878 geschlossen ist. Über die Tragweite des Art. 209 besteht in der Rechtslehre Streit, indem ihm teils eine umfassendere teils eine beschränktere Wirkung für die Anwendbarkeit des alten Rechtes zuerkannt wird (Niedner Art. 209 Anm. 1, 2; Habicht 3. Aufl. S. 652). Es kann aber dahingestellt bleiben, welche Meinung man für richtig zu erachten hätte; denn die Entscheidung der Vorinstanz beruht nicht auf dieser Auslegung. Sowohl nach altem wie nach neuem Rechte nämlich ist die Frage, welches Erbrecht dem Adoptivkinde zusteht, zunächst nach dem Inhalte des Adoptionsvertrages zu entscheiden. Dieser Grundsatz gilt nach § 54 des Intestaterbges. in gleicher Weise wie nach § 1767 BGB. (Motive 4 S. 993ff., bes. S. 995; Prot. 4 S. 735ff.), und diesen Grundsatz hat das Landgericht auch befolgt. Wenn es die Bestimmung: „Anna und deren Adoptiveltern erlangen das gegenseitige gesetzliche Erbrecht, wie De- und Ascendenten" dahin auslegt, daß damit nicht das zur Zeit des Vertragsschlusses, sondern überhaupt das zur Zeit des Erbfalles geltende gesetzliche Erbrecht gemeint sei, weil es dem Erblasser nur darum zu thun gewesen sei, sein Adoptivkind bezüglich der Erbfolge dem ehelichen Kinde gleichzustellen, ihm aber gleichgültig gewesen sei, wie groß einmal die gesetzliche Erbportion eines ehelichen Kindes bei seinem Ableben nach dem dann geltenden Rechte sein werde, so bewegt es sich auf dem Gebiete der Auslegung von Rechtsgeschäften, wobei ein Rechtsirrtum nicht zu erkennen, im übrigen aber eine Nachprüfung gemäß § 27 FrGG. ausgeschlossen ist (vgl. Juristen-Zeitg. 1899 S. 283; 1902 S. 250).

Gleichwohl kann die angefochtene Entscheidung nicht aufrecht erhalten werden. Denn es fehlen darin ausreichende thatsächliche Feststellungen über diejenigen Voraussetzungen, die vorhanden sein müssen, wenn ein Erbschein auf Grund gesetzlicher Erbfolge erteilt werden soll. In ihrem Antrage hat die Antragstellerin gemäß § 2354[4] BGB. angegeben, daß der Erblasser hinterlassen habe: a) ein Testament von 1894; b) einen Nachtrag dazu von 1898; c) ein Testament von 1899. Dazu hat sie bemerkt, daß die Testamente a und b vom Erblasser „laut seiner Erklärung im Testament c zurückgezogen worden", und daß das Testament c im bisherigen Verfahren über die Erteilung des Erbscheines wegen Geisteskrankheit des Testators von den Gerichtsinstanzen als ungültig anerkannt worden sei. In der angefochtenen Entscheidung ist über diese Verfügungen weiter nichts gesagt, als daß es an „einem rechtsgültigen Testamente ermangele"; in welcher Weise die früher vorhanden gewesenen Testamente von 1894 und 1898 beseitigt worden sind, oder ob diese Testamente überhaupt vorhanden gewesen sind oder nicht, darüber fehlt jegliche Feststellung. Diese war aber umsomehr erforderlich, als die Zurücknahme der beiden ersten Testamente, falls sie lediglich in der Errichtung des letzten gefunden würde — worauf der Wortlaut des Antrages deutet —, mit der Ungültigkeit dieses Testamentes ebenfalls ihre Wirksamkeit verloren haben würde, und als auch außerdem die im früheren Verfahren festgestellte Geisteskrankheit des Erblassers, falls die Zurücknahmehandlungen in die Zeit dieser Krankheit fielen, bei der Beurteilung der Gültigkeit dieser Handlungen berücksichtigt werden müßte. Nach § 2358 hat das Gericht von Amts wegen zur Feststellung der Thatsachen, die vor Erteilung des Erbscheines festgestellt werden müssen, die erforderlichen Ermittelungen zu veranstalten, und der Erbschein ist nach § 2359 nur zu erteilen, wenn diese Thatsachen festgestellt sind. Nach Erteilung des Erbscheines gilt das Gleiche, wenn die Unrichtigkeit des Scheines in Frage steht (§ 2361). Die Entscheidung des Beschwerdegerichtes hat sich nach § 27 FrGG. in Verb. mit § 561 CPO. erschöpfend über diese Feststellungen auszusprechen. Dr. B.

---

## 67

a) **Ein Erbauseinandersetzungsvertrag, in dem einem der Miterben das alleinige Eigentum an einem Nachlaßgrundstücke übertragen wird, unterliegt der Formvorschrift des § 313 BGB.**

Kammergericht, III. CS. Urteil v. 6. Juni 1902.

Prüft man die Rechtslage der Erben vor der Erbteilung, so ergiebt sich, daß sie in einem Verhältnis zu einander stehen, welches als ein „Eigentum zur gesamten Hand" bezeichnet zu werden pflegt. Ihr Eigentum ergreift indessen nicht nur den Nachlaß als Vermögensinbegriff, sondern auch die einzelnen Nachlaßgegenstände. Dieser Satz folgt aus der Natur der Sache und findet seinen Ausdruck in dem § 2040 BGB., welcher verordnet: „Die Erben können (d. h. bis zur Auseinandersetzung, vgl. § 2032 Abs. 2) über einen Nachlaßgegenstand nur gemeinschaftlich verfügen." Es ist also den Erben ausdrücklich gestattet, auch vor der Teilung ihre Eigentumsrechte an den einzelnen Nachlaßgegenständen auszuüben; nur über seinen Anteil an den einzelnen Nachlaßgegenständen kann der Miterbe nach der Bestimmung des § 2032 Abs. 1 ohne Zuziehung der Miterben nicht verfügen.

Für die Erbauseinandersetzung sind die §§ 2042, 752, 753, 754, 757, 2046, 2047 Abs. 1 maßgebend. Danach sind die teilbaren Gegenstände in Natur zu teilen, die unteilbaren nach den Vorschriften über den Pfandverkauf bezw. durch Zwangsversteigerung zu verkaufen, die Forderungen einzuziehen, die Nachlaßverbindlichkeiten zu berichtigen, der Überschuß ist zu verteilen. Selbstverständlich können auch die Erben über einzelne Nachlaßgegenstände abweichende Bestimmungen treffen, indem sie sich gegenseitig überweisen: dann liegt ein obligatorischer Vertrag vor, für den die allgemeinen Regeln gelten, soweit also Grundstücke in Frage kommen, auf die die Formvorschrift des § 313 BGB. Anwendung findet.

Theoretisch möglich wäre es freilich, den Vertrag, durch den die Miterben sich gegenseitig einzelne Nachlaßgegenstände zum Alleineigentum überweisen, unter den Gesichtspunkt des Verzichtes auf das Miteigentum zu bringen. In diesem Sinne sagen die Motive zum 1. Entwurf des BGB. 2 S. 887 zu § 771, daß „die Auffassung vertreten und möglich ist, der Teilhaber, welcher seinen Bruchteil zu Gunsten eines anderen Teihabers aufgebe, schließe keinen Veräußerungsvertrag ..., der andere Teilhaber gelange vielmehr zu einer Verstärkung seines Rechtes durch Befreiung von dem zu duldenden Mitrecht des zu seinen Gunsten verzichtenden Teilhabers". Indessen würde diese Auffassung — namentlich auch im vorliegenden Falle — dem Vertragswillen der Parteien nicht gerecht werden, der nicht sowohl auf einen gegenseitigen Verzicht, als auf einen Austausch, eine gegenseitige Übertragung der Rechte an den einzelnen Nachlaßgegenständen gerichtet ist. Ob man hierbei annehmen will, daß die Gesamtheit der Erben das volle Eigentum an dem einzelnen Gegenstand demjenigen Erben, dem er überwiesen wird, überträgt, oder daß jeder einzelne Miterbe ein Teileigentum hat, das er dem Miteigentümer überweist, ist für die Frage der Anwendbarkeit des § 313 BGB. gleichgültig. Denn darüber kann kein Zweifel sein, daß der § 313 nicht nur auf das Alleineigentum, sondern auch auf das ideelle Miteigentum an einem Grundstücke Anwendung findet.

Zu demselben Ergebnis gelangt man auf einem anderen Wege. Der § 925 BGB. definiert die Auflassung als „die zur Übertragung des Eigentumes an einem Grundstücke nach § 873 BGB. erforderliche Einigung der Interessenten." Es ist in der Praxis kein Streit darüber, daß es der Auflassung bedarf, wenn mehrere Miterben das Eigentum eines Grundstückes einem einzelnen Miterben übertragen wollen. Schließen nun die Miterben einen Vertrag, der einem von ihnen das Eigentum an einem Nachlaßgrundstücke überweist, so entspringt aus diesem Vertrage die Verpflichtung zur Auflassung, d. h. zur „Übertragung des Eigentumes an einem Grundstücke". Es liegt also der Fall des § 313 BGB. vor. Vorliegendenfalls haben die Parteien im Vertrage auch ausdrücklich die Auflassung in Aussicht genommen.

Unzutreffend ist die Berufung der Klägerin auf das (Gruchot 43 S. 201) abgedruckte Erkenntnis des Reichsgerichtes. Dort wird die rechtliche Natur des Eigentumes der Mitglieder einer offenen Handelsgesellschaft an dem Gesellschaftsvermögen erörtert und die Frage, ob die Erklärung eines abgefundenen Gesellschafters, daß er seine Rechte am Gesellschaftsvermögen einem anderen Gesellschafter abtrete, eine stempelpflichtige Veräußerung von Miteigentum enthalte, verneint. Dieser Rechtssatz wird hergeleitet aus den Bestimmungen des Handelsgesetzbuches über die Verfügungsmacht der einzelnen Gesellschafter an den Gegenständen des Gesellschaftsvermögens (S. 201); und es liegt auf der Hand, daß die Bestimmungen des Handelsgesetzbuches nicht ohne weiteres Anwendung finden können auf das Miteigentum der Miterben am Nachlaß. Insbesondere kann nicht anerkannt werden, daß, wie dem

Teilnehmer einer offenen Handelsgesellschaft, so auch dem Miterben, „stets nur ein Anspruch auf eine dem Werte seines Anteiles am Gesellschaftsvermögen entsprechende Summe eingeräumt ist.“

Von der älteren Judikatur läßt sich mit besserem Rechte die Entscheidung des Reichsgerichtes 20 S. 260 für die hier zur Entscheidung stehende Frage verwerten. Dort ist ausgeführt, daß eine freiwillige Veräußerung die zu ihrer Wirksamkeit gegen Dritte der Auflassung bedarf, dann vorliegt, wenn Eheleute vereinbaren, daß das Eigentum der infolge der unter ihnen bestehenden Gütergemeinschaft in ihrem Miteigentume oder Gesamteigentum stehenden Grundstücke auf Grund eines Vertrages, durch welchen die Gütergemeinschaft aufgehoben und vereinbart wird, daß die Grundstücke fortan im Alleineigentume des einen Ehegatten stehen sollen, auf diesen übertragen werden soll. Auch hier wird also der Vertrag, durch den das Eigentum zur gesamten Hand auf einen der bisherigen Miteigentümer übertragen wird, als ein obligatorischer Veräußerungsvertrag charakterisiert.... Z.

b) **Nach rechtsgültig erfolgter Auseinandersetzung ist eine vertragsmäßige Wiedereinführung der Erbengemeinschaft ausgeschlossen.**

Kammergericht, I. CS. Beschluß v. 12. Mai 1902.

A. und B. haben als alleinige gesetzliche Erben ihres Vaters die Nachlaßgrundstücke durch Notarialakt von 1899 geteilt und die auf jeden entfallenden Grundstücke sich gegenseitig aufgelassen. A. ist als Alleineigentümer der auf Blatt 2 gebuchten Grundstücke eingetragen; die auf B. entfallenden Teile sind nach Blatt 12 übertragen. Im notariellen Akte vom 2. März 1902 haben A. und B. den Teilungsvertrag aufgehoben und bewilligt und beantragt, daß sie wiederum in Erbengemeinschaft als Eigentümer der auf Blatt 2 verzeichneten Grundstücke eingetragen werden. Dieser Antrag wurde zurückgewiesen; auch die weitere Beschwerde blieb erfolglos. Aus den Gründen:

Daß die Erbteilung wegen eines Willensmangels oder aus einem sonstigen Grunde angefochten und für unwirksam erklärt wäre (vgl. Art. 887 ff. C. c., welche für die dem alten Rechte angehörende Erbteilung noch zur Anwendung kommen), erhellt nicht. Es kann also die Frage auf sich beruhen bleiben, in welcher Weise in einem solchen Falle der frühere Zustand des Grundbuches gemäß der Wiederaufhebung des Vertrages wieder herzustellen wäre. Vorliegend ist lediglich zu entscheiden, ob die Erben, die sich rechtsgültig auseinandergesetzt haben, vertragsmäßig die Erbengemeinschaft wieder einführen können. Diese Frage ist zu verneinen. Die Erbengemeinschaft trat nach französischem Rechte, von dem sich das neue Recht in diesem Punkte nicht unterscheidet, kraft Gesetzes mit dem Erbfalle ein; sie war und ist die Folge der Beerbung eines Menschen durch mehrere Personen, knüpft also an den Tod des Erblassers als notwendige Voraussetzung ihrer Entstehung an. Ihr Ende erreicht sie mit der Auseinandersetzung unter den Miterben: es wird so angesehen, als sei der einzelne Teilungsgenosse von

Anfang an, mit dem Erbfalle, Alleineigentümer der ihm zugewiesenen Sachen geworden (Art. 883 C. c.; deklaratorische Natur der Teilung). Daran ändert der Umstand nichts, daß der § 1 des preuß. Eigentumserwerbsgesetzes auch auf die Zuteilung des Eigentumes von Grundstücken im Wege der Teilung Anwendung fand (§ 4 des rheinischen Grundbuchgesetzes vom 12. April 1888). Soweit durch die Teilung die Erbengemeinschaft endgültig beseitigt und der Nachlaßgegenstand ausgesondert und in das Alleineigentum des Miterben übergeführt ist, erscheint es begrifflich unmöglich, hinsichtlich seiner aufs neue die Erbengemeinschaft zu begründen und vertragsmäßig die vor der Teilung bestandene Rechtslage wieder herzustellen. Diese Rechtslage ist der Parteivereinbarung entzogen, weil sie nur in Verbindung mit dem Tode des Erblassers denkbar ist. Das nunmehrige Sondereigentum des Miterben, das ausschließlicher Bestandteil seines Vermögens geworden ist, kann nicht durch den Willen der Beteiligten in das Vermögen eines Verstorbenen übergeleitet werden; es fehlt an dem erwerbsfähigen Rechtssubjekt. Nur darum kann es sich handeln, dem ehemaligen Teilungsgenossen wiederum Rechte an dem ehemaligen Nachlaßgrundstücke einzuräumen. Dies kann geschehen durch die Begründung gewöhnlichen Miteigentumes, also einer Gemeinschaft nach Bruchteilen, aber auch durch die Schaffung eines Gesamthandverhältnisses, wie es die Gesellschaft nach dem neuen Rechte ist (§§ 741 ff., 705 ff. BGB.). In jedem Falle wird aber, da es sich um die rechtsgeschäftliche Übertragung von Grundstückseigentum handelt, die Auflassung erfordert. H.

### c) Anspruch eines Miterben gegen den anderen auf Abrechnung. BGB. §§ 2032, 2038.

OLG. Hamburg, III. CS. Urteil v. 7. Oktober 1902.

Es kann dahingestellt bleiben, ab angesichts des gegenseitig unbestrittenen Erbrechtes der Parteien und des Besitzgrundes des Beklagten die §§ 2018, 2027 BGB. zur Stütze des Abrechnungsanspruches herangezogen werden können. Ein solcher Anspruch läßt sich ganz unabhängig von diesen Vorschriften begründen. Nach § 2032 steht der Nachlaß im gemeinschaftlichen Vermögen der Erben, und Kläger hat nach § 2038 den Anspruch auf Mitverwaltung. Da Beklagter seit dem Tode der Erblasserin im Alleinbesitze des Nachlasses befindlich ist und somit auch dessen alleinige Verwaltung während dieser Zeit gehabt hat, so hat er in Ansehung des klägerischen Anteiles, soweit die Verwaltung im Auftrage des Klägers erfolgte, die Stellung eines Beauftragten, soweit sie ohne dessen Auftrag erfolgte, diejenige eines Geschäftsführers ohne Auftrag. In beiden Fällen ergiebt sich seine Abrechnungspflicht ohne weiteres aus § 666 bezw. § 681 Satz 2, während deren näherer Inhalt durch § 259 bestimmt wird. Daß dem Kläger nur ein Teil des Nachlasses zukommt, steht der Forderung einer Abrechnung über den Gesamtnachlaß nicht entgegen, weil eine Teilung noch nicht erfolgt ist, der Anteil des Klägers in einer Quote besteht und die Abrechnung über diese ohne solche über den Gesamtnachlaß undenkbar ist.

Übrigens würde der Beklagte schon nach § 2028 auskunftspflichtig sein, und ein Abrechnungsanspruch sich auch ferner aus dem dem Kläger nach § 2042 zustehenden Auseinandersetzungsanspruch ableiten lassen. Der Beklagte ist danach zur Herausgabe eines Inbegriffes von Gegenständen im Sinne des § 260 und danach zur Vorlage des dort vorgeschriebenen Verzeichnisses des Bestandes verpflichtet. Da sich die Herausgabepflicht auch auf den Anteil an den zwischenzeitlich gezogenen Nutzungen und das vorzulegende Verzeichnis, somit auf den durch deren Ermittelung festzustellenden jetzigen Bestand des Nachlasses erstreckt, so würde die Verpflichtung des Beklagten auch hier sich inhaltlich als Abrechnung gestalten müssen. Daß solchem Anspruch der Einwand der notwendigen Streitgenossenschaft der Miterben entgegenstehen würde, findet im Gesetz keinen Anhalt (so auch Entsch. des RG. 1 S. 319, 12 S. 198). . . . M. M.

---

## 68

a) **Der Universalerbe bedarf zu Verfügungen über den Nachlaß nicht der Mitwirkung des nur mit seinem Pflichtteil bedachten Miterben.**[1] **BGB. § 2304.**

Kammergericht, Ferien-CS. Beschluß v. 26. Juli 1901.

Um den wahren Willen des Erblassers zu erforschen, muß auf den Gesamtinhalt des Testamentes Gewicht gelegt, und dieser so ausgelegt werden, daß die einzelnen Bestimmungen neben einander bestehen können. Berücksichtigt man dies, so muß in der Bestimmung des Erblassers, daß seine Frau seine Universalerbin sei und sein Sohn aus dem Nachlasse nur den ihm gesetzlich zustehenden Pflichtteil erhalten solle, eine Einschränkung der unmittelbar vorhergehenden Bestimmung erblickt werden, in welcher der Erblasser seine Frau und seinen Sohn zu Erben ernennt. Die Erbeseinsetzung ist hiernach keine gleichmäßige. Vielmehr soll die Witwe Alleinerbin sein und der Sohn nur Pflichtteilserbe. Als solcher soll er auf den ihm auszuantwortenden gesetzlichen Pflichtteil beschränkt sein, während zur Verfügung über den Nachlaß nur die zur Universalerbin eingesetzte Frau berechtigt sein sollte. Ebenso ist in einem ganz ähnlich liegenden Falle entschieden worden, in welchem gleichfalls die Frau als Universalerbin und die Kinder nur auf den Pflichtteil eingesetzt waren (Jahrb. 7 S. 130). Der dem Beschlusse (Jahrb. 4 S. 135) zu Grunde liegende Fall lag insofern wesentlich anders, als dort das Testament die Bestimmung, daß die Ehefrau Universalerbin sein solle, nicht entschied. E.

b) **Pflichtteilsanspruch des zum Nacherben auf den Überrest berufenen Kindes. Beginn der Ausschlagungsfrist. BGB. § 2306.**

---

[1] Die Zuwendung des Pflichtteiles kann ungeachtet des Gebrauches des Wortes „Erbe" in dem Sinne gemeint sein, daß der Noterbe den Geldbetrag, der den Pflichtteil bildet, erhalten soll; die Entscheidung hierüber muß aus dem gesamten Inhalt des Testamentes geschehen (Bayer. LG. I. CS. Beschluß v. 12. Juni 1902, Sammlung 3 S. 510).

OLG. Naumburg, IV. CS. Urteil v. 24. März 1902.

Der Kläger fordert als Sohn des Erblassers den Pflichtteil von der als Vorerbin eingesetzten Beklagten mit der Begründung, daß er als auf den Überrest eingesetzter Nacherbe in seinem Pflichtteile verletzt sei. Nach § 2310 sind der Berechnung des gesetzlichen Erbteiles des Klägers dessen beide Stiefgeschwister, die von der Erbfolge ausgeschlossen sind, mit zu berücksichtigen. Da die Beklagte als Frau des Erblassers $^1/_4$ erben würde, so beträgt hiernach der gesetzliche Erbteil jedes der fünf Kinder des Erblassers $^3/_{20}$, der Pflichtteil also $^3/_{40}$ des Nachlaßwertes = 700 Mark. Voraussetzung für den Anspruch auf Zahlung dieser Summe ist aber, daß der Kläger in seinem Pflichtteile derart verletzt ist, daß ihm das Gesetz den der Regel nach eintretenden Geldanspruch in der vollen Höhe des halben Wertes des gesetzlichen Erbteiles gewährt....

Darüber, ob der erste oder der zweite der Unterfälle des § 2306 hier gegeben ist, streiten die Parteien. Ihre Meinungsverschiedenheit beruht auf der verschiedenen Auffassung dessen, was unter dem Ausdrucke „hinterlassener Erbteil" zu verstehen ist. Während der Kläger mit Rücksicht auf die darüber bestehende Unsicherheit, ob beim Tode der Beklagten von dem Nachlasse des Klägers überhaupt noch etwas übrig sein werde, den ihm hinterlassenen Erbteil mit Null bewertet wissen will und also von der Ansicht ausgeht, daß bei der nach dem Gesetze erforderlichen Wertsbestimmung die auf dem hinterlassenen Erbteile ruhenden Beschränkungen und Beschwerungen in Betracht gezogen werden müssen, begreift die Beklagte unter dem hinterlassenen Erbteile diejenige Quote des Nachlasses, welche, sei es mit Beschränkungen belastet, sei es mit Vermächtnissen oder Auflagen beschwert, vom Erblasser dem Pflichtteilberechtigten zugewendet ist. Daß die letztere Auffassung allein zutreffend ist, ergiebt der Wortlaut und Sinn des Gesetzes, wonach unter dem hinterlassenen Erbteile in der That nichts anderes als diejenige Nachlaßquote zu verstehen ist, welche der Testator dem Pflichtteilsberechtigten unter Auferlegung von Beschränkungen oder Beschwerungen hinterlassen hat, der Pflichtteilsberechtigte aber im ersten Unterfalle des § 2306 unbeschränkt und unbeschwert zu erhalten ein gesetzliches Recht hat. Bei der gedachten Wertsbestimmung müssen also die auf dem hinterlassenen Erbteile ruhenden Beschränkungen und Beschwerungen in der That außer Betracht bleiben. Zu diesen Beschränkungen ist nach ausdrücklicher Vorschrift auch die Anordnung einer Vorerbfolge zu rechnen; und zwar ist dabei keinerlei Unterschied nach der Richtung gemacht, ob nach dem Testamente dem Eingesetzten nur die Rechte eines gewöhnlichen Vorerben oder die erweiterten Befugnisse dessen zustehen sollen, der einem Nacherben auf den Überrest als Vorerbe vorangestellt ist. Auch die Einsetzung eines Vorerben mit so erweiterten Befugnissen ist daher als eine solche Beschränkung der Erbeseinsetzung aufzufassen, welche bei der nach § 2306 erforderlichen Bestimmung des Wertes des hinterlassenen Erbteiles unberücksichtigt bleiben muß. Hiernach beträgt der dem

Kläger hinterlassene Erbteil im Sinne des § 2306 in der That $^1/_3$ oder $^{40}/_{120}$ des Nachlasses. Da der Pflichtteil des Klägers sich nur auf $^9/_{120}$ des Nachlasses stellt, so sind die Voraussetzungen des ersten Unterfalles des § 2306 hier nicht gegeben. Der § 2313², welcher Vorschriften für die Bestimmung des Wertes einzelner, zu einem Nachlasse gehöriger, unsicherer Rechte enthält, kann im vorliegenden Falle, wo es sich um die Bestimmung des Wertes eines dem Umfange nach unsicheren Erbteiles handelt, auch nicht analog zur Anwendung kommen, da die hier bestehende Unsicherheit infolge ihrer Eigenschaft als Element der Erbteilsbeschränkung nach den obigen Ausführungen als Faktor für die Wertsbestimmung völlig ausscheidet.

Sind aber die Erfordernisse für die Anwendung des ersten Satzes des § 2306 nicht gegeben, so könnte der Kläger mit seinem Klaganspruche auf Geldzahlung nur durchdringen, wenn er den ihm hinterlassenen Erbteil gemäß Satz 2 ausgeschlagen hätte.... Die Frist zur Ausschlagung einer Erbschaft beträgt sechs Wochen und beginnt mit dem Zeitpunkte, in welchem der Erbe von dem Anfalle und dem Grunde der Berufung Kenntnis erlangt (§ 1944). Diese Präklusivfrist, innerhalb welcher die Ausschlagung erklärt werden muß, läuft also im Falle der Nacherbfolge gegen den Nacherben erst von dem Zeitpunkte ab, wo er von dem Eintritte des Falles der Nacherbfolge und dem Grunde der Berufung Kenntnis erlangt hat, frühestens also vom Tode des Vorerben an. Nach § 2142 tritt aber das Recht des Nacherben, die Erbschaft auszuschlagen, schon früher ein, nämlich bereits mit dem Vorerbfalle. Für den mit einem beschränkten oder beschwerten Erbteile bedachten Pflichtteilsberechtigten bestimmt nun aber § 2306 Satz 2: „Die Ausschlagungsfrist beginnt erst, wenn der Pflichtteilsberechtigte von der Beschränkung oder Beschwerung Kenntnis erlangt". Damit ist eine Ausnahmevorschrift geschaffen, nach welcher in diesem besonderen Falle die Ausschlagungsfrist allerdings niemals vor, aber auch stets mit der Erlangung der Kenntnis von den, dem Erbteile auferlegten Beschränkungen und Beschwerungen zu laufen beginnt. Für die Annahme, daß diese Ausnahmevorschrift in den verschiedenen Fällen der möglichen Beschränkungen und Beschwerungen nicht gleichmäßig anzuwenden sei, und daß sie insbesondere da, wo die Beschränkung in der Einsetzung eines Vorerben besteht, außer Anwendung bleiben müsse, findet sich im Gesetze keinerlei Anhalt. Wollte man eine solche Ausnahme von der Ausnahme statuieren, so würde dies eine schwere Beeinträchtigung der Interessen des Vorerben, wie sie der Gesetzgeber sicherlich nicht gewollt hat, in sich schließen; denn es liegt auf der Hand, daß jene Interessen die schnelle Beendigung des Zustandes der Unsicherheit und deshalb die baldige Ausübung der dem Nacherben verliehenen Wahlbefugnis dringend erheischen. Für den Nacherben läuft also die sechswöchige Frist zur „Ausschlagung von Erbschaft behufs Erhebung des Pflichtteilsanspruches" von dem Zeitpunkte ab, in welchem der Nacherbe von der Einsetzung des Vorerben Kenntnis erhält.

(Naumburger AZ.)

## 69

### a) Interessenkollision; zur Auslegung der §§ 1795, 1630 Abs. 2 BGB.

Kammergericht, Ferien-CS. Beschluß v. 23. August 1902.

Die Beschwerdeführerin ist Inhaberin der elterlichen Gewalt über ihre minderjährigen Kinder und persönliche Schuldnerin derselben hinsichtlich ihres Vatererbes, das zufolge Erbvergleichs auf dem aus dem Nachlaß erworbenen Grundstücke brieflos eingetragen wurde. Sie hat das Grundstück 1900 dem X. verkauft und aufgelassen. Dieser hat die Erbgelder übernommen und zur Rückzahlung für den 1. April 1902 gekündigt. Der Antrag der Beschwerdeführerin, den Kindern zur Entgegennnahme des Geldes und zur Ausstellung der Quittung einen Pfleger zu bestellen, da ein Widerstreit der Interessen zwischen ihr und den Kindern hierbei gegeben sei, wurde zurückgewiesen, der weiteren Beschwerde jedoch stattgegeben. Aus den Gründen:

Die Mutter war zufolge des Erbvergleiches Schuldnerin der Kinder betreffs des Vatererbes. Sie ist es noch jetzt. Denn lediglich durch die Übernahme der Post seitens des X. scheidet sie aus der Schuldverbindlichkeit nicht aus. Dazu hätte es der in §§ 415, 416 gedachten Maßnahmen und der Genehmigung der Schuldübernahme durch einen zu bestellenden Pfleger (§ 1904) bedurft. Da nichts davon geschehen, ist die zu bezahlende Post noch immer eine durch Hypothek gesicherte Forderung der Kinder gegen die Mutter. — Bezahlt X. die Post, so darf er u. a. die Bewilligung ihrer Löschung von den Kindern fordern. Da die Erteilung dieser Bewilligung ein Rechtsgeschäft ist, das die Aufhebung der für die Forderung bestehenden Sicherheit zum Gegenstande hat, ist die Mutter kraft Gesetzes (§§ 1630 Abs. 2, 1797 Nr. 2) an der Löschungsbewilligung verhindert.

Auch von der Empfangnahme der Zahlung ist die Mutter ausgeschlossen. Da sie selbst, nicht X., die Schuldnerin der der Hypothek zu Grunde liegenden Forderung ist, geht dadurch, daß der Eigentümer die Kinder befriedigt, gemäß § 1143[1] die Forderung derselben und nach § 1153 zugleich die Hypothek im Augenblick der Zahlung kraft Gesetzes auf ihn über, ohne daß es dazu der Abtretung bedarf. Der Übergang der Forderung kraft Gesetzes ist eine „Übertragung" derselben im Sinne des § 1795[2]. Denn das BGB. umfaßt mit diesem Ausdruck — ausweislich der Überschrift zu Buch 2 Abschnitt 4 und ausweislich der §§ 398, 412 — sowohl die Übereignung durch Vertrag (Abtretung § 398 ff.), als auch die kraft Gesetzes (§ 412) und diejenige durch richterliche Verfügung. Bei der Zahlungsempfangnahme handelt es sich somit um ein Rechtsgeschäft, das die Übertragung einer durch Hypothek gesicherten Forderung der Kinder gegen die Mutter zum Gegenstande hat. Die Zurückverweisung in Abs. 2 des § 1795 auf den § 181, dessen „Vorschrift unberührt bleibt" und der bestimmt, daß ein Vertreter im Namen des Vertretenen mit sich im eigenen Namen oder als Vertreter eines Dritten ein Rechtsgeschäft abschließen kann, wenn es ausschließlich in der Erfüllung einer Verbindlichkeit besteht, gestattet keineswegs die Folgerung, daß der Gewalthaber und der Vormund das Kind bei einem Rechtsgeschäft der im § 1795 Nr. 2 bezeichneten Art vertreten dürfen, wenn das Kind oder der Mündel zur Vornahme des Rechtsgeschäftes verpflichtet ist. Denn wenn das gewollt wäre, so hätte nahe gelegen, es bei Ziff. 2 ebenso zu sagen, wie es bei Ziff. 1, trotz der Zurückverweisung im Abs. 2 auf den § 181, ausdrücklich durch die Worte geschehen ist: „es sei denn, daß das Rechtsgeschäft ausschließlich in der Erfüllung einer Verbindlichkeit besteht.“ Gerade der Umstand, daß diese Worte bei Ziff. 1 ungeachtet der Zurückverweisung im Abs. 2 aufgenommen wurden, und daß sie bei den Ziff. 2 und 3 fehlen, läßt erkennen, daß die Zurückverweisung im Abs. 2 nur vorbehaltlich der im Abs. 1 getroffenen Vorschriften zu verstehen ist.

Jeden Zweifel beseitigt die Entstehungsgeschichte des § 1795. Im Entwurf I umfaßte er (als § 1657) lediglich den Abs. 1 der gegenwärtigen Form (in nur teilweise stilistisch abweichender Fassung); der jetzige Abs. 2 fehlte. Bemerkt war hierzu in den Motiven S. 1088, dem Entwurf liege das Prinzip zu Grunde, daß der Vertreter einer Person mit sich selbst in eigenem Namen oder im Namen einer von ihm ebenfalls vertretenen anderen Person wirksam kontrahieren kann; in Ermangelung einer entgegenstehenden besonderen Vorschrift würde daher auch der Vormund bei Rechtsgeschäften zwischen ihm selbst und dem Mündel von der gesetzlichen Vertretung nicht ausgeschlossen sein; doch habe sich das Bedürfnis gezeigt, in solchen Fällen die vom Gesetze verliehene Vertretungsmacht zum Schutze des Mündels gegen Mißbrauch derselben auszuschließen; dies geschehe durch den § 1651 (jetzt 1795 Abs. 1); die Ausnahme, die von dieser Regel des Ausschlusses die Ziff. 1 in Ansehung der Erfüllungsgeschäfte vorsehe, wolle den Anforderungen des Lebens und den Unzuträglichkeiten gerecht werden, welche mit der unbedingten Durchführung der Regel verbunden sein würden; die Ziff. 2 wolle in den Fällen, in denen der Vormund selbst Schuldner des Mündels und wegen dieser Schuld dem Mündel Sicherheit bestellt ist, Vorsorge gegen Verfügungen treffen, durch die dem Mündel die Sicherheit entzogen werden kann; ein Bedürfnis, noch weiter zu gehen und auch in Ansehung der Verfügung über nicht versicherte Forderungen des Mündels die Vertretungsmacht unbedingt auszuschließen, können dagegen nicht anerkannt werden. Die 2. Kommission beanstandete den § 1651 nicht, beauftragte aber die Redaktionskommission, ihn zu fassen: „Der Vormund ist außer in den Fällen des § 149 (Entwurf II, jetzt § 181) von der gesetzlichen Vertretung ausgeschlossen: 1) ..., 2) ..., 3) ...“ Hiernach war in zweifelsfreier Weise bestimmt, daß die Fälle der Ziffer 1, 2, 3 von dem § 181 nicht berührt werden, der Vormund vielmehr bei ihrem Vorliegen unbedingt von der Vertretung ausgeschlossen sein sollte. Eine sachliche Änderung wurde nicht mehr beschlossen. Die gegenwärtige Fassung des § 1795 soll dies zum Ausdruck bringen. Das Ergebnis ist sonach: § 1795 Abs. 2 und der § 181 enthalten die Regel, der Abs. 1 des § 1795 enthält die Ausnahme; die Geltung des

Abs. 1 wird durch die Zurückverweisung in Abs. 2 nicht betroffen; bei den in Abs. 1 gedachten Geschäften ist die Vertretungsmacht des Vormundes und des Gewalthabers schlechthin ausgeschlossen, soweit nicht daselbst (in Ziff. 1) wiederum eine Ausnahme gemacht ist. Da bei Ziff. 2 des § 1795 keine Ausnahme für den Fall vorgesehen ist, daß der Vormund oder der Gewalthaber durch die Vornahme eines Rechtsgeschäftes der dort bezeichneten Art lediglich eine Verbindlichkeit des Mündels oder des Kindes erfüllen, die Ziff. 2 ihnen vielmehr die Vertretungsmacht für die dort aufgeführten Rechtsgeschäfte schlechthin nimmt, ist die Beschwerdeführerin von der Vertretung ihrer Kinder bei der Empfangnahme der Zahlung des Vatererbes und bei den Erklärungen, welche die Aufgabe des Hypothekenrechtes zum Gegenstande haben, kraft Gesetzes ausgeschlossen. R.

### b) Zur Auslegung der §§ 1909 ff. BGB.

OLG. Dresden, VI. CS. Beschluß v. 21. Oktober 1902.

... Der Pfleger M. ist für die minderjährige B. bestellt worden, bevor ihrem Vater die Fürsorge für ihre Person entzogen worden war. Der Wirkungskreis, der dem Pfleger bei seiner Bestellung zugewiesen worden war, umfaßt sonach nur die Vertretung des Kindes gegenüber seinem Vater in dem Verfahren, das die Entziehung der Fürsorge und die Anordnung der Zwangserziehung zum Gegenstande hat (vgl. Planck, Erl. 1 vor § 1909 BGB.; Motive, amtl. Ausg. 4 S. 1044. 1252; Kammergericht im Centralbl. für freiwill. Gerichtsbark. 1 S. 318 Nr. 800; OLG. Rostock, ebenda 2 S. 449 Nr. 270). Nachdem dem Vater die Fürsorge für die Person des Kindes entzogen worden ist, hat sich der Wirkungskreis des Pflegers nicht von selbst erweitert. Denn maßgebend für dessen Umgrenzung bleibt die Verpflichtung; lediglich diese ist die Quelle seiner Rechte und seiner Pflichten (Planck, Erl. 2 zu §§ 1789, 1833 BGB.); aus ihr ist auch zu entnehmen, wie lange das Amt des Pflegers dauert (§ 1918 Abs. 3 BGB.). Hiernach wird das Vormundschaftsgericht für die Angelegenheiten, an deren Besorgung der Vater zufolge der Entziehung des Fürsorgerechtes behindert ist, nunmehr einen Pfleger zu bestellen haben (§§ 1909 Abs. 1 Satz 1, 1628; vgl. auch § 1698 BGB.). Dabei wird dem Vormundschaftsgericht empfohlen, zum Zwecke der Ausschließung künftiger Zweifel den dem Pfleger zugewiesenen Wirkungskreis bei seiner Verpflichtung und in seiner Bestallung so genau und bestimmt als möglich zu bezeichnen und abzugrenzen (vgl. Hesse, Deutsches Vormundschaftsrecht S. 241). Schdt.

### c) Eine Pflegschaft gemäß §§ 1911, 1913 BGB. ist nur dann einzuleiten, wenn die Fürsorgemaßregel lediglich im Interesse desjenigen erforderlich ist, dem der Pfleger bestellt werden soll.

Kammergericht, I. CS. Beschluß v. 30. Juni 1902.

Als Eigentümer eines im Amtsgerichtsbezirke B. belegenen Grundstückes sind sechs Geschwister als Miteigentümer in ungeteilter Erbengemeinschaft eingetragen. Bei der Eintragung ist als Wohnort der Miteigentümer 2, 4—6

B. bezeichnet und bei 1 und 3 vermerkt, daß sie sich in Amerika befinden. A., für den eine Hypothek umgeschrieben ist, hat für die Miteigentümer 1—5 einen Abwesenheitsvormund beantragt, wobei er 2—5 als verstorben bezeichnet hat. Zur Begründung hat er vorgetragen, der Miteigentümer zu 6 devastiere das Grundstück und gefährde die Sicherheit seiner Hypothek; ein Abwesenheitsvormund sei erforderlich, damit A. seine Zinsen einklagen könne, und das Grundstück verpachtet werde. Der Antrag wurde zurückgewiesen, auch die weitere Beschwerde blieb erfolglos. Aus den Gründen:

Eine Abwesenheitspflegschaft kann bezüglich 2—5 nicht in Frage kommen, da diese nach den eigenen Angaben des Beschwerdeführers verstorben sind und eine Pflegschaft aus § 1911 nur zur Fürsorge für die Vermögensangelegenheiten eines lebenden, aber seinem Aufenthalte nach unbekannten Volljährigen stattfindet. Jedoch kommt es nicht darauf an, wie der Antragsteller den zu bestellenden Pfleger bezeichnet, vielmehr hat das Vormundschaftsgericht nach der ganzen Sachlage zu prüfen, welch eine Pflegschaft gegebenenfalls einzuleiten ist; denn es hat sogar von Amts wegen die Bestellung eines Pflegers zu bewirken, wenn die Voraussetzungen dazu vorliegen und diese zu seiner Kenntnis gelangen (Planck Anm. 4 zu § 1911, Anm. 5 zu § 1913; Schultze-Goerlitz Anm. 1 zu § 41 FrGG.). Mit Recht ist daher das Landgericht darauf eingegangen, ob hinsichtlich der Miteigentümer 2—5 etwa die Voraussetzungen des § 1913 vorliegen. Es hat dies, sowie das Vorhandensein der Voraussetzungen des § 1911 hinsichtlich des Miteigentümers 1 verneint, weil die Pflegschaft für die Miteigentümer kein Interesse habe. Wie bereits wiederholt ausgesprochen, ist für eine Angelegenheit, bei welcher ein Beteiligter unbekannt, ungewiß oder abwesend ist, nur dann eine Pflegschaft gemäß §§ 1911, 1913 einzuleiten, wenn die Fürsorgemaßregel lediglich im Interesse dieses Beteiligten beantragt wird, und rechtfertigt das Interesse eines Dritten, insbesondere eines Gläubigers, die Einleitung der Pflegschaft nicht (Rsp. 1 S. 386, 2 S. 346, 474)[1]. Daraus folgt, daß dem Beschwerdeführer, soweit er in seinem eigenen Interesse die Einleitung der Pflegschaft beantragt hat, wegen Ablehnung des Antrages ein Beschwerderecht nicht zusteht. Aber auch, soweit er im Interesse der Miteigentümer 1—5, nämlich weil durch die Devastation der Wert des Grundstückes vermindert werde, den Antrag gestellt hat, ist er zur Beschwerde nicht berechtigt, da durch die Ablehnung der Pflegschaft nicht gemäß § 20 FrGG. ein ihm zustehendes Recht beeinträchtigt ist, und er auch nicht gemäß § 57[3] ein rechtliches Interesse daran hat, daß im Interesse jener Miteigentümer eine Pflegschaft eingeleitet werde (Jahrb. 22 A S. 73). Daß die Voraussetzungen zur Einleitung einer Nachlaßpflegschaft gemäß §§ 1960, 1961 BGB. nicht vorliegen, ist vom Landgericht zutreffend dargelegt. Übrigens wäre, wenn die hinsichtlich einer Nachlaßpflegschaft allein in Betracht kommenden Miteigen-

[1] Vgl. auch Rsp. 2 Nr. 80b.

tümer 2—5 bereits vor 1900 verstorben wären, wie es den Anschein hat, die Einleitung einer Nachlaßpflegschaft auf Grund der §§ 1960, 1961 in Anbetracht des Art. 213 EG. ausgeschlossen (Jahrb. 23 A S. 203). Oldf.

d) **Nachlaßpflegschaft in der Übergangszeit.**

Kammergericht, I. CS. Beschluß v. 7. April 1902.

Die Erblasserin, für deren Nachlaß die Pflegschaft eingeleitet worden ist, ist 1898 gestorben; die erbrechtlichen Verhältnisse bestimmen sich daher auch jetzt nach früherem Rechte. Die Nachlaßpflegschaft des BGB. empfängt ihren Inhalt aus dem Erbrechte, sie ist insoweit ein erbrechtliches Verhältnis (§ 1960 ff.), doch gelten für sie in zweiter Linie auch die Vorschriften über die Pflegschaften (§§ 1913, 1915, 1919). Auf die vorliegende Nachlaßpflegschaft, die noch unter der Herrschaft des BGB. fortgedauert hat, findet deshalb in ersterer Beziehung das alte Recht, in letzterer Beziehung seit 1. Januar 1900 gemäß Art. 210 EG. das neue Recht Anwendung. — Nach dem Rechte des BGB. unterstehen die Nachlaßpflegschaften der Aufsicht des Nachlaß- und nicht des Vormundschaftsgerichtes (§ 1962). Diese erbrechtliche Vorschrift des neuen Rechtes kann auf die vorliegende Nachlaßpflegschaft nicht Anwendung finden; die letztere ist deshalb mit Recht auch nach dem Inkrafttreten des BGB. vom Vormundschaftsgerichte weiter beaufsichtigt.

Es handelt sich um die Frage, ob das Vormundschaftsgericht nach dem Aufhören der Nachlaßpflegschaft den Pfleger zur Herausgabe der Masse an den Berechtigten, insbesondere durch Zwangsmittel, Ordnungsstrafen, anhalten kann. Wenn der Grund zur Einleitung der Nachlaßpflegschaft weggefallen ist, dann hat sie nach früherem, wie nach heutigem Rechte ihr Ende erreicht. Die Voraussetzungen für das Aufhören hatte das Vorm.-Gericht in diesem Falle nach dem früheren Rechte, unter dem die Pflegschaft eingeleitet ist, zu beurteilen. Denn ebenso wie für die Einleitung einer Nachlaßpflegschaft sind auch für ihre Dauer erbrechtliche Grundsätze maßgebend. Anders war dagegen die Frage zu beurteilen, wie die Nachlaßpflegschaft aufhört, d. h. ob sie mit dem Wegfall des Grundes zu ihrer Einleitung von selbst aufhört oder aber ob sie besonders aufgehoben werden muß. Dies ist eine Frage, die sich lediglich nach vormundschaftlichen Grundsätzen beantworten läßt. Insoweit kommt § 1919 zur Anwendung, daß die Pflegschaft aufzuheben ist, wenn der Grund für die Anordnung weggefallen ist. Die Aufhebung ist aber schon in der Verfügung des Vormundschaftsgerichtes an den Pfleger wegen Rückgabe der Bestallung, eventuell in der späteren Verfügung, daß durch den abgeschlossenen Vergleich die Pflegschaft zum Abschluß gekommen sei, zu finden. Aber die Pflegschaft hört nicht von selbst auf, noch hindert die noch ausstehende Ausschüttung der Masse die Aufhebung, ja das alte (preuß.) und das neue Recht (§ 1890) verlegen die Herausgabe des Vermögens auf die Zeit nach Beendigung des vormundschaftlichen Amtes. — Die Befugnisse des Vormundschaftsrichters gegenüber dem Nachlaßpfleger nach dem

Aufhören der Pflegschaft, wie das Verhältnis zwischen dem Vormundschaftsrichter und dem Nachlaßpfleger überhaupt, können vom Inkrafttreten des BGB. an nur nach dessen Vorschriften beurteilt werden; insofern erscheint der Nachlaßpfleger aus dem früheren Rechte als ein Pfleger gemäß §§ 1913, 1915. Denn die Ausübung des Aufsichtsrechtes durch das Vormundschaftsgericht stellt kein erbrechtliches, sondern ein vormundschaftliches Verhältnis dar.

Wie bereits im Jahrb. 21 A S. 201 ausgesprochen ist, hört mit dem Ende der Vormundschaft (Pflegschaft) noch nicht eine jede Thätigkeit des Vormundes und des Gerichtes vollständig auf, vielmehr bleiben sie insoweit thätig, als es die Lösung des Rechtsverhältnisses noch fordert. Der Vormund hat insbesondere noch die Pflichten der §§ 1890, 1892. Dem Gerichte liegen aber auch noch andere Verrichtungen ob, die mit dem Aufhören der Vormundschaft in unmittelbarem Zusammenhange stehen und durch das Ende der Verwaltung des Vormundes bedingt werden. Dahin gehört die Ausstellung einer Bescheinigung über das Aufhören einer Vormundschaft zum Zwecke der Legitimation des seither Bevormundeten bei der Abhebung vormundschaftlich hinterlegter Gelder und Wertpapiere, oder die Herbeiführung der Aufhebung der vom Vormund etwa geleisteten Sicherheit. Endlich kann das Gericht dem gewesenen Vormund noch eine Vergütung bewilligen, wenn Anlaß dazu gegeben ist. Von einer Mitwirkung des Vormundschaftsgerichtes bei der dem Vormund (Pfleger) obliegenden Vermögensherausgabe sagt aber das Gesetz nichts; sie folgt auch nicht aus der Stellung des Gerichtes. Dieses hat die Verwaltung des Vormundes u. s. w. zu beaufsichtigen und auch nach dem Aufhören der Vormundschaft insoweit thätig zu bleiben, als das zur Auflösung der Verwaltung notwendig ist. Dahin gehört aber nicht die Lösung der rein obligatorischen Beziehungen, welche durch die vormundschaftliche Verwaltung zwischen Vormund und Pflegebefohlenen entstanden sind. Insbesondere kann daher das Vormundschaftsgericht den Vormund nicht durch Zwangsmittel zur Vermögensherausgabe anhalten. Auch die vom Vormunde gegen die Herausgabe erhobenen Einwendungen gehören lediglich vor den Prozeßrichter. D.

---

## 70

### a) Zur Auslegung des § 542 BGB.

OLG. Königsberg, II. CS. Urteil v. 9. Juli 1902.

Der Kläger will an dem vertragsmäßigen Gebrauch der gemieteten Waschanstalt durch deren bauliche Mängel verhindert worden sein. Denn einmal hätten die Mängel im Juni 1901 eine Reparatur von 10 Tagen und eine eben solange Einstellung des Betriebes erforderlich gemacht; sodann aber sei die Anstalt auch nach dieser Reperatur zum vertragsmäßigen Gebrauch noch immer nicht geeignet. Daß er dem Beklagten eine Frist zur Abhilfe bestimmt habe, behauptet er nicht, er begründet vielmehr die Klage nur damit, daß er infolge der Gebrauchshinderung kein Interesse an der

Erfüllung des Mietsvertrages mehr habe, weil er seine Kundschaft in der Hauptsache schon infolge der zehntägigen Betriebseinstellung verloren habe und weil er sie durch die demnächst noch erforderlich werdende dreiwöchige Reparatur und Betriebseinstellung vollends einbüßen werde. Andererseits hat er den Betrieb gleich nach Beendigung der Reparatur am 13. Juni 1901 wieder aufgenommen und ihn am 13. August 1901 nicht etwa deshalb aufgegeben, weil er infolge der Mängel nicht mehr möglich war, sondern nur, weil er fürchtete, daß die Einstellung des Betriebes wegen der neu konstatierten Risse doch über kurz oder lang erfolgen mußte.

Hieraus ergiebt sich einmal, daß der Kläger nach Beendigung der Junireparatur noch genügend Kundschaft besaß, um das Waschgeschäft fortzuführen, und daß mithin, wenn die zehntägige Betriebseinstellung sich als Entziehung des vertragsmäßigen Gebrauches der Mietssache im Sinne des § 542 darstellt, doch die weitere Voraussetzung dieses Paragraphen fehlt: daß der Kläger infolge der Einstellung an der Fortsetzung des Mietsvertrages kein Interesse mehr hatte. — Ferner muß man aus dem Umstande, daß der Kläger nach der Reparatur den Betrieb der Anstalt noch fast zwei Monate fortgesetzt hat und nach dem Gutachten noch länger hätte fortsetzen können, den Schluß ziehen, daß die Waschanstalt nach der Reparatur zum vertragsmäßigen Gebrauche thatsächlich nicht mehr ungeeignet war und daß mithin eine Entziehung des vertragsmäßigen Gebrauches im Sinne des § 542 damals nicht mehr vorlag. Die vom Sachverständigen hervorgehobene Thatsache, daß eine Gefährdung des Betriebes infolge der neu entstandenen Risse möglicherweise im Frühjahre 1902 eintreten kann, vermag die Anwendung des § 542 nicht zu rechtfertigen. Denn dieser Paragraph giebt ein Kündigungsrecht nur im Falle der wirklichen Entziehung des vertragsmäßigen Gebrauches und nicht schon dann, wenn die Besorgnis einer künftigen Entziehung besteht.

§ 542 ist aber vorliegend schon deshalb unanwendbar, weil der teilweise oder gänzliche Verlust der Kundschaft nicht die Bedeutung beanspruchen kann, daß der Kläger nunmehr keinerlei Interesse an der Erfüllung des Mietsvertrages hat. Es ist dabei zu berücksichtigen, daß der Mietsvertrag auf einen mehr wie zehnjährigen Zeitraum geschlossen ist, welcher erst zu einem kleinen Teile abgelaufen ist. Es liegt auf der Hand, daß der Kläger, der sich schon im Laufe des ersten Mietsjahres einer zahlreichen Kundschaft zu erfreuen hatte, in der Lage sein wird, sich während der noch bevorstehenden langjährigen Mietszeit neue Kundschaft zu erwerben. Daß damit für den Kläger ein vielleicht erheblicher Verlust verbunden sein kann, läßt sich nicht verkennen. Es handelt sich aber hier um das Recht zum Rücktritte vom Vertrage, das nicht schon durch die Entstehung eines Schadens, sondern erst dann begründet ist, wenn der Mieter infolge des Schadens an der Erfüllung des Vertrages kein Interesse mehr hat. Dies trifft aber bei der zweifellos vorhandenen Aussicht des Klägers auf Erwerb neuer Kundschaft nicht zu. Wenn der Kläger aus den baulichen Mängeln einen Grund zur fristlosen

Kündigung entnehmen wollte, so hätte er den Beklagten gemäß § 542 Satz 2 eine angemessene Frist zur Beseitigung der Mängel stellen müssen. Da er dies nicht gethan hat, kann er dem Beklagten gegenüber anderweite Rechte, als sie sich etwa aus den §§ 537, 538 ergeben, nicht geltend machen. Daß der Kläger dem Beklagten die Mängel bereits vor dem 1. Juni 1901 angezeigt und ihm seine Absicht, vom Vertrage zurückzutreten, erklärt hat, ist für die hier allein in Frage kommende Prüfung, ob der Rücktritt berechtigt ist oder nicht, ohne Belang. Zu jener Anzeige war er nach § 545 verpflichtet. Th.

b) **Das Mietrecht eines Kaufmannes überträgt sich nicht auf die durch Eintritt eines Dritten gebildete Gesellschaft.**[1]

**BGB. § 549. HGB. § 28.**

Kammergericht, XIV. CS. Urteil v. 20. März 1902.

Der Kaufmann A. hatte für sein Geschäft vom Beklagten Räume gemietet und bezogen. In dieses Geschäft trat der Kläger als persönlich haftender Gesellschafter; demnächst löste sich die Gesellschaft in der Weise auf, daß A. ausschied und der Kläger unter Übernahme der Außenstände und Schulden das Geschäft unter der bisherigen Firma fortführte. Aus den Gründen:

Den Vertrag mit dem Beklagten hat als Mieter A. abgeschlossen. Die Bemerkung, daß A. den Vertrag „als Inhaber der Firma X." abschließe, bedeutet nicht, daß der Vermieter verpflichtet ist, den Gebrauch der Räume jedem, der (berechtigter Weise) die Firma X. führt, zu gewähren, sondern daß die Räume, die den Gegenstand des Vertrages bilden, dem A. zum Zwecke der Ausübung des von ihm unter der Firma X. betriebenen Handelsgewerbes überlassen worden. A. war also ohne Erlaubnis des Beklagten nicht berechtigt, den Gebrauch der Räume einem Dritten, dem Kläger, zu überlassen (§ 549). Hätte A. sein Handelsgeschäft mit dem Rechte zur Fortführung der Firma unmittelbar dem Kläger veräußert und gleichzeitig das Recht aus dem Mietvertrage abgetreten, so würde kein Zweifel darüber bestehen können, daß der Beklagte den Kläger als neuen Mieter nicht anzunehmen und nicht anzuerkennen brauchte. Ein Bedenken wird hier nur dadurch hervorgerufen, daß sich A. zunächst mit dem Kläger zu einer offenen Handelsgesellschaft verbunden hat, dann aus der Gesellschaft ausgeschieden ist und seinen Geschäftsanteil mit dem Rechte zur Fortführung der Firma dem Kläger überlassen und daß der Beklagte während des Bestehens der Gesellschaft gegen diese und deren Inhaber fällige Miete eingeklagt hat. Aber aus der Anstellung des Vorprozesses wäre höchstens zu folgern, daß der Beklagte damit einverstanden gewesen ist, daß der Kläger neben A. oder gemeinschaftlich mit A. die Räume gebrauche, nicht aber, daß er seine Einwilligung auch dazu erteilt hat, daß der Kläger die Mietrechte an Stelle und mit Ausschließung des A. als alleiniger Mieter ausübe. K.

[1] Vgl. Urteil des RG. v. 31. Mai 1893, Gruchot 37 S. 1148 Nr. 97.

c) **Die im § 561 Abs. 2 BGB. bestimmte Monatsfrist findet auch auf die Klage aus § 805 CPO. Anwendung.**[1]

Kammergericht, X. CS. Urteil v. 4. Oktober 1902.

Es ist zwar anzuerkennen, daß sich die §§ 560, 561 ihrem Wortlaute nach auf das Verhältnis zwischen dem Vermieter und Mieter in Ansehung des Vermieterpfandrechtes an den Illaten des Mieters beziehen, daß auch die beiden Absätze des § 561 in einem logischen Zusammenhange stehen, daß ferner im Abs. 2 der zweite Satz, der die Monatsfrist festsetzt, nicht ohne Bezugnahme auf den ersten Satz ausgelegt werden darf, und daß deshalb in den Schlußworten des § 561 „wenn nicht der Vermieter diesen Anspruch vorher geltend macht", der Ausdruck „dieser Anspruch" sprachlich auf den im ersten Satze des Abs. 2 dem Vermieter gegebenen Anspruch auf „Herausgabe zum Zwecke der Zurückschaffung in das Grundstück" bezw. auf „Überlassung des Besitzes" bezogen werden muß. Allein der § 561, als Ganzes betrachtet, handelt von dem Selbsthilferechte des Vermieters zur Aufrechterhaltung seines Pfandrechtes; und zwar stellt Abs. 1 dieses Selbsthilferecht fest, Abs. 2 aber erörtert die Rechte des Vermieters für den Fall, daß es zur unmittelbaren Ausübung des Selbsthilferechtes nicht gekommen ist. Daraus nun, daß der erste Satz des Abs. 2 nur die beiden Alternativen erwähnt, daß die Sachen „ohne Wissen" oder daß sie „unter Widerspruch" des Vermieters entfernt worden sind (daß dieser also das Selbsthilferecht aus Abs. 1 entweder aus Unkenntnis von der Entfernung der Sachen oder, weil er es nicht hat durchsetzen können, nicht ausgeübt hat), folgt nicht, daß unter die Bestimmungen des zweiten Satzes des Abs. 2 nicht auch der dritte mögliche Fall der Vereitelung des Selbsthilferechtes zu subsumieren wäre, derjenige nämlich, daß ein Widerspruch des Vermieters gesetzlich nicht zugelassen ist, d. h. der im § 805 CPO. behandelte Fall. Das Gegenteil ist vielmehr anzunehmen. Wenn der § 805 den Pfandberechtigten, der sich nicht im Besitze der Sache befindet, auf einen im Anspruche auf vorzugsweise Befriedigung aus dem Erlöse verweist, so läßt diese Vorschrift erkennen, daß in einem solchen Falle das Pfandrecht trotz der im Falle der Durchführung des Pfändungsverfahrens notwendig eintretenden Entfernung der Sachen nicht schlechthin erlöschen soll, was an sich die Rechtsfolge aus § 560 BGB. sein würde, wenn wir hier die gepfändeten Sachen mit Wissen des Vermieters und ohne Widerspruch desselben (den ihm das Gesetz verbietet) entfernt werden, sondern daß es sich in ein seinem Wesen nach von ihm rechtlich nicht verschiedenes Vorzugsrecht am Erlöse verwandelt. Diesem so verwandelten Pfandrechte aber eine stärkere Kraft und eine größere Lebensdauer zu vindizieren als dem unverwandelten desjenigen Vermieters, der sein Selbsthilferecht aus einem der anderen beiden oben angegebenen Gründe nicht hat ausüben können, kann nicht wohl die Meinung

[1] Ebenso Mittelstein S. 202, vgl. dagegen Niendorff S. 261.

des Gesetzgebers gewesen sein. Wenn er im Falle der Entfernung der Sachen das Recht der gerichtlichen Geltendmachung des dem Vermieter zustehenden Anspruches an die Frist eines Monates seit der Kenntnis des Vermieters von der Entfernung knüpfen wollte, so wollte er dies für alle Fälle, in welchen das Selbsthilferecht des Vermieters vereitelt wird, d. h. die Entfernung der Sachen nicht hat verhindert werden können, gleichgültig aus welchem Grunde dies der Fall war. Dabei kann es keinen Unterschied machen, daß in einem der möglichen Fälle, eben demjenigen des § 805 CPO., der Anspruch des Vermieters nicht mehr auf Zurückschaffung der Sachen oder Überlassung des Besitzes, sondern auf vorzugsweise Befriedigung aus dem Erlöse der Sachen geht, und daß er sich nicht nur gegen die Mieter, sondern gegen Dritte, die ebenfalls ein Pfandrecht an den Sachen (durch Pfändung) erworben haben, richtet. Es kann also der in Abs. 2 Satz 2 des § 561 bezeichnete „Anspruch" auch auf die Klage aus § 805 CPO. bezogen werden, weil die letztere Vorschrift an Stelle des Anspruches auf Zurückschaffung oder Inbesitzlassung der Sachen denjenigen auf vorzugsweise Befriedigung aus dem Erlöse gesetzt hat. Überdies ist es durchaus billig und deshalb dem vermutlichen Willen des Gesetzes entsprechend, wenn derjenige Vermieter, welcher der Entfernung der Sachen bloß deshalb nicht widersprochen hat, weil das Gesetz ihn daran hinderte, in dieselbe Rechtslage gebracht wird, in welcher sich derjenige befindet, der zwar widersprochen hat, dessen Widerspruch aber aus thatsächlichen Gründen ignoriert worden ist. Demgemäß ist der Kläger, welcher erst länger als einen Monat nach Kenntnis von der Entfernung der Sachen seinen Anspruch auf vorzugsweise Befriedigung aus dem Erlöse dieser Sachen gerichtlich geltend gemacht hat, gegenüber dem auf dem Pfändungspfandrechte beruhenden Anspruche des Beklagten abzuweisen. Ne.

d) **Rückgabe der Mietsache. §§ 556, 558.**

OLG. Hamburg, II. CS. Urteil v. 14. Juni 1902.

Die Klage wegen Verschlechterung der vermieteten Wohnung ist am 16. November 1901 zugestellt. Beklagter hat Verjährung eingewendet, weil Kläger die Wohnung im April 1901 zurückerhalten habe. Nach dem Beweisergebnisse hat am 12. April 1901 nachts der Beklagte mit seinen Sachen die Wohnung verlassen, in der nur noch viel altes Papier umherlag. Dagegen standen auf dem zur Wohnung gehörigen Boden, dessen Schlüssel Beklagter verloren hatte, noch einige alte Mobilien. Beklagter hat die zur Wohnung gehörigen Schlüssel in derselben zurückgelassen. Am 13. April hat X., welcher vom Kläger angestellt war, um für die Reinigung und Ordnung des Hauses zu sorgen, die Schlüssel an sich genommen, die Wohnung verschlossen und dem Kläger mitgeteilt, daß in der Wohnung noch Papier umherliege. Dann ist der Diener des Beklagten gekommen, um sich nach dem Bodenschlüssel zu erkundigen, der sich im Besitze der Frau X. vorgefunden hat. Einige Tage darauf ist der Boden geräumt worden, während Beklagter das alte Papier erst im Mai hat entfernen lassen.

Nach diesem Thatbestande erscheint die Einrede der Verjährung begründet, weil der Vermieter die Wohnung noch im April 1901 zurückerhalten hat. Gemäß § 556[1] war der Beklagte verpflichtet, die Sache nach Beendigung des Mietverhältnisses zurückzugeben. Handelt es sich um eine Wohnung, so wird sich deren Zurückgeben regelmäßig dergestalt vollziehen, daß der Mieter nach Entfernung der eingebrachten Sachen die Schlüssel an den Vermieter zurückgiebt. Begnügt sich der Mieter damit, die Wohnung zu räumen und sie offen zurückzulassen, insbesondere auch unter Zurücklassung der Schlüssel in der Wohnung, so hat der Mieter damit gezeigt, daß er die Mietsache nicht mehr haben will. Er hat sie zwar nicht zurückgegeben, wie es seine Pflicht ist, sondern nur aufgegeben, aber erkennbar gemacht, daß der Vermieter die Wohnung zurücknehmen könne, und dieser erhält sie zurück, wenn er sich in den Besitz der Wohnung setzt. Das ist hier kurz nach dem 12. April geschehen dadurch, daß X. die unter Zurücklassung der (meisten) Schlüssel vom Beklagten geräumte Wohnung für den Kläger an sich genommen hat. Der Kläger bestreitet zwar, daß dies für ihn verbindlich gewesen sei, weil X. nicht berechtigt gewesen sei, die Wohnung zu vermieten oder zu kündigen. X. war aber bestellt zu sorgen für Reinhaltung des Hauses und Einhaltung der Hausordnung durch die Mieter, sowie auch zum Eingreifen bei eintretenden Schäden und Gefahren für das Haus. Er war daher der Vertreter des anderswo wohnenden Vermieters insoweit, als sich die Mieter an ihn wegen kleiner Reparaturen, Anzeige von Mängeln (§ 545) zc wenden durften. Hierher muß auch die Rückgabe der Schlüssel nach beendigtem Mietverhältnisse gerechnet werden, denn dabei handelt es sich um einen thatsächlichen Vorgang der oben gekennzeichneten Art. Der Hauswart des Vermieters ist es gerade, der die Schlüssel in Händen haben muß, um, wie dies in den Anstellungsbedingungen des X. hervorgehoben wird, die leere Wohnung lüften zu können; ferner, um sie Reflektanten zeigen, Handwerker einlassen zu können zc. Beklagter wäre daher berechtigt gewesen, die Schlüssel der geräumten Wohnung dem X. zu übergeben und damit seiner Rückgabepflicht zu genügen. Wenn Beklagter statt dessen die Schlüssel in der offen gelassenen Wohnung hat liegen lassen, so hat er offenbar damit gerechnet — was auch eingetreten ist — daß X., dem der Auszug des Beklagten bekannt war, die Schlüssel an sich nehmen und die Wohnung für den Vermieter in Gewahrsam nehmen werde. Wollte man aber weitergehend annehmen, daß der Vermieter erst von solchem Ereignisse Kunde erlangt haben mußte, um sagen zu können, daß er die Mietsache zurückerhalten habe, so hat der Kläger jedenfalls schon einige Tage später solche Kenntnis dadurch erlangt, daß ihm X. mitgeteilt hat, daß in der Wohnung des Beklagten Papier zurückgeblieben sei, welches entfernt werden müsse, denn hieraus mußte Kläger ersehen, daß sein Hauswart (Vize) die Wohnung an sich genommen habe.

Daß der Beklagte in der Wohnung viel altes Papier zurückgelassen hatte, das er erst erheblich später hat entfernen lassen, ändert an den vorstehenden Ausführungen nichts, denn er hatte dadurch nicht etwa zu erkennen gegeben, daß er die Wohnung noch behalten wolle. Handelte es sich doch nur um Unrat, um Gegenstände, welche Beklagter (unbefugt) seinem Vermieter mit der Wohnung überlassen wollte. Zweifelhaft kann es dagegen erscheinen, ob der Beklagte, der den Boden nicht geräumt hatte, dieses Zubehör seiner Wohnung noch hat behalten wollen, und ob nicht deshalb eine Aufgabe der ganzen Wohnung als erst in dem Zeitpunkte erfolgt anzunehmen ist, in welchem auch der Boden geräumt war. Einer Entscheidung dieser Frage bedarf es jedoch nicht, weil auch bei Zugrundelegung dieses späteren Zeitpunktes die Verjährung schon eingetreten war, bevor die Klage erhoben ist. . . . M. M.

Dazu: OLG. Hamburg, IV. CS. Urteil v. 23. Mai 1902.

Der Pflicht zur Rückgabe der gemieteten Schute ist der Beklagte nicht nachgekommen, wenn die während der Mietbenutzung angerannte Schute durch einen Taucher vom Grunde der Elbe gehoben und dann als vollständiges Wrack wegen Reparaturunwürdigkeit von der Vermieterin dem Taucher belassen ist. Es handelt sich bei dieser Sachlage um einen Anspruch wegen verschuldeten Unterganges der Mietsache, den der Beklagte mit Unrecht als nach § 558 verjährt bezeichnet hat, da die dort eingeführte kurze Verjährungsfrist nur Ansprüche des Vermieters wegen Veränderungen oder Verschlechterungen der zurückerhaltenen Sache betrifft. Gegenüber dem Ersatzanspruche wegen Verletzung der Rückgabepflicht aber hätte der Beklagte darzulegen, daß er dieser Verpflichtung infolge eines von ihm nicht zu vertretenden Umstandes nicht nachkommen könne, und er haftet nach den Grundsätzen der §§ 276, 278 für Fahrlässigkeit auch der Leute, deren er sich zur Erfüllung seiner Obhutsverpflichtung bedient hat. . . . M. M.

e) **Haftung des Vermieters für bauliche Mängel.**

OLG. Kiel, II. CS. Urteil v. 27. Juni 1902.

Der Mann der Klägerin, der vom Beklagten eine Wohnung gemietet hatte, ist durch den Sturz von einer durch eine Luke ungenügend verschlossenen Bodentreppe verunglückt. Aus dem Mietverhältnisse läßt sich die Klage auf Schadensersatz nicht begründen. Es spielt nur eine thatsächliche Rolle, insofern dem Beklagten dadurch zum Bewußtsein kam, daß der Mieter dort auf der Unglücksstelle viel verkehren würde. Auf eine Verletzung der Pflichten des Vermieters kann sich die Klägerin nicht stützen, weil nicht etwa ihr Vertragsrecht verletzt ist, und andererseits die Verletzung des Vertragsrechtes des Verstorbenen diesem nur Ersatzrechte geben würde, soweit er selbst durch die Verletzung geschädigt ist; um solche Schädigung handelt es sich hier nicht, auch würden solche in der Person des Getöteten entstandenen Ersatzrechte nur von seinen Erben als solchen verfolgt werden können; die Klägerin tritt aber garnicht als Erbin auf. Demnach müssen die Grundsätze über Haftung des Vermieters wegen Mängel, nach denen das Landgericht den erhobenen Anspruch geprüft hat, hier gänzlich unberücksichtigt bleiben.

Dagegen ist die Klage nach § 823 BGB. begründet. Eine Fahrlässigkeit des Beklagten ist darin zu finden, daß er an gefährlicher Stelle eine ungenügend verwahrte Luke hielt, obwohl er wußte, daß dort Menschen verkehrten, insbesondere daß der Verunglückte und seine Familienmitglieder zuzeiten auf den Boden hinaufgingen. Er mußte mit der Möglichkeit rechnen, daß eine der nach oben gehenden Person einmal auf der steilen Treppe oder auf dem Raume am Fuße derselben, sei es infolge Ausgleitens oder aus anderer Ursache hinfiel und gegen die Luke anprallte. Um die im Verkehre erforderliche Sorgfalt zu beobachten, mußte er die Luke derart verwahren, daß sie selbst einem kräftigen Anpralle nicht nachgab. War der Verschluß der Luke so schwach, daß sie trotz Schließung beider Haspen einem kräftigen Stoße wich, so fällt eben dieserhalb dem Beklagten die Verabsäumung der ihm obliegenden Sorgfalt zur Last. Dasselbe gilt für den Fall, daß der untere Haspe zu jener Zeit nicht befestigt gewesen, die an sich vielleicht ausreichende Schutzvorrichtung demnach nicht benutzt worden sein sollte. Denn im Hinblicke auf die Leichtigkeit, mit der die gewählte Art des Lukenverschlusses trotz Vorhandenseins sogenannter hölzener Überfälle sich öffnen oder geöffnet werden konnte, mußte der Beklagte bei Anwendung der gehörigen Sorgfalt damit rechnen, daß die eine oder andere der beiden Haspen aus irgend einem Grunde nicht übergehakt sein könnte. Ob dieses Nichtüberhaken der Haspe die Folge der Nachlässigkeit irgend einer Person oder die Folge der Nachlässigkeit irgend einer Person oder die Folge irgend eines anderen Umstandes war, ist für das Verschulden des Beklagten nicht von ausschlaggebender Bedeutung. Gr.

f) OLG. Dresden, III. CS. Urteil v. 29. April 1902.[1]

Die Kläger, der Vater A. und sein jetzt 14jähriger Sohn, die im Hause der beklagten Frau B. wohnen, machen Schadenansprüche gegen die Eheleute B. geltend aus einem Unfalle, den der Sohn in dem zur Wohnung gehörigen Aborte dadurch erlitten hat, daß er — von den Kohlenoxydgasen betäubt, die einer dort vom Manne B. zum Auftauen der Schlote aufgestellten offnen Blechpfanne mit glühenden Holzkohlen entströmten, — über diese Pfanne gestürzt und im Gesichte erheblich verbrannt ist. Und zwar fordert der Vater die Heilungskosten, und der Sohn sowohl Ersatz seines nicht vermögensrechtlichen Schadens von 1500 Mark als auch Feststellung der Verpflichtung zur Gewährung einer lebenslänglichen Geldrente wegen Verminderung der künftigen Erwerbsfähigkeit. Der Mann ist auf die Klage des Sohnes für schadenersatzpflichtig erklärt, weil er den Unfall durch Fahrlässigkeit verschuldet habe (§ 823[1] BGB.) und eignes Verschulden des Verletzten (§ 254) nicht vorliege; insoweit ist das Urteil nicht angefochten. Dagegen haben die Kläger

[1] Keine Haftung des Vermieters wegen eines Unfalles bei Benutzung eines Lastenaufzuges, wenn dieser Unfall nur infolge eines nicht vorhersehbaren Zusammentreffens mehrerer außergewöhnlicher Umstände eintrat (Bayer. OLG., I. CS. Urteil v. 13. März 1902, Sammlung 3 S. 225).

Berufung eingelegt, weil erstens die Klage des Sohnes gegenüber der Frau B. und zweitens die des Vaters gegenüber beiden Eheleuten abgewiesen worden. Aus den Gründen:

1. Das Landgericht geht davon aus, die Haftung der Frau B. werde ausschließlich aus der Thatsache abgeleitet, daß sie als Eigentümerin ihren Mann nicht nur allgemein zum Verwalter ihres Hauses bestellt, sondern auch besonders mit dem Auftauen der Schlote beauftragt hatte, und verneint ihre Haftpflicht, weil sie bei der Auswahl ihres Vertreters die im Verkehre erforderliche Sorgfalt beobachtet habe. Die Berufung sucht der Klage des Sohnes gegen Frau B. durch Bezugnahme auf deren rechtliche Stellung als Vermieterin seines Vaters aufzuhelfen. Dies ist zwar prozessual zulässig; denn diesem Gesichtspunkte, der übrigens schon in der Klageschrift zur Genüge angedeutet ist, haben die Gegner nicht widersprochen (§ 527 CPO.). Es ist auch richtig, daß die Haftung der Frau B. für die Handlungen ihres Vertreters von diesem Gesichtspunkte aus eine viel weitergehende ist, als aus dem des § 831, sofern sie nämlich dessen Verschulden nach § 278 auch dann wie ein eigenes zu vertreten hat, wenn sie bei seiner Auswahl nichts versehen hat. Aber diese weitergehende Haftung ist nach dem Wortlaute des § 278 in Verbindung mit der Überschrift des Abschnittes nur im Verhältnisse zu demjenigen begründet, dem gegenüber die Schaden bringende Handlung sich als Erfüllung einer Verbindlichkeit aus einem Schuldverhältnisse darstellt. In einem solchen Verhältnisse steht aber der Vermieter nur zu seinem Mieter selbst, nicht auch zu den die Mietwohnung teilenden Familienangehörigen desselben. Denn läßt sich auch nicht bestreiten, daß der Hausvater beim Ermieten einer Wohnung bewußt zugleich im Interesse der zu seinem Hausstande gehörigen Familienglieder handelt, sofern auch ihnen die Ausübung der vom Vermieter eingeräumten Vertragsrechte zum Vorteile gereicht, so verwirklicht er doch bei Begründung eines solchen Mietverhältnisses, soweit es eben auch den Seinigen zu gute kommt, nur die Absicht, seiner Unterhaltspflicht gegen sie zu genügen und ihnen seinerseits ein Unterkommen zu verschaffen, nicht aber die Absicht, ihnen auch ein selbständiges Vertragsrecht gegen den Vermieter zu verschaffen; noch weniger aber wird bei diesem Letzteren im Regelfalle eine entsprechende Vertragsabsicht anzunehmen sein.

2. Der Anspruch des Vaters läßt sich allerdings aus dem Gesichtspunkte der Haftung aus unerlaubtem Handeln überhaupt nicht begründen, weil A. nur als mittelbar Verletzter in Betracht kommt und keiner der Fälle vorliegt, in denen auch ein solcher Verletzter den durch unerlaubtes Handeln eines Andern erlittenen Schaden ersetzt verlangen kann (§§ 844, 845), jener Anspruch muß jedoch im Hinblick auf die oben besprochene Haftung des Vermieters für die durch einen Vertreter vorgenommenen Erfüllungshandlungen gegen denjenigen der beiden Beklagten als gerechtfertigt anerkannt werden, der ihm als Vermieter gegenübersteht; kann es ja doch nach §§ 535, 536 BGB. nicht zweifelhaft sein, daß es sich beim Aufstellen der Blechpfannen

um die Erfüllung einer dem Vermieter gegenüber dem Abmieter obliegenden Vertragspflicht gehandelt hat. Als Vermieterin ist aber Frau B. anzusehen. Denn ihr Vorbesitzer hat die Wohnung dem A. vermietet und sie ist, da A. mit seiner Familie „wohnen geblieben" ist, auch ohne ausdrücklichen Abschluß eines Mietvertrags in die Rechte und Pflichten des Vermieters eingetreten (§ 571). Eine Kündigung ist von keiner Seite erfolgt. Ebensowenig kommt in Frage, ob und inwieweit der Ehemann auf Grund seines Verwaltungs- und Nutznießungsrechts die Fortsetzung des Mietverhältnisses durch seine Frau hätte hindern und für sich selbst die Stellung des Vermieters gegenüber A. hätte erlangen können; denn auch von diesem Rechte — soweit es überhaupt anzuerkennen wäre — ist kein Gebrauch gemacht worden.... J. M.

---

## 71

**a) Verfassungsmäßige Vertreter nach BGB. § 131. Straßenunterhaltungspflicht einer Stadtgemeinde.**

OLG. Stettin, III. CS. Urteil v. 11. Juli 1902.

Der Kläger ist auf der A.-Straße dadurch verunglückt, daß er bei ihrem Überschreiten mit dem einen Fuße in einem Loche stecken geblieben ist, das damals acht Zoll tief und offen, d. h. nicht mit Straßenschmutz ausgefüllt war. Die öffentlich-rechtliche Pflicht, dafür zu sorgen, daß ihre Straßen sich in einem verkehrssicheren Zustande befinden, stellt Beklagte ohne Grund in Abrede. Es mag sein, daß nach dem in Stettin von altersher geltenden Lokalrecht der sog. Bürgersprache die Adjazenten der Straße verpflichtet waren, diese vor ihren Häusern und Grundstücken bis zur Mitte, wo früher die „Renne" (die Gosse) ging, zu unterhalten. In diesem Rechtsstande ist dann aber eine Änderung eingetreten. Denn wie das Oberverwaltungsgericht im Urteil vom 27. November 1895 unter eingehender Begründung ausführt, ist durch Beschlüsse, die auf Veranlassung und Mitwirkung der Aufsichtsinstanzen zu stande gekommen sind, das alte Statutarrecht der Bürgersprache bezüglich der Straßenunterhaltungspflicht aufgehoben und letztere in rechtsgültiger Weise zu einer öffentlich-rechtlichen Kommunallast geworden. Daran ist auch gegenwärtig festzuhalten; die Ausführungen der Beklagten erscheinen gegenüber den Deduktionen des Oberverwaltungsgerichts hinfällig, übrigens würde sich auch ein eigentümlicher Rechtszustand ergeben, wenn einerseits die Beklagte — wie sie erklärt hat, die Unterhaltung der Straße auch fernerhin besorgen, andererseits aber die Verantwortung für eine ordnungsmäßige Ausführung ablehnen und den Dritten auf die Adjazenten verweisen will. Die hiernach der Beklagten obliegende öffentlich-rechtliche Pflicht zur Unterhaltung des Straßenpflasters ist, was den vorliegenden Fall angeht, unerfüllt geblieben, und zwar beruht diese Nichterfüllung auf einem von ihr zu vertretenden Verschulden. . . . Mit der Nichtwahrnehmbarkeit kann sich die Beklagte nicht entschuldigen. Sie kann sich auch nicht damit decken, daß die Polizei sie nicht zur Beseitigung des gefährlichen Zustandes aufgefordert habe; denn ihre Unterhaltungspflicht hatte sie auch ohne solche Aufforderung zu erfüllen; sie durfte nicht damit rechnen, daß die Polizei sie schon darauf aufmerksam machen würde, wenn ein gefahrdrohender Zustand der Straße Abhilfe erforderte; darum sich zu bekümmern, war ihre eigene Pflicht und Schuldigkeit. Aber die Beklagte verteidigt sich weiter damit, daß sie in ausreichender Zahl für diese Angelegenheit Beamte bestellt habe, gegen deren Auswahl kein Bedenken zu erheben sei. Hier kommt es darauf an, ob derjenige ihrer Beamten, auf dessen Unachtsamkeit die nicht rechtzeitige Beseitigung des gefährlichen Zustandes zurückzuführen ist, als bloßer Arbeitsgehilfe oder aber als ein verfassungsmäßig berufener Vertreter der Beklagten, als ihr Willensorgan anzusehen ist. Würde ersteres zutreffen, dann würde sie das Versehen des Betreffenden nicht als eigenes, sondern allenfalls nur als fremdes nach § 831 BGB. zu vertreten haben und sie müßte als entschuldigt gelten, weil ihr ein Vorwurf bezüglich der Auswahl jenes Beamten nicht gemacht ist, und auch wohl nicht zu machen ist. Nach der beigebrachten Bescheinigung ist der Straßenkontrolleur derjenige Beamte, dem es obgelegen hätte, sich um den Zustand der hier fraglichen Straße zu bekümmern; seine Funktionen bestehen in der ständigen Beaufsichtigung der Straßenbefestigungen der ganzen Stadt; entdeckte Mängel des Pflasters hat er zu melden und bei vorliegender Gefahr sofort durch direkte Beschaffung von Arbeitskräften Abhilfe zu schaffen. Die Beklagte meint: ein „verfassungsmäßig berufener Vertreter" sei er nicht. Ob eine Person als verfassungsmäßig berufener Vertreter oder aber nur als Arbeitsgehilfe anzusehen ist, dafür läßt sich eine allgemeine Regel nicht aufstellen, diese Frage ist vielmehr von Fall zu Fall zu entscheiden. Nicht erforderlich ist, daß die Person in allen Beziehungen zur Vertretung der juristischen Person berufen ist, es genügt, wenn sie auch nur in einer oder in einzelnen Beziehungen an die Stelle der juristischen Person tritt (vgl. Rehbein BGB. S. 34). Dies trifft zu, sobald ihr in der einen oder anderen Richtung eine selbständige Entschließung zugewiesen ist, wenn also ihr Wille als derjenige der juristischen Person erscheint im Gegensatz zu dem Fall, wo sie nur eine ein für allemal geregelte, im wesentlichen nur mechanische Thätigkeit, vorzunehmen hat (Entsch. d. RG. 39 S. 186; JW. 1900 S. 319[23] 1902 S. 226[48]). — Nun war dem Straßenkontrolleur insofern eine gewisse selbständige Entschließung zugewiesen, als ihm an Stelle der Beklagten über die Verkehrssicherheit der Straßen selbständig zu urteilen überlassen worden war. Aber auch wenn man darin nur eine im wesentlichen mechanische Thätigkeit finden will, so bleibt doch übrig, daß er bei vorliegender Gefahr sofort durch direkte Beschaffung von Arbeitskräften Abhilfe zu schaffen hatte. Insofern hat er jedenfalls eine selbständige Entschließung zu üben, insofern steht er also an Stelle der Beklagten und ist als ihr verfassungsmäßig bestellter Vertreter anzusehen. Das Fehlen der beiden Steine im Pflaster der A.-Straße erforderte nun sicherlich schleunigste Abhilfe; denn es konnte daraus jeden

Augenblick für Menschen und Tiere, die die gefährliche Stelle passierten, Gefahr entstehen. Der Straßenkontrolleur hätte also — sofern er nur die schadhafte Stelle entdeckt hätte — aus eigener Entschließung für sofortige Abhilfe sorgen müssen; entschied er sich dahin, daß Abhilfe nicht nötig sei, so ist diese Entschließung so anzusehen, als ob sie von der Beklagten selber ausgegangen wäre; sie muß nun die daraus entstandenen Folgen vertreten. M.

b) **Wie bei Vereinen bedarf es auch bei Auflösung einer Gewerkschaft, deren Kuxe sich in einer Hand befinden, zum Übergange von Grundstücken auf den Anfallberechtigten (Kuxeninhaber) der Auflassung. BGB. § 45.**

Kammergericht, I. CS. Beschluß v. 23. Juni 1902.

Das Kammergericht hat bereits in einem unter der Herrschaft des ALR. entschiedenen Falle ausgesprochen, daß, wenn nach Vereinigung aller Kuxe in einer Person diese die Gewerkschaft auflöse, keine Gesamtnachfolge eintrete, sondern es einer Übertragung des Gewerkschaftsvermögens und insbesondere in Ansehung von Grundstücken einer Auflassung seitens des Liquidators der Gewerkschaft an den anfallsberechtigten Gewerken bedürfe (Jahrb. 19 S. 85). Die Entscheidung geht davon aus, daß, wie bei den Aktiengesellschaften und anderen privatrechtlichen juristischen Personen, so auch bei der Gewerkschaft mit der Auflösung nicht alsbald die Existenz der juristischen Person aufhöre, sondern daß sie als Rechtssubjekt solange fortbestehe, bis ihre Beziehungen zu Dritten im Wege der Liquidation erledigt seien, und daß mit der Auflösung deshalb nicht eine Universalsuccession der Gewerken, sondern lediglich ein persönlicher Anspruch auf Ausantwortung des nach Befriedigung der Gläubiger verbleibenden Restvermögens gegen das fortbestehende rechtsfähige Subjekt zur Entstehung gelangt. Dieser Grundsatz war bereits in der Rechtsprechung des Obertribunals (Striethorst 95 S. 364; vgl. dazu Gruchot 20 S. 483) und des ROHG. (Entsch. 19 S. 190) vertreten, und ist auch vom Reichsgericht bis in die neueste Zeit hinein ständig festgehalten (Entsch. d. RG. 28 S. 362; Gruchot 33 S. 1058; JW. 1901 S. 317 Nr. 31). Wenn in dem Beschlusse des Kammergerichts weiter ausgesprochen ist, daß beim Vorhandensein nur eines Gewerken keine andere Beurteilung Platz greifen könne, als bei einer Mehrheit von Anfallsberechtigten, so wird sich auch das nicht bestreiten lassen, da das Liquidationsverfahren nicht bloß den Interessen der mehreren Anfallsberechtigten, sondern auch — und sogar in erster Linie — dem Interesse der Gesellschaftsgläubiger zu dienen bestimmt ist (vgl. Motive zum BGB. 1 S. 112 Nr. 2). Hierin ist seit dem Inkrafttreten des BGB. keine Änderung eingetreten.

Allerdings können die Ausführungen der Vorinstanz insoweit nicht gebilligt werden, als darin der Sinn des EG. Art. 67, daß die landesgesetzlichen Vorschriften, welche dem Bergrechte angehören, unberührt bleiben, dahin aufgefaßt wird, es bleibe in dieser Beziehung alles so, als ob es gar kein BGB. gäbe; soweit also beim Fehlen besonderer Normen im Bergrechte bisher das ALR. Anwendung gefunden, bleibe dieses bestehen, und soweit das ALR. keine entsprechende ausdrückliche Bestimmung enthalte, trete nicht etwa das BGB. an die Stelle, vielmehr werde die Lücke nach denselben Grundsätzen ausgefüllt, welche vor dem Inkrafttreten des BGB. maßgebend gewesen sein würden. Diese Auslegung ist mit dem Wortlaute des Art. 67 unvereinbar. Die dort erwähnten „Vorschriften, welche dem Bergrechte angehören", bilden den Gegensatz zu den allgemeinen Vorschriften des bürgerlichen Rechtes. Diese finden aber auch auf bergrechtliche Verhältnisse nur so Anwendung, wie sie jeweils gelten. Bei der Anwendung des BGB., die aus dem Fehlen von Vorschriften über die Auflösung von Gewerkschaften im Berggesetz von selbst folgt, ergeben sich aber nunmehr die für das bisherige Recht von der Praxis auf konstruktivem Wege gewonnenen Ergebnisse unmittelbar aus dem Gesetze. Die Gewerkschaften sind juristische Personen und insoweit das Berggesetz nicht besondere Bestimmungen enthält, kommen die des BGB. über Vereine zur Anwendung. Von letzteren bestimmt § 45 über das Vermögen eines aufgelösten Vereines: In erster Linie fällt das Vermögen an die in der Satzung bestimmten Personen. Fehlt es an einer Bestimmung des Anfallsberechtigten, so fällt es, falls der Verein ausschließlich den Interessen seiner Mitglieder diente, an die bei der Auflösung vorhandenen Mitglieder, andernfalls an den Fiskus. Im letzteren Falle finden nach § 46 die Vorschriften über eine dem Fiskus als gesetzlichen Erben anfallende Erbschaft entsprechende Anwendung. In den anderen Fällen hat eine Liquidation stattzufinden, § 47. Bis zur Beendigung derselben gilt der Verein als fortbestehend, soweit der Zweck der Liquidation es erfordert, § 49 Abs. 2. Hierzu bemerkt die Denkschrift: Bezüglich der Art der Überleitung des Vereinsvermögens auf die Anfallsberechtigten wird zwischen dem Anfalle an den Fiskus und dem an andere Personen unterschieden. Der Fiskus erwirbt das Vermögen unmittelbar kraft Gesetzes unter entsprechender Anwendung der Vorschriften über eine dem Fiskus als gesetzlichem Erben anfallende Erbschaft. Anderen Berechtigten wird dagegen nach dem Vorbilde der Artt. 202, 243, 245 Abs. 2, 3 HGB. und anderer Reichsgesetze ... das Vermögen erst nach einem das Interesse der Gläubiger wahrenden Liquidationsverfahren durch die Liquidatoren ausgeantwortet." In den Motiven wird ferner eingehend erörtert, daß bei Anfall des Vermögens an andere Personen als den Fiskus der Übergang nach erbrechtlichen Grundsätzen nicht dem Interesse der Gläubiger entspreche, daß dieses vielmehr, und zugleich eine Gewähr für eine angemessene Überleitung des Vermögens auf die bezugsberechtigten Mitglieder, die Anordnung eines besonderen Ligidationsverfahrens erfordere. Soweit der Zweck dieses es mit sich bringe, habe des Erlöschens ungeachtet die Körperschaft als fortbestehend zu gelten unter gesetzlicher Vertretung der Liquidatoren. „Die Gestaltung des Entwurfes, welche die Körperschaft und damit auch deren Organisation unter den erforderlichen Beschränkungen in Kraft erhält, ist positiv; aber sie allein wird dem Zwecke der Liquidation und dem praktischen Bedürfnisse gerecht. Die Gestaltung entspricht auch dem Gange der neueren Gesetzgebung."

Hiernach erscheint es zweifellos, daß der Übergang des Vermögens eines aufgelösten rechtsfähigen Vereines auf seine Mitglieder nicht wie beim Erbfalle unmittelbar im Wege einer Gesamtnachfolge vor sich geht, sondern daß die Empfangsberechtigten nur einen obligatorischen Anspruch gegen den Verein auf Aushändigung des Vereinsvermögens erlangen. Das ist auch die überwiegende Meinung in der Rechtswissenschaft (Cosack, Lehrbuch 1 S. 115; Meurer, die jurist. Personen S. 301; Rehbein, BGB. 1 S. 56; Eck, Vorträge S. 67; Zitelmann, das Recht des BGB. 1 S. 68). Die gegenteilige Meinung (Leonhard, Allg. Teil S. 141; Hölder, Kommentar S. 163) stützt sich auf den Ausdruck des § 45: „fällt. . . . an", welcher auf einen unmittelbaren Anfall hinweise. Das ist nicht zuzugeben. Der „Anfall" bringt weiter nichts zum Ausdruck, als daß den Berechtigten das Vereinsvermögen ohne ihr Zuthun zufällt. Ob unmittelbar oder in Form eines Forderungsrechtes an den als fortbestehend geltenden Verein, ist damit nicht entschieden; und gegenüber der gegensätzlichen ausdrücklichen Hervorhebung des Anfalles an den Fiskus nach erbrechtlichen Grundsätzen und dem Fortbestehen des Vereines bis zur Beendigung der Liquidation, die, wie die Motive zu § 51 des Entwurfes zweifellos ersehen lassen, eine Fortexistenz als Träger des Vermögens, nicht als eines bloßen Verwaltungsorganes bezweckt, ist die gegenteilige Meinung unhaltbar. Daß es grundsätzlich keinen Unterschied machen kann, ob eine Mehrheit von Personen oder nur eine einzelne Person anfallsberechtigt ist, ist schon in dem eingangs gedachten Beschlusse für das frühere Recht begründet, kann nunmehr aber umsoweniger zweifelhaft sein, da auch in diesem Falle nach § 47 eine Liquidation stattfinden muß und nach § 51 die Aushändigung des Vermögens nicht vor Ablauf eines Jahres erfolgen darf, damit also die Fortexistenz des Vereines mindestens für diesen Zeitraum gesichert ist und hiervon auch nicht einmal dann eine Ausnahme eintritt, wenn gar keine Schulden vorhanden sind.

Ist aber das Recht der Gewerken auf das Gewerkschaftsvermögen nur ein persönlicher Anspruch gegen die Gewerkschaft, vertreten durch die Liquidatoren, auf Übereignung des nach Deckung der Schulden verbleibenden Vermögens, so ist die Auflassung als Form der Übertragung von Grundstücken nicht zu umgehen. Dr. B.

c) **Kein Anspruch des ausgeschiedenen Mitgliedes eines nicht eingetragenen Vereines auf Abrechnung gegen den von anderen fortgesetzten Verein. BGB. §§ 54, 723.**

OLG. Hamburg, III. CS. Urteil v. 29. Mai 1902.

Der beklagte nicht eingetragene Verein ist gemäß §§ 54, 723 durch den Austritt des Klägers aufgelöst. Wenn sich der Kläger auf § 736 BGB. mit der Behauptung beruft, daß der Verein thatsächlich immer stillschweigend fortgesetzt sei, so bedarf es einer Beweiserhebung hierüber schon deshalb nicht, weil das Gegenteil schon durch die Thatsache feststeht, daß zwei neue Mitglieder in den Verein „eingetreten" sind, d. h. nunmehr mit den übrig gebliebenen früheren Gesellschaftern zusammen eine von der früheren verschiedene neue Gesellschaft bilden. Überdies aber setzt der § 736 eine schon im Gesellschaftsvertrage getroffene Bestimmung über das Fortbestehen der Gesellschaft voraus, welcher Voraussetzung ersichtlich nicht entsprochen würde, wenn erst nach erfolgtem Austritte eines Mitgliedes eine stillschweigende Fortsetzung in die Erscheinung träte.

Soweit nun Kläger etwa mit seinem Abrechnungsanspruche das in § 730 geregelte, früher mit der actio pro socio verfolgbare Recht auf Auseinandersetzung geltend macht, ergiebt sich ohne weiteres, daß nicht der jetzige neue Verein, sondern nur die früheren Mitgesellschafter des Klägers die rechten Beklagten sind. Mit Unrecht beruft sich Kläger auf § 730 Abs. 2, wonach die Gesellschaft unter gewissen Bedingungen als fortbestehend gilt. Denn der Anspruch auf Abrechnung betrifft weder die Beendigung schwebender, noch die Eingehung neuer Geschäfte (mit Dritten) und soweit der Begriff der „Verwaltung des Gesellschaftsvermögens" etwa darauf anwendbar erscheinen sollte, trifft die weitere Voraussetzung, daß der Zweck der Auseinandersetzung das Fortbestehen erfordere, auf eine Klage, die ebensogut gegen die Mitgesellschafter selbst gerichtet werden könnte, nicht zu.

Ebensowenig haltbar aber erscheint ein gegen den neuen Verein als solchen gerichteter Bereicherungsanspruch. Unstreitig erwarb der Vorsitzende des Vereins von der Lotterieverwaltung das Los zu Eigentum, spielte es sonach im eigenen Namen und verrechnete sich mit seinen Mitgesellschaftern. Der Anspruch der letzteren und das daraus gebildete Vereinsvermögen bestand sonach in deren gegen den Vorsitzenden gerichteten Forderung auf Auszahlung ihrer Gewinnanteile. Soweit nun gerade dem Kläger dieser Auszahlungsanspruch selbst zustand, ist er niemals Vereinsmögen des neuen Vereins geworden, und wenn unter Verletzung solchen Anspruches Auszahlungen an die Mitglieder des neuen Vereins erfolgt sein sollten, so sind diese, und nicht der Verein als solcher bereichert. Die materielle Bedeutung dieses Unterschiedes tritt in dem Umstande zu Tage, daß die neuen Mitglieder solchenfalls in höherem Maße als diejenigen bereichert sein würden, welche mit dem Kläger zusammen dem früheren Vereine angehörten und gleich ihm einen Gewinnanspruch hatten. — Wollte endlich der Kläger den Beklagten aus der Geschäftsführung ohne Auftrag haftbar machen, so würde dem die ausdrückliche Bestimmung des § 687 Abs. 1 entgegenstehen, sofern anzunehmen wäre, daß der Verein die Ausübung des Bezugsrechtes auf das Freilos als sein eigenes Geschäft und nicht als das des Klägers betrieben habe. M. M.

d) **Familienstiftung. Genehmigungsverfahren.**[1]

Kammergericht, Ferien-CS. Beschluß v. 26. Juli 1902.

Der 1901 verstorbene A. hat in dem 1899 errichteten Testamente bezüg-

[1] Vgl. Rsp. 4 Nr. 4a u. b S. 2—9.

lich seines Hausgrundstücks, nachdem er zunächst von dem Reinertrage bestimmte Beträge gewissen Personen und den Restbetrag seiner Frau vermacht hat, angeordnet: „Nach dem Tode meiner Frau sollen die Zinsen des Grundstücks, der Reinertrag an bedürftige Verwandte von mir oder nächste Angehörige meiner Frau ausbezahlt werden." Zu Testamentsvollstreckern ist der Präses der jüdischen Gemeinde und neben ihm der erste Prokurist der Firma X. ernannt. Das Amtsgericht hat, indem es davon ausgeht, daß eine Familienstiftung beabsichtigt sei und diese schon jetzt errichtet werden müsse, um nach dem Tode der Witwe sofort in Wirksamkeit treten zu können, die Vollstrecker ersucht, die Statuten der Stiftung zu entwerfen und zur Genehmigung einzureichen. Die Beschwerde wurde zurückgewiesen, der weiteren Beschwerde jedoch stattgegeben. Aus den Gründen:

Nach Art. 1 des preuß. Ausf.-G., welcher an die Stelle des ALR. II 4 §§ 21 ff. getreten ist, hat das für die Genehmigung der Familienstiftung zuständige Gericht zu prüfen, ob die Stiftungsurkunde deutlich und bestimmt gefaßt ist und ob sie ausreichende Bestimmungen über die Bestellung eines Vorstandes enthält.... Die letztere Vorschrift ist allerdings eine Neuerung gegenüber dem früheren Rechte, nach welchem die Bestellung eines Vorstandes nicht unbedingt geboten war, da in Ermangelung einer besonderen Bestimmung der Familienvorsteher für die Beobachtung der Stiftungsurkunde zu sorgen hatte. Dem BGB. dagegen ist die Einrichtung eines Familienvorstehers unbekannt. Für die Familienstiftung ist es jetzt (§§ 86, 26 BGB.) unbedingtes Erfordernis, daß sie einen Vorstand hat und damit hängt es zusammen, daß in der Stiftungsurkunde ausreichende Bestimmungen über Bestellung eines Vorstandes enthalten sein müssen. Dieses Erfordernis gilt nach der klaren Bestimmung des Art. 3 Ausf.-G. auch für Familienstiftungen, die schon vor dem 1. Januar 1900 errichtet wurden, aber vor diesem Zeitpunkt noch nicht die nach früherem Rechte vorgeschriebene Bestätigung erhalten haben. Möchte nun auch mit den Vorinstanzen anzunehmen sein, daß der Erblasser, der aus seinem Nachlaß ein bestimmtes Vermögen zur Unterstützung der bedürftigen Verwandten ausgeschieden hat, die Errichtung einer rechtsfähigen Stifung gewollt hat, so ergeben sich doch bei der Prüfung, ob der Erblasser für Bestellung eines Vorstandes in ausreichender Weise gesorgt hat, nicht unerhebliche Bedenken. Man könnte daran denken, daß dem zum Vollstrecker ernannten Präses auch die Verwaltung der Stiftung hat übertragen werden sollen. Dagegen spricht jedoch, daß neben dem Präses zugleich der erste Prokurist der Firma X. als Vollstrecker fungieren soll und daß kaum unterstellt werden kann, daß der jeweilige erste Prokurist dieser Firma, auf deren unverändertes Fortbestehen in späterer Zeit nicht mit Sicherheit gerechnet werden kann, ebenfalls die Stelle eines Vorstandsmitgliedes der Stiftung haben solle. Auch dafür bietet das Testament kaum einen Anhalt, daß die Bestellung des Vorstandes den Vollstreckern, wenn dies überhaupt zulässig wäre, hat überlassen werden sollen. Wenn nun auch zulässig sein mag, eine Unvollständigkeit oder Unklarheit der Fassung der Stiftungsurkunde schon vor Entstehung der Stiftung durch Familienbeschluß zu bessern (Crussen-Müller Anm. II, III zu Art. 1 § 2), so ist doch nicht möglich, auf diese Weise die mangelnden Bestimmungen über Bestellung eines Vorstandes zu ersetzen. Es kann nicht an Stelle des Willens des Stifters ein anderer Wille gesetzt werden.

Wie aber auch die Entscheidung über Genehmigung der Familienstiftung ausfallen mag, jedenfalls entspricht das vom Amtsgerichte eingeschlagene Verfahren nicht den gesetzlichen Vorschriften. Statt in eine Prüfung darüber einzutreten, ob den im Ausf.-G. Art. 1 § 2 Abs. 1 aufgestellten Erfordernissen genügt ist, und gemäß Abs. 3 die dort vorgeschriebene öffentliche Aufforderung an die Familienmitglieder zur Erklärung zu erlassen, hat das Amtsgericht den Vollstreckern aufgegeben, Statuten der Stiftung auszuarbeiten und zur Genehmigung einzureichen. Diese Statuten sind für das Genehmigungsverfahren, da nicht mehr, wie früher, eine gerichtliche Verlautbarung stattfindet, ohne Bedeutung. Die Unvollständigkeit oder Undeutlichkeit der Stiftungsurkunde, das ist vorliegend der über die Familienstiftung im Testamente enthaltenen Bestimmungen, kann nicht dadurch geheilt werden, daß den von den Vollstreckern entworfenen Statuten der gleiche Mangel nicht anhaftet. Das Amtsgericht hat nunmehr anderweit über die Genehmigung der Familienstiftung nach § 2 Art. 1 zu befinden. W.

---

## 72

a) **Eigentumsfreiheitsklage auf Beseitigung elektrischer Drähte. BGB. § 905. Verurteilung zu einer Alternative.**

OLG. Celle, III. CS. Urteil v. 18. Oktober 1902.

Das beklagte Elektrizitätswerk, das über das Wohnhaus des Klägers in einer Höhe von 1,3 m über dem Dache Leitungsdrähte gelegt hatte und mittels dieser an gewerbliche Betriebe elektrische Kraft abgab, ist verurteilt worden, entweder die Drähte aus der Luftsäule des klägerischen Grundstückes zu entfernen oder sie in eine solche Höhe zu verlegen, daß durch sie die Interessen des Klägers nicht berührt werden können. Aus den Gründen:

Durch § 905 Satz 1 ist, wie die Motive klar ergeben, der Rechtssatz des gemeinen Rechtes, daß das Recht des Eigentümers eines Grundstückes sich auf den Luftraum über der Oberfläche mit der Wirkung erstreckt, daß er jede fremde Einwirkung darauf verbieten kann, grundsätzlich in das deutsche Reichsrecht übergeführt worden. Grundsätzlich braucht sich also der Eigentümer eines Grundstückes keinerlei Einwirkung auf den darüber befindlichen Luftraum gefallen zu lassen. Der 2. Satz des § 905 stellt sich danach als eine Ausnahme von jenem Grundsatze dar, so daß es Aufgabe des auf jenen Luftraum Einwirkenden ist, zur Abwendung der Klage des Eigentümers solche Thatsachen und Umstände zu behaupten und zu erweisen, welche erkennen lassen, daß die Einwirkung in solcher Höhe vorgenommen ist, daß der

Eigentümer an der Ausschließung kein Interesse hat. Die aus dem Satz 2 zu folgernde Beschränkung des Eigentümers, die sich im ersten Entwurfe nicht vorfand, ist erst später eingefügt und zwar, wie die Protokolle der 2. Kommission ergeben, wesentlich zur Förderung der gewerblichen Interessen, deren fortschreitende Entwickelung und deren Gedeihen durch rücksichtslose Anwendung und Ausbeutung des absoluten Verbietungsrechtes in der erheblichen Weise erschwert, wenn nicht ganz unmöglich gemacht werden würde. Aber das Interesse des Eigentümers und nicht das des fremden Eingreifers bildet nach dem klaren Wortlaute des § 905 den Maßstab und die Grundlage für einen etwa notwendig werdenden Ausgleich der widerstreitenden Interessen. — Das Gesetz selbst sagt nicht, was für Interessen des Eigentümers dabei berücksichtigt werden müssen: allein man wird darunter, selbst wenn aus den gesetzgeberischen Unterlagen nichts zu entnehmen sein sollte, jedes nur irgendwie des Schutzes würdige Interesse zu verstehen haben, somit auch das reine Affektionsinteresse, sobald es nur in wahrnehmbarer Weise zu Tage tritt. Im übrigen ergeben die Protokolle, daß schon die Verhinderung des freien Ausblickes zum Himmel durch Drähte als ein unzulässiger Eingriff betrachtet worden ist. Ganz abzuweisen ist demnach der Gesichtspunkt, es müsse durch den fremden Eingriff ein vermögensrechtlicher Schaden entstanden sein oder doch wenigstens drohen. Noch weniger erscheint der Umstand maßgebend, daß der durch den Eingriff verursachte oder infolge desselben drohende Schaden des Eigentümers etwa geringer ist als der Schaden, den der Eingreifer durch das Verbot der Einwirkung erleiden muß. Für die Frage, welche Interessen des Eigentümers zu berücksichtigen sind, mag im allgemeinen der gegenwärtige Zustand des Grundstückes als maßgebend zu betrachten sein, aber doch nur in dem Sinne, daß dabei nicht jede, in unabsehbarer Zeit etwa mögliche Veränderung des jetzigen Zustandes in Frage kommen kann, nicht aber in dem Sinne, als könne nur eine schon jetzt beabsichtigte oder ins Auge gefaßte Veränderung Berücksichtigung finden. Auch das Interesse, das der Eigentümer daran hat, daß er nicht an künftigen, wenn auch zur Zeit noch nicht beabsichtigten Dispositionen über sein Grundstück gehindert werde, kann sehr wohl als ein schon jetzt zu schützendes Interesse betrachtet werden. Erst dann, wenn die Einwirkung in solcher Höhe erfolgt, daß überhaupt kein Interesse des Eigentümers mehr dadurch verletzt werden kann, wenn sich danach das Verbot der Einwirkung als rücksichtsloses, eigensinniges, nicht mehr auf verständiger Beurteilung der Sachlage beruhendes und grundloses Beharren auf dem Rechtsstandpunkte charakterisieren würde, wird man dem Verbietungsrechte die Anerkennung auf Grund des § 905 Satz 2 versagen können. Zumeist wird sich ein derartig rücksichtsloses Vorgehen des Eigentümers zugleich als Chikane im Sinne des § 226 BGB. darstellen; man wird indessen nicht fordern dürfen, daß das auch thatsächlich immer der Fall sein müsse, daß also jenes Vorgehen den alleinigen Zweck haben müsse, dem Anderen Schaden zuzufügen. Nicht gegen chikanösen Gebrauch des Rechtes, sondern gegen eine durch keinerlei Interessen gebotene Ausbeutung des Rechtes durch den Eigentümer ist § 905 Satz 2 gerichtet; sonst wäre sie dem § 226 gegenüber ja unnötig gewesen.

Vorliegend muß der Umstand, daß der geringste Abstand der Drähte vom Dache des klägerischen Hauses nur 1,3 m beträgt, schon an sich Zweifel an der Zulässigkeit der Einwirkung auf den Luftraum über dem Grundstück des Klägers erregen. Es ist schwerlich anzunehmen, daß das Gesetz, das grundsätzlich die vollen Eigentumsrechte auch am Luftraume gewährleistet, die Rücksicht auf gewerbliche Interessen fremder Personen soweit hat treiben wollen, daß es eine durch deren Interesse vielleicht gebotene Einwirkung in so geringer Höhe für zulässig erklärt. Die Minimalhöhe ist allerdings im Gesetze nicht bestimmt, also nach vernünftigen Grundsätzen zu ermitteln und eventuell nach den Umständen des Einzelfalles zu bemessen. Aber wenn der Eigentümer sich Einwirkungen auf den Luftraum schon in der geringen Höhe von 1 m gefallen lassen müßte, so würde dadurch die Erstreckung seines Eigentumsrechtes auf den Luftraum nahezu vereitelt werden. Es kommt aber hinzu, daß der Kläger bei der geringen Entfernung der Drähte vom Dache, die bei weitem nicht die Mannshöhe erreicht, geradezu gehindert wird, etwa notwendig werdende Ausbesserungen am Dache vornehmen zu lassen; denn die Arbeiter würden unvermeidlich mit den Drähten in körperliche Berührung kommen müssen, wenn sie sich auf dem Dache bewegen. Es muß überhaupt unter den vorliegenden Verhältnissen bezweifelt werden, ob sich Arbeiter ohne Gefährdung von Leben und Gesundheit auf dem Dache frei bewegen können. Bei der hohen Spannung, wenn auch nicht der unteren, so doch der oberen Drähte, sind Unglücksfälle absolut nicht auszuschließen, wenn etwa der Draht infolge von Naturereignissen zerreißen und auf das Dach herunterfallen sollte. Das letztere birgt zudem die Gefahr des Inbrandgeratens des Hauses selbst ganz offenbar in sich. Daß ein solches Herunterfallen der Drähte eintreten kann, wird dadurch bewiesen, daß es schon eingetreten ist. Hiergegen kann auch das Gutachten, wonach die von der Beklagten hergestellte Anlage den Anforderungen der Technik entspricht, nichts beweisen. Es genügt aber auch gar nicht der Nachweis, daß durch die Anlage dem Grundstücke des Klägers keine Gefahr drohe, sondern es muß nachgewiesen werden, daß überhaupt kein Interesse des Klägers durch sie verletzt werde, und das Gegenteil hiervon ist bereits dargethan. Es kann deshalb dahingestellt bleiben, ob der Kläger ein Höherbauen oder die Einrichtung einer eigenen elektrischen Anlage zur Zeit beabsichtigt oder nicht. . . .

Die Urteilsformel ist dahin zu verstehen, daß die Beklagte an sich zur Beseitigung der Drähte verurteilt ist, daß ihr aber durch Hinzufügung der zweiten Alternative freigestellt ist, die Drähte in zulässiger Höhe anzubringen. Hierdurch kann die Beklagte sich nicht für beschwert erachten, insbesondere nicht dadurch, daß eine bestimmte Höhe im Urteile nicht angegeben ist. Ganz abgesehen davon, ob es überhaupt notwendig oder auch nur angängig ist, in einem Falle wie dem vorliegenden, im Urteile schon eine bestimmte Höhe vorzuschreiben, könnte allenfalls nur der Kläger Veranlassung zur Beschwerde haben. . . . H.

b) **Vermieten möblierter Zimmer zum Unzuchtsbetrieb. Unterlassungsanspruch der benachbarten Eigentümer und Mieter.**[1]

OLG. Colmar, I. CS. Urteil v. 10. Oktober 1902.

Den Beklagten, teils Eigentümern, teils Nutznießern von Häusern, in denen sie möblierte Zimmer zum gewerbsmäßigen Betriebe der Unzucht vermietet haben, wurde unter Strafandrohung untersagt, zu dulden, daß in ihren Häusern gewerbsmäßig Unzucht getrieben werde. Aus den Gründen:

Nach den Zeugenaussagen ist der gewerbsmäßige Betrieb der Unzucht, der mit Wissen und Willen der Beklagten in den von ihnen an Dirnen vermieteten Häusern stattfindet, mit den mannigfachsten Störungen verbunden, die in das Eigentum der Nachbargrundstücke, sinnlich wahrnehmbar, hinübergreifen und in deren Benutzung die Berechtigten wesentlich beeinträchtigen. Als eine solche Störung wird der sich stets wiederholende, die Nachtruhe störende Lärm angesehen, der entweder aus den Häusern der Beklagten oder vor ihnen sowohl von den in ihnen beherbergten Dirnen als auch ganz besonders von deren Besuchern ausgeht. Diese Eingriffe müssen, auch wenn sie nicht von solchen Personen herrühren, auf deren Thun den Beklagten eine unmittelbare Einwirkung zusteht, doch als eigene wenn auch nur mittelbare Handlungen der letzteren betrachtet werden, da sie sich als eine notwendige Folge der von ihnen ausgebeuteten Prostitution ergeben. Als eine weitere, gleichfalls durch sinnliche Wahrnehmung vermittelte Einwirkung und damit verbundener unberechtigter Eingriff in die Befugnisse der nachbarlichen Eigentümer und Besitzer stellt sich das unanständige, das Schamgefühl verletzende Benehmen der Dirnen dar, welches der Wahrnehmuug der Bewohner der Nachbarhäuser thatsächlich nicht entzogen wird trotz aller den Aufenthalt der Dirnen vor ihren Wohnungen verbietender polizeilicher Anordnungen. Der berechtigte Wunsch der Nachbarn, durch den Anblick solcher anstößigen Scenen nicht belästigt zu werden, insbesondere aber ihre sittliche Verpflichtung, die Mitglieder ihres Haushaltes vor dem Anblicke skandalöser Vorgänge zu behüten, legten dem Kläger A. als Eigentümer und dem Kläger B. als Mieter der Nachbarhäuser die Notwendigkeit auf, einen Teil der von ihnen innegehabten Räume entweder ganz unbenutzt zu lassen oder wenigstens ihre Benutzung nur in beschränktem Umfange sich und anderen zu gestatten. Diese Einwirkungen stellen sich sonach als ein Hindernis für die gesetzlich garantierte Ausübung der Befugnisse des klagenden Eigentümers und als eine ungewöhnliche und nicht unwesentliche Beeinträchtigung der Benutzung der vom Mieter B. innegehabten Häuser im Sinne der §§ 913 und 906 sowie (da in dieser

[1] Rsp. Bd. 2 Nr. 181c S. 457.

Richtung für den Besitz dieselben Grundsätze maßgebend sind wie für das Eigentum) der §§ 854 und 858 BGB. dar.

Die Beklagten verteidigen sich damit: 1. daß alle diese Einwirkungen nicht die Grundstücke selbst berühren, sondern nur mittels einer Ideenverbindung der Kläger als Schädigungen der Berechtigten empfunden werden, 2. daß die letztere Art von Störungen, die durch das Sehen vermittelt werden, nicht durch die Beklagten und die von ihnen etwa abhängigen, sich nur passiv verhaltenden Personen verursacht werden, vielmehr erst durch die Sehthätigkeit der Kläger entstehen und als solche empfunden werden, daß also eine Einwirkung seitens der Beklagten überhaupt nicht stattfinde. Dies erscheint jedoch nicht stichhaltig. Die im § 906 BGB. angeführten Beispiele von unberechtigten Einwirkungen zeigen deutlich, daß das Eigentum nicht bloß dadurch, daß sein Gegenstand vor Beeinträchtigung bewahrt wird, sondern auch dadurch geschützt werden soll, daß die Berechtigten selbst in ihrer Rechtsausübung vor störenden Einwirkungen gesichert werden. Unter diese letzteren fällt der ungewöhnliche, sich stets wiederholende, die Anwohner in ihrer Ruhe störende nächtliche Lärm, durch den sie in der Benutzung ihrer Grundstücke beträchtlich gehindert werden. Daß aber nur die körperliche Gesundheit der Berechtigten den Schutz gegen schädigende Einwirkungen genießen soll, nicht auch das sittliche Wohlbefinden, dafür giebt § 906 keinen Anhalt, im Gegenteil spricht ein Teil der von ihm aufgeführten Beispiele gegen eine solche Unterscheidung. Auch der Einwand, daß es sich hier nur um Begriffe handele und die Schädigung erst durch eine Ideenvermittelung des Geschädigten selbst eintrete, ist nicht haltbar. Denn auch bei Gerüchen, Wärme, Geräusch und ähnlichen Einwirkungen kommt die Schädigungsempfindung häufig erst auf dem Wege der Gedankenvorstellung zum Bewußtsein. Auch die Unterscheidung zwischen solchen Störungen, die durch das Gehör — und denen, die durch das Auge vermittelt werden, ist nicht zutreffend. Der Unterschied besteht hier nur in der Aufnahmefähigkeit des Wahrnehmungsorganes. Im übrigen aber geschieht die Vermittelung zwischen dem Subjekt und dem Objekt der Wahrnehmung nach denselben physikalischen Gesetzen. Dem Einwande, daß der Sehende sich dem störenden Anblicke entziehen könne, ist entgegenzuhalten, daß in den Fällen, wo gerade in der ungehinderten Möglichkeit die Benutzungsfähigkeit des Gegenstandes liegt, gerade ihre Einschränkung sich als eine Beeinträchtigung darstellt.

Die Klage ist auch vom Standpunkte des § 823 BGB. gerechtfertigt. Die gewerbsmäßige Kuppelei, deren sich die Beklagten schuldig machen, indem sie die Prostitution ihrer Mieterinnen eigennützig für sich ausbeuten, ist, da mit Strafe bedroht, eine widerrechtlich schuldhafte Ausübung ihrer Eigentumsrechte. Daß die Kläger hierdurch in ihren Eigentums- und Besitzrechten beeinträchtigt werden, ist oben dargethan. Auch eine Entwertung ihrer Grundstücke ist die Folge dieses Verhaltens. Denn es steht fest, daß die Vermietung erschwert und sich nur zu einem geringeren Preise bewerkstelligen läßt. Zwar hat der Kläger A. zu einer Zeit sein Haus erworben, als bereits Dirnen in der Gasse ihr Unwesen trieben. Allein dasselbe hat in letzter Zeit zugenommen. Auch hat der Charakter des Stadtviertels, in dem die Parteien wohnen, allmählich eine völlige Änderung erfahren, die als ausgeschlossen erscheinen läßt, daß hart an einer verkehrsreichen Straße die jetzigen Zustände geduldet werden können. Schließlich läßt sich aus der Kenntnis der Kläger kein Verzicht auf die Geltendmachung des unbeschränkten Eigentumes oder Besitzes folgern. Der aus § 823 fließende Anspruch ist in erster Linie allerdings ein solcher auf Schadensersatz; daneben oder wahlweise kann jedoch auch die Unterdrückung der schädigenden Ursache verlangt werden (JW. 1901 S. 350); ob die Klage auch vom Gesichtspunkte des § 826 sich begründen läßt, braucht deshalb nicht näher erörtert zu werden.... Frdthl.

## 73

**a) Bei einer Darlehnshypothek ist ein nachträglicher Vermerk, daß das Darlehen thatsächlich gegeben sei, auch dann unzulässig, wenn es inhaltlich der Schuldurkunde nur zugesagt war. BGB. § 1138.**

Kammergericht, Ferien-CS. Beschluß v. 2. August 1902.

Zutreffend hebt die Beschwerdeführerin hervor, daß nach § 1138 BGB. auch die Forderung, für welche Hypothek bestellt ist, unter dem Schutze des Glaubens des Grundbuches steht, und daß sich auch auf sie die Vorschriften über Berichtigung beziehen. Vorliegend ist aber das Grundbuch, soweit es über die der Hypothek zu Grunde liegende Forderung Aufschluß giebt, nicht unrichtig und auch nicht unrichtig gewesen. Der Grundbuchrichter hat nur zu prüfen, ob die Eintragung durch den Antrag und die ihm beigefügten Urkunden und Erklärungen gerechtfertigt wird. Für den Grundbuchrichter war deshalb hier die Erklärung des Eigentümers, daß er das Darlehen zugesichert erhalten habe, gegenüber der bedingungs- und vorbehaltlosen Bewilligung der Hypothek als Darlehensschuld belanglos, und ist daher der in der Beschwerde gegen den Grundbuchrichter erhobene Vorwurf, daß er eine falsche Eintragung verfügt habe, ungerechtfertigt. Jedenfalls ist aber jetzt, nachdem das Darlehen wirklich dem Eigentümer gewährt ist, die Eintragung der der Hypothek zu Grunde liegenden Forderung als Darlehen richtig. Der Teil der Schuldurkunde, in dem sich das Bekenntnis des nur zugesagten Darlehens befindet, kommt für die Eintragung nicht in Betracht, da die Eintragung nur auf die Verzinsungs- und Zahlungsbedingungen der Schuldurkunde Bezug nimmt. Für die in Spalte „Veränderungen" beantragte Eintragung ist daher keine gesetzliche Handhabe vorhanden, es ist nichts an der Hypothek, wie sie zur Eintragung gelangt ist, verändert worden, und auch nichts zu berichtigen. Der Antrag der Beschwerdeführerin stellt sich nicht als eine Berichtigung des Grundbuches, sondern lediglich als eine Ergänzung oder Berichtigung einer bei den Grundakten befindlichen Urkunde dar, die schon dadurch erreicht worden ist, daß die ergänzende Erklärung des Eigentümers zu den Akten gelangt ist. Grundlos ist die Befürchtung hinsichtlich der Verkehrsfähigkeit der Hypothek. Gerade weil die Forderung, für welche die Hypothek bestellt ist, durch den öffentlichen Glauben des Grundbuches mit gedeckt wird, hat der etwaige Erwerber der Hypothek nicht zu erwarten, daß ihm mit Erfolg der Einwand des bösen Glaubens gemäß § 892 BGB. entgegengesetzt werden könnte. Auch wenn sich die ergänzende Erklärung des Eigentümers nicht bei den Grundakten befände, würde aus seiner Erklärung in der Schuldurkunde, daß ihm das Darlehen nur zugesichert sei, nicht folgen, daß das Darlehen demnächst nicht wirklich gewährt ist. Im Gegenteil würde sich daraus, daß er nicht gemäß §§ 894, 892 BGB. einen Widerspruch hat eintragen lassen, ergeben, daß die Eintragung richtig und das Darlehen thatsächlich gewährt ist. E. M.

b) **Nachweis des Gläubigerrechtes nach BGB. § 1155, GrBO. § 40 Nr. 2.**

Kammergericht, I. CS. Beschluß v. 16. Juni 1902.

Die Testamentsvollstrecker haben eine dem Erblasser A. abgetretene, aber noch auf den Namen des Cedenten eingetragene Hypothek an B. abgetreten. Die Eintragung der A.'schen Erben ist vor der Umschreibung auf B. für erforderlich erachtet. Die weitere Beschwerde ist zurückgewiesen. Aus den Gründen:

Nach § 40² GrBO. soll es bei einer Briefhypothek der Eintragung des Gläubigers gleichstehen, wenn dieser 1. sich im Besitze des Briefes befindet und 2. sein Gläubigerrecht nach § 1155 BGB. nachweist. Erstere Voraussetzung liegt hier vor, da die Erben im Besitze des Briefes sind, es fehlt aber an der zweiten Voraussetzung. Zum „Nachweise des Gläubigerrechtes nach § 1155" gehört die Beibringung öffentlich beglaubigter Abtretungserklärungen, welche vom Antragsteller in zusammenhängender Reihe auf einen eingetragenen Gläubiger zurückführen. Dieser strenge Nachweis der Berechtigung ist im § 1155 erfordert, weil dort der Schutz des Glaubens des Grundbuches, der grundsätzlich nur den Eintragungen beigemessen ist, auf den nicht eingetragenen, aber in der angegebenen Weise legitimierten Besitzer des Briefes ausgedehnt wird (Motive 3 S. 754; Achilles-Strecker 1 S. 271). Aus diesem Grunde ist auch in der 2. Kommission, abweichend von § 1114 des ersten Entwurfes, das Erfordernis, daß die Abtretungserklärungen öffentlich beglaubigt sein müssen, hinzugefügt worden (Prot. 3 S. 657). Solchen Abtretungserklärungen sind nur „gerichtliche Überweisungsbeschlüsse" und „öffentlich beglaubigte Anerkenntnisse von kraft Gesetzes erfolgten Übertragungen" gleichgestellt worden. Es muß also, um den Voraussetzungen der GrBO. § 40² zu genügen, eine ununterbrochene Reihe der vorerwähnten drei Arten von Urkunden beigebracht werden, aus denen sich ergiebt, daß die Hypothek zunächst vom eingetragenen Gläubiger und dann successiv von den Erwerbern an andere Gläubiger übertragen worden ist, bis sie auf denjenigen Erwerber gelangt ist, der die Eintragung der von ihm erfolgten Abtretung vornehmen lassen will. Andere Urkunden sind, wenngleich an sich durch sie die Übertragung der

Hypothek von dem einen auf den anderen Gläubiger hinsichtlich sonstiger Rechtsverhältnisse dargethan werden könnte, nicht geeignet, den in § 40² GrBO., § 1155 BGB. erforderten Legitimationsnachweis zu erbringen (Planck Note 2b zu § 1155; Fuchs, Grundbuchrecht S. 495 Note 3c; Turnau-Förster Note 5 zu § 1155; abweichend Schweitzer bei Gruchot Band 45 S. 567 ff., 576). Vorliegend ist zwar eine öffentlich beglaubigte Abtretungserklärung des eingetragenen Gläubigers F. auf den Erblasser A. beigebracht worden, nicht aber eine weitere Abtretungserklärung oder eine gerichtliche Überweisung oder ein öffentlich beglaubigtes Anerkenntnis der kraft Gesetzes erfolgten Übertragung, d. i. eine rechtsgeschäftliche Erklärung des bisherigen Gläubigers betreffend den erfolgten Übergang (Planck a. a. O., abweichend Schweitzer a. a. O.); vielmehr ist hinsichtlich des Uberganges der Hypothek von A. auf dessen Erben nur auf den von A. und seiner Frau 1882 errichteten Erbvertrag verwiesen worden. Es sind sonach die Erfordernisse des § 40² nicht erfüllt, da sich aus den Urkunden nicht ergiebt, daß die Hypothek von A. auf dessen Erben übertragen worden ist... [vgl. oben Nr. 37]. E. M.

c) **Die Bestimmungen über die Eigentümerhypothek sind auf nur vorgemerkte Hypotheken nicht anwendbar.**

Kammergericht, I. CS. Beschluß v. 11. Juli 1902.

Auf dem Grundstücke des Beschwerdeführers haftet für S. eine Vormerkung zur Sicherung des Anspruches auf Einräumung einer Sicherungshypothek. S. hat ihre Löschung bewilligt. Der Beschwerdeführer hat als Eigentümer einen Teilbetrag von der vorgemerkten Sicherungshypothek abgetreten und dabei erklärt, daß er wegen einer näher bezeichneten Forderung diesen Teilbetrag in eine gewöhnliche Hypothek umwandle. Der Eintragungsantrag ist zurückgewiesen, auch die weitere Beschwerde blieb erfolglos. Aus den Gründen:

Nach §§ 883 ff. BGB. sind Vormerkungen vorläufige Vermerke zur Erhaltung obligatorischer Ansprüche. Ihre Eintragung soll die Verwirklichung solcher Ansprüche, mittels deren eine Änderung des durch das Grundbuch nachgewiesenen Rechtsstandes verlangt werden kann, dagegen sichern, daß der Verpflichtete die aus seiner Eintragung sich ergebende Legitimation zur Verfügung über das Grundstück oder das für ihn eingetragene Recht dazu benutzt, eine solche Verfügung zu treffen und sich hierdurch außer Stand zu setzen, die zur Verwirklichung jener Ansprüche erforderliche Eintragung oder Löschung zu bewilligen (Rsp. 3 S. 98). Die so gesicherten Ansprüche können sehr verschiedenartig sein, sie können beispielsweise auf Verschaffung des Eigentumes, einer Hypothek, Grundschuld oder eines anderen eintragungsfähigen Rechtes, auf Abtretung eines solchen Rechtes, auf Löschung eines bestehenden dinglichen Rechtes, auf Änderung des bisherigen Rangverhältnisses gerichtet sein. Daß in allen diesen Fällen die Vormerkungen den durch sie gesicherten Rechten in den Wirkungen völlig gleichstehen, behauptet der Beschwerdeführer selbst nicht. Er meint nur, daß eine solche Gleichheit in den Wirkungen hinsichtlich der „vorgemerkten" Hypothek und der „wirklichen" Hypothek bestehe. Das ist nicht zutreffend.

Die Vorschriften über die Hypothek sind im Abschnitt 8 Titel 1 des dritten Buches gegeben. Sie umfassen die gewöhnliche und die Sicherungshypothek. Beide Formen sind Erscheinungen desselben Rechtes; in der Hauptsache weichen sie nur insofern voneinander ab, als die für die Richtigkeit des Grundbuchinhaltes streitende Rechtsvermutung und der öffentliche Glaube des Grundbuches sich bei der Sicherungshypothek nicht, wie im § 1138 für die gewöhnliche Hypothek bestimmt ist, auf die Forderung erstrecken, für welche das Recht bestellt ist. Von einer vorgemerkten Hypothek ist in diesem Titel nicht die Rede, vielmehr wird diese durch die für Vormerkungen in den §§ 883 ff. des 2. Abschnittes „Allgemeine Vorschriften über die Rechte an Grundstücken" allgemeinhin gegebenen Vorschriften geregelt. Schon hieraus ergiebt sich, daß die Bestimmungen über die Hypothek sich nicht ohne weiteres auf die vorgemerkte Hypothek anwenden lassen, daß dies vielmehr nur dann geschehen kann, wenn bestimmte Vorschriften auf die Anwendbarkeit hinweisen. Es folgt dies weiter aber auch daraus, daß für gewisse Fälle ausdrücklich bestimmt worden ist, daß für die vorgemerkte Hypothek das Gleiche gelte, wie für die Hypothek. So bestimmt § 439²: „Das Gleiche gilt von einer Vormerkung zur Sicherung des Anspruches auf Bestellung dieses Rechtes" und § 1971: „Das Gleiche gilt von Gläubigern, deren Ansprüche durch eine Vormerkung gesichert sind. . . " Ferner sind im § 193 KO. hinsichtlich der Wirkungen eines Zwangsvergleiches die zur Sicherung einer Forderung eingetragenen Vormerkungen den Hypotheken ausdrücklich gleichgestellt. Wenn der Gesetzgeber auf dem Standpunkt gestanden hätte, daß die vorgemerkte Hypothek der Hypothek in den Wirkungen gleichstehe, so hätte er keine Veranlassung gehabt, in den genannten Fällen die Gleichstellung ausdrücklich anzuordnen.

Hier handelt es sich darum, ob § 1163¹ BGB. auch auf die vorgemerkte Hypothek oder Sicherungshypothek Anwendung findet. Dies ist schon gemäß dem Vorerörterten zu verneinen, weil das BGB. keine Bestimmung über die Anwendbarkeit dieser Vorschriften enthält. Außerdem ist aber aus den §§ 886, 887 mit Sicherheit zu entnehmen, daß die Bestimmungen über Entstehung einer Eigentümerhypothek nicht auf die vorgemerkte Hypothek anwendbar sind. Denn, während nach den §§ 1169, 1168¹, wenn dem Eigentümer eine Einrede zusteht, durch welche die Geltendmachung der Hypothek dauernd ausgeschlossen wird, er verlangen kann, daß der Gläubiger auf die Hypothek verzichtet, und er dann die Hypothek erwirbt, bestimmt § 886, daß, falls demjenigen, dessen Grundstück von der Vormerkung betroffen wird, eine die Geltendmachung des durch die Vormerkung gesicherten Anspruchs dauernd ausschließende Einrede zusteht, er vom Gläubiger die Beseitigung der Vormerkung verlangen kann, und während nach § 1170 im Falle des Aufgebots des unbekannten Hypothekengläubigers mit der Erlassung des Ausschlußurteils der Eigentümer die Hypothek erwirbt, bestimmt § 887, daß im Falle des Aufgebots des vorgemerkten unbekannten Hypothekars mit der Erlassung des Ausschlußurteils die Wirkung der Vormerkung erlösche. Daraus ergiebt sich, daß wie alle Vormerkungen, so auch die vorgemerkte Hypothek, wenn der Anspruch, der durch sie gesichert werden sollte, entweder nicht zur Entstehung gelangt oder erloschen oder einer seine Geltendmachung ausschließenden Einrede ausgesetzt oder von einem Ausschlußurteil im Sinne des § 887 betroffen ist, nicht auf den Eigentümer übergeht, sondern, weil sie kein Recht am Grundstück, sondern nur ein Sicherungsmittel ist (Jahrbuch 21 A S. 289), gegenstandslos und deshalb wirkungslos wird (Planck, Note 2 zu § 886; Turnau-Förster 1 S. 689; Fuchs, Grundbuchrecht Note 4[b] zu § 886, 3 zu § 887). Die Urteile des Reichsgerichts, auf welche sich der Beschwerdeführer beruft, treffen nicht zu. Die Entsch. d. RG. 48 S. 48 bezieht sich auf nicht valutierte Hypotheken des früheren preußischen Rechtes[1] und das Urteil in der JW. 1902 S. 232 auf Maximal-Sicherungshypotheken im Sinne des § 1190. E. M.

d) **Aus einer früheren Kautionshypothek ist, sofern zur Zeit der Überleitung noch Forderungen entstehen konnten,[2] eine Eigentümergrundschuld geworden. EG. Art. 192.**

OLG. Posen, IV. CS. Urteil v. 25. September 1902.

Nach § 67 Ges. v. 5. Mai 1872 konnte die Kautionshypothek nie zur Eigentümerhypothek führen. Dies hat sich jetzt geändert. Nach EG. Art. 192[1] ist für den hiesigen Bezirk mit 1. Januar 1900 die frühere Kautionshypothek in eine neurechtliche Sicherungshypothek übergegangen. Die Sicherungs- (§ 1184) und insbesondere die Ultimathypothek (§ 1190) ist aber von der Anwendung der Vorschriften über den Erwerb der Eigentümergrundschuld (§§ 1163, 1177) nirgends ausgenommen. Die Voraussetzung für den gedachten Übergang ist freilich, daß die Kautionshypothek ein Pfandrecht bildete. Dies wäre zu verneinen, wenn und insoweit am 1. Januar 1900 bereits festgestanden hätte, daß eine Forderung, der das Pfandrecht als Sicherung zu dienen hatte, nicht bloß nicht bestand, sondern auch nicht bestehen konnte; denn damit wäre das Ausfallen der Bedingung, von der der Bestand des Pfandrechtes bei der Kautionshypothek ihrer Natur nach abhängig war, endgültig entschieden gewesen. Bestand aber in jenem entscheidenden Zeitpunkte die Möglichkeit noch, daß aus dem Rechtsverhältnisse, worauf die Kautionshypothek sich bezog, Forderungen entstanden, so befand sich die Bedingung, die der Begriff Kautionshypothek in sich schloß, noch in der Schwebe, die Hypothek bildete alsdann also noch ein „bestehendes“ Pfandrecht, aus dem

[1] Desgl. das Urteil v. 31. Mai 1902 (V 98/02), das zugleich ausführt, daß die Hypothek demjenigen, der am 1. Januar 1900 Grundstückseigentümer war, zufällt.

[2] Soweit dies am 1. Januar 1900 nicht mehr der Fall war oder die entstandenen Forderungen vor 1900 getilgt sind, ist die Hypothek erloschen und der Gläubiger zur Löschung verpflichtet (JW. 1902 Beilage 10 S. 250 Nr. 154/5).

deshalb eine Sicherungshypothek wurde (Jahrb. 20 A S. 150). Wollte man der entgegengesetzten Meinung des Beklagten zustimmen, wonach das dingliche Recht aus der Kautionshypothek mit dem Inkrafttreten des BGB. in dem Betrage, in dem nicht schon damals eine Forderung bestand, erloschen sein soll, so würde man zu dem Ergebnisse gelangen, daß für nachher noch entstandene Forderungen aus dem Rechtsverhältnisse, für das die Kautionshypothek bestimmt war, die von den Beteiligten gewollte Sicherheit ausfiele. Damit würde man also dem Willen der Beteiligten Gewalt anthun, was als in der Absicht des Gesetzes liegend nicht anzusehen ist. Da hier erst seit dem 1. März 1901 die Möglichkeit der Entstehung einer unter die ursprüngliche Kautionshypothek fallenden Forderung ausgeschlossen war, so muß davon ausgegangen werden, daß mit dem 1. Januar 1900 die Kautionshypothek in dem streitigen Betrage sich in eine Sicherungshypothek verwandelt hatte. Diese aber ist nach § 1163 Satz 1, § 1177 mit dem 1. März 1901 zu einer Eigentümergrundschuld des X. geworden und war also am 24. Mai 1901, als der Kläger sie pfänden und sich überweisen ließ, Gegenstand des Zugriffes der Gläubiger des X.

Allerdings trifft die im Pfändungsbeschlusse angewendete Ausdrucksweise, wonach gepfändet und überwiesen ist „die angebliche Forderung des Schuldners an das Amtsgericht A. auf Auszahlung des in der X.'schen Zwangsversteigerungssache unter Abt. III Nr. 15 zur Hebung kommenden Betrages von etwa 2000 Mark mehr oder weniger", schon darum nicht genau zu, weil hierbei das Amtsgericht als Drittschuldner angesehen wird, während in solchem Falle ein Drittschuldner überhaupt nicht vorhanden ist (Entsch. d. RG. 43 S. 427). Indes kann über den Sinn des Beschlusses, besonders darüber, welches Recht des Schuldners gepfändet und überwiesen werden sollte, kein Zweifel aufkommen. R.

## 74

a) **Ehehindernis des Ehebruches.**[1] **Gegenbeweis.**

OLG. Hamburg, IV. CS. Urteil v. 14. Juli 1902.

Das im § 1312 BGB. aufgestellte Ehehindernis kann nicht durch den Nachweis beseitigt werden, daß der Ehebruch entgegen der Feststellung im Scheidungsurteile nicht begangen worden sei. Die Entstehungsgeschichte (Motive zu § 1237) beläßt keinen Zweifel, daß nicht entfernt an die Zulassung eines derartigen Nachweises gedacht ist. Im Gegenteil wollte man äußerliche Merkmale schaffen, besonders um den Standesbeamten sichere Anhaltspunkte zu gewähren. Mit Recht weist das Landgericht darauf hin, welche Gefahren für die Rechtspflege entstehen würden, wenn man einer Auslegung folgen wollte, zu der die Fassung des Gesetzes nicht den geringsten Anhalt gewährt. M. M.

[1] Gilt auch, wenn eine Ehe auf Grund des § 673 ALR. II 1 rechtskräftig geschieden worden ist (Jahrbuch 24 S. 40).

b) **Wahrung der Anfechtungsfrist des § 1339 BGB. durch die Erhebung der Ehescheidungsklage.**

OLG. Jena, II. CS. Urteil v. 16. April 1902.

Die Klägerin, welche mit ihrer Scheidungsklage abgewiesen wurde, hat in zweiter Instanz prinzipaliter beantragt, die Ehe wegen Irrtumes für nichtig zu erklären. Dies ist prozessual zulässig (Entsch. d. RG. 31 S. 10). Auch steht der Anfechtungsklage nicht der Ablauf der im § 1339 geordneten Frist entgegen, vielmehr ist diese Frist durch die Zustellung der Klage gewahrt worden, weil sie als Scheidungsklage ununterbrochen anhängig geblieben ist.

Nach dem Vorgange des Reichsgerichts (Entsch. 19 S. 410, 31 S. 13) werden §§ 614—619 CPO. von der Theorie übereinstimmend dahin verstanden, daß jede der in § 615 angeführten Klagen den gesamten gleichzeitig vorhandenen, auf den Bestand der Ehe bezüglichen Streitstoff umfaßt und demnach die Rechtshängigkeit einer jeden von ihnen zugleich auch die Rechtshängigkeit aller Ansprüche des einen oder anderen Ehegatten auf Scheidung oder Anfechtung, die überhaupt in dem mit der angestellten Klage rechtshängig gewordenen Ehestreite geltend gemacht werden können, begründet (Gaupp-Stein § 615 Anm. II; Petersen-Anger § 615 Anm. 3; Reincke §§ 614—616 Anm I 1). Die notwendige Folge dieser Auffassung ist, daß auch für jeden rechtshängig gewordenen Eheanspruch die Folgen des Rechtshängigwerdens auf den Zeitpunkt zurückbezogen werden müssen, in dem eine Eheklage der in § 615 bezeichneten Art, gleichgültig, aus welchem Grunde erhoben, zugestellt worden ist. Die Zustellung einer Scheidungsklage wahrt also die Frist für alle anderen Scheidungsgründe, aber auch für alle Anfechtungsgründe, auf die sich nach § 616 die Rechtskraft des auf die Scheidungsklage ergehenden Urteiles erstrecken würde. Für die Scheidungsgründe spricht dies § 1572 BGB. ausdrücklich aus. Für die Anfechtungsgründe fehlt eine solche Vorschrift. Allein man muß § 1572 nicht als eine positive Regelung, sondern nur als einen aus einem höheren Prinzipe gefolgerten Rechtsgrundsatz ansehen, der auch dann gelten würde, wenn er nicht ausdrücklich ausgesprochen wäre. Zwar ist es sonst nicht die Art des BGB., solche Sätze besonders auszusprechen, aber es giebt doch auch genug Beispiele, wo der Deutlichkeit wegen von der sonstigen Gepflogenheit abgewichen ist. In den Motiven 4 S. 606 ist gesagt: „Der den §§ 574, 576 CPO. (jetzt 614—616) zu Grunde liegende Gedanke, daß durch die Erhebung einer auf einen bestimmten Scheidungs- und Trennungsgrund gestützten Klage [§ 592 (jetzt 639)] gleichwohl das eheliche Verhältnis in seiner Totalität zum Gegenstande des Prozesses gemacht wird, führt konsequent zu der Bestimmung des § 1447 Abs. 5 (jetzt § 1572)." Also auch hier wird der § 1572 nur als eine Rechtskonsequenz, nicht als eine Sonderregelung angesehen. Daher darf man aus ihm nicht folgern, daß für die Anfechtungsklage, wo diese Konsequenz nicht ausdrücklich gezogen ist, etwas anderes gelte. . . .

Es ist aber hinreichend festgestellt, daß der Beklagte schon lange vor der Eheschließung hochgradig an Morphiumsucht litt, und daß dieser Zustand auch zur Zeit der Eheschließung noch bestand. Bei Berücksichtigung des Umstandes, daß die Morphiumsucht ein chronisches, fast unheilbares Leiden ist, vor allem aber, daß sie eine dauernde, tiefgehende Zerrüttung des Körpers bewirkt und bei allen Individuen schließlich zu einem Verfall auf sittlichem Gebiete führt (vgl. Gutachten des Prof. Binswanger), wird man kein Bedenken tragen, sie als eine persönliche Eigenschaft im Sinne des § 1333 BGB. anzusehen, zumal wenn sie, wie im vorliegenden Falle, zur Zeit des Eheschlusses noch vorhanden ist. Dr. B.

c) **Anspruch der Frau auf Wirtschafts- und Kleidergelder. BGB. §§ 1356 f. Regelung durch einstweilige Verfügung während des Scheidungsprozesses.**

OLG. Stettin, III. CS. Urteil v. 8. Juli 1902.

1. Der Einwand, daß hier nicht das Land-, sondern das Vormundschaftsgericht zuständig sei, greift nicht durch. Eine Beschränkung der Schlüsselgewalt (§ 1357) hat Beklagter nur insoweit eintreten lassen, als er der Klägerin die Anschaffung von Waren auf Kredit untersagt hat; eine Aufhebung dieser Maßregel wird nicht gefordert. Der Anspruch der Klägerin richtet sich vielmehr gegen die Anordnungen, die der Beklagte zur Regelung des ehelichen Aufwandes getroffen hat, und dazu gehören die Geschäfte, zu deren Vornahme Klägerin das Wirtschafts- und Kleidergeld verlangt; daß aber im Falle eines Streites der Ehegatten über die Gewährung solcher Geldbeträge an die Frau und deren Höhe das Vormundschaftsgericht zu entscheiden habe, bestimmt das Gesetz nicht, ein solcher Streit ist vielmehr im ordentlichen Wege zum Austrage zu bringen.

Die Frage, ob der Klägerin überhaupt ein Anspruch auf Wirtschafts- und Kleidergelder zusteht, ist mit Recht bejaht. Nach § 1458 fällt der eheliche Aufwand dem Gesamtgut zur Last. Zwar liegt es nach §§ 1443, 1354 in der Hand des Mannes, wie er den Aufwand gestalten will. Immerhin kann aber auch die Frau verlangen, daß der Aufwand derart bemessen wird, daß nicht die dem Manne obliegende gesetzliche Unterhaltspflicht ihr selbst und den gemeinschaftlichen Abkömmlingen gegenüber verletzt werde. Dieses Recht allein giebt indessen der Frau noch keinen Anspruch auf Gewährung von Unterhalt durch Zahlung einer Geldrente. Ein solcher ist nur beim Getrenntleben der Ehegatten gemäß § 1361 gegeben. Bei Führung eines gemeinsamen Haushaltes, wie ihn die Parteien haben, kann die Klägerin nach Maßgabe des § 1360 nur Unterhalt in der durch die Lebensgemeinschaft gebotenen Weise, also, von Ausnahmefällen abgesehen, nur in Natur verlangen. Ein Anspruch auf Zahlung eines Geldbetrages erwächst jedoch der Klägerin aus der ihr nach § 1356 zustehenden Berechtigung und Verpflichtung zur Leitung des gemeinsamen Hauswesens und aus dem sich hieraus ergebenden Rechte auf Geschäftsführung gemäß § 1357. Bei dieser Geschäftsführung im Bereiche ihrer Schlüsselgewalt handelt die Frau als Beauftragte des Mannes, es kommen für dieses Verhältnis der Ehegatten die Regeln über den Auftrag entsprechend zur Anwendung. Demgemäß kann auch die Frau nach § 669 einen Vorschuß für die von ihr vorzunehmenden Geschäfte verlangen (Planck zu § 1357). Die Geschäfte aber, zu deren Vornahme der Vorschuß verlangt ist, die Beschaffung der Lebensmittel für die zum Hausstande gehörenden Personen und der Kleidung für die Klägerin und die Kinder der Parteien, müssen als solche angesehen werden, die bei Haushaltungen in Familien von der sozialen Stellung der Parteien regelmäßig in den Wirkungskreis der Frau fallen. An sich besteht also ein Recht der Klägerin auf Zahlung eines Vorschusses zu den angegebenen Zwecken und zwar um so mehr, als der Klägerin die Möglichkeit, Waren auf Kredit zu entnehmen, durch den Beklagten entzogen ist.

2. Die Ansprüche der Klägerin sind auch im Wege der einstweiligen Verfügung verfolgbar. Letztere kann allerdings nicht auf § 627 CPO. gestützt werden. Diese Bestimmung will eine Handhabe dazu geben, das Verhältnis der Ehegatten zu einander und zu ihren gemeinschaftlichen minderjährigen Kindern in gewissen durch den Scheidungsprozeß besonders beeinflußten Beziehungen, insbesondere die Verpflichtung zur häuslichen Gemeinschaft, die Unterhaltungspflicht, die Sorge für die Person der Kinder, während des Prozesses zu regeln, und setzt, wie die Bezugnahme auf § 1361 BGB. ergiebt, jedenfalls für die Unterhaltungspflicht das Getrenntleben voraus. Vorliegend leben dagegen die Parteien trotz des Prozesses in häuslicher Gemeinschaft weiter, es handelt sich auch nicht in erster Linie um die Regelung der Unterhaltungspflicht der Parteien untereinander und gegenüber ihren minderjährigen Kindern, sondern um die Wirtschaftsführung der Klägerin im ehelichen Hausstande, ein Verhältnis, dessen Regelung durch den Scheidungsprozeß nicht bedingt ist, wenn auch die Klägerin sie nur für dessen Dauer begehrt. Es kann deshalb nur in Frage kommen, ob die Voraussetzungen des § 940 CPO. gegeben sind. Dies ist zu bejahen. Die Leitung des Hauswesens ist ein dauerndes Verhältnis, die dabei zu machenden Ausgaben sind fortlaufend oder doch regelmäßig wiederkehrend. Dies gilt nicht nur von den Ausgaben für die Beköstigung der zum Hausstande gehörenden Personen, sondern auch für die Bekleidung der Klägerin und der minderjährigen Kinder. Denn auch diese sind, wenn auch nicht allmonatlich in gleicher Höhe, so doch in gewissen Zeitabschnitten regelmäßig sich wiederholende Ausgaben. Die Gewährung von Vorschüssen für diese Ausgaben eignen sich also auch sehr wohl zur Regelung durch einstweilige Verfügung, und eine solche erscheint zur Abwendung wesentlicher Nachteile dann notwendig, wenn der Mann die Gewährung der Vorschüsse entweder ganz verweigert, oder sie doch so knapp bemißt, daß der Unterhalt der Frau und der gemeinschaftlichen Kinder dadurch in einer ihre Rechte verletzenden Weise beeinträchtigt wird. M.

### d) Zur Anwendung des BGB. § 1401.

OLG. Zweibrücken, II. CS. Urteil v. 21. Mai 1902.

Der Postagent A. ging am 8. Juni 1900 nach Unterschlagung von Postgeldern flüchtig. Seine Frau verpflichtete sich am 12. Juni für den der Postkasse entstandenen Schaden aufzukommen. Der Postfiskus klagte gegen die Frau auf Zahlung und gegen den Mann auf Duldung der Vollstreckung ins Eingebrachte der Frau. Letzterer Antrag wurde zurückgewiesen. Gründe:

Die Berufung des Postfiskus richtet sich nur gegen die Annahme, daß es zur Wirksamkeit des von Frau A. vorgenommenen Rechtsgeschäftes in Ansehung des eingebrachten Gutes der Zustimmung des Mannes bedürfe. Nicht ganz zutreffend läßt das Landgericht es darauf ankommen, ob die Erforderlichkeit des Rechtsgeschäftes objektiv aus der Interessenlage des eingebrachten Gutes begründet erscheint. Wohl ist in den Fällen des § 1379 zu prüfen, ob das Rechtsgeschäft zur ordnungsmäßigen Verwaltung des eingebrachten Gutes erforderlich ist. In den § 1401 dagegen ist dieses Erfordernis nicht aufgenommen. § 1401 verlangt nur, daß der Mann durch Krankheit oder durch Abwesenheit an der Abgabe einer Erklärung verhindert und mit dem Aufschube Gefahr verbunden ist. Gerade aus der vom Landgericht bezeichneten Stelle der Motive 4 S. 240 „da immer Gefahr im Verzuge vorausgesetzt wird, diese Voraussetzung aber, wenigstens in der Regel, nur dann vorliegen wird, wenn der Mann, falls er nicht behindert gewesen wäre, die Einwilligung hätte erteilen müssen, so ist zum Schutze des Mannes eine Bestimmung des Inhaltes, daß die Frau gegenüber dem Manne verpflichtet sein soll, solche Handlungen zu unterlassen, welche zur ordnungsmäßigen Verwaltung des Ehegutes nicht erforderlich sind, nicht für nötig erachtet“ ist zu entnehmen, daß für § 1401 nicht von der Frage ausgegangen werden darf, ob das Rechtsgeschäft zur ordnungsmäßigen Verwaltung des eingebrachten Gutes erforderlich ist. Denn geschieht dies, so wird zwar für die Regelfälle die richtige Entscheidung gefunden, aber nicht für die Ausnahmefälle, in welchen mit dem Aufschub Gefahr verbunden ist, ohne daß das Rechtsgeschäft zur ordnungsmäßigen Verwaltung des eingebrachten Gutes erforderlich erscheint. . . Hier sind indessen die Voraussetzungen des § 1401 nicht gegeben. Nach dem Ergebnis der Kassenvisitation bestand am 12. Juni 1900 überhaupt keine ungedeckte Forderung des Klägers. Ein Fehlbetrag von 617 Mark war festgestellt, wurde jedoch gedeckt durch die Kaution von 940 Mark. Für die Ersatzforderung von 617 Mark hat die Frau A. keine Verbindlichkeit übernommen. Wohl konnte am 12. Juni 1900 angenommen werden, daß eine nähere Prüfung einen höheren Fehlbetrag ergeben werde. Aber mit der Deckung der höheren Fehlsumme hatte es keine Eile und konnte zum mindesten bis zur Ermittelung der Abgänge gewartet werden. Gefahr war weder für den Mann noch für die Frau noch für das eingebrachte Gut mit dem Aufschub der Sicherstellung des Ersatzes verbunden. Die Übernahme der Zahlungsverbindlichkeit durch die Frau hinderte weder die Ermittelung der weiteren Fehlbeträge noch war sie geeignet, dem Manne straffreie Rückkehr zu ermöglichen. Nicht einmal Prozeßkosten ließen sich mit der

Bürgschaftsübernahme hintanhalten. . . Die Annahme, daß Frau A. die Haftung übernehmen mußte, um sich vor dem Verdachte der Begünstigung zu schützen, ist ungerechtfertigt. Ein solcher Verdacht lag nicht vor und wäre auch durch die Bürgschaftserklärung nicht beseitigt worden. Sache des Klägers ist, den Beweis zu erbringen, daß mit dem Aufschub Gefahr verbunden war. Kläger hat aber nicht darzuthun vermocht, daß die Übernahme der schwerwiegenden Verbindlichkeit so dringend war, daß sie nicht den Aufschub ertrug, bis der Ehemann persönlich oder durch einen Vertreter (vgl. §§ 1409, 1915, 1901, 1550², 1525²) sich schlüssig machen konnte, ob die Zustimmung zu erteilen oder zu verweigern sei. Dr. Kr.

e) **Befriedigung der Gläubiger der Frau aus deren eingebrachtem Gut. Form der Zustimmung des Mannes zur Zwangsvollstreckung. Kostentragung. BGB. § 1411. CPO. §§ 739, 93.**

Kammergericht, XIII. CS. Urteil v. 3. November 1902.

Geklagt ist aus einem von der Frau des Beklagten vor ihrer Verheiratung akzeptierten Wechsel gegen die Frau auf Zahlung und gegen den Mann auf Duldung der Vollstreckung in das eingebrachte Gut der Frau. Aus den Gründen:

Der Gläubiger einer von einer Frau vor ihrer Verheiratung eingegangenen Verbindlichkeit kann zwar auch nach der Verheiratung seiner Schuldnerin gemäß § 1411 ohne Rücksicht auf die Verwaltung und Nutznießung des Mannes Befriedigung aus ihrem eingebrachten Gute verlangen, er bedarf aber, da die Frau zur Verfügung über eingebrachtes Gut der Zustimmung des Mannes bedarf (§ 1395), auch ein ohne diese Zustimmung gegen die Frau erwirktes Urteil in Ansehung des eingebrachten Gutes dem Manne gegenüber unwirksam ist (§ 1400), zur Durchführung dieses Rechtes der Zustimmung des Mannes. Aus § 1411 ergiebt sich die Verpflichtung des Mannes, diese Zustimmung zu erteilen und die Hindernisse, die seine Verwaltung und Nutznießung der Befriedigung des Gläubigers aus dem eingebrachten Gute bereitet, zu beseitigen, die Durchführung dieser Verpflichtung im Prozesse regelt der § 739 CPO. Die dadurch erwachsenen Prozeßkosten fallen nach § 91 CPO. dem unterliegenden Teile also dem zur Duldung der Vollstreckung verurteilten Manne zur Last, wenn nicht die in § 93 gemachte Ausnahme vorliegt. An sich hat der Mann dem Gläubiger schon dadurch Veranlassung zur Erhebung der Klage gegeben, daß er ihre Befriedigung aus dem Vermögen der Frau durch die ehemännliche Verwaltung und Nutznießung hindert, mindestens alsdann, wenn er vom Vorhandensein vorehelicher Verbindlichkeiten seiner Frau Kenntnis hat. Der Ausnahmefall des § 93 liegt daher nur dann vor, wenn der Mann jenes Hindernis schon vor der Klagerhebung beseitigt hatte. Dies hat er aber nur gethan, wenn er entweder die Befriedigung des Gläubigers herbeigeführt oder den letzteren in den Stand gesetzt hat, ein gegen die Frau ergangenes Urteil sofort in das eingebrachte Gut vollstrecken zu können. Dazu genügt eine einfache schriftliche Erklärung des Mannes dem Gläubiger gegenüber nicht, durch eine solche wird dem Gläubiger keine Sicherheit gegen die aus § 805 CPO. sich ergebenden Hindernisse der Vollstreckung in das in der Regel im Besitze des Mannes befindliche eingebrachte Gut gewährt, da der Gerichtsvollzieher einen Widerspruch des Mannes trotz jener voraufgegangenen Erklärung beachten müßte (vgl. auch die zu demselben Ergebnis gelangenden Ausführungen JW. 1902 S. 137; Gruchot 45 S. 265; Hellwig, Anspruch S. 320; dagegen Gaupp bei § 739 CPO.). v. W.

f) **Wann liegt Aufhebung der häuslichen Gemeinschaft vor? Gefängnisstrafe. BGB. § 1571².**

OLG. Königsberg, I. CS. Urteil v. 9. Juni 1902.

Da die Klägerin bereits im Sommer 1900 von dem ehewidrigen Verhalten des Beklagten Kenntnis gehabt hat, so ist die im Juni 1901 erfolgte Ladung des Beklagten zum Sühnetermin nach Ablauf der sechsmonatlichen Klagefrist erfolgt. Klägerin macht jedoch geltend, daß diese Frist seit dem 20. Oktober 1900 nicht mehr gelaufen sei, weil Beklagter sich seit diesem Tage in Haft befindet und dadurch die häusliche Gemeinschaft der Parteien aufgehoben worden sei. Diese Ansicht ist unbegründet. Behufs Bestimmung des juristischen Begriffes der „häuslichen Gemeinschaft" und deren „Aufhebung" ist festzustellen, in welchem Sinne das BGB. diese Ausdrücke an anderen Stellen gebraucht und welche Erwägungen im Falle des § 1511 den Gesetzgeber veranlaßt haben, der „Aufhebung" die Wirkung beizulegen, daß während derselben die Frist des Abs. 1 nicht läuft. Nach § 1353 sind die Ehegatten einander zur ehelichen Lebensgemeinschaft verpflichtet, und ist der andere Ehegatte dem Verlangen des einen nach „Herstellung der Gemeinschaft" unter den im § 1353² bestimmten Voraussetzungen Folge zu geben nicht verpflichtet. Die eheliche Lebensgemeinschaft ist der weitere Begriff; sie umfaßt auch die häusliche Gemeinschaft. Nach § 1353 sind also die Ehegatten der Regel nach verpflichtet, die „häusliche Gemeinschaft" „herzustellen". — Nach § 1567 Nr. 1 liegt bösliche Verlassung vor, wenn ein Ehegatte, nachdem er „zur Herstellung der häuslichen Gemeinschaft" rechtskräftig verurteilt worden ist, ein Jahr lang gegen den Willen des andern Ehegatten in böslicher Absicht dem Urteile nicht Folge geleistet hat. Das klageweise Verlangen der Herstellung ist unbegründet, wenn der abwesende Teil gar nicht den Willen hat, sich von der häuslichen Gemeinschaft fern zu halten — besonders aber dann, wenn er durch äußere Umstände gegen seinen Willen gezwungen wird, sich außerhalb der Ehewohnung aufzuhalten. Die im § 1567 erwähnte „bösliche Absicht" ist nicht bloß nach Erlaß des Urteiles auf Herstellung erheblich, sondern auch Voraussetzung der Klage auf „Herstellung" der „häuslichen Gemeinschaft". Die letztere ist also ein Verhältnis, welches „herzustellen" ist, d. h. jeder Ehegatte hat das zu thun, was erforderlich ist, um die häusliche Gemeinschaft herzustellen und diejenigen Handlungen zu unterlassen, welche ihre Herstellung ausschließen. Vorausgesetzt werden hiernach in beiden Fällen vorsätzliche Handlungen, welche auf Herstellung oder Aufhebung der häuslichen Gemeinschaft gerichtet sind. Vorübergehende Abwesenheit von Hause von längerer oder kürzerer Dauer, bei welcher der Abwesende nicht den Willen hat, die häusliche Gemeinschaft aufzuheben, ist niemals Verweigerung der Herstellung der häuslichen Gemeinschaft. Der Geschäftsreisende, der sich auf längere Zeit ins Ausland begiebt — der Forschungsreisende, der Beamte, der Offizier der dies thut — dabei aber den Willen hat, zu seiner Frau zurückzukehren, sobald es ihm die äußeren, von seinem Willen unabhängigen Verhältnisse gestatten, thut nichts, was seine Frau zu dem Verlangen berechtigen könnte, die eheliche Gemeinschaft „herzustellen". Bedarf aber die „eheliche Gemeinschaft" keiner „Herstellung", so besteht sie, und es wäre unrichtig zu sagen, die häusliche Gemeinschaft sei aufgehoben. Andernfalls käme man dahin, von Aufhebung der häuslichen Gemeinschaft schon dann zu sprechen, wenn ein Ehegatte auch nur eine Badereise ohne den andern machte. Daß in solchem Falle nicht ohne weiteres die häusliche Gemeinschaft für aufgehoben erachtet werden kann, nimmt auch das Reichsgericht an (JW. 1902 S. 13, 14). Hiernach ist eine „Aufhebung" der „häuslichen Gemeinschaft" nur dann vorhanden, wenn ein Teil die Herstellung verweigert, nicht aber schon dann, wenn nichts weiter vorliegt, als daß er ohne seinen Willen oder unfreiwillig vorübergehend von Hause abwesend ist, z. B. zu einer militärischen Übung eingezogen, ins Krankenhaus oder ins Gefängnis gebracht wird.

Daß auch in § 1571 Abs. 2 Satz 1 die „Aufhebung der häuslichen Gemeinschaft" in diesem Sinne verstanden wird, geht deutlich aus Satz 2 hervor. Die Klagefrist kann danach in Lauf gesetzt werden durch die Aufforderung zur Herstellung der häuslichen Gemeinschaft seitens des anderen Ehegatten an den „zur Klage Berechtigten". Wäre die häusliche Gemeinschaft durch den Aufenthalt im Zuchthause aufgehoben, so wäre vorliegend Beklagter berechtigt gewesen, die Klägerin als den „zur Klage berechtigten" Teil aufzufordern, die „häusliche Gemeinschaft" herzustellen. Eine solche Aufforderung wäre sinnlos.

Die Richtigkeit der hier vertretenen Auffassung findet ferner ihre Bestätigung in den Motiven, welche zu der Vorschrift geführt haben. Man wollte im Interesse der Aufrechterhaltung der Ehe den verletzten Ehegatten Gelegenheit geben, durch freiwillige faktische Trennung die Klagefrist zu verlängern. Vorausgesetzt ist, daß der unschuldige Ehegatte den schuldigen verlassen hat (Prot. 4 S. 432; Denkschrift S. 316).

Nur ein Moment macht die Klägerin gegen die hier vertretene Auffassung geltend. Nach den Prot. 4 S. 432/35 erschien nämlich der Antrag 5b:

> Die Frist wird, wenn die Scheidung wegen eines Verbrechens oder Vergehens begehrt wird, unterbrochen, solange die wegen dieses Verbrechens oder Vergehens erkannte Freiheisstrafe verbüßt wird,

„durch den zum Beschluß erhobenen Antrag 4 erledigt". Diese Bemerkung muß jedoch so gedeutet werden, daß eine weitere besondere Regelung außer der beschlossenen nicht erforderlich schien. Sollte aber auch die Kommission etwa anderer Ansicht gewesen sein, so wäre dies gleichgültig, da eine etwaige abweichende Ansicht im Gesetz keinen erkennbaren Ausdruck gefunden hat.[1] F.

g) **Auslegung des „gegen den Willen des anderen Ehegatten" und „in böslicher Absicht" des § 1567[1] BGB.**

Kammergericht, XII. CS. Urteil v. 6. November 1902.

Der Ehemann war rechtskräftig zur Herstellung der häuslichen Gemeinschaft verurteilt. Nach länger als Jahresfrist erhob die Frau die Scheidungsklage. Das Landgericht hat abgewiesen. Vom Berufungsgerichte ist nach dem Klagantrage erkannt. Aus den Gründen:

Durch das Erfordernis, daß der beklagte Ehegatte gegen den Willen des anderen Ehegatten sich fern hält, wird der Richter darauf hingewiesen, daß er die Scheidung nicht aussprechen darf, wenn er die Überzeugung gewinnt, daß die Ehegatten den Scheidungsgrund der böslichen Verlassung benutzen wollen, um die Scheidung auf Grund gegenseitiger Einwilligung herbeizuführen (Motive zum BGB. Bd. IV S. 590). Der klagende Ehegatte, der ein Urteil auf Herstellung der häuslichen Gemeinschaft erlangt hat, braucht aber seinerseits nichts zu thun, um die Wiedervereinigung der Ehegatten herbeizuführen. Er kann vielmehr abwarten, ob und in welcher Weise der Beklagte der ihm durch das Urteil gemachten Auflage nachkommen wird; nur darf er seinerseits nichts unternehmen, wodurch die vom anderen Teile beabsichtigte Herstellung der häuslichen Gemeinschaft vereitelt wird. Diese Grundsätze müssen umsomehr dann zur Anwendung gebracht werden, wenn der beklagte Teil der Ehemann ist, welcher gesetzlich das Ehedomizil zu bestimmen und auch in erster Linie für eine Ehewohnung zu sorgen hat. Ist das Wartejahr verflossen, ohne daß der beklagte Ehegatte dem Urteile nachgekommen ist und die häusliche Gemeinschaft wieder hergestellt hat, so hat der klagende Teil einen Ehescheidungsgrund erworben und braucht nunmehr seinerseits die häusliche Gemeinschaft nicht wieder herzustellen. Daher war es verfehlt, von der Klägerin noch den Nachweis der Aufwendung von Bemühungen zur Herstellung der häuslichen Gemeinschaft nach Erlaß des Urteiles im Vorprozesse zu verlangen, und aus der im letzten Verhandlungstermine von der Klägerin abgegebenen Erklärung, sie wolle die Ehe mit dem Beklagten nicht mehr fortsetzen, einen Grund zur Abweisung ihrer Scheidungsklage zu entnehmen.

In „böslicher" Absicht hat sich der Beklagte fern gehalten, wenn ihm bewußt war, daß er dadurch die durch die Ehe begründete Verpflichtung zur häuslichen Gemeinschaft verletzte, wenn er also keinen Grund hatte, diese Herstellung zu verweigern etwa wegen Krankheit oder wegen des Vorhandenseins von Ehescheidungsgründen, welche erst nach Erlaß des Urteiles im Vorprozesse entstanden sind. Da derartige Thatsachen, welche den Ungehorsam

[1] Übereinstimmend: Rsp. 4 S. 338. 339 Anmerkung.

des Beklagten entschuldigen könnten, nicht beigebracht sind, so war die Annahme gerechtfertigt, daß der Beklagte dem Urteile in böslicher Absicht nicht Folge geleistet hat. Dr. H.

## 75

a) **Zu Erbteilungsverträgen über Grundstücke bedarf auch der Vater der Genehmigung des Vormundschaftsgerichtes. BGB. § 1643.**

OLG. Colmar, II. CS. Beschluß v. 14. April 1902.

Wenn § 1822 ² die Genehmigung des Vormundschaftsgerichtes zu jedem Erbteilungsvertrage für notwendig erklärt, so soll damit der Erbteilungsvertrag als solcher d. h. die Vereinbarung unter den Miterben über die Aufhebung der Erbengemeinschaft, getroffen werden. Dabei ist es selbstverständlich nicht ausgeschlossen, daß ein solcher Vertrag auch noch aus einem sonstigen Grunde der Genehmigung bedarf, so z. B., wenn er eine Verfügung über ein Grundstück enthält. In solchem Falle wäre die Genehmigung nach § 1821 ¹ erforderlich und einzuholen, auch wenn der § 1822 ² nicht bestände. Letztere Vorschrift hat derartige anderweitige Bestimmungen natürlich vollständig unberührt gelassen. Wenn demnach § 1643 ¹ den § 1822 ² nicht als für den Vater verbindlich aufführt, so kann hieraus nur geschlossen werden, daß der Letztere nur insoweit einen Erbteilungsvertrag ohne Genehmigung abschließen darf, als nicht aus einem sonstigen Grunde die Genehmigung erforderlich ist. Dr. Fr.

b) **Wiederverheiratung. Vorherige Auseinandersetzung.**

α) Kammergericht, I. CS. Beschluß vom 11. Juli 1902.

Die Witwe des 1900 verstorbenen A. hat dem Vormundschaftsgericht ein mit der Versicherung der Richtigkeit und Vollständigkeit versehenes Verzeichnis des gütergemeinschaftlichen Vermögens eingereicht, das nicht beanstandet worden ist, und hat im April 1902 beantragt, ihr zwecks Wiederverheiratung ein Zeugnis aus § 1314 BGB. zu erteilen.[1] Dieser Antrag ist abgelehnt, der weiteren Beschwerde jedoch stattgegeben. Aus den Gründen:

Der Auslegung des Testaments dahin, daß die Frau als Vorerbin und die Kinder als Nacherben auf den Überrest des beim Tode ihrer Mutter noch vorhandenen Nachlasses eingesetzt seien, liegt eine Gesetzesverletzung nicht zu Grunde. Das Landgericht erklärt vor der Erteilung des begehrten Zeugnisses die Auseinandersetzung zwischen der Vorerbin und den Nacherben gemäß § 1669 für erforderlich, und es folgert die Möglichkeit dieser Aus-

[1] Zur Erteilung dieses Zeugnisses ist, wenn weder eine Vormundschaft über die Kinder der Gesuchstellerin anhängig, noch dieser ein Beistand bestellt ist, dasjenige Gericht zuständig, in dessen Bezirke die Kinder zur Zeit der Anbringung des Gesuches ihren Wohnsitz haben (Bayer. OLG. II. CS. Beschluß v. 11. März 1901 und 23. Juni 1902, Sammlung 2 S. 151 und 3 S. 569). — Läßt sich ein solcher mit Bestimmtheit nicht ermitteln, so kann nur der Ort in Betracht kommen, an dem die Kinder sich aufhalten oder zur angegebenen Zeit aufhielten; haben sie an verschiedenen Orten ihren Aufenthalt, so ist derjenige des jüngsten Kindes maßgebend (Beschluß v. 10. März 1902, das. 3 S. 212).

einanderſetzung aus § 2044 Abſ. 2 Satz 2, wonach der Erblaſſer, der eine Nacherbfolge angeordnet hat, die Auseinanderſetzung in Anſehung des Nachlaſſes wirkſam bis zum Eintritte der Nacherbfolge ausſchließen kann. Dieſe Schlußfolgerung beruht auf einem Rechtsirrtum. Die Auseinanderſetzung, auf die der § 2044 ſich bezieht, iſt nicht die zwiſchen Vorerben und Nacherben, ſondern, wie die Stellung in dem von der „Mehrheit von Erben" handelnden Titel und der Zuſammenhang der §§ 2042 bis 2049 ergiebt, die zwiſchen Miterben. Die Ausſchließung der Auseinanderſetzung zwiſchen dieſen wird nach Abſ. 2 § 2044 unwirkſam, wenn 30 Jahre ſeit dem Eintritte des Erbfalles verſtrichen ſind, bleibt aber ausnahmsweiſe auch nach Ablauf dieſer Friſt wirkſam, wenn ſie für die Zeit bis zum Eintritt einer Nacherbfolge angeordnet iſt (vgl. dazu § 2109). Dieſe Ausnahmevorſchrift iſt erſichtlich auf den Art. 309 des Heſſiſchen Entwurfes zurückzuführen (vgl. Motive 5 S. 688). Hier wird verordnet (3. Abt. 1 Tl. S. 77): „Ein Verbot des Erblaſſers, die Erbſchaft zu teilen, iſt wirkungslos, es ſei denn, daß der Erblaſſer dem Bedachten die Überlieferung der Erbſchaft . . . an einen Anwärter aufgetragen und die Teilung . . bis zur Zeit der Überlieferung . . unterſagt hätte." Die Begründung dazu (2. Tl. S. 178) lautet: „Wer berechtigt iſt, ſeinen mehreren Erben vorzuſchreiben, das Vermögen einem Nacherben zu hinterlaſſen, muß auch Jenen die Teilung des Vermögens verbieten dürfen." Damit wird vollends klar geſtellt, daß der § 2044 nicht die Bedeutung hat, daß die Auseinanderſetzung zwiſchen Vorerben und Nacherben regelmäßig vor dem Eintritte der Nacherbfolge zu geſchehen hat, durch letztwillige Verfügung des Erblaſſers aber bis zu dieſem Eintritte verſchoben werden kann.

Die angefochtene Entſcheidung ſtellt ſich auch aus anderen Gründen als unzutreffend dar. Nach § 1669 hat der Vater — und dasſelbe gilt nach § 1686 für die Mutter —, wenn er eine neue Ehe eingehen will, ſeine Abſicht dem Vormundſchaftsgericht anzuzeigen, ein Verzeichnis des ſeiner Verwaltung unterliegenden Vermögens einzureichen und, ſoweit in Anſehung dieſes Vermögens eine Gemeinſchaft zwiſchen ihm und dem Kinde beſteht, die Auseinanderſetzung herbeizuführen. Das Vormundſchaftsgericht kann geſtatten, daß die Auseinanderſetzung erſt nach der Eheſchließung erfolgt. Es fragt ſich alſo, ob in Anſehung des der Verwaltung der Beſchwerdeführerin unterliegenden Vermögens ihrer Kinder eine Gemeinſchaft beſteht. Auszugehen iſt davon, daß den Kindern andere Vermögensrechte als das ihnen im Teſtamente zugewendete Nacherbrecht auf den Überreſt des Nachlaſſes ihres Vaters nicht zuſtehen. Hinſichtlich dieſes Vermögens befinden ſich die Beſchwerdeführerin und ihre Kinder nicht in einem Miteigentum, in einer Geſellſchaft oder in einer anderen Gemeinſchaft (vgl. KO. § 16 Abſ. 1). Dem Vorerben und dem Nacherben ſteht als ſolchen weder ein Recht noch das Eigentum an einer Sache gemeinſchaftlich, ſei es nach Bruchteilen, ſei es zur geſamten Hand, zu. Das Rechtsverhältnis zwiſchen ihnen iſt vielmehr ſo gestaltet, daß mit dem Eintritte des Falles der Nacherbfolge der Vorerbe aufhört, Erbe zu sein, und die Erbschaft dem Nacherben anfällt (§ 2139). Vorerbe und Nacherbe sind also nicht gemeinschaftlich, sondern nach einander Erbe. Eine Auseinandersetzung zwischen ihnen findet, wenn man die Herausgabe der Erbschaft an den Nacherben nach Maßgabe der §§ 2130 fg. als solche bezeichnen will, erst nach dem Eintritte der Nacherbfolge, hier mithin erst nach dem Tode der Beschwerdeführerin statt. L.

β) Bayer. Oberstes Landesgericht, I. CS. Beschluß v. 15. Mai 1902.

Der Witwer, der sich wieder verheiraten will, hat sich 1901 mit seinen Kindern nach Bayreuther Recht auseinandergesetzt; der Pfleger der Kinder war damit einverstanden. Das Amtsgericht verfügte jedoch, daß die Auseinandersetzung nach dem BGB. zu erfolgen habe und, solange dies nicht geschehe, das Zeugnis verweigert werde. ... Wäre dem Pfleger gegenüber, der zur Auseinandersetzung über den zum Gesamtgute gehörigen Grundbesitz nach § 1821 der Genehmigung bedarf, diese davon abhängig gemacht worden, daß die Vorschriften des BGB. zu Grunde gelegt werden, so würde hiergegen dem Witwer nach § 20 FrGG. die Beschwerde nicht zustehen. Die verlangte Auseinandersetzung ist aber hier dem Witwer gegenüber als Bedingung der Erteilung des zur Wiederverheiratung erforderlichen Zeugnisses aufgestellt. Infolgedessen ist er zur Beschwerde berechtigt und insoweit sind die Vorentscheidungen zu beanstanden. Das Zeugnis ist nach § 1314 zu erteilen, wenn eine rechtswirksame Auseinandersetzung stattgefunden hat, gleichviel ob sie in der richtigen Weise geschehen ist oder nach der Ansicht des Gerichts die Rechte der Kinder beeinträchtigt. Das Vormundschaftsgericht darf, wenn der Pfleger zur Auseinandersetzung keiner Genehmigung bedarf, die Erteilung des Zeugnisses nicht davon abhängig machen, daß eine seiner Rechtsansicht entsprechende Auseinandersetzung stattfindet, und hat, wenn seine Genehmigung notwendig ist, die ihm zustehende Einwirkung dem Pfleger gegenüber bei der Entscheidung über die Genehmigung, nicht aber dem Vater gegenüber bei der Entscheidung über die Erteilung des Zeugnisses zu üben, die erst in Frage kommt, wenn die Auseinandersetzung erfolgt ist.

c) **Es genügt, wenn die Genehmigung des Vormundschaftsgerichtes erteilt war, bevor die Löschungsbewilligung oder Verpfändungserklärung des Vormundes dem Grundbuchamte zuging. BGB. § 1831.**

α) Kammergericht, I. CS. Beschluß v. 21. Mai 1902.

Zur Aufhebung einer Hypothek durch Rechtsgeschäft, um die es sich handelt, ist die Erklärung des Berechtigten, daß er das Recht aufgebe (§ 875), d. i. die Löschungsbewilligung (GrBO. § 19) und die Zustimmung des Eigentümers (§ 1183), die auch durch Stellung des Löschungsantrages in beglaubigter Form erklärt werden kann (GrBO. §§ 13, 29, 30), erforderlich. Diese beiden Erklärungen werden vom BGB. abweichend vom Entwurf I § 1091 (Motive 3 S. 719) nicht als Bestandteile eines dinglichen Vertrages, sondern als einseitige Rechtsgeschäfte behandelt, die sich selbständig gegenüberstehen

(Prot. 3 S. 615 f.). Daß vorliegend Gläubiger und Eigentümer keinen Vertrag über Aufhebung der Hypothek geschlossen haben, ist auch im Wege der Auslegung der Urkunde bedenkenfrei festgestellt.

Die Erklärung des Gläubigers, daß er die Hypothek aufgebe, ist dem Grundbuchamte oder demjenigen gegenüber abzugeben, zu dessen Gunsten sie erfolgt (§ 875 Satz 2); sie ist also ein empfangsbedürftiges einseitiges Rechtsgeschäft. Der Vormund bedarf zu diesem Rechtsgeschäfte der Genehmigung (§ 1822[13]). Wenn er es ohne diese Genehmigung vornimmt, ist es unwirksam (§ 1831) und es wird auch nicht dadurch wirksam, daß die Genehmigung nachträglich erteilt wird (Jahrbuch 21 A S. 197). Die Annahme, daß hier die Aufgabeerklärung der Gläubiger zu Gunsten des Eigentümers erfolgt sei, erscheint zutreffend, da der Eigentümer inhalts der Quittung die Forderung bezahlt hat. Das Beschwerdegericht folgert ferner daraus, daß dieselbe Urkunde die Löschungsbewilligung des Vormundes und den unter Bezugnahme darauf gestellten Löschungsantrag des Eigentümers enthält und daß die Unterschriften Beider durch denselben Vermerk beglaubigt worden sind, ohne Rechtsirrtum, daß die Erklärung des Vormundes an diesem Tage gegenüber dem Eigentümer in dessen Anwesenheit oder doch in der Weise abgegeben worden ist, daß sie ihm zugegangen ist (BGB. § 130); diese Vornahme des Rechtsgeschäftes war also unwirksam. Wenn es aber weiter ausführt, daß mit Rücksicht auf die Abgabe der Erklärung gegenüber dem Eigentümer für eine solche gegenüber dem Grundbuchamte kein Raum geblieben sei, so kann ihm nicht beigetreten werden. Es ist sehr wohl denkbar, daß die Urkunde nach der Beglaubigung an den Vormund herausgegeben, von ihm dem Vormundschaftsgerichte vorgelegt, von diesem gemäß § 1828 dem Vormunde mit dem auf die Rückseite der Urkunde gesetzten Genehmigungsvermerke zurückgesandt und vom Vormunde dem Notar zur Einreichung bei dem Grundbuchamte ausgeantwortet worden ist. Eine derartig erfolgte Einsendung der die vormundschaftsgerichtlich genehmigte Löschungsbewilligung des Vormundes enthaltenden Urkunde an das Grundbuchamt durch den Boten des Vormundes würde sich als Abgabe jener Willenserklärung seitens des Vormundes gegenüber dem Grundbuchamte (§ 875), mithin als erneute Vornahme des fraglichen Rechtsgeschäftes darstellen. Es ist nicht abzusehen, warum es das Beschwerdegericht gerade in diesem Falle für unmöglich hält, der durch den Aussteller einer Urkunde bewirkten Einreichung derselben bei dem Grundbuchamte die rechtliche Bedeutung der Abgabe der beurkundeten Willenserklärung gegenüber dieser Behörde beizumessen, obwohl es sich um eine Willenserklärung handelt, die gegenüber dem Grundbuchamte abgegeben werden kann, und obwohl nicht festgestellt ist, welche andere Bedeutung die Einreichung haben sollte. Daß in einem solchen Falle der Absicht, der Einsendung jene rechtliche Bedeutung beizulegen, besonderer Ausdruck gegeben wird, erscheint nicht erforderlich; es genügt vielmehr, daß die gegenteilige Absicht nicht zum Ausdruck kommt (vgl. Motive zum ersten Entwurf der

GrBO. § 39 S. 13). Die Willenserklärung des Vormundes wäre dann in dem Zeitpunkte wirksam geworden, in dem die Urkunde dem Grundbuchamte zugegangen ist, denn die Genehmigung war zu dieser Zeit erteilt und wurde mit überreicht. Dieser Zeitpunkt und nicht derjenige, in welchem der Vormund die Urkunde vollzogen hat, ist maßgebend, denn die Ausstellung der Urkunde enthält noch nicht die Abgabe der beurkundeten Willenserklärung, die Vornahme des einseitigen Rechtsgeschäftes. Der § 1831 bezweckt, denjenigen, dem gegenüber diese Vornahme erfolgt, nicht in Ungewißheit über seine Rechtslage zu lassen (Motive zum BGB. 1 S. 133, 4 S. 1153; Prot. 1 S. 62, 4 S. 799), und eine solche Ungewißheit entsteht nicht, wenn die Genehmigung dem Anderen zu der Zeit vorgelegt wird, zu der ihm die Willenserklärung des abwesenden Vormundes zugeht.

Ohne Einfluß wäre es, wenn etwa der Vormund nicht selbst, sondern durch einen Bevollmächtigten, z. B. den Notar H., die Urkunde dem Vormundschaftsgericht übersandt und sie zu dessen Händen zurückerhalten hätte, denn wenn auch die vormundschaftsgerichtliche Genehmigung eine obrigkeitliche Anordnung und keine rechtsgeschäftliche Willenserklärung ist, so kann sie doch unbedenklich der für diese geltenden Vorschrift des § 164³ unterstellt werden (Entsch. d. RG. 25 S. 283, JW. 1902 S. 44 Nr. 52).

Daß vorliegend thatsächlich in der angenommenen Weise verfahren worden, ist zwar nicht festgestellt. Es bedarf dessen aber auch nicht, vielmehr genügt, daß eine Abweichung von jenem Verfahren nicht festgestellt ist. Es kann nicht vermutet werden, daß das Vormundschaftsgericht, dessen Genehmigungsbeschluß zwar nicht ganz korrekt gefaßt, aber dem Sinne nach klar ist, unter Verletzung des § 1828 die Genehmigung zur Aufgabe der Hypothek einem Anderen als dem Vormund oder seinem Bevollmächtigten gegenüber erklärt hat, oder daß die die Löschungsbewilligung und die Genehmigung tragende Urkunde ohne den Willen des Vormundes oder ohne die Absicht, die Löschungsbewilligung gegenüber dem Grundbuchamte zu erklären, diesem durch den Notar H. übersandt worden ist. S.

β) Kammergericht, Ferien-CS. Beschluß v. 23. Juli 1902.

Nach § 1821¹ hat der Vormund zur Verfügung über ein Grundstück des Minderjährigen die Genehmigung des Vormundschaftsgerichts einzuholen. Eine Bestimmung des Begriffes der Verfügung, der sich vielfach im BGB. findet, hat das Gesetz nicht gegeben. Allseitig aber ist man in der Litteratur darüber einig, daß die Belastung eines Grundstückes mit einer Hypothek als eine Verfügung im Sinne des § 1821¹ zu erachten ist. Zutreffend gehen auch die Vorinstanzen davon aus, daß jene Belastung sich als ein einseitiges Rechtsgeschäft darstellt. Zwar fordert die Verkehrshypothek nach § 873 zu ihrer Begründung außer der Eintragung auch die Einigung des Grundeigentümers und des Gläubigers über die Bestellung der Hypothek. Indessen kann die Einigung auch nach der Eintragung erfolgen, so daß die Belastung des Grundstückes allein mit der Eintragung erfolgt. Diese Eintragung setzt nun nach §§ 13, 19 GrBO. nichts weiter voraus, als daß der Eigentümer sie bewilligt und beantragt. Die Belastung mit einer Verkehrshypothek verlangt also als solche nicht die Willensübereinstimmung zweier oder mehrerer Personen (einen Vertrag), sondern es reicht die einseitige Willenserklärung des Eigentümers aus. Die für die hypothekarische Belastung erforderliche Willenserklärung ist daher ein einseitiges Rechtsgeschäft, zu dessen Wirksamkeit die vorgängige Genehmigung des Vormundschaftsgerichts einzuholen ist (§ 1831).

Damit aber ist die Frage noch nicht entschieden, in welchem Augenblicke diese Genehmigung vorliegen muß. Die Vorinstanzen nehmen an, daß sie der unterschriftlichen Vollziehung der Urkunde, in welcher die Eintragungsbewilligung erklärt werde, vorhergehen müsse. Sie schreiben also der bloßen Vollziehung der Urkunde schon die Wirkung der Belastung bei. Das aber ist unzutreffend. Die Eintragungsbewilligung für sich allein äußert solche Wirkung nicht, sie muß vielmehr erst dem Grundbuchrichter gegenüber abgegeben werden, ist also eine empfangsbedürftige Willenserklärung. Solche Erklärung aber wird nach § 130 BGB. erst wirksam, wenn sie dem Grundbuchrichter zugegangen ist. Solange dies nicht stattgefunden hat, ist die urkundliche Erklärung der Eintragungsbewilligung nichts weiter als eine Handlung, welche die künftige Belastung des Grundstückes vorbereiten soll. Vorgenommen wird das diese Belastung herbeiführende Rechtsgeschäft erst mit der Aushändigung der Eintragungsbewilligung an das Grundbuchamt. Es reicht daher aus, wenn in diesem Augenblicke die Genehmigung des Vormundschaftsgerichts vorhanden ist (vgl. Posener Monatsschrift 1900 S. 119). Die Entscheidung im Jahrbuch 21 S. 197 trifft nicht den vorliegenden Fall. Dort hatte ein Vormund eine Erbschaft ausgeschlagen und diese Erklärung dem Nachlaßgericht eingereicht, bevor er zur Vornahme dieses einseitigen Rechtsgeschäftes die Genehmigung erhalten hatte; das verstieß gegen § 1831 und machte die Ausschlagung unwirksam. Wn.

### d) Mitteilung der erteilten Genehmigung durch den Notar als Bevollmächtigten des Vormundes. Darf dies der Notar selbst beurkunden? GrBO. § 29. FrGG. § 168.

Bayer. Oberstes Landesgericht, I. CS. Beschluß v. 24. Mai 1902.

Der Pfleger eines Abwesenden ließ dessen Grundstück 1902 durch den Notar N. versteigern und beauftragte letzteren, die Versteigerungsurkunde dem Amtsgerichte zur Genehmigung einzureichen und diese dem Ersteher A. mitzuteilen, während A. den Gehilfen X. zur Entgegennahme dieser Mitteilung ermächtigte. Demnächst errichtete am 15. Februar 1902 der Notar eine Urkunde darüber, daß er namens des Pflegers dem X. die erteilte Genehmigung mitteilte und dieser namens des A. von ihr Kenntnis zu nehmen erklärte. Die beantragte Eigentumseintragung wurde abgelehnt, der weiteren Beschwerde des Notars jedoch stattgegeben. Aus den Gründen:

Das BGB. betrachtet die Genehmigung des Vormundschaftsgerichts als eine innere Angelegenheit der Pflegschaft; sie ist nur für den Pfleger bestimmt und wird dem Gegner gegenüber erst wirksam, wenn sie ihm durch den Pfleger mitgeteilt wird; unterläßt er die Mitteilung, so ist sie für den anderen Teil nicht vorhanden (Mot. 4 S. 1154, Planck zu § 1829). Die Mitteilung ist nicht eine bloße Benachrichtigung von der Thatsache, daß die Genehmigung erteilt ist, sondern die Erklärung des Pflegers, daß er von der erteilten Genehmigung Gebrauch mache, um das Rechtsgeschäft zur Vollendung zu bringen; der Vertrag wird nicht wirksam, wenn der Pfleger dem anderen Teile mitteilt, die Genehmigung sei zwar erteilt, er mache aber von ihr keinen Gebrauch. Die Mitteilung hat dieselbe Bedeutung wie die Genehmigung eines von einem Vertreter ohne Vertretungsmacht geschlossenen Vertrages durch den Vertretenen (§ 177) und ist wie diese eine rechtsgeschäftliche Erklärung. Übernimmt der Notar, der den Vertrag beurkundet, den Auftrag und die Vollmacht, die Genehmigung im Namen des Pflegers dem anderen Teile mitzuteilen, so übt er, indem er die Mitteilung macht, nicht sein Amt aus, sondern handelt als Bevollmächtigter des Pflegers. Aus den Vorschriften der GrBO. und des FrGG., nach denen der Notar in gewissen Fällen als ermächtigt gilt, im Namen eines Beteiligten eine Eintragung zu beantragen, die durch eine von ihm beurkundete Erklärung veranlaßt ist, kann nicht gefolgert werden, daß zum Amte des Notars gehört, für einen Beteiligten rechtsgeschäftliche Erklärungen abzugeben, von denen die Wirksamkeit eines von ihm beurkundeten Rechtsgeschäftes abhängt, die Abgabe solcher Erklärungen ist dem Notar auch nicht durch die Landesgesetzgebung übertragen und nach § 1829 BGB. wird der Vertrag nicht durch eine amtliche Erklärung, sondern durch die Mitteilung des Pflegers oder seines Bevollmächtigten wirksam. Macht der Notar die Mitteilung als Bevollmächtigter des Pflegers, so kann er sie nach §§ 168, 170[1] FrGG. nicht selbst beurkunden. Der Urkunde vom 15. Februar 1902 kommt daher insoweit, als sie die durch den Notar an den Bevollmächtigten des Erstehers gerichtete Mitteilung beurkundet, die Eigenschaft einer öffentlichen Urkunde nicht zu.

Die Urkunde beurkundet aber auch die Erklärung des X., die Mitteilung durch Notar N. als Bevollmächtigten des Pflegers erhalten zu haben und von ihr Kenntnis zu nehmen, und insoweit ist sie, da der Beurkundung dieser Erklärung durch Notar N. ein rechtliches Hindernis, insbesondere die Vorschrift in §§ 168, 170[1] nicht entgegenstand, eine öffentliche Urkunde. Mittels der öffentlich beurkundeten Erklärung des Bevollmächtigten des Erstehers kann der Pfleger oder der in seinem Namen die Eintragung des Eigentumsüberganges beantragende Notar seine Angabe, daß die Genehmigung des Vormundschaftsgerichts, deren Erteilung und Bekanntmachung an den vom Pfleger bevollmächtigten Notar aus den auf die Versteigerungsurkunde gesetzten Verfügungen des Vormundschaftsgerichts hervorgeht, durch den Notar im Namen des Pflegers dem Bevollmächtigten des Erstehers mitgeteilt worden ist, dem § 29 GrBO. entsprechend nachweisen.

Es mag übrigens dahin gestellt bleiben, ob hier überhaupt ein urkundlicher Nachweis der Mitteilung der Genehmigung an den Ersteher erforderlich war. In dem nächst verwandten Falle des § 177 BGB. würde nicht außer der Vorlegung einer die Genehmigungserklärung des Vertretenen enthaltenden öffentlichen Urkunde ein Nachweis darüber verlangt werden, daß die beurkundete Erklärung dem anderen Teile gegenüber abgegeben worden ist. Bei der Genehmigung des Vormundschaftsgerichts ist die Rechtslage insoweit verschieden, als zu ihr der Entschluß des Pflegers hinzukommen muß, von ihr Gebrauch zu machen, dieser Entschluß wird aber schon dadurch bethätigt, daß der vom Pfleger bevollmächtigte Notar auf Grund der erteilten Genehmigung namens des Pflegers die Eintragung beantragt. (Samml.)

e) **Vormundschaftsgerichtlicher Genehmigung bedarf es, wenn eine Eigentümergrundschuld des Mündels als Darlehenshypothek abgetreten wird. BGB. §§ 1822[8], 1185.**

Kammergericht, Ferien-CS. Beschluß v. 16. August 1902.

Die Hauskinder A. haben als Eigentümer und persönliche Schuldner eine Hypothek bezahlt und die so erworbene Eigentümergrundschuld unter Umwandlung in eine Hypothek dem B. für ein Darlehen abgetreten. Aus den Gründen:

. . . Da die Aufnahme eines Darlehens sich als Aufnahme von Geld auf den Kredit der Darlehensnehmer darstellt und diese noch in elterlicher Gewalt stehen, ist zur Begründung der Darlehensschuld namens ihrer nach § 1643, 1822[8] die Genehmigung des Vormundschaftsgerichts erforderlich. Denn nach § 1643 bedarf zu Rechtsgeschäften für das Kind der Vater dieser Genehmigung in den Fällen, in denen ihrer der Vormund nach § 1821 Nr. 1 und 3, Abs. 2 und nach § 1822 Nr. 1, 3, 5, 8 bis 11 bedarf. Der Vormund bedarf ihrer nach § 1822[8] „zur Aufnahme von Geld auf den Kredit des Mündels". Das Erfordernis ist ohne irgend welche Einschränkung aufgestellt. Wie der Wortlaut, so bietet auch die Entstehungsgeschichte der Vorschrift zu einer Unterscheidung im Sinne des Landgerichts keinen Anhalt. Deshalb erscheint die Genehmigung zur Aufnahme von Geld auf den Namen des Mündels oder des Hauskindes auch dann notwendig, wenn die entsprechende Forderung des Gläubigers dinglich gesichert wird. Aus § 1821 folgt keineswegs das Gegenteil. Danach ist die Genehmigung zur Neubelastung eines Mündelgrundstücks erforderlich, nicht aber zur Verfügung über eine Hypothek 2c des Mündels (Kindes). Ob darum auch zur Abtretung der Eigentümergrundschuld unter Umwandlung in eine Hypothek die Genehmigung stets entbehrlich ist, kann auf sich beruhen. Denn die Genehmigung zur Darlehensaufnahme schließt hier nach Lage der Umstände jedenfalls zugleich die Genehmigung zur Abtretung und Umwandlung der Eigentümergrundschuld in sich. Unabhängig von der Frage der Genehmigungsbedürftigkeit dieser Abtretung und Umwandlung ist aber die Frage, ob zur rechtsgültigen Entstehung der mit der Eigentümergrundschuld zu verknüpfenden persönlichen Forderung die

Genehmigung erforderlich ist. Hierüber entscheidet nicht der § 1821, sondern der § 1822 in der oben gedachten Art.[1]

f) **Der Vormund kann selbständig Vollmachten erteilen; doch bedarf der Vertreter zu genehmigungsbedürftigen Rechtsgeschäften gleichfalls der Genehmigung.**

Kammergericht, I. CS. Beschluß v. 29. September 1902.

Zu den Erben des 1898 verstorbenen Hypothekars gehört der minderjährige A. Sein Vormund hat am 6. Dezember 1901 notariell den B. ermächtigt, den Mündel in allen Angelegenheiten, welche den Nachlaß des Gläubigers betreffen, zu vertreten, seine Vertretungsmacht soll sich ohne jede Ausnahme auf alle diese Erbschaft betreffenden Rechtsgeschäfte erstrecken, welche von dem Mündel und ihm gegenüber vorgenommen werden können. B. hat zusammen mit den übrigen Erben die Hypothek abgetreten. Die beantragte Umschreibung wurde abgelehnt. Aus den Gründen:

Der nach Art. 89 Z. 1[b] Ausf.-G. zum BGB. in Geltung gebliebene § 41 I 13 ALR., wonach Geschäfte eines öffentlichen Amtes niemand eigenmächtig einem anderen an seiner Statt auftragen soll, enthält eine öffentlichrechtliche Vorschrift (Begründung des Entw. S. 206). Er betrifft die Vornahme obrigkeitlicher Amtshandlungen, aber nicht die dem Privatrechtsgebiete angehörende Abgabe rechtsgeschäftlicher Willenserklärung namens eines Mündels. Der Vormund kann allerdings nicht seine ganze Vertretungsmacht und damit sein Amt auf einen anderen übertragen, wohl aber kann er ohne Genehmigung des Vormundschaftsgerichts zur Vornahme von einzelnen Rechtsgeschäften für den Mündel Vollmacht erteilen, wofern es sich nicht etwa um Rechtsgeschäfte handelt, die er kraft besonderer gesetzlicher Vorschrift oder nach der Natur der Sache persönlich vornehmen muß. Es folgt dies auch daraus, daß der § 1822 Nr. 11 BGB. zur Erteilung einer Prokura Genehmigung erfordert; auch hieraus ist zu schließen, daß der Vormund andere Vollmachten ohne solche Genehmigung erteilen kann (Ensch. d. RG. 41 S. 363). — Die Bevollmächtigung bedarf auch nicht etwa dann der Genehmigung, wenn diese für das Rechtsgeschäft erforderlich ist, auf das sich die Vollmacht bezieht. Insbesondere läßt sich eine Vollmachtserteilung, die zur Verfügung über eine Forderung des Mündels berechtigt, nicht als eine solche — nach § 1812 BGB. genehmigungsbedürftige — Verfügung selbst ansehen, da sie diese nur vorbereitet und nicht unmittelbar auf eine Rechtsänderung abzielt. Ebensowenig kann sie als nach derselben Vorschrift genehmigungsbedürftige Eingehung der Verpflichtung zu einer solchen Verfügung behandelt werden, denn hierunter

[1] Bei dem Bestehen eines Gesellschaftsverhältnisses zwischen einem Minderjährigen und einem Dritten, dem nach dem Gesellschaftsvertrage die Führung der Geschäfte zusteht, ist § 1822 Nr. 8 auf den Dritten nicht anwendbar; dieser ist also bei der Aufnahme von Geld auf den Kredit der Gesellschaft an die Genehmigung des Vormundschaftsgerichts nicht gebunden (Bayer. OLG. Beschluß v. 20. Dezember 1901, Sammlung 2 S. 847). Dagegen bedarf ihrer der Vater, der für sein Hauskind ein Grundstück kauft und auf den Kaufpreis eine Hypothekenschuld des Veräußerers übernimmt (a. a. O. 3 S. 646).

ist nur der Abschluß des diese Verpflichtung begründenden Schuldverhältnisses zu verstehen.

Es kann aber nicht bezweifelt werden, daß der Vormund auf seinen Vertreter nicht mehr Recht übertragen kann als er selbst hat, und daß daher der Bevollmächtigte zu Rechtsgeschäften, die er für den Mündel vornimmt, in demselben Umfange der Genehmigung bedarf wie der Vormund selbst (Planck Anm. II 11 zu § 1822; für das frühere Recht Eccius 5. Aufl. 4 § 232 Anm. 26). Gerade weil die Prokura nicht in solcher Weise mit Wirkung gegen Dritte beschränkt werden kann, bedarf der Vormund zu ihrer Erteilung der Genehmigung (Motive 4 S. 1145 unter 12). Vorliegend hat der Vertreter über eine Hypothek des Mündels verfügt. Der Vertretung des Vormundes durch einen Bevollmächtigten steht bei einem solchen Rechtsgeschäft nichts entgegen. Der Vormund kann aber nach § 1812 über eine Hypothek des Mündels nur mit Genehmigung des Gegenvormundes, und wenn ein solcher nicht vorhanden ist, des Vormundschaftsgerichts, dessen Genehmigung die des Gegenvormundes ersetzt, verfügen. Das Beschwerdegericht erachtet zwar den § 1812 für unanwendbar, weil es sich nicht um die Verfügung über eine aus der gemeinschaftlichen Erbmasse dem Mündel zum Sondereigentume überwiesene Hypothek handle. Dies ist jedoch unrichtig. Es kann keinen Unterschied begründen, ob die Hypothek dem Mündel allein oder ihm und anderen gemeinschaftlich zusteht und ob die Mehreren nach Bruchteilen oder zur gesamten Hand berechtigt sind. Auch über die zu einem ungeteilten Nachlasse gehörige Hypothek kann der Vormund eines Miterben nur mit Genehmigung verfügen, denn die Gemeinschaft mehrerer Erben bildet, wie nach ALR. so nach BGB. kein von den einzelnen Erben verschiedenes Rechtssubjekt, keine juristische Person. Es war daher zwar nicht die Genehmigung zu der Bevollmächtigung des B. durch den Vormund, wohl aber nach Maßgabe des § 1812 und der sich auf alle Arten von genehmigungsbedürftigen Rechtsgeschäften beziehenden §§ 1822, 1832 die Genehmigung des Gegenvormundes oder des Vormundschaftsgerichts zur Abtretung der Nachlaßhypothek und Umschreibungsbewilligung erforderlich. Da eine solche Genehmigung nicht vorliegt, ist die Umschreibung mit Recht abgelehnt worden. Z.

g) **Der Erblasser kann den Vater nicht von der Aufsicht des Vormundschaftsgerichtes befreien. BGB. §§ 1852 ff.**

Kammergericht, I. CS. Beschluß v. 14. April 1902.

Der 1900 verstorbene A. hat zu Erben die Kinder seiner Tochter eingesetzt und bestimmt, daß sein Schwiegersohn die Erbteile verwalten solle. Dem hat er hinzugefügt: „Ich befreie ihn für diese Verwaltung von jeder Aufsicht des Vormundschaftsgerichtes, soweit dies gesetzlich zulässig ist.“ Aus den Gründen:

Die Frage, ob der Testator den Vater von den Beschränkungen, die das BGB. bezüglich der Vermögensverwaltung der Kinder aufstellt, befreien kann, muß verneint werden. Eine ausdrückliche Vorschrift hierüber findet sich allerdings nicht. Das BGB. regelt aber in den §§ 1852 ff. die Befreiung der Vormünder und läßt eine solche nur dann zu, wenn die Eltern für ihre Kinder Vormünder ernennen (vgl. Planck S. 604 V Anm. 1). Nach § 1917² kann ferner der Erblasser für den benannten Pfleger durch letztwillige Verfügung die in den §§ 1852 bis 1854 bezeichneten Befreiungen anordnen. Alle diese Vorschriften betreffen den vorliegenden Fall nicht, da es sich hier nicht um eine von den Eltern für ihre Kinder angeordnete Vormundschaft, noch um einen für die Kinder vom Erblasser bestellten Pfleger handelt. Eine Befreiung von der im Gesetz angeordneten Aufsicht des Vormundschaftsgerichtes kann aber nur in den ausdrücklich geregelten, nicht in weiteren Fällen eintreten, und es muß deshalb als Wille des Gesetzes angenommen werden, daß ein Vater, dessen minderjährige Kinder testamentarische Zuwendungen von einem Dritten erhalten, von der für den Vater als Inhaber der elterlichen Gewalt geregelten Aufsicht des Vormundschaftsgerichtes nicht befreit werden kann. Übrigens kennt das BGB. auch in den gedachten Fällen nicht eine allgemeine Befreiung von der Aufsicht, sondern nur bezüglich einzelner in den §§ 1852 bis 1854 aufgeführten Punkte. Diese aber haben für den Vater, der als solcher das Vermögen seiner minderjährigen Kinder verwaltet, keine Bedeutung, weil er gemäß der §§ 1640 ff. den hier gedachten Beschränkungen überhaupt nicht unterliegt. Selbst wenn man in der gedachten testamentarischen Bestimmung daher die Berufung des Vaters als Pflegers seiner Kinder sehen wollte, könnte die stattgehabte Befreiung doch nur eine solche von den in den §§ 1852 bis 1854 aufgeführten Beschränkungen sein. Als solche sind hier aufgeführt einmal, daß die Bestellung eines Gegenvormundes ausgeschlossen werden kann, sodann, daß der Gewalthaber bei der Anlegung von Geld den in den §§ 1809, 1810 bestimmten Beschränkungen nicht unterliegen und zu den im § 1812 bezeichneten Rechtsgeschäften der Genehmigung des Gegenvormundes oder des Vormundschaftsgerichtes nicht bedürfen soll, daß er Inhaber- und Orderpapiere nicht zu hinterlegen und den im § 1816 bezeichneten Vermerk in das Reichs- oder das Staatsschuldbuch nicht eintragen zu lassen braucht, und daß er während der Dauer der Verwaltung keine Rechnung zu legen braucht. Allen diesen Beschränkungen unterliegt der Vater nach dem Gesetz überhaupt nicht, so daß dieserhalb keine Befreiung für ihn einzutreten braucht. Nicht befreit werden kann der Vormund und der Pfleger von den in den §§ 1806, 1807 und 1808 aufgestellten Verpflichtungen der mündelsicheren Anlegung der Mündelgelder. Nur diese gleiche Verpflichtung ist dem Vater im § 1642 auferlegt. Dieser Verpflichtung, wie den sonstigen ihm in den §§ 1640 ff. auferlegten, muß er unbedingt nachkommen; von ihnen kann er mangels einer ausdrücklichen Gesetzvorschrift nicht befreit werden. Bei der ihm hiernach zustehenden Verwaltung untersteht er der Aufsicht des Vormundschaftsgerichtes. Dieses kann dem Vater zwar nach Abs. 2 § 1642 aus besonderen Gründen eine andere Anlegung von Geldern gestatten, als sie in den §§ 1807, 1808 vorgesehen ist. Der Genehmigung des Vormundschaftsgerichtes hierzu aber bedarf er immer. Eine Verletzung der Vorschriften hat das Vormundschaftsgericht nicht zu dulden und dagegen mit den im §§ 1667 ff. gegebenen Maßregeln einzuschreiten. Dr. W.

---

## 76

### a) Eheschließung von Ausländern.

### BGB. § 1315². Preuß. Ausf.-G. Art. 43 § 1.

Kammergericht, I. CS. Beschluß v. 27. Oktober 1902.

Der Schweizer Staatsangehörige D. will hier die Ehe eingehen. Der Standesbeamte hat dazu aber das dem Art. 43 § 1 entsprechende Attest der schweizerischen Behörde verlangt, daß ihr ein nach den Gesetzen der Schweiz bestehendes Ehehindernis nicht bekannt geworden sei. D. beantragte bei dem Amtsgerichte, den Standesbeamten zur Vornahme der Eheschließung anzuweisen, weil nach dem Rechte der Schweiz eine im Deutschen Reiche nach deutschem Rechte geschlossene Ehe für die Schweiz gültig sei, er daher zufolge EG. Artt. 13¹, 27 hinsichtlich der Eheschließung wie ein Deutscher zu behandeln sei. Der Antrag ist abgewiesen, auch die weitere Beschwerde wurde zurückgewiesen. Aus den Gründen:

Nach § 1315² BGB. dürfen Ausländer, für die nach den Landesgesetzen zur Eingehung einer Ehe eine Erlaubnis oder ein Zeugnis erforderlich ist, nicht ohne diese Erlaubnis oder ohne dieses Zeugnis eine Ehe eingehen. Die in Betracht kommende landesgesetzliche Vorschrift ist für Preußen im Art. 43 Ausf.-G. enthalten, dessen § 1 oben wiedergegeben ist und dessen § 2 den Ausländern überdies die Beibringung eines Zeugnisses der Behörde ihres Heimatsstaates darüber auferlegt, daß sie nach den Gesetzen dieses Staates ihre Staatsangehörigkeit nicht durch die Eheschließung verlieren, sondern auf ihre Ehefrau und ihre ehelichen oder durch die nachfolgende Ehe legitimierten Kinder übertragen. Die Motive lassen keinerlei Zweifel darüber, daß der Art. 43 in Ausführung des für die Landesgesetzgebung im § 1315² gemachten Vorbehalts erlassen ist. Was insbesondere den § 1 Art. 43 anbelangt, so wurde der ihm entsprechende Entwurfsvorschlag dahin begründet:

„Nach Art. 13 Satz 2 des EG. zum BGB. werden, wenn Ausländer im Inlande eine Ehe eingehen wollen, die sachlichen Erfordernisse für die Zulässigkeit und die Gültigkeit der Eingehung in Ansehung eines jeden der Verlobten nach den Gesetzen des Staates beurteilt, dem er angehört ..... Die Standesbeamten werden sich somit künftig weit häufiger als bisher mit der Feststellung ausländischen Rechtes zu befassen haben. Sie würden daher mangels einer sicheren Grundlage für die ihnen obliegende Prüfung voraussichtlich nicht selten in die Lage kommen, entweder ungültige Ehen zu schließen oder umgekehrt zu großer Beschwernis der Verlobten ihre Amtsthätigkeit zu versagen, obwohl Ehehindernisse nicht vorliegen. Um dieser Gefahr vorzubeugen, schreibt der Entwurf für Ausländer und Ausländerinnen, die in Preußen eine Ehe eingehen wollen, die Beibringung eines Zeugnisses der zuständigen Behörde des Staates, dem sie angehören, darüber vor, daß der Behörde ein nach den Gesetzen dieses Staates bestehendes Ehehindernis nicht bekannt geworden ist..... Die Fassung entspricht dem § 47² Personenstandsges. sowie dem Art. 2 der Übereinkunft zwischen dem Deutschen Reiche und Belgien vom 8. Oktober 1875 und dem Art. 2 der gleichlautenden Übereinkunft zwischen dem Deutschen Reiche und der Schweiz vom 4. Juni 1886" ..... Dem Beschwerdeführer ist zuzugeben, daß hier des Falles des Art. 27 EG. zum BGB. nicht besonders gedacht ist. Während nach Art. 13¹ ebenda die Eingehung der Ehe eines Ausländers im Inland in Ansehung seiner nach den Gesetzen des Staates beurteilt wird, welchem der Ausländer angehört, bestimmt der Art. 27, daß, wenn nach dem Rechte eines fremden Staates, dessen Gesetze im Art. 13¹ ꝛc für maßgebend erklärt sind, die deutschen Gesetze anzuwenden sind, diese Gesetze Anwendung finden. Allein aus dem Art. 27 folgt noch keineswegs, daß, wenn ein Ausländer im Inlande eine Ehe schließt, er unter der Voraussetzung des Art. 27 als Inländer anzusehen sei. Es handelt sich hierbei immer um die Eheschließung eines **Ausländers** und die für solche Eheschließungen in Ausführung des § 1315² erlassene Bestimmung des Art. 43 § 1 muß deshalb schlechthin auch bei dem Vorliegen der Voraussetzungen des Art. 27 EG. angewendet werden. Damit wird nicht, im Widerspruche mit dem Art. 27, ausländisches, sondern gerade inländisches Recht angewendet, das eben die Eheschließung von Ausländern nach Maßgabe der deutschen Landesgesetze von der Beibringung einer Erlaubnis oder eines Zeugnisses abhängig macht. Diese Auslegung entspricht auch ersichtlich dem Sinne des Art. 43 § 1, der bestimmt ist, die Geschäftsführung der Standesbeamten zu erleichtern. In der Verfügung der Minister des Innern und der Justiz vom 4. Dezember 1899 (**Kruse**, Standesamt 1902 S. 113) heißt es:

„Bei den Standesbeamten scheint vielfach die Meinung erweckt worden zu sein, daß sie nach Inkrafttreten des BGB. Ausländer nur dann zur Eheschließung zulassen dürften, wenn sie ihrerseits die Erfordernisse der Eheschließung nach dem Heimatsrechte der Ausländer bis ins einzelne geprüft und festgestellt hätten. Demgegenüber bemerken wir . . ., daß Art. 43 im § 1 und den hierauf sich beziehenden §§ 3 und 4 den Zweck verfolgt, den Standesbeamten jene für sie mit großen, kaum überwindbaren Schwierigkeiten verbundene Prüfung abzunehmen. Betreffs des ausländischen Rechtes werden die Standesbeamten sich daher im allgemeinen mit den dort vorgeschriebenen Zeugnissen oder Befreiungen begnügen dürfen."

Diese Ausführungen stehen in vollem Einklange mit der Begründung des jetzigen Art. 43 § 1. Offenbar kann es danach nicht der Bedeutung der letzteren Norm entsprechen, daß der Standesbeamte mit der Entscheidung der schwierigen Frage befaßt werden soll, ob nach dem Rechte des fremden Staates, dessen Gesetze im Art. 13¹ EG. für maßgebend erklärt sind, die deutschen Gesetze anzuwenden sind oder nicht. Der preußische Standesbeamte hat, wenn vor ihm eine Ehe seitens eines Ausländers oder einer

Ausländerin geschlossen werden soll, schlechthin die Vorschriften des Art. 43 §§ 1, 4 Ausf.-G. zu beachten, also das Zeugnis der ausländischen Behörde über das Nichtbekanntsein eines nach den ausländischen Gesetzen bestehenden Ehehindernisses oder aber den Nachweis der Befreiung von dieser Vorschrift durch ministerielle Entschließung zu fordern. Sind nach dem betreffenden ausländischen Rechte für die sachlichen Erfordernisse einer im Deutschen Reiche stattfindenden Eheschließung des Ausländers die deutschen Gesetze maßgebend, so mag dies für die Ausstellung des Zeugnisses seitens der ausländischen Behörde von Belang sein oder vielleicht den Justizminister zur Gewährung der Befreiung von dem Erfordernisse des Zeugnisses bestimmen. Auf die Berechtigung und Verpflichtung des Standesbeamten, das Zeugnis oder den Nachweis der Befreiung gemäß Art. 43 §§ 1, 4 zu verlangen, ist dies ohne Einfluß. Spr.

b) **Veräußerung des von der Frau eingebrachten Grundstückes. Nachträgliche Genehmigung des Mannes. Mitteilung an den Notar. Prüfungspflicht des Grundbuchrichters. BGB. § 1395. GrBO. § 20.**

Kammergericht, I. CS. Beschluß v. 12. Mai 1902.

Nach § 1395 BGB. bedarf die Frau zur Verfügung über eingebrachtes Gut der Einwilligung des Mannes. Diese ist hier nicht grundbuchmäßig nachgewiesen (§ 29 GrBO.). Es konnte sich daher nur fragen, ob eine wirksame Genehmigung des Mannes vorliegt. Die nachträgliche Genehmigung kann nur der Frau oder dem anderen gegenüber wirksam erklärt werden (§§ 1396², 182 BGB.). Ob das geschehen, war vom Grundbuchrichter zu prüfen. Die gegenteilige Ansicht, wonach der Grundbuchrichter sich mit der Thatsache begnügen müßte, daß der Mann überhaupt eine genehmigende Erklärung abgegeben hat, ist irrig. Sie verkennt, daß § 20 GrBO. eine wirksame Einigung voraussetzt. Die in der Einigungserklärung des Veräußernden liegende Verfügungserklärung ist aber nur wirksam, wenn sie von dem zur Verfügung Berechtigten abgegeben wird. Zur Verfügung berechtigt ist aber vorliegend die Frau nur mit der Einwilligung oder Genehmigung des Mannes. Ihre beiderseitige Erklärung muß also nach Inhalt und Form wirksam sein. Was die Form anlangt, so bedarf die Zustimmung (Einwilligung oder Genehmigung) nicht der für das Rechtsgeschäft vorgeschriebenen Form, sie bedurfte also hier nicht der Erklärung noch im Versteigerungstermine (Art. 26 § 2 preuß. Ausf.-G. zum BGB.), aber sie bedurfte der für eine Genehmigung zu ihrer Wirksamkeit notwendigen Art und Weise (§§ 182, 1396). Eine Genehmigung, die nicht der Frau oder dem anderen Teile gegenüber erklärt wird, ist unwirksam. Mit Rücksicht auf § 1396² wird der Grundbuchrichter daher den Nachweis fordern müssen, daß die Genehmigung dem anderen Teile gegenüber erklärt ist.

Hier ist dem Erfordernis aber genügt. Aus dem Inhalt der urkundlichen Steigbedingungen ist zu entnehmen, daß der Notar, der die Versteigerung leitete, auch alles weitere, was zur Umschreibung des Eigentumes auf die

Erwerber erforderlich ist, besorgen sollte. Es war also offenbar der Wille aller Beteiligten, in die Hand des Notars das bei und zu dem Eigentumswechsel im allseitigen Interesse Erforderliche zu legen. Es unterliegt deshalb keinem Bedenken, anzunehmen, daß er auch die fehlende Genehmigung für die beteiligten Versteigerer und Ansteigerer entgegennehmen sollte, so daß sie also mit dem Eingang bei ihm wirksam geworden ist. E.

c) **Ausstattungen, welche von einer fremden Person ausgehen, sind nicht unterschiedslos Schenkungen. BGB. § 1624.**

OLG. Posen, III. CS. Urteil v. 4. November 1902.

Der Kläger nimmt den Stiefvater seiner Schwiegermutter aus einem Mitgiftversprechen in Anspruch. Mit Unrecht folgert der Beklagte aus § 1624[1], daß Ausstattungsversprechungen als Schenkungen anzusehen seien, mit alleiniger Ausnahme des Falles, daß Eltern eine den Umständen entsprechende Ausstattung gewähren. Der den §§ 1624 f. entsprechende Entwurf I § 1500 bestimmte im Satz 1: „Wird einem Kinde ... von dem Vater oder der Mutter eine Ausstattung durch Vertrag zugesichert oder gewährt, so gilt dies nicht als Schenkung". Nach Abs. 3 findet diese Vorschrift auf übermäßige Ausstattungen keine Anwendung. Die Verfasser des Entwurfes gingen von der bei den späteren Beratungen (vgl. Motive S. 716; Denkschrift S. 325) gebilligten Auffassung aus, daß derartige Zuwendungen auf einer sittlichen Pflicht der Eltern, nicht aber ferner stehender Personen beruhen. Daß aber Ausstattungen, welche nicht unter § 1500 fallen, als Schenkungen zu beurteilen seien, bestimmte der Entwurf nicht, hatte auch keinen Anlaß dazu. Denn wenn auch an sich in solchen Fällen eine natürliche Verbindlichkeit nicht besteht, wenigstens in der Regel nicht, so folgt daraus noch keineswegs, daß nicht in besonderen Fällen eine rechtliche Verbindlichkeit begründet sein kann, ohne daß ihr eine Schenkung zu Grunde zu liegen braucht. Noch deutlicher tritt dies aus der Fassung des § 1624 BGB. hervor, wonach die dem Kinde von dem Vater oder der Mutter zugewendete Ausstattung, auch wenn eine Verpflichtung nicht besteht, nur insoweit als Schenkung gilt, als sie das den Umständen entsprechende Maß übersteigt; denn die Möglichkeit einer, abgesehen von der sittlichen Pflicht, bestehenden rechtlichen Verbindlichkeit wird hier ausdrücklich anerkannt. Nun geben allerdings die dem Gesetze vorangegangenen Beratungen sowie der mit ihm im wesentlichen übereinstimmende Entwurf II § 1579 darüber keinen Aufschluß, was man unter den erwähnten Verpflichtungen verstanden hat, immerhin liegt aber kein Anlaß vor, sie lediglich auf formgültige Schenkungen zu beziehen. Dies umsoweniger, als man namentlich im Gebiete des ALR. derartige nicht als Schenkungen, sondern als lästige Verträge zu beurteilende Abmachungen kannte, und der Gesetzgeber zweifellos die preuß. Praxis (vgl. Entsch. d. RG. 17 S. 252) nicht aus den Augen gelassen hat. Auch nach dem jetzt geltenden Rechte wird man im Einzelfalle ähnlich, wie bisher, Unterschiede zu machen haben. Sind beide Teile darüber einig, daß die Zuwendung unentgeltlich erfolgt, so liegt eine Schenkung vor (§ 516). Der Fall kann aber auch so gestaltet sein, daß die Zusicherung der Ausstattung als Zusicherung einer Vergütung für Erfüllung des Eheversprechens anzusehen ist. Dr. S.

d) **Einfluß des Verbotes der Hinzufügung des früheren Namens (BGB. § 1758 Abs. 2) auf die Genehmigung eines Annahmevertrages.**

OLG. Hamburg, Ferien-CS. Beschluß v. 13. August 1902.

... Entscheidend für das Landgericht war die Erwägung, daß die beanstandete Bestimmung des Annahmevertrages, das anzunehmende Kind soll nur den Namen des Annehmenden führen, die dem verstorbenen Vater des Kindes geschuldete Rücksicht verletze, indem sie jeden Gedanken an ihn in dem heranwachsenden Kinde zu unterdrücken geeignet sei. Dieser Grund liegt aber keineswegs auf dem Gebiete der Wahrnehmung der Interessen des Mündels. Die 2. Kommission gab dem I. Entwurf § 1622² seine veränderte jetzige Fassung in der ausdrücklichen Erwägung, daß die Führung des alleinigen Namens des Annehmenden seinem vermutlichen Willen entspreche und daß häufig eine im Interesse des Kindes liegende Adoption überhaupt nicht stattfinden werde, wenn das Kind den Namen des Annehmenden nicht erhalte. Man erwog ferner, daß sehr beachtliche Interessen dahin führen konnten, nicht schon durch den Namen die Erinnerung an die frühere Familie des Kindes zu wecken, während andererseits auch Fälle denkbar seien, in denen das Kind an der Beibehaltung seines früheren Namens ein erhebliches Interesse haben könne (Prot. 4 S. 730). Der Gesetzgeber hätte nicht mit der Möglichkeit rechnen können, daß die Adoption, wenn von den Vertretern des Kindes auf Hinzufügung seines Namens zum Familiennamen des Abnehmenden bestanden werde, zum Schaden des Kindes nicht zu stande komme, wenn es in der Aufgabe des früheren Namens des Kindes eine Verletzung der seinem verstorbenen Vater geschuldeten Rücksicht erblickt hätte, die unter allen Umständen zur Beanstandung des Annahmevertrages mit dieser Bestimmung führen müsse. Wie der Vormund selbst, so hatte auch die Vormundschaftsbehörde im gegenwärtigen Falle, wo der Annehmende auf alleinige Führung seines Namens durch das Kind besteht, vor allen Dingen zu prüfen, ob die Annahme durch den Stiefvater im Interesse des Mündels liege, wie der Vormund in ausführlicher Begründung annimmt. Ob, sofern das bezweifelt wird, neben anderen Gründen nach der besonderen Lage des Falles, wenn beispielsweise der Mündel ein Knabe und bekannt wäre, daß sein verstorbener Vater besonderen Wert auf das Nichterlöschen seines Namens legte, auch das Andenken an den Vater in dieser Richtung mitbestimmend sein kann, bleibt selbstverständlich dem Ermessen der Behörde überlassen. Unrichtig ist jedenfalls der Standpunkt des Landgerichts, der die Rücksichtnahme auf das dem leiblichen Vater geschuldete Andenken entscheidend sein läßt, während das Gesetz nach der Bedeutung, die der geforderten Genehmigung in § 1750¹ zukommt, den Gesichtspunkt der Wahrnehmung der Interessen des Kindes maßgebend sein läßt ... M. M.

# 77

**a) Das Konvalescenzprinzip (BGB. § 185) gilt auch im Grundbuchverkehr, insbesondere für die Eigentumseintragung.[1] BGB. § 925.**

OLG. Jena, II. CS. Beschluß v. 8. Oktober 1902.

Am 16. August 1902 hat A. das Grundstück Gera Nr. 1, welches er von der Witwe X. erkauft hatte, als dessen Eigentümer er aber erst am 2. September 1902 eingetragen worden ist, an B. verkauft. Letzterer hat dem Ersteren wegen 1500 Mark rückständiger Kaufgelder an dem Kaufsobjekte Hypothek bestellt. Der Vertrag ist vom Notar M. beurkundet worden, vor welchem hierbei auch die Auflassung bei gleichzeitiger Anwesenheit des Veräußerers und des Erwerbers erklärt worden ist. Die vom Notar im Auftrage beider Teile beantragte Eintragung des Eigentumsübergangs ist abgelehnt, der weiteren Beschwerde des Notars wurde jedoch stattgegeben. Aus den Gründen:

Nach § 185² wird eine Verfügung, die ein Nichtberechtigter über einen Gegenstand trifft, wirksam, wenn der Verfügende den Gegenstand erwirbt. Verfügung ist dasjenige Rechtsgeschäft, welches unmittelbar auf Übertragung, Belastung, Aufhebung oder Änderung eines Rechtes abzielt. Den Gegensatz bilden solche Rechtsgeschäfte, durch welche erst eine obligatorische Verpflichtung zur Vornahme der Verfügung begründet wird. Daß ein Rechtsgeschäft die unmittelbar gewollte Rechtsänderung nicht für sich allein, sondern erst in Verbindung mit einem — nicht rechtsgeschäftlichen — weiteren Thatumstande herbeizuführen im stande ist, nimmt ihm den Charakter einer Verfügung nicht. Es kann daher der Ausführung von Eccius (Jur.-Zeit. 1902 S. 95), daß die Auflassung keine Verfügung sei, weil sie erst in Verbindung mit der hinzukommenden Eintragung den Eigentumsübergang bewirkt, nicht beigepflichtet werden. Daß das in § 185 aufgestellte Konvalescenzprinzip namentlich auch für den Grundbuchverkehr, für Eintragungsbewilligungen, gelten soll, ergiebt sich klar aus der Entstehungsgeschichte. Nach dem Entwurf I sollte Konvalescenz in den in §§ 310, 830, 876 behandelten Fällen eintreten, insbesondere sollte nach § 830 eine Eintragungsbewilligung, welche von einer zur wirksamen Erteilung der Bewilligung nicht befugten Person erteilt wird, wirksam werden, wenn der Nichtberechtigte das für die Wirksamkeit der Bewilligung erforderliche Recht erwirbt. Der Entwurf II hat an Stelle dieser Spezialbestimmungen das allgemeine Prinzip des § 127 a (jetzt § 185) gesetzt (Prot. I S. 173, 403, 3 S. 205). Die Anwendung des § 185² auf Auflassungserklärungen wird auch nicht durch die Spezialbestimmungen des § 925 Abs. 1 und 2 ausgeschlossen.

Nach § 925 muß die Einigung des Veräußerers und des Erwerbers (Auflassung) bei gleichzeitiger Anwesenheit beider vor dem Grundbuchamte erklärt werden. Art. 143 EG. läßt aber landesgesetzliche Vorschriften un-

---

[1] Rsp. 2 Nr. 140, 4 Nr. 12.

berührt, wonach die Einigung in den Fällen der §§ 925, 1015 BGB. auch vor einem Notar erklärt werden kann. Vorliegend ist zufolge § 50[1] Ausf.-G. für Reuß j. L. die Auflassung vom Veräußerer und vom Erwerber bei gleichzeitiger Anwesenheit vor dem Notar erklärt worden. Der Fall liegt nicht genau so, wie der in der Entscheidung des Kammergerichts vom 14. Oktober 1901 (RJA. 2 S. 250 und Rsp. 4 S. 33) behandelte; deswegen sind auch die Einwendungen, welche Eccius gegen letztere Entscheidung geltend macht, hier nicht beachtlich. Denn dort handelt es sich um eine Auflassungserklärung, welche namens des Eigentümers von einem Vertreter ohne Vertretungsmacht abgegeben, nachträglich aber von dem Eigentümer genehmigt worden war, und die Bedenken, welche Eccius gegen die Konvalescenz dieser Auflassungserklärung aus § 925[1] entnimmt, basieren darauf, daß Rechtswirksamkeit nicht der mit der Annahmeerklärung des Erwerbers zeitlich zusammenfallenden Genehmigungserklärung des Vertreters, sondern nur der mit der Annahmeerklärung des Erwerbers zeitlich nicht zusammenfallenden Genehmigungserklärung des Eigentümers zukomme, daß ferner die Erklärung des Erwerbers auf Annahme einer Auflassungserklärung des Vertreters ohne Vertretungsmacht gerichtet sei und sich sonach inhaltlich mit der Erklärung des genehmigenden Eigentümers nicht decke, endlich daß bis zur Genehmigung durch den Eigentümer der andere Teil zum Rücktritt vom Vertrage berechtigt sei. Hier kommt überhaupt nur eine auf Auflassung gerichtete Willenserklärung, nämlich die des noch nicht eingetragenen Veräußerers, in Betracht. Diese wird durch die nachträgliche Eintragung rechtswirksam, sie ist aber gleichzeitig mit der Annahmeerklärung des Erwerbers abgegeben, deckt sich unzweifelhaft mit dieser und ein Rücktrittsrecht des Erwerbers besteht nicht.

Auch § 925[2], wonach eine unter einer Bedingung oder Zeitbestimmung erfolgte Auflassungserklärung unwirksam ist, schlägt nicht ein. Denn der Erwerb des Eigentumes an dem veräußerten Grundstücke durch den zur Zeit der Auflassung noch nicht eingetragenen Veräußerer ist weder eine durch Rechtsgeschäft gesetzte Voraussetzung für die Gültigkeit der Auflassung, noch ein durch Rechtsgeschäft gesetzter Termin für die Wirkung derselben, also weder eine Bedingung, noch eine Zeitbestimmung im Sinne von §§ 158, 163 BGB., sondern ein gesetzliches Erfordernis des nachträglichen Wirksamwerdens der Auflassung, eine Rechtsbedingung oder uneigentliche Bedingung, auf die § 925[2] nicht anwendbar ist. Dr. B.

Dazu: Kammergericht, Ferien-CS. Beschluß v. 20. August 1902.

Die Eigentümer A. und seine Ehefrau B., geborene X., haben 1902 eine notarielle Schuldurkunde unterschrieben, lautend: „Ich bekenne, dem Z. 4500 Mark als Darlehen zu verschulden.... Ich bewillige und beantrage die Eintragung einer Hypothek für diese Forderung auf dem *mir* gehörigen Grundstücke.... *Ich, die Ehefrau B.*, geborene X., genehmige die vorstehende Erklärung.“ Das Amtsgericht hat die Hypothek ausschließlich auf den Anteil des Mannes eingetragen und die vom Notar im Auftrage des

Gläubigers beantragte Berichtigung des Grundbuches abgelehnt. Der weiteren Beschwerde wurde stattgegeben. Aus den Gründen:

Die Beschränkung der Hypothek „auf den Anteil des Mannes" ist unrichtig, weil die Eintragung von dem unzweideutigen Inhalt der Schuldurkunde abweicht, wonach das ganze Grundstück uneingeschränkt und nicht nur ein Eigentumsanteil davon belastet werden sollte. Sie ist auch unzulässig; denn nach §§ 13, 18, 19 GrBO. ist eine Hypothek nur dem Eintragungsantrage entsprechend einzutragen, und wenn dem ein nicht zu beseitigendes Hindernis entgegensteht, der Antrag abzulehnen. Gegen die unrichtige Eintragung steht dem Gläubiger an sich das Recht zu, die Berichtigung zu verlangen (§ 22 GrBO.). Die Frage, ob seinen im Beschwerdeverfahren gestellten Berichtigungsanträgen entsprochen werden kann, hängt davon ab, ob ein Hindernis im Sinne des § $18^1$ GrBO. entgegensteht. Dies ist zu verneinen.

Irrig ist zunächst die Meinung, daß zu einer Eintragung gemäß § 19 GrBO. unbedingt eine unmittelbar auf Eintragung lautende Bewilligungserklärung desjenigen erforderlich sei, dessen Recht von der Eintragung betroffen wird. Denn die Eintragungsbewilligung ist eine Verfügung im Sinne des § 185 BGB. über das zu verpfändende Grundstück, und solche Verfügung kann auch von einem Nichtberechtigten wirksam getroffen werden, sofern der Berechtigte seine Einwilligung dazu giebt. Diese allgemeine Vorschrift des BGB. hat auch Gültigkeit für den Grundbuchverkehr (Rsp. 4 S. 33; Planck Note 2 zu § 185). Geht man also davon aus, daß der als Miteigentümer eingetragene Ehemann für sich allein nicht berechtigt war, das gesamte Grundstück zu belasten, daß aber beide Eheleute zusammen solche Belastung vornehmen durften, so folgt aus dem § 185 BGB., daß auch der Mann das gesamte Grundstück allein belasten durfte, wenn er dazu die Einwilligung seiner Frau hatte; auf die güterrechtlichen Verhältnisse der Eheleute kommt es dabei nicht an. Die Schuldurkunde läßt nun unbedingt die Deutung zu, daß der Ehemann das ganze Grundstück hat belasten wollen, und daß seine Frau diese Belastung genehmigt hat.... Allerdings hat der Mann das Grundstück in der Urkunde als ihm gehörig bezeichnet, während beide Eheleute als Eigentümer eingetragen stehen. Dieser Widerspruch kann jedoch nicht als erheblich erachtet werden, da die Angabe der Eigentumsverhältnisse in der Urkunde lediglich den Zweck der Bezeichnung des zu belastenden Grundstückes hat und diese Bezeichnung in der Verpfändungsurkunde in einer nach § 28 GrBO. ausreichenden Weise geschehen ist. Hr.

b) **Die Auflassung erfordert neben der Einigung über den Eigentumsübergang keine besondere Einigung über die Eintragung der Rechtsänderung.**

Kammergericht, I. CS. Beschluß v. 9. Juni 1902.

Nach dem Versteigerungsprotokolle haben die Ansteigerer erklärt: „Wir sind mit den Versteigerern darüber einig, daß das Eigentum der unten versteigerten Grundstücke auf die Ansteigerer gemäß den Zuschlägen übergehe."

Die Versteigerer erklärten: „Wir sind mit den Ansteigerern darüber einig, daß die versteigerten Grundstücke auf die Ansteigerer gemäß den Zuschlägen übergehen sollen, dem Eigentume nach.“ Aus den Gründen:

Die weitere Beschwerde erschien begründet.

Für die Übertragung des Eigentumes an einem Grundstücke erfordert das BGB. in § 873: 1. Die Einigung über den Eintritt der Rechtsänderung und 2. die Eintragung der Rechtsänderung im Grundbuche. Eine ausdrückliche Ausdehnung der Einigung auf die Eintragung der Rechtsänderung oder eine besondere Bewilligung und Beantragung der Eintragung, wie sie in § 2 des preuß. EEG. vom 5. Mai 1872 vorgeschrieben war, wird weder im BGB. noch in der GrBO. gefordert. Wenn gemäß §§ 873 [1], 925 BGB.; § 20 GrBO. die Einigung bei gleichzeitiger Anwesenheit beider Teile vor dem Grundbuchamt erklärt worden ist, oder wenn bei Grundstücken im bisherigen Geltungsbereiche des Rheinischen Rechtes die Auflassung vor einem preußischen Notar erklärt und die Urkunde darüber dem Grundbuchamte eingereicht ist (Art. 26 preuß. Ausf.-G.), dann kann die Eintragung erfolgen.

Der § 828 des I. Entwurfes hatte in Abs. 1 die Bestimmung, daß zur Übertragung des Eigentumes an einem Grundstücke ein zwischen dem eingetragenen Berechtigten und dem Erwerber zu schließender Vertrag und die Eintragung erforderlich sei, und er schrieb im Abs. 2, in Übereinstimmung mit Abs. 2 des preuß. EEG. vom 5. Mai 1872 weiter vor, der Vertrag erfordere die Erklärung des Berechtigten, daß er die Eintragung der Rechtsänderung bewillige und die Annahme der Bewilligung von seiten des anderen Teiles. Im II. Entwurfe hatte der entsprechende § 798 im Abs. 1, an Stelle des § 828, bereits den Inhalt, der sich jetzt im § 873 [1] findet, erhalten. Die ausdrückliche Vorschrift, daß die Auflassung die Bewilligung der Eintragung in das Grundbuch und die Annahme der Bewilligung enthalten müsse, hatte man (vgl. Prot. 3 S. 55) absichtlich fallen gelassen. Wenn das Amtsgericht hiernach außer der Einigung über den Eigentumsübergang noch die Einigung über die Eintragung der Rechtsänderung verlangt, so ist das rechtsirrtümlich. Das Amtsgericht hat anscheinend angenommen, daß im § 873 [1] die Worte: „Die Einigung des Berechtigten und des anderen Teiles“, die sich nur auf die unmittelbar folgenden Worte: „über den Eintritt der Rechtsänderung“ beziehen, sich auch auf die Worte: „die Eintragung der Rechtsänderung in das Grundbuch“ beziehen sollen, während diese Worte koordiniert neben jene gestellt sind. Wenn das LG. die von ihm noch geforderte „ausdrückliche Bewilligung und Beantragung der Eintragung des Eigentumsüberganges ins Grundbuch in gehöriger Form“ auf die §§ 19, 20 GrBO. stützt und dies als formelles Erfordernis, die Einigung aus § 873 BGB. aber als materielles Erfordernis der Rechtsänderung bezeichnet, so verkennt es die Bedeutung der Vorschriften der GrBO. § 19 bezieht sich gar nicht auf die Eintragung des Eigentumsüberganges, von der vielmehr nur § 20 handelt. §§ 19, 20 stehen in einem Gegensatz zu einander. Während § 19 für die Eintragungen im

Grundbuche den allgemeinen Grundsatz als Regel aufstellt, daß die Eintragung erfolgt, wenn derjenige sie bewilligt, dessen Recht von ihr betroffen wird, enthält § 20 für die Eigentumsübertragung an einem Grundstücke, sowie für die Bestellung oder Übertragung eines Erbbaurechtes die Spezialbestimmung, daß die Eintragung nur erfolgen darf, wenn die erforderliche Einigung des Berechtigten und des anderen Teiles erklärt ist. In den Fällen des § 20 genügt die Bewilligung des Passivbeteiligten zur Eintragung nicht, an die Stelle dieser Bewilligung aus § 19 tritt vielmehr der Nachweis der Einigung, die zugleich in der Erklärung des Passivbeteiligten über die materielle Rechtsänderung dessen Bewilligung bezüglich der dazu erforderlichen Eintragung enthält (vgl. auch Denkschrift zur GrBO., Guttentag'sche Ausgabe S. 19). E.

c) **Sicherung persönlicher Ansprüche (z. B. des Anfechtungsklägers) durch Vormerkung. BGB. § 883.**

OLG. Cöln, II. CS. Beschluß vom 25. September 1902.

Nach § 883 ist die Vormerkung nicht bloß statthaft, sondern gerade vorzugsweise dazu bestimmt, zur Sicherung persönlicher Ansprüche auf Änderung des dinglichen Rechtszustandes zu dienen. Insbesondere kann der vorzumerkende persönliche Anspruch auch auf Einräumung eines dinglichen Rechtes an einen Dritten gehen, wie z. B. der Anspruch des anfechtenden Gläubigers auf Rückgewähr an den Schuldner auf Grund des § 7 des Anfechtungsgesetzes (Planck, Kommentar Anm. 1 zu § 883; die entgegenstehenden Ausführungen in der Jur.-Zeitung 7 S. 343 sind unrichtig). Voraussetzung jenes Rechtes auf Eintragung einer Vormerkung ist aber das Vorhandensein eines vormerkbaren Anspruches. An einem solchen fehlt es hier. Nach § 7 Anfechtungsges. besteht der Anfechtungsanspruch — und ein solcher wird hier geltend gemacht — darin, daß, soweit zur Befriedigung des Gläubigers erforderlich ist, dasjenige, was durch die anfechtende Handlung aus dem Vermögen des Schuldners veräußert ist, als noch dazu gehörig vom Empfänger zurückgewährt werde. Vorliegend ist nun dasjenige Grundstück, in das der Kläger die Zwangsvollstreckung betreiben will, niemals im Eigentume seines Schuldners X. gewesen, mithin auch nicht aus dessen Vermögen veräußert worden. Auch ist nicht behauptet, daß X. etwa ein von ihm selbst bereits erworbenes Recht auf Auflassung jenes Grundstückes zum Nachteile seines Gläubigers aufgegeben hätte. Ein solches Recht des X. gegenüber dem Beklagten oder dessen Vorbesitzer würde übrigens auch deshalb nicht beanstandet werden können, weil auch in der Unterstellung, X. habe das Grundstück zunächst selbst käuflich erworben, ein derartiger Vertrag mangels gerichtlicher oder notarieller Beurkundung gemäß § 313 BGB. einen klagbaren Anspruch des X. auf Übertragung des Eigentumes an diesem Grundstücke nicht hätte erzeugen können. Hiernach kann von der Veräußerung oder Aufgabe eines Vermögensrechtes seitens des X. und damit vor einer anfechtbaren Rechtshandlung desselben nicht die Rede sein. Dr. N.

d) **Nachbarrecht. Einwand der Verjährung.**

OLG. Dresden, II. CS. Urteil vom 22. September 1902.

Nach Art. 181 EG. finden auf ein zur Zeit des Inkrafttretens des BGB. bestehendes Eigentum von dieser Zeit an die Vorschriften dieses Gesetzes Anwendung. Das BGB. entscheidet also auch über den Umfang des negatorischen Rechtes und seine Beschränkung insbesondere durch nachbarrechtliche Befugnisse. Das BGB. enthält nun keine ausdrückliche Bestimmung darüber, ob und in welchem Umfange der Nachbar sich die Ausbauchung oder das sonstige Überhängen einer Mauer gefallen lassen muß. Die Motive führen aus, daß ein allgemeines Bedürfnis hierfür nicht ersichtlich sei. Es kann in Frage kommen, ob nicht die Bestimmungen über den Überbau (§ 912) oder über das Überragen von Zweigen (§ 910) sinngemäß anwendbar sind (Wolff in Fischer's Abhandl. 6 S. 92), ob also der eingeklagte Anspruch sich überhaupt rechtlich begründen läßt. Vorliegend bedarf diese Frage jedoch nicht der Entscheidung. Denn selbst wenn die Klage an sich begründet wäre, würde sie doch wegen Verjährung abzuweisen sein.

Wird vom BGB. ein Anspruch der Verjährung entzogen, wie dies nach § 902 hinsichtlich der Ansprüche aus eingetragenen Rechten allerdings der Fall ist, so kann sich zwar eine noch laufende Verjährung nicht mehr vollenden — ist sie aber schon vollendet, so bleibt die einmal gegen den Anspruch begründete Einrede bestehen (Habicht 3. Aufl. S. 148 und Turnau-Förster, Liegenschaftsrecht S. 251). Eine nach dem Sächs. BGB. eingetretene Verjährung ist also zu beachten. Nun sind nach § 151 das. die Klagen auf eingetragene Rechte der Verjährung entzogen. Um eine solche Klage handelt es sich aber nicht bei der Negatorienklage. Ihre Verjährung beginnt nach § 158 von der Zeit an, wo ein Gegner des Berechtigten vorhanden ist, also hier mit Eintritt des Überhanges in dem derzeitigen Umfange. Dabei ist in die Verjährungsdauer von 30 Jahren (§ 150) die Zeit einzurechnen, während der die beiderseitigen Grundstücke sich etwa im Eigentume anderer Personen befunden haben (Wengler's Arch. 1885 S. 420). Dr. W.

e) **Der Verzicht auf das gesetzliche Vorkaufsrecht kann auf dem Grundbuchblatte desjenigen Grundstückes, von dem ein Teil infolge des verliehenen Enteignungsrechtes an den Unternehmer abgetreten, aber noch nicht abgeschrieben ist, nicht eingetragen werden. BGB. § 1094.**

Kammergericht, I. CS. Beschluß v. 6. Oktober 1902.

A. hat gemäß §§ 16, 17 des Enteignungsgesetzes eine Parzelle seines Grundstückes an den Eisenbahnfiskus zum Bahnbau verkauft und auf das gesetzliche Vorkaufsrecht an der abverkauften Parzelle verzichtet. Die Parzelle ist noch nicht abgeschrieben. Der Antrag des A., den Verzicht auf dem Blatte seines Grundstückes einzutragen oder das Vorkaufsrecht an der abgetretenen Parzelle zunächst im Bestandsverzeichnis im Abschnitt II seines Grundbuchblattes und alsdann in Spalte Veränderungen den Verzicht auf das Recht einzutragen, wurde zurückgewiesen. Aus den Gründen:

Das Recht der Eisenbahndirektion zur Beschwerde war unbedenklich anzuerkennen, da die Vorentscheidungen ihr Recht beeinträchtigen (Jahrb. 20 S. 13), der weiteren Beschwerde mußte aber Erfolg versagt werden. Das gesetzliche Vorkaufsrecht, um welches es sich handelt (§ 57 Abs. 2 und 3 Ges. vom 11. Juni 1874, Art. 109 EG. zum BGB.), bedarf zur Erhaltung der Wirksamkeit gegenüber dem Glauben des Grundbuchs der Eintragung nicht (Art. 22[1] Ausf.-G. zum BGB.). Ob ihm mit der Verneinung der Eintragungsbedürftigkeit auch die Eintragungsfähigkeit abgesprochen ist, bedarf hier keiner Entscheidung.

Der erste Antrag auf Eintragung des Verzichtes ist mit Recht abgelehnt. Da in der Beschwerde auf § 1018 BGB. Bezug genommen ist, so muß daraus entnommen werden, daß Beschwerdeführerin den Verzicht so auffaßt, als wenn damit die Ausübung eines Rechtes ausgeschlossen wäre, das sich aus dem Eigentum an dem Restgrundstücke des Verkäufers dem an die Eisenbahn verkauften Grundstücke gegenüber ergebe. Das würde also eine Grundgerechtigkeit darstellen. Wenn diese Konstruktion richtig wäre, dann könnte doch die Eintragung nicht auf dem ganzen Grundstücke, wie sie zunächst beantragt ist, sondern höchstens auf dem Restgrundstücke als dem mit dem Verzicht zu belastenden erfolgen. Einem derartig beschränkten Antrage würde aber, abgesehen von anderen Bedenken (Jahrbuch 20 S. 296), namentlich der Umstand entgegenstehen, daß die ganze auf § 1018 gestützte Konstruktion sich als unhaltbar erweist. Allerdings wird durch den Verzicht auf das Vorkaufsrecht die Ausübung eines Rechtes ausgeschlossen, aber nicht eines solchen, das sich aus dem Eigentum an dem Grundstück des Verzichtenden dem anderen Grundstücke gegenüber ergiebt (§ 1018 a. E.), sondern nur eines solchen, das mit dem Eigentum am Grundstücke des Verzichtenden — als Bestandteil — andernfalls verbunden gewesen wäre (§ 96 BGB.). Als eine Belastung des berechtigten Grundstückes kann der Verzicht auf das Vorkaufsrecht auf dem Grundbuchblatte des Berechtigten aber überhaupt nicht eingetragen werden, denn das geltende Recht kennt keine Belastung einer Sache, vermöge deren von dem Eigentümer als solchem gefordert werden könne, daß er die Geltendmachung eines Rechtes unterlasse. — Auch unter dem Gesichtspunkte der Verfügungsbeschränkung ist die Eintragung nicht zulässig, denn es handelt sich nicht um eine Beschränkung der im Eigentume liegenden Befugnisse, sondern um den Wegfall eines mit dem Eigentum nur verbundenen Rechtes.

Auch der zweite Antrag ist mit Recht abgelehnt. Nach § 8 GrBO. sind Rechte, die dem jeweiligen Eigentümer eines Grundstücks zustehen, auf Antrag auch auf dem Blatte dieses Grundstücks zu vermerken und der Vermerk ist zu berichtigen, wenn das Recht geändert oder aufgehoben wird. Die Beschwerdeführerin hat die Bedeutung der ganzen Vorschrift als der Gestattung eines Vermerks über eine anderwärts geschehene Eintragung nicht richtig erkannt. Der Vermerk des Rechtes auf dem Blatte des berechtigten Grundstücks hat keine rechtserzeugende oder -begründende Kraft, der Löschungsvermerk nicht die Bedeutung der Löschung des Rechtes, der Vermerk und seine Berichtigung setzen vielmehr ein anderswo eingetragenes und wieder erloschenes Recht voraus. Auf dem Blatte des belasteten Grundstücks erfolgt die Eintragung, erfolgt die Löschung, die als Vermerk und als Berichtigung auf dem Grundstücke des Berechtigten registriert werden. Wenn, wie hier, ein Recht in Frage steht, das kraft Gesetzes ohne Eintragung entsteht, dann kann der Vermerk auf dem Grundstücke des Berechtigten nur gemacht werden, wenn das Recht, sofern es überhaupt eintragungsfähig ist, zuvor auf dem belasteten Grundstücke eingetragen worden ist (Predari, Grundbuchordn. S. 82 Ziff. 2), das war aber hier nicht der Fall; es konnte auch zur Zeit nicht eingetragen werden, denn das Vorkaufsrecht, seine Eintragungsfähigkeit unterstellt, würde auf dem belasteten Grundstücke nur dann entstanden sein und nur dann haben eingetragen werden können, wenn die abverkaufte Parzelle auf den Erwerber umgeschrieben worden wäre (vgl. § 6 GrBO.). Ob dann auch der Verzicht im Sinne der Aufgabe des Rechtes (§ 875 BGB.) hätte eingetragen und daraufhin der Vermerk auf dem berechtigten Grundstücke hätte berichtigt werden können, kann unerörtert bleiben.

Auch eine Vormerkung zur Erhaltung des Rechtes auf Aufhebung des Vorkaufsrechts kann jedenfalls solange nicht eingetragen werden, als nicht die abverkaufte Parzelle im Grundbuche ein Blatt für den Erwerber erlangt, denn die Vormerkung hätte nur auf dem belasteten Grundstücke eingetragen werden können. Ob der Eintragung etwa auch dann noch Hindernisse entgegengestanden haben würden, kann dahingestellt bleiben. S.

f) **Vorrangseinräumung unter einer, jedoch nicht eingetragenen Bedingung. BGB. § 1157.**

OLG. Dresden, III. CS. Urteil v. 11. Juli 1902.

Der Kläger hat mit seiner Hypothek Nr. 1 der Darlehenshypothek des Vorschußvereins, die demnächst an den Beklagten abgetreten wurde, den Vorrang eingeräumt. Er behauptet, dies nur unter einer nicht eingetretenen Bedingung gethan und die Bedingung nicht bloß bei den außergerichtlichen Verhandlungen, sondern auch bei der Vorrangserklärung vor dem Grundbuchamte wiederholt zu haben. Diesem Vorbringen muß jedoch der Erfolg versagt bleiben, weil die Bedingung nach Ausweis der Grundakten in dem den Abschluß des dinglichen Vertrags enthaltenden Protokolle nicht enthalten und demzufolge auch in dem auf den Vorrang bezüglichen Grundbuchseintrage nicht erwähnt ist. Es braucht hier nicht erörtert zu werden, ob die bedingte Natur des Versprechens, das der Kläger bei den dem dinglichen Vertrage vorausgegangenen mündlichen Verhandlungen (dem obligatorischen Vorvertrage) abgegeben hat, gegenüber dem ursprünglichen Inhaber der mit dem Vorrange ausgestatteten Hypothek (dem Vorschußvereine) sich auch ohne die in § 873 BGB. vorgeschriebene Form hätte geltend machen lassen (vgl. Entsch. des RG. 50 S. 82), denn der Kläger steht nicht mehr dem ursprünglichen Inhaber der Hypothek, sondern demjenigen gegenüber, der von ihm die

Hypothek durch Rechtsgeschäft erworben hat, und für diesen gilt nach § 892 der Inhalt des Grundbuches als richtig und daher der Vorrang als unbedingt eingeräumt (vgl. Turnau-Förster 1 zu § 880 Anm. 5[5]), und da bei der Übereinstimmung des Vorrangseintrages mit dem dinglichen Vertrage eine Unrichtigkeit des Grundbuches nicht vorliegt, so kann der Berufung des Beklagten auf das Publizitätsprinzip des § 892 nicht schon mit dem Hinweise darauf begegnet werden, daß er zur Zeit des Erwerbes der mit dem Vorrange ausgestatteten Hypothek des Vorschußvereins von der Bedingtheit des obligatorischen Vertrages Kenntnis gehabt hätte. Es bleibt vielmehr dem Kläger nur übrig, die ihm aus dem obligatorischen Vertrage und aus dessen Nichterfüllung zustehenden Rechte, sei es gegen den Eigentümer oder gegen den Vorschußverein, zu verfolgen.

An diesem Ergebnisse wird auch dadurch nichts geändert, daß der Beklagte Eigentümer des Pfandgrundstückes ist und dies schon zur Zeit seines Hypothekenerwerbs 1901 gewesen ist. Dies hat zwar nach § 1177[2] zur Folge gehabt, daß sein Recht aus der ihm abgetretenen Hypothek sich nach den für die Grundschuld des Eigentümers geltenden Vorschriften bestimmt und daß er daher nach § 1197[1] nicht die Zwangsvollstreckung in das Pfandgrundstück zum Zwecke seiner Befriedigung betreiben konnte (Denkschrift S. 148), aber sein Recht, in dem von einem anderen (hier dem Aktienvorschußvereine) betriebenen Versteigerungsverfahren Befriedigung zu verlangen, wird hierdurch nicht beschränkt (§ 1192[1]). J. M.

## 78

### a) Verfügung eines Miterben über seinen Anteil am Immobiliarnachlaß.[1] Eintragung des Erwerbers. GrBO. § 22.

Kammergericht, I. CS. Beschluß v. 11. Juli 1902.

Im Grundbuche des Art. 1 sind die Witwe und deren acht Kinder als Erben ihres 1898 verstorbenen Vaters A. und im Grundbuche des Art. 2 diese Kinder allein als Eigentümer eingetragen. Beide Grundstücke gehören zu dem noch ungeteilten Nachlaß des A., der in gesetzlicher rheinischer Gütergemeinschaft gelebt hat, und von seinen Kindern allein beerbt worden ist. Durch notariellen Vertrag von 1902 haben zwei Töchter des Erblassers an zwei ihrer Brüder „ihren durch Erbfolge ihnen angefallenen Erbanteil am gesamten noch ungeteilten Mobiliar- und Immobiliarnachlaß ihres Vaters zum vollen, unwiderruflichen Eigentume verkauft". Der Antrag der Ankäufer, sie zum Anteil ihrer beiden Schwestern im Grundbuche einzutragen, wurde zurückgewiesen. Der weiteren Beschwerde ist stattgegeben. Aus den Gründen:

Geht man davon aus, daß die Kinder als Erben am ungeteilten Nachlaß des A. eingetragen sind, so ist es rechtsirrtümlich, wenn das Landgericht sie als Miteigentümer an den Grundstücken zu ideellen Anteilen erachtet. Nach

[1] Daher kann am Nachlaßgrundstücke eine Vollstreckungshypothek für die Gläubiger eines Miterben nicht vorgemerkt werden (Bayer. OLG. Beschluß v. 4. Juli 1902, Sammlung 3 S. 604).

rheinischem Recht, das nach EG. Art. 213 hier zur Anwendung kommt, wie übrigens auch nach dem BGB. §§ 2032, 2033 (Planck, Vorbem. 3 S. 176) sind Miterben vor stattgehabter Nachlaßteilung Gesamteigentümer des Nachlasses und aller zu demselben gehörigen Gegenstände pro indiviso und steht dem einzelnen Miterben ein gegenwärtiges Miteigentumsrecht an den einzelnen Erbschaftssachen, insbesondere den Nachlaßgrundstücken nicht zu. Es ergiebt sich dies namentlich aus Art. 883 Code civil, wonach jeder Miterbe nach erfolgter Teilung des Nachlasses so anzusehen ist, als habe er alle ihm bei der Teilung zugewiesenen oder bei der Versteigerung von ihm erworbenen Nachlaßgegenstände allein und unmittelbar geerbt und an den übrigen Erbschaftssachen niemals ein Eigentumsrecht gehabt (Entsch. d. RG. 36 S. 343, 37 S. 365). Daraus folgt, daß der einzelne Miterbe vor stattgehabter Teilung zwar über seinen Anteil an der gesamten Nachlaßmasse, nicht jedoch über seinen Anteil an den einzelnen Erbschaftssachen mit der Wirkung der Eigentumsübertragung verfügen kann. Hieraus ergiebt sich weiter, daß, wenn Miterben auf dem Titelblatte eines Grundstückes, das zum ungeteilten Nachlasse gehört, eingetragen sind, dies nicht die Bedeutung hat, daß jedem der Miterben am Grundstücke ein frei verfügbares Recht, insbesondere ein Miteigentumsrecht zusteht, sondern diese Eintragung enthält nur einen nachrichtlichen Vermerk darüber, daß die Erben insgesamt als Eigentümer des Nachlasses über dieses dazu gehörige Grundstück zu verfügen berechtigt seien. Hat nun ein Miterbe seinen Anteil am gesamten Nachlaß an einen Dritten oder einen anderen Miterben veräußert, so ist das Recht des Veräußerers, gemeinsam mit den anderen Miterben über das Grundstück zu verfügen, auf den Erwerber übergegangen und ist demgemäß der Vermerk im Grundbuche insofern unrichtig geworden, als nun nicht mehr der veräußernde Miterbe, sondern der Erwerber mit verfügungsberechtigt über das Grundstück ist. Gemäß § 894 BGB., § 22 GrBO. kann dann der Erwerber des Erbanteiles die Berichtigung des Grundbuches dahin verlangen, daß der Anteil des Veräußerers am gesamten Nachlaß auf ihn übertragen worden sei. Einer Auflassung gemäß §§ 873, 925 BGB. bedarf es dazu nicht; denn durch die Veräußerung (z. B. Schenkung, Verkauf) des Anteiles an der Nachlaßmasse wird nicht das Eigentum an dem Grundstücke übertragen, das zur Nachlaßmasse gehört, sondern lediglich ein Anteilsrecht an einem gemeinschaftlichen Inbegriff. Vorliegend sind daher die Beschwerdeführer für berechtigt zu erachten, die Eintragung eines Vermerkes auf das Titelblatt der beiden Nachlaßgrundstücke dahin zu verlangen, daß die Anteile der beiden genannten Miterben an dem ungeteilten Nachlasse des A., zu dem die Grundstücke gehörten, auf sie übergegangen seien. B.

### b) Bestimmtheit der Person des Erwerbers. GrBO. § 29.

Kammergericht, I. CS. Beschluß v. 20. Januar 1902.

Der Beschwerdeführer hat in notarieller Urkunde verschiedene Grundstücke an verschiedene Personen aufgelassen. Unter den Erwerbern befinden sich

Ehemänner. Bezüglich ihrer ist ihre Eintragung „als Eigentümer der Kaufobjekte im Grundbuche, soweit gütergemeinschaftliche Artikel für Eheleute bestehen, als Gütergemeinschaft, sonst als Sondergut“ beantragt. Die Vorinstanzen haben diese Eintragung abgelehnt, weil die Personen der Erwerber nicht mit der genügenden Bestimmtheit bezeichnet seien und die Feststellung des Bestehens der Gütergemeinschaft nicht Sache des Gerichts sei. Dabei verkennen sie die rechtliche Tragweite der notariellen Auflassungserklärung und des daran geknüpften Eintragungsantrages. Die Auflassung ist lediglich den Ehemännern und nicht etwa auch den — gar nicht anwesend gewesenen — Frauen erteilt worden. Mithin kommen nur die Männer als Auflassungsbeteiligte in Betracht, die Person des Erwerbers ist mit hinlänglicher Bestimmtheit bezeichnet. Beantragt ist nur, daß der Grundbuchrichter das bei ihm offenkundige Rechtsverhältnis der Gütergemeinschaft berücksichtige, und dieser Antrag entspricht dem § 29 Satz 2 GrBO. Ob gütergemeinschaftliche Artikel vorhanden sind, ist ohne weiteres an der Hand des Eigentümerverzeichnisses zu ermitteln, also beim Grundbuchamte bekannt. Das Begehren geht dahin, daß der Erwerber als Eigentümer eingetragen und gleichzeitig das gütergemeinschaftliche Verhältnis durch Übertragung der erworbenen Grundstücke auf die bereits vorhandenen, der Gütergemeinschaft gewidmeten Artikel vermerkt werde. Daß dies Begehren zulässig ist, unterliegt keinem Bedenken (Jahrbuch 17 S. 495). E.

### c) Nachweis der Bevollmächtigung. GrBO. § 30.

Kammergericht, I. CS. Beschluß v. 6. Oktober 1902.

Der katholische Kirchenvorstand beschloß, von dem Eigentümer des Grundstücks a. eine Parzelle im Werte von 150 Mark schenkungsweise zu erwerben und den Vorsitzenden Pfarrer A. zu bevollmächtigen, die zur Ausführung dieses Beschlusses erforderlichen Erklärungen vor dem zuständigen Amtsgerichte abzugeben. Diesem Beschlusse erteilte die Kirchengemeindevertretung bezüglich des Erwerbs der Parzelle die Genehmigung. Der Pfarrer A. überreichte dem Amtsgerichte eine Abschrift der beiden, von den Erschienenen unterzeichneten Sitzungsprotokolle, deren Übereinstimmung mit den Urschriften vom Kirchenvorstande bescheinigt ist, und nahm unter Bezugnahme auf die ihm in den Sitzungsprotokollen erteilte Vollmacht die Auflassungserklärung des Eigentümers entgegen, lehnte jedoch die Beibringung einer Bescheinigung des Regierungspräsidenten über die Zusammensetzung des Kirchenvorstandes ab. Darauf wurde die Umschreibung des Eigentums der Parzelle abgelehnt; auch die weitere Beschwerde des Kirchenvorstandes blieb erfolglos. Aus den Gründen:

Nach § 29 soll eine Eintragung nur erfolgen, wenn die Eintragungsbewilligung oder die sonstigen zur Eintragung erforderlichen Erklärungen vor dem Grundbuchamte zu Protokoll gegeben oder durch öffentliche oder öffentlich beglaubigte Urkunden nachgewiesen werden. Gemäß § 30 gelten diese Vorschriften auch für die Vollmacht zur Stellung eines Eintragungsantrages, wenn durch diesen zugleich eine zur Eintragung erforderliche Erklärung ersetzt werden soll. Letzteres ist hier der Fall, da zur Eintragung der Kirchengemeinde als Eigentümerin der Parzelle gemäß § 20 GrBO. die Erklärung des Einverständnisses seitens der Gemeinde erforderlich ist und die Vollmacht auf den Pfarrer diese Erklärung ersetzen soll. Es liegt aber eine Vollmachtsurkunde in einer der drei genannten Formen nicht vor. Vielmehr ist lediglich eine mit der Bescheinigung der Richtigkeit versehene Abschrift eines Sitzungsprotokolles eingereicht worden, aus welcher zu entnehmen ist, daß damals der Pfarrer beauftragt wurde, bei der Thätigung und Ausführung des Schenkungsaktes die Gemeinde zu vertreten. Zum Nachweise der Legitimation bei dem später stattfindenden Auflassungsakte genügte dieses Protokoll nicht, vielmehr bedurfte es der Beibringung einer Vollmachtsurkunde im Termine. Dies folgt aus der Vorschrift in §§ 168, 172, 175 BGB. Die Vollmacht kann durch Zurücknahme der Vollmachtsurkunde jederzeit entzogen werden; wenn also auch nachgewiesen wird, daß vorher einer bestimmten Person Vollmacht erteilt ist, so muß diese dennoch bei der gerichtlichen Verhandlung durch Vorlegung der Vollmachtsurkunde nachweisen, daß die Vertretungsmacht noch besteht. Solche Vollmachtsurkunde ist hier nicht vorgelegt. Nach § 19 Ges. vom 20. Juni 1875 über die Vermögensverwaltung bedarf es zu jeder die Gemeinde und die vom Kirchenvorstande vertretenen Vermögensmassen verpflichtenden schriftlichen Willenserklärungen des Kirchenvorstandes der Unterschrift des Vorsitzenden und noch zweier Mitglieder des Kirchenvorstandes sowie der Beidrückung des Amtssiegels. Zu solchen Willenserklärungen gehört auch die Erteilung einer Vollmacht zur Entgegennahme einer Auflassungserklärung, mag diese auch wie hier schenkungsweise erfolgen, da hierdurch die Verpflichtung begründet wird, die auf Grund der Vollmacht vorgenommenen Rechtsakte des Bevollmächtigten hinsichtlich des Eigentumserwerbes als eigene anzuerkennen. Es hätte also hier die Vollmachtserklärung von dem Vorsitzenden und noch zwei Mitgliedern des Kirchenvorstandes eigenhändig unterzeichnet und mit dem Amtssiegel versehen werden müssen. Es ist aber nur eine Abschrift des Protokolles über eine Sitzung vorgelegt worden, in welcher die anwesenden Mitglieder des Kirchenvorstandes dem Pfarrer Vollmacht zur Entgegennahme der Auflassung erteilt haben. Zwar haben der Vorsitzende und noch zwei Mitglieder des Vorstandes darunter die Bescheinigung gesetzt, daß die Abschrift mit der Urschrift übereinstimme; aber dadurch konnte das Erfordernis einer schriftlichen durch Unterzeichnung seitens dreier Vorstandsmitglieder vollzogenen Vollmachtserklärung nicht ersetzt werden. Aus den Materialien zum Ges. vom 20. Juni 1875 ergiebt sich nichts Gegenteiliges. § 21 des Entwurfes stimmt, abgesehen von der redaktionellen Änderung der Worte „Kirchenvorsteher“ und „Kirchensiegels“, in „Mitglieder des Kirchenvorstandes“ und „Amtssiegels“ mit § 19 Ges. genau überein. Zur Begründung ist in den Motiven bemerkt: „Es wird nicht näher begründet zu werden brauchen, daß insofern an schriftliche Erklärungen des Kirchenvorstandes die Übernahme von Rechtsverbindlichkeiten sich knüpft, außer der Unterschrift des Vorsitzenden bezw. seines Stellvertreters, auch diejenige zweier Kirchenvorsteher sowie die Beidrückung des Kirchensiegels für erforderlich erachtet worden ist, während im übrigen die Unterschrift des Vorsitzenden bezw. seines Stellvertreters und nur eines Kirchenvorstehers genügen soll." Bei der Beratung hat diese Vorschrift keinen Widerspruch erfahren. Davon, daß der schriftlichen, gehörig vollzogenen Erklärung eine vom Kirchenvorstande beglaubigte Abschrift eines Protokolles über eine in einer Sitzung des Kirchenvorstandes abgegebene mündliche Erklärung desselben gleichstehen sollte, ist nicht die Rede gewesen. (Drucksachen 1875 Nr. 16 S. 6, 44, Nr. 250 S. 23, Nr. 352 S. 6; des Herrenhauses 1895 Nr. 85 S. 6.)

Mithin kann hier die Protokollabschrift nicht als eine öffentliche Urkunde im Sinne des § 29 GrBO. und § 415 CPO. erachtet werden. Hierzu kommt, daß für den Grundbuchverkehr in Preußen Art. 9 des preuß. Ausf.-G. zur GrBO. bestimmt: „Erklärungen oder Ersuchen einer Behörde, auf Grund deren eine Eintragung erfolgen soll, sind ordnungsmäßig zu unterschreiben und mit Siegel oder Stempel zu versehen." Zu solchen Erklärungen gehören auch Vollmachten von Behörden, auf Grund deren der Bevollmächtigte eine Eintragung veranlassen soll. Es müßte also die dem Pfarrer erteilte Vollmacht zur Entgegennahme der Auflassung in dieser für öffentliche Urkunden vorgeschriebenen Form ausgestellt sein; dies ist aber nach obigem nicht der Fall. 3.

d) **Beim Vorliegen eines Erbscheines hat der Grundbuchrichter keine Nachprüfung der Erbfolge vorzunehmen. GrBO. § 36.**

Kammergericht, Ferien-CS. Beschluß v. 2. August 1902.

Der Hypothekar A. ist 1902 verstorben. Seine Witwe hat die Hypothek an den Beschwerdeführer abgetreten und die Umschreibung bewilligt und beantragt. Die Vorinstanzen haben jedoch den Umschreibungsantrag zurückgewiesen, weil die Kinder des Gläubigers oder Nacherben die Abtretung genehmigen müßten. Die weitere Beschwerde erscheint begründet.

Die Vorinstanz stellt aus dem wechselseitigen Testamente der A.'schen Eheleute fest, daß die Witwe zur freien Verfügung über die Substanz des Nachlasses nur unter den im § 4 A bis E aufgeführten Beschränkungen berufen sei, deshalb nicht als völlig befreite Vormünderin angesehen werden könne und somit zur Abtretung von Hypotheken der Einwilligung der Nacherben bedürfe. Hierbei ist jedoch übersehen, daß zu einer Prüfung und Auslegung des Testamentes der vorliegende Fall keinen Anlaß bietet. Denn sowohl bei Abtretung der Hypotheken wie zur Zeit der Stellung des Umschreibungsantrages lag der Erbschein vor und deshalb waren nicht nur die Beschwerdeführer, sondern nach § 36 GrBO. auch der Grundbuchrichter bezüglich des Nachweises der Erbfolge auf eine Prüfung des Erbscheines beschränkt. Mit den Bedürfnissen des Verkehrs würde es nicht verträglich sein, daß, nachdem der Nachlaßrichter die Nachfolge für nachgewiesen erachtet und demgemäß den Erbschein erteilt hat, der Grundbuchrichter gelegentlich eines Eintragungs-, Umschreibungs- oder Löschungsantrages in eine Nachprüfung eintritt und dabei zu einem entgegengesetzten Ergebnisse gelangt ... E. M.

e) **Nachweis der Befugnis des Testamentsvollstreckers. GrBO. § 36. BGB. § 2368 Abs. 2.**

Kammergericht, I. CS. Beschluß v. 12. Mai 1902.

Der 1901 verstorbene Hypothekar A. hat 1895 dem Amtsgerichte ein Testament verschlossen übergeben und daselbst die Beschwerdeführerin zur Vollstreckerin mit umfassenden Befugnissen, insbesondere auch zur Abtretung von Forderungen ernannt. Diese hat die Hypothek, die im Testamente dem X. vermacht ist, ihm in beglaubigter Urkunde abgetreten und die Umschreibung bewilligt und beantragt. Das Amtsgericht forderte zunächst den Nachweis, daß die Beschwerdeführerin das Amt des Vollstreckers angenommen habe, und, nachdem eine entsprechende Bescheinigung des AG. eingegangen war, die Vorlegung eines Zeugnisses nach § 2368 BGB. Die Beschwerde ist zurückgewiesen, der weiteren Beschwerde wurde jedoch stattgegeben. Aus den Gründen:

Richtig ist, daß die erbrechtlichen Verhältnisse, die sich aus dem Tode des A. ergeben, nach neuem Rechte zu beurteilen sind (EG. Art. 213). Andererseits ist die Frage, ob das Testament eine öffentliche Urkunde sei, nach früherem Recht zu beantworten (Art. 214). Sie ist in Übereinstimmung mit dem Beschlusse vom 1. Juli 1901 (Rsp. 3 S. 221) zu bejahen. Nach den maßgebenden Vorschriften des ALR., das bei dem ordentlichen Testamente nur die öffentliche, gerichtliche Form kannte, waren die beiden Formen der gerichtlichen Aufnahme und der gerichtlichen Übergabe des Testamentes und bei letzterer wiederum die Unterformen der Übergabe eines offenen oder versiegelten Aufsatzes einander völlig gleichgestellt (§§ 66, 102, 107 ff. I. 12). Der versiegelte Aufsatz war dem Richter mit der Erklärung zu übergeben, daß er den letzten Willen des Erklärenden enthalte, und von ihm eigenhändig unterschrieben sei; damit wurde der Aufsatz ein Bestandteil des gerichtlichen Protokolles und als solcher eine öffentliche Urkunde. Das Gleiche gilt übrigens auch unbedenklich von dem unter der Herrschaft des BGB. vor dem Richter oder Notar durch Übergabe einer verschlossenen Schrift errichteten Testamente (§§ 2231[1], 2233—2246, vgl. den angeführten Beschluß, mit dem sich Turnau-Förster im Einklang befinden).

Ist hiernach die rechtliche Grundlage des landgerichtlichen Beschlusses unhaltbar, so konnte auch die Verfügung des AG. nicht aufrecht erhalten werden, denn sie verstößt gegen den § 36 GrBO.; dort wird für den Nachweis der Erbfolge grundsätzlich der Erbschein verlangt. Der II. Entwurf machte für den Fall eine Ausnahme, daß das Erbrecht auf einer Verfügung von Todes wegen beruhe, und diese in einer öffentlichen Urkunde enthalten sei; hier solle die Vorlegung der Verfügung und des Protokolles über ihre Eröffnung genügen. Nur wenn das Grundbuchamt die Erbfolge durch diese Urkunden nicht für nachgewiesen erachte, könne es die Vorlegung eines Erbscheines verlangen. In der Denkschrift (bei Hahn S. 162) war dazu bemerkt, daß regelmäßig die Vorlegung der Verfügung und des Protokolles über die Eröffnung genügen werde, und daß nur in einzelnen Fällen bei besonderen Schwierigkeiten in der Prüfung des Testamentes zu der Forderung eines Erbscheines Anlaß sein möchte. Die Reichstagskommission dehnte die auf den Nachweis der Erbfolge bezügliche Ausnahme auf den Nachweis der Befugnis eines Vollstreckers zur Verfügung über einen Nachlaßgegenstand aus; nach dem Entwurfe sollte der letztere Nachweis nur durch ein Zeugnis gemäß § 2368 BGB. geführt werden können (S. 222). Auf diese Weise ist der Halbsatz 2 des zweiten Absatzes des § 36 GrBO. in das Gesetz gelangt. Hiernach ist klar, daß der Vollstrecker in erster Linie durch die Vorlegung des in einer öffentlichen Urkunde enthaltenen Testamentes und des Eröffnungsprotokolles sich ausweist und daß ein Zeugnis des Nachlaßgerichtes nur aus besonderen Gründen verlangt werden kann. Es steht nicht im Belieben des Grundbuchrichters statt der Vorlegung der bezeichneten Urkunden das Zeugnis zu fordern. Vielmehr ist ein dahingehendes Begehren im Einzelfalle zu rechtfertigen (so auch Turnau-Förster 2 S. 234[3]). Vorliegend hat das AG. ohne ersichtlichen Grund die Einreichung eines Zeugnisses gefordert. E. P.

### f) Nachträgliche Eintragung der Rechte des Vorerben.

Kammergericht, I. CS. Beschluß v. 30. Juni 1902.

Die Eheleute A. haben 1897 in wechselseitigem Testamente sich gegenseitig zu Erben eingesetzt und ihre Kinder auf dasjenige substituiert, was nach dem beiderseitigen Tode noch vorhanden sein werde, jedoch mit der Maßgabe, daß, falls der Überlebende sich wieder verheiratete, er auf Grund der gesetzlichen Bestimmungen Schicht und Teilung halten solle. Nach dem Tode des Mannes ist 1898 die Witwe auf Grund des Testamentes als Alleineigentümerin des Nachlaßgrundstückes eingetragen. Da sie sich wieder zu verheiraten beabsichtigte, hat sie sich 1901 mit ihren fünf Kindern auseinandergesetzt, das gesamte Vermögen übernommen und sich als Schuldnerin ihrer Kinder in Höhe von je 3000 Mark bekannt, welche auf Ersuchen des Vormundschaftsgerichts auf dem Nachlaßgrundstücke am 11. Dezember 1901 eingetragen wurden. Gleichzeitig hat der Grundbuchrichter von Amts wegen in Abt. II vermerkt: „Die Witwe A. ist nur bis zur Wiederverheiratung als unbeschränkte Vorerbin eingesetzt". Am 21. März 1902 hat die Witwe, wiederverheiratete B., die Löschung dieses Vermerkes beantragt. Der Antrag wurde zurückgewiesen; auch die weitere Beschwerde blieb erfolglos. Aus den Gründen:

Die Vorinstanzen haben den Antrag unter dem Gesichtspunkte geprüft, ob der Inhalt des Grundbuches mit der wirklichen Rechtslage nicht in Einklang stehe (BGB. § 894 GrBO. § 22), und ihre Ausführungen erscheinen nicht unbegründet. Mit dem Tode ihres Mannes wurde die Beschwerdeführerin (Fiduziar-)Erbin und damit alleinige Eigentümerin des gesamten Nachlasses.

Dabei blieb es bis zur Wiederverheiratung. Mit diesem Zeitpunkte hörte nach dem Testamente ihr Alleinerbrecht auf und es trat die gesetzliche Erbfolge ein, und zwar erwuchs den gesetzlichen Erben nicht bloß ein obligatorischer Anspruch auf Übertragung des Miteigentumes am Nachlaß, sondern vermöge ihres Erbrechtes erwerben sie das Miteigentum von selbst und ohne daß es bezüglich des Nachlaßgrundstückes einer Auflassung bedurfte (Jahrb. 16 S. 65). Das Grundbuch, in dem die Witwe als Alleineigentümerin eingetragen war, befand sich also von da ab mit der wirklichen Rechtslage nicht mehr im Einklange, vielmehr bedurfte die Witwe, um Alleineigentümerin zu werden, der Auflassung. Diese ist durch den Erbrezeß nicht ersetzt, da er nur obligatorisch, nicht dinglich wirkt. Ist aber die Frau B. sonach zur Zeit nicht Alleineigentümerin, sondern lediglich Miteigentümerin mit den gesetzlichen Erben, so steht die Vormerkung in Abt. II, welche bestimmt ist, zum Ausdrucke zu bringen, daß das Alleineigentum der Frau B., vermöge ihrer Eigenschaft als Alleinerbin nur bis zum Zeitpunkte ihrer Wiederverheiratung besteht, mit der wirklichen Rechtslage nicht in Widerspruch, sondern bringt gerade umgekehrt jenes ganz richtig zum Ausdruck. Das Verlangen der Löschung auf Grund des § 894 BGB., § 22 GrBO. ist deshalb nicht gerechtfertigt. Der Beschwerdeführerin muß überlassen werden, auf Grund des Erbrezesses die Auflassung und dabei die Löschung der in Abt. II eingetragenen Beschränkung herbeizuführen.

Nun macht aber die Beschwerde, wie die weitere Beschwerde noch einen anderen Gesichtspunkt geltend, auf den das Landgericht nicht eingegangen ist, nämlich daß die Eigentumsbeschränkung zu Unrecht eingetragen sei. In der weiteren Beschwerde wird die Rüge ganz allgemein erhoben und dann noch speziell hinzugesetzt: „zumal diese Eintragung erfolgt ist, nachdem Frau B. sich bereits mit ihren Kindern auseinandergesetzt hatte“, während in der Beschwerde gesagt wird: „die Verfügungsbeschränkung ist nach Abschluß des Erbvergleiches eingetragen und daher zu Unrecht erfolgt“. Allein man wird nicht annehmen dürfen, daß damit ein neuer thatsächlicher Beschwerdegrund eingeführt sei, welcher nach § 78 GrBO. unzulässig ist. Beide Beschwerden rügen eine Eintragung zu Unrecht. Der Richter hat also diese Behauptung daraufhin zu prüfen, ob sie richtig ist und bejahendenfalls ob sie zur Löschung führen kann. Er darf also seine Prüfung nicht darauf beschränken, ob die Eintragung lediglich aus dem vom Beschwerdeführer angegebenen Rechtsgrunde zu Unrecht erfolgt ist, sondern hat zu untersuchen, ob sie aus irgend einem Rechtsgrunde unzulässig war, denn die Frage der rechtlichen Zulässigkeit einer richterlichen Handlung muß, wenn ein Interessent sie beanstandet, vom Beschwerdegericht nach Maßgabe des Gesetzes geprüft werden ohne Rücksicht darauf, ob gerade der vom Beschwerdeführer angegebene Grund zutreffend ist. Geht man hiervon aus, so stellt sich das Beschwerdeverfahren insoweit, als es die Unzulässigkeit der Eintragung rügt, als Beschwerde gegen die Eintragungsanordnung vom 11. Dezember 1901 dar. Die gleichzeitige Beschwerde gegen diese Verfügung und die Verfügung vom März 1902, wodurch der Antrag auf Berichtigung des Grundbuches zurückgewiesen ist, ist nicht zu beanstanden.

In Abrede läßt sich nicht stellen, daß die Eintragung des Vermerkes von Amts wegen nicht dem Gesetze entsprach. Im Gegensatze zu § 52 GrBO. konnte nach § 54 preuß. GrBO. die Eintragung des Nacherben nur auf Antrag erfolgen. Zwar kann der Grundbuchrichter den Antrag des Fiduziarerben, ihn als Eigentümer des Nachlaßgrundstückes ohne gleichzeitigen Vermerk der Rechte der Fideikommissarien einzutragen, ablehnen (Jahrb. 16 S. 63). Hatte er aber den Vorerben eingetragen, so konnte nunmehr die Eintragung des Nacherben nur auf dessen Antrag erfolgen. Das Kammergericht hat ferner angenommen, daß auch in Fällen, wo der Erbfall vor 1900 stattgefunden hat, die Umschreibung des Eigentumes aber erst nach dem 1. Januar 1900 erfolgt, der § 52 GrBO. anzuwenden ist (Rsp. 1 S. 21), und es mag auch nicht zu beanstanden sein, daß, wenn der Grundbuchrichter bei einer nach dem 1. Januar 1900 erfolgten Eintragung des Vorerben es unterlassen hat, sofort auch das Recht des Nacherben einzutragen, er diese Eintragung nachträglich bewirkt. Allein war die Eigentumseintragung bereits vor 1900 erfolgt, so ist für die Anwendung des § 52 überhaupt kein Raum mehr, und der Grundbuchrichter durfte am 11. Dezember 1901 nicht mehr den Eintritt der Nacherbschaft von Amts wegen eintragen.

Dem ungeachtet erscheint die Beschwerde hierüber unzulässig. § 71 Abs. 2 Satz 1 GrBO. versagt grundsätzlich die Beschwerde gegen eine Eintragung. Hiervon macht Satz 2 eine Ausnahme für den Fall, wenn die Voraussetzungen vorliegen, unter denen nach § 54 GrBO. das Grundbuchamt selbst eine Eintragung von Amts wegen verbessern kann und soll. Eine solche Eintragung von Amts wegen kann bestehen in der Eintragung eines Widerspruchs oder in einer Löschung. Letztere ist nun aber nur zulässig, soweit sich eine Eintragung nach ihrem Inhalt als unzulässig erweist. Damit sollen solche Rechte getroffen werden, die an sich der Buchung nicht zugänglich sind. Um einen solchen Fall handelt es sich hier nicht. Die Eintragung eines Widerspruches aber ist nicht beantragt. Zugegeben mag sein, daß ein solcher Antrag nicht notwendig ausdrücklich gestellt zu sein braucht, sondern daß in der Beschwerde der Antrag auf Eintragung einer Vormerkung als stillschweigend gewollt gefunden werden kann. Allein eine solche Willensauslegung ist nur da zulässig, wo dem Beschwerdeführer aus der Eintragung ein Vorteil erwächst, insbesondere wo die Möglichkeit gutgläubigen Erwerbes eines Dritten ausgeschlossen werden soll. Das trifft hier nicht zu. Dr. H.

### g) Löschung unwirksamer Eintragungen. GrBO. § 54.

Kammergericht, Ferien-CS. Beschluß v. 30. August 1902.

Auf dem Mühlengrundstücke des Beschwerdeführers ist in Abt. II. „Die Verpflichtung des B. und seiner Rechtsnachfolger, das bei dem Mühlengrundstücke angebrachte Stauwehr für immer zu beseitigen und ein solches nie wieder zu errichten," auf Grund der Urkunde vom 1. Mai 1897 eingetragen. In dieser Urkunde hat B. die aus der Eintragung ersichtliche Verpflichtung, und zwar ebenfalls ohne die Bezeichnung eines Berechtigten übernommen und deren Eintragung bewilligt. Der Beschwerdeführer hat die Löschung beantragt und sich auf ein rechtskräftiges Urteil berufen, durch welches eine von der Stadt Fr. gegen ihn als Eigentümer des Mühlengrundstückes erhobene Klage auf Beseitigung des von der Eintragung betroffenen Stauwehres abgewiesen ist, weil die Eintragung mangels der bestimmten Bezeichnung des Rechtes und des Berechtigten jeder Wirksamkeit entbehre und deshalb ein Recht, wie es die Stadt daraus für sich in Anspruch nehme, gar nicht erwachsen sei. Die Löschung wurde abgelehnt, auf weitere Beschwerde jedoch angeordnet. Gründe:

Nach Inhalt der eingegangenen Verpflichtung soll der Eigentümer jedes Staurechtes und also auch des ihm kraft Gesetzes zustehenden Staurechtes verlustig gehen. Daß ein Aufstauen innerhalb des Rahmens dieses letzteren Rechtes, d. h. ohne die Herbeiführung eines Rückstaues über das Grundstück hinaus unmöglich ist, erscheint ausgeschlossen. Demnach kann es sich bei der Eintragung entweder nur um eine Beschränkung des Eigentums im Sinne des § 11 EEG. oder aber um ein auf privatrechtlichem Titel beruhendes dingliches Recht am Grundstücke handeln, auf das § 12 Abs. 1 Anwendung findet, mithin in jedem Falle um ein Recht, welches in Abt. II. einzutragen war, dessen Eintragung aber nicht erfolgen durfte, weil der Eintragungsantrag der gemäß § 13 erforderlichen, bestimmten Bezeichnung eines Berechtigten ermangelt. Die Eintragung selbst ist also unter Verletzung der gesetzlichen Vorschriften bewirkt. Da nun der Eintritt der vom Gesetze an die Eintragung eines Rechtes im Sinne sei es des § 11, sei es des § 12[1] geknüpften Rechtswirkung eine gültige Eintragung voraussetzte, so ist diese Rechtswirkung nicht eingetreten. Denn der Eintragungsvermerk enthält ebenfalls keine Bezeichnung eine Berechtigten, genügt also dem auch das formelle Grundbuchrecht beherrschenden Spezialitätsprinzipe nicht, und es kann deshalb die eingetragene Verpflichtung nicht als eingetragen gelten. Das Grundbuch beurkundet also einen nicht bestehenden dinglichen Rechtszustand; es ist durch die Eintragung unrichtig geworden.

Daß eine Grundgerechtigkeit nicht in Frage steht, zeigt der Inhalt der Verpflichtung; der Eigentümer wird nicht ausschließlich zu einem Dulden oder Unterlassen, sondern in erster Linie zu einem Leisten (facere) verpflichtet. Überdies würde nach Lage der Sache, wie solche sich insbesondere aus dem überreichten Urteile ergiebt, eine Grundgerechtigkeit nur zu Gunsten der Stadt Fr. bestellt sein können. Es steht jedoch auf Grund jenes Urteiles fest, daß diese kein Recht, und also auch keine Grundgerechtigkeit des fraglichen Inhaltes erlangt hat; die Klage auf Beseitigung des Stauwehres war nach dem Thatbestande nicht bloß auf die Eintragung, sondern auch auf die Behauptung gestützt, daß die Erklärung des B. vom 1. Mai 1897 der Stadt gegenüber abgegeben und von dieser entgegengenommen sei.

Die fragliche Eintragung ist endlich auch ihrem Inhalte nach unzulässig. Es ist nicht angängig, daß das Grundbuch, welches alle Rechtsverhältnisse des Grundstückes richtig beurkunden soll, eine unwirksame und völlig bedeutungslose Eintragung enthält, an der niemand ein Interesse hat. Hiernach sind sämtliche Voraussetzungen des § 54 GrBO. gegeben. Da somit weitere thatsächliche Feststellungen nicht erforderlich sind, rechtfertigt sich die angeordnete Löschung. E. P.

---

## 79

**a) Der Konkursverwalter eines Nachlasses kann sich nicht über die Bestellung eines Nachlaßpflegers (BGB. § 1960) beschweren.[1]**

**FrGG. § 20.**

OLG. Hamburg, I. CS. Beschluß v. 12. November 1902.

Über den Nachlaß des X. ist der Konkurs eröffnet worden. Die nächsten Intestaterben haben die Erbschaft ausgeschlagen; die entfernteren Erben sind zur Zeit nicht bekannt. Zum Nachlasse gehört ein Grundstück, das der Verwalter nicht in Verwaltung übernehmen will. Auf Antrag eines Hypothekengläubigers: „einen Nachlaßpfleger für das Grundstück zu bestellen" hat das Amtsgericht „gemäß § 1961 BGB. die Nachlaßpflegschaft angeordnet" und einen Nachlaßpfleger bestellt.

Dieser Pfleger, den das BGB. Nachlaßpfleger nennt, ist nicht Pfleger des Nachlasses, sondern Pfleger des unbekannten Erben, den er in Bezug auf den Nachlaß zu vertreten hat. Daraus ergiebt sich, daß er im Falle des Nachlaßkonkurses dem Konkursverwalter gegenüber und neben ihm nicht mehr Rechte hat, als der unbekannte Erbe, den er vertritt. Insbesondere liegt ihm nicht die Nachlaßpflegschaft (Nachlaßverwaltung) ob im Sinne des § 1975 ff. Wie im Falle des gewöhnlichen Konkurses der Gemeinschuldner nicht befugt ist, sein zur Konkursmasse gehöriges Vermögen zu verwalten und darüber zu verfügen, sondern der Konkursverwalter Verwaltungs- und Verfügungsrecht ausübt, so im Falle des Nachlaßkonkurses auf der einen Seite der Erbe, auf der anderen Seite der Konkursverwalter. So wenig danach beim Nachlaßkonkurse der Konkursverwalter in seinen Rechten beeinträchtigt wird dadurch, daß neben ihm der Erbe in Person vorhanden ist, ebensowenig wird er in seinen Rechten dadurch beeinträchtigt, daß neben ihm ein gesetzlicher Vertreter des unbekannten Erben vorhanden ist. Freilich ist nicht ausgeschlossen, daß der bestellte Nachlaßpfleger Eingriffe unternimmt in die Rechte des Konkursverwalters. Aber das kann auch der Erbe selbst und der Konkursverwalter hat so wenig das Recht, die Beseitigung des Nachlaßpflegers, des Vertreters des unbekannten Erben, zu verlangen, wie er die Beseitigung des in Person anwesenden Erben verlangen kann. In keinem

[1] Ebensowenig kann sich eine Prozeßpartei darüber beschweren, daß dem Gegner, einem Hauskinde, ein Pfleger zur Vertretung im Prozesse bestellt wird. (Kammergericht, I. CS. Beschluß v. 21. Mai 1902, Jahrbuch 24 S. 153.)

Falle werden die Rechte des Konkursverwalters beeinträchtigt, weder dadurch, daß der Erbe persönlich vorhanden ist, noch dadurch, daß für den unbekannten Erben ein Nachlaßpfleger bestellt ist. Daraus ergiebt sich zugleich, daß auch die vom Amtsgerichte getroffene Wahl, die Person des bestellten Nachlaßpflegers, kein Recht des Konkursverwalters beeinträchtigt.

Endlich beeinträchtigt auch nicht die in § 224⁴ KO. festgesetzte Haftung der Nachlaßkonkursmasse für die Kosten einer Nachlaßpflegschaft die Rechte des Verwalters. Es kann dahingestellt bleiben, ob diese gesetzliche Bestimmung überhaupt anwendbar ist auf eine Nachlaßpflegschaft wie sie hier vorliegt. Denn auch wenn hier die Nachlaßkonkursmasse die Kosten der vom Amtsgerichte eingesetzten Nachlaßpflegschaft zu tragen hätte, dann würde zwar diese Einsetzung der Nachlaßpflegschaft in ihren gesetzlichen Folgen dem Verwalter vielleicht nachteilig sein. Daraus würde sich aber nicht ergeben, daß der Verwalter ein Recht hätte auf Nichteinsetzung der Nachlaßpflegschaft, daß diese Einsetzung seine Rechte beeinträchtigte.

Hiernach steht dem Beschwerdeführer keine Beschwerde aus § 20 FrGG. zu gegen den Beschluß des Amtsgerichts. Mit Recht ist daher die Beschwerde als unzulässig verworfen. Bei dieser Sachlage ist hier nicht zu prüfen, ob der Beschluß des Amtsgerichts sachlich gerechtfertigt war, insbesondere ob die Voraussetzungen des § 1961 vorliegen, namentlich ob im Falle des Nachlaßkonkurses bei den hier obwaltenden Umständen die Bestellung eines Nachlaßpflegers objektiv zum Zwecke der gerichtlichen Geltendmachung des dem Hypothekgläubiger zustehenden Anspruches erforderlich oder auch nur dienlich war. M. M.

b) **Kein Beschwerderecht der Mutter gegen die auf Antrag des Vaters erfolgte Volljährigkeitserklärung des Hauskindes. FrGG. § 20.**

Kammergericht, I. CS. Beschluß v. 9. Juni 1902.

Auf Antrag des A. ist dessen Tochter Julie durch Beschluß v. 9. Februar 1901 für volljährig erklärt. Am 21. November 1901 hat die inzwischen am 24. April 1901 geschiedene Mutter der Minderjährigen sofortige Beschwerde eingelegt, die das Landgericht für statthaft erklärte, da die Beschwerdeführerin ihre Nichtkenntnis von der Volljährigkeitserklärung bis zum 9. November glaubhaft gemacht habe. Demnächst hat es des A. Volljährigkeitsantrag abgewiesen. Der sofortigen weiteren Beschwerde des A. wurde stattgegeben. Gründe:

Als am 9. Februar die Tochter des Beschwerdeführers für volljährig erklärt wurde, und auch, als anfangs März dieser gemäß § 56², § 60⁶ FrGG. nur mit der sofortigen Beschwerde anfechtbare Beschluß die Rechtskraft erlangte, war der Beschwerdeführer noch nicht geschieden. Gemäß den §§ 1627, 1630, 1631 BGB. hatte daher nur er die elterliche Gewalt über seine Tochter. Er war der gesetzliche Vertreter, dem die Sorge für die Person des Kindes zustand. Er war auch gemäß § 56 FrGG. zur Stellung des Antrages berechtigt gewesen, wie es auch gemäß § 4 BGB. auf seine Einwilligung in die Volljährigkeitserklärung ankam. Seine Frau hatte zwar gemäß § 1634 Satz 2 BGB. auch das Recht, für die Person des Kindes zu sorgen; aber nur neben ihm. Sie durfte dieses Recht gemäß § 1634 Satz 2 nicht in Widerspruch mit ihm ausüben. Da nun der Beschwerdeführer selbst den Antrag gestellt hatte, so war seine Frau damals nicht berechtigt, der Volljährigkeitserklärung ihrer Tochter entgegenzutreten. Daraus folgt, daß sie gegen den Beschluß des Amtsgerichts, durch den ihre Tochter für volljährig erklärt worden war, Beschwerde nicht erheben konnte. Denn nach § 20 FrGG. steht die Beschwerde nur demjenigen zu, dessen Recht durch die Verfügung beeinträchtigt ist. Demnächst ist allerdings die Ehe rechtskräftig geschieden, und ist der Beschwerdeführer allein für schuldig erklärt worden. Aber dadurch hat die geschiedene Frau nicht etwa auf Grund des § 1635 BGB., weil ihr nunmehr die Sorge für die Person des Kindes zusteht, nachträglich das Recht erlangt, den Beschluß auf Volljährigkeitserklärung im Wege der Beschwerde zur Aufhebung zu bringen. Für die Frage, ob ein Recht zur Beschwerde über eine Entscheidung gegeben ist, ist allein der Zeitpunkt des Erlasses der Entscheidung maßgebend. Nur wer zu dieser Zeit durch die Entscheidung in seinem Rechte beeinträchtigt wird, ist zur Geltendmachung dieses Rechtes gegenüber der Entscheidung durch Einlegung der Beschwerde berechtigt. Entsteht ein Recht erst nach Erlaß der Entscheidung, so kann es durch diese nicht beeinträchtigt sein, vielmehr entsteht es nur mit den Einschränkungen, die sich aus der durch die Entscheidung geschaffenen Sachlage ergeben, und muß derjenige, der das Recht nachträglich erlangt, diese Einschränkungen gegen sich gelten lassen. Dies entspricht auch dem § 20 FrGG. Wenn dort bestimmt ist: „Die Beschwerde steht jedem zu, dessen Recht durch die Verfügung beeinträchtigt ist", so kann dies nur bedeuten, daß der Erlaß der Verfügung und die Beeinträchtigung des Rechtes zeitlich zusammentreffen müssen.

### c) Umfang des Beschwerderechts eines Ortsarmenverbandes wegen Beschlüsse des Vormundschaftsgerichts aus BGB. § 1666. FrGG. §§ 20, 57 Nr. 9.

OLG. Hamburg, I. CS. Beschluß v. 12. November 1902.

Durch Beschluß vom 2. April 1902 (Jahrbuch 24 D S. 7) hat das OLG. eine Beschwerde für zulässig erklärt, welche die Allgemeine Armenanstalt gegen einen der Mutter die Sorge für die Person ihrer Kinder entziehenden Beschluß der Vormundschaftsbehörde erhoben hatte. In jenem Fall stand eine Gefährdung des Wohles der Kinder durch Verschulden der Mutter nicht in Frage. Die Sorge für die Person der Kinder war der Mutter vielmehr nur deshalb entzogen worden, weil die Kinder von dem zweiten Manne der Mutter, ihrem Stiefvater, in dessen Wohnung sie sich mit der Mutter befanden, schlecht behandelt wurden, deshalb für ihre Unterbringung außerhalb dieser Wohnung Sorge getragen werden mußte und hierzu die Mittel fehlten. Die Armenanstalt machte geltend, daß unter diesen

Umständen ein gesetzlicher Grund, der Mutter die Sorge für die Person ihrer Kinder zu entziehen, nicht vorliege, weil es an einem Verschulden der Mutter fehle, und daß sie zur Beschwerde berechtigt sei, weil der Beschluß die Kinder hilfsbedürftig mache, während sie ohne den Beschluß nicht hilfsbedürftig sein würden. Bei dieser Sachlage hat das Oberlandesgericht die Beschwerde der Armenanstalt zugelassen, indem es davon ausging, daß die Armenanstalt das Recht habe, nicht hilfsbedürftigen Personen Unterstützung zu versagen, und daß dieses Recht beeinträchtigt werde, wenn der Beschluß zu Unrecht ergangen sei, weil dann nicht hilfsbedürftige Personen mit Unrecht zu hilfsbedürftigen gemacht sein würden.

Der vorliegende Fall unterscheidet sich von dem vorerwähnten in wesentlichen Punkten. Während es dort außer Zweifel war, daß der Mutter die Sorge für die Person ihrer Kinder nicht wegen eines Verschuldens der Mutter entzogen worden war, ist hier die Verwahrlosung der Kinder durch Schuld der Mutter der Grund, welcher zu dem Beschluß der Vormundschaftsbehörde geführt hat. In jenem Falle konnte die Armenanstalt geltend machen, daß ein gesetzlicher Grund zu einem Beschluß fehle, welcher die Hilfsbedürftigkeit der Kinder herbeiführte. In diesem Falle kann nicht behauptet werden, daß der Beschluß nicht auf einer thatsächlichen Feststellung beruhe, welche die Entscheidung rechtfertigt. Behauptet wird vielmehr nur, daß die Vormundschaftsbehörde mit Unrecht angenommen habe, daß die Kinder durch Schuld ihrer Mutter in einer Weise verwahrlost würden, welche die Entziehung der Sorge für die Person der Kinder rechtfertige. Bei solcher Sachlage kann ein Beschwerderecht der Armenanstalt nicht anerkannt werden. Sie hat allerdings ein finanzielles Interesse an der Sache, sie hat aber weder ein berechtigtes Interesse, die die Sorge für die Person der Kinder betreffende Angelegenheit wahrzunehmen (FrGG. § 57[9]), noch kann sie behaupten, daß ihr Recht durch den Beschluß beeinträchtigt sei (§ 20). Vielmehr ist klar, daß die Vormundschaftsbehörde bei ihrer Entscheidung durch die Rücksichtnahme auf finanzielle Interessen des Staates sich nicht leiten lassen durfte. Sie kann daher auch kein Recht der Beschwerdeführerin durch ihre Entscheidung verletzt haben. M. M.

d) **Keine Beschwerde, wenn den Anforderungen des Gerichts genügt worden und dem Antrage entsprochen ist. FrGG. § 20.**

Kammergericht, I. CS. Beschluß v. 11. Juli 1902.

Nachdem das Amtsgericht dem Antrage der Regierung auf Anlegung des Grundbuchblattes stattgegeben, war die Regierung nicht mehr beschwert. Über die Verfügung, welcher die Regierung nachgekommen ist, kann deshalb eine Beschwerde nicht mehr geführt werden. Es entspricht diese Auffassung dem Standpunkte des Kammergerichts, welches bereits durch Beschluß vom 19. November 1900 den Grundsatz ausgesprochen hat, daß die weitere Beschwerde in der Sache selbst nicht mehr mit Erfolg erhoben werden kann, wenn die betreffende Angelegenheit inzwischen durch Stattgebung der Anträge des Beschwerdeführers ihre Erledigung gefunden hat. Wollte man, auch nachdem dem Antrage stattgegeben ist, noch eine Beschwerde darüber zulassen, ob nicht der Grundbuchrichter Nachweise erfordert hat, deren es nicht bedurft hätte, dann würde eine darüber ergehende Entscheidung lediglich eine theoretische, jeden praktischen Wertes für die erledigte Sache entbehrende Bedeutung haben. Derartige theoretische Entscheidungen gehören nicht in den Rahmen des Verfahrens, welches die Rechtsmittel nur eingeführt hat, um begründeten Rechten gegen unbegründete Abweisungen und sonstige beeinträchtigende Entscheidungen Rechtsschutz und Erfolg zu verschaffen. Eine Nachprüfung einer in der Hauptsache erledigten Angelegenheit ist dem Beschwerderichter der freiwilligen Gerichtsbarkeit und in Grundbuchsachen nur dann möglich, wenn die Beschwerde wenigstens wegen einer den Beschwerdeführer beeinträchtigenden Kostenentscheidung erhoben ist. (Vgl. Rsp. 2 S. 499 Nr. 193 c.) E. M.

### e) Unkenntnis des Gesetzes kein Wiedereinsetzungsgrund. FrGG. § 22².

Kammergericht, I. CS. Beschluß v. 27. Oktober 1902.

Durch den angefochtenen Beschluß ist die Fürsorgeerziehung angeordnet worden. Die weitere Beschwerde der Beschwerdeführerin ist wegen Formlosigkeit verworfen worden. Durch den von einem Rechtsanwalte unterzeichneten Schriftsatz vom 30. September hat sie abermals die sofortige weitere Beschwerde gegen den Beschluß des Landgerichts eingelegt und beantragt, ihr gegen die Fristversäumnis die Wiedereinsetzung zu gewähren. Das lediglich auf Rechtsunkenntnis gegründete Wiedereinsetzungsgesuch war nicht gerechtfertigt.

Die Beschwerde gegen die Anordnung der Fürsorgeerziehung ist in allen Instanzen die sofortige; die sofortige weitere Beschwerde einer Privatperson muß, wenn sie nicht zu Protokoll des Gerichtsschreibers eines Gerichts der in Betracht kommenden drei Instanzen, sondern mittels einer Beschwerdeschrift eingelegt wird, von einem Rechtsanwalte unterzeichnet sein (§§ 4 u. 7 Fürsorgeerziehungsges., Art. 6¹ preuß. FrG., § 29 FrGG.). Nach § 22² FrGG., der hier ebenfalls anwendbar ist, ist einem Beschwerdeführer, der ohne sein Verschulden verhindert war, die Beschwerdefrist (für die sofortige Beschwerde oder die sofortige weitere Beschwerde) einzuhalten, auf Antrag unter gewissen Voraussetzungen Wiedereinsetzung zu erteilen. Die Beschwerdefrist ist natürlich auch dann nicht eingehalten, wenn, wie hier, eine formlose Beschwerde zwar rechtzeitig, die formrichtige aber verspätet eingelegt ist. Der § 22² ist im wesentlichen dem § 233¹ CPO. nachgebildet, doch erscheint die letztere Bestimmung, wonach die Wiedereinsetzung nur dann zu gewähren ist, wenn das Hindernis in Naturereignissen oder anderen unabwendbaren Zufällen besteht, in den Worten des § 22², welcher ein jedes unverschuldete Verhindertsein für ausreichend erklärt, erheblich erweitert und damit abgeschwächt. Die in § 233 erwähnten „Naturereignisse oder andere unabwendbare Zufälle“

sind begrifflich der Einwirkung des Beteiligten entzogen, also ihrer Natur nach für ihn unverschuldete Hindernisse; in den Fällen des § 22² ist jedoch das Moment der subjektiven Verschuldung in jedem Falle zu prüfen, wenn feststeht, daß der Beschwerdeführer auf irgend eine Weise an der Einhaltung der Frist verhindert war. In beiden Gesetzesstellen ist aber der Begriff des Behindertseins der gleiche.

Wenn sich hier die Beschwerdeführerin auf Rechtsunkenntnis berufen hat, so mag es dahingestellt bleiben, ob Rechtsunkenntnis überhaupt als ein Hindernis für die Einhaltung der Beschwerdefrist im Sinne des § 22² FrGG. angesehen werden kann; jedenfalls kann darin nach Lage der Umstände ein unverschuldetes Verhindertsein nicht gefunden werden. Denn die Grundsätze über die Rechtsmittel gegen die Anordnung der Fürsorgeerziehung sind klar und bestimmt und lassen einen Zweifel nicht aufkommen, so daß auch eine Frau vom Stande der Beschwerdeführerin, wenn sie mit diesen Angelegenheiten bei Gericht zu thun hat, sich unschwer darüber Gewißheit verschaffen kann, wie sie sich in Ansehung der Rechtsmittel zu verhalten hat. Es hätte z. B. nur eines Ganges auf die Gerichtsschreiberei des Amtsgerichts, welches die Fürsorgeerziehung angeordnet hatte, bedurft, um die Aufnahme der erforderlichen Anträge ohne Schwierigkeit zu bewirken. Daß die Gerichtsschreibereien Sprechstunden haben, in denen sie Parteianträge aufnehmen, ist allgemein bekannt, und diese Kenntnis kann ein jeder Erwachsene, der im Vollbesitze seiner Geisteskräfte ist, sich daher, wenn er sie nicht haben sollte, ohne weiteres verschaffen. Die Beschwerdeführerin hätte sich vor allem aber auch an einen Rechtsanwalt wenden können. Daß sie wirtschaftlich dazu in der Lage war, beweist der Umstand, daß sie schließlich, allerdings als zu es spät war, thatsächlich einen Rechtsanwalt angenommen hat. Daß sie behindert gewesen wäre, sich rechtzeitig an den geeigneten Stellen zu erkundigen, dafür ist nichts vorgebracht. Eine unverschuldete Verhinderung ist aber jedenfalls dann nicht anzuerkennen, wenn der Säumige Gelegenheit und Mittel hatte, um das zu thun, was zur Wahrung der Frist erforderlich gewesen wäre, und er es unterließ, diese anzuwenden und jene zu benutzen. Mz.

f) **Die Kammer für Handelssachen hat über die Beschwerde gegen eine Verfügung des Amtsgerichts, durch welche für einen aufgelösten Versicherungsverein auf Gegenseitigkeit Liquidatoren ernannt sind, zu entscheiden. FrGG. § 30.**

Kammergericht, I. CS. Beschluß v. 7. Juli 1902.

Nachdem der Bezirksausschuß gegen die „gegenseitige Unfallversicherungsgesellschaft X." erkannt hatte, daß die ihr erteilte Genehmigung zum Betrieb einer Versicherungsanstalt zurückzunehmen sei, hat das Amtsgericht auf Antrag des Verwaltungsrats aus § 47¹ Ges. über die privaten Versicherungsunternehmungen den X. und Z. zu Liquidatoren der Gesellschaft ernannt. Die an die Civilkammer gerichtete Beschwerde eines Versicherten wurde wegen Unzuständigkeit der Civilkammer abgewiesen. Dies wurde gebilligt. Gründe:

Nach § 16 des cit. Ges. finden auf die Versicherungsvereine auf Gegenseitigkeit die in betreff der Kaufleute im 1. und 3. Buche des HGB. gegebenen Vorschriften, mit Ausnahme der §§ 1 bis 7, Anwendung, soweit das erstere Gesetz nicht ein anderes bestimmt. Schon danach ist klar, daß die Angelegenheiten jener Versicherungsvereine Handelssachen sind. Diese Vereine unterstehen grundsätzlich dem Handelsrechte, dessen zweites Buch „Handelsgesellschaften und stille Gesellschaft“ offenbar nur deshalb auf sie nicht erstreckt ist, weil insoweit das Gesetz über die Versicherungsunternehmungen selbst eine erschöpfende Regelung ihrer Beziehungen enthält. Aus der Erstreckung des 3. Buches des HGB. auf die Versicherungsvereine auf Gegenseitigkeit folgt namentlich, daß ihre Geschäfte Handelsgeschäfte sind (§ 343 HGB.). Damit ist die Annahme unvereinbar, daß die Angelegenheiten dieser Vereine nicht Handelssachen sein sollen. Die Vorschrift, wonach die §§ 1 bis 7 des HGB. unanwendbar sind, ist nicht geeignet, die gegenteilige Auffassung zu stützen. Diese Paragraphen bestimmen im wesentlichen darüber, wer als Kaufmann anzusehen ist. Die Ausnahme der Versicherungsvereine auf Gegenseitigkeit von den §§ 1 bis 7 stellt nur klar, daß diese Vereine nicht schlechthin als Kaufleute angesehen werden dürfen, wenn sie auch den für solche geltenden Bestimmungen unterliegen. Dies hat namentlich Bedeutung für die Behandlung der Vereine in gewerbe- und steuerrechtlicher Beziehung. Die „Begründung“ weist dementsprechend darauf hin, wie die Ausdehnung der Bestimmungen des HGB. auf die Versicherungsvereine auf Gegenseitigkeit trotz des Umstandes angezeigt sei, „daß dem reinen Gegenseitigkeitsvereine nicht der Charakter gewerblicher Unternehmungen innewohnt und daß sie deshalb namentlich in Bezug auf die steuerliche Behandlung mit den Kaufleuten und Handelsgesellschaften nicht auf eine Stufe gestellt werden können“ (Drucks. d. Reichstags, Anl. Bd. 1 1900/1902 S. 184). Die Begründung folgert denn auch aus der mit dem jetzigen § 16 übereinstimmenden Vorschrift des Entwurfs die Zuständigkeit der Kammern für Handelssachen bei Rechtsstreitigkeiten, in denen ein Anspruch gegen Gegenseitigkeitsvereine aus beiderseitigen Handelsgeschäften (§ 101¹ GVG.) oder aus den im § 101 Nr. 3b, e daselbst bezeichneten Rechtsverhältnissen geltend gemacht wird.

Zu dem nämlichen Ergebnisse, daß hier eine Handelssache in Rede steht, führt aber auch die Vorschrift gerade des § 47¹ in Verbindung mit den in ihr citierten Bestimmungen. Der § 47¹ bestimmt die entsprechende Anwendung der §§ 145, 146 FrGG. Der § 145¹ verordnet die Zuständigkeit der Amtsgerichte u. a. für die nach § 295 Abs. 2, 3 HGB. vom Gerichte zu erledigenden Angelegenheiten. Hier ist über die Ernennung und Abberufung von Liquidatoren einer Aktiengesellschaft auf Antrag des Aufsichtsrates oder von Aktionären mit $^1/_{20}$ des Grundkapitals durch das Gericht des Gesellschaftssitzes Bestimmung getroffen. Diesen Vorschriften sind diejenigen, welche der § 47¹ cit. bezüglich der richterlichen Ernennung und Abberufung von Liquidatoren enthält, offensichtlich und nach Ausweis der Begründung (a. O.

S. 193) nachgebildet. Der § 145² FrGG. ergiebt, daß dem Amtsgerichte, dem die Ernennung und Abberufung von Liquidatoren obliegt, diese Amtsthätigkeit in seiner Eigenschaft als Handelsregistergericht zugewiesen ist. Denn danach ist in Fällen, in denen die Führung des Handelsregisters für mehrere Amtsgerichtsbezirke einem Amtsgerichte übertragen worden ist, dieses Amtsgericht auch für die gedachten Geschäfte zuständig. Da das Handelsregisterwesen unzweifelhaft zu den Handelssachen im Sinne des FrGG gehört, so muß auch die Ernennung und Abberufung von Liquidatoren gemäß § 145¹ dieses Gesetzes als Handelssache aufgefaßt werden. Demgemäß befindet sich der § 145 im 7. Abschnitte des FrGG., der die Überschrift „Handelssachen" trägt. Auch die Versicherungsvereine auf Gegenseitigkeit sind nach § 30 des Gesetzes über die Versicherungsunternehmungen in das Handelsregister einzutragen. Danach ist auch bei den Verhältnissen dieser Vereine das Amtsgericht als Handelsregistergericht beteiligt, und aus der im § 47¹ verordneten Anwendung des § 145 FrGG. folgt nach den vorstehenden Ausführungen, daß das Amtsgericht auch die Ernennung und Abberufung von Liquidatoren der Gegenseitigkeitsvereine als Handelsregistergericht vorzunehmen hat. Danach ergiebt sich wiederum, daß diese Ernennung oder Abberufung eine Handelssache im Sinne des FrGG. ist. Über Beschwerden in Handelssachen, die zum Bereiche der freiwilligen Gerichtsbarkeit gehören, hat aber nach § 30 das., wenn bei einem Landgerichte eine Kammer für Handelssachen gebildet ist, diese an Stelle der Civilkammer zu entscheiden. . . .

g) **Zuständigkeit für die Anordnung der Vormundschaft über einen Ausländer. FrGG. § 36. EG. z. BGB. Art. 23.**

*α*) OLG. Rostock, I. CS. Beschluß v. 6. Mai 1902.

Die Mutter des zu bevormundenden Kindes ist Ausländerin; folgeweise ist auch das von ihr in Mecklenburg außerehelich geborene Kind gleichfalls Ausländer. Die Vormundschaft kann also nach Art. 23¹ im Inlande nur angeordnet werden, wenn der Staat, dem das Kind angehört, die Fürsorge nicht übernimmt und wenn das Kind nach den Gesetzen dieses Staates der Fürsorge bedarf. Erst wenn das Vorhandensein dieser gesetzlichen Voraussetzungen für den gegenwärtigen Fall ausreichend festgestellt ist, bedarf es einer Entscheidung über die Frage, welches inländische Gericht für die Anordnung der Vormundschaft zuständig ist.

*β*) OLG. Rostock, I. CS. Beschluß v. 13. Oktober 1902.

Das Bedürfnis zur Anordnung einer Vormundschaft im Sinne des § 36 FrGG. tritt zwar für ein von einer Deutschen im Inlande außerehelich geborenes Kind mit dem Zeitpunkte der Geburt dieses Kindes ein, und ist folgeweise in dem Falle, daß die Mündelmutter keinen inländischen Wohnsitz hat, der Aufenthalt des Kindes zur Zeit seiner vollendeten Geburt für die Zuständigkeit entscheidend; allein vorliegend ist, da es sich um ein von einer Russin geborenes Kind, mithin um einen Ausländer handelt, das Bedürfnis zur Anordnung der Vormundschaft im Inlande erst mit dem Zeitpunkte eingetreten, in welchem festgestellt ist, daß die Voraussetzungen des EG. z. BGB. Art. 23[1] vorliegen, wie dies auch in der Denkschrift zum FrGG. § 33 ausdrücklich hervorgehoben ist (Weißler, FrGG. Anm. 9 zu § 36). Da nun diejenigen öffentlichen Urkunden, durch welche nachgewiesen wird, daß das zu bevormundende Kind nach russischen Recht der Fürsorge bedürfen würde und daß Rußland diese Fürsorge nicht übernehmen will, vollständig erst Ende September 1902 eingegangen sind, und da zu dieser Zeit die Mutter des Kindes einen Wohnsitz im Inlande nicht erworben hatte, während das uneheliche Kind derselben in der Stadt Schw. untergebracht ist, mithin zur angegebenen, für den Eintritt des Bevormundungsfalles entscheidenden Zeit seinen Aufenthalt in der Stadt Schw. hatte, so wird zunächst der Magistrat dieser Stadt[1] unter Anschluß der Akten wiederholt zur Übernahme der Anordnung der Vormundschaft bei Hinweis auf die gegenwärtige veränderte Sachlage aufzufordern sein. S.

### h) Beschwerderecht einer entmündigten Witwe in einer die Erziehung ihres Kindes betreffenden Angelegenheit. FrGG. § 59.

Kammergericht, I. CS. Beschluß v. 30. Juni 1902.

Die wegen Geistesschwäche entmündigte und von X. bevormundete Witwe A. beantragte, daß ihr der bei ihrem großjährigen Sohne befindliche minderjährige Sohn Peter zur Erziehung übergeben werde. Der Antrag wurde zurückgewiesen, der weiteren Beschwerde jedoch stattgegeben.

Das LG. hat die Beschwerdebefugnis der Witwe mit Unrecht in Abrede gestellt. Nach § 114 BGB. steht sie einem Minderjährigen gleich, der das 7. Lebensjahr überschritten hat; sie ist also nicht geschäftsunfähig, sondern nur nach Maßgabe der §§ 107—113 in der Geschäftsfähigkeit beschränkt. Nach § 59 FrGG. ist sie deshalb in Angelegenheiten, die ihre Person betreffen, selbständig beschwerdeberechtigt. Zu diesen Angelegenheiten ist aber die Sorge für die Erziehung ihres Sohnes Peter zu rechnen. Zwar ruht die elterliche Gewalt der Witwe, weil diese in der Geschäftsfähigkeit beschränkt ist; allein nach dem Gesetze (§§ $1676^2$, 1686) steht ihr gleichwohl die Sorge für die Person des Kindes neben dessen gesetzlichem Vertreter zu. Diese Sorge ist eine persönliche Angelegenheit der Mutter; sie betrifft im Sinne des § 59 FrGG. die Person der Mutter, im Gegensatze zu deren Vermögensangelegenheiten. Dies stimmt mit dem Sinne des § $1676^2$ überein. Das Gesetz kann nicht einerseits dem in der Geschäftsfähigkeit beschränkten Elternteile die Sorge für die Person des Kindes belassen und ihm andererseits die Rechtsbehelfe zur Geltendmachung dieser Sorge entzogen haben.

### i) Der Standesbeamte ist nicht berechtigt, gegen eine ihm Anweisung erteilende Verfügung des Amtsgerichts Beschwerde zu führen. FrGG. § 69.

---

[1] Nach der Mecklenburgischen Ausführungsverordnung zum FrGG. stehen in den Städten und deren Gebiet die dem Vormundschaftsgerichte obliegenden Verrichtungen, mit einigen hier nicht interessierenden Ausnahmen den Magistraten sowie den aus den Magistraten verordneten Waisengerichten zu. S.

Kammergericht, I. CS. Beschluß v. 30. Juni 1902.

Der Standesbeamte war von dem Amtsgerichte angewiesen, die Anerkennung der Vaterschaft im Geburtsregister zu vermerken. Er erhob hiergegen Beschwerde, weil der Anerkennende bei einer früheren Verhandlung über die Namenserteilung erklärt habe, daß er nicht der Erzeuger des Kindes sei, und zunächst die Unrichtigkeit dieser Erklärung dargethan sein müsse. Aus den Gründen:

Nach § 11[3] Personenstandsges. kann der Standesbeamte, welcher die Vornahme einer Amtshandlung ablehnt, dazu auf Antrag eines Beteiligten durch das Gericht erster Instanz angewiesen werden. Durch § 69 FrGG. ist als dieses Gericht das Amtsgericht bestimmt. Nach dieser Regelung des Verfahrens kann es keinem Zweifel unterliegen, daß das Amtsgericht, insoweit es sich um die gedachte Anweisung handelt, die dem Standesbeamten übergeordnete Instanz ist. Mit der hieraus sich ergebenden Stellung des Standesbeamten ist die Annahme unvereinbar, daß er gegen die Anweisung des Amtsgerichts Beschwerde führen könnte. Mit Unrecht beruft der Beschwerdeführer sich darauf, daß ihm die Wahrung des öffentlichen Rechtes obliege. Zur Wahrung dieses Rechtes ist in dem betreffenden Verfahren das Amtsgericht nicht minder berufen, wie der Standesbeamte. Aber das Amtsgericht ist hier dem Standesbeamten nicht neben-, sondern übergeordnet, und seine Entscheidung bindet den Standesbeamten geradeso, wie diejenige des auf eine zulässige Beschwerde beschließenden Landgerichts rc für das Amtsgericht maßgebend ist. Die Bezugnahme auf den Beschluß des Kammergerichts vom 14. Januar 1901 (Jahrbuch 21 A S. 181) vermag die Auffassung des Beschwerdeführers nicht zu stützen. Hier ist nur die Beschwerdeberechtigung der Aufsichtsbehörden der Standesämter im Verfahren auf Berichtigung standesamtlicher Eintragungen anerkannt. Die Stellung dieser Aufsichtsbehörden im Berichtigungsverfahren ist aber mit derjenigen der Standesbeamten im Anweisungsverfahren des § 11 nicht zu vergleichen. Das Berichtigungsverfahren richtet sich nicht gegen die Aufsichtsbehörde, ihr ist in diesem Verfahren keine Anweisung zu erteilen. Das Verfahren des § 11 ist aber gegen den Standesbeamten gerichtet; das Amtsgericht hat ihn, wenn die Sachlage es rechtfertigt, zur Vornahme der abgelehnten Amtshandlung anzuweisen. Übereinstimmend mit der hier vertretenen Auffassung hat bereits das Ministerialreskript vom 26. September 1875 (Kruse, Standesamt S. 38) ausgesprochen, daß der Standesbeamte nicht legitimiert sei, gegen eine ihm Anweisung erteilende Verfügung des Gerichts an das Gericht höherer Instanz Beschwerde zu erheben. Spr.

k) **Die Beschwerde darüber, daß der Antrag eines Dritten auf Löschung einer Firma nach § 142 FrGG. abgelehnt wird, ist keine sofortige. Weitere Beschwerde nur, wenn der Beschwerdebeschluß auf Gesetzesverletzung beruht.**

Bayer. Oberstes Landesgericht, Ferien-CS. Beschluß v. 6. August 1902.

Die Beschwerde wird mit Unrecht als sofortige bezeichnet; denn die Bestimmungen der §§ 142³, 143² betreffen nur jene Fälle, in denen entweder das Registergericht oder das Landgericht I. Instanz die Löschung einer Firma von Amts wegen verfügen will und hiergegen der Inhaber der Firma Widerspruch erhebt. Vorliegend wird aber die Beschwerde nicht vom Firmeninhaber, sondern von einem Dritten erhoben, der die Löschung beantragte und sich durch die ablehnende Verfügung des Registergerichts in seinen Rechten beeinträchtigt hält. Eine solche Beschwerde ist nach den allgemeinen Grundsätzen über die einfache Beschwerde zu beurteilen (Schneider 2. Aufl. zu § 142 Note 4). Die weitere Beschwerde ist jedoch unzulässig. Nach § 142 kann das Registergericht eine Eintragung, wenn sie wegen Mangels einer wesentlichen Voraussetzung unzulässig war, von Amts wegen löschen. Diese Vorschrift enthält keine Verpflichtung, sondern nur die Befugnis zur Löschung der Firma, und es ist daher in jedem einzelnen Falle dem freien, vernünftigen Ermessen des Registergerichts anheimgegeben, ob es von dieser Befugnis Gebrauch machen will oder nicht. Das Beschwerdegericht hat nun zwar angenommen, daß die Eintragung der Firma G. S. für den Kaufmann Alois S. wegen Mangels einer gesetzlichen Voraussetzung unzulässig gewesen sei und deshalb von Amts wegen hätte gelöscht werden können, allein es ist nach Prüfung der einschlägigen Verhältnisse zu der Überzeugung gelangt, daß hierzu kein genügender Anlaß vorliege, weil die Löschung und insbesondere deren Veröffentlichung mit erheblichen Nachteilen für Alois S. und dessen Geschäftskredit verbunden wäre, dem Beschwerdeführer aber keinen nennenswerten Vorteil brächte. Das Gericht der weiteren Beschwerde ist nach § 27 FrGG. und § 550 CPO. nicht berufen, die Angemessenheit der getroffenen Entscheidung zu untersuchen, sondern es hat nur zu prüfen, ob die Entscheidung nicht auf der Verletzung eines Gesetzes beruhe (Sammlung 2 S. 529, Struckmann-Koch, CPO. § 550 Note 6). Fr. M.

**l) Rechtsbehelfe wegen der Weigerung des Notars, eine vollstreckbare Ausfertigung notarieller Urkunden zu erteilen. Pr. FrGG. Art. 51.**

OLG. Posen, Ferien-CS. Beschluß v. 13. September 1902.

Auch wo es sich um die Erteilung vollstreckbarer Ausfertigungen notarieller Urkunden handelt, regelt sich die Zuständigkeit für die über die Weigerung des Notars zu treffende Entscheidung nach Art. 51². Die CPO. ordnet in Ergänzung des § 794⁵, wo die urkundlichen Erklärungen bezeichnet sind, die als Titel zur Zwangsvollstreckung dienen können, in § 797 lediglich die Zuständigkeit für die Erteilung vollstreckbarer Ausfertigungen derartiger Urkunden und giebt andererseits in den §§ 795, 797³ ff. materielle Vorschriften über die Voraussetzungen der Zwangsvollstreckung aus solchen Titeln, die Art und Weise der Vollstreckung und die Geltendmachung der hiergegen zulässigen Einwendungen des Schuldners in möglichster Übereinstimmung mit denjenigen über die Zwangsvollstreckung aus Urteilen. Bezüglich der Rechtsbehelfe, die dem Gläubiger gegen die Versagung vollstreckbarer Ausfertigung jener Urkunden gegeben sind, fehlt es an einer dem § 576 CPO. etwa entsprechenden Vorschrift. Daher ist hierfür die Landesgesetzgebung als maßgebend zu erachten. Demgemäß ging denn auch vor dem Inkrafttreten des preuß. FrGG. die überwiegende Meinung dahin, daß gegen die Weigerung der im § 705 (jetzt § 797) CPO. bezeichneten Amtspersonen, dem Gläubiger die vollstreckbare Ausfertigung zu erteilen, im Aufsichtswege Abhilfe zu suchen sei, während die Ansicht von David (Busch 20 S. 430), daß auch hierfür gemäß § 705³ das Amtsgericht zuständig sei, keinen Beifall gefunden hat (Wilmowski-Levy Anm. 6 zu § 705; Weißler, Notariat 1. Aufl. Kap. 44 Nr. 4 S. 358; Jastrow, Formularbuch 10.² Aufl. Anm. 1 S. 183 und Petersen-Anger, Anm. 1 zu § 797 CPO.). Da nun auch in der Begründung zum preuß. FrGG. in betreff des jetzigen Art. 51² kein Unterschied zwischen der Ausfertigung vollstreckbarer und sonstiger Urkunden gemacht wird, so ist bei beiden Arten das dort vorgeschriebene Verfahren anzuwenden (Jastrow, 11./12. Aufl. Anm. 1d S. 213; Schulze-Görlitz, preuß. FrG. 2 Anm. 3 Abs. 2 zu Art. 51); hieraus folgt weiter, daß auf die Beschwerde gegen die Entscheidung des Landgerichts nicht die Vorschriften der CPO., sondern diejenigen des Art. 6 preuß. FrG. Anwendung finden, daß sie somit nicht dem Anwaltszwange unterliegt und daß sie mangels einer besonderen Vorschrift an keine Frist gebunden ist. Namentlich kann von einer Anwendung des § 793 CPO. über die sofortige Beschwerde in Zwangsvollstreckungssachen keine Rede sein, weil es sich um eine die Vollstreckung vorbereitende Entscheidung handelt. R.

## 80

**a) Ein auf Antrag eines Verwandten eingeleitetes Entmündigungsverfahren gegen eine eheverlassene Frau ist einzustellen, wenn der Ehemann nach Wiederherstellung der ehelichen Gemeinschaft die Einstellung beantragt. CPO. § 646.**

Kammergericht, III. CS. Beschluß v. 8. Juli 1902.

Auf Antrag des Beschwerdeführers wurde gegen dessen Mutter, die von ihrem Manne verlassen worden war, das Entmündigungsverfahren wegen Geistesschwäche eingeleitet. Demnächst beantragten aber die D.'schen Eheleute die Einstellung des Verfahrens mit der Begründung, daß der Mann die eheliche Gemeinschaft mit seiner Frau wiederhergestellt habe, das Antragsrecht der Beschwerdeführer also erloschen sei. Ihrer Beschwerde gegen den ablehnenden Beschluß des Amtsgerichts wurde stattgegeben. Die weitere Beschwerde blieb erfolglos. Aus den Gründen:

Über die grundlegende Frage: ob es auf ein infolge Antrages des nach § 646 Berechtigten eingeleitetes Entmündigungsverfahren von Einfluß ist, wenn der Antragsteller sein Antragsrecht nachträglich verliert, sagt das Gesetz selbst nichts. Für die Bedeutungslosigkeit eines späteren Wegfalles des Antragsrechtes scheint zu sprechen, daß der Antrag auf Einleitung des Entmündigungsverfahrens wesentlich nur die Aufforderung und Ermächtigung für das Gericht enthält, von Amts wegen die zur Feststellung des Geisteszustandes des zu Entmündigenden erforderlichen Ermittelungen zu veranstalten. Dieses Offizialprinzip ist in § 653 mit voller Bestimmtheit ausgesprochen und sichert die Unabhängigkeit des Gerichts von den in Bezug auf die Beweiserhebung und die sonst erforderlichen Maßnahmen gestellten Anträge, soweit nicht — wie in § 656 — ein anderes besonders bestimmt ist. Andererseits machte aber das Gesetz in allen Fällen, in denen nicht die Staatsanwaltschaft ein Einschreiten für angezeigt hält, die Entmündigung von der Zustimmung bestimmter, zur Fürsorge für den zu Entmündigenden berufenen Personen abhängig und spricht diesen allein das Antragsrecht zu. Daraus folgt auch, wie in Theorie und Praxis ganz überwiegend feststeht, die Zulässigkeit der Rücknahme des Antrages mit der Folge, daß solchenfalls das Verfahren eingestellt werden muß. — Ferner ergiebt sich aus den Vorschriften der CPO., daß der Gesetzgeber dem Eingreifen des Entmündigungsrichters in die eheliche Gemeinschaft prinzipiell abgeneigt ist. Die mannigfachen tiefgreifenden, mitunter sogar zerstörenden Wirkungen, die die Entmündigung des einen Ehegatten auf die eheliche Gemeinschaft äußert, geben insbesondere dem Manne ein wohlbegründetes Recht darauf, zu verlangen, daß — außer der Staatsbehörde — nur er allein die Entmündigung seiner Ehefrau beantragen könne. Deshalb gab § 595 CPO. a. F. das Antragsrecht gegen eine Ehefrau nur dem Manne. Der § 646 n. F. hat hieran grundsätzlich nichts geändert. Das Antragsrecht ist in gewissen Fällen allerdings auch anderen Personen außer dem Manne eingeräumt. Aber dies ist nur eine folgerichtige Ausgestaltung des erwähnten Prinzips des Schutzes der ehelichen Gemeinschaft. Daher hat der Mann auf ein ausschließliches Antragsrecht keinen Anspruch, wenn die Gemeinschaft aufgehoben ist oder wenn er die Frau verlassen hat oder zur Stellung des Antrages dauernd außer stande, oder wenn sein Aufenthalt dauernd unbekannt ist. Geht man von dieser grundsätzlichen Stellungnahme des Gesetzgebers aus, so kann die Entscheidung der oben erwähnten Frage nicht zweifelhaft sein.

Hat der Mann die eheliche Gemeinschaft wiederhergestellt, so unterliegt es fortan — immer abgesehen von den Befugnissen der Staatsbehörde — lediglich seiner Disposition, ob ein Entmündigungsverfahren eingeleitet oder fortgesetzt werden soll. Der ihm für die eheliche Gemeinschaft vom Gesetz gewährte Schutz, der bei deren Aufhebung fortgefallen war, tritt mit ihrer Wiederherstellung von Rechts wegen wieder ein. Das gegen seinen Willen und ohne seinen Antrag eingeleitete Entmündigungsverfahren ist einzustellen (vgl. Struckmann-Koch Anm. 4 zu § 646; Wilmowski-Levy Anm. 4 zu § 593; Civilistisches Archiv 86 S. 454; Seuffert 39 S. 98 und 51 Nr. 301). Z.

b) **Überweisung von Entmündigungssachen. CPO. § 650.**

OLG. Darmstadt, II. CS. Beschluß v. 27. Oktober 1902.

Nachdem am 5. September 1902 das Amtsgericht A. gegen X. das

Entmündigungsverfahren eingeleitet hatte, hat es, ohne weitere Ermittelungen vorzunehmen, die Verhandlung und Entscheidung der Sache gemäß § 650 CPO. dem Amtsgerichte L. überwiesen, das jedoch die Übernahme ablehnt. Die Überweisung wird allein auf den Umstand gestützt, daß sich X. seit Mai 1902 in der Landes-Irrenanstalt aufhält. Dieser Umstand für sich allein vermag die Überweisung nicht zu begründen. § 650 gestattet die Überweisung nur dann, wenn es mit Rücksicht auf die Verhältnisse des zu Entmündigenden erforderlich erscheint. Nun sind aber Umstände, welche das Erfordernis der Überweisung hier darzuthun vermöchten, bis jetzt weder ersichtlich, noch im Beschlusse v. 12. September hervorgehoben worden, denn die Thatsache, daß sich X. zur Zeit im Bezirke des Amtsgerichts B. aufhält, ist für sich allein zu solcher Überweisung nicht ausreichend. Nach der Fassung des § 650 schon, aber auch nach der Regelung der örtlichen Zuständigkeit im § 649 muß angenommen werden, daß die Überweisung an das Gericht des Aufenthaltes nicht die Regel bilden, sondern nur unter besonderen Umständen, die zum Aufenthalte des zu Entmündigenden hinzutreten müssen, eintreten soll. Auch die Begründung zur Gesetzesstelle stimmt hiermit überein, denn dort ist hervorgehoben, daß die Vorschrift nur in besonders gearteten Fällen anwendbar ist, namentlich dann, wenn die persönliche Vernehmung des zu Entmündigenden vor dem zur Entscheidung berufenen Gerichte von ausschlaggebender Bedeutung, eine Vernehmung durch ersuchten Richter, wie sie § 654² vorsieht, also nicht ausreichend ist. Hätte das Gesetz die Vernehmung durch den erkennenden Richter als allgemeine Regel aufstellen wollen, dann wäre nicht das Amtsgericht, in dem der zu Entmündigende seinen allgemeinen Gerichtsstand hat, für ausschließlich zuständig bestimmt und nicht die Überweisung nach § 650 als Ausnahmefall beigefügt worden. Vgl. hierzu die damit übereinstimmenden Entscheidungen in der Rsp. 1 S. 84 (Breslau), S. 85 (Karlsruhe), S. 86 (Hamm), S. 87 (Jena), S. 418 (Berlin), 2 S. 255 (Hamm) und die Beschlüsse des I. CS. zu W. 96/00, 33 und 42/02, denen nur die abweichende Ansicht des Obersten LG. München (Rsp. 1 S. 419) gegenübersteht. Dr. B.

c) **Wiederaufhebung der Entmündigung. CPO. §§ 679, 649.**

OLG. Dresden, III. CS. Beschluß v. 10. Januar 1902.

Der Vorsitzende des Prozeßgerichts hat den Antrag des wegen Geisteskrankheit Entmündigten auf Beiordnung eines Rechtsanwalts zur Anstellung der Aufhebungsklage abgelehnt. Hiergegen richtet sich die nach § 567 zulässige Beschwerde (Petersen-Anger, CPO. 2 S. 248). Ihr mußte jedoch zur Zeit der Erfolg versagt werden, ohne daß zu prüfen war, ob die Wiederaufhebung wegen Gesundung des Entmündigten angezeigt ist oder nicht. Denn nach § 679 Abs. 1 ist die Klage auf Wiederaufhebung erst dann zulässig, wenn ein Versuch, die Aufhebung im Wege eines amtsgerichtlichen Beschlusses herbeizuführen, vergeblich gewesen ist, wenn also der Amtsrichter die Aufhebung nach stattgefundenen Erörterungen endgültig abgelehnt hat

(§ 679 [4]). Hier aber sind vom Amtsgericht zunächst nur Ermittelungen angeordnet und ist dann durch einen weiteren Beschluß die Einleitung des Verfahrens auf Wiederaufhebung von Beibringung eines ärztlichen Zeugnisses, die dem Beschwerdeführer aufgegeben wird, abhängig gemacht worden. Letzterer Beschluß entbehrt indessen der gesetzlichen Grundlage und kann insbesondere nicht als Ablehnung im Sinne von § 679 angesehen werden. Nachdem einmal das Ermittelungsverfahren eingeleitet worden war, ohne daß der Richter von der Befugnis in § 649 Gebrauch gemacht hatte, kann nachträglich nicht noch die Einleitung jenes eingeleiteten Verfahrens von Beibringung eines ärztlichen Zeugnisses abhängig gemacht werden. Der erwähnte Beschluß macht also in Wahrheit nicht die Einleitung, sondern die Fortsetzung des Ermittelungsverfahrens von Beibringung eines ärztlichen Zeugnisses abhängig, dies aber ist nicht zulässig. § 649 giebt dem Richter nur die Befugnis, die Einleitung des Verfahrens davon abhängig zu machen; ist diese aber erfolgt, so hat er es auch von Amts wegen zu Ende zu führen nach Erhebung der für erforderlich erachteten Beweise und muß entweder die Aufhebung der Entmündigung oder die endglütige Ablehnung des Antrages beschließen.

Dr. v. F.

## 81

a) **Konkursverwalter kann als Rechtsnachfolger vollstreckbare Ausfertigung fordern.**[1] **— Gegen ablehnenden Bescheid des Gerichtsschreibers braucht die Entscheidung des Gerichts nicht binnen einer Notfrist nachgesucht zu werden. CPO. §§ 727, 730.**

OLG. Hamburg, III. CS. Beschluß v. 16. Oktober 1902.

. . . Über die Erteilung einer weiteren Vollstreckungsklausel (Abänderung einer bereits erteilten) hat der Gerichtsschreiber zu entscheiden, und zwar, wenn er den Antrag seinerseits ablehnen zu müssen glaubt, selbständig. Nur wenn er die weitere Klausel erteilen will, hat er die Entscheidung des Richters einzuholen, und dies ist seine Sache, nicht Pflicht der Parteien. Wird sie verweigert, so hat der Gerichtsschreiber den ablehnenden Beschluß abzugeben . . .

Mit Unrecht hat andererseits der Beschwerdeführer seinen Schriftsatz als „sofortige Beschwerde" charakterisiert. Denn wie Gaupp überzeugend unter V zu § 577 [4] darlegt, ist nur die Fassung der Worte „in den Fällen des § 576 muß ꝛc" verleitlich, soll aber nicht ausdrücken, daß in allen Fällen des § 576, also stets, wenn gegen die Entscheidung des Gerichtsschreibers die des Gerichts eingeholt wird, eine sofortige Beschwerde vorgeschrieben sei, sondern nur für die Fälle, wenn sofortige Beschwerde gegen solche Entscheidungen gegeben ist, nämlich wenn gegen die erlassene Entscheidung, falls sie vom Prozeßgericht erlassen wäre, die sofortige Beschwerde gegeben wäre (Seuffert 44 S. 467; Rsp. 2 S. 303). Das nimmt der Beschwerdeführer zu Unrecht an, er verweist auf § 793, aber die hier in Frage stehende Entscheidung soll die Zwangsvollstreckung vorbereiten und ergeht nicht „im

[1] Vgl. Falkmann, Zwangsvollstr. 2. Aufl. S. 257.

Zwangsvollstreckungsverfahren". Es war also in der Form der einfachen Beschwerde die Entscheidung des Gerichts nachzusuchen;[1] ob man solche Nachsuchung Beschwerde nennt oder nicht, ist ganz gleichgültig. Das aber hat der Konkursverwalter gethan, er hat nur eventuell gebeten, das Vollstreckungsgericht möge, wenn es seiner Beschwerde nicht abhelfen wolle, die Sache dem Beschwerdegericht übergeben.

Trotz alledem würde der Beschwerde nicht entsprochen werden können, wenn der ursprüngliche Antrag materiell unbegründet war, wenn also die Ansicht des Amtsrichters richtig sein sollte, daß der Konkursverwalter nicht Rechtsnachfolger des Gemeinschuldners im Sinne des § 727 CPO. sei. Zwar ist dies die Ansicht von Jäger § 6 Anm. 44 und § 14 Anm. 10; Petersen-Anger und Seuffert zu § 727, welche den Verwalter als Vertreter des Gemeinschuldners ansehen und daher eine Umstellung der Klausel auf ihn für überflüssig halten. Der entgegengesetzten Ansicht von Planck, Lehrbuch 2 S. 660 (Anm. 32), weil der Konkursverwalter gesetzlicher Vertreter der Gläubigerschaft sei, Struckmann-Koch und Gaupp-Stein zu § 727 war jedoch beizutreten. Die Beschwerde mußte daher den Erfolg haben, die vom Landgericht getroffene Kostenentscheidung wieder aufzuheben, da schon das Amtsgericht dem jetzt erledigten Antrage auf Abänderung der Klausel hätte entsprechen sollen. Die gerichtlichen Kosten sind, weil durch ein prozessual unrichtiges Verfahren entstanden, niederzuschlagen, die Anwaltskosten des Beschwerdeverfahrens sind dem unterliegenden Gegner aufzuerlegen. Zwar ist Salinger (JW. 1901 S. 74) der Ansicht, daß, wo kein wechselseitiges Gehör stattfinde, auch von einem Gegner nicht die Rede sein könne, der als unterliegend anzusehen sei. Allein es bleibt kein anderer Ausweg, da doch der mit dem Rechtsmittel der Beschwerde Durchdringende unmöglich die Kostentragungspflicht haben kann und der seine Schuld nicht zahlende Schuldner Veranlassung zu den Prozeßschritten des Gläubigers gegeben hat.[2] M. M.

b) **Nachträglich können Einwendungen trotz des § 767[3] CPO. vorgebracht werden, wenn die Voraussetzungen zulässiger Klagänderung vorliegen.**

OLG. Königsberg, II. CS. Urteil v. 1. November 1902.

Beklagter hatte aus einer vollstreckbaren Schuldurkunde die Zwangsversteigerung beantragt. Die Klage auf Aufhebung der Versteigerung war auf Zahlung gegründet. Der Kläger ließ jedoch diesen Einwand fallen und stützte sich nunmehr auf Vergleich oder Verrechnung. Aus den Gründen:

Wenn der erste Richter den Kläger abweist, weil der Einwand des Vergleiches oder der Verrechnung unter Änderung der Klage erst im Laufe des

[1] Ebenso Kammergericht, V. CS. Beschluß v. 11. November 1902 (X 1466/02); vgl. dagegen Falkmann, Zwangsvollstreckung 2. Aufl. S. 134 Anm. 1.

[2] Das Bayerische OLG. (Sammlung 3 S. 624) erachtet das Beschwerdeverfahren in Gebührensachen für kontradiktorisch, in dem von Amts wegen über die Kosten zu erkennen ist. Vgl. dagegen JW. 1888 S. 299 Anm. 3.

Verfahrens geltend gemacht worden, so versteht er den Abs. 3 § 767 dahin, daß die Klageschrift alle Einwendungen enthalten müsse. Indes der Ausdruck „Klage" wird auch noch in einem anderen Sinne gebraucht, indem er das für die Klage vorgeschriebene Verfahren bedeutet. Wenn z. B. derselbe § 767 in Abs. 1 vorschreibt, die Einwendungen seien im Wege der Klage geltend zu machen, so heißt dies nichts anderes als: „im Wege des von der CPO. für die Klage vorgeschriebenen Verfahrens". In demselben Sinne aber kann auch der Ausdruck „Klage" im Abs. 3 nur aufgefaßt werden, dergestalt, daß Einwendungen, welche im Laufe des Verfahrens geltend gemacht werden, ohne in der Klageschrift enthalten zu sein, unter denselben Voraussetzungen zuzulassen sind, unter welchen Klagegründe, auf welche die Klageschrift nicht gestützt ist, berücksichtigt werden können; denn wenn § 767 im ersten Absatz den Weg der Klage vorschreibt, so ist damit zum Ausdruck gebracht, daß die Vorschriften, welche in der CPO. für das Verfahren im Wege der Klage gegeben sind — und dazu gehören auch die Vorschriften über Klagänderung — auch für dieses Verfahren Anwendung zu finden haben. Der Abs. 3 steht dieser Auffassung nicht entgegen; er giebt den im § 767 bezeichneten Klagen kein besonderes Gepräge; er will nur, wie die Motive (Hahn S. 437) sagen, durch die Notwendigkeit der Kumulierung aller zeitig vorhandenen Einwendungen in einer Klage die Energie der Vollstreckung sichern; er bestimmt also nur, daß wegen der einzelnen Einwendungen nicht verschiedene Klagen angestrengt werden sollen, sagt aber nicht, daß die Vorschriften über Klageänderung hier außer Betracht zu bleiben haben. Dies ist auch die Auffassung der Verfasser der Motive gewesen. Denn dort (a. O.) heißt es: „die Verteilung der Parteirollen giebt das Mittel, durch Behandlung der zu erhebenden Einwendungen als unabänderlichen (§ 227 [3]) Grundes der Klage den Streitgegenstand von vornherein zu fixieren und zu beschränken". Gerade die Bezugnahme auf § 227 [3], welcher von der Klagänderung handelt und dem bisherigen § 240 [3] entspricht, deutet mit Sicherheit darauf hin, daß man auch bei diesem Paragraphen die Vorschriften über die Klagänderung im Auge gehabt hat. Wenn durch die Novelle die Klagänderung in erweitertem Umfange zugelassen ist, so kann dies auf die Vorschriften des § 767 keinen Einfluß haben.

Dieselbe Auffassung wird auch von den meisten Kommentaren zur CPO. in der Judikatur und Litteratur vertreten; vgl. Struckmann-Koch Anm. 6 zu § 767; Petersen-Anger Anm. 6 zu § 767; Seuffert 37 Nr. 279; Busch, Zeitschrift 1 S. 398. (Es folgt die Ausführung, daß die Änderung des ursprünglichen Vorbringens eine wesentliche Erschwernis der Verteidigung des Beklagten nicht herbeigeführt hat.) Th.

c) **Nach § 788 CPO. sind sämtliche Vollstreckungskosten, nicht bloß die Kosten der jeweiligen Vollstreckungshandlung mit beizutreiben.**

OLG. Dresden, VI. CS. Beschluß v. 7. Januar 1902.

Das Amtsgericht stützt seine ablehnende Entschließung auf die vom

Landgerichte in einer früheren Entscheidung ausgesprochene Meinung, daß der § 788 sich nur auf die Kosten des jeweiligen Vollstreckungsaktes, nicht aber auf solche Kosten beziehe, die durch frühere Vollstreckungsmaßregeln entstanden sind. Für eine solche Unterscheidung bietet das Gesetz keinen Anhalt. Das Landgericht war auch zu der Unterscheidung nur auf Grund der Annahme gelangt, daß die bezeichnete Vorschrift eine Ausnahme vom § 104 bilde und daher streng auszulegen sei. — Abgesehen von dem zweifelhaften Werte des Grundsatzes, daß Ausnahmevorschriften streng auszulegen seien, ist der Ausgangspunkt des Landgerichts auch schon unzutreffend, der § 104 handelt von den Prozeßkosten. Die Kosten der Zwangsvollstreckung bilden keinen Teil der Prozeßkosten; für sie giebt der § 788 die selbständige Norm, daß sie, ohne daß es eines besonderen Schuldtitels dafür bedarf, mit dem zur Vollstreckung stehenden Anspruche beizutreiben sind. Die Folge ist, daß das jeweilig thätig werdende Vollstreckungsorgan die vom Gläubiger berechneten Kosten der Zwangsvollstreckung, soweit sie sich als notwendig darstellen, mit bei der Pfändung zu berücksichtigen hat. Dies gilt nach Sinn und Wortlaut des Gesetzes nicht bloß von den Kosten des jeweiligen Vollstreckungsaktes, sondern auch von den Kosten, die dem Gläubiger durch die Zwangsvollstreckung bereits vorher erwachsen sind; denn auch sie gehören zu den Kosten der Zwangsvollstreckung (Struckmann-Koch zu § 788).

Eine andere Frage ist die, ob der Gläubiger nicht, um späteren Weiterungen vorzubeugen, befugt ist, die Kosten der Ladung des Schuldners zur Leistung des Offenbarungseides durch das Gericht feststellen zu lassen. Diese Frage kann man recht wohl bejahen, ohne den Gläubiger deshalb als zur vorherigen Herbeiführung einer solchen Feststellung verpflichtet erachtet zu müssen. Dr. W.

### d) Voraussetzungen[1] der CPO. § 811 Ziffer 5.

OLG. Dresden, VI. CS. Beschluß v. 22. September 1902.

Das Landgericht hat einen Sachverständigen darüber vernommen, inwieweit die gepfändeten Arbeitsgeräte dem Schuldner zur persönlichen Fortsetzung seiner Erwerbsthätigkeit, nicht auch zur Beschäftigung seiner Leute unentbehrlich seien. Der Schuldner will dagegen auf Art und Umfang seines Gewerbebetriebes Rücksicht genommen wissen; er macht geltend, daß er nicht genötigt werden dürfe, seinen Betrieb einzuschränken und ohne Hilfskräfte zu arbeiten, zumal er dann außer stande sein würde, den Unterhalt für sich und seine Familie zu verdienen.

Bei Anwendung des § 811$^{5}$ ist allerdings die zur Zeit der Pfändung

[1] Rsp. 3 S. 150 und 4 S. 133. — Einem auf Absatz nach auswärts angewiesenen Bäcker darf nicht das Fuhrwerk gepfändet werden, wenn er ohne solchen Absatz die Bäckerei nicht betreiben kann (Braunschweig, Beschluß v. 31. August 1901). Ebenso darf ein Elektromotor, dessen sich der Schuldner zum persönlichen Betriebe einer Schnellpresse bedient, nicht gepfändet werden, auch wenn der Motor durch Annahme eines Arbeiters zu ersetzen ist (Kammergericht, V. CS. Beschluß v. 24. September 1902, X 1272).

vorhandene Einrichtung des Gewerbebetriebes zu berücksichtigen. Eine Änderung dieser Einrichtung, durch die der gepfändete Gegenstand entbehrlich werden würde, darf dem Schuldner nicht zugemutet werden (Annalen 8 S. 182; Wengler, Arch. 1889 S. 506, 1890 S. 425; Sächs. Arch. 1893 S. 48). Diese Auffassung beruht auf der Erwägung, daß das Gesetz bezweckt, nach den Grundsätzen der Billigkeit die Erwerbsverhältnisse des Schuldners thunlichst zu schonen. — Allein die Aufrechterhaltung der jeweiligen Betriebseinrichtung des Schuldners findet ihre Schranke darin, daß nur seine persönliche Thätigkeit den Schutz des Gesetzes genießt. Die zur Fortsetzung der Erwerbsthätigkeit unentbehrlichen Gegenstände sind nicht schlechthin freigegeben, sondern nur soweit sie zur persönlichen Fortsetzung erforderlich, also nicht auch soweit sie für die Thätigkeit der Hilfskräfte nötig sind. Hiernach kann bei einem Handwerker, der mit Gehilfen arbeitet und seinen Betrieb auf Arbeiten erstreckt, die sich nur unter Verwendung von Hilfskräften ausführen lassen, die Pfändung sehr wohl auch zu einer Änderung der Art seines Betriebes führen. Denn ein solcher Handwerker ist nicht berechtigt, die Freigabe von Maschinen ꝛc zu verlangen, die nur von den Gehilfen benutzt werden und ihm, wenn er den Betrieb allein fortsetzte, entbehrlich sein würden, und die Pfändung und Wegnahme dieser Arbeitsgeräte kann wiederum zur Folge haben, daß der Schuldner Arbeiten nicht mehr übernehmen kann, deren Ausführung ohne diese Werkzeuge und ohne Hilfskräfte für ihn technisch oder wirtschaftlich unmöglich ist.... Es ist auch nicht angängig, betreffs der Lehrlinge und der Lehrlingsarbeit hier andere Grundsätze als für andere gewerbliche Hilfsarbeiter gelten zu lassen. Der bei den Lehrlingen obwaltende besondere Umstand, daß sie vom Lehrherrn unterrichtet und angelernt werden, kommt bei der Anwendung des § 811 Ziff. 5 CPO. nicht in Betracht, weil das Gesetz dem Schuldner, welcher Lehrlinge hält, nicht das Recht gegeben hat, die Pfandfreiheit der zum Anlernen der Lehrlinge nötigen Gegenstände zu verlangen. Schdt.

e) **Der Armenverband, der eine Ehefrau unterstützt, kann den Arbeitslohn ihres Mannes pfänden. CPO. § 850[1].**

OLG. Posen, V. CS. Beschluß v. 27. September 1902.

Maßgebend ist in erster Reihe der § 62 des Ges. über den Unterstützungswohnsitz. Nach Abs. 1 ist jeder Armenverband, der einen Hilfsbedürftigen unterstützt hat, befugt, Ersatz derjenigen Leistungen, zu deren Gewähr ein Dritter aus anderen als den durch dieses Gesetz begründeten Titeln verpflichtet ist, vom Verpflichteten in demselben Maße und unter denselben Voraussetzungen zu fordern, als dem Unterstützten auf jene Leistungen ein Recht zusteht. Ein solches aber steht der Frau des Schuldners X. zu, da dieser nach § 1360 BGB. verpflichtet war, ihr nach Maßgabe seiner Lebensstellung, seines Vermögens und seiner Erwerbsfähigkeit Unterhalt zu gewähren. Der erwähnte § 62 verordnet demnach (vgl. Eger 4. Aufl. Anm. 194 zu § 62 Abs. 1), daß jeder Armenverband, der die gesetzliche öffentliche Unterstützung gewährt hat, kraft einer Cession durch Gesetz in diejenigen Rechte des Unterstützten eintritt, vermöge deren dieser befugt gewesen wäre, die nämlichen Leistungen von einem aus anderen als den Titeln dieses Gesetzes (civilrechtlich) Verpflichteten zu fordern, und es ergiebt sich zugleich nach § 62 aus dem Wesen der Cession, daß das cedierte Recht nur in demselben Umfang und unter denselben Voraussetzungen geltend gemacht werden kann, als es dem Cedenten (d. i. dem Unterstützten) zusteht. Es tritt also der Armenverband in die Rechte des Unterstützten gegen den Dritten ein, und hieraus folgt ohne weiteres, daß der Ersatzanspruch des Armenverbands identisch ist mit dem Unterhaltungsanspruch des Unterstützten gegen den Dritten und daß demgemäß dem Armenverband dieselben Vorrechte bei der Zwangsvollstreckung zustehen wie dem Unterstützten, wenn dieser selbst seinen Unterhaltungsanspruch geltend gemacht hätte. Pos. MSchr.

f) **Der Prinzipal kann gegen eine 1500 Mark jährlich nicht übersteigende Gehaltsforderung des entlassenen Handlungsgehilfen mit Gegenforderungen aufrechnen.**

Kammergericht, VIII. CS. Urteil v. 5. November 1902.

Nach § 394 BGB. findet die Aufrechnung gegen eine Forderung insoweit nicht statt, als diese der Pfändung nicht unterworfen ist. Inwieweit letzteres der Fall ist, entscheidet sich gemäß § 850[1] CPO. nach dem Gesetz vom 21. Juni 1869/29. März 1897. Nach § 1 ist die Zulässigkeit der Beschlagnahme u. a. davon abhängig, daß der Tag, an welchem die Vergütung zu entrichten war, abgelaufen ist, ohne daß der Vergütungsberechtigte solche eingefordert hat. Zu entrichten war die vom Kläger geforderte Vergütung je mit Ablauf der Monate März bis einschließlich Oktober 1901. Eingefordert hat der Kläger diese Vergütung erst im gegenwärtigen Rechtsstreit und zwar hinsichtlich der Monate März bis September am 12. Oktober 1901, hinsichtlich des Restes am 9. November 1901. Daß eine frühere Einforderung erfolgt wäre, ist vom Kläger, welcher hierfür beweispflichtig ist (Strietborst 87 S. 280; Meyer, Recht der Beschlagnahme S. 32; Dernburg, Lehrbuch 2 § 109, 3c), nicht behauptet. Mithin waren, als die Einforderung erfolgte, die Fälligkeitstage schon abgelaufen. Von der früheren Einforderung entband den Kläger nicht etwa der Umstand, daß der Beklagte im Schreiben vom 1. März 1901 jede weitere Zahlung an den Kläger abgelehnt hatte. Denn wenn auch bei der Beratung des Beschlagnahmegesetzes im Reichstage erwogen worden ist, daß die in Rede stehende Folge der Nichteinforderung der Vergütung durch die hierin liegende Unthätigkeit gerechtfertigt werde (Meyer a O.), so berechtigt dies doch nicht den Vergütungsberechtigten in Fällen, in welchen eine Zahlungsweigerung des Verpflichteten vorliegt, den Fälligkeitstag ohne Zahlungsaufforderung verstreichen zu lassen und sich darauf zu berufen, daß der Grund der Unterlassung nicht in seiner Unthätigkeit, sondern in der schon vorher erklärten Zahlungsweigerung des

Verpflichteten liege. Denn das Gesetz macht eine solche Unterscheidung nicht, schreibt vielmehr die Einforderung allgemein ohne jede Einschränkung vor. N.

### g) Zurückbehaltungsrecht gegenüber unpfändbaren Forderungen.

OLG. Cöln, V. CS. Urteil v. 31. Oktober 1902.

Der Kläger begehrt an sich mit Recht den Betrag, der den nach § 850[1] CPO. der Pfändung entzogenen Teil seiner Gehaltsforderung darstellt. Der Beklagte macht dagegen den rechtskräftig anerkannten Anspruch auf Zahlung von 3000 Mark nebst Zinsen geltend, der aus demselben rechtlichen Verhältnisse entstanden ist, auf dem seine Verpflichtung zur Zahlung des eingeklagten Gehaltes beruht. Die Aufrechnung ist dem Beklagten nach § 394 BGB. versagt; zu prüfen aber bleibt, ob ihm das Zurückbehaltungsrecht gemäß § 273 BGB. zusteht. Dieses Recht war schon im ersten Entwurf §§ 233, 364 beim Vorhandensein fälliger und innerlich zusammengehöriger Ansprüche ohne Unterscheidung in Ansehung des Gegenstandes der Leistungen anerkannt; es sollte den Schuldner gegen die Arglist seines Gläubigers schützen, der darin bestehe, daß dieser, indem er seinen Anspruch ohne Rücksicht auf den Gegenanspruch des Schuldners erhebe, durch die Loslösung seines Anspruches von dem gesetzlichen oder natürlichen Zusammenhange mit dem Gegenanspruche und durch Ignorierung des letzteren gegen Treue und Glauben verstoße. Das Recht sollte dem Schuldner unter der Voraussetzung zustehen, daß er nicht zur Vorleistung verpflichtet war. Bei der Beratung der 2. Kommission (Protok. 1 S. 310 ff.) wurde der § 233 als innerlich berechtigt anerkannt, jedoch im Interesse der Deutlichkeit für wünschenswert erachtet, die daselbst durch Verweisung auf den § 364 bezweckte Einschränkung der Regel (Motive S. 43) in Übereinstimmung mit dem gestellten Antrage durch den Zwischensatz, „sofern nicht der Inhalt des Schuldverhältnisses ein Anderes ergiebt,“ zum Ausdruck zu bringen und damit die Verweisung auf den § 364 zu erledigen. Der Zwischensatz erhielt sodann ohne weitere Ausführung die lediglich redaktionelle Fassung des § 373 BGB. Hiernach war in dem Satze, „sofern nicht aus dem Schuldverhältnisse sich ein Anderes ergiebt,“ nur der Fall der Vorleistung ins Auge gefaßt; bei der allgemeinen Fassung des Gesetzes muß indessen das Zurückbehaltungsrecht auch in dem Falle für ausgeschlossen gelten, wo sich aus dem Wesen des Schuldverhältnisses ein Anderes ergiebt. Wesen und Inhalt des zwischen den Parteien bestandenen Schuldverhältnisses, das die Grundlage der beiderseitigen Ansprüche bildet, schließen das Zurückbehaltungsrecht nicht aus. Der Beklagte ist weder gesetzlich, noch vertraglich zur Vorleistung des klägerischen Gehaltes verpflichtet. Die auf die Lohnzahlung bezüglichen Vorschriften der GewO. insbesondere § 115 kommen nach § 154 für die Gehaltsforderung des Klägers überhaupt nicht in Betracht, begründen aber auch an sich nicht die Auffassung, daß der Lohnanspruch den Gegenansprüchen des Dienstherrn rechtlich vorgeht und das Zurückbehaltungsrecht für den Arbeitsvertrag prinzipiell nicht Platz greift. Aus dem Lohnbeschlagnahmegesetz und Art. III EG. zum Gesetze vom 17. Mai 1898, sowie § 850 CPO.

ergiebt sich kein Anhalt dafür, daß der Prinzipal zur Vorleistung des Gehaltes angehalten werden könnte. Diese Vorschriften gewähren dem Lohnberechtigten gegen die Entziehung des Lohnes Schutz in dem gesetzlichen Rahmen, aber keinen darüber hinausgehenden Schutz, und lassen den Charakter der Lohnforderung und das ihr zu Grunde liegende Rechtsverhältnis unberührt; es ist daraus nicht abzuleiten, daß die unpfändbare Gehaltsforderung ohne Rücksicht auf die Gegenforderung zu befriedigen wäre. Das Gleiche gilt vom § 394 BGB. Auch diese Vorschrift verleiht der Lohnforderung keinen besonderen Charakter und läßt das Wesen des sie begründenden Rechtsverhältnisses unbeeinflußt. Auf den Vorbehalt im § 273 BGB. kann daher die Ausschließung des Zurückbehaltungsrechtes vorliegend nicht gestützt werden. Die analoge Anwendung des § 394 ist gleichfalls ausgeschlossen. Die Aufrechnung und die Zurückbehaltung sind ihrem Inhalte und ihrer rechtlichen Wirkung nach wesentlich verschieden. Es genügt, darauf hinzuweisen, daß, während infolge der Aufrechnungserklärung die wechselseitigen Forderungen, soweit sie sich decken, mit dem Zeitpunkte als erloschen gelten, in welchem sie zur Aufrechnung einander gegenübergetreten sind, bei der Zurückbehaltung ihr Fortbestand gewollt ist und nur die Befriedigung durch Leistung Zug um Zug gesichert und erreicht werden soll, daß überdies bei dem Zurückbehaltungsrecht es sich um das Verhältnis innerlich zusammenhängender Ansprüche handelt. Die Analogie kann schon hiernach nicht Platz greifen (vgl. Juristenzeitung 7 S. 89). Durch § 394 wurde die Aufrechnung für unstatthaft erklärt, weil es an sich eine Inkonsequenz wäre, wenn, obwohl das Gesetz eine Forderung der Exekution entziehe, dem Schuldner gestattet wäre, gegen eine solche Forderung eine Gegenforderung aufzunehmen und ähnlich wie im Wege der Exekution den Gläubiger zu zwingen, sich in die Nichtbefriedigung zu fügen, und sich desfalls der Charakter der Aufrechnung als einer auf positiver gesetzlicher Zulassung beruhenden, dem Gläubiger aufgezwungenen Befriedigung, gewissermaßen als Selbstexekution geltend mache (Motive 2 S. 113). Demgegenüber dient das Zurückbehaltungsrecht nicht als Mittel zur Befriedigung, sondern zur Sicherung. Seine Ausübung kann allerdings, zumal, wenn sich wie hier Geldforderungen gegenüberstehen, wirtschaftlich zu einem Ergebnis führen, das als Folge der Aufrechnung durch § 394 verhindert werden sollte. Aus diesem Gesichtspunkte läßt sich aber nicht auch die Ausschließung des Zurückbehaltungsrechtes aus § 394 ableiten. Hätte der Gesetzgeber in konsequenter Durchführung des Lohnschutzes auch die Zurückbehaltung untersagen wollen, so hätte er sich nicht auf die Ausnahmebestimmung des § 394 beschränkt, sondern den allgemeinen Rechtssatz aufgestellt, daß der verdiente Lohn ohne Rücksicht auf Gegenforderungen auszubezahlen sei, jedenfalls dem § 274 BGB. einen entsprechenden Vorbehalt eingefügt. So wenig das Lohnbeschlagnahmegesetz die positive Ausschließung der Aufrechnung entbehrlich machte, ebensowenig ist aus dem Verbote der Aufrechnung die Versagung des Zurückbehaltungsrechtes zu folgern.

Dem Beklagten steht somit das Zurückbehaltungsrecht zu (vgl. Juristenzeitung 7 S. 488). Die Ausübung dieses Rechtes kann aber nicht zur Abweisung der Klage führen, sondern hat nach § 274 nur die Wirkung, daß der Schuldner zur Leistung gegen Empfang der ihm gebührenden Leistung (Erfüllung Zug um Zug) zu verurteilen ist. Die Ansicht Dernburg's (S. 124 § 59 III), daß, wenn es sich auf beiden Seiten um Geldforderungen handle, das Zurückbehaltungsrecht sich zur Aufrechnung gestalte, da bei Geldleistungen eine Erfüllung Zug um Zug keinen Sinn hätte, widerstreitet dem Inhalte des Zurückbehaltungsrechtes und seiner rechtlichen Wirkung. Die Aufrechnung konnte sich nur auf Grund einer Aufrechnungserklärung vollziehen, die nicht vorliegt. Dr. N.

h) **Der § 866 Abs. 3 CPO. findet auch auf die Zwangseintragung von Grundsteuerforderungen Anwendung.**

Kammergericht, I. CS. Beschluß v. 7. Juli 1902.

Die Stadtkasse hatte als Vollstreckungsbehörde beantragt, 72 Mark 75 Pfg. Grundsteuer gegen die Witwe X. zum Vorteile der Stadtgemeinde einzutragen. Der Antrag wurde zurückgewiesen; auch die weitere Beschwerde blieb erfolglos. Aus den Gründen:

Der Eintragung steht der § 866³, da der Betrag nicht 300 Mark übersteigt, entgegen. Allerdings finden die im Abs. 3 § 866 wie auch die im § 867² hinsichtlich der Eintragung einer Sicherungshypothek gegebenen Beschränkungen nur dann Anwendung, wenn ein besonderer gesetzlicher Anspruch auf Eintragung einer solchen nicht besteht, sondern lediglich im Wege der Zwangsvollstreckung wegen einer Geldforderung gemäß §§ 866—868 die Eintragung erfolgen soll und trifft insbesondere Abs. 3 § 866 dann nicht zu, wenn der Schuldner auf Grund des Art. 26 WO. zur Sicherheitsleistung verurteilt worden ist oder eine Sicherungshypothek gemäß § 848 CPO. oder auf Grund des § 128 ZwVG. eingetragen werden soll (Petersen-Anger Anm. 3 zu 866; Rsp. 1 S. 205, 206). Ferner bleiben nach EG. Art. 91 die landesgesetzlichen Vorschriften, nach welchen der Fiskus, eine Körperschaft des öffentlichen Rechtes ꝛc berechtigt ist, zur Sicherung gewisser Forderungen die Eintragung einer Hypothek an Grundstücken des Schuldners zu verlangen, mit der Maßgabe unberührt, daß die Hypothek nur als Sicherungshypothek eingetragen werden kann; für derartige landesgesetzliche Sicherungshypotheken gelten lediglich die in den §§ 1184 ff. BGB. für die Sicherungshypothek gegebenen Vorschriften, nicht die Sondervorschriften für die Zwangssicherungshypotheken in §§ 866³, 867² (Fuchs, Grundbuchrecht Vorbem. 4B II. S. 593; Planck Anm. 3 zum EG. Art. 91). In Preußen aber hat weder vor dem Inkrafttreten des BGB. ein gesetzlicher Anspruch auf Eintragung einer Hypothek wegen rückständiger öffentlicher Abgaben, insbesondere Grundsteuern, bestanden, noch ist vom Vorbehalt im Art. 91 Gebrauch gemacht worden. Vielmehr ist immer nur den Verwaltungsbehörden das Recht der Zwangsvollstreckung ohne Mitwirkung der

Gerichte gewährt worden, und dabei ist es auch jetzt gemäß § 5 Ausf.-G. z. CPO. in der Fassung vom 6. Oktober 1899 und § 1 der Verordnung vom 15. November 1899 verblieben (Fuchs a. a. O., Planck a. a. O. Anm. 7). Danach sind die Vorschriften der CPO. über die Zwangsvollstreckung in das unbewegliche Vermögen auf die Zwangsvollstreckung wegen derjenigen Geldbeträge, welche der Beitreibung im Verwaltungszwangsverfahren unterliegen, im ganzen Umfange für anwendbar erklärt, und es ist nur im § 52 der Verordnung v. 15. November 1899 die eine Ausnahmebestimmung hinsichtlich der Rechtsnachfolger des Schuldners gegeben worden. Es findet daher auch § 866 Abs. 3 Satz 2 auf die hier beantragte Zwangseintragung der Grundsteuerforderung Anwendung (vgl. Achilles-Strecker I S. 104 Anm. 2, S. 266; Petersen-Anger Anm. 3 zu § 866). Spr.

i) **Bei der Zwangseintragung aus mehreren Kostenrechnungen ist eine Zusammenrechnung ihrer Beträge zur Erreichung des Mindestbetrages von 300 Mark unzulässig.**

Kammergericht, I. CS. Beschluß v. 20. Oktober 1902.

Der Kassenkurator hat unter Einreichung von sechs Kostenrechnungen ersucht, die danach vom eingetragenen Eigentümer verschuldeten 1632 Mark Gerichtskosten im Wege der Zwangsvollstreckung als Sicherungshypothek einzutragen. Das Amtsgericht hat nur den Kostenbetrag zu 6 von 1109 Mark für eintragungsfähig erklärt, da keine der Kostenrechnungen zu 1 bis 5 den Betrag von mehr als 300 Mark erreichte. Die Beschwerde wurde zurückgewiesen, auch die weitere Beschwerde blieb erfolglos. Gründe:

. . . Unter einem „Schuldtitel", auf Grund dessen nach § 866[3] eine Sicherungshypothek für eine 300 Mark übersteigende Forderung eingetragen werden darf, versteht die CPO. eine vom Gesetz als Grundlage eines Vollstreckungsverfahrens anerkannte Urkunde, aus der sich die zu erzwingende Verpflichtung des Schuldners ergiebt (vgl. §§ 795, 801). Solche Schuldtitel sind vollstreckbare Endurteile (§ 704) und die im § 794 bezeichneten Urkunden. Nach § 801 ist jedoch die Landesgesetzgebung nicht gehindert, auf Grund anderer Schuldtitel die gerichtliche Zwangsvollstreckung zuzulassen und insoweit abweichende Vorschriften zu treffen. Da nun die §§ 1, 51 der Verordnung vom 15. November 1899 auf Grund des § 5 preuß. Ausf.-G. z. CPO. bestimmen, daß wegen der dem Verwaltungszwangsverfahren unterliegenden Geldbeträge die Zwangsvollstreckung in das unbewegliche Vermögen nach den für gerichtliche Zwangsvollstreckungen bestehenden Vorschriften erfolgen soll, so fragt es sich, was im Sinne dieser Verordnung als ein „Schuldtitel" anzusehen ist. Die Gerichtskasse meint, es sei dies die Anordnung, daß die Beitreibung im Verwaltungszwangsverfahren stattzufinden habe. Dem kann nicht beigetreten werden. Die Anordnung erfolgt nach § 4 der Verordnung durch die in Abs. 1, 2, 4 dazu für zuständig erklärten oder gemäß Abs. 3 seitens der Bezirksregierung dazu bestimmten Vollstreckungsbehörden. Diesen liegt außerdem die Leitung des Zwangsverfahrens ob; nach § 6 haben sie es durch ihnen beigegebene Vollziehungsbeamte auszuführen. Zu ihren Funktionen gehört ferner: Zustellungen zur Nachtzeit und an Sonn- und Feiertagen zu gestatten (§ 10²), die Versteigerung oder anderweite Verwertung der Pfandstücke anzuordnen (§§ 26, 32, 33), die Pfändung und Überweisung von Forderungen ꝛc zu bewirken, die Herausgabe der unbeweglichen Sache, welche von einem gepfändeten Anspruch betroffen wird, an einen Sequester anzuordnen und bezüglich unveräußerlicher Rechte besondere Anordnungen zu treffen (§§ 36, 39, 42, 45, 49³). Weiter wird nach § 13 der Vollziehungsbeamte dem Schuldner und Dritten gegenüber zur Zwangsvollstreckung durch den ihm erteilten schriftlichen Auftrag der Behörde ermächtigt. Daraus erhellt, daß die Vollstreckungsbehörden einesteils ähnliche Funktionen haben, wie die Vollstreckungsgerichte (vgl. §§ 822, 825, 828, 829, 835, 848, 857 CPO.), mit der Maßgabe, daß sie bei Mobiliarzwangsvollstreckungen zur Leitung des Verfahrens in umfassenderem Umfange berufen sind, und daß sie anderenteils zugleich auch ähnlich wie diejenigen Behörden und Beamte, welche zur Erteilung der die Voraussetzung für die gerichtliche Zwangsvollstreckung bildenden vollstreckbaren Ausfertigung befugt sind, die Vollstreckbarkeit der beizutreibenden Forderungen nach außen kundzugeben haben. Demnach sind die Vollstreckungsbehörden der Verordnung vom 15. November 1899 als solche Behörden anzusehen, denen es obliegt, Geldforderungen, welche der Beitreibung im Verwaltungszwangsverfahren unterliegen, durch Anordnung des Zwangsverfahrens dem Schuldner und Dritten gegenüber als vollstreckbar zu erklären und zugleich das Verfahren zur Durchführung zu bringen. Daraus aber ergiebt sich, daß die Anordnung des Verfahrens nicht ein Schuldtitel im Sinne des § 866³ ist. Denn es wird dadurch nicht eine Verpflichtung, eine Schuld festgestellt, sondern nur die Vollstreckbarkeit bezeugt. Die Schuld besteht schon vorher, sie ist festgestellt durch die Entscheidung einer Behörde, die grundsätzlich eine von der Vollstreckungsbehörde verschiedene ist, mag auch der zugehörige Beamtenkreis beider im einzelnen Falle identisch sein. Diese Entscheidung ergiebt die zu erzwingende Verpflichtung des Schuldners, sie bildet die Grundlage des Zwangsverfahrens, und sie ist also der Schuldtitel. Allerdings bestimmt § 5 Abs. 2 preuß. Ausf.-Ges., daß die anderweite Regelung der Zwangsvollstreckung wegen Geldforderungen aus Entscheidungen oder Anordnungen der zuständigen Verwaltungsbehörden ꝛc durch königliche Verordnung erfolge. Aber unter „Anordnungen“ sind hier nicht Anordnungen des Zwangsverfahrens seitens der Vollstreckungsbehörden als solcher zu verstehen, sondern Anordnungen, die den Entscheidungen insofern gleichstehen, als durch sie eine Verpflichtung, eine Schuld festgestellt wird. Eine gegenteilige Auffassung kann auch nicht aus § 3¹ entnommen werden. Denn hier wird nur für den Fall, daß Dritte kraft Gesetzes zu der Leistung oder zur Duldung der Vollstreckung verpflichtet sind, die Anordnung des Verfahrens auch gegen diese Personen für zulässig erklärt und bestimmt, daß die Anordnung an die Stelle des nach den §§ 735—749 CPO. erforderlichen oder genügenden vollstreckbaren Titels tritt. Ob durch diese Vorschrift thatsächlich die Anordnung des Verfahrens als ein Schuldtitel im obigen Sinne gegenüber den Dritten erklärt worden ist oder ob es sich nicht dabei vielmehr nur um Erklärung der Vollstreckbarkeit des gegen den eigentlichen Schuldner gerichteten Schuldtitels auch gegenüber dem Dritten handelt, gleichwie die CPO. in gewissen Fällen (vgl. §§ 727, 728, 729, auch §§ 738, 742, 744, 745², 749) die Erteilung einer vollstreckbaren Ausfertigung des Schuldtitels gegen einen anderen als den Schuldner zuläßt, kann dahingestellt bleiben. Auch wenn ersteres anzunehmen wäre, könnte § 3¹ nur als eine besondere Ausnahmefälle betreffende Vorschrift erachtet und daraus nichts dafür entnommen werden, daß die Anordnung des Verfahrens allgemeinhin der Schuldtitel ist. Daß letzteres nicht der Fall sein kann, ergiebt übrigens auch die Erwägung, daß sonst der Schuldtitel verschieden sein müßte, je nachdem die Anordnung des Zwangsverfahrens die Pfändung von beweglichen Sachen oder die Pfändung von Forderungen oder die Eintragung im Grundbuche zum Ziele hätte. Danach ist auch hinsichtlich der Gerichtskosten die Anordnung des Zwangsverfahrens, die nach § 33¹ Kassenordnung durch den Rendanten oder den Kassenkurator als Vollstreckungsbehörde erfolgt, nicht als der Schuldtitel im Sinne des § 866³ anzusehen; vielmehr kann nur die Entscheidung, durch die eine Kostenforderung festgestellt wird, als der Schuldtitel erachtet werden.

Als solche Entscheidung kann das Urteil, das über die Kostenlast der Parteien entscheidet, nicht angesehen werden; denn es verhält sich nur im allgemeinen darüber, wer die Kosten zu tragen hat, stellt aber den Betrag der Kosten nicht fest. Auch kann selbst in Rechtsstreitigkeiten ein Kostenansatz begründet sein, bevor noch ein Urteil ergangen ist, z. B. ein Ansatz von Auslagen oder von Vorschüssen. Nach § 12 Kassenordnung erfolgt, abgesehen von den Kosten in Strafsachen, die Berechnung und Feststellung der Kosten durch den betr. Gerichtsschreiber. Diese Feststellung ist die den Schuldtitel darstellende Entscheidung; sie beruht, soweit ein Urteil, ein Beschluß oder eine die Kostenpflicht betreffende richterliche Verfügung vorliegt, auf diesen im übrigen unmittelbar auf dem Gesetz und stellt, wie der Kostenfestsetzungsbeschluß die außergerichtlichen Kosten, die Höhe der Gerichtskosten fest. Die Urschrift der Kostenrechnung gelangt nebst einer Reinschrift an den Kontrolleur. Auf der Reinschrift vermerkt der Rendant, daß die Kostenschuld binnen einer Woche zu zahlen sei, widrigenfalls die Beitreibung im Zwangsverfahren eintrete; sodann wird sie dem Zahlungspflichtigen behändigt. Soweit nicht gemäß § 27 das Abholungsverfahren stattfindet, ordnet nach Ablauf der Zahlungsfrist der Rendant oder der Kassenkurator das Zwangsverfahren an (§ 33¹). Vollstreckt wird auf Grund der mit dem Vollstreckungsauftrage versehenen Beitreibungsliste, die für jeden Vollstreckungsbezirk angelegt wird. Hieraus erhellt, daß die Anordnung des Verfahrens keine weitergehende Bedeutung hat, als daß durch sie die Vollstreckbarkeit der Kostenforderung kundgegeben und die Vollstreckung in die Wege geleitet wird. Der Schuldtitel aber, auf Grund dessen vollstreckt wird, ist die Kostenrechnung. Allerdings führt der Gerichtsvollzieher diesen Schuldtitel nicht bei sich, aber durch die Beitreibungs- (Abholungs-) liste wird der Schuldtitel ersetzt. Wird die Kostenrechnung zufolge Wertfestsetzung oder zufolge Erinnerungen geändert, so tritt insoweit selbstverständlich die betreffende gerichtliche Entscheidung als Schuldtitel an die Stelle der Kostenrechnung des Gerichtsschreibers. Aus dem Dargelegten ergiebt sich, daß hier nicht der Eintragungsantrag, sondern die ihm zu Grunde liegenden Kostenrechnungen die Schuldtitel für die darin festgestellten Kostenforderungen bilden. Allerdings ist nicht unbedingt erforderlich, daß Kostenrechnungen beigefügt werden (§ 41 Nr. 1). Aber wenn die Beifügung nicht erfolgt, ist zur gehörigen Begründung des Antrags erforderlich, daß die in ihm enthaltenen Kostenforderungen im einzelnen gemäß den Kostenrechnungen aufgeführt werden. Er ist dann nicht nur der nach § 867 [1] CPO. erforderliche Eintragungsantrag des Gläubigers, sondern zugleich auch ein Ersatz für die Kostenrechnungen in ihrer Eigenschaft als Schuldtitel. K.

## 82

**a) Keine Beschwerde gegen eine Kostenentscheidung, die das Landgericht in der Berufungs- oder Beschwerdeinstanz erließ. CPO. § 99 [3].**

*α*) Kammergericht, II. CS. Beschluß v. 30. September 1902.

... Die angefochtene Entscheidung ist vom Landgerichte in der Berufungsinstanz getroffen. Wäre auch die Hauptsache entschieden worden, so würde ein Rechtsmittel dagegen versagt sein, und daher ist auch die isolierte Kostenentscheidung nicht mehr anfechtbar. Denn der Abs. 3 § 99 ist dahin zu verstehen: Ist in einem Rechtsstreite, in welchem, falls eine Entscheidung in der Hauptsache ergangen wäre, gegen diese nach Lage des Falles ein Rechtsmittel zulässig wäre, nur über die Kosten entschieden, so findet hiergegen die sofortige Beschwerde statt. Diese Auslegung widerspricht allerdings der Ansicht der meisten Kommentatoren (so Petersen-Anger, Gaupp-Stein, Struckmann-Koch, Reincke), welche, gestützt auf die Materialien in § 99 [3], eine eigenartige, alle Regeln des Rechtsmittelzuges durchbrechende Bestimmung sehen, die eine Anfechtbarkeit durch Beschwerde und weitere Beschwerde auch dann zuläßt, wenn in der Hauptsache kein Rechtsmittel gegeben wäre. Aber das Reichsgericht hat diese Anschauung nicht angenommen (Entsch. 46 S. 347). Der Abs. 3 darf nicht einzeln betrachtet werden, sondern als Ganzes mit Abs. 1. Aus diesem Zusammenhange ergiebt sich, daß ihm nicht eine weiterreichende Bedeutung beigemessen werden kann als dem Abs. 1, der den Grundsatz aufstellt, daß Rechtsmittel gegen die Entscheidung über den Kostenpunkt nur zugleich mit solchen gegen die Entscheidung in der Hauptsache eingelegt werden können; der also klar macht, daß § 99 Vorsorge nur für die Fälle treffen soll, in denen entweder eine Entscheidung in der Haupsache ergangen ist, oder, falls eine solche ergangen wäre, ein Rechtsmittel zulässig wäre.

Eine andere Auslegung ergiebt das unlogische und unzweckmäßige Resultat, daß die Partei durch die Erklärung der Erledigung der Hauptsache ein weiteres Rechtsmittel erhält, als ihr sonst zustehen würde, und daß ein Urteil unanfechtbar wäre, wenn es über Hauptsache und Kosten entschiede, aber anfechtbar, wenn es nur über die Kosten, also über ein Minus entschiede... E.

β) OLG. Naumburg, V. CS. Beschluß v. 14. April 1902.

Nachdem das Amtsgericht nach erledigter Hauptsache lediglich über die Kosten (94 Mark) erkannt und diese dem Beklagten auferlegt hatte, hat das Landgericht sie dem Kläger auferlegt. Die weitere sofortige Beschwerde wurde als unzulässig verworfen. Gründe:

... Der Gesetzgeber hat durch die Einfügung der Abs. 2, 3 in den § 99 diejenigen Härten beseitigen wollen, die sich für die in ihnen ausgezeichneten beiden Fälle aus der unbeschränkten Anwendung der Grundregel des Abs. 1 ergeben würden. Er hat für diejenigen Fälle, und nur für diese, Abhilfe schaffen wollen, in denen die regelmäßigen Rechtsmittel der Berufung und eventuell der Revision zulässig gewesen wären, falls eine Entscheidung in der Hauptsache ergangen wäre. Diese Absicht hat er in der Weise zu verwirklichen gesucht, daß er in den unter Abs. 2 fallenden Sachen das für die Hauptsache zulässige Rechtsmittel selbst, in den unter Abs. 3 fallenden dagegen das, zur Ergänzung des Rechtsmittelsystems für minder bedeutende Fragen bestimmte und deshalb auch einfacher gestaltete besondere Rechtsmittel der sofortigen Beschwerde zum Zwecke der selbständigen Anfechtung der Kostenentscheidung zugelassen hat. Damit hat er also für die Fälle des Abs. 2 den Grundsatz der Unzulässigkeit der regelmäßigen Rechtsmittel mangels Anfechtung in der Hauptsache durch ihre parallele Zulassung für die Kostenentscheidung wieder eingeschränkt, für die Fälle des Abs. 3 aber nicht jene Parallele gewählt, sondern unter Aufrechterhaltung der grundsätzlichen Unzulässigkeit des regelmäßigen Rechtsmittels einen Ersatz für dessen Versagung gewährt; das ist das Ergänzungsrechtsmittel der sofortigen Beschwerde. Allerdings würde aus der wörtlichen Fassung des Abs. 3 bei rein formalistischer Behandlung der Frage die prozeßrechtliche Schlußfolgerung — die vom Reichsgericht III. CS. (JW. 1901 S. 187[2]) und von den Kommentatoren zum Teil ausdrücklich gezogen, zum Teil wenigstens nicht ausdrücklich abgelehnt wird — zu ziehen sein, daß jedenfalls für die Zulässigkeit der weiteren Beschwerde die Statthaftigkeit eines Rechtsmittels in der Hauptsache nicht Vorbedingung sei, daß vielmehr das einmal ohne hierauf bezügliche ausdrückliche Einschränkung gegebene selbständige Rechtsmittel nun auch unbeschränkt lediglich den ihm eigenen Voraussetzungen seiner allgemeinen Zulässigkeit (§§ 567, 568, 577) unterliege. Diese Folgerung erweist sich aber ebensowenig als zutreffend, wie sie hinsichtlich der Anfechtbarkeit der in der Berufungsinstanz erlassenen Kostenurteile der OL.-Gerichte mittels der (ersten) sofortigen Beschwerde als zutreffend anerkannt werden konnte. Denn auch für diese Frage ist daran zu erinnern, daß bei der ersten Lesung die

Novelle lautete: „so findet, wenn in der Hauptsache ein Rechtsmittel zulässig wäre, gegen die Entscheidung über den Kostenpunkt sofortige Beschwerde statt" und daß diese Fassung bei der zweiten Lesung lediglich auf das Bedenken hin gestrichen worden ist, daß bei ihrer Annahme die in der Berufungsinstanz über den Kostenpunkt erlassenen Entscheidungen, wenn sie von den Landgerichten ausgehen, unanfechtbar seien, wenn sie vom OL.-Gerichte getroffen seien, der Beschwerde unterliegen würden, da die Revision aus gewissen Gründen (§ 547[1]) an sich gegenüber jedem obergerichtlichen Urteile zulässig sei. Das Bedenken ist, wie das Reichsgericht (Entsch. 46 S. 347) hervorhebt, nicht etwa darin gefunden worden, daß bei der nunmehr beanstandeten Fassung die von den Landgerichten in der Berufungsinstanz erlassenen Kostenurteile unanfechtbar, sondern darin, daß dann alle von den OL.-Gerichten in der Berufungsinstanz gefällten Kostenurteile anfechtbar sein würden. Das letztere, nicht auch das erstere, wollte man vermeiden und deshalb ist der schließlich gewählten Fassung der Vorzug gegeben worden. Ein Rechtsmittel in der Hauptsache würde aber nicht bloß bei den von den Landgerichten in der Berufungsinstanz, sondern nicht minder auch bei den, von ihnen in der Beschwerdeinstanz erlassenen Kostenentscheidungen unzulässig sein. Man würde also offenbar mit demjenigen Grundgedanken, dessen möglichst reine Durchführung beabsichtigt wurde, als die erste Fassung der Novelle durch die zum Gesetz erhobene ersetzt wurde, brechen, wenn man unterstellte, daß der Gesetzgeber einen die Anfechtbarkeit der Hauptsache überbietenden Instanzenzug habe für die Entscheidungen über den nebensächlichen Kostenpunkt eröffnen wollen. — Man würde auch nicht minder dem Gesetzgeber den Vorwurf, daß er etwas Unlogisches gewollt oder doch seinem vernünftigen Willen nicht einen entsprechenden Ausdruck gegeben habe, machen, wenn man ungeachtet der Entstehungsgeschichte und des oben erörterten inneren Zusammenhanges der drei Absätze der Auslegung den Vorzug geben wollte, daß ein, im Falle der Entscheidung über Hauptsache und Kostenpunkt nicht mehr weiter anfechtbares Urteil dennoch in einer oder gar in mehreren Instanzen anfechtbar sein solle, wenn es über ein minus, nämlich nur über den Kostenpunkt entschieden hat. Man würde ferner unterstellen müssen, daß der Gesetzgeber eine solche widersinnige Bestimmung in einem Zeitpunkte habe treffen wollen, in welchem er mit ihr zusammenhängend und ganz klar bestimmt hat, daß, selbst wenn in der Hauptsache durch Anerkenntnisurteil entschieden worden ist, die Entscheidung über den Kostenpunkt allein nur unter Wahrung des für die Anfechtung der Hauptsache gegebenen beschränkten Instanzenzuges zulässig sein soll. Insbesondere würde man ihm jenen Vorwurf auch dann machen, wenn man seine Bestimmung dahin auslegen wollte, daß er zwar hinsichtlich der ersten sofortigen Beschwerde dem, eines geringeren prozessualen Schutzes bedürftigen Kostenentscheidungsinteresse nur eine, an die Zulässigkeit der regelmäßigen Rechtsmittel gegen Entscheidungen in der Hauptsache gebundenen Fürsorge habe zuteil werden lassen wollen, diese Fürsorge hinsichtlich der weiteren Anfechtung in alle denkbaren Instanzen hinauf aber an die gleiche Voraussetzung nicht habe binden wollen (vgl. Hahn 8 S. 87—88, wo hervorgehoben wird, daß es sich bei den Entscheidungen über den Kostenpunkt um Streitigkeiten von „meist einfacher Art und von verhältnismäßig untergeordneter Bedeutung" handele). Die Zulässigkeit der Gattung des, eine ergänzende Stellung im Systeme der CPO. einnehmenden Rechtsmittels der Beschwerde würde fortdauernd eine, der Zulässigkeit der regelmäßigen Rechtsmittel entsprechend beschränkte sein, nicht aber auch die Zulässigkeit ihrer, ein selbständiges Rechtsinstitut überhaupt nicht bildenden Anwendungsformen als „weitere Beschwerden". Diesen würde vielmehr eine Ausdehnungsmöglichkeit gegeben sein, die nicht einmal im Falle der Entscheidung über Hauptsache und Kostenpunkt gegeben ist.

Bei dieser Auslegung tritt freilich den sonstigen Voraussetzungen der Zulässigkeit der sofortigen Beschwerde im Falle des § 99³ nicht nur die daselbst ausgesprochene Voraussetzung hinzu, sondern auch eine ebenda nicht ausgesprochene, aber aus dem Zusammenhange des Abs. 3 mit dem Grundgedanken des § 99 und aus der Entstehungsgeschichte der Novelle herzuleitende weitere Einschränkung. Wenn diese Sondergestaltung aber bei der Anwendung auf die Anfechtbarkeit von Kostenurteilen der OL.-Gerichte in der Beschwerdeinstanz zur Unzulässigkeit der ersten sofortigen Beschwerde und damit zur völligen Unzulässigkeit des ausgesprochenermaßen gegebenen Rechtsmittels führt wegen mangelnder Revisionssumme und sonstiger Revisionsbedingungen in der Hauptsache, so erscheint es auch nicht bedenklich bei der Anwendung derselben Rechtsgedanken auf die Anfechtbarkeit der von den Landgerichten in der Beschwerdeinstanz erlassenen Beschlüsse in Ermangelung eines in der Hauptsache zulässigen Rechtsmittels zur Unzulässigkeit der weiteren Beschwerde zu gelangen. So wenig der Gesetzgeber zwingenden Anlaß hatte, den Fall der Unanfechtbarkeit der Entscheidung in der Hauptsache rücksichtlich der Zulässigkeit der Anfechtbarkeit der Kostenentscheidung mittels der ersten Beschwerde ausdrücklich vorzusehen, weil sich die letztere aus der ersteren ergiebt, so wenig bedurfte es einer solchen entsprechenden Bestimmung rücksichtlich der Voraussetzung der Zulässigkeit der weiteren Beschwerde. Auch das OLG. Frankfurt hat die weitere Beschwerde für unzulässig erachtet, wenn gegen die in der Beschwerdeinstanz erlassene Entscheidung, falls sie in der Hauptsache ergangen wäre, ein Rechtsmittel nicht zulässig sein würde (Recht 1901 S. 469 Nr. 1923). Dr. R.

b) **Berufung gegen ein Kostenurteil, das entgegen dem Antrage des Beklagten den Rechtsstreit für erledigt erklärt.[1] Zurückverweisung in die Instanz.**

---

[1] Ebenso RG. im Beschlusse v. 10. März 1900 (I 24/00); denn das Landgericht hat, indem es dem Abweisungsantrage nicht stattgab, sondern nach dem Antrage des Klägers die Sache für erledigt erklärte, in der Hauptsache entschieden. — Rechtsmittel bei Ablehnung jedweder Entscheidung: JW. 1894 S. 313, 1895 S. 166; Entsch. d. RG. 39 S. 393. — Beruht

Kammergericht, VIII. CS. Urteil v. 15. Januar 1902.

Geklagt war gemäß § 771 CPO. auf Aufhebung eines Beschlusses, durch den die Gerichtskasse wegen einer Kostenschuld des Mannes der Klägerin dessen Anspruch an den gemeinschaftlichen Hochzeitsgeschenken gepfändet und sich überwiesen hatte. In der Schlußverhandlung erklärte die Klägerin, daß sie die Hauptsache für erledigt ansehe. Der Beklagte bestritt die Erledigung und beantragte Klagabweisung. Darauf erklärte das Landgericht den Rechtsstreit in der Hauptsache für erledigt und legte die Kosten dem Beklagten auf. Auf dessen Berufung ist die Sache an das Landgericht zurückverwiesen.

Gründe:

Die Berufung ist zulässig, weil die Hauptsache, d. h. der mit der Klage verfolgte Anspruch nicht erledigt ist, der Vorderrichter daher eine sachliche Entscheidung treffen mußte. Denn § 99³ greift nur da Platz, wo gesetzmäßig eine Entscheidung in der Hauptsache nicht ergangen ist, weil diese sich aus irgend einem Grunde vorher erledigt hatte. Wird dagegen nur über den Kostenpunkt erkannt in Fällen, wo für eine Entscheidung zur Hauptsache Raum ist und solche von einer Partei auch beantragt war, so findet das gewöhnliche Rechtsmittel der Berufung statt. Anderenfalls würde der Beklagte, da eine Ergänzung des Urteils gemäß § 321 nicht in Frage kommt, die nach seiner Ansicht zu Unrecht unterlassene Entscheidung über die Hauptsache nicht rügen können. Das Reichsgericht hat anerkannt, daß der Ausspruch, der Rechtsstreit sei in der Hauptsache erledigt, nur eine Erklärung der Parteien wiedergiebt, aber keine sachliche richterliche Entscheidung enthält, ferner daß eine Entscheidung in der Hauptsache dann nicht mehr stattfinden kann, wenn beide Parteien übereinstimmend diese für erledigt erklären, und nur eine Entscheidung über den Kostenpunkt beantragen, oder wenn thatsächlich feststeht, daß eine Hauptsache nicht mehr vorhanden ist. (Entsch. d. RG. 46 S. 347; JW. 1900 S. 493¹, 586¹, 1901 S. 365¹.) Anders liegt der Fall, wenn wie hier die Klägerin die Hauptsache für erledigt erklärt, Beklagter dies aber bestreitet. Es besteht dann noch ein Streit über die Hauptsache und es muß geprüft und festgestellt werden, ob eine Entscheidung zur Hauptsache noch möglich ist. Wird die Erledigung der Hauptsache festgestellt, so kann selbstverständlich darüber nicht mehr entschieden werden. Hat der Beklagte die eingeklagte Leistung vollständig erfüllt, so kann er dazu nicht verurteilt werden, sind die Pfandstücke freigegeben, so kann nicht auf Aufhebung der Pfändung erkannt werden, — gleichgültig ob der Beklagte diese (festgestellte) Erledigung der Hauptsache bestreitet oder nicht (vgl. Rsp. 3 S. 324 g). Dagegen kann der Kläger nicht, wie der Vorderrichter aus § 308 schließt, die Hauptsache dadurch, daß er sie für erledigt erklärt, gegen den Willen des Beklagten der richterlichen Entscheidung entziehen. Allerdings kann der Beklagte nicht ver-

---

die ausgesprochene „Erledigung der Hauptsache" darauf, daß die die Erledigung erklärende Partei den Gegner befriedigt hat, so sind ihr die Kosten aufzuerlegen (OLG. Colmar, III. CS. Beschluß v. 22. April 1901).

langen, daß ein nicht mehr geltend gemachter Anspruch abgewiesen werde, er hat aber ein erhebliches Interesse und auch ein Recht darauf, daß ein gegen ihn anhängig gemachter unbegründeter Anspruch abgewiesen werde. Dieses Recht nimmt er wahr, wenn er die Erledigung bestreitet und Abweisung beantragt. Nach Beginn der mündlichen Verhandlung zur Hauptsache kann die Klage ohne Zustimmung des Beklagten nicht mehr zurückgenommen werden und bei Verzicht auf den eingeklagten Anspruch muß die Klage auf Verlangen des Beklagten abgewiesen werden (§§ 271, 300). — Unvereinbar mit diesen Bestimmungen wäre es, wenn der Kläger die Hauptsache mit der Wirkung für erledigt erklären könnte, daß nunmehr bloß über den Kostenpunkt zu entscheiden und dabei die Richtigkeit der bestrittenen Erledigung zu unterstellen ist. Schon aus diesen Erwägungen folgt, daß der Vorderrichter in eine sachliche Prüfung eintreten und den Streit, ob die Hauptsache erledigt sei oder nicht, entscheiden mußte. Es kann auch nicht zugegeben werden, daß die Klägerin den in der Klage erhobenen Anspruch nicht mehr geltend mache; sie behauptet nur, daß ihm der Beklagte genügt habe und daß es einer Entscheidung darüber deshalb nicht bedürfe. Durch den Beschluß der Kasse ist der Anspruch des Mannes an den gemeinschaftlichen Hochzeitsgeschenken gepfändet, der Klägerin die Herausgabe an den Schuldner verboten, diesem selbst jede Verfügung untersagt, gleichzeitig der gepfändete Anspruch der Gerichtskasse zur Ausübung überwiesen und die Klägerin aufgefordert worden, unbeschadet ihrer Rechte die Geschenke zwecks Verwertung an einen Gerichtsvollzieher herauszugeben. Die wenig glückliche Fassung dieses Beschlusses läßt soviel mit Sicherheit erkennen, daß die Rechte des Kostenschuldners an den Geschenken gepfändet und der Kasse zwecks sofortiger Verwertung überwiesen sein sollen. Da die Klägerin die Klage als eine auf ihr Miteigentum an den Geschenken gestützte Widerspruchsklage selbst bezeichnet, verlangt sie mit dem oben wiedergegebenen Antrage mithin die vollständige Aufhebung der Pfändung und Überweisung. Der Beklagte hat nun durch die späteren Beschlüsse beides dahin deklariert, daß der Anteil des Kostenschuldners an den gemeinschaftlichen Geschenken, insbesondere das Recht auf Aufhebung der gemeinschaftlichen Rechte daran und auf Auseinandersetzung oder Teilung, überhaupt alle aus der Gemeinschaft sich ergebenden Ansprüche des Schuldners gepfändet seien. Er hat ferner erklärt, daß ein Anspruch auf Herausgabe der Geschenke zwecks Verwertung für die Zeit des Bestehens der Ehe nicht erhoben werde. Dieser so erläuterten oder eingeschränkten Pfändung und Überweisung will die Klägerin nicht widersprechen und hält damit die Hauptsache für erledigt. Offenbar erachtet sie die eingeschränkte Pfändung für zulässig: hieraus ergibt sich aber ohne weiteres, daß die mit der Klage geforderte gänzliche Aufhebung der Pfändung über ihr berechtigtes Interesse hinausging und in ihrem Miteigentum nach ihrer eigenen Auffassung keine genügende rechtliche Grundlage hatte, insoweit also eine unbegründete Mehrforderung enthielt. Dadurch, daß der Beklagte den Pfändungsbeschluß später einschränkte, hat er dem ursprünglichen Klagantrage nicht genügt, welcher völlige Beseitigung des Beschlusses bezweckte, mithin hat die Klägerin mehr gefordert und beantragt, als der Beklagte zugestanden oder nachgegeben hat. Mit diesem Mehr wollte er die Klage abgewiesen haben und bei diesem Abweisungsverlangen konnte die Klage nicht einmal insoweit zurückgenommen werden (§ 271). Es bestand also noch eine Hauptsache, über die zu entscheiden war ... War aber Raum für eine sachliche Entscheidung und ist solche nicht getroffen, so leidet das Verfahren an einem wesentlichen Mangel, welcher die Zurückverweisung der Sache an das Gericht erster Instanz gemäß § 539 rechtfertigt. N.

c) **Wird nach erledigter Hauptsache über die Kosten erkannt und ein Antrag, die schon beigetriebenen Kosten zu erstatten, abgewiesen, so ist nicht die Berufung, sondern nur die Beschwerde zulässig. CPO. § 99.**

OLG. Hamburg, II. CS. Urteil v. 25. Oktober 1902.

Das vom Landgericht zunächst erlassene Versäumnisurteil kommt hier nicht in Betracht; denn soweit es in der Hauptsache entscheidet, hat diese ihre Erledigung gefunden. Angegriffen ist nur das gemäß § 343 CPO. ergangene neue Urteil, gegen das die Berufung gemäß § 99 Abs. 1 nur dann zulässig war, wenn es eine Entscheidung in der Hauptsache enthält. Allerdings entscheidet es nicht nur über die Prozeßkosten, sondern befaßt sich weitergehend auch mit dem Antrage des Beklagten auf Rückerstattung gezahlter Kostenbeträge, einschließlich der Zwangsvollstreckung. Allein der § 99 stellt alles allein darauf ab, ob die angefochtene Entscheidung in der Hauptsache, oder ob eine Entscheidung in der Hauptsache nicht ergangen ist. Daß die hier angefochtene Entscheidung in der Hauptsache nicht ergangen ist, liegt klar. Die Hauptsache war durch endgültige Zahlung von Kapital und Zinsen erledigt. Streitig geblieben waren nur die Kosten des Rechtsstreites. Über diese Kosten allein ist eine Entscheidung begehrt worden. Daß der Beklagte für den Fall, daß die Kostenentscheidung zu seinen Gunsten ausfallen sollte, beantragt hatte, den Kläger zur Rückerstattung schon bezahlter Kosten zu verurteilen, machte diesen Anspruch nicht zur Hauptsache. Nicht nur handelt es sich dabei materiell um die Kosten, die durch das in der Hauptsache ergangene Erkenntnis dem Beklagten erwachsen waren, sondern das Gericht kam überhaupt nur dann in die Lage, über den Rückerstattungsanspruch zu erkennen, wenn die Voraussetzung des § 717² erfüllt war, nämlich daß das vorläufig vollstreckbare Urteil aufgehoben oder abgeändert wurde. Dazu ist es hier nicht gekommen, weil das Gericht seine Entscheidung über die Kosten aufrecht erhalten hat. Damit entfiel der Rückerstattungsanspruch ohne weiteres, so daß es nicht einmal seiner ausdrücklichen Abweisung im Tenor bedurft hätte. M. M.

d) **„Sofortiges" Anerkenntnis.[1] CPO. § 93.**

OLG. Dresden, II. CS. Urteil v. 11. Juli 1902.

Als „sofort" erklärt kann das Anerkenntnis lediglich dann aufgefaßt

[1] Rsp. 3 Nr. 34c (S. 132), 111d (S. 484).

werden, wenn die Erklärung in der ersten mündlichen Verhandlung überhaupt (Struckmann-Koch, CPO. § 93 Anm. 3; Petersen S. 425 bei 3) oder doch in der ersten nach Entstehung oder Fälligwerden des Anspruches oder bei einer Klagänderung in der ersten nach Geltendmachung des neu gestalteten Anspruches (Gaupp⁴ S. 261 bei II, 1) ausgesprochen wird. Dr. W.

e) **Rechtskräftige Kostenfestsetzung. Nachliquidation.**[1]

OLG. Hamburg, III. CS. Beschluß v. 27. September 1902.

Eine Erhöhung der früher mit $^4/_{10}$ geforderten und rechtskräftig festgesetzten Prozeßgebühr auf die volle Gebühr wird jetzt mit der nachträglichen Liquidation weiterer 28 Mark begehrt. Allerdings können nach rechtskräftiger Kostenfestsetzung noch Auslagen und Gebühren für solche Akte liquidiert werden, die früher überall nicht berücksichtigt waren (Entsch. des RG. 27 S. 403). Wenn aber ein für eine bestimmte gebührenpflichtige Thätigkeit des Rechtsanwalts liquidierter Gebührensatz bei der Festsetzung berücksichtigt und der ihn betreffende Festsetzungsbeschluß in Rechtskraft übergegangen ist, so ergreift diese Rechtskraft — vorbehältlich des § 107 — den berücksichtigten Posten in der Art, daß eine Erhöhung dieses Postens durch eine Nachliquidation ausgeschlossen wird (Entsch. des RG. 35 S. 427 a. E.). Hiernach mußte die Beschwerde der Liquidation schon deshalb als unbegründet verworfen werden, weil die Nachliquidation einer halben Prozeßgebühr unzulässig war, und es entzieht sich der Nachprüfung dieses Gerichts, ob die Auffassung des Landgerichts — die allerdings in Entsch. des RG. 19 S. 429 eine Stütze findet, vgl. aber daselbst 20 S. 426 und JW. 1899 S. 166 Nr. 16 — zu billigen ist. M. M.

f) **Beschwerderecht wegen zu niedrig festgesetzter Anwaltsgebühren. Streitwert bei alternativen Leistungen.**

OLG. Bamberg, II. CS. Beschluß v. 3. April 1902.

Gegen den Festsetzungsbeschluß hat der Anwalt des obsiegenden Beklagten Beschwerde erhoben und Erhöhung der Anwaltsgebühren beantragt mit der Begründung, der Streitwert sei zu niedrig bemessen. Die Beschwerde wurde zurückgewiesen. Aus den Gründen:

Die Beschwerdeschrift enthält keine Angabe, ob das Rechtsmittel vom Rechtsanwalt in eigenem Namen oder für den Beklagten eingelegt wurde. Im Zweifel ist zwar anzunehmen, daß der Anwalt für die Partei handelt; aber das Gericht hat die Pflicht, den Zweifel durch Befragung zu heben (JW. 1899 S. 163—164). Die Prozeßpartei hat nämlich kein Beschwerderecht, wenn es sich um Erhöhung der Streitkosten handelt. Bis zum 1. Januar 1900 konnte die Partei eine Beschwerde nur darauf stützen, daß dem Festsetzungsbeschluß ein zu niedrig bemessener Streitwert zu Grunde gelegt sei und möglicherweise später durch einen neuen Beschluß ein höherer

[1] Ebenso Kammergericht, V. CS. Beschluß v. 18. Dez. 1901, als der Kläger die Erhöhung der nach der Klage berechneten und rechtskräftig festgesetzten Prozeßgebühr wegen der Widerklage nachliquidierte.

Wert festgesetzt werden könne, so daß sie Gefahr laufe, höhere Staats- und Anwalts-Gebühren zahlen zu müssen, für welche sie vom Gegner keinen Ersatz mehr erlangen könne. Der Meinung, daß dieses Interesse der Partei an einer Festsetzung höherer Kosten jetzt noch fortbestehe (Petersen-Anger § 105 Z. 11), ist nicht beizutreten; denn durch den neuen § 107 ist eine nachträgliche Ergänzung des Festsetzungsbeschlusses im Falle der Erhöhung des Streitwertes durch eine spätere Entscheidung möglich gemacht und somit das Beschwerderecht der Partei gegenstandslos und unzulässig geworden (Gaupp-Stein § 105 Z. V Abs. 2). Der Beklagte hat hier also weder eine Veranlassung, noch ein Recht im Wege der Beschwerde eine Erhöhung der Prozeßkosten herbeizuführen.

Der Anwalt hat aber auf Anfrage erklärt, daß er die Beschwerde in eigenem Namen eingelegt habe. Allein gegen den Festsetzungsbeschluß kann der Prozeßbevollmächtigte in eigenem Namen nur dann Beschwerde einlegen, wenn er Armenanwalt gewesen; andernfalls hat er, auch wenn nach seiner Meinung der Streitwert im Kostenfestsetzungsverfahren zu niedrig berechnet wurde, die sofortige Beschwerde aus § 105 nicht, sondern kann bloß nach § 12 Geb.O. und § 16 GKG. eine andere Festsetzung des Streitwertes veranlassen oder den etwa hierüber ergangenen abweisenden Beschluß mittels einfacher Beschwerde angreifen. Der § 12 Geb.O. bezieht sich nur auf Wertsetzungsbeschlüsse und kann, weil er eine Ausnahme der Regel enthält, auf Kostenfestsetzungsbeschlüsse analog nicht angewendet werden....

Die Beschwerde wäre übrigens auch sachlich unbegründet. Nach der Klage hatte Beklagter 14 Fahrräder zu beziehen, wobei ihm die Auswahl aus 8 Sorten von 120—220 Mark zustand. Der Kläger gab als Streitwert den Mindestbetrag von 14 mal 120 Mark = 1680 Mark an; die Beschwerde will den Durchschnittswert zu 184 Mark zu Grunde legen, aber mit Unrecht. Es handelt sich um eine alternative Leistung des Klägers nach Wahl des Beklagten; es ist nun in Theorie und Praxis fast allgemein anerkannt, daß bei alternativen Ansprüchen, wenn dem Kläger das Wahlrecht zusteht, der höchste Wert, wenn dem Beklagten dieses Recht gebührt, der mindeste Wert als Streitgegenstand anzusehen ist (Wilmowski-Levy 63 Note 1; Struckmann-Koch § 5 Z. 1; Reinke, § 5a; ROHG. 3 S. 193; Seuffert 46 Nr. 70 und JW. 1897 S. 145[1], 1899 S. 71[1]). Wenn einige Schriftsteller beim Bestehen einer größeren oder geringeren Wahrscheinlichkeit, daß sich das Schuldverhältnis durch spätere Unmöglichkeit der minderwertigen Leistung auf die mehrwertige beschränkt, die Entscheidung dem freien richterlichen Ermessen nach § 3 CPO. überlassen wollen (Gaupp-Stein § 2 Z. II Note 19; Seuffert § 3 Z. 1), so kann die Richtigkeit dieser abweichenden, sehr bestrittenen Ansicht hier dahingestellt bleiben. Denn eine solche spätere Unmöglichkeit der mindesten Leistung ist nicht in Frage, daß aber bei alternativen Ansprüchen der Durchschnittswert als Streitgegenstand zu erachten sei, wird von keiner Seite angenommen.

Sch.

g) **Klage auf Erstattung der durch außergerichtlichen Vergleich übernommenen Kosten des Vorprozesses.**

OLG. Oldenburg, I. CS. Urteil v. 8. Januar 1902.

Nachdem die Parteien die durch außergerichtlichen Vergleich erfolgte Erledigung des Rechtsstreites angezeigt hatten, klagte demnächst A. auf Erstattung der vom Beklagten übernommenen Kosten des Vorprozesses. Der Beklagte bestritt die Zulässigkeit der neuen Klage, da der Antrag zum Vorprozesse gehöre. Das Landgericht erkannte den Anspruch „dem Grunde" nach an. Die Berufung wurde als unzulässig verworfen, weil hier nur ein gewöhnliches Zwischenurteil vorliege. Das Reichsgericht hob das Urteil auf. Im neuen Verfahren wurde die Berufung als unbegründet verworfen. Aus den Gründen:

Die Reichsgerichtsurteile vom 18. Oktober 1883 und 3. Dezember 1888 (Seuffert 39 Nr. 139, 44 Nr. 284) beruhen auf der Erwägung, daß der Anspruch auf Kostenerstattung seinen Entstehungsgrund in dem bezüglichen Rechtsstreite habe, von diesem abhängig sei und jeder eigenen Selbständigkeit entbehre. Aus den Gründen geht aber unzweideutig hervor, daß das Reichsgericht nur Fälle im Auge gehabt hat, in denen die Lage des Prozesses überhaupt noch die Abgabe einer Entscheidung über die Kosten erforderte oder doch gestattete und zwar einer solchen Entscheidung, die auf Grund der im Laufe des Prozesses hervorgetretenen oder behaupteten Umstände zu treffen war. An diesen Voraussetzungen fehlt es jedoch, wenn der Prozeß durch einen sowohl die Hauptsache, als auch alle übrigen Streitpunkte umfassenden Vergleich völlig beendigt, gänzlich aus der Welt geschafft ist. . . . In Fällen solcher Art aber bildet der Vergleich, insoweit darin eine Vereinbarung über die Kosten des nunmehr beendigten Prozesses getroffen worden, einen selbständigen Rechtsgrund für eine Klage auf Kostenerstattung. Denn der Vergleich ist ein Rechtsgeschäft, aus dem auf Erfüllung der darin übernommenen Verbindlichkeiten geklagt werden kann. N.

h) **Keine Erstattung der für die Anfertigung des Armenrechtsgesuches durch einen Rechtsanwalt entstandenen Gebühren. CPO. § 915.**

Kammergericht, XI. CS. Beschluß v. 30. September 1902.

Nachdem der Kläger in die Kosten verurteilt war, haben die Beklagten die Gebühren des (nicht beim Prozeßgericht zugelassenen) Rechtsanwaltes, welcher für sie ein Armenrechtsgesuch angefertigt hat, erstattet verlangt. Aus den Gründen:

Der Rechtsanwalt, der die Partei im Prozesse vertritt, kann für den Antrag auf Bewilligung des Armenrechts nach §§ 23, 29, 13 GebO. eine besondere Gebühr dann nicht beanspruchen, wenn ihm die Prozeßgebühr zusteht, und zwar selbst dann nicht einmal, wenn das Gesuch bereits vor Beginn des Prozesses von ihm gestellt ist (JW. 1885 S. 29 Nr. 17). Der Prozeßanwalt der Beklagten hat die Prozeßgebühr liquidiert erhalten. Wenn sich aber die Beklagte zur Einreichung eines Armenrechtsgesuches an einen bei dem Prozeßgericht nicht zugelassenen, wenn auch in der Nähe ihres vom Prozeßgericht entfernt liegenden Wohnsitzes domizilierenden Rechtsanwalt gewendet haben, so können sie die Erstattung der dadurch entstehenden Kosten nur beanspruchen, wenn diese zur zweckentsprechenden Rechtsverfolgung oder Rechtsverteidigung notwendig waren. Dies ist aber hier zu verneinen. Die Beklagten haben in einer gegen sie gerichteten Kaufklage lediglich den Kauf bestritten. Sie würden daher bei der Einfachheit der Sachlage ihr Armenrechtsgesuch selbst haben anfertigen, oder, wenn sie dazu nicht im stande waren, sich an die zuständige Gerichtsschreiberei ihres Wohnortes haben wenden können, wodurch Kosten nicht erwachsen wären. Sch. G.

i) **Armenrecht für ein Hauskind. CPO. § 121.**

OLG. Breslau, I. CS. Beschluß v. 16. September 1902.

A. ist mit der Klage gegen seinen 1899 in der Ehe geborenen Sohn auf Unehelichkeitserklärung abgewiesen und hat Berufung eingelegt. Das Gesuch des Beklagten auf Bewilligung des Armenrechts wurde zurückgewiesen.

Gründe:

Das Unvermögen des beklagten Kindes zur Bestreitung der Prozeßkosten ist trotz der vormundschaftsgerichtlichen Bescheinigung nicht nachgewiesen (§ 121; Entsch. d. RG. 19 S. 428). Denn das Kind bezw. sein Pfleger ist in der Lage, die erforderlichen Prozeßkosten rechtzeitig vom Kläger zu erlangen. Solange die behauptete Unehelichkeit des Kindes nicht rechtskräftig festgestellt ist, muß es als eheliches Kind des Klägers gelten (§ 1591 BGB.), dessen Rechtsverhältnis zum Kläger nach den Vorschriften des BGB. zu beurteilen ist. (Art. 203 EG.). Danach aber entspringt die Pflicht des Vaters, im Prozesse mit seinem ehelichen Kinde die Prozeßkosten des letzteren — vorbehaltlich späterer Auseinandersetzung — zu tragen und vorzuschießen, zwar nicht aus der Unterhaltspflicht (§ 1610), auch nicht aus der Pflicht zur Fürsorge für die Person des Kindes (§ 1631), wohl aber aus den vermögensrechtlichen Vorschriften in §§ 1654, 1660 BGB. Dabei entspricht der Satz des § 1654 — betreffend die Kosten eines Rechtsstreites, der für das Kind geführt wird — dem § 1387 Nr. 1 Nebensatz 2, und nach § 1660 ist § 1416[1] hier entsprechend anwendbar, d. h. es gelten bei Prozessen zwischen Vater und Kind dieselben Regeln, wie zwischen Mann und Frau, nur daß das nicht freie Vermögen des Kindes an Stelle des eingebrachten Gutes, das freie Vermögen des Kindes an die Stelle des Vorbehaltsgutes tritt. Nach der vom Reichsgericht den §§ 1387, 1416 gegebenen Auslegung hat der Mann die Kosten im Prozesse zwischen ihm und seiner Frau solange (nach der Regel des § 1387) aus seinem eigenen Vermögen zu tragen bezw. (event. im Wege einstweiliger Verfügung) vorzuschießen, bis rechtskräftig feststeht, daß diese Kosten zufolge § 1416 dem Vorbehaltsgute zur Last fallen. Dasselbe muß folgerecht zufolge § 1654, 1660 im Verhältnisse zwischen Vater und Kind gelten. Der Beklagte ist daher in der Lage, die erforderlichen Prozeßkosten aus dem Vermögen des Kindes — event. im Wege einstweiliger Verfügung gemäß §§ 937, 940 CPO. — zu beschaffen und bedarf deshalb nicht des Armenrechts (Entsch. d. RG. 47 S. 72). Der Kläger selbst befindet sich im Besitze ausreichenden Vermögens. Dr. M.

## 83

a) **Todeserklärung in der Übergangszeit; Feststellung des Todestages auf einen vor 1900 fallenden Tag. EG. zum BGB. Art. 161.**

OLG. Stuttgart, I. CS. Urteil v. 13. Juni 1902.

Das Amtsgericht hatte den 1848 geborenen, seit 1869 verschollenen N. auf Antrag des Klägers am 25. November 1901 für tot erklärt und als Todestag den 1. Januar 1900 festgesetzt. Auf die Anfechtungsklage ist als Todestag der 1. Januar 1880 festgestellt.[1] Aus den Gründen:

Abgesehen von allgemeinen Gründen ist schon aus Art. 161 Abs. 1 und 2 als Gegensatz zu entnehmen, daß ein vom 1. Januar 1900 ab anhängig gewordenes Verfahren wegen Todeserklärung, wie das vorliegende, nach dem BGB. erledigt werden soll, vorbehältlich der Ausnahme von Abs. 2 (vgl. auch Motive zum EG. Art. 92). Es fänden also hiernach die §§ $18^1$, 14 BGB. Anwendung und vorliegend wäre, sofern nicht die Ermittelungen ein anderes ergeben, der Zeitpunkt des Todes auf den Beginn des 1. Januar 1880 zu bestimmen, da das letzte Jahr, in welchem der Verschollene den vorhandenen Nachrichten zufolge noch gelebt hat, 1869 ist, der zehnjährige Zeitraum des § 14 BGB. also mit dem Schlusse 1869 begonnen und mit Ende 1879 schließen würde, womit zugleich die Frist des § 14 Satz 2 gewahrt wäre. Daß damit das BGB. auf einen vor seinem Inkrafttreten fallenden Tag zurückgreifen würde, wäre an sich nichts Auffallendes, da die §§ 18, 14 ausdrücklich ein solches Zurückgreifen bestimmen und ihr Zweck eben ein Zurückgreifen auf eine vergangene Zeit erfordert („deklaratorische" Wirkung, vgl. Prot. 2 S. 21). Das BGB. will aber ohne Zweifel nicht eingreifen, weder in die erkennbaren thatsächlichen Verhältnisse der Wirklichkeit, wie sich aus dem Vorbehalte anderer Ergebnisse der Ermittelungen in § $18^1$ BGB. und der Anfechtung des § 973 CPO. ergiebt, noch in bestehende Rechtsverhältnisse, wie sich aus allgemeinen Grundsätzen und aus dem besonderen Ausdruck ergiebt, den diese Erwägung im EG. Art. $161^2$ gefunden hat. Dieser Ausdruck ist insofern noch weitergehend, als nicht bloß das Zurückgreifen Halt macht vor den in Art. $161^2$ erwähnten Rechtsverhältnissen, sondern das BGB. dem alten Rechte das ganze Gebiet der Todeserklärung überläßt, vorbehältlich allerdings einer nach Art. 162 nebenhergehenden besonderen Todeserklärung nach neuem Recht. Für die Frage, ob die vorliegenden Verhältnisse das

[1]) Hat in solchem Falle die zurückgebliebene Frau des Verschollenen 1895 und 1900 Kinder geboren und sind diese als eheliche im Geburtsregister verzeichnet, so kann dieser Vermerk nicht wegen der durch die Todeserklärung begründeten Vermutung des § 18 BGB. berichtigt werden; vielmehr bedarf es dazu, auch wenn sich die Frau wiederverheiratet und der zweite Mann die Vaterschaft anerkennt, eines die Unehelichkeit der Kinder aussprechenden Urteiles. (Kammergericht, Ferien-CS. Beschluß v. 2. August 1902.)

Eingreifen und Zurückgreifen des BGB. zu hemmen geeignet sind, kann dahin gestellt bleiben, ob eine nach altem Recht bestehende eigentliche Lebensvermutung ein solches Verhältnis ist, in welches das BGB. nicht eingreift, wie Habicht (3. Aufl. S. 101) annimmt; denn nach württembergischen Rechte bestand nur eine als beschränkte Lebensvermutung bezeichnete rechtliche Möglichkeit des Erbschaftsantritts für einen Verschollenen. Der Abwesenheitspfleger eines Verschollenen konnte, wenn dieser das 70. Lebensjahr noch nicht zurückgelegt hatte und nicht durch förmliche Auswanderung das Staatsbürgerrecht verloren hatte oder sonstwie als Ausländer zu betrachten war, mit vollem Rechte für ihn eine Erbschaft antreten und so erwerben, daß sie zur Zeit des später festzustellenden Todes nicht den Erben des Erblassers, sondern denen des Verschollenen zufiel. Im übrigen aber hatte, wer aus dem Leben eines noch nicht 70 Jahre alten Verschollenen Rechte ableiten wollte, das Leben zu beweisen; eine Vermutung, daß der Verschollene bis zum 70. Lebensjahre gelebt habe, bestand nicht.

Dieser Gestaltung gegenüber ist allerdings anzunehmen, daß das BGB. in einen auf solche Weise erfolgten Erbschaftsantritt für einen Verschollenen nicht eingreifen will. Die in einem Falle des wirklich erfolgten Erbschaftsantritts vorliegenden thatsächlichen und rechtlichen Verhältnisse könnten dadurch berücksichtigt werden, daß die Todeserklärung des neuen Rechtes in ihrem Zurückgehen auf die Vergangenheit Halt machen würde vor dem Umstande, daß der Verschollene am Tage des gültig für ihn erfolgten Erbschaftsantritts noch gelebt haben müßte, und deshalb den Todestag nicht über diesen Tag zurückverlegen, sondern auf den folgenden Tag festsetzen würde. Dies würde der Berücksichtigung der ermittelten Verhältnisse des einzelnen Falles entsprechen, wie sie in § 18² BGB. vorgeschrieben ist. Es ließen sich aber auch Gründe dafür geltend machen, daß der Todestag zunächst gemäß § 14 BGB. festgesetzt und nur für den erfolgten Erbschaftsantritt die dadurch gegebene Sach- und Rechtslage vorbehalten würde. Daß der Verschollene damit für die einen Verhältnisse als tot, für die anderen als lebend zu behandeln wäre, ist nicht als unmöglich anzusehen, würde vielmehr der Anordnung entsprechen, die das BGB. sonst für das Ineinandergreifen verschiedener Rechte ausdrücklich getroffen hat, EG. Art. 162 u. 9 . . .

Ist ein Erbschaftsantritt für den Verschollenen nicht erfolgt, so bestand für Fälle, in denen nicht, wie hier, die Staatsangehörigkeit aufgegeben war, — jedenfalls bis zum 1. Januar 1900 — die Möglichkeit, daß für den Verschollenen eine Erbschaft angetreten wurde. Es handelt sich aber lediglich um eine Möglichkeit, die nicht eingetreten ist. Daß vor einer solchen das BGB. mit seinem bestimmungsgemäßen Zurückgreifen in die Vergangenheit Halt machen sollte, ist nicht anzunehmen. Die nicht eingetretene Möglichkeit kann einen Grund nicht abgeben; es handelt sich nicht um ein als vorhanden anzunehmendes Rechtsverhältnis, das berücksichtigt werden müßte. Es besteht insbesondere nicht etwa ein erbrechtliches Verhältnis zwischen einem Erblasser und dem Verschollenen. Einmal fehlt es an einem Erblasser; es besteht nur die Möglichkeit, daß jemand sterben konnte oder gestorben sein konnte, und auch wenn ein solcher Erblasser vorhanden wäre, würde zunächst nur die Möglichkeit bestehen, daß der Verschollene noch gelebt haben und Erbe werden konnte und an diese Möglichkeit würde sich nach dem alten Rechte die weitere Möglichkeit anschließen, daß der Pfleger die Erbschaft antreten konnte und insoweit der Verschollene als lebend behandelt würde.

Wenn weiter gesagt wird, diese allerdings bisher nicht eingetretene Möglichkeit könnte auch nach 1. Januar 1900 dadurch eintreten, daß ein vorher gestorbener Erblasser des Verschollenen nachträglich entdeckt, so ist vor allem auch eine Bestimmung des Todestages erst auf 1. Januar 1900 nicht geeignet, dieser Unbilligkeit abzuhelfen oder Widersprüche zu verhindern; denn wenn auch nachträglich noch ein solcher vor 1900 gestorbener Erblasser entdeckt würde, so könnte doch der Pfleger schon deshalb nicht mehr und nicht ohne Widerspruch mit der Festsetzung des Todestages auf den 1. Januar 1900 für den Verschollenen antreten, weil der Verschollene zur Zeit des Erbschaftsantritts noch leben müßte, vom 1. Januar 1900 ab jedoch auch gemäß dieser Todeserklärung als tot zu behandeln wäre. Es ist aber überhaupt nicht anzunehmen, daß diese Befugnis des Pflegers zum Erbschaftsantritt für einen Verschollenen gemäß dem alten Rechte vom 1. Januar 1900 ab fortgedauert hätte; dies ergiebt sich aus EG. Art. 210 (vgl. § 1911 BGB.).

Der Art. 213 EG. kann einen Grund gegen die Wirksamkeit der §§ 14, 18 BGB. gleichfalls nicht abgeben oder überhaupt in Betracht kommen, soweit es sich nicht um einen für den Verschollenen erfolgten Erbschaftsantritt, sondern nur um die bezeichnete Möglichkeit handelt. Art. 213 setzt vor allem einen Erblasser voraus, der vor 1900 gestorben ist; ein solcher fehlt aber und wenn er auch vorhanden wäre oder noch entdeckt würde, so würde, wie ausgeführt, noch kein erbrechtliches Verhältnis zwischen dem Verschollenen und ihm bestehen, sondern nur die Möglichkeit eines solchen und im Anschluß daran die Möglichkeit, durch Erbschaftsantritt des Pflegers ein solches zu schaffen und zwar bis 1. Januar 1900. Übrigens gehört die mehrerwähnte Möglichkeit eines Erbschaftsantritts für einen Verschollenen im wesentlichen dem Personenrecht (BGB. §§ 1—20) und dem Pflegschaftsrecht (BGB. §§ 1909—1921) an. Nicht einmal eine derartige Möglichkeit bestand übrigens hier, da der Verschollene durch förmliche Auswanderung das württembergische Staatsbürgerrecht verloren hatte. Es besteht daher noch weniger ein Anlaß zur Einschränkung der Wirksamkeit des BGB.

Auch ein Bedürfnis der Einheitlichkeit in der Behandlung der erwähnten, verschieden gestalteten Fälle kann keinen solchen Anlaß geben. Vor allem ist gegenüber durchaus einheitlicher Behandlung die Berücksichtigung der Verhältnisse des einzelnen Falles den angeführten Gesetzesstellen zu entnehmen; im übrigen aber wird die einheitliche Behandlung bei möglichster Durchführung des einheitlich und vollständig ausgestalteten neuen Rechts am ehesten erreicht. Auch sonst besteht kein Anlaß, diesen Bestimmungen gegenüber für die Gestaltungen des alten Rechts eine weiterreichende Wirksamkeit zu wahren, als die unzweifelhaft erforderliche. (Gegen die hier vertretene Ansicht teilweise Habicht S. 92 ff. 102. 104; dafür, zum Teil noch weitergehend: Planck zu Art. 158, Enneccerus-Lehmann 1 S. 53. 54; Rehbein, 1 S. 13 Ziff. 16 a. E.) . . . H.

b) **Fortgeltung[1] und Bedeutung der Bestimmung einer Landschaftsordnung: „Mütterliche Erbteile der Kinder des Besitzers treten in das letzte Drittel des Gutswertes zurück".**

Kammergericht, I. CS. Beschluß v. 24. Februar 1902.

Für den Sohn des Eigentümers haftet in Abt. III Nr. 7 ein Muttererbe von 15151 Mark, denen 35000 Mark altlandschaftliche Pfandbriefe und 10000 Mark Grundschuld vorgehen. Das Gut ist landschaftlich neu auf 78000 Mark geschätzt. Da der Besitzer ein Landschaftsdarlehen bis zu $^2/_3$ der Taxe, also bis 52000 Mark aufnehmen will, soll das Muttererbe hinter den neu einzutragenden 17000 Mark zurücktreten, so daß es mit 77151 Mark ausgehen würde. Der vom Pfleger erteilten Vorrechtseinräumung ist die Genehmigung versagt. Auch die weitere Beschwerde wurde zurückgewiesen. Gründe:

Der § 21[4] der ostpreuß. Landschaftsordnung findet sich inhaltlich bereits im Landschaftsreglement vom 16. Februar 1788 und in den späteren Reglements, die bestimmen, daß mütterliche Erbteile der Kinder des Besitzers eines zu bepfandbriefenden Gutes in das letzte Drittel des Wertes zurückzutreten hätten. Der Satz ist aber auch Bestandteil des ostpreuß. Provinzialrechts geworden (Zusatz 98 zu § 188 ALR. II 2). . . . Die durch den § 188 II 2 in Verbindung mit § 427 ALR. II 18 für die Erbgelderhypothek gezogene Wertsgrenze ist von der Hälfte bis auf $^2/_3$, also um $^1/_6$ erweitert. Es handelt sich hiernach nicht bloß um eine dem Vater gewährte Vergünstigung, sondern auch um eine bei der Aufnahme landschaftlicher Darlehen zu beachtende Vorschrift, kraft deren ebensowohl die Landschaft wie der Vater einen Rechtsanspruch darauf haben, daß $^2/_3$ des Gutswertes dem Pfandbriefkredit vorbehalten bleiben und daß insoweit die Kindergelder, die etwa innerhalb dieses Betrages eingetragen sind, der Landschaft gegenüber zurücktreten. Der Vorbehalt des Art. 167 EG. ist durch den § 83 GrBO. auf die landesgesetzlichen Vorschriften über das Grundbuchwesen ausgedehnt. Als solche kam der § 47 der preuß. GrBO. in Betracht. Er ist durch den gleichlautenden Art. 21[1] des preuß. Ausf.-G. zur GrBO. ersetzt. Danach sind die satzungsmäßigen Vorschriften der Landschaften über die Aufnahme, Eintragung oder Löschung der Pfandbriefsdarlehen, sowie über die Umschreibung eingetragener For-

[1] Auch die Satzung, daß das Pfandbriefsdarlehen mit der Maßgabe, daß dem nicht getilgten Teile des Darlehens das Vorrecht vor dem getilgten zustehe, eingetragen werden soll, ist in Kraft geblieben und deshalb trotz BGB. § 1176 anzuwenden. (Kammergericht, I. CS. Beschluß v. 3. Juni 1901, Pos. MSchr. 4 S. 1137.) Desgleichen das Sonderrecht betr. das Verfahren bei Löschung von Pfandbriefdarlehen (Beschluß v. 7. Jan. 1901, Jahrbuch 21 S. 177).

derungen in Pfandbriefsdarlehen und die Umwandlung der Pfandbriefe in Kraft geblieben. Die Sonderstellung der Landschaften, insbesondere die auf die Kreditgewährung bezüglichen Bestimmungen der Satzungen haben sich dem neuen Rechte gegenüber behauptet. Daraus ergiebt sich, daß auch der § 21 der Landschaftsordnung von 1891, der die Stellung der Pfandbriefe im Grundbuche regelt und ihnen das gekennzeichnete Vorrecht vor den Kindergeldern einräumt, fortdauernde Geltung zu beanspruchen hat. Es ist eine die Aufnahme der Pfandbriefsdarlehen betreffende Vorschrift, deren Weiterbestand um so unbedenklicher ist, als sie sich, indem sie lediglich einen Anspruch auf Vorrangseinräumung gegen das durch einen Pfleger vertretene Kind begründet, mit zwingenden Normen des Grundbuchrechtes nicht in Widerspruch setzt (vgl. Entsch. d. RG. 20 S. 225, auch Gruchot 29 S. 164).

Nach dem Vorstehenden ist andererseits klar, daß die Kindergelder nicht über $^2/_3$ der Taxe hinaus zurückzutreten brauchen, daß ihnen vielmehr, wie das die Fassung des älteren Reglements deutlich zum Ausdruck brachte, das letzte Drittel des Gutswertes frei bleiben muß. Dies würde nicht der Fall sein, wenn vorliegend das Muttererbe erst hinter 62 000 Mark zu stehen käme. Ihm gebührt der Platz unmittelbar hinter dem $^2/_3$ der Taxe ausmachenden Betrage von 52 000 Mark. Wb.

c) **Verhältnis der Verjährungsvorschrift des Art. 45 des Berner Übereinkommens vom 14. Oktober 1890 zu den Landesgesetzen in der Übergangszeit.**[1]

OLG. Stuttgart, I. CS. Urteil v. 20. Dezember 1901.

Der Klage wegen einer während des Bahntransportes enstandenen Gewichtsdifferenz wird Verjährung entgegengesetzt, weil zwar die Klage rechtzeitig erhoben war, der Rechtsstreit aber vom 27. Februar 1899 bis 3. September 1900 geruht hat. Die Einrede wurde verworfen. Gründe:

Die Streitfrage ist, ob nach Beendigung der durch die Klagerhebung erfolgten Unterbrechung der einjährigen Verjährungsfrist des Art. 45[1] wieder die einjährige Verjährung dieses Art. 45 zu laufen begonnen hat, oder aber die in Württemberg bisher in Geltung gewesene vierzigjährige Verjährung der Rechtshängigkeit. Letztere lief neben den sonstigen Verjährungsfristen her; sie galt für alle Ansprüche, wenn einmal ein Rechtsstreit darüber begonnen hatte, einerlei, ob sie im übrigen der dreißigjährigen oder einer kürzeren Verjährung unterlagen. Wenn daher in einem Gebiete des gemeinen Rechtes ein Gesetz bestimmte, gewisse Ansprüche sollen künftig einer kürzeren als der dreißigjährigen Verjährung unterliegen, so war damit noch nicht gesagt, für diese Ansprüche sei auch die Verjährung der Rechtshängigkeit abgeschafft, es

[1] Die Wirkungen des Gesellschaftsvertrages einer vor 1900 entstandenen Gesellschaft, insbesondere die zwischen den Gesellschaftern bestehenden rechtlichen Beziehungen, sind nach dem Rechte zu beurteilen, unter dessen Herrschaft er geschlossen wurde, d. i. mangels besonderer Vereinbarung nach dem Rechte, das bei Errichtung des Vertrages an dem Sitze der Gesellschaft gegolten hat. (Bayer. OLG., II. CS. Urteil v. 26. Mai 1902, Sammlung 3 S. 446.)

solle inbetreff ihrer nach Beendigung der durch die Klagerhebung erfolgten Unterbrechung der Verjährung abermals die neu eingeführte kurze Verjährungsfrist zu laufen beginnen. Daß letzteres der Fall sei, mußte vielmehr ausgesprochen sein oder aus dem gesamten Inhalt und Zweck des Gesetzes sich mit Sicherheit ergeben. Derselbe Grundsatz galt, wenn für verschiedene Rechtsgebiete durch ein einheitliches Gesetz (Reichsgesetz) oder ein internationales Übereinkommen bezüglich gewisser Ansprüche eine einheitliche (kurze) Verjährung eingeführt wurde. Der Art. 45 enthält jedenfalls keine ausdrückliche Bestimmung, daß nach Beendigung einer durch Klagerhebung erfolgten Unterbrechung der Verjährung wieder die einjährige Verjährung seines Abs. 1 zu laufen beginne. Wenn Abs. 1 sagt, Entschädigungsforderungen wegen Verlustes verjähren in einem Jahre, „insofern sie nicht durch Anerkenntnis der Eisenbahn, Vergleich oder gerichtliches Urteil festgestellt sind," so ist damit ausgesprochen, daß in den hervorgehobenen Fällen, in welchen der Anspruch (durch Novation) auf eine neue Grundlage gestellt ist, die einjährige Verjährung nicht Platz greifen solle, vielmehr die einschlägigen Bestimmungen der Landesgesetze in Kraft bleiben; es ist aber bedenklich, aus dieser Bestimmung den Schluß zu ziehen, daß in allen anderen Fällen durchweg die einjährige Verjährung des Abs. 1 Platz zu greifen habe. Die Folgerung, weil der Art. 45 bestimmt, daß in den Fällen, da der bisherige Anspruch sich (durch Anerkenntnis 2c) in einen anderen verwandelt, die einjährige Verjährung nicht Platz greift, muß diese einjährige Verjährung in dem Falle eintreten, wenn nach Unterbrechung der Verjährung durch Klagerhebung eine neue Verjährung beginnt, — ist offenbar nicht zwingend. Dies ergiebt sich daraus, daß es mit dem Inhalte des Abs. 1 ganz wohl verträglich wäre, wenn in Abs. 3 ausdrücklich bestimmt wäre: „die Frist der nach Beendigung der Verjährungsunterbrechung neu beginnenden Verjährung bestimmt sich nach den Landesgesetzen;" hierin ließe sich sicherlich ein Widerspruch mit dem Inhalte des Abs. 1 nicht finden; daraus folgt, daß es keineswegs geboten ist, den Abs. 1 dahin auszulegen, eine andere Verjährungsfrist als die einjährige komme für die in Rede stehenden Forderungen einzig und allein in Betracht, wenn sie durch Anerkenntnis 2c auf eine andere Grundlage gestellt seien. Vielmehr liegt die Annahme nahe und ist durch den Wortlaut des Abs. 1 mindestens nicht ausgeschlossen, daß der Abs. 1 in betreff der Frage, welche Verjährungsfrist nach Beendigung einer durch Klagerhebung oder in anderer Weise erfolgten Unterbrechung der Verjährung Platz greife, nichts bestimmen wollte und nichts bestimmt hat. Auch der Zweck, welcher mit Festsetzung der einjährigen Verjährung erreicht werden wollte, spricht nicht für die Auslegung des Beklagten, jener Zweck war zweifellos der, die Erschwerung der Ermittelung des Sachverhaltes und dessen Verdunkelung dadurch zu verhüten, daß, wer Ansprüche an die Eisenbahn machen zu können glaubt, gezwungen ist, sie binnen Jahresfrist geltend zu machen, widrigenfalls es damit ausgeschlossen ist. Ist der Rechtsstreit einmal eingeleitet, so hat es die Eisenbahn in der Hand, einer Verschleppung des Prozesses entgegenzutreten; es besteht deshalb für sie kein wesentliches Interesse an einer Bestimmung, daß nach Beendigung der durch die Klagerhebung erfolgten Unterbrechung der Verjährung wieder eine kurze (einjährige) Verjährung zu laufen beginnt. Eine einheitliche Regelung der die Unterbrechung der Verjährung betreffenden Fragen wäre durch eine derartige Bestimmung nicht entfernt erreicht; die Thatsachen, die eine Unterbrechung bewirken, die Dauer und die Folgen einer solchen Unterbrechung würden nach wie vor in den verschiedenen, vom Übereinkommen berührten Ländern ganz verschieden sein.

Würde daher der Abs. 3 Art. 45 fehlen, so wäre trotzdem nicht anzunehmen, daß die Verjährung der Rechtshängigkeit im Gebiete des gemeinen Rechts durch den Abs. 1 beseitigt worden ist. Nun bestimmt Abs. 3: „Bezüglich der Unterbrechung der Verjährung entscheiden die Gesetze des Landes, wo die Klage angestellt ist". Der Beklagte meint, hiermit sei ausgesprochen: bezüglich der Thatsachen, welche eine Unterbrechung herbeiführen, und der Wirkungen einer solchen Unterbrechung gelten die Landesgesetze, nicht aber sei gesagt, daß das Gleiche gelten solle bezüglich der Frage, welche Frist nach Beendigung der Unterbrechung zu laufen beginne. Will man dies als richtig zugeben, so läßt sich doch keinenfalls aus Abs. 3 folgern, daß in betreff der eben erwähnten Frage die Landesgesetze nicht Platz greifen, sondern die einjährige Frist des Abs. 1 eintrete. Vielmehr würde eben diesfalls der Art. 45 jene Frage nicht entscheiden und dann eben nach dem oben Ausgeführten doch das Landesrecht maßgebend sein. Aber man darf im Abs. 3 unbedenklich den Gedanken ausgedrückt sehen, daß bezüglich der Materie der Verjährungsunterbrechung, also bezüglich des ganzen Kreises der einschlägigen Fragen, die Landesgesetze entscheidend sein sollen, und von dieser Auslegung aus ist auch die Frage nach Landesrecht zu beantworten, welche Verjährungsfrist eintritt, falls eine durch Klagerhebung bewirkte Unterbrechung der Verjährung aufhört. H.

d) **Keine in integrum restitutio mehr.**

OLG. Hamburg, IV. CS. Urteil v. 11. Juli 1902.

... Entgegen der Auffassung Habicht's S. 496 und S. 102 Note kann jetzt die Anhängigmachung eines gemeinrechtlichen Restitutionsgesuches in Bezug auf vor 1900 gestaltete Rechtsverhältnisse nicht mehr als rechtlich möglich erachtet werden. Die CPO. hat für ihr Gebiet mit der Restitution, abgesehen von der Restitutionsklage nach §§ 580 ff., völlig aufgeräumt. Das BGB. schweigt über eine materiell-rechtliche Restitution gänzlich, und zwar nach seiner Entstehungsgeschichte absichtlich, weil man das gemeinrechtliche Institut nach dem heutigen Stande der Rechtsentwickelung gewiß mit Recht für überflüssig erachtete. Die gemeinrechtliche Restitution hatte nicht die Unterlage eines Schuldverhältnisses, für das der Art. 170 EG. sonst in Betracht kommen könnte. Sie begründete auch keinen eigentlichen Rechtsanspruch.

Alles hing causa cognita ganz wesentlich vom billigen Ermessen der römischen Magistrate ab. Für eine derartige Stellung des Richters ist aber nach der neuen Gesetzgebung des BGB. keinerlei Raum. M. M.

e) **Ist Art. 203 EG. z. BGB. auf den nach früherem Rechte bestehenden Nießbrauch des Vaters am Muttergute anzuwenden?**

OLG. Braunschweig, II. CS. Urteil v. 20. März 1902.

Nach bisherigem Rechte ergriff der väterliche Muttergutsnießbrauch, der lebenslänglich war, auch Anerbengrundstücke und schob die Auseinandersetzung der Hofgemeinschaft hinaus, so daß der Anerbe vorher kein übertragbares und vererbliches Recht hatte. Allein mit Rücksicht auf Art. 203 EG. fragt sich, ob der Nießbrauch des Beklagten nicht nach BGB. §§ 1649, 1626 erloschen ist, da der klagende Sohn schon vor 1. Januar 1900 volljährig war. Wenn angenommen werden muß, daß das Nutzungsrecht noch fortdauert, so ist der Grund dafür nicht etwa mit Hampe 2. Aufl. § 74[6] darin zu suchen, daß dieses Recht im Unterschiede von der elterlichen Nutznießung der §§ 1649 ff. ein „wirklicher Nießbrauch" war. Es ist eine noch völlig unausgetragene Frage, ob nicht auch die elterliche Nutznießung des BGB. als dingliches Recht statt als absolutes Familienrecht aufgefaßt werden muß (vgl. neuestens Schilling im Archiv für bürg. Recht 19 S. 251). Und vor allem: nach Art. 203 EG. wären die vermögensrechtlichen Wirkungen des Eltern- und Kindesverhältnisses auch dann nach dem BGB. zu behandeln, wenn sie nach bisherigem Rechte zur Schaffung von Sachenrechten geführt haben sollten. Entscheidend ist nur, ob der Muttergutsnießbrauch aus dem Rechtsverhältnisse zwischen Vater und Kind, insbesondere der väterlichen Gewalt, erwuchs oder auf anderer Grundlage beruhte (vgl. Habicht in Gruchot 42 S. 448 ff.). Als solche andere Grundlage kann hier nur das reine Erbrecht in Betracht kommen. An eine „erbrechtliche Wirkung des Güterstandes" nach Art. 200[1] EG. ist nicht zu denken, denn der Muttergutsnießbrauch trat hierzulande ein, gleichgültig, welches Güterrecht in der Ehe geherrscht hatte. Nun ist die frühere Hofeigentümerin, die Mutter des Klägers, vor 1900 gestorben, so daß nach Art. 213 die bisherigen Gesetze maßgebend bleiben. Der Ausgang des Prozesses hängt mithin davon ab, ob der Nießbrauch, der dem Vater nach früherem hiesigen Rechte am Muttergut der Kinder zustand, auf Erbrecht oder väterlicher Gewalt basiert. Die Motive zum EG. (S. 292) scheinen der letzteren Meinung zu sein. Auch Roth (Privatr. 2 § 168 Anm. 55, § 170 Anm. 25) erklärt ihn für eine Nachwirkung der väterlichen Gewalt, wogegen Stobbe-Lehmann (Privatr. 4 § 316 S. 415) und namentlich Habicht (a. O. S. 439) die gegenteilige Ansicht vertreten. Indessen führt eine eingehende Prüfung des hiesigen Partikularrechts zur Erkenntnis der erbrechtlichen Natur des Institutes... Hu.

# Wortregister.

(Verfaßt von Staatsanwalt Dr. Rindfleisch in Duisburg.)

Die Zahlen bedeuten die Seiten.

# Nachträge.

## Zu Band 1.

| | |
|---|---|
| S. 317. | Ebenso RG. am 6. Okt. 1902, JW. Beilage S. 274, Hans. GZ. 1903 S. 17. |

## Zu Band 4.

| | |
|---|---|
| S. 30 Nr. 11a. | Abgeändert am 25. Nov. 1902, JW. 1903 Beil. S. 6 Nr. 14. |
| S. 98 Nr. 26d. | Vgl. Rsp. 5 S. 140 und Gruchot 46 S. 950. |
| S. 100 Nr. 26e. | Ebenso Kammergericht im Jahrbuch 24 S. 149. |
| S. 250 Nr. 59a. | Abgeändert vom RG. am 15. Okt. 1902. |
| S. 284 Nr. 64e. | Vgl. Gruchot 46 S. 921. |
| S. 285 Nr. 64f. | Bestätigt am 6. Okt. 1902, JW. S. 271. |
| S. 384 Nr. 90a. | Entgegengesetzter Ansicht ist das RG. in einem ausführlich begründeten Beschlusse vom Sept. 1902. |
| S. 419 Nr. 99b. | Bestätigt am 26. Juni 1902, JW. S. 427 Nr. 39. |
| S. 424 Nr. 101a. | Vgl. dagegen Entsch. d. RG. 51 S. 166. |
| S. 485 Nr. 113g. | Abgeändert am 15. Okt. 1902, JW. S. 277 Nr. 222. |

## Zu Band 5.

| | |
|---|---|
| S. 14 Nr. 4a. | Bestätigt am 17. Nov. 1902, JW. 1903 S. 3 Nr. 7. |
| S. 14 Nr. 4b. | Abgeändert am 11. Nov. 1902, JW. 1903 S. 19 Nr. 48. |
| S. 18 Nr. 5a. | Aufgehoben vom RG. in Gruchot 46 S. 1045. |
| S. 20 Nr. 5d. | Ebenso RG. |
| S. 67 Nr. 15. | Bestätigt am 6. Nov. 1902, JW. 1903 S. 6 Nr. 12. |
| S. 68. 69. | Vgl. RG. 14. Nov. 1902, JW. 1903 S. 6 Nr. 13. |
| S. 112 Nr. 22a. | Bestätigt vom RG. |
| S. 140 Nr. 29c. | Vgl. Gruchot 46 S. 950 und Rsp. 4 Nr. 26d S. 98. |
| S. 144 Nr. 30d. | Vgl. dagegen Stölzel im Recht 1902 S. 571. |
| S. 243 Nr. 49c. | Bestätigt am 23. Okt. 1902 (VI. 193/02). |
| S. 256 Nr. 51b. | Ebenso Bayer. Oberstes Landesgericht am 10. Juli/27. Sept. 1902, Sammlung 3 S. 640—645; dagegen der Aufsatz Blätter für Rechtsanw. 67 S. 457. |
| S. 283 Nr. 56d. | Vgl. RG. 17. Okt. 1902, JW. S. 611 Nr. 25. |
| S. 463 Nr. 82β. | Ebenso Kammergericht, V. CS. Beschluß v. 28. Jan. 1903 (5 x 64/03). |

## Berichtigungen.

S. 5 Z. 8 v. o. statt „Ausschluß der Zuschläge" lies: „Ausschluß der vom Zuschlage".
S. 25 Z. 7 v. u. statt „Eheleute W." lies: „Eheleute A."
S. 31 Z. 7 v. o. statt „nach 1900" lies: „nach 1. Januar 1900".
S. 46 Z. 15 v. o. statt „B., welcher" lies: „W., welcher".
S. 52 Z. 10 v. o. statt „XVI" lies: „XIV".
S. 52 Z. 5 v. u. statt „versagt" lies: „gewährt".
S. 53 Z. 11 v. o. statt „Wahrung der Einspruchspflicht" lies: „Wahrung der Einspruchsfrist".
S. 54 Z. 11 u. 12 v. o. statt „daß das angehende Urteil" lies: „daß das ergehende Urteil".
S. 54 Z. 14 v. o. statt „ist an sich nichtig" lies: „ist an sich richtig".
S. 57 Z. 20 v. o. statt „§ 251" lies: „§ 259".
S. 77 Z. 7 u. 8 v. o. der Satz „nach der Absicht" bis „gehabt hat" ist zu streichen.
S. 77 Z. 16 v. o. statt „Kündigung" lies: „Berücksichtigung".
S. 81 Z. 8 v. o. statt „Nebenintervenientin" lies: „Nebenintervention".
S. 83 Z. 12, 13 v. o. statt „Zuständigkeitserklärung" lies: „Unzuständigkeitserklärung".
S. 91 Z. 24 v. o. statt „Sachentschädigung" lies: „Sachentscheidung".
S. 117 Z. 2 v. o. statt „nicht nur zustellt" lies: „nicht nur zuläßt".
S. 121 Z. 5 v. u. statt „neuerdings von ihnen" lies: „neuerdings vor ihnen".
S. 132 Z. 18 v. u. statt „Rentenlast" lies: „Reallast".
S. 193 Z. 3 v. u. statt „Form zu haben" lies: „Form zu heben".
S. 206 Z. 7 v. o. statt „Erneuerung" lies: „Ernennung".
S. 232 Z. 15 v. u. statt „daß er für" lies: „daß es für".
S. 279 Z. 11 v. u. statt „Generalversammlung nicht gesonnen war" lies: „Generalversammlung gesonnen war".
S. 351 Z. 16 v. u. statt „an dem Antragsteller" lies: „von dem Antragsteller".
S. 376 Z. 1 u. 14 v. o. statt „BGB. § 131" lies: „BGB. § 31".
S. 377 Z. 1 v. o. statt „BGB. § 131" lies: „BGB. § 31".
S. 422 Z. 2 v. u. statt „damit vor einer" lies: „damit von einer".
S. 471 Z. 13 v. u. statt „CPO. § 915" lies: „CPO. § 91".
S. 472 Z. 2 v. u. statt „Vermögen des Kindes" lies: „Vermögen des Klägers".

Kolibri 360 GmbH
Ferdinand-Jühlke-Straße 7
99095 Erfurt, Deutschland
produktsicherheit@kolibri360.de